庸 著

易道

话说易经 谈道德修养 (下)

黑龙江人民出版社

下　卷

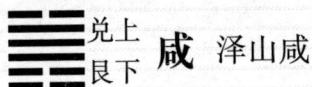

第三十一章　咸　卦

感应沟通之道：沟通交流心和悦　以虚受人贵朴诚

　　山上有泽，泽性下流，以山感泽，山气水息，互相感应，即上方的水泽滋润下面的山体，下面的山体承托上方的水泽并吸收其水分的形象，上阴下阳，阴阳交会，万物亨通，因而象征感应。咸为无心（主观）之感，符合无妄之道，不加入个人主观的妄想妄念妄见，象征无心的感应，这是异性间发自本能自然、必然的现象。男女共相感应成夫妻可获吉祥。"咸，亨，利贞，取女吉""君子以虚受人"——效法山水相连、相交、相润这一现象，以虚怀若谷的精神和诚朴的心态与人进行感应和沟通，广泛容纳感化众人，不自有实，受纳于物，无所弃遗，容纳感化他人，积极互动与互助，达到心灵相互感应，思想意志一致，达到心境和悦的境地。

一、咸卦经文

咸 泽山咸 兑上艮下

咸：亨，利贞，取女吉。

彖曰：咸，感也。柔上而刚下，二气感应以相与，止而说，男下女，是以亨利贞，取女吉也。天地感而万物化生，圣人感人心而天下和平。观其所感，而天地万物之情可见矣！

象曰：山上有泽，咸。君子以虚受人。

初六：咸其拇。
象曰：咸其拇，志在外也。

六二：咸其腓，凶。居吉。
象曰：虽凶，居吉，顺不害也。

九三：咸其股，执其随，往吝。
象曰：咸其股，亦不处也。志在随人，所执下也。

九四：贞吉悔亡。憧憧往来，朋从尔思。
象曰：贞吉悔亡，未感害也。憧憧往来，未光大也。

九五：咸其脢，无悔。
象曰：咸其脢，志末也。

上六：咸其辅，颊，舌。
象曰：咸其辅，颊，舌，滕口说也。

二、咸卦警语箴言

易道
话说易经
谈道德修养

山上有泽山承润	刚柔交感互相通
咸亨利贞娶女吉	阴阳感应通达亨
相互感交谐促进	天地感化万物生
观其所感见情状	圣感人心天下平
感应拇指志在外	初感浅表须沟通
感应小腿凶居吉	进步感应须辨明
感应大腿执其随	有感而动莫盲从
憧憧往来朋尔思	破朦驱妄心神宁

感应脊背贴心窝　　由表及里至心灵
咸辅颊舌滕口说　　发自肺腑言沟通
沟通交流心和悦　　以虚受人贵朴诚
胸怀坦荡包宇宙　　无妄无臆纳善容
言恭情切心眷眷　　由衷坦诚贵亲融
有难常常伸援手　　投好投心手足情
适时应需投所好　　以心交心促融通
同心同德同志向　　同忧同乐同光荣
同心架起友谊桥　　沟通融洽建大同
君心若谷虚怀广　　万众戮力天下平

三、易理哲学简说

沟通交流心和悦　　以虚受人贵朴诚

咸，泽山咸，兑上艮下。艮为山，兑为泽，山上有泽。泽性下流，以山感泽，为咸。咸，感应，见《左传》"……窕则不咸"。咸为无心之感（自然而然，非主观臆断），符合无妄之道，不加入个人主观的妄想妄念妄见，象征无心的感应，这是异性间自然、必然的现象。男女共相感应成夫妻可获吉祥。

有男女之别，相互感应（咸）才能建立夫妇关系，"咸，亨，利贞，取女吉""君子以虚受人"，即为咸卦。咸卦揭示的是感应沟通之道。本卦上兑下艮，为山中有泽，山气水息，互相感应；上阴下阳，阴阳交会，万物亨通。用以喻男女感悦，则家兴，君臣感悦，则国兴，君子感悦，则业成。所以卦名曰咸。咸，《彖辞》："感也。"本卦所喻示的是感应及沟通之道，对做人事工作，尤其是做人的思想政治工作裨益匪浅。如何相互感应进而达到有效的沟通呢？要掌握以下要点：

（一）感应与沟通交流的动机必须纯正

【咸卦卦辞】咸：亨，利贞，取女吉。

【咸卦象辞】象曰：咸，感也。柔上而刚下，二气感应以相与，止而说，男下女，是以亨利贞，取女吉也。天地感而万物化生，圣人感人心而天下和平。观其所感，而天地万物之情可见矣！

【注解】咸：《古代汉语字典》："咸 xián 咸是会意字，由口和戌两个字组合而成。口指人头，戌（xū）指一种兵器。咸的本义指杀戮。"《象传》训咸为感。感应。

取：通"娶"。

说：通"悦"。

情：《古代汉语字典》："情是形声字，忄为形，青为声。情的本义指'人的阴气有欲者'，即指人的喜怒哀乐等心理状态。"有感情、情绪，实情、情况、情态，志向、意志等义。

【卦辞要义】与【象辞要义】"咸亨利贞娶女吉，阴阳感应通达亨。"咸卦象征感应，亨通顺利，有利于坚守正道；娶妻可以获得吉祥，因为良好的情感与互动是婚姻稳定的基础，情投意合、男欢女爱是黏合剂。感应与沟通交流之道，不能感应与沟通交流则不能相聚相合，用娶妻打比方说明要有相同的目标和价值取向。异性相吸，同性相斥。同阳、同阴不相感应、不相和合，因为同性相斥各有所亢进。所以，女虽因应男，男必下之而后娶女才吉祥，这是阴阳感应相通的结果。"相互感交谐促进，天地感化万物生。"天地感而万物化生，二气相与乃"化生"。天地二气，若不感应相与，则万物无由得应化而生。"观其所感见情状，圣感人心天下平。"天地万物之情，见于所感。之所以"圣人感人心而天下和平"，是因为，圣人设教，感动人心，使人变恶从善，然后天下和平。"观其所感而天地万物之情可见矣"，赞叹咸道之广，大则包天地，小则涵盖万物。于近处体现在男女"和合"娶妻之道，于远大则包天地宇宙，涵盖万事万物。感物而动，谓之情也。天地万物皆以气类共相感应，故"观其所感，而天地万物之情可见矣"。动机决定性质，感应必须发自内心自发自觉，动机纯正无妄，态度谦虚朴诚，顺其自然，无伪无饰。以能静为宜，反对花言巧语，取悦于人的小人行为。感应交流是促进融通的重要而有效手段。在教化人心，加强意识形态领域建设方面，要高度重视发挥"感应交流促融通"的积极作用。

（二）君子应"以虚受人"

【咸卦象辞】象曰：山上有泽，咸。君子以虚受人。

【象辞要义】"沟通交流心和悦，以虚受人贵朴诚。"咸卦的卦象是兑（泽）上艮（山）下，为山上有泽之表象，即上方的水泽滋润下面的山体，下面的山体承托上方的水泽并吸收其水分的形象，二者刚柔相互交感，相互浸润而交流融通，类比于现实生活，男女"和合"娶妻之道与其相吻合，是阴阳感应相通极佳典范，因而象征感应。"君子以虚受人"是咸卦的核心启示。

老子《道德经》："豫兮若冬涉川，犹兮若畏四邻，俨兮其若客，涣兮若冰之释，敦兮其若朴，旷兮其若谷，混兮其若浊。"——阐明在感应交流上要虚怀若谷，胸怀要像山谷一样深广，胸襟宽大得像山谷一样广远无际，有利于建立良好的人际关系。孤僻冷漠、自我封闭，有碍于建立良好的人际关系，也不可能有大的作为。因此，君子效法山水相连、相交、相润这一现象，以虚怀若谷的精神和诚朴的心态与人进行感应和沟通,广泛容纳感化众人,不自有实,受纳于物,无所弃遗,容纳感化他人,积极互动与互助,达到心灵相互感应,思想意志一致,达到心境和悦的境地,关系和睦融洽,将会实现"同心同德同志向,同忧同乐同光荣;同心架起友谊桥,沟通融洽建大同;君心若谷虚怀广,万众戮力天下平"的天下大同境界。

能"以虚受人"则兴,不能"以虚受人"则亡。《资治通鉴》卷第一百九十二载:戊子,上(唐太宗李世民)谓侍臣曰:"朕观《隋炀帝集》,文辞奥博,亦知是尧、舜而非桀、纣,然行事何其反也!"魏征对曰:"人君虽圣哲,犹当虚己以受人,故智者献其谋,勇者竭其力。炀帝恃其俊才,骄矜自用,故口诵尧、舜之言而身为桀、纣之行,曾不自知,以至覆亡也。"上曰:"前事不远,吾属之师也!"《资治通鉴》卷第一百九十三载:乙酉,上(唐太宗李世民)问给事中孔颖达曰:"《论语》:'以能问于不能,以多问于寡,有若无,实若虚。'何谓也?"孔颖达具释其义以对,且曰:"非独匹夫如是,帝王亦然。帝王内蕴神明,外当玄默,故《易》称'以蒙养正,以明夷莅众。'若位居尊极,炫耀聪明,以才陵人,饰非拒谏,则下情不通,取亡之道也。"上深善其言。

(三)感应及沟通有基本规律可遵循

"山上有泽山承润,刚柔交感互相通。"咸卦的卦象是兑(泽)上艮(山)下,为山上有泽之表象,即上方的水泽滋润下面的山体,下面的山体承托上方的水泽并吸收其水分的形象,因而象征感应。感应是在冲突、摩擦、侵犯、伤害中感应、互动、调和,进而达到沟通融洽,以致达到和谐的状态。二者刚柔相互交感,相互浸润而交流融通。对有些事情来说,尽管结果好或状态比较理想,但其沟通融合的过程并非顺风顺水。这就好比爱情与婚姻,爱情来得快,令人心荡神摇,欣慰迷离,毕竟短暂。爱情有了结晶之后,人性如何交由漫长的婚姻考验。婚姻生活面临种种挫折、磨难、打击、伤害,那么在这个过程中,感应、互动、交融是怎么实现的呢?对处理君臣民上下关系,实现天下太平又有什么意义呢?咸卦六爻用人从脚到头遇到种种伤害对人的创痛比喻婚姻之痒遇到种种磨难对人性升华考验,诠释了"君子以虚受人"面对种种情态应该秉持的态度:

一是咸其拇——"感应拇趾志在外,初感浅表需沟通"。

【初六爻辞】初六:咸其拇。象曰:咸其拇,志在外也。

【注解】拇:mǔ,《说文》:"拇,拇指也。"《古代汉语字典》:"拇是形声字,扌(手)为形,母为声。母兼表义,表示大的。拇的本义指手和脚的大指。"此处为脚的大指。

【爻辞要义】脚的大拇趾受到斩伤,感应发生在脚的大拇趾上,也就是发生在外表,犹如婚后初期夫妻发生小小的摩擦,还好比君臣之间或领导与群众之间初步磨合,只是在外部浅表发生冲突与感应,与心志的沟通距离比较远,这种状态尚属浅表之状,相互感应还没有深入升华到思想意识的感应与沟通,因此,尚需进一步沟通与升华。

二是咸其腓——"感应小腿凶居吉,进步感应需辨明"。

【六二爻辞】六二:咸其腓,凶。居吉。象曰:虽凶居吉,顺不害也。

【注解】腓:《古代汉语字典》:"腓féi腓是形声字,月为形,非为声。本义指胫骨后的肉。人的小腿肌,俗名腿肚子。"

顺:注解见蒙卦。

【爻辞要义】小腿肚子受伤害,犹如婚后摩擦有所升级,但距心、脑还是比较远,好比君臣关系或领导与群众关系不协调,感应不是很热烈,伤害还不算大,值此之时,安居自守,驯顺顺应不会受到进一步伤害,婚姻不会解体,与君王或领导的关系不会分崩离析,不会发生灾祸,是吉利的。如果不明白这个道理,急躁妄动就会发生凶险。因此,需要明辨前进方向与跟随、顺从的对象。

三是咸其股——"感应大腿执其随,有感而动莫盲从"。

【九三爻辞】九三:咸其股,执其随,往吝。

象曰:咸其股,亦不处也。志在随人,所执下也。

【注解】股:《说文》:"股,髀也。"《论语·宪问》疏:"膝上曰股,膝下曰胫。"《古代汉语字典》:"从胯到膝盖的部分,即大腿。"

执:《说文》:"执,捕罪人也。"《古代汉语字典》:"执zhí在甲骨文中,执像桎梏将罪人双手锁住的样子;金文中,左部双手被锁之形与右部的人形被分开;这个字在篆文中是会意兼形声字,由幸和丮(jí)两部分组成,幸指手铐一类的刑具。"有拘拿、拘捕、掌握、控制等义。

随:《说文》:"随,从也。"《古代汉语字典》:"随的本义是跟从,跟随。"

【爻辞要义】大腿受到创伤,感应发生在大腿上,犹如婚姻摩擦再度升级,好比君与臣、领导与群众关系进一步恶化。虽然想密切夫妇、君臣、领导与群众关系,但是,由于"受制于下",感应、沟通、融洽关系难以进一步发展。值此之时,前往做事将遇到艰难,不能盲目遵从与行动。

四是贞吉悔亡——"憧憧往来朋尔思,破朦驱妄心神宁"。

【九四爻辞】九四:贞吉,悔亡。憧憧往来,朋从尔思。

象曰:贞吉悔亡,未感害也;憧憧往来,未光大也。

【注解】憧憧:《古代汉语字典》:"憧是形声字,忄为形,童为声。憧的本义指心神不定。"憧憧,心神慌乱的样子。朱熹《论象传》云:"往来固是感应,憧憧是一心方欲感他,一心又欲他来应。如正其义,便欲谋其利;明其道,便欲计其功。又如赤子入井之时，此心方怵惕要去救他，又欲它父母道我好。这便是憧憧底意。"

朋从尔思：朋友都随从你的想法。

【爻辞要义】守正道没有忧悔，心神慌乱地来往，朋友跟你的想法一样。守正道没有忧悔，是还没有感受到伤害。心神慌乱地来往，原因是感应沟通还不够光明正大。既要感应别人又要获得别人的感应，就像怀里揣着个兔子扑扑腾腾的，心神慌乱不定。若能内心保持纯洁无邪，就能进入"虚中无我"的境界，就可以获得吉祥，没有后悔。感应沟通缺乏真诚，朋友面必然窄，影响也小，不能遍及于天下人。因此，打破自身的狭隘屏蔽，真诚与人交往，才能赢得真正的朋友，才能增进感应与沟通的效果。

五是咸其脢——"感应脊背贴心窝，由表及里至心灵"。

【九五爻辞】九五：咸其脢，无悔。象曰：咸其脢，志末也。

【注解】《古代汉语字典》：

脢："脢 méi 脊骨部位的肉。"

末："mò 末是指事字，木代表树，树上端用'一'指示部位。末的本义指树梢。"有尖端、末端、末梢，不重要的事物等义。

【爻辞要义】背脊肉受创伤，背脊肉在心之上，口之下，感应脊背达于心表，系贴近心灵之感，但还没有沟通本心，彼此心志还没有完全相通，不过倒没有什么悔恨。

六是咸其辅、颊、舌——"咸辅颊舌滕口说，发自肺腑言沟通"。

【上六爻辞】上六：咸其辅、颊、舌。象曰：咸其辅、颊、舌，滕口说也。

【注解】辅：《说文》："辅，人颊车也。"《古代汉语字典》："辅是形声字，车为形，甫为声。本义指为了增强车子辐条的承载力而绑在车轮外用来夹毂的两条直木。"此处指"脸颊，腮。"

颊：《古代汉语字典》："颊是形声字，页为形，夹为声。夹兼表义，意思是位于脸的两侧，俗称脸蛋儿。"

滕：《古代汉语字典》："滕是形声字，水为形，朕为声。滕的本义指水像跳跃一般地向上涌。"引申张口放言。

【爻辞要义】面部受创伤，感应发生到颊骨、脸颊、舌头上，张嘴就将真切的感受表达抒发出来，是发自内心，发自肺腑，说明这种感应到了骨鲠在喉不吐不快的境界。

咸卦所揭示道理，从逐步递进的感应、沟通状态看，从客观出发，真实无妄地认知感应，不加入任何主观妄想妄念妄见，是一个由表及里，由末端到本心，由直接接触到思想意识感应交流沟通的过程，最终实现思想意志的沟通与交流,符合由感应实现认知产生情感而进行沟通交流的心理学的基本规律。这是实现沟通融合的契合点。

　　关于本卦的具体注解与参悟心得,与历史上诸多版本不甚相同。作者在研究推演本卦警语箴言的时候,更多的是从社会实践的结果出发,站在历史发展的角度,予以发展性地丰富与完善。其实,《易道》在很多卦中,所作阐释与注解,已是添加了"发展的元素",不过本卦在此传统喻示之后,增添了较多的现代感悟,体现了本著作的一个显著特点,那就是学古,参古,不拘泥于古,因为社会实践已经极大地发展与丰富了,因此,《易经》蕴含的理论也应该与时俱进地发展,本来,《易经》并不是某个人的独创,而是人类社会实践和社会文明进步的共同结晶。

震上
巽下 **恒** 雷风恒

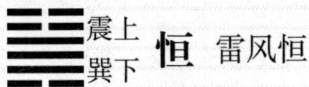

第三十二章　恒　卦

持恒之道：立不易方重修德　终则有始贵有恒

　　雷在天上鸣，风在雷下行，从古至今，这种自然景象从未改变。雷阳刚在上，风巽顺在下，尊卑鲜明，相互呼应，雷风相激相益，致使天地恒久存在。天地、日月运行体现了恒久和永不停息的规律。日月遵循上天的法则永久照耀天下，四季往复变化遵循上天的法则永久地化生万物。观察这些恒常持久的现象及内在蕴含的规律，便可知道天地万物的性情事态。圣人能遵循天道（自然）的启示，恒久地保持美德，天下就能遵从其教化形成风气。善于运用运动守恒原理分析判断事物，既可以做到按规律办事，做持做久，又可以避免犯僵化、教条的错误，可以彰显持之以恒的精神。"立不易方重修德，终则有始贵有恒。"恒卦核心是"君子以立不易方。"——君子效法这一现象，应当树立自身的形象，坚守长久不变的正道，恒久加强品德修养，以恒久之道立身，不改变本来的、本色的规矩，也就是不改变为人处世的原则，以恒久之道治国，以恒久之道教化天下。"恒秩久德"是中道治国的精髓所在，治国需要静德，"治大国若烹小鲜"是理想的状态，切忌朝令夕改。

一、恒卦经文

恒 雷风恒 震上巽下

恒:亨,无咎,利贞,利有攸往。

彖曰:恒,久也。刚上而柔下,雷风相与,巽而动,刚柔皆应,恒。恒亨无咎,利贞。久于其道也,天地之道,恒久而不已也。利有攸往,终则有始也。日月得天,而能久照,四时变化,而能久成,圣人久于其道,而天下化成。观其所恒,而天地万物之情可见矣!

象曰:雷风,恒。君子以立不易方。

初六:浚恒,贞凶,无攸利。
象曰:浚恒之凶,始求深也。

九二:悔亡。
象曰:九二悔亡,能久中也。

九三:不恒其德,或承之羞,贞吝。
象曰:不恒其德,无所容也。

九四:田无禽。
象曰:久非其位,安得禽也。

六五:恒其德,贞,妇人吉,夫子凶。
象曰:妇人贞吉,从一而终也。夫子制义,从妇凶也。

上六:振恒,凶。
象曰:振恒在上,大无功也。

二、恒卦警语箴言

震上巽下雷风发　　雷风相与顺而动
雷刚风柔相呼应　　久于其道天地恒
尊卑秩序恒不变　　相依相助贞亨通
日月得天能久照　　四时变化能久成
观其所恒见其心　　天地万物可见情
圣久其道广感化　　天下众生促化成
立不易方重修德　　终则有始贵有恒
急功近利切切忌　　慎始善终宜守正

浚恒贞凶无利益	初始求深正道凶
运动守恒循原理	日月盈虚道久恒
不过激也不滞缓	守于中道致永恒
美德不恒招羞辱	美德不恒无所容
狩猎无获何所由	久非其位怎成功
持久修德守正道	妇人吉祥男人凶
从一而终妇贞吉	夫子制义从妇凶
伦理纲常利秩序	尊卑刚柔和相融
男女和合兴家业	基石稳定盛世亨
若烹小鲜治大国	振恒在上大无功
恒秩久德利治理	朝令夕改频巽凶
立场鲜明方向正	立不易方贞亨通

三、易理哲学简说

立不易方重修德　终则有始贵有恒

恒,雷风恒,震上巽下。巽为风,震为雷,震刚在上,巽柔在下,雷震则风发,雷震风行交相配合,相依相助,谦逊以动,阳刚阴柔完全得以应合,恒常不变,为恒。恒卦以此自然现象比兴尊卑等级次序恒常不变。《说文》:"恒,常也。"恒为会意字。金文,从心,从日,从二。"二",表示天地。本义为永久,永恒。恒卦象征恒久。

夫妇之道(咸)不能不持久(恒),"恒,亨,无咎,利贞,利有攸往""君子以立不易方",即恒卦。恒卦揭示的是持之以恒(恒德修身,无为而治)之道。学习、参悟和运用本卦的原理运用于社会实践和生活具有极强的现实指导意义,重点掌握以下要点:

（一）运动具有普遍性,遵循守恒原理

【恒卦卦辞】恒:亨,无咎,利贞,利有攸往。

【恒卦彖辞】彖曰:恒,久也。刚上而柔下,雷风相与,巽而动,刚柔皆应,恒。恒亨无咎,利贞。久于其道也,天地之道,恒久而不已也。利有攸往,终则有始也。日月得天,而能久照,四时变化,而能久成,圣人久于其道,而天下化成。观其所恒,而天地万物之情可见矣!

【注解】恒:《尔雅·释诂》:"恒,常也。"《古代汉语字典》:"恒是会意字,甲骨文的恒字,由表示上下二横的二和二横中的月字组成,二代表天和地,月代表月亮,合起来表示月亮悬于天地之间已有亿万年的时间。古文的恒字表示弦月,这时就离满月不远了,而此时的月亮最为光明且光亮持续的时间最长。金文中的恒字,又加上心旁做形符,表示恒心。在篆文中,恒字中的月写作舟,表示心乘着一叶舟往返于天地之间,经年不变。后来,日代替了舟,写作恒。"

【卦辞要义】与【象辞要义】"震上巽下雷风发,雷风相与顺而动;雷刚风柔相呼应,久于其道天地恒;尊卑秩序恒不变,相依相助贞亨通;日月得天能久照,四时变化能久成;观其所恒见其心,天地万物可见情。"恒卦卦象为雷在天上鸣,风在雷下行,从古至今,人们见到的自然景象中,这种景象从来没有改变。雷阳刚在上,风巽顺在下,尊卑鲜明,相互呼应,雷风相激相益,致使天地恒久存在。雷乃阴阳交合的产物,雷电催生太阳,太阳催生万物,天地承载万物。天地、日月运行体现了恒久和永不停息的规律。日月遵循上天的法则永久照耀天下,四季往复变化遵循上天的法则永久地化生万物。观察这些恒常持久的现象及内在蕴含的规律,便可知道天地万物的性情事态。说明发展循环不止,终而复始。"观其所恒见其心,天地万物可见情。"观察其恒常不变的规律性,天地万物的情状就可以显现了。"圣久其道广感化,天下众生促化成。"圣明之人久长深谙运行不变的规律,以广泛推广,教化天下民众,依照道德精神提倡按规律办事,最终促进社会文明的进步。圣人能遵循天道(自然)的启示,恒久地保持美德,天下就能遵从其教化形成风气。善于运用运动守恒原理分析判断事物,既可以做到按规律办事,做持做久,又可以避免犯僵化、教条的错误,可以彰显持之以恒的精神。

《群书治要》之《袁子正书·厚德》:"恃门户之闭以禁盗者,不如明其刑也。明其刑不如厚其德也。故有教禁,有刑禁,有物禁。圣人者兼而用之,故民知耻而无过行也。不能止民恶心,而欲以刀锯禁其外,虽日刑人于市,不能制也。明者知制之在于本,故退而修德。为男女之礼,妃匹之合,则不淫矣。为廉耻之教。知足之分,则不盗矣。以贤制爵,令民德厚矣。故圣人贵恒。恒者德之固也。圣人久于其道而天下化成。未有不恒而可以成德,无德而可以持久者也。"——依靠关闭门户来防盗,不如明示刑法。明示刑法,不如加强道德教化。约束的方法有三种:有礼教的约束,有刑法的约束,有物质的约束。圣人之道三者兼而用之,所以百姓有羞耻心而无犯罪的行为。不能抑制百姓内心的邪念,而想拿着刀锯在外部禁止,那即使每天在闹市处决犯人,也不能制止恶行。贤明的人知道治恶要治本,所以返回头去修养德行。制定男女间的礼法、夫妻结合的规范,就没有淫乱之事了。施行廉耻的教化,使百姓知足尽分,就不会有盗窃的事了。以贤良的标准授予爵位,就会使百姓道德淳厚。所以圣人贵有恒,只有持恒方能使德行坚固。圣人长久坚持德教,天下的教化才可成功。没有不长久坚持而可以成就德教的,也没有无德而可以长治久安的。

所谓运动守恒原理指运动是物质的存在形式和固有属性。它包括宇宙间的一切变化和过程。世界是物质的,物质是永恒运动着的。物质和运动是不可分的,世界上没有不运动的物质,也没有离开物质的运动。运动与物质不可分离的原理必然导出运动守恒的原理——运动具有守恒性,即运动既不能被创造又不能被消灭,其具体形式则是多样的并且互相转化,在转化中运动总量不变。恩格斯说:"既然我们面前的物质是某种既有的东西,是某种既不能创造也不能消灭的东西,那么运动也就是既不能创造也不能消灭的。只要认识到宇宙是一个体系,是各种物体相互联系的总体,那就不能不得出这个结论来。"一切事物虽然每时每刻都在运动,但是某一具体事物在某种场合下可以不具有某种特定的运动形式。一切事物虽然每时每刻都在运动,但是并非在任何时候都发生质变。正因为事物有相对静止的一面,才可能成为具有确定性质和确定形态运动与静止的事物,才可能存在和发展,并被人们认识和利用。正因为事物有相对静止的一面,事物的运动才成为可以衡量和计算的东西。正因为事物有相对静止的一面,才可能在事物的内部生长出新的因素,为事物向高级形态发展准备条件。没有绝对的运动就无所谓相对的静止。另一方面,没有相对的静止就不可能确定究竟什么东西在运动以及它以什么形式运动,因此也不可能有绝对的运动。

(二)伦理纲常利秩序,尊卑刚柔和相融

一是关于伦理——"伦"指辈分类别及人与人之间的关系。"理"指物质本身的纹路、层次,客观事物本身的次序或事物的规律,是非得失的标准。伦理,就是人与人以及人与自然的关系和处理这些关系的规则,就是人们社会行为的基本规范。是依据人类族群生息、繁衍、延续的内在规律建立的。如"天地君亲师"为五天伦;又如君臣、父子、兄弟、夫妻、朋友为五人伦。忠、孝、悌、忍、信为处理人伦的规则。从哲学角度看,它不仅包含着对人与人、人与社会和人与自然之间关系处理中的行为规范,而且也深刻地蕴含着依照一定原则来规范行为的深刻道理。伦理是规范社会安定和谐的道德法度。对人类的社会生活具有规范作用。《易经》中家人卦强调家庭是社会和谐安定的基石;归妹卦强调婚姻中女子是家庭幸福和谐的基石,就起到这种规范和引导作用。

二是关于纲常——纲常,即三纲五常的简称。"纲"字本义指网上的大绳,网上其他的绳子都联到"纲"上。网眼为目。纲举才能目张。"常"的字义是规范,恒常不变。"三纲"指儒家重视的三种社会人伦关系;"五常"指儒家崇奉的

五种德行。封建时代以君为臣纲，父为子纲、夫为妻纲为三纲，仁、义、礼、智、信为五常。三纲、五常这两个词，来源于西汉董仲舒的《春秋繁露》一书。作为一种道德原则、规范的内容，它本源于周礼"尊尊君为首"和"亲亲父为首"的基本原则，先秦时代的孔子也曾提出了君君臣臣、父父子子和仁义礼智信等伦理道德观念。孟子进而提出"父子有亲，君臣有义，夫妇有别，长幼有序，朋友有信"的"五伦"道德规范。董仲舒按照他的大道"贵阳而贱阴"的阳尊阴卑理论，对五伦观念做了进一步的发挥，提出了三纲原理和五常之道。董仲舒《春秋繁露·基义》："凡物必有合。合，必有上，必有下，必有左，必有右；必有前，必有后，必有表，必有里，必有上……有寒必有暑，有昼必有夜，此皆其合也。阴者，阳之合；妻者，夫之合；子者，父之合；臣者，君之合。物莫无合，而合各有阴阳……君臣、父子、夫妇之义，皆与诸阴阳之道。君为阳，臣为阴；父为阳，子为阴；夫为阳，妻为阴……王道之三纲，可求于天。"在此之前，儒家认为，社会人伦是由五种伦常关系组成的：君臣、父子、夫妻、昆弟、朋友。董仲舒从中选出君臣、父子、夫妇三项，称为"三纲"。在人伦关系中，这三种关系是最主要的，而这三种关系存在着天定的、永恒不变的主从关系：君为主、臣为从；父为主，子为从；夫为主，妻为从。亦即所谓的"君为臣纲，父为子纲，夫为妻纲"这三纲。三纲皆取于阴阳之道。具体地说，君、父、夫体现了天的"阳"面，臣、子、妻体现了地的"阴"面；阳永远处于主宰、尊贵的地位，阴永远处于服从、卑贱的地位。董仲舒以此确立了君权、父权、夫权的统治地位，把封建等级制度、政治秩序神圣化为宇宙的根本法则。董仲舒又认为，仁、义、礼、智、信五常之道则是处理君臣、父子、夫妻、上下尊卑关系的基本法则，治国者应该给予足够的重视。人不同于其他生物的一个重要特点，在于人类具有与生俱来的五常之道。坚持五常之道，就能维持社会的稳定和人际关系的和谐。从宋代朱熹开始，三纲五常联用。宋·周密《齐东野语·巴陵本末》："古今有不可亡之理。理者何？纲常是也。"这是董仲舒为了维护封建等级制提出的理论。"三纲五常"体现了整个封建统治的各种关系，成为封建立法的指导思想，是封建统治阶级用来控制人们思想、防止人民"犯上作乱"的思想武器。三纲五常，为封建阶级统治和等级秩序的神圣性和合理性而辩护，成为中国封建专制主义统治的基本理论，为历代封建统治阶级所维护和提倡。它们作为封建社会的最高道德原则和观念，被写进封建家族的族谱中，起着规范、禁锢人们思想、行为的作用。2 000多年来，它一直影响着中国人的国民性。当然，这种思想在一定时期也起到了维护社会秩序、规范人际关系的作用。伦理纲常以及现今社会的组织架构体系与职务职级序列及所表现的尊卑秩序，是维护社会秩序的政治工具和组织措施，对于维护社会秩序既有重要作用的一面，也有腐朽没落的一面，需要客观、全面、辩证地看待，吸

易道

话说易经 谈道德修养

收精华,摒弃糟粕。

(三)立不易方,贵恒其德

【恒卦象辞】象曰:雷风,恒。君子以立不易方。

【注解】立不易方:《古代汉语字典》:"立在古文中是会意字,由大和一上下结合而成。合起来表示人站在地上。立的本义指站立不动。"有站立、建立、生存、建树等义。"方是象形字。方的本义是指和圆相对的方形。"有品格刚正、正直,方法、办法,地方、地域等义。立不易方,就是做人做事,不改变刚正的品格,遵循的规律和法则而行事。

【象辞要义】恒卦的卦象是震(雷)上巽(风)下,为风雷交加之表象,二者常是相辅相成而不停地活动的形象,因而象征长久;君子效法这一现象,应当树立自身的形象,坚守常久不变的正道,以恒久之道立身,不改变本来的、本色的规矩,也就是不改变为人处世的原则。

那么,什么是恒呢? 雷风者,从山泽而生气。其为气也,通彻上下,运行周遍,化育万物,生生不息,而变化有常,其德亘古今而不易,属于常道,所以叫作恒。从恒字的演进可以深刻领悟其含义:"恒是会意字,甲骨文的恒字,由表示上下二横的二和二横中的月字组成,二代表天和地,月代表月亮,合起来表示月亮悬于天地之间已有亿万年的时间。古文的恒字表示玄月,这时就离满月不远了,而此时的月亮最为光明且光亮持续的时间最长。金文中的恒字,又加上心旁做形符,表示恒心。在篆文中,恒字中的月写作舟,表示心乘着一叶舟往返于天地之间,经年不变。后来,日代替了舟,写作恒。"所谓恒,意思是恒久、长久之意,包含永恒的、必然的、绝对的、纯粹的,能够守恒、持之以恒,符合规律,做任何事情必然成功,所以利有所往是当然的。就是日常所说的做事情要有恒心。这符合运动守恒原理的内在规定性。以恒修身,则身教亨通;以恒齐家,则家道亨通;以恒治国,则国运亦亨通,无往而不利。

什么是"立不易方"呢? "立在古文中是会意字,由大和一上下结合而成。合起来表示人站在地上。立的本义指站立不动。"有站立、建立、生存、建树等义。"方是象形字。方的本义是指和圆相对的方形。"有品格刚正、正直,方法、办法,地方、地域等义。立不易方,就是做人做事,不改变刚正的品格,遵循规律和法则而行事。

各种各样形形色色的人,有的为人刚正不阿;有的虽然正直但却不知道应当遵循的规律与法则;有的虽然知悉应该遵循的规律与法则,然而,做事初始时勤勉到后期却懈怠迟滞,中途发生变计;更有甚者,在做事过程中竟然违背规律或放弃根本原则。凡此种种,都没有经久不易之志,必不能行经久不易之道。

君子以身心性命为一大事,知其成经久不易之道,必须立经久不易之志,效法雷之刚烈、风之柔缓,择善固执,循序渐进,愈久愈力,富贵不能淫,贫贱不能移,威武不能屈,万有皆空,止于其所,所以能深造自得,阴阳混合,经久而不坏也。所以,孔子曰:"恒,德之固也。""立不易方重修德,终则有始贵有恒。"恒卦阐释的是君子之道。核心是立不易方——为人要刚正,做事要持之以恒,遵循规律和法则行事。

恒卦的义理重心在"圣人久于其道而天下化成",老子云:"不失其所者久。"最好的政治,就是不知不觉、不着痕迹而达成一切目标或效果的政治,所以圣人不是精明能干、锐气外露的人,而是为道日损、浑朴闷闷的人。有言道"以智治国国之贼",说明化成两字的重要性。孟子说恒产恒心,也合恒之本义。治国治家要让大人主事,并维持长久的连续性,否则一切营建都达不到。没有一定的时间,凡事很难见效。执政为民最大的忌讳是政出多门,朝令夕改,手忙脚乱头发晕,执行阶层和民众无所适从。

《群书治要·袁子正书》:"富国有八政:一曰俭以足用;二曰时以生利;三曰贵农贱商;四曰常民之业;五曰出入有度;六曰以货均财;七曰抑谈说之士;八曰塞朋党之门。夫俭则能广;时则农修;贵农则谷重;贱商则货轻;有常则民一;有度则不散;货布则并兼塞;抑谈说之士则百姓不淫;塞朋党之门则天下归本。知此八者,国虽小必王。不知此八者,国虽大必亡。"——富国的政策有八项:一是生活节俭只求满足基本用度;二是根据时节安排农事;三是重农抑商;四是使百姓有稳定职业;五是收支有度;六是以货币调节财富;七是抑制好空谈的人;八是堵塞交结朋党之门。节俭就会扩充积蓄;按照时节劳作就会农业保收;重视农业粮食就会增加;抑制商人就会使货物价格平抑;有固定职业百姓就会专一不二;开支有度就会使财富不散;财富平均就会抑制兼并发生;摒弃空谈的人就会使百姓不迷惑混乱,堵塞朋党之门则天下就会归顺君主。懂得这八个方面的原则,国家虽小,必定能称王。不懂这八个方面的原则,国家虽大,最后必定灭亡。

圣人重视恒久加强品德修养,树立自身的形象,坚守长久不变的正道,以恒久之道立身,以恒久之道治国,以恒久之道教化天下。因此,立不易方,以恒修身。恒卦六爻提醒需要注意:

一是"浚恒贞凶无利益,初始求深正道凶"。

【初六爻辞】初六:浚恒,贞凶,无攸利。象曰:浚恒之凶,始求深也。

【注解】浚:《古代汉语字典》:"jùn 浚是形声字,氵为形,夋(读作 qūn)为声。浚的本义指在水中舀取。转指深挖水道以疏通河流,即疏通、疏浚。"

【爻辞要义】疏浚河道,在于畅通水道,避免河水溢出、改道等泛滥之灾。如果不注意水道、走向、流势,刚开始就只在一处深挖水道不已,将自己置于危地冒险求深,将遭致崩岸灭顶之祸。清淘水井,在于边清淘边注意维护水井四壁,保证安全稳进,如果刚刚开始,不注意维护四周井壁,专注深淘不已,那么,同样是将自己置于危地冒险求深,将遭致井壁塌陷灭顶之祸。动机虽正,如果不注意程序或方式方法,那么在开始就恒久追求深远的目标,将遭遇凶险。

二是"不过激也不滞缓,守于中道致永恒"。

【九二爻辞】九二:悔亡。象曰:九二悔亡,能久中也。

【注解】悔亡:忧悔将消失。

久中:恒久守持中正之道。

【爻辞要义】守持中正之道,遇事把握好度,不过激也不滞缓,可达到永恒的效果,忧悔可以消失。

三是"美德不恒招羞辱,美德不恒无所容"。

【九二爻辞】九三:不恒其德,或承之羞,贞吝。象曰:不恒其德,无所容也。

【爻辞要义】不能常久地保持美好的品德,总会不时蒙受他人的羞辱,结果难免产生惋惜。是说由于急躁妄动,不安分守己,没有恒心,因此落了个无处容身的下场。

四是"狩猎无获何所由,久非其位怎成功"。

【九四爻辞】九四:田无禽。象曰:久非其位,安得禽也?

【注解】田:在田野中打猎。注解见师卦。

禽:猎获鸟兽。注解见师卦。

【爻辞要义】到田间狩猎,结果却没有捕获到任何禽兽。比喻长久地处在不属于自己应该处的位置上,又怎么能够捕获到禽兽呢?

五是"持久修德守正道,妇人吉祥男人凶;从一而终妇贞吉,夫子制义从妇凶"。

【六五爻辞】六五:恒其德,贞,妇人吉,夫子凶。

象曰:妇人贞吉,从一而终也。夫子制义,从妇凶也。

【注解】从一而终:跟随一个对象,自开始至结束忠心不变。比喻爱情忠贞不渝。

【爻辞要义】长久地保持柔顺服从的美好品德,永远坚守正道;这样的话,女人可以获得吉祥,男人则遭遇凶险。男人的凶险在于,不能突破,缺少创新,不能开创新事业。女人坚守正道可以获得吉祥,是说女人一生应该只嫁一个丈夫,终身都不能改嫁他人;男人应谋断大事,遇事应当果断处理,如果像女人那样只知顺从、优柔寡断的话,就会遭遇凶险。

六是"振恒在上大无功""朝令夕改频巽凶"。

【上六爻辞】上六：振恒，凶。象曰：振恒在上，大无功也。

【注解】振恒：《广雅·释诂一》："振，动也。"《古代汉语大字典》有摇动之义。

【爻辞要义】高亨《周易大传今注》："动不可久，动久则凶。鸟飞久则坠，兽走久则仆，人劳久则病，用兵久则败，役民久则叛。"以静德治理天下，按照一定的规律、法则建立恒常的秩序，使君王和民众长久保持美好的品德，有利于国家的治理和安定，就像烹小鲜鱼一样，如果摇摆不定，不能坚守常久之道，但是又高高在上，朝令夕改，终将一无所成，不会有所建树，结果必然凶险。

这是至少六个方面的情形与应该坚持的原则，基本要求是"急功近利切切忌，慎始善终宜守正"。有利于建立起正常的伦理纲常秩序（现代为社会管理秩序），实现社会融通与和谐，这是恒卦的义理重心"圣人久于其道而天下化成"的核心所在。

（四）把握中道，通权达变

"恒秩久德"是中道治国干事的精髓所在，治国需要静德，"治大国若烹小鲜"是理想的状态，切忌朝令夕改。

一是"若烹小鲜治大国，振恒在上大无功"。语出老子《道德经》第六十章："治大国，若烹小鲜"。老子告诫执政者，要遵从社会自然秩序，不能朝令夕改、随意搅动、胡乱折腾，否则国家就会出乱子。《诗经·桧·匪风》毛传云："烹鱼烦则碎，治民烦则散，知烹鱼则知治民。"《韩非子·解老》篇："事大众而数摇之，则少成功；藏大器而数徙之，则多败伤；烹小鲜而数挠之，则贼其泽；治大国而数变法，则民苦之。是以有道之君贵静，不重变法。故曰：'治大国者若烹小鲜。'"玄学家王弼注："治大国若烹小鲜，不挠也，躁而多害，静则全真。故其国弥大，而其主弥静，然后乃能广得众心矣。"商朝，伊尹见商汤是个贤德的君主，便向他提出自己的治国主张。一次，伊尹借汤询问饭菜的事，说："做菜既不能太咸，也不能太淡，要调好佐料才行；治国如同做菜，既不能操之过急，也不能松弛懈怠，只有恰到好处，才能把事情办好。"商汤听了，很受启发，便产生重用伊尹之意。商汤和伊尹相谈后，顿觉相见恨晚，当即命伊尹为"阿衡"（宰相），在商汤和伊尹的经营下，商汤的力量开始壮大，想进攻夏桀。伊尹建议商汤停止向夏桀进贡，看夏桀如何动作，以探测夏桀的实力。夏桀果然非常愤怒，征调九夷的兵力，要来伐商。伊尹当即劝商汤说：夏桀还能调动兵力，讨伐他的时机还未成熟。于是，商汤又向夏桀进贡。当伊尹看到时机成熟时，又一次停止向夏桀进贡，因为夏桀的暴行，这次，他未能调动军队，于是伊尹就向商汤建议起兵。商汤很快就打败了夏桀的军队，把夏桀流放到南巢，夏王朝从此灭亡，诸侯一举拥戴贤德的商汤为天子建立商朝。从中可以看出,以静德治理天下,就像烹小鲜一样,如果摇摆不定,不能坚守长久之道,但是又高高在上,终将一无所成,不会有所建树,结果必然凶险。

2013年3月19日,习近平总书记接受金砖国家媒体联合采访时说:"对我来讲,人民把我放在这样的工作岗位上,就要始终把人民放在心中最高的位置,牢记人民重托,牢记责任重于泰山。这样一个大国,这样多的人民,这么复杂的国情,领导者要深入了解国情,了解人民所思所盼,要有'如履薄冰,如临深渊'的自觉,要有'治大国如烹小鲜'的态度,丝毫不敢懈怠,丝毫不敢马虎,必须夙夜在公、勤勉工作。人民是我们力量的源泉。只要与人民同甘共苦,与人民团结奋斗,就没有克服不了的困难,就没有完成不了的任务。"

二是"恒秩久德利治理,朝令夕改频罳凶"。按照一定的规律、法则建立恒久的秩序,使君王和民众长久保持美好的品德,有利于国家的治理和安定,否则将"朝令夕改频罳凶"。唐·元稹《授马总检校刑部尚书天平军节度使制》:"有迎新送故之困,朝令夕改之烦,自非有为而为。"汉·晁错《论贵粟疏》:"赋敛不时,朝令而暮改。"《汉书·食货志上》:"急政暴虐,赋敛不时,朝令而暮改。"均对朝令夕改的行为和弊端进行了描述。朝令夕改意思是早晨下命令晚上就改变。形容政令多变,让人无所适从。也形容主张、办法等经常改变。对于管理者而言,忌讳战略定位跑偏,频繁更改制度、规范、战略、工作指导意见等,否则,基层与下属无所适从,苦不堪言,更糟糕的是,效率低下,错误百出,贻误机会,局面混乱,造成损失,败坏事业。适应外在客观形势变化对政令适时适当调整是必要的,但是,不从客观实际出发拍脑门子随意改变政令的行为要杜绝,因为其贻害无穷。

朝令夕改最典型的历史事件是王莽改制。王莽改制是西汉末及新朝时由王莽推行的"托古改制"。初始元年(8年)王莽接受孺子婴禅让后称帝,改国号为"新",改长安为常安,是为始建国元年(9年)。王莽开中国历史上通过篡位做皇帝的先河。王莽是儒家学派巨子,有他的政治理念,并开始进行一个惊天动地的全面社会改革。王莽仿照《周礼》的制度推行新政,屡次改变币制、更改官制与官名、以王田制为名恢复"井田制",把盐、铁、酒、币制、山林川泽收归国有、耕地重新分配,又废止奴隶制度,建立五均赊贷(贷款制度)、六筦(管)政策,以公权力平衡物价,防止商人剥削,增加国库收入。刑罚、礼仪、田宅车服等仪式,不停回复到西周时代的周礼模式。由于政策多迁通不合实情处,百姓未蒙其利,先受其害,朝令夕改,使百姓官吏不知所从,不断引起天下各贵族和平民的不满。到了天凤四年(17年)全国发生蝗灾、旱灾,饥荒四起,各地农民纷起,形成赤眉、绿林大规模的反抗。导致新朝的灭亡。

司马光以史实为鉴,对弊害阐释得更为精辟,《资治通鉴》卷第五十七:"臣光曰:叔向(注:春秋后期晋国贤臣,政治家、外交家。出身晋国公族,历事晋悼公、平公、昭公三世,为晋平公傅、上大夫,叔向和晏婴、子产是同时代人,他不曾担任执晋国国政的六卿,但以正直和才识见称于时,留下了一些重要的政治见解和政治风范。公元前546年,叔向代表晋国与楚国达成了弭兵会盟,缓和了当时的形势)有言:'国将亡,必多制。'明王之政,谨择忠贤而任之,凡中外之臣,有功则赏,有罪则诛,无所阿私,法制不烦而天下大治。所以然者何哉?执其本故也。及其衰也,百官之任不能择人,而禁令益多,防闲益密,有功者以阂文不赏,为奸者以巧法免诛,上下劳扰而天下大乱。所以然者何哉?逐其末故也。孝灵之时,刺史、二千石贪如豺虎,暴殄烝民,而朝廷方守三互之禁。以令视之,岂不适足为笑而深可为戒哉!"

所以老子说:"不失其所者久。"最好的政治,就是不知不觉、不着痕迹而达成一切目标或效果的政治,所以圣人不是精明能干、锐气外露的人,而是为道日损、浑朴闷闷的人。

(五)社会稳定需要基石

"男女和合兴家业,基石稳定盛世亨。"婚姻是家庭的基石,家庭是社会的基石,男女正则家道正,家道正则天下定,稳定的婚姻关系与幸福和睦的家庭是社会安定的基石,其中蕴含的深刻道理,可参悟家人卦和归妹卦。这两块基石是通过规范家庭关系,奠定社会安定的基础。中孚卦所阐释的诚信为规范社会关系的基石,有利于社会和谐安定。不管治理国家还是治理企事业单位,必须重视民生的改善。重视这三块基石的作用,加强修养,社会的道德水平就会明显提升,法制的任务和压力就会减轻。由此可见,思想道德领域的意识形态建设异常重要,不可掉以轻心,不可失之于软,不可流于形式。

第三十三章　遁　卦

退避归隐之道:归隐之道贵识时　不恶而严小人远

　　天高于上,天下有山,山止于地,远山人藏,遁山不进,退避隐匿。天若君子,山比小人,小人渐长,君子退避,若天远避山。故为遁。"遁,小利贞""君子以远小人,不恶而严""物居其所不会久,与时俱进必发展。"任何事物不会保持一种状态永远不发生变化,这是由事物发展变化的特性和规律决定的,静止是相对的、发展变化是绝对的。与时俱进的发展与发展的受阻都是发展的必然,面对发展受阻(主要是人心之险的阻碍),当有力量战胜险阻的时候,当然应该积极进取,如果没有力量战胜险阻,那么选择退避不失为一种适宜的战略选择。面临阻碍之时,要有乐观超然的态度,要有时不我待、不进则退的紧迫感,要有深切的忧患意识,要有昂扬向上、奋发有为的精神状态,要有不怕挫折、不甘落后的雄心壮志和能力。事物发展受到阻碍时,要善于用发展变化的眼光看事物,分析问题,做决策。要坚定信念,坚持刚毅中正的态度,面对排斥打击,暂且退避,退避也是正当的手段,并非消极的逃避,积极隐忍,韬光养晦有利于新的时机出现。处变乱之时,要寻求办法积极营造和平稳定和谐的局面。该进则进,当仁不让;该退则退,毫不贪恋;该振兴则振兴,义无返顾;该发展则发展,积极推进。

一、遁卦经文

遁 天山遁 乾上艮下

遁:亨,小利贞。

彖曰:遁亨,遁而亨也。刚当位而应,与时行也。小利贞,浸而长也。遁之时义大矣哉!

象曰:天下有山,遁。君子以远小人,不恶而严。

初六:遁尾,厉。勿用有攸往。
象曰:遁尾之厉,不往何灾也。

六二:执之用黄牛之革,莫之胜说。
象曰:执用黄牛,固志也。

九三:系遁,有疾厉,畜臣妾吉。
象曰:系遁之厉,有疾惫也。畜臣妾吉,不可大事也。

九四:好遁君子吉,小人否。
象曰:君子好遁,小人否也。

九五:嘉遁,贞吉。
象曰:嘉遁贞吉,以正志也。

上九:肥遁,无不利。
象曰:肥遁,无不利,无所疑也。

二、遁卦警语箴言

乾上艮下山侵天　　小人猖作时局艰
物居其所不会久　　与时俱进必发展
发展受阻且隐忍　　隐俗超物自悠然
归隐之道贵识时　　不恶而严小人远
范蠡归隐识时务　　文仲杀身因贪恋
识微虑远及时退　　退避不及有危险
优胜劣汰是规律　　遁尾迟滞遭凶险
隐忍静待蓄力量　　外刚内威而岿然
黄牛之革固意志　　心猿意马需志坚

系遁危险特别重　　蓄臣纳妾莫图展
好遁该退就隐退　　归隐韬光有明天
嘉遁功成而身退　　不居不恃不傲岸
肥遁快速而隐退　　明哲保身以成全
进退审慎度时势　　振兴复盛比从前

三、易理哲学简说

归隐之道贵识时　　不恶而严小人远

遁，天山遁，乾上艮下。艮为山，乾为天，天高于上，天下有山，山止于地，远山人藏，遁山不进，退避隐匿。天若君子，山比小人，小人渐长，君子退避，若天远避山。《康熙字典》的解释为："逃也。从辵从豚。徒困切。"有逃的意思。遁象征退避。

事物不是恒定不变（恒）的，退让是避免伤害（遁）的明智选择，"遁，小利贞""君子以远小人，不恶而严"，即遁卦。遁卦所揭示的是退避归隐之道。如何掌握退避归隐之道呢？

（一）认识必然，明智退避

【遁卦卦辞】遁：亨，小利贞。

【注解】遁：dùn，《康熙字典》："逃也。从辵从豚。徒困切。"《古代汉语字典》有逃，逃避；逃走，跑开；回避，躲避，躲闪等义。

【卦辞要义】遁是退避、逃遁、隐遁，这是亨通之举，利于小有作为，从事局部的修正调整，而不利于大有作为。

【遁卦彖辞】彖曰：遁亨，遁而亨也。刚当位而应，与时行也。小利贞，浸而长也。遁之时义大矣哉！

【彖辞要义】退避隐遁，亨通。因时势而行，见机而去，乃明智之举。这是内心秉持刚德与外表施行怀柔之策的呼应相合。利于小有作为，从事局部的修正调整，而不利于大有作为。遁适宜在小的方面坚持贞正之道，可以柔进蓄势而长。隐遁之举的时势意义太大啦！

"乾上艮下山侵天，小人猖作时局艰；物居其所不会久，与时俱进必发展；发展受阻且隐忍，隐俗超物自悠然。"任何艰难阻滞都是暂时的，发展是事物存在方式的必然趋势。认识发展的必然需要掌握三个要点：

一是"物居其所不会久"。老子《道德经》第二十三章："……故飘风不终朝，骤雨不终日。孰为此者。天地。天地尚不能久，而况于人乎?！……"狂风刮不了一个早晨,暴雨下不了一整天。谁使它这样的呢?天地。天地的狂暴尚且不能长久,更何况是人呢?揭示了事物发展变化的普遍特征。事物不会保持一种状态永远不发生变化,这是由事物发展变化的特性和规律决定的,蕴含静止是相对的、发展变化是绝对的哲学思想。与时俱进的发展与发展的受阻都是发展的必然,面对发展受阻(主要是人心之险的阻碍),当有力量战胜险阻的时候,当然应该积极进取,如果没有力量战胜险阻,那么选择退避不失为一种适宜的战略选择。从中受到的启示是,要善于用发展变化的眼光看事物,分析问题,做决策。

二是与时俱进必发展。"与时俱进"最早起源于遁卦,"彖曰:遁,亨,遁而亨者;刚正位而应,与时行也。小利,贞,浸而长也。遁之时义大矣哉!"损卦有云:"损刚益柔有时,损益盈虚,与时偕行。"益卦有云:"益动而巽,日进无疆;天施地生,其益无方。凡益之道,与时偕行。"分别从不同角度阐释"与时俱进"的必要与重要。"与时俱进"的基本意思,一指准确把握时代特征,始终站在时代前列和实践前沿,始终坚持解放思想、实事求是和开拓进取,在大胆探索中继承发展;二指观念、行动和时代一起进步;三指随着时间的推移而不断增长。与时俱进,本质就是要以创新的精神和科学的态度去认识、把握和遵循事物发展的客观规律。因此,面临阻碍之时,要有乐观超然的态度,要有时不我待、不进则退的紧迫感,要有深切的忧患意识,要有昂扬向上、奋发有为的精神状态,要有不拍挫折、不甘落后的雄心壮志和能力。

三是积极隐忍保持乐观。"物居其所不会久""与时俱进必发展"。静止是相对的、发展变化是绝对的,发展变化的规律与前进的趋势不可抗拒。"尺蠖之屈,以求信也。龙蛇之蛰,以存身也。"隐忍与退避,不是失败的结果,而是生存斗争适时采取的迂回前进的策略与手段。事物发展受到阻碍时,要善于用发展变化的眼光看事物,分析问题,做决策。要坚定信念,坚持刚毅中正的态度,面对排斥打击,暂且退避,退避也是正当的手段,并非消极的逃避,积极隐忍,韬光养晦有利于新的时机出现。从辩证的角度看,处变乱之时,要寻求办法积极营造和平稳定和谐的局面。相对的稳定被打破,出现变乱的局面,要保持乐观,不要手忙脚乱,要冷静、沉着、从容、镇定,积极采取措施改善局面,最终将走出困境。

(二)不恶而严,远离小人

【遁卦象辞】象曰:天下有山,遁。君子以远小人,不恶而严。

【注解】远:遥远,远离。

恶:wù,讨厌,厌恶。

严：端正，威严，严肃。

【象辞要义】遁卦为天山遁，卦象为天下有山，天高于上，天下有山，天若君子，山比小人，小人渐长，君子退避，若天远避山。效法此卦象，君子应当采取明智的做法避免小人的迫害，但也不必憎恶小人，断然拒绝与小人交往，只是在这种交往的过程中，保持严肃的态度，行为端正，守持正道，不与小人同流合污，同时也可使小人知所警戒，进行正面的引导驱而向善，化消极为积极因素。原因在于，当此遁避之时，小人进长，理须远避，力不能讨，所以不可为恶，复不可与之褒渎，故曰："不恶而严。"此乃遁卦核心警示。

司马光《资治通鉴》卷第二十九云："荀悦曰：夫佞臣之惑君主也甚矣，故孔子曰：'远佞人。'非但不用而已，乃远而绝之，隔塞其源，戒之极也。孔子曰：'政者，正也。'夫要道之本，正己而已矣。平直真实者，正之主也。故德必核其真，然后授其位；能必核其真，然后授其事；功必核其真，然后授其赏；罪必核其真，然后授其刑；行必核其真，然后贵之；言必核其真，然后信之；物必核其真，然后用之；事必核其真，然后修之。故众正积于上，万事实于下，先王之道，如斯而已矣！"道不同，不相为谋。小人道长君子道消之时也是身退之时，该退则退，否则，将为小人所害。

隐遁有多种情形，遁卦六爻以战场溃逃面临的种种情形，诠释遁的种种玄机：

一是"优胜劣汰是规律，遁尾迟滞遭凶险。"

【初六爻辞】初六：遁尾，厉。勿用有攸往。

象曰：遁尾之厉，不往何灾也？

【注解】尾：《古代汉语字典》："尾是会意字，像弯曲的人形的尸字和倒着的'毛'字一前一后会意。在上古的庆典活动中，有人戴着一条尾巴似的饰物，故甲骨文的尾字，形似一个人（尸），下面拖着一条尾巴（毛）。尾的本义指'微也'，即微细的（尾巴），借指动物的尾巴。"有尾巴，跟在后边等义。

【爻辞要义】逃跑落在后边，危险，不要再继续逃跑了！不再继续逃跑怎会有危险呢？这说的是什么意思呢？见过败军溃逃抓俘虏的场景，就会明白说的是怎么回事儿。两军激战，失败的一方溃逃，有的跑得快，对方没有抓到他们，逃跑掉了，而那些跑得慢的老弱病残军士被落在后边，对方队伍追上来，这个时候，那些乖乖举手投降的士兵被当作俘虏抓起来，接受改编或处置，就不会有灾难。相反，不识时务，继续拼命奔逃，往往会被击毙。本爻用此打比方，说明该隐退避让时，错过时机，落在了后边，情况非常不好。面对这种情形，应该静观

第三十三章 ◎ 遁 卦

待变而不要有所妄动,如果被看穿动机,那将更加不利。错过隐退避让的时机却还要隐退就会带来祸患,但是静观不动就不会造成什么危害。对待退隐需要准确把握时机。

二是"黄牛之革固意志,心猿意马需志坚"。

【六二爻辞】六二:执之用黄牛之革,莫之胜说。象曰:执用黄牛,固志也。

【注解】说:通"脱"。

【爻辞要义】对待在战场上抓到的那些俘虏,为了防止他们逃跑掉,用黄牛皮革(搓制的绳子)牢牢捆绑起来,没有能够逃脱掉的。用黄牛皮革(搓制的绳子)将俘虏牢牢捆绑起来,改变他们要逃跑的想法。这仍然是个比方,对待那些要退避隐遁的人,一旦发现动向,就要采取相应措施进行控制,防止他们逃脱掉。

三是"系遁危险特别重,蓄臣纳妾莫图展"。

【九三爻辞】九三:系遁,有疾厉,畜臣妾,吉。

象曰:系遁之厉,有疾惫也。畜臣妾吉,不可大事也。

【注解】系遁:系,捆住;遁,逃跑的人。捆住逃跑的人。

惫:《通俗文》"疲极曰惫。"极度疲劳,困顿。

臣妾:《古代汉语字典》:臣,战俘,俘虏;奴仆,奴隶。妾是会意字,古文的妾字,由辛字省去一横和女上下组合而成。妾的本义指有罪的女人,女奴仆。男子在正妻之外另娶的老婆。《尚书·费誓》:"臣妾逋逃。"

【爻辞要义】被抓获的那些俘虏,被用牛皮绳捆绑控制起来,就像得一场大病那样的危险,对他们来说,简直疲惫困顿到了极点,这个时候,可以将男俘当作奴隶、将女俘当作妻妾蓄养起来,但不可以去做大事,否则将罹临凶险。这仍然是个比方,对于有德有才没有脱离小人魔掌的人,宜像被蓄养臣妾那样安顿下来,可以做一些无关紧要的小事儿,但不适宜做建侯行师有功德那样的大事儿,否则将会遭致杀身之祸。这个时候,无所作为,是全身保命之道。

四是"好遁该退就隐退,归隐韬光有明天"。

【九四爻辞】九四:好遁,君子吉,小人否。象曰:君子好遁,小人否也。

【注解】好遁:《说文》:"好,美也。从女、子。"段玉裁注:"好,本为女子,引申为凡美之称。"好遁,系指在该退隐的恰当时机,全身之退,归隐保全。

【爻辞要义】如果说,战场上那些及时逃脱掉的人是抓住了时机,可以被称作是好遁。那么,君子在该退隐的恰当时机,全身而退,归隐保全,无所系累,也是好遁。君子将因此而获得吉祥。小人因失去贤人、君子的辅佐,必然陷入否闭之境,当然不吉利。

五是"嘉遁功成而身退,不居不恃不傲岸"。

【九五爻辞】九五：嘉遁，贞吉。象曰：嘉遁，贞吉，以正志也。

【注解】嘉遁：嘉，赞美，赞许。功成身退是值得赞美的隐遁。

【爻辞要义】在战场上打败敌军，功成身退，归隐田园，不居功自傲，值得赞美。守正道吉祥，是由于他存心正直，品德崇高。是老子所谓的"功成而弗居""功遂身退""为而弗有"的体现。

六是"肥遁快速而隐退，明哲保身以成全"。

【上九爻辞】上九：肥遁，无不利。象曰：肥遁，无不利，无所疑也。

【注解】肥遁：《说文》："肥，多肉也。"会意字。字从肉，从巴。"巴"意为"附着""黏着""匍匐"。"肉"指"肉身""肉体"。"肉"与"巴"联合起来表示"胖人躺在床上时，看上去他的肉体好像'黏着'在床上一般"。本义胖人肉体松软。引申为肥沃。有肥苗（肥壮）、肥润（肥壮润泽）、肥泽（肌肉丰润）、富裕等义。其特征是丰盛、富足。肥遁指在物质、人脉等方面有充足积累和可靠的保障。生活无忧，未来无扰。

【爻辞要义】平时攒下物质财富做基础，在物质、人脉等方面有充足积累和可靠的保障，时时有良好的思想准备，毫不贪恋既有的地位、爵禄等待遇，在该退隐的时候，迅速超越世俗地隐遁起来，没有任何不利。既无牵累，又已远离，早已处在隐退避让中，随心所欲地远走高飞而又无不利，就在于它所做的一切都是理所当然和自然而然的，没有什么顾虑。

该遁则遁，贵在识时而动，要对社会形势、阶级差别、门阀之阃、舆论氛围、职场环境、人生观、世界观、价值观等诸多因素明辨时势，不可贪恋或久战。归隐，贵在识时。对时的把握，可从日常商议决断事务中判断，要有见微识著的功夫。本遁卦所说"识微虑远及时退，退避不及有危险"与明夷卦所说的"退隐早决不受伤"同出一脉，都是对贵识时的阐释，应该引起注意。

本遁卦箴言"范蠡归隐识时务，文仲杀身因贪恋"所说的历史典故就反映了对时的不同把握而导致的两种不同的结果。据《辞海》，范蠡，春秋末政治家。字少伯，楚国宛（今河南南阳县）人。越大夫。越为吴所败时曾赴吴为人质二年。回越后助越王勾践刻苦图强，灭亡吴国。灭吴后，他认为盛名之下难以久居，则弃官而去，并给另一功臣文种写信说：飞鸟尽，良弓藏。狡兔死、走狗烹，勾践可以共患难不可以共享乐。范蠡隐姓埋名，经商置产业，有家产无数，后携带珍宝到陶（山东定陶）定居，称陶朱公，善经商。据史书介绍，范蠡功成身隐，怕越王杀他，"乃乘扁舟于江湖，变名易姓"（《史记》），远走他乡，三次搬家，以避杀身之祸。文仲，字会、少禽，一做子禽，春秋末期楚之郢（今湖北江陵附近）人，后定居越国。春秋末期著名的谋略家。越王勾践的谋臣，与范蠡一起为勾践最终打败吴王夫差立下赫赫功劳。灭吴后，范蠡逃跑，并留下信给文仲，劝他逃跑。文仲看了之后,称病不朝。于是有人进谗言说文仲要造反作乱,勾践听信谗言,赐给文仲一把名为属缕的剑,说:"你当初给我出了9条对付吴国的策略,我只用3条便打败了吴国,剩下6条在你那里,你用这6条去地下试试能否帮助吴王夫差吧!"于是文仲自杀。文仲总结商周以来征伐经验,提出伐吴九术为:一曰尊天地,事鬼神;二曰重财帛,以遗其君;三曰贵籴粟缟,以空其邦;四曰遗之美好,以为劳其志;五曰遗之巧匠,使起宫室高台,尽其财,疲其力;六曰遗其谀臣,使之易伐;七曰强其谏臣,使之自杀;八曰邦家富而备器;九曰坚厉甲兵,以承其弊。

此外,介子推、张良、刘基等归隐被后世关注。介子推,周晋(今山西介休)人。晋文公返国,介子推"不言禄",隐于绵山。晋文公求之不得,放火焚山,他抱树而死。又据通志,介子推隐"后三十年,见东海边卖扇"。如是,其卒年可能在晋成公年间(公元前607—公元前600年)。晋公子重耳避难奔狄,随行贤士五人,介子推即是其中之一。介子推早年随重耳在外逃亡十九年,风餐露宿,饥寒交迫。重耳流亡时,头须偷光了重耳的资粮,逃入深山。重耳无粮,被围,介子推割下自己大腿的肉供养重耳。可以说重耳最终能返回晋国,立为晋君,介子推尽了犬马之劳。重耳返国,时值周室内乱,"未尽行赏",便出兵勤王,"是以赏从亡者未至隐者介子推"。对此,介子推没有像壶叔那样,主动请赏。他说,晋文公返国,实为天意,狐偃等"以为己力",无异于"窃人之财"的盗贼,故"难于处矣",其中丝毫没有对晋文公的怨恨,没有对功名利禄的艳羡。有的却是对狐偃、壶叔等追逐荣华富贵的鄙夷。介子推不肯受赏,对其母说:"身欲隐,焉用文之,文之,是求显也。"如是,介子推隐居绵山,文公曾派人多方寻找,并以绵上之田封给介子推,故绵山亦称介山。

张良,字子房,汉朝开国功臣,一直为刘邦出谋划策,刘邦登基后,张良称病拒绝了对他三万户的封赏,只要了留地作为自己养老的地方。后自称学道,学道八年后而终。他在刘邦建立和巩固汉朝的过程中,深谋远虑、运筹帷幄,起了很大作用。战争胜利后,他谦虚谨慎,不要三万户侯,而要一万户。他的"学道"也是一种避祸的巧妙方法。他深知"狡兔死,良弓藏,猎狗烹"的道理,最终以隐居保全了自己,终于没被刘邦和吕后杀掉,落了一个善终的结局。

刘基,字伯温,为朱氏最后平定天下、开创朱明皇朝立下了汗马功劳的刘基,作为开国元勋之一,被任命为御史中丞兼太史令,洪武三年(1370年),刘伯温被任命为弘文馆学士,受"开国翊运守正文臣资善大夫上护军"称号,赐封诚意伯,食禄241石。作为一代军师和智者,刘伯温料事如神,他深知自己平时疾恶如仇,得罪了许多同僚和权贵,同时也深知"伴君如伴虎"的道理。因此,他在功成名就之后,毅然选择急流勇退,于洪武四年(1371年)主动辞去一切职务,告老还乡，回青田隐居起来。刘伯温在青田过了两年的隐居生活，本来希望远离世间是非争夺。但是，他的智慧和才能实在太高，他的名声实在太大了，甚至被民间百姓渲染成了一位活神仙般的人物，这就无法避免政敌的嫉妒和皇帝的猜疑。洪武六年（1373年），刘伯温的政敌胡惟庸当了左丞相，指使别人诬告刘伯温，早就对刘伯温放心不下的朱元璋，听到诬告后果然剥夺了刘伯温的封禄。刘伯温非常惶恐，于是亲自上南京向朱元璋谢罪，并留在南京不敢回来。后来，胡惟庸升任右丞相，刘伯温更加忧虑，终于一病不起。洪武八年（1375年），有病在身的刘伯温由皇帝朱元璋所派使者护送回家，不久在家忧愤而死，终年65岁。

历史上成功归隐的，还有晋朝仕宦陶渊明，其所著传世名篇《桃花源记》，描述了一个理想社会："土地平旷，屋舍俨然，有良田美池桑竹之属。阡陌交通，鸡犬相闻。其中往来种作，男女衣着，悉如外人。黄发垂髫，并怡然自乐。"这里没有剥削，没有压迫，人人劳动，大家过着富庶和平的生活。这个"世外桃源"反映了诗人美好的愿望，它和当时黑暗的社会现实形成了鲜明的对比，寄托了诗人的田园生活情怀。

"归隐之道贵识时"，归隐，回家隐居或回到民间或故乡隐居。泛指在仕宦之途急流勇退。在仕途或职场生涯中由于社会形势、阶级差别、门阀之囿、舆论氛围、职场环境、人生观、世界观、价值观不相融等诸多原因，而不能与统治者、领导或团队相融洽时，而采取退让规避之策或措施，以保全性命或安全。归隐之道乃避祸之道。归隐贵在识时而动，要对社会形势、阶级差别、门阀之囿、舆论氛围、职场环境、人生观、世界观、价值观等诸多因素明辨时势，不可贪恋或久战。君为乾，为阳；臣为坤，为阴。对于人事而言，乾坤绝配关键在于志趣相投，世界观、人生观、价值观相一致。古史记载典型归隐，一般发生在暗君明臣，君臣的志趣相别，世界观、人生观、价值观相悖，关于重大问题或根本问题难以达成一致意见。为臣者无力改变昏暗的君主，归隐不失为一个明智的出路，否则，仍然一起共事难免杀身之祸。归隐，贵在识时。对时的把握，可从日常商议决断事务中判断，要有见微识著的功夫。本遁卦所说"识微虑远及时退，退避不及有危险"与明夷卦所说的"退隐早决不受伤"同出一脉，都是对贵识时的阐释，应该引起注意。

（四）明哲保身，功成身退

——功成身退，及时退避。老子说："持而盈之，不如其已。揣而锐之，不可长保。金玉满堂，莫之能守。富贵而骄，自遗其咎。功遂身退，天之道也。"意思是说，杯子中水满了就会溢出来。打造的利器太锋利，反而容易折断。满屋的金银财宝太多，反而容易被夺走。富贵时骄奢淫逸，就是为自己留下祸患。功成名就，其身则退，符合天道。高处不胜寒。一般情况，功成之际为身退之时，荣誉不可占尽，好处不可独得，声望不可尽享，该退之时须及时退隐，原因在于人有嫉妒之心，易致攻击与伤害。宜退之机必须明察，宜急流勇退，应退则退，不可眷恋，必须隐忍，不可妄动，应断然抛弃一切，隐没于世俗或超脱于物外。

——明哲保身，确保成全。贞明睿智，通晓天道（自然规律），顺应时势，按规律办事，妥当处理事务，没有悔吝和过错，保全性命和荣誉。明哲保身在词义的演进过程中被曲解和狭隘化，现指因怕连累自己而回避原则斗争的处世态度，应当正确加以认识。西周周宣王在位期间，朝廷有两位大臣，一位叫尹吉甫，一位叫仲山甫，他们辅佐周宣王，立下汗马功劳。尹吉甫名甲，字伯吉父，尹是官名。他曾领兵打退西北方评优族的进攻，还曾奉命在成周（今河南洛阳东）一带征收南淮夷等族的贡赋。仲山甫，因被封在樊（今湖北省襄樊市）地，所以也称樊仲、樊穆仲。仲山甫很有见识，敢于直谏，受到大家的敬重。当时，鲁国诸侯鲁武公有两个儿子，大儿子叫姬括，小儿子叫姬戏。周宣王竟然武断地立姬戏为鲁国太子。这种废长立幼的做法，违背当时的规矩，很容易酿成内部的动乱。仲山甫极力谏阻，周宣王不听，坚持立姬戏为太子，后来姬戏继位为懿公，鲁国人果然不服，不久就杀了鲁懿公。周宣王为了防御西北各部族的进攻，命令仲山甫到齐地去筑城。这时，尹吉甫写了一首诗送给仲山甫，诗中赞美仲山甫的品德和才能，当然也对周宣王任贤使能，使周朝得以中兴做了一番歌颂。这首诗就是《诗经·大雅》里的《烝民》，它一共有八章，其中第四章有两句写道："肃肃王命，仲山甫将之。邦国若否，仲山甫明之。既明且哲，以保其身。夙夜匪解，以事一人。"它的意思是说：天子之命很严肃，山甫奉命就启程。国家社会好和坏，山甫眼里看得清。聪明智慧懂事理，高风亮节万年长。昼夜操劳不懈怠，竭诚辅佐我周王。赞美了仲山甫优秀的品德和才能。

（五）物竞天择，优胜劣汰

指生物在生存竞争中适应力强的保存下来，适应力差的被淘汰。是19世纪中叶英国博物学家、进化论的奠基人达尔文进化论的一个基本论点，其要点是生物之间存在着生存斗争，适应者生存下来，不适者则被淘汰，这就是自然的选择。生物正是通过遗传、变异和自然选择，从低级到高级，从简单到复杂，种类由少到多地进化着、发展着。"物竞天择，适者生存"，竞的是"基因"。1831—1836年，达尔文以博物学家身份参加了英国派遣的环球航行科学考察。1832年2月底，达尔文考察南美洲安第斯山，当登到海拔4 000多米的高山上时，他意外地在山顶发现贝壳化石，经过反复观察与思索，终于明白了地壳升降的道理,推断这高大的山脉地带在亿万年前是一片大海洋啊！同时,科考人员惊奇地发现山脉两边的植物的种类并不相同,即使同一种类,样子也相差很远。为什么会有明显的差别呢？经过对比与深入思索,进一步认识到:"物种不是一成不变的,而是随着客观环境与条件的不同而相应变异！"后来,他又随船横渡太平洋,经过澳大利亚,越过印度洋,绕过好望角,于1836年10月回到英国。1842年,他第一次写出《物种起源》的简要提纲。1859年11月达尔文经过二十多年研究而写成的科学巨著《物种起源》,旗帜鲜明地提出了"进化论"的思想。达尔文创立的以自然选择为核心的达尔文进化论,第一次对整个生物界的发生、发展,做出了唯物的、规律性的解释,推翻了特创论等唯心主义形而上学在生物学中的统治地位,使生物学发生了一个革命变革。该理论对人类学、心理学及哲学的发展都有不容忽视的影响。进化论是人类历史上第二次重大科学突破,第一次是日心说取代地心说,否定了人类位于宇宙中心的自大情结;第二次就是进化论,将人类拉到了与普通生物同样的层面,所有的地球生物,都与人类有了或远或近的血缘关系,彻底打破了人类自高自大,一神之下,众生之上的愚昧式自尊。他所提出的天择与性择,在目前的生命科学中是一致通用的理论。目前,在一定领域实行干部考核末尾淘汰制,即是这一规律在人事领域的运用。

英国著名博物学家赫胥黎(1825—1895年)在达尔文进化论基础上创作了《天演论》,基本观点是:自然界的生物不是万古不变,而是不断进化的;进化的原因在于"物竞天择","物竞"就是生存竞争,"天择"就是自然选择;这一原理同样适用于人类,不过人类文明愈发展,适于生存的人们就愈是那些伦理上最优秀的人。进化论学说的基础是达尔文在《物种起源》一书中奠定的,赫胥黎坚持并发挥了这一思想。中国近代启蒙思想家、翻译家严复将其翻译介绍到中国。严复在翻译基础上做进一步演绎发挥,认为万物均按"物竞天择"的自然规律变化,"物竞"就是生物之间的"生存竞争",优种战胜劣种,强种战胜弱种;"天择"就是自然选择,自然淘汰,生物是在"生存竞争"和"自然淘汰"的过程中进化演进的。联系甲午战争后国家危亡的状况,向国人发出了与天争胜、图强保种的呐喊,指出再不变法将循优胜劣败之公例而亡国亡种！《天演论》阐释的这一思想,结合介绍达尔文生物进化论及西方哲学思想,使当时处于"知识饥荒"时代的中国知识界如获至宝,产生了振聋发聩的影响。

(六)进退审慎,振兴复盛

在日常工作与生活中,人们经常会"进退审慎度时势",但未必上升到理论高度认识这个问题。在心理学对"意志"的分析研究中阐释,人除了具有智商、情商外,在意志方面还有"意商",意志的实现由意志的决策阶段与执行阶段构成，而将其付诸实践，"意商"发挥着重要作用。所谓"意商"是指，人的全部认识活动可分解为知、情、意三种相对独立的心理活动，人的综合心理素质也相应地分解为三种相对独立的心理素质：认知素质（或智力素质）、情感素质和意志素质，它们分别用以反映人对于事实关系、价值关系和实践关系的认识能力。意志素质的高低取决于人对于实践关系的主观反映（设想、计划、方案、措施、毅力等）与实际情况相吻合的程度，它包括意志的果断性、自觉性、自制性、坚韧性等，具体体现为形成创造性设想、准确性判断、果断性决策、周密性计划、灵活性方案、有效性措施、坚定性行为等方面的能力。意商较高的人能够准确地、严格地控制自己各种活动的强度、稳定性、灵活性、发生频率或概率、牵涉范围、作用对象等，并准确地估算、全面地掌握、深刻地了解自己的活动可能产生的积极作用和消极作用，从而正确而果断地做出相应的行为决策，并有效地实施它。既能顽强奋斗又能急流勇退，既有原则性又有灵活性，既有创造性又有继承性；善于总结经验教训，不犯重复性错误；擅长中庸之道，既不犯左倾冒进的错误，也不犯右倾保守的错误；能够保持其行为规范与道德准则的连续性和稳定性，在为人处世上做到不亢不卑、以身作则、言行一致、信守诺言；办事利索、决策果断，有顽强的毅力和坚韧不拔的意志；心胸宽阔、严于律己，有强烈的社会责任感和牺牲精神等。这是决定进退、存亡、振兴、发展的心理因素。发挥好"意商"作用，则会明辨形势，准确决策，该进则进，当仁不让；该退则退，毫不贪恋；该振兴则振兴，义无返顾；该发展则发展，积极推进。时刻保有乐观情怀和韬晦之心，坚信正义终将战胜邪恶，即使失败或退避归隐，还会东山再起，有所作为。不管何时，无论何地，只要人的精神意志力不崩溃，就还有发展机会与无限可能。

易
道
话说易经 谈道德修养

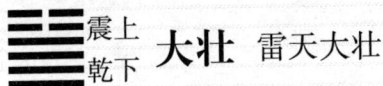

第三十四章　大壮卦

强盛之道：正直强大利永贞　非礼弗履稳中祥

震雷响彻天上，为大壮。象征大为强盛。坚守贞正之德，是维持强盛的重要保证。"大壮，利贞""君子以非礼弗履"。其启示是要坚持按规律和准则办事，严格要求自己，不做非分之事。凡是违背道德、法律、规章、制度，不符合礼教的事都不做，只有这样才能成为大家的榜样，在众人中建立起崇高的威信，将会非常有利。这是保证不偏离正确发展方向的坚实基础。处世、处事不可逞强斗胜，不要处处显露突出，而应柔顺谦虚，有良好的处世修养，善于养护事物发展态势。可以说，"正直强大利永贞，非礼弗履稳中祥""贸然妄动陷被动，坚贞自守获吉祥""恃强用壮不可取，谦退持中延久长；严守纯正利自保，横暴恃强将衰亡；做大做强谨衰败，运旺势久才安详。"事物发展到最盛壮之时，实际是最脆弱之时，也是最危险之时。物极必反的自然规律时刻不能忽视，事物发展到盛大极壮之时，持盈保泰——保守已成的事业，保持安定的局面，是面临的重要问题，要积极采取措施保持相对的稳定以持久。

一、大壮卦经文

大壮 雷天大壮 震上乾下

大壮:利贞。

彖曰:大壮,大者壮也。刚以动,故壮。大壮利贞;大者正也。正大而天地之情可见矣!

象曰:雷在天上,大壮。君子以非礼弗履。

初九:壮于趾,征凶,有孚。
象曰:壮于趾,其孚穷也。

九二:贞吉。
象曰:九二贞吉,以中也。

九三:小人用壮,君子用罔,贞厉。羝羊触藩,羸其角。
象曰:小人用壮,君子罔也。

九四:贞吉悔亡,藩决不羸,壮于大舆之輹。
象曰:藩决不羸,尚往也。

六五:丧羊于易,无悔。
象曰:丧羊于易,位不当也。

上六:羝羊触藩,不能退,不能遂,无攸利,艰则吉。
象曰:不能退,不能遂,不祥也。艰则吉,咎不长也。

二、大壮卦警语箴言

雷震云霄声大壮　　强盛威猛震四方
正直强大利永贞　　非礼弗履稳中祥
少壮于趾征战凶　　诚信中正莫鲁莽
小人用壮动武力　　君子仁政而用罔
网开一面恩泽鸟　　仁政爱民崇商汤
羝羊触藩难进退　　丧羊于易位不当
积极行动向前进　　藩决不羸而尚往
贸然妄动陷被动　　坚贞自守获吉祥
恃强用壮不可取　　谦退持中延久长

严守纯正利自保　　横暴恃强将衰亡
　　做大做强谨衰败　　运旺势久才安详
　　正大可见天地情　　持盈保泰慎考量

三、易理哲学简说

正直强大利永贞　　非礼弗履稳中祥

　　大壮,雷天大壮,震上乾下。乾为天,震为雷,震雷响彻天上,为大壮。《说文》:"壮,大也。"《汉字的奥秘》:"两根会意,以男子早晨或睡觉时生殖器的不自觉勃起,表示壮大之义。"古人将三十岁的男子称为壮年。可见壮的意思是壮大、强壮。大壮象征大为强盛,又乾刚震动,阳气从下上升,阳气大动,为壮。君子壮大,当然亨通。

　　事物不会总是隐退(遁),发展壮大(大壮)是不可避免的必然趋势,"大壮,利贞""君子以非礼弗履",即大壮卦。大壮卦揭示的是强盛之道。大为强盛是事物发展的美好阶段,是普遍的共同的追求目标。追求大壮、保持大壮应该注意哪些方面呢?

(一)非礼弗履

　　【大壮卦象辞】象曰:雷在天上,大壮。君子以非礼弗履。

　　【象辞要义】雷震于天上,称之为大壮。象征朝廷或国家以法制统摄天下。君子应该遵守社会礼制和法度,坚持按规律和准则办事,严格要求自己,不要越出准则和规律去做非分之事。

　　朱熹《论象传》云:"雷在天上,是甚生威严! 人之克己,能如雷在天上,则威严果决以去其恶,而必为于善。若半上落下,则不济事,何以为君子? 须是如雷在天上,方能克去非礼。"《群书治要》之《曾子·制言》:"曾子曰:夫行也者,行礼之谓也。夫礼,贵者敬焉,老者孝焉,幼者慈焉,小者友焉,贱者惠焉。此礼也。"——曾子说:"所谓行,就是实践礼的意思。所谓礼,就是对尊贵之人要恭敬,对老人要孝顺,对小孩子要慈爱,对年轻人要友爱,对贫贱之人要施恩惠。这就是礼。"启示是要坚持按规律和准则办事,"君子以非礼弗履",应该严格要求自己,不要越出准则和规律去做非分之事。凡是违背道德、法律、规章、制度,不符合礼教的事都不做,只有这样才能成为大家的榜样,才能在众人中建立起崇高的威信,将会非常有利。这是保证不偏离正确发展方向的坚实基础,因此,才能"正直强大利永贞,非礼勿履稳中祥",使强盛的局面比较持久地维持下去。这是大壮卦的核心启示。

如何做到"非礼弗履"呢？大壮卦六爻警示要注意六个方面：

一是"少壮于趾征战凶，诚信中正莫鲁莽"。

【初九爻辞】初九：壮于趾，征凶，有孚。象曰：壮于趾，其孚穷也。

【注解】壮：zhuàng，《说文》："壮，大也。"《广雅》："壮，健也。"《方言》："秦晋之间凡人之大谓之奘，或谓之壮。"形声字，从士，爿（pán）声。本义人体高大，肌肉壮实。《汉字的奥秘》："两根会意，以男子早晨或睡觉时生殖器的不自觉勃起，表示壮大之义。"

趾：zhǐ，形声。字从足，从止，止亦声。"止"意为"停步""不走"。"足"指"脚"。"足"与"止"联合起来表示"处于静止状态的脚"。本义站着的脚。左思《吴都赋》："足趾之所不蹈。"王力注："足趾是同义词连用，'趾'不是足指。"

【爻辞要义】足趾刚刚强健，尚未体魄健壮。这时如果有所行动，不会有出路，必然会招来灾祸。

二是坚守正道而获得吉祥。

【九二爻辞】九二：贞吉。象曰：九二贞吉，以中也。

【爻辞要义】能够坚守正道而获得吉祥，是因为它位置居中，能够以柔相出的原因。

三是"小人用壮动武力，君子仁政而用罔；网开一面恩泽鸟，仁政爱民崇商汤"。

【九三爻辞】九三：小人用壮，君子用罔。贞厉，羝羊触藩，羸其角。

象曰：小人用壮，君子罔也。

【注解】罔：wǎng，形声。从网，亡声。本义：渔猎用的网。例如《易·系辞下》："（伏羲）作结绳而为罔罟，以佃以渔，盖取诸离。"有法网之义。

羝羊：羝 dī 字从羊，从氐，氐亦声。羝羊：公羊。《汉书·李广苏建传》："乃徙武北海上无人处，使牧羝。"

触：chù，《说文》："触，牴也。"形声字。繁体字觸从角，从蜀，蜀亦声。"蜀"指"带有孔眼的网罩"。"角"与"蜀"联合起来表示"因猛烈抵物而断裂的角"。本义因抵物而断裂、露出断口（孔眼）的角。残角。转义：以角撞物，碰到。

藩：fān，《说文》："藩，屏也。"《广雅·释室》："藩，篱也。"形声字。从艸，潘声。本义篱笆。有屏障之义。

羸：léi，《说文》："羸，瘦也。"形声字，从羊。本义瘦弱。此处作动词，通"累"，缠绕，困住。

【爻辞要义】出典——网开一面。夏朝暴君夏桀一味采用武力镇压民众，大臣关逢龙以忠言进谏，招致杀身之祸。结果夏朝走向灭亡。而商汤用仁义笼络人心，使商朝逐渐走向强盛，一举灭掉夏朝。《史记殷本纪》记载，一次商汤深入

易道

话说易经 谈道德修养

民间巡察,遇到一个捕鸟的人在林中张开四面网,他向上天祈祷:"愿天上的所有鸟,四方的所有鸟,都落入我的网中!"商汤认为过分,命随从将网撤掉三面,只留一面,并让捕鸟人这样祈祷:"往左飞的鸟尽管往左飞,往右飞的鸟尽管往右飞,想高飞的鸟尽管高飞,想低飞的鸟尽管低飞。不听从劝告、自寻死路的鸟,就飞到我的网上来吧!"这件事在诸侯中传开,各方诸侯认为商汤竟然对鸟都施以恩泽,怎能不仁民爱物,被仁政所感化,纷纷归附商汤。商汤表面上给飞鸟网开一面,而实际上是用仁爱道德的政治手段笼络了更多的人心,使天下民众归顺。实际上是利用舆论造势,宣扬仁政主张,来近归远。小人用壮就像公羊顶撞藩篱,角被挂住,不能进,不能退,这种处境是当初没有考虑详细贸然妄进所致。

四是"藩决不羸而尚往"。

【九四爻辞】九四:贞吉,悔亡。藩决不羸,壮于大舆之輹。

象曰:藩决不羸,尚往也。

【注解】舆:yú,《说文》:"舆,车舆也。"车中装载东西的部分,后泛指车。

輹:fù,《说文·车部》:"輹,车轴缚也。"段玉裁注:"谓以革若丝之类缠束于轴,以固轴也。缚者,束也。"《易·大畜》:"舆说輹。"陆德明释文:"輹,车下缚也。"捆绑车伏兔与车轴的绳索。另一说为车伏兔,即垫在车箱和车轴之间的木块。上面承载车箱,下面呈弧形,架在轴上。

【爻辞要义】篱笆崩溃,羊角从篱笆的系累与束缚中解脱出来。其内在含义是,鼓励充分行动起来,积极向前进取,不能消极地坐以待毙。

五是"丧羊于易位不当"。

【六五爻辞】六五:丧羊于易,无悔。象曰:丧羊于易,位不当也。

【注解】丧羊于易:殷朝的祖先王亥很会驯服牛马羊等牲畜,所以他养了很多的牛、马、羊,于是他坐着牛车,赶着牛群羊群,到河北的有易部落进行商业贸易活动,结果被那里的人们杀害并抢走了他的牛羊。(详解参见旅卦丧牛于易)

【爻辞要义】殷朝的祖先王亥很会驯服牛马羊等牲畜,所以他养了很多的牛、马、羊,于是他坐着牛车,赶着牛群羊群,到河北的有易部落进行商业贸易活动,结果被那里的人们杀害并抢走了他的牛羊。王亥系一国之君,离开君王之位到远方去做生意,属"位不当也"。

六是"羝羊触藩难进退"。

【上六爻辞】上六:羝羊触藩,不能退,不能遂,无攸利,艰则吉。

象曰:不能退,不能遂,不详也。艰则吉咎不长也。

【注解】遂:《广雅·释诂一》:"遂,往也。"如:遂行为通行、顺适地进行。有称心、如意、成功等意思。

详:通"祥"。

【爻辞要义】强壮的羊因顶触篱笆而被挂住了角,既不能后退,又不能前进,怎样挣扎都没有好处。在这种情况下,要能够忍耐坚持,不被艰难困苦所压垮,就会安然渡过难关,获得吉祥。说明行动处事不够圆满周到,结果陷入了极为被动的局面,而"忍耐坚持,承受艰难困苦而不被压垮,就会吉祥",说明,只要能够坚持忍耐,就一定会渡过难关。

"正直强大利永贞",坚守贞正之德,是维持强盛的重要保证。只有坚守正道,才能避免由盛大向衰败的转化。"贸然妄动陷被动,坚贞自守获吉祥""恃强用壮不可取,谦退持中延久长;严守纯正利自保,横暴恃强将衰亡"等警语箴言阐释了非礼弗履坚守正道的积极意义和作用。

(二)运旺势久

老子《道德经》第七十六章:"人之生也柔弱,其死也坚强。草木之生也柔脆,其死也枯槁。故坚强者死之徒,柔弱者生之徒。是以兵强则灭,木强则折。强大处下,柔弱处上。"——人活着的时候身体是柔软的,死了以后身体就变得僵硬。草木生长时是柔软脆弱的,死了以后就变得干硬枯槁了。所以坚强的东西属于死亡的一类,柔弱的东西属于生长的一类。柔韧富有弹性是生命力所在,僵硬不会变通或顺应时势必然承受不了摧残打击必将死亡。因此,用兵逞强就会遭到灭亡,树木强大了就会遭到砍伐摧折。凡是强大的,总是处于下位,凡是柔弱的,反而居于上位。老子洞察社会与人生,认为世界上的东西凡是属于坚强者都属于将要死亡掉的一类,凡是柔弱的都是将生存下去的一类。蕴含着坚强的东西已经失去了生机,柔弱的东西则充满着生机。柔弱具有良好的韧性和旺盛的生命力,具有无限的发展可能,而强大则流于僵化或阻滞,由于物极必反规律作用,将向衰败没落的方向转化,对待事物的存在状态关键在于保持良好的发展势头。因此,处世、处事不可逞强斗胜,不要处处显露突出,而应柔顺谦虚,有良好的处世修养,善于养护事物发展态势。这种辩证法思想来源于对自然和社会现象的观察和总结。这里,无论柔弱还是坚强,也无论"生之徒"还是"死之徒",都是事物变化发展的内在因素在发挥作用。

"恃强用壮不可取,谦退持中延久长;严守纯正利自保,横暴恃强将衰亡;做大做强谨衰败,运旺势久才安详。"物极必反是蕴含在事物发展过程中的必然规律,不以人的意志为转移,始终在发挥作用,这是不可忽视也不能回避的客观事实。事物的持续发展应该建立在坚实的基础上,保持良好的发展势头,是科学合理的。"做大做强"是物极必反转化的节点,具有僵化和不易变通的、不易调整的特性,一旦出现问题,往往调控乏力,就会迅速走向衰亡。

历史和现实不断敲响警钟，暴秦盛强则速衰，其他历代王朝发展到巅峰后都以或快或慢的速度走向了衰败，日本八佰伴企业破产也是这样，都没有逃脱这一必然律和物极必反规律。反观历史，应该高度重视一个哲学问题——追求盛大的发展目标与夯实持续发展基础的关系。这个问题是一个严肃而郑重的问题，在经营管理中是个总要面对也无法回避的问题，在现实实践中，相当一部分现代企业，急功近利，好大喜功，津津乐道于"做大做强"的目标，往往忽视持久发展基础的建立与夯实，企业创立初期昙花绚烂，发展起来声名赫赫，可是，好景不长，经营起来很快就走向了衰败，不能不令人忧思。这个问题，是屯卦中所阐释的"鹿入林中莫急追"的延伸，互参可更深刻理解其中的道理，更能对夯实发展基础与进行动态调整的必要性有更深刻的认识。

企业就是企业，不是政治工具，必须遵循企业发展运营的规律运作，才能效益明显，否则，为政治投机者所利用，企业将面临重大的经营风险，这种风险甚于技术层面的合规风险，将严重危及客户与员工的合法权益。这是国有企业深化改革应该关注的一个焦点问题，也是根上的问题。居于盛大强壮之时，重视持久经营的根基，不能动摇，自警自重尤为重要，高度重视基础建设，在能够促进持久经营的基础、机制上给予应有的投入，则会促进"运旺势久"良好态势的保持。实践证明，对事物发展来说，厚实保势，运旺势久，保持良好的发展态势，适时进行有价值的动态调整，维持盛壮，延缓向衰败的方向转化，比"做大做强"更重要。目前以追求"做大做强"（大而全）为目标的国有企业当以此为鉴，警钟长鸣。

（三）持盈保泰

【大壮卦卦辞】大壮：利贞。

【大壮卦象辞】象曰：大壮，大者壮也。刚以动，故壮。大壮利贞；大者正也。正大而天地之情可见矣！

【卦辞要义】与【象辞要义】天上震雷，阳刚，大而壮，刚健而动，谓之大壮。天大，雷亦大，声威势俱壮。阳刚之大为正，值此之时，宜于守正而正其大，则可以体现乾天生发创造，坤地厚德承载的情状。

由物象、物理推及人事——人事奥妙之要在于正其大者，大者正，则小者无不正。治理国家在于正其君王（领导者），治理家业在于正其父，治理行业在于正其领航者，万事万类唯正其大（首），则天下正定。事物发展到最盛壮之时，实际是最脆弱之时，也是最危险之时。物极必反的自然律时刻不能忽视，事物发展到盛大极壮之时，持盈保泰——保守已成的事业，保持安定的局面，是面临的重要问题，要积极采取措施保持相对的稳定以持久。维持就是胜利，维持的时间越长,收益就越大。居安思危意识不能少,防范措施要到位,任何异动情况要高度关注。从哲学的角度看,事物发展到盛大极壮之时,持盈保泰是面临的重要问题,要积极采取措施保持相对的稳定以持久,但是,这毕竟是带有天真浪漫色彩的愿望,实际上,盛大极壮之时要从多个角度考虑发展的出路。可以用一个如日中天的企业打比喻,比如说,减少投入,寿终正寝,实现收益最大化,损失最小化;比如说,釜底抽薪,金蝉脱壳,培植新的发展对象,实行转产、转型;比如说,垄断解体,多元细分,实现多元专业化经营。不管做何种战略选择,一定要面对当时当地的客观实际,因地制宜,因时制宜,因机制宜,因情制宜,避免主观盲目决策。

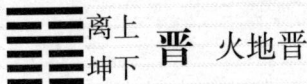

第三十五章　晋　卦

为官之道：旭日东升万物长　自昭明德主吉祥

光明出现在地面，万物柔顺依附。含进长，前进的意思，晋象征进长。就像臣下依附天子，得到晋升，吉祥。上晋的为官之道的核心在于"君子以自昭明德"——君子应该充分显示自己的才华和美德，发挥自己的作用。就是要加强德能勤绩廉健全面综合的修养，要有良好的思想品行，较强的工作能力，勤奋敬业工作态度，身心健康，廉洁自律，表现好，充分显示自己的才华和美德，发挥自己的作用，政绩突出，多做贡献，被上级赏识。核心是品德好，能干事，靠得住。这是为官晋升的基础条件。而群众的信任和支持，是重要基础。官职是许多人追求的目标，如果心理健康，坦然面对其得失，"失得勿恤心健康"，就会少受到心理伤害。晋升动机要纯正。首先做到三要：一要公道正派；二要兢兢业业；三要为人民服务。其次注意"三不"：一是不侥幸贪婪；二是不忧愁得失；三是不贪恋高位。为官当时刻加强官德修养，做到政治过硬，作风优良，让组织放心，让人民满意，让上级信任。

一、晋卦经文

晋 火地晋 离上坤下

晋：康侯用锡马蕃庶，昼日三接。

彖曰：晋，进也。明出地上，顺而丽乎大明，柔进而上行。是以康侯用锡马蕃庶，昼日三接也。

象曰：明出地上，晋。君子以自昭明德。

初六：晋如，摧如，贞吉。罔孚，裕无咎。
象曰：晋如，摧如；独行正也。裕无咎，未受命也。

六二：晋如，愁如，贞吉。受兹介。福于其王母。
象曰：受兹介。福。以中正也。

六三：众允，悔亡。
象曰：众允之，志上行也。

九四：晋如鼫鼠，贞厉。
象曰：鼫鼠贞厉，位不当也。

六五：悔亡，失得勿恤，往吉无不利。
象曰：失得勿恤，往有庆也。

上九：晋其角，维用伐邑，厉吉无咎，贞吝。
象曰：维用伐邑，道未光也。

二、晋卦警语箴言

旭日东升万物长	万物生长靠太阳
武王赐马给康侯	繁殖良马多又壮
天子一天三接见	臣顺君明美名扬
光明出在大地上	自昭明德主吉祥
晋升得位为人民	不计得失利吉往
追求上进受排挤	守正诚恳才吉祥
加官晋升忧愁至	得位履职要诚惶
动机纯正利发展	侥幸贪婪晋遭殃
晋如鼫鼠升高位	前途危险位不当

群众支持是基础　当位守正妥中祥

行权为公莫谋私　失得勿恤心健康

晋升极点失权力　征伐小国辟新疆

三、易理哲学简说

旭日东升万物长　自昭明德主吉祥

晋,火地晋,离上坤下。坤为地,离为日,为光,日之出地上。即光明出现在地面,万物柔顺依附的样子。《说文》:"晋,进也。日出,万物进。"晋卦象辞:"晋,进也。明出地上,顺而丽乎大明,柔进而上行。"即取该形象之义。含进长、前进的意思,晋象征进长。就像臣下依附天子,得到晋升,吉祥。"旭日东升万物长,万物生长靠太阳。"是对晋卦卦象的形象描述。

事物发展壮大(大壮)需要过程(晋),"君子以自昭明德",即晋卦。晋卦的主旨揭示的是上晋的为官之道。德才的长进犹如太阳升出地面,大地万物顺从并依附于太阳那般,循着柔顺之道不断发展。为官之道的核心是什么呢?

(一)领导(君王)赏识

【晋卦卦辞】康侯用锡马蕃庶,昼日三接。

【晋卦象辞】象曰:晋,进也。明出地上,顺而丽乎大明,柔进而上行。是以康侯用锡马蕃庶,昼日三接也。

【注解】康侯:周文王的第八个儿子,周武王的同母之弟,名封,为周的司寇,初封于康,故称康侯或康叔封。

锡:同"赐"。

蕃庶:繁衍生息而众多。

昼日:《古代汉语字典》:"昼表示划分界限,与日合在一起指以太阳出没为标志划分日与夜的界限。"昼日,指日升日落之内的一个白天。

晋:《说文》:"晋,进也。日出,万物进。"《古代汉语字典》:"晋在篆文中是会意字,由表示到达义的臸(读作 zhī)和日构成,合起来表示太阳出来时,万物便生长发育的意思。一说,晋在甲骨文中像一束箭插在匣、函中。晋的本义是进、向前。"

明出地上:太阳出于地上。

【卦辞要义】周武王赐给弟弟康侯良种马,康侯用这些马繁殖了大量的马匹,一个白天之内荣获天子周武王以隆重之礼三次接见与赏赐,表明康侯深受天子恩宠,反映升晋之高速度之快。因其对国家做出重要贡献,受到君王赏识和重用。

【象辞要义】晋,晋升的意思。太阳出于地上,冉冉升起,光明照耀大地,大地柔顺而附丽于光芒万丈的太阳,万物柔顺生长发育而向上升进。在这种阴阳调和的状态中,周武王赐给弟弟康侯良种马,康侯用这些马繁殖了大量的马匹,一个白天之内荣获天子周武王以隆重之礼三次接见与赏赐。

受到领导(君王)赏识和重用有什么奥妙吗？领导(君王)看中的是,为己所用,能够坚决贯彻执行政令,业绩突出,有所贡献。领导的价值取向决定着用人的价值取向。核心是对被提拔者的价值观、人生观和世界观的认同,其中价值观是核心中的核心。古语"道不同不相为谋"说的基本是这个意思。

"武王赐马给康侯,繁殖良马多又壮；天子一天三接见,臣顺君明美名扬。"卦辞与升晋有什么关系吗？古代最大的升进,莫过于人臣有德有功受到天子之恩宠了。古时,马匹多用于战争,马匹快速繁殖,当然象征国力和战争能力明显增强,因此才得到天子格外的奖赏。要想晋升快,就得多为国家做贡献。

识人之难、用人之要,司马光《资治通鉴》卷第七十三可供借鉴:"臣光曰:为治之要,莫先于用人,而知人之道,圣贤所难也。是故求之于毁誉,则爱憎竞进而善恶浑殽；考之于功状,则巧诈横生而真伪相冒。要之,其本在于至公至明而已矣。为人上者至公至明,则群下之能否焯然形于目中,无所复逃矣。苟为不公不明,则考课之法,适足以为曲私欺罔之资也。何以言之？公明者,心也；功状者,迹也。已之心不能治,而以考人之迹,不亦难乎！为人上者,诚能不以亲疏贵贱异其心,喜怒好恶乱其志,欲知治经之士,则视其记览博洽,讲论精通,斯为善治经矣；欲知治狱之士,则视其曲尽情伪,无所冤抑,斯为善治狱矣；欲知治财之士,则视其仓库盈产,百姓富给,斯为善治财矣；欲知治兵之士,则视其战胜攻取,敌人畏服,斯为善治兵矣。至于百官,莫不皆然。虽询谋于人而决之在己,虽考求于迹而察之在心,研核其实而斟酌其宜,至精至微,不可以口述,不可以书传也,安得豫为之法而悉委有司哉！或者亲贵虽不能而任职,疏贱虽贤才而见遗；所喜所好者败官而不去,所怒所恶者有功而不录,询谋于人,则毁誉相半而不能决；考求于迹,则文具实亡而不能察。虽复为之善法,繁其条目,谨其簿书,安能得其真哉！"

(二)自昭明德

【晋卦象辞】明出地上,晋。君子以自昭明德。

【注解】自昭明德:自己昭彰光明之德。

【象辞要义】太阳出于地上,冉冉升起,光明照耀大地,万物生长发育,不停地向上生长前进,象征着前进和昌盛。所以,君子应该自己昭彰光明之德,充分显示才华和美德,发挥积极的正面作用。是所谓无德不立。此乃晋卦的核心启示。君子应该加强德能勤绩廉健全面综合的修养,要有良好的思想品行,较强的工作能力,勤奋敬业工作态度积极,表现好,业绩突出,身心健康,廉洁自律,充分显示自己的才华和美德,发挥自己的作用。核心是品德好,能干事,靠得住。这是为官晋升举而措诸于民的基础条件。

为官从政者要具备九种品德。据《尚书》记载:皋陶曰:"都!亦行有九德。亦言,其人有德,乃言曰,载采采。"禹曰:"何?"皋陶曰:"宽而栗,柔而立,愿而恭,乱而敬,扰而毅,直而温,简而廉,刚而塞,强而义。彰厥有常吉哉!日宣三德,夙夜浚明有家;日严祗敬六德,亮采有邦。翕受敷施,九德咸事,俊乂在官。百僚师师,百工惟时,抚于五辰,庶绩其凝。"——皋陶说:"啊!检验一个人的行为可以依据九种品德。检验言论也一样,如果说一个人有德行,那就要指出许多事实作为依据。"禹问:"什么叫做九德?"皋陶说:"宽宏大量而又严肃恭谨,性情温和而又有主见,态度谦虚而又庄重严肃,具有才干而又办事认真,善于听取别人意见而又刚毅果断,行为正直而又态度温和,直率旷达而又注重小节,刚正不阿而又脚踏实地,坚强勇敢而又合乎道义。能在行为中表现出这九种品德,就会吉祥顺利啊!每天都能在行为中表现出九德中的三德,早晚恭敬努力地去实行,就可以做卿大夫。每天都能庄重恭敬地实行九德中的六德,就可以协助天子处理政务而成为诸侯。如果能把九种品德集中起来全面地实行,使有这些品德的人都担任一定职务,那么在职官员都是才德出众的人了。大夫们互相学习仿效,官员们都想尽职尽责,严格按照五辰运行和四时变化行事,众多的功业就可以建成了。"

自昭明德有利于晋升,关键在于动机要纯正。首先做到三要:

一要公道正派——"追求上进受排挤,守正诚恳才吉祥"。

【初六爻辞】初六:晋如摧如,贞吉。罔孚,裕无咎。

象曰:晋如摧如,独行正也。裕无咎,未受命也。

【注解】摧:cuī(cuò),形声字,从手,崔声。本义折断。有伤害、毁坏等义。

裕:yù,《说文》:"裕,衣物饶也。"形声字,从衣,谷(yù)声。衣物丰饶。本义:富饶,财物多,也指使富饶。还有自如、宽大、宽容、造福等义。

【爻辞要义】追求上进,刚开始前进就遇到了障碍和阻拦,可能尚且得不到信任,只要坚守正道,始终如一,会吉祥如意。守正道,招致小人的嫉妒和排挤是正常的事情,放宽心待事待人,不会有过失和咎殃,只是还没有被器重而任命。树立威信,不是一朝一夕的事情。切记人间正道是沧桑。

二要兢兢业业——"加官晋升忧愁至,得位履职要诚惶"。

【六二爻辞】六二:晋如愁如,贞吉。受兹介。福于其王母。

象曰:受兹介。福。以中正也。

【注解】愁:chóu,《说文》:"愁,忧也。从心秋声。"形声字,从心,从秋,秋亦声。秋表示"成熟的庄稼",把秋放在心上的意思是"心里牵挂着成熟的庄稼"。本义心里牵挂着劳动的成果。有忧虑、怨尤、忧愁、愁闷、凄惨、悲哀等义。

受:《说文》:"受,相付也。"王筠曰:"手部授,人部付,皆曰'予也'。""今以付说受,则是受授同字矣。"《古代汉语字典》:"受在甲骨文和金文中是会意字,由上部的爪、中间的古文字的盘和下部的又字三部分构成。合起来表示一方给予,一方接受。"

兹:《说文》:"兹,草木多益也。"形声字。据《说文》,从艸,滋省声。本义草木茂盛。有此、这、这个、这样等义。

介:jiè,《古代汉语字典》:"一说,介是界的古文,是会意字,由人和表示分、分别的八组成,合起来表示个人守住自己的分界,介的本义是界线。一说,甲骨文的介字像一个人身着铠甲,本义为铠甲。"按:二义相通。像身着铠甲那样守卫自己的本位界线。

福:《说文》:"福,祐也。"形声字。从示,"畐"声。声符亦兼表字义。"畐",本象形,是"腹"字的初文,上像人首,"田"像腹部之形。腹中的"十"符,表示充满之义,则"畐"有腹满义。"福""富"互训,以明家富则有福。《古代汉语字典》:福是形声字,礻为形,畐为声。福在甲骨文和金文中是会意字,像双手捧着酒樽往祭桌上进奉的样子,表示用酒祭神。福的本义为保佑、赐福。①神灵保佑。与"祸"相对。②古代祭祀时所用的酒肉。③祥运,幸福。

【爻辞要义】前进时充满忧愁思虑,但是如果能坚守正道,守住自己的本分,始终如一,按位行事,不过越本分,将会吉祥如意。而且会获得极大的恩惠和福泽,是高高在上的王母所赐给他的。之所以能够"获得极大的恩惠和福泽",是因为它位置居中,行为符合身份和正道。官职与职责相关联,经过一定的努力奋斗,将会晋升到更高的职位,有了更高的权力,同时将承担更大的职责,对晋升后的领导干部综合素质要求更高,更全面,也需要进一步树立公仆意识,履职尽责。在下一个层级是佼佼者,但是晋升之后,在新的层级上,只不过是刚飞出鸟窝的雏鸟,新环境,新任务,新矛盾接踵而至,因此,对于经验不丰富的新晋升者而言,保持诚惶诚恐之心对待工作是必要的,怀着战战兢兢的心态,小心谨慎处理面临的工作,将降低谬错发生率,提升履职效率,尽到为民服务的职责和本分,对树立领导者个人威信有好处。

三要为人民服务——"晋升得位为人民,不计得失利吉往"。

【六三爻辞】六三:众允,悔亡。象曰:众允之志,上行也。

【注解】众允:允 yǔn《说文》:"允,信也。"《尔雅》:"允,信也;允,诚也。"会意字。甲骨文字形，上为"以"（吕）字，下为"儿"（人）字。以是任用，用人不二就是"允"。本义诚信。有答应、认可；使人信服、受人敬重等义。众允指众人信服。如："允元"指信任仁厚之人；"允直"指诚实正直；"允忠"指忠信；"允孚"指得人心、使人信服；"允赖"指信赖、依靠。

【爻辞要义】他的所作所为已经得到了众人的认可和赞同，努力进取，悔恨将会消失。"得到众人认可和赞同"的志向，是要努力向前奋斗。要牢固树立为人民服务思想，甘当人民公仆。

其次注意"三不"：

一是不侥幸贪婪——"动机纯正利发展，侥幸贪婪晋遭殃；晋如鼫鼠升高位，前途危险位不当"。

【九四爻辞】九四：晋如鼫鼠，贞厉。象曰：鼫鼠贞厉，位不当也。

【注解】鼫鼠：《古代汉语字典》："鼠的一种，亦称石鼠。"指蝼蛄。孔颖达疏："晋如鼫鼠者，鼫鼠有五能而不成伎之虫也……晋如鼫鼠无所守也者，蔡邕《劝学篇》云：'鼫鼠五能，不成一伎。'王弼注曰：'能飞不能过屋，能缘不能穷木，能游不能度谷，能穴不能掩身，能走不能先人。'《本草经》云：'蝼蛄一名鼫鼠。'谓此也。"

【爻辞要义】向上迈进像那既贪婪又怕人，而且没有什么专长的鼫鼠一样，即使能够严守自己的本分，也免不了灾祸，是因为它无能无德居要位，所在的位置不对。

《晏子春秋》记载：齐景公问晏子："治理国家怕的是什么？"晏子回答说："怕的是那些土地庙中的老鼠。"景公问："说的是什么意思？"晏子答道："土地庙，是把木头一根根排立在一起，并给它们涂上泥，老鼠于是前往栖居于此。用烟火熏则怕烧毁木头，用水灌则又怕毁坏涂泥使大墙垮塌。这种老鼠之所以不能被除杀的原因，是由于土地庙的缘故啊。国家也有社鼠啊，国君身边的小人就是土地庙中的老鼠啊。在朝廷内便对国君蒙蔽善恶，在朝廷外便向百姓卖弄权势，不诛除他们，他们会作乱；要诛除他们吧，他们又受到百姓的保护，视他们为心腹并包庇他们，这就是国家的社鼠。"

另有刘向《说苑》载："齐桓公问于管仲曰：'国何患？'对曰：'患夫社鼠。'桓公曰：'何谓也？'对曰：'夫社束木而涂之。鼠因往托焉。熏之则恐烧其木，灌之则恐坏其涂，此鼠所以不可得杀者，以社故也。夫国亦有社鼠，人主左右是也。内则蔽善恶于君上，外则卖权重于百姓。不诛之则为乱，诛之则为人主所案据腹有之，此亦国之社鼠也。人有酤酒者，为器甚洁清，置表甚长，而酒酸不售。问之里人其故，里人曰：'公之狗猛，人挈器而入，且酤公酒，狗迎而噬之，此酒所以酸不售之故也。'夫国亦有猛狗，用事者也。有道术之士，欲明万乘之主，而用事者迎而龁之。此亦国之猛狗也。左右爲社鼠，用事者为猛狗，则道术之士不得用矣。此治国之所患也。"——齐桓公问管仲道："治理国家所担心的是什么？"管仲回答说："担心社鼠。"桓公问："什么意思呢？"管仲回答说："那土地神是用木头捆扎后再涂上泥做成的，老鼠便栖身其中。若用烟熏它，则害怕会烧坏木头；若用水灌它，又害怕冲坏了涂在上面的泥。这里面的老鼠之所以不能被杀死，是因为土地神像的缘故。国家也有社鼠，君主身边的亲信就是。他们在宫内对君主隐瞒一切善恶情况，在宫外就向百姓炫耀他们手中掌握的大权。不诛杀他们就会造成祸乱，要杀掉他们，他们又被君主所庇护，君主对他们常常加以保护和豢养，这些人就是国家的社鼠。有个卖酒的人，他准备的酒具很洁净，悬挂的酒旗也很高，然而酒都放酸了也卖不出去。他就问邻里的人这是什么缘故，邻里的人说：'你的狗太凶了。有人提着酒器进来要买你的酒，那狗迎面扑来就咬人，这就是酒放酸了也卖不出去的原因。'国家也有猛狗，那些当权的人就是。有道德学问的人士，想来求见国君，而当权的人就像狗一样迎上去咬他，这种人便是国家的猛狗。身边的亲信是社鼠，当权的人是猛狗，那么有道德学问的人就得不到任用了。这就是治理国家所担心的事。"

"晋如鼫鼠升高位，前途危险位不当。"这是为什么呢？自身素质不全面且过硬，难以履行职责（见升卦"综合素质要全面"）。一个人的综合素质与岗位职责相匹配，能够胜任工作，会取得良好的业绩，否则，像贪婪的鼫鼠升居高位，是很凶险的，对于自己和事业来说都可能是毁灭性的灾难。袁世凯窃位称帝，就是位不当的典型。1915年12月13日，时任中华民国大总统的袁世凯宣布废除共和政体，实行帝制，改国号为中华帝国，年号洪宪，自任皇帝。1916年3月22日，宣布废除帝制，重归共和，前后总共历时83天。同年6月6日，袁世凯病死。袁世凯为了称帝，炮制了种种理论和借口，其二子袁克文不赞成其称帝，遂作诗讽谏："乍着微棉强自胜，古台荒槛一凭陵。波飞太液心无着，云起摩崖梦欲腾。偶向远林闻怨笛，独临明室转明灯。绝怜高处多风雨，莫到琼楼最上层。"袁世凯读到儿子的诗，勃然大怒，立即将其软禁起来。袁世凯当上大总统后，二子袁克文再次写诗劝导父亲："小院西风送晚晴，嚣嚣欢怨未分明。南回寒雁掩孤月，东去骄风黯五城。驹隙留身争一瞬，蛩声催梦欲三更。山泉绕屋知深浅，微念沧浪感不平。"意思是，贵有自知之明，量力而行，欲望过多，企图过高，未必是好事。上面的两首诗是民国年间最广为传颂的名作。在袁世凯酝酿称帝最热闹的时候，袁克文作此二首，强烈反对"乃父窃帝位，改元洪宪"。袁克文虽然因诗获罪，但却表达对父亲的赤胆忠心。袁世凯称帝闹剧历时83天，然而大幕刚刚拉开，袁世凯的个人生命却告谢幕，于是神州大地群龙无首，顿时陷入军阀混战的黑暗年代。袁世凯的悲剧，不仅仅是他个人的悲剧，也是中华民族的悲剧,更是历史的悲剧。这种位不当的悲剧,纵观国内外历史,俯拾即是,意大利独裁统治者墨索里尼、伊拉克总统萨达姆等,都没有逃出"晋如鼫鼠升高位,前途危险位不当"的历史必然率,他们的悲剧,不仅是个人的头颅搬家,而且殃及家族和国家。

晋升之道,以正为宜。动机纯正,坚守正道,任人唯贤选拔和任用干部,对干部本人、干部队伍以及事业发展都将有利,否则,如果背离组织原则,放松用人标准,德能勤绩廉综合素质不具备的人,侥幸进入领导岗位,贪婪纵欲,为所欲为,最终不仅自身将罹临祸患,也将贻误事业。

《群书治要·申鉴》:"惟恤十难以任贤能:一曰不知;二曰不求(求作进);三曰不任;四曰不终;五曰以小怨弃大德;六曰以小过黜大功;七曰以小短掩大美;八曰以干讦伤忠正;九曰以邪说乱正度;十曰以谗嫉废贤能,是谓十难。十难不除,则贤臣不用,贤臣不用,则国非其国也。"——令人忧虑的是选任贤能的十个难点问题:一是不知道贤能在哪里;二是知道了而不去访求贤能;三是有了贤能却不能任用;四是任用了贤能却有始无终;五是因小小的意见而否定其高尚的道德;六是因小小的过失而抹杀其很大的功劳;七是因微小的短处而掩盖其整体的善美;八是因污蔑攻击之词而伤害忠诚正直之士;九是听信异端邪说而惑乱了正确的评价;十是因谗言嫉妒而废弃贤能。这就是"难"。这十个难点问题不解决,则贤能之臣得不到任用,贤能之臣得不到任用,则国家就不会是为君者的国家了。

二是不忧愁得失——"行权为公莫谋私,失得勿恤心健康"。

【六五爻辞】六五:悔亡,失得勿恤。往吉,无不利。

象曰:失得勿恤,往有庆也。

【注解】失得勿恤:失去或得到都不要忧虑。

【爻辞要义】悔恨已经消失,也用不着考虑得失的问题。只要勇往直前,继续努力奋斗,就会吉祥如意有福庆,所有的一切都变得是那样的顺利。大公无私,官职失去或得到,都不用考虑,也不用担忧,关键是要心理健康。

三是不贪恋高位——"晋升极点失权力,征伐小国辟新疆"。

【上九爻辞】上九:晋其角,维用伐邑,厉吉,无咎。贞吝。

象曰:维用伐邑,道未光也。

【注解】晋其角:角 jiǎo,《说文》:"角,兽角也。"《古代汉语字典》:"角在古文字中是象形字,像兽角的形状。""有蹄动物头、鼻所生的突起物,可用以于防御、进攻。"此处比喻顶点。

维用伐邑:维同"唯"。只能征讨小的邑国。

【爻辞要义】向前迈进似乎已经达到了顶点,就像到达兽角尖上一样,盛大的气象已不复存在了。只有像攻打城池那样,建立新的功勋,或许可以避免灾难转为吉祥;而且一旦这样做了,将不会产生过失。但即使如此,它以后的发展趋势也只能是越来越差。说明前进繁盛已经达到了顶点,再也难以发展光大了,需要开辟新的疆域。《菜根谭》云:"位盛危至,德高谤兴"——爵位不宜太盛,太盛则危;能事不宜尽毕,尽毕则衰;行谊不宜过高,过高则谤兴而毁来。当官职晋升到极点将失去权力,或事业发展到巅峰将转向危局,这个时候应开辟新的战场建立新的功业。

为官当时刻加强官德修养,做到政治过硬,作风优良,让组织放心,让人民满意,让上级信任。

(三)群众拥护

"群众支持是基础,当位守正妥中祥。"水可以载舟,亦可以覆舟。群众的信任和支持,是重要基础。只有获得民众的拥护,才不会有遭到民众反对的悔恨。才能密切联系群众,发动群众,有效领导和组织群众开展工作。领导是群众的纽带,同时也离不开群众。

(四)心理健康

官职失去或得到,都不用考虑,也不用担忧,关键是要心理健康。从广义上讲,心理健康是指一种高效而满意的、持续的心理状态。从狭义上讲,心理健康是指人的基本心理活动的过程内容完整、协调一致,即认识、情感、意志、行为、人格完整和协调,能适应社会,与社会保持同步。心理健康对于一个人是非常重要的,就是一个人的生理、心理与社会处于相互协调的和谐状态。人生活在纷繁复杂、变化多端的大千世界里,一生中会遇到多种环境及变化,因此,一个人应当具有良好的适应能力。无论现实环境有什么变化,都将能够适应。心理健康并非是超人的非凡状态,一个人的心理健康也不一定在每一个方面都有表现,只要在生活实践中,能够正确认识自我,把控自我,调适自我,就能做得到。晋卦所说的官职,是许多人追求的目标,如果心理健康,坦然面对其得失,"失得勿恤心健康",就会少受到心理伤害。讼卦的"讼不可及禄不争"与困卦的"行义淡权禄不争"说的都是这一道理。

(五)顺应自然法则

大自然的运行过程及法则是这样的:由潜藏酝酿生机,萌芽生长,奋发苗壮,欣欣向荣,经过雨雪风霜等恶劣气候及环境的考验,达到开花结果的盛极时期,然后由盛而衰,由盈而亏,返回原始,重新开始,循环不已,以致无穷。大自

易道 话说易经 谈道德修养

然这一伟大的功能,完全出乎自然,祥和而且执着于纯正。人类升进发展,应当效法大自然的运行规律,领悟由无而有,由盈而亏的法则性,才能把握时机,知进知退。当潜伏时期,应当觉悟,无以发生力量,必须坚定信心,隐忍待机,不可妄动。当显现时期,羽毛未丰,应当以诚信接近群众,团结民众,凝聚力量,才能获得立足之地。当成长时期,应当奋发,自强不息,充实力量,同时,必须戒慎恐惧,以避免危险和招致毁损。当茁壮时期,应当巩固群众基础,审慎把握最有利的时机,一举而获得成功。当抱负得以施展的极盛时期,应当一本初衷,选贤与能,造福群众,使其各安于位,各得其宜,才能安和乐利。

第三十六章　明夷卦

避害之道：君子莅众　用晦而明

　　日落地下，光明没入地中，为明夷。夷者，伤也。象征光明损伤。暗主在上，明臣在下，不敢显其明智，引申为天下昏暗。日落地下，光明受损，暗淡无光，前途不明，环境困难，象征君王失去贤明之道，明臣遇暗主容易受伤害。面对困境，要有敏锐的判断力，要站在正确的政治立场上，不为黑恶势力或腐败势力所左右。应觉悟局势的艰难，君子应隐藏才能，不使外露，加强修养，外愚内慧，内明外柔，收敛光芒，艰苦隐忍，逃离险境，先求自保。重点在韬光养晦，加强自身修养上下功夫，有利于避祸、待机、修养生息。重点注意三个方面：一是"时局艰难先自保，韬光养晦避受伤"；二是"内文明而外柔顺""内难而能正其志"。三是"艰难危厄苦奋发，待机争时聚力量。"历史和社会发展的规律一再证明，逸豫亡身，多难兴邦，艰难危厄之际，恰恰是奋发之时，在隐忍中韬光养晦往往会积聚蓬勃奋发的力量。争取时间，集合力量，待机谋求挽救，不可操之过急。如能谨慎行事，处处小心，可避免伤害，更能有所作为。明夷卦象辞为"明入地中，明夷。君子以莅众，用晦而明。"明夷卦剖析了明夷的种种情形以及应该遵循的原则，例举了明夷的害处，为君子调剂了一副清心醒神汤，君子如能够遵循这个道理去管理民众，即有意不表露自己的才能和智慧，反而能在不知不觉中使民众得到治理。

一、明夷卦经文

明夷 地火明夷 坤上离下

明夷:利艰贞。

彖曰:明入地中,明夷。内文明而外柔顺,以蒙大难,文王以之。利艰贞,晦其明也,内难而能正其志,箕子以之。

象曰:明入地中,明夷。君子以莅众,用晦而明。

初九:明夷于飞,垂其翼。君子于行,三日不食,有攸往,主人有言。

象曰:君子于行,义不食也。

六二:明夷,夷于左股,用拯马壮,吉。

象曰:六二之吉,顺以则也。

九三:明夷于南狩,得其大首,不可疾,贞。

象曰:南狩之志,乃大得也。

六四:入于左腹,获明夷之心,出于门庭。

象曰:入于左腹,获心意也。

六五:箕子之明夷,利贞。

象曰:箕子之贞,明不可息也。

上六:不明晦。初登于天,后入于地。

象曰:初登于天,照四国也。后入于地,失则也。

二、明夷卦警语箴言

日落地下暗无光　　主暗臣明易受伤
暗主恣纵贤臣避　　昏暗光明受损伤
光明入地为明夷　　君子莅众晦明光
时局艰难先自保　　韬光养晦避受伤
内文明而外柔顺　　文王蒙难晦韬光
内难而能正其志　　箕子贞明心不妄
明夷于飞垂其翼　　黑暗归巢夜休养
潜隐避难不受禄　　君子于行有攸往
柔正顺从有原则　　明夷左股拯马壮

明夷南狩得大首　守正莫急莫轻狂
近近臣获明夷心　退隐早决不受伤
初登于天后入地　黑腐极尽有曙光
光明黑暗有轮回　道助正义恶消亡
艰难危厄苦奋发　待机争时聚力量

三、易理哲学简说

君子莅众　用晦而明

明夷,地火明夷,坤上离下。离为日,为明;坤为地,为顺。日落地下,光明没入地中,为明夷。夷者,伤也。明夷象征光明损伤。暗主在上,明臣在下,不敢显其明智,引申为天下昏暗。"日落地下暗无光,主暗臣明易受伤;暗主恣纵贤臣避,昏暗光明受损伤。"描述的就是这种境况。所以,处明夷之世,利在艰贞。

前进(晋)会受到伤害(明夷),"明夷,利坚贞""君子以莅众,用晦而明",即明夷卦。明夷卦揭示的是避害之道。当邪恶昌隆,光明受阻时,贤者以明德被创伤,面对局势艰难,应该怎么办呢?

(一)审时度势,增强敏感

日落地下,光明受损,暗淡无光,前途不明,环境困难,象征君王失去贤明之道,明臣遇暗主容易受伤害。面对困境,要有敏锐的判断力,要站在正确的政治立场上,不为黑恶势力或腐败势力所左右。处在不佳的状况下,如果能坦处厄运,能伸能屈,前景会变光明。《贞观政要》卷一君道第一:贞观二年,太宗问魏征曰:"何谓为明君暗君?"征曰:"君之所以明者,兼听也;其所以暗者,偏信也。《诗》云:'先人有言,询于刍荛。'昔唐、虞之理,辟四门,明四目,达四聪。是以圣无不照,故共、鲧之徒,不能塞也;靖言庸回,不能惑也。秦二世则隐藏其身,捐隔疏贱而偏信赵高,及天下溃叛,不得闻也。梁武帝偏信朱异,而侯景举兵向阙,竟不得知也。隋炀帝偏信虞世基,而诸贼攻城剽邑,亦不得知也。是故人君兼听纳下,则贵臣不得壅蔽,而下情必得上通也。"太宗甚善其言。

(二)守持正固,韬光养晦

【明夷卦卦辞】明夷:利艰贞。

【注解】夷:yí,《古代汉语字典》:"夷是会意字,由大和弓组合而成,表示持弓射箭。甲骨文的夷与'人'字的形体相近,但下肢较弯曲,像蹲踞。"有(1)"古代东部各族均被称为'夷'";(2)"铲平、铲除";(3)"伤,受伤"等义。

【卦辞要义】身遭乱世,光明受损伤,小人当道,形势黑暗,宜于坚守贞正之道,退隐静修,保持人格的完整。

【明夷卦象辞】象曰:明入地中,明夷。内文明而外柔顺,以蒙大难,文王以之。利艰贞,晦其明也,内难而能正其志,箕子以之。

【象辞要义】日落西山没入地中,太阳的光明被黑暗所遮蔽,象征光明受到损伤而隐退。值此危厄之际,修为做事宜坚持"内文明而外柔顺"的原则——内心保持光明贞正的美德,不向恶势力屈服而丧失贞节操守,同时,顺应形势,驯顺行事,避祸保身,唯此才能"蒙大难"而脱离厄境。周文王事殷蒙难被囚羑里时,就是采取这一策略得以生存下来。在困难危厄之境恪守贞正之道有利,说明有必要隐藏美德的光辉和才华的锋芒。圣人内守文明的美德,外显柔顺的情态,这样可以承受各种大灾大难。面临大灾大难,内心静定贞正矢志不渝是宝贵的精神品质。退隐自守不是妥协投降,能够韬光养晦,为将来的生存发展赢得时机。箕子蒙难也是采取了这一策略应对的。殷纣王囚其叔父箕子,箕子佯狂为奴而存身,就是一个最好的非暴力抵抗的典范。

应觉悟局势的艰难,君子应隐藏才能,不使外露,加强修养,外愚内慧,内明外柔,收敛光芒,艰苦隐忍,逃离险境,先求自保。重点在韬光养晦,加强自身修养上下功夫,有利于避祸、待机、修养生息。我们不妨从三个方面看这一原则在历史实践中的运用:

一是"时局艰难先自保,韬光养晦避受伤"。韬光养晦成语出自《旧唐书·宣宗记》:"历太和会昌朝,愈事韬晦,群居游处,未尝有言。"韬,按捺,柔化,隐藏;光,锋芒,外露的锐气,这里指芒刺。引申为突出的才华、能力;养,修养,培养;晦,没有月光之夜,昏暗不明,这里指自己修养不足的地方、不足之处。比喻隐藏才能,不使外露。韬光是隐藏自己的光芒,养晦是处在一个相对不显眼的位置,甘愿让对方处在重要的位置,让自己处在次要的位置。它和低调的意思基本相同。意义在于作为弱势者可以避祸、待机、修养生息。韬光养晦不仅是生存之策,也是一种谦忍之策。谦卦说,谦卑是指人因为虚心所以能进入对方的心,被别人接纳。而在沟通时彼此接纳是很重要的,因此谦卑作为一种品格也非常重要。如果你不谦卑,就不能够被别人接纳。不被别人接纳你就无法与别人沟通,无法与别人沟通就什么事都难以做成。谦生和,尊生睦,能加强沟通,增进融洽。这与谦卦警语箴言"屈躬下物蕴崇高,卑以自牧和谐增""满损谦益待物事,福至心灵唯谦恭"阐述的是同一道理。我们知道,在自然界中,当相对弱小的动物受到强大对手的攻击时它往往会以假死来蒙骗敌人、保护自己。同样,韬光养晦实际上也是一种类似假死的行为,人类社会和动物界一样处在复杂和残酷竞争的状态。在人类社会的生存竞争中,高高在上的统治者大权在握,因为担心周围的人侵犯,时刻充满恐惧并保持警惕;竞争中的强者对新生势力虎视眈眈,受占有欲或褊狭的私心驱使,他们警惕四周的人,看哪些人可能对自己构成威胁。如果发现目标,就会展开清洗,这种屠戮事件在历史上不胜枚举。面对残酷的生存斗争,作为生存之策,韬光养晦告诉人们,不要锋芒毕露,特别是自己有才能的时候,更不要太张扬自己的才能,保持低姿态,这是中国人的传统。

中国历史上司马懿韬光养晦国人耳熟能详。司马懿(179—251年),字仲达,三国时河内温县(今河南禹县)人。出身于大士族地主家庭。多谋略,善权变。初为曹操主簿,后任太子中庶子,为曹丕所信重。魏明帝时,任大将军,多次率军对抗诸葛亮,为魏国重臣。曹芳继位,他和曹爽受遗诏辅政。后杀曹爽,专国政。死后,其子司马师、司马昭相继专权。后,其孙司马炎代魏称帝,建立晋朝,追尊司马懿为宣帝。其韬光养晦事件之一:假称风瘫,静待刺客。东汉建安六年(201年),司马懿被郡政府举为上计掾。此时曹操任司空,他得知司马懿的名声,决定聘请为官。司马懿早已看出汉朝已国运衰微,朝廷大权实际上已落入曹操之手。他本属大士族之裔,而曹操乃宦官之后,怎肯屈节事之。于是,推说身患风瘫,不能起居,拒绝征辟。曹操一向机警而多疑,马上怀疑这年轻人是在借故推辞,大为恼火。于是他立即派人扮作刺客前去验证虚实。夜深人静时,刺客穿墙越屋来到司马懿的寝室。见司马懿果然直挺挺地躺在床上。刺客仍不放心,手挥寒光闪闪的利剑,猛地刺向司马懿。警觉的司马懿察知刺客到来,立即悟到这是曹操派来验察他的病情的。于是将计就计,毅然放弃了一切逃避求生、自卫和反抗的努力,装着风瘫病重的样子,直挺挺地躺在那里,一动不动,任刺客所为。刺客这才信以为真,收起利剑,回去禀报曹操去了。曹操信以为真,司马懿才有幸生存下来。其韬光养晦事件之二:韬光养晦,诛杀曹爽。公元239年正月,司马懿讨平辽东回到洛阳不久魏明帝曹睿病死。帝临死前司马懿与大将军曹爽共辅幼主。8岁太子曹芳继帝位后,司马懿升为侍中录尚书事。与曹爽各统3 000兵马,共同执掌朝政。起初曹爽因司马懿德高望重,对他恭敬有加,不敢专断独行。后来丁谧等人劝道:"太尉有大志而甚得人心,不可推诚信任。"曹爽遂对司马懿猜疑提防。在丁谧的谋划下,曹爽于景初三年(239年)二月使魏少帝下诏,提升司马懿为太傅,表面上提升了司马懿,实际上削夺了司马懿的兵权。而且朝中奏事也得先经曹爽。曹爽还把自己的弟弟曹羲、曹训、曹彦等分别提升为中领军、武卫将军、散骑常侍。为了提高威望,建立功名,曹爽不顾司马懿的反对,于正始五年(244年)二月强行伐蜀,结果劳民伤财,无功而返。曹爽专权,司马懿失权,两人之间的矛盾逐渐尖锐起来。在不利

易道 话说易经 谈道德修养

的情势下,老谋深算的司马懿采取以退为守的策略,运用韬晦之计,收敛锋芒,藏形隐迹,告病居家,不问朝政。正始八年(247 年)四月,曹爽的野心日益膨胀,竟将太后迁入永宁宫,进一步独专朝政。并与其党羽密谋,企图夺取皇位。但是,他最为忧虑的仍是司马懿。一天,曹爽借心腹李胜调往荆州之机,让他以向司马懿辞行为由,前去观察这个称病居家、不问朝政的太傅。当李胜来访时,司马懿立刻猜出了他的来意,于是决定将计就计,迷惑对方。李胜来到司马懿的卧室,只见司马懿躺在床上,在两个侍女的服侍下喝粥,粥竟洒满了前胸。李胜说:"听说太傅旧病复发,没想到竟病得如此严重。我此次蒙皇上恩典,将赴本州岛(李胜是荆州人,所以称本州岛)任刺史,今特来向太傅辞行。"司马懿故作气喘吁吁状,说:"您去并州,并州靠近胡人,可要好好防范。我年老病重,死在旦夕,恐怕今后不能相见了。我的儿子司马师、司马昭,请您日后多加关照。"李胜纠正道:"我是回本州岛,不是去并州。"司马懿问:"您不是去并州吗?"李胜又重复一遍:"我是回本州岛,回荆州。"司马懿装作才明白的样子,说:"我年老糊涂,没有听懂您的话。您调回荆州,正是建功立业的好机会。"李胜回去后,将其在司马懿处的所见所闻详细地告知曹爽,并说:"司马公不过是尚有余气的尸体而已,形神已离,不必再对他有何顾虑了。"曹爽最忌怕的对手就是司马懿,听完李胜的这番话,他认为把持朝政、为所欲为的最后障碍不再存在,更加肆无忌惮。嘉平元年(249 年)正月,丧失警惕、思想麻痹的曹爽兄弟,陪同小皇帝曹芳拜谒高平陵,轻易离开了京城。装病蛰居而暗中准备的司马懿立即抓住时机,发动了政变。夺取了曹爽兵权,废黜了曹芳。曹爽等人回到京都不久,司马懿以"背弃顾命,败乱国典,内则僭拟,外专威权"的罪名,将曹爽兄弟及其党羽全部处死,并夷灭三族。从司马氏政权的建立可以看出,韬光养晦是夹缝中的求生之道,是在敌强我弱的情况下不得已而对敌示弱、献媚甚至不惜用苦肉计,为的就是麻痹敌人,以求得喘息、发展的空隙。其精髓就是孙子兵法里所说的"能而示之不能"。

　　二是"内文明而外柔顺,文王蒙难晦韬光"。内(下卦为离)文明而外(上卦为坤)柔顺,以此蒙受大难,只有周文王能够做到。"文王蒙难晦韬光"指商纣王的亲信谗臣崇侯虎,暗中向纣王进言说,周文王到处行善,树立自己的威信,诸侯都向往他,恐怕不利于商王。纣王于是将姬昌拘于羑里(今河南汤阴县)。周文王在囚禁中,精心致力演易六十四卦,并撰写象辞。周臣闳夭等人为营救文王出狱,搜求美女、宝马、珠玉献给纣王。纣王见了大喜:"仅此一物(指美女)就足够了,何况宝物如之多!"于是下令赦免文王出狱。并赏给他弓、矢、斧、钺,授权他讨伐不听命的诸侯。这就是史书中说的文王"羑里之厄",因蒙难而韬光养晦演绎八卦为六十四卦。

三是"内难而能正其志,箕子贞明心不妄"。内有险难而能正其志向情操,自掩其聪明才智,只有箕子能够做到。光明是不会熄灭的,只是暂时受阻碍罢了,在黑暗险难中明哲保身的做法,利于在艰难中坚守正道。

(三)君子莅众,用晦而明

【明夷卦象辞】明入地中,明夷。君子以莅众,用晦而明。

【注解】莅:《古代汉语字典》:莅的本义在来到。(1)至、到;(2)临,从上看,监视;(3)统治,执掌。

【象辞要义】明夷卦卦象是坤(地)上离(火)下,离为火,代表光明,为光明入地下之表象,即太阳的光明不显露于地外,而存于地中,外部晦暗而内部光明,象征着"光明被阻"。朱熹《论象传》云:"晦,地象;明,日象。晦只是不察察。若晦而不明,则晦得没理会了,故外晦而内必明乃好。"君子观此卦象,用于人事或政治,莅临群众,外晦暗而内心光明磊落。"目有所不见,而目之明不可蔽;耳有所不闻,而耳之聪不可掩;心有所不虑,而心之惠不可乱。"(高亨语)明夷卦剖析了明夷的种种情形以及应该遵循的原则,例举了明夷的害处,为君子调剂了一副清心醒神汤,君子如能够遵循这个道理去管理民众,即有意不表露自己的才能和智慧,反而能在不知不觉中使民众得到治理。此乃本卦核心启示。可谓"光明入地为明夷,君子莅众晦明光"。

(四)待机争时,慎行免害

"光明黑暗有轮回,道助正义恶消亡。"黑暗必将消亡,光明必将到来。这是不可抗拒的必然规律和发展趋势,坚定正义必胜的信念对于战胜任何艰难困苦都有利。"艰难危厄苦奋发,待机争时聚力量。"历史和社会发展的规律一再证明,逸豫亡身,多难兴邦,艰难危厄之际,恰恰是奋发之时,在隐忍中韬光养晦往往会积聚蓬勃奋发的力量。争取时间,集合力量,待机谋求挽救,不可操之过急。如能谨慎行事,处处小心,可避免伤害,更能有所作为。

一是"明夷于飞垂其翼,黑暗归巢夜休养;潜隐避难不受禄,君子于行有攸往"。

【初九爻辞】初九:明夷于飞,垂其翼。君子于行,三日不食。有攸往,主人有言。

象曰:君子于行,义不食也。

【注解】飞:fēi,《说文》:"飛,鸟翥也。像张翼之形。"《古代汉语字典》:"飞是象形字,在小篆中像鸟儿直向上飞时的样子。本义指鸟向上飞,泛指飞翔。"

有言:《说文》:"直言曰言,论难曰语。"《古代汉语字典》:"甲骨文的言字是象形字，像舌头前伸的样子。"言的本义是说话，即"直言"。有言指责怪之言。

【爻辞要义】在光明被阻的时候，居黑暗易受伤之际，要像鸟儿一样低垂着翅膀迅速飞走，以免被人察觉，赶紧飞回巢穴休养生息。比喻该退避隐藏，就要迅速退避隐藏，就是丢掉职位、没有饭吃也不在乎，即使受到当政者的责备也坦然面对。

二是"柔正顺从有原则，明夷左股拯马壮"。

【六二爻辞】六二：明夷，夷于左股，用拯马壮，吉。

象曰：六二之吉，顺以则也。

【注解】股：《说文》："股，髀也。"《论语·宪问》疏："膝上曰股，膝下曰胫。"形声。从肉，殳（shū）声。本义大腿。股，指人腿，即自胯至脚腕的部分。特指胯至膝盖的部分。泛指事物的分支或一部分。股肱（gǔ gōng）：大腿和胳膊。均为躯体的重要部分。引申为辅佐君主的大臣。又比喻左右辅助得力的人。

拯：《古代汉语字典》：zhěng 拯是形声字，扌为形，丞为声。拯的本义指上举。

【爻辞要义】处在这种光明被阻的情况下，暗主身边的股肱之臣（也就是得力的干将）首先最容易受伤，这是什么原因呢？古往今来，伴君如伴虎，这是众所周知的事情，暗主身边最得力的干将，最亲近最受信任的人，要么知道的情况太多，要么办事不力，要么办事虽然迎合民众之心但不得暗主的心思，所以明夷左股（暗主身边最得力的干将）受伤是很正常和经常的事情。那么，为什么又说"用拯马壮，吉"呢？这需要回顾一下，前面的坤卦曾经讲过，臣属要有"牝马之贞"的柔顺、贞正的操守是吉祥的。我们一下子就会明白，在君王身边工作也好，在一般单位领导身边工作也好，你的一言一行、一举一动都在君王或领导的眼睛里，秉持柔顺、贞正、原则，避免莽撞行事，是有利的。否则，就容易招致批评、处分而受伤。这也正是现代社会人们常常发牢骚"干得越多毛病越多"所表达的情形。关于这个问题，要从两个方面加强修养：一是臣属或员工要蓄养牝马之贞；君王或领导要有识人慧眼，用人之韬，容人之气度。

三是"明夷南狩得大首，守正莫急莫轻狂"。

【九三爻辞】九三：明夷于南狩，得其大首，不可疾，贞。

象曰：南狩之志，乃大得也。

【注解】南狩（shòu）：《说文》："狩，犬田也。"《尔雅》："冬猎为狩。"《古代汉语字典》："狩在甲骨文中与獸（兽的繁体）同形，是会意字，由表示一种打猎器具的单字和犬字两部分构成。在篆文中写作狩，是形声字，犭为形，狩为声。（1）打猎；（2）帝王外出巡察。"《左传·隐公五年》："春蒐，夏苗，秋狝，冬狩。"狩的本义冬季打猎，有征伐之义。南狩指南征。

大首:《古代汉语字典》:"首shǒu 首是象形字,在甲骨文中像长着头发的人头。在金文中,下面表示眼睛的部分更加突出。首的本义指头。"有头,脑袋;领导,首领等义。大首指大的首领。

【爻辞要义】南方蛮夷少数民族犯上作乱侵犯边关,君王的光明受阻,君王率军南征,捕获蛮夷之敌大的首领,可以解除叛逆,但不能操之过急,要坚守正道,持之以恒。有到南方巡狩征伐的志向,就会有非常大的收获。

四是"近近臣获明夷心,退隐早决不受伤"。

【六四爻辞】六四:入于左腹,获明夷之心,于出门庭。

象曰:入于左腹,获心意也。

【注解】左腹:腹fù,《说文》:"腹,厚也。"《古代汉语字典》:肚子(按:一般指人和脊椎动物躯干的一部分,介于胸和骨盆之间,包括"腹壁""腹腔"及内脏);中心部分;怀抱。左腹系指暗主(君王或领导)的贴身心腹。心脏在胸腔左侧,比喻中心部分。

【爻辞要义】左腹系指暗主(君王或领导)的贴身心腹,经常与其在一起研究事,知道其心思的人。受伤的"左股"(干事的人)找知道暗主心思的"左腹"(暗主的贴身心腹——谋划事的人)沟通了解一下,了解光明被阻的内中情况,就知道糖甜在哪里?醋酸在何处?判断一下能否仍然还可以在一起共事,是检讨自己进一步表现忠心,还是退隐规避,早做决断不受伤害。此乃明哲保身解决的实际问题。

五是"内难而能正其志,箕子贞明心不妄"。

【六五爻辞】六五:箕子之明夷,利贞。象曰:箕子之贞,明不可息也。

【注解】箕子之明夷:指箕子隐晦明智的典故。箕子是殷纣王的叔叔,见纣王做了一双象牙筷子,预感纣王会骄奢淫逸起来,箕子劝告纣王没有效果,便装疯为奴,不想暴露纣王的昏庸而显示自己明智。

【爻辞要义】内有险难而能正其志向情操,自掩其聪明才智,只有箕子能够做到。光明是不会熄灭的,只是暂时受阻碍罢了,在黑暗险难中明哲保身的做法,利于在艰难中坚守正道。

六是"初登于天后入地,黑腐极尽有曙光;光明黑暗有轮回,道助正义恶消亡"。

【上六爻辞】上六:不明晦。初登于天,后入于地。

象曰:初登于天,照四国也。后入于地,失则也。

【爻辞要义】太阳刚开始时升起在天空,光明能够普照四方各国;而后来却堕入地下,光明被没入地下,它已经因违背正道而丧失了应有的作用,由光明转入了黑暗。用太阳升起与降落打比方,说明黑暗与光明是相互轮回转化的,坚守道义与正义,邪恶势力迟早是要消亡的。邪恶势力黑暗局面消亡是发展的客观规律和必然趋势,对正义战胜邪恶要持有乐观的态度和必胜的信念。《盐铁论·遵道篇》:"文学引《易》曰:'小人处盛位,虽高必崩,不盈其道,不恒其德,而能以善终身,未之有也。是以初登于天,后入于地。'"

第三十七章　家人卦

治家之道：家道正而天下定　言之有物行有恒

内火外风，风自火出，似家事自内影响至外，谓之家人。家人象征一家人。含家庭之义。家人卦象曰："家人，女正位乎内，男正位乎外，男女正，天地之大义也。家人有严君焉，父母之谓也。父父，子子，兄兄，弟弟，夫夫，妇妇，而家道正；正家而天下定矣。""既家有严君，即父不失父道，乃至妇不失妇道，尊卑有序，上下不失，而后为家道之正。各正其家，无家不正，即天下之治定矣。"家道正才能建立起正常的伦理纲常秩序，才能建立起融洽和谐的人际关系和社会关系，进而才能建立起国家的社会公共管理秩序，才能奠定社会和谐安定的基础。培育家庭美德是社会和谐安定的首要问题。家人卦的核心启示是象曰："风自火出，家人。君子以言有物而行有恒。"——君子要注意言行，说话要有根据和内容，行动要有准则和规矩，不能朝三暮四或半途而废，养成好的习惯和作风。要言必有物，行必有恒。每个家庭做到这样，整个社会自然会形成良好的社会风气和习惯。国和家始终骨肉相连，治国首务治家业，家和邻睦国昌盛。治家兴家的核心是使民安居乐业，安居乐业是解决家庭正确定位的核心问题，有利于社会稳定。只有安居乐业，民众才能身安、心安、神安，进而才能国安、天下安。治国第一要务在于兴民众之家，善民风民俗，这是社会安定与发展的基石。

一、家人卦经文

家人 风火家人 巽上离下

家人：利女贞。

彖曰：家人，女正位乎内，男正位乎外，男女正，天地之大义也。家人有严君焉，父母之谓也。父父，子子，兄兄，弟弟，夫夫，妇妇，而家道正。正家，而天下定矣。

象曰：风自火出，家人。君子以言有物，而行有恒。

初九：闲有家，悔亡。
象曰：闲有家，志未变也。

六二：无攸遂，在中馈，贞吉。
象曰：六二之吉，顺以巽也。

九三：家人嗃嗃，悔厉吉；妇子嘻嘻，终吝。
象曰：家人嗃嗃，未失也；妇子嘻嘻，失家节也。

六四：富家，大吉。
象曰：富家大吉，顺在位也。

九五：王假有家，勿恤吉。
象曰：王假有家，交相爱也。

上九：有孚威如，终吉。
象曰：威如之吉，反身之谓也。

二、家人卦警语箴言

巽上离下火外风　风火相彰利女贞
妇德贵在谦柔中　以正持家讲信诚
妇主内室夫主外　人人尽责守本分
天地大义男女正　家道正而天下定
宽严适度增和睦　过分宽纵添悔恨
一言一行要注意　言之有物行有恒

谨言慎行树家风　　正心修身意志诚

凡教在初法在始　　家规防闲初严正

父父子子孝而敬　　兄兄弟弟悌而恭

夫夫妇妇和而睦　　长幼尊卑爱相融

恪守中道不擅主　　巽顺相商沐春风

妇子嘻嘻失家节　　家人嗃嗃未失本

各守其道尽本分　　循规中矩不妄动

看家护院重防范　　贞正持家无悔恨

违背原则与规矩　　失和霍乱家不恒

富家大吉顺在位　　家人和睦情相融

天下人民像家人　　亲密团结情谊浓

德高望重人人敬　　反身自律威信增

治国首务治家业　　家和邻睦国昌盛

三、易理哲学简说

家道正而天下定　　言之有物行有恒

离为火,巽为风,内火外风,风自火出,似家事自内影响至外,谓之家人。家人象征一家人。含家庭之义。又六二爻阴柔居内卦中正,似女子主家内事,九五爻阳刚居外卦中正,似男子主家外事,谓"家人"。家道之事女子为主要因素,因此,女子应以正持家。

受伤害(明夷)必然回家,"家人,利女贞""君子以言有物,而行有恒"即家人卦。家人卦揭示的是治家之道,也是家庭观,治家之道乃治国首要之道。为什么这么说呢?

(一)天地大义男女正,家道正而天下定

【家人卦卦辞】利女贞。

【卦辞要义】"巽上离下火外风,风火相彰利女贞。"巽在离外,风从火出。火出之初,因风而炽热。火既炎盛,还复生风。内外相成,有似家人之义。故曰"风自火出家人"也。朱熹《论象传》云:"谓如一炉火,必有气冲上去,便是'风自火出'。然此只是言自内及外之意。"家人卦象征家庭——特别注重女人在家

易道 话说易经 谈道德修养

中的作用,女人坚守正道,始终如一,将会非常有利。因此,树立正确的家庭观非常重要。

【家人卦象辞】象曰:家人,女正位乎内,男正位乎外,男女正,天地之大义也。家人有严君焉,父母之谓也。父父,子子,兄兄,弟弟,夫夫,妇妇,而家道正。正家,而天下定矣。

【象辞要义】一阴一阳之谓道,阴阳相合化生万物,其中,男女(特指夫妻)是最主要的阴阳组合,是人类社会繁荣与繁衍的基石。男女结合组建成家庭,要解决好夫妇的定位问题,女人要"正位乎内",即正道守持持家之职,料理好一家人的起居与生活,解决好一家人的凝聚与生活情趣等方面的相关问题。男要"正位乎外",即在社会谋求自身及家人的立足之地,守其职位,尽其职责,谋求家族的振兴。确定了男女(夫妇)的定位问题,就为社会的安定和谐奠定了坚实的基础。这是人类社会发展必须处理好的主要矛盾。从这个角度和意义上看,谓之"男女正天地之大义也"恰如其分。孔颖达疏:"'家人有严君焉父母之谓'者,上明义均天地,此又言道齐邦国。父母一家之主,家人尊事,同于国有严君,故曰'家人有严君焉父母之谓'也。'父父、子子、兄兄、弟弟、夫夫、妇妇而家道正,正家而天下定矣'者,此叹美正家之功,可以定于天下,申成道齐邦国。既家有严君,即父不失父道,乃至妇不失妇道,尊卑有序,上下不失,而后为家道之正。各正其家,无家不正,即天下之治定矣。"

《资治通鉴》卷第二十九司马光云:"臣又闻室家之道修,则天下之理得,故《诗》始《国风》,《礼》本冠、婚。始乎《国风》,原情性以明人伦也;本乎冠、婚,正基兆以防未然也。故圣王必慎妃后之际,别适长之位,礼之于内也。卑不逾尊,新不先故,所以统人情而理阴气也;其尊适而卑庶也,适子冠乎阼,礼之用醴,众子不得与列,所以贵正体而明嫌疑也。非虚加其礼文而已,乃中心与之殊异,故礼探其情而见之外也。圣人动静游燕所亲,物得其序,则海内自修,百姓从化。如当亲者疏,当尊者卑,则佞巧之奸因时而动,以乱国家。故圣人慎防其端,禁于未然,不以私恩害公义。《传》曰:'正家而天下定矣!'"

《群书治要·傅子》:"能以礼教兴天下者,其知大本之所立乎。夫大本者,与天地并存,与人道俱设。虽蔽天地,不可以质文损益变也。大本有三:一曰君臣以立邦国;二曰父子以定家室;三曰夫妇以别内外。三本者立,则天下正。三本不立,则天下不可得而正。天下不可得而正,则有国有家者亟亡,而立人之道废矣。礼之大本,存乎三者,可不谓之近乎;用之而蔽天地,可不谓之远乎?! 由近以知远,推己以况人,此礼之情也。"——能够用礼义教化而兴旺国家的,是知道治理国家的根本大道啊。大道,是与天地并存的,是与人伦共同设立的。即使天地被遮蔽了,治国的大道,其内容和形式都不能有所改变。大道有三:一是君臣关系,凭此建国立邦;二是父子关系,凭此安定家庭;三是夫妻关系,凭此区分内外。这三种根本关系确立,则天下归于正道;这三种关系不能确立,天下就不能归于正道。天下不能归于正道,有国的诸侯、有家的士大夫会很快衰亡,立身做人的准则也会废弃。礼义的根本存在于这三个方面,能不说很切近吗? 运用它则可以概括天地运行的法则,能不说意义很深远吗? 由近以知远,推己以比人,这就是礼制的实情。

为什么说男女正则家道正,家道正则天下定? 从傅子(傅玄)的论述中可窥见一斑。因为先有男女,后有父子,而后才有君臣,家道正才能建立起正常的伦理纲常秩序,才能建立起融洽和谐的人际关系和社会关系,进而才能建立起国家的社会公共管理秩序,才能奠定社会和谐安定的基础。从中可以看出,培育家庭美德是首要问题。

中共中央《公民道德建设实施纲要》确定家庭美德的主要规范为:"尊老爱幼,男女平等,夫妻和睦,勤俭持家,邻里团结。"在继承中华民族优秀传统的基础上,又有进一步升华,对社会安定和谐将起到像磐石一样的稳定作用。放眼世界,家庭观的价值取向基本一致,基督教强调夫妻互爱互助,妻子顺服丈夫,子女孝敬,树立共同理想等观念,伊斯兰教家庭观强调互相尊重,彼此信任,以诚相待,和睦相处。

(二)一言一行要注意,言之有物行有恒

【家人卦象辞】风自火出,家人。君子以言有物,而行有恒。

【注解】家:丁再献、丁蕾《东夷文化与山东·骨刻文释读》:最初,我们的祖先是在树上"架木为巢"的。大约 7 000 多年前,他们转到地上盖木房子为屋,并开始驯养野兽为家畜,猪就是人们最早饲养的家畜。为了防止外来的侵袭,那时房子的结构一般是上下两层,上面住人,下面做猪圈。因此,凡是有"猪圈"的地方,也住着人,有"猪圈",也就是有"人家"的标志。后来经过演变,"家"的"猪圈"这一本义消失了,"人的住所"这个含义却保留了下来。""甲骨文字形,上面是"宀"(mián),表示与房室有关,最早的房子是用来祭祀祖先或家族开会。下面是"豕",即野猪,野猪是比老虎、熊还危险的动物。野猪是非常难得的

祭品,所以最隆重的祭祀是用野猪祭祀。

【卦辞要义】家人卦的核心启示是"风自火出,家人。君子以言有物,而行有恒。"家人卦的卦象是巽(风)上离(火)下,为风从火出之表象,象征着外部的风来自于本身的火,就像家庭的影响和作用都产生于自己内部一样。君子应该特别注意自己的一言一行,说话要有根据和内容,行动要有准则和规矩,不能朝三暮四和半途而废,养成好的习惯和作风。家人之道贵在修于近小而不妄行妄为。所以要言必有物,行必有恒。所谓物,就是要有实事,不无中生有、无事生非。言必有事,即口无择言。行必有常,即身无择行。正家之义,修于近小。言与行的关键是以身作则,做好表率,通过在家中近处处理小事所秉持的态度影响家庭成员在远处的所作所为,知道什么事该做,什么事该禁戒。发言立行,都必须是可以恒常的事情,相互促进,才可树立起家风家规,赢得家庭在社会中的威信。家人卦强调的是,好的习惯和作风要在家中就养成。应该特别注意自己的一言一行,说话要有根据和内容,行动要有准则和规矩,言必有物,行必有恒,办事要恒常持久,在家中就养成"实事求是"的好习惯和好作风,每个家庭做到这样,那么,整个社会自然形成良好的社会风气和习惯。

(三)治家要把握好定位加强修养

男人阳刚主外,女人柔顺主内,父子、兄弟、夫妇各司其职,各尽其责,则家道正。家庭以主妇为主体,应当具备柔顺、谦逊、中正的德行。治家要求宁可过严,不可溺于亲情,失之于过分宽大。重点需要注意以下问题:

一是"凡教在初法在始,家规防闲初严正"。

【初九爻辞】初九:闲有家,悔亡。象曰:闲有家,志未变也。

【注解】闲有家。闲:xián,《说文》:"阑也。"贾公彦疏:"闲与梐枑皆禁卫之物。"闲指木栅栏门上横插的门闩。有暴徒匪寇侵袭时,随时可以拔下用作防御性的武器。有防御之义。有:《古代汉语字典》:"名词词头,无实义。"陶渊明《桃花源记》:"乃不知有汉,无论魏晋。""闲有家"指对家严加防范与管理。

【爻辞要义】治家之道在成家之初即须严正,"如筑垣榰户以防盗贼,曲突徙薪以防火灾,男女有别以防淫乱等是"(高亨语)。要立家法树家规防止闲散繁乱。这是全家人共同的义务和责任。如果繁乱之后,才开始惩治,就会有懊悔。等家人的志趣变得繁乱起来再治理,就会为时已晚,因此,要立家规家法,未雨绸缪,防范在前。只有这样,才会拥有安定和谐幸福的家。国家治理也是一样。

二是"恪守中道不擅主,巽顺相商沐春风"。

【六二爻辞】六二:无攸遂,在中馈,贞吉。象曰:六二之吉,顺以巽也。

【注解】无攸遂:妇人要守妇道,没有什么原因,不要无缘无故离家出走。

在中馈:《古代汉语字典》:馈"以食物送人"。"在中馈"省略句,乃"(女)在(家)中馈"。妇人在家中烹饪食物给家人吃,料理好家务,守贞正之道吉利。妇人是凝聚家的核心,宜恪守巽顺之道,要在家中料理好一家人的饮食。

【爻辞要义】妇人要守妇道,没有什么原因,不要无缘无故离家出走。妇人在家中烹饪食物给家人吃,料理好家务,守贞正之道吉利。妇人是凝聚家的核心,宜恪守巽顺之道,要在家中料理好一家人的饮食。

在家庭中,定位问题是个大问题,古代强调男尊女卑,现代社会主张男女平等,地位的基本平等或相对平等是可能的,在发挥作用方面绝对的平等并不现实,由于受体能、经验、见识、技能、成长家庭环境等多方面因素的影响,男女在社会和家庭中发挥的作用迥然有别,古代征杀战场、开疆辟壤、狩猎驯服猛兽等危险的事情多由男人从事,女人则在家料理纺织、烹饪、馈食供祭等事务,基于对这种现实情形的认识,古圣先贤对男女的定位基本是一致的,男主外,建功立业,女主内,恪守中正之道;男人要阳刚有建树,女人要巽顺柔弱,遇事多与丈夫商量,不擅自做主张,处理家庭事务就会避免繁乱事情发生,家庭就会沐浴在春风里,其乐融融。

三是"妇子嘻嘻失家节,家人嗃嗃未失本"。

【九三爻辞】九三:家人嗃嗃,悔厉,吉;妇子嘻嘻,终吝。

象曰:家人嗃嗃,未失也;妇子嘻嘻,失家节也。

【注解】嗃嗃:hè hè,孔颖达疏:"嗃嗃,严酷之意也。"《古代汉语字典》:"严酷、严厉的样子。"

嘻嘻:xī xī,孔颖达疏:"嘻嘻,喜笑之貌也。"高亨释:"戏笑貌。"

【爻辞要义】由于过分严厉使得家中人怨言丛生,但最终却可以得到吉祥,因为这样做符合治家原则,虽然有过失,但不失根本。而听凭妇人和孩子随心所欲,戏笑玩乐,最终的发展结果却决不会好,是因为这样做违背了治家的原则和规矩。

四是"富家大吉顺在位"。

【六四爻辞】六四:富家,大吉。象曰:富家大吉,顺在位也。

【注解】富家:是"(男)富家"的省略句。

【爻辞要义】男主外，谋事、创业、理财，发家致富，一定会非常吉祥如意，是由于他适应本位要求顺势而为的结果。

五是"家人和睦情相融"。

【九五爻辞】九五：王假有家，勿恤，吉。象曰：王假有家，交相爱也。

【注解】王假有家：王：君王。假：《古代汉语字典》："gé 通'格'。至，到达。"有：《古代汉语字典》："名词词头，无实义。"

【爻辞要义】君王深入到民众家中，不必担心害怕或忧虑，吉祥如意。君王深入到民众家中，君王爱民众，民众爱君王，交相敬爱，融为一家人。因此，治国要像治家那样。此乃家道正关乎天下定！

六是"德高望重人人敬，反身自律威信增"。

【上九爻辞】上九：有孚，威如，终吉。象曰：威如之吉，反身之谓也。

【注解】孚：诚信。

威：威信。

反身之谓：郑玄注："求诸己也。"古语称求之于己为反身。

【爻辞要义】治家的根本在于求之于己，严格要求自己，如果自己能够诚实有信，树立起威信，结果一定会获得吉祥，原因在于尊严和威信是通过严格要求自己得到的，而不是通过其他方式。

（四）治国首务治家业，家和邻睦国昌盛

孟子曰："人有恒言，皆曰'天下国家'。天下之本在国，国之本在家，家之本在身。"家是社会的最基本单元，是社会最具有生命力的细胞，是社会和谐安定的基石（另一基石是中孚卦阐释的诚信）。"安居，乐业，趣生，慈爱"是理想状态，夫妇坚守正道，将家庭治理得井井有条，有安定适宜的居所，有稳定事业或职业，人人有美好的信仰与追求，精神圆润完满，对生活充满乐趣，男不为贪抢匪盗淫乱之事，女不为娼妓怨忿嫉妒之行，家和而兴，邻友而睦，则社会自然安定和谐。家道正的灵魂是慈爱。男慈女爱是家庭和睦的润滑剂和黏结剂，能够增强向心力和凝聚力。治国首务在于治家，在于让民众有和谐幸福美满的生活，自然会"家和邻睦国昌盛"。治家兴家的核心是使民安居乐业，安居，则民众不会流离失所，乐业，则不会滋生盗抢淫乱之事，因为安居乐业是解决家庭正确定位的核心问题，有利于社会稳定，在制定治国方略时，这个方面要高度重视。只有安居乐业，民众才能身安、心安、神安，进而才能国安、天下安。治家重在德

治，德治失败或道德沦丧，则法制处于疲于应付的局面。治国者，第一要务在于兴民众之家，善民风民俗，这是社会安定与发展的基石，不可践踏。

（五）营造好物质家园和精神家园

家是温馨的港湾，我们既要建设好个人专有空间的物质家园，也要建设好所在社会组织的大家庭（集体或团队），更要建设好人们心理上认可、信赖、追求的归宿和寄托之所，即“精神家园”，营造自由、信赖、安全与快乐的温馨环境与氛围。物质家园和精神家园是人生永远的根基，心灵的沃土也需要开垦、灌溉和维护。只有营造好物质家园和精神家园，才能真正实现中华56个民族的融合、团结与兴盛，缔造美丽的中国。成龙演唱的歌曲《国家》道出56个民族共同的心声：

国　家

一玉口中国　一瓦顶成家
都说国很大　其实一个家
一心装满国　一手撑起家
家是最小国　国是千万家
在世界的国　在天地的家
有了强的国　才有富的家
国的家住在心里　家的国以和矗立
国是荣誉的毅力　家是幸福的洋溢
国的每一寸土地　家的每一个足迹
国与家连在一起　创造地球的奇迹

一心装满国　一手撑起家
家是最小国　国是千万家
在世界的国　在天地的家
有了强的国　才有富的家

国的家住在心里　家的国以和矗立

国是荣誉的毅力　　家是幸福的洋溢
国的每一寸土地　　家的每一个足迹
国与家连在一起　　创造地球的奇迹

国是我的国　　家是我的家

我爱我的国　　我爱我的家

国是我的国　　家是我的家

我爱我的国　　我爱我的家

我爱我……国家

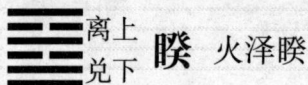

第三十八章　睽　卦

和大同存小异之道：睽异离散　以同而异

　　火焰向上烧，泽水向下浸，两性相背，为睽。睽象征睽异、离散。这种睽异、离散，不是分崩离析，是在大同基础上的小小的睽异。异性相吸，同性相斥，相反相成，和同与睽异存在客观基础及可能与空间，"大"的和同中存在"小"的睽异。基于此，在处理社会事务上，要善于运用矛盾对立统一规律，求大同存小异。求大同存小异，宜顺应规律，应时而动，找准内因，争取主动。分析现象，解决问题，要善于从内外两个方面找原因，找准抓住内因，对症下药，才会有的放矢，主动性高，效果好。睽卦揭示的是"君子以同而异"的求大同存小异之道。

一、睽卦经文

睽 火泽睽 离上兑下

睽:小事吉。

彖曰:睽,火动而上,泽动而下;二女同居,其志不同行;说而丽乎明,柔进而上行,得中而应乎刚;是以小事吉。天地睽,而其事同也;男女睽,而其志通也;万物睽,而其事类也。睽之时,用大矣哉!

象曰:上火下泽,睽。君子以同而异。

初九:悔亡,丧马勿逐,自复。见恶人,无咎。
象曰:见恶人,以辟咎也。

九二:遇主于巷,无咎。
象曰:遇主于巷,未失道也。

六三:见舆曳,其牛掣,其人天且劓。无初有终。
象曰:见舆曳,位不当也。无初有终,遇刚也。

九四:睽孤。遇元夫,交孚,厉无咎。
象曰:交孚无咎,志行也。

六五:悔亡。厥宗噬肤,往何咎。
象曰:厥宗噬肤,往有庆也。

上九:睽孤。见豕负涂,载鬼一车。先张之弧,后说之弧。匪寇婚媾。往遇雨则吉。

象曰:遇雨之吉,群疑亡也。

二、睽卦警语箴言

火焰上燃泽下流　　水火不容不同行
离上兑下不和谐　　睽异离散有不同
二女同居不同志　　得中应刚柔上行
异性相吸同性斥　　志同喜悦而光明
天地分离生宇宙　　化育万物事业同
男女睽而不同体　　心存爱欲志相通
万物千姿又百态　　物以类聚类别同

世态炎凉多变诈	人以群分志趣同
失马逾逐行逾远	恶人逾激逾劣行
失马勿逐自回复	遇恶避咎无灾眚
遇主于巷未失道	主仆断金其心同
舆曳牛掣位不当	天剋无初而有终
乖异孤独遇伟人	诚信交往吉亨通
厥宗噬肤如亲人	团结成功有喜庆
载鬼一车豕负涂	张弓不射心高兴
非寇婚媾遇雨吉	疑虑顿消异而同
矛盾对立又统一	调和存异更求同
内部外部找原因	找准内因可主动
睽卦时势意义大	因势利导可亨通
睽异离散不离德	心怀眷眷仍可同
同德心往一处想	同舟共济才亨通

三、易理哲学简说

睽异离散　以同而异

睽,火泽睽,离上兑下。兑为泽,离为火,火焰向上烧,泽水向下浸,两性相背,为睽。睽者,乖,两目相背,不和谐。睽象征睽异、离散。这种睽异、离散,不是分崩离析,是在大同基础上的小小的睽异。"火焰上燃泽下流,水火不容不同行;离上兑下不和谐,睽异离散有不同。"是对这种卦象的概括描述。

家道(家人)穷困必然性格乖僻(睽),"睽,小事吉""君子以同而异",即睽卦。睽卦揭示的是和大同存小异之道。面对睽异、离散,如何求大同存小异呢?既要解决思想认识问题,又要解决相关人事问题。

(一)异性相吸同性斥,和同与睽异存在客观基础及可能与空间

生物普遍存在的现象,雌雄异性相互吸引,同性相互排斥,仍然体现着"利己排他性",在一阴一阳之谓道的规律作用下,异性相吸有利于繁衍延续后代,同性相斥有利于延续自己的种族,遏制其他种族的繁衍与延续。从中不难看出,占有物质与能量是生存发展的物质基础。这一现象及其蕴含的规律应用于心理学领域,被称为异性效应原理。李女士是某公司公关部经理。她联系颇广,出师必胜,为公司立下赫赫战功。公司的原料奇缺,材料科的同志四处奔走,却连连碰壁,而李女士外出联系,不久问题便迎刃而解。公司资金周转严重

失灵，急需贷款，急得总经理像热锅上的蚂蚁一样。又是李女士风尘仆仆，周旋于银行之间，竟获得贷款上百万元。李女士因此备受领导器重，工资、奖金一加再加。有人试图总结李女士成功的秘诀，发现她除了具有清醒的头脑，敏捷的口才，丰富的知识和阅历，接物待人灵活之外，和她端庄的容貌、娴雅的仪表也有很大的关系。在日常生活中，我们经常可以看到男营业员接待女顾客，一般要比接待男顾客热情些。上述李女士成功的原因主要在于：如今的社会还是一个男性占很大优势的社会，外出办事多数要和男性打交道，由女性出面较为顺利，这便是心理学上所谓异性效应。这种现象是建立在异性相吸引的基础上的。人们一般比较对异性感兴趣，特别是对外表讨人喜欢，言谈举止得体的异性感兴趣，这点女性也不例外，只不过不如男性对女性那么明显。有时为了引起异性注意，男性还特别喜欢在女性面前表现自己，这也是"异性效应"在起作用。不过"异性效应"不能滥用。女性外表漂亮，讨人喜欢，如果再加上交往得当，在异性面前办事容易，这是正常的；反之，若为达到某一目的，用色相去引诱别人那就不道德了。男性对异性，尤其是年轻漂亮的异性热情些，客气些也无可非议，但把异性当作刺激，想入非非，让人感到"色迷迷"的，就超过限度了，因此，与异性接触要把握住"度"。

"万物千姿又百态，物以类聚类别同；世态炎凉多变诈，人以群分志趣同。"即"物以类聚，人以群分"。除本卦，《战国策·齐策三》《周易·系辞上》也有使用和表述。意思是，比喻同类的东西常聚在一起，志同道合的人相聚成群，反之就分开。历史上有名的典故是——战国时期，齐国有一位著名的学者名叫淳于髡（kūn，《说文》"髡，剃发"也）。他博学多才，能言善辩，被任命为齐国的大夫。他经常利用寓言故事、民间传说、山野轶闻来劝谏齐王，而不是通过讲大道理来说服他，却往往能收到意想不到的效果。有一次，齐宣王想攻打魏国，积极调动军队，征集粮草补充兵源，使得国库空虚，民间穷困，有的百姓已经逃到其他国家去了。淳于髡对此十分忧虑，他就去求见齐宣王。齐宣王爱听故事，淳于髡投其所好，说："臣最近听到一个故事，想讲给大王听。"齐宣王说："好啊，寡人好久没听先生讲故事了。"淳于髡说："有一条叫韩子卢的黑狗，是普天下跑得最快的狗。有一只叫东郭逡的兔子，是四海内最狡猾的兔子。有一天，韩子卢追逐东郭逡，绕着山跑了三圈，又翻山顶来回追了五趟，兔子在前面跑得精疲力尽，狗在后面追得力尽精疲，双双累死在山腰，一个农夫看见了，没花一点力气，就独自得到了这个便宜。"齐宣王听出淳于髡语中有话，就笑着说："先生想教我什么呢？"淳于髡说："现在齐、魏两国相持不下，双方的军队都很疲惫，两国的百姓深受其害，恐怕秦、楚等强国正在后面等着，像老农一样准备捡便宜呢！"齐宣公听了，认为很有道理，就下令停止进攻魏国。

齐宣王喜欢招贤纳士,于是让淳于髡举荐人才。淳于髡一天之内接连向齐宣王推荐了七位贤能之士。齐宣王很惊讶,就问淳于髡说:"寡人听说,人才是很难得的,如果一千年之内能找到一位贤人,那贤人就好像多得像肩并肩站着一样;如果一百年能出现一个圣人,那圣人就像脚跟挨着脚跟来到一样。现在,你一天之内就推荐了七个贤士,那贤士是不是太多了?"淳于髡回答说:"不能这样说。要知道,同类的鸟儿总聚在一起飞翔,同类的野兽总是聚在一起行动。人们要寻找柴胡、桔梗这类药材,如果到水泽洼地去找,恐怕永远也找不到;要是到梁文山的背面去找,那就可以成车地找到。这是因为天下同类的事物,总是要相聚在一起的。我淳于髡大概也算个贤士,所以让我举荐贤士,就如同在黄河里取水,在燧石中取火一样容易。我还要给您再推荐一些贤士,何止这七个!"

(二)相反相成,"大"的和同中存在"小"的睽异

【睽卦卦辞】睽:小事吉。

【睽卦象辞】象曰:睽,火动而上,泽动而下;二女同居,其志不同行;说而丽乎明,柔进而上行,得中而应乎刚;是以小事吉。天地睽,而其事同也;男女睽,而其志通也;万物睽,而其事类也。睽之时,用大矣哉!

【注解】睽:kuí,《说文》:"睽,目不相视也。"《古代汉语字典》:"睽是形声字,目为形,癸为声。睽的本义指两只眼睛不同时看一物。一说睽的本义指彼此不相注视。"有不合、违反、违背,分开、分离等义。

说:通"悦"。

【卦辞要义】在人与人根本方向、目标、本质规定性等大的方面基本一致的基础上存在一定的睽异离散心态或现象之时,只适宜做一些小事,是吉利的,值此之时,不适宜办大事儿。

【象辞要义】火在上面燃烧,泽水向下流动;两个女人居住在同一房间里,心愿不一样,所以行为也不一样。泽兑附丽与火为离,喜悦而光明,柔顺地向上进取。值此之时,刚柔相应,所以事宜办小事儿吉祥。高亨《周易大传今注》云:"宇宙万类有其睽,亦尤其合。天高地卑,天阳地阴,是'天地睽';然天地相交,以生育万物,其事则同,是以天地睽中有合。男刚女柔,男外女内,异性而分职,是'男女睽';然男女相配,以成室家,育子女,其志相通,是男女睽中有合。万物各具形体,各有属性,是'万物睽';然万物生存运动,有其共同之点,有其相联系之处,是万物睽中有合。由此可见,宇宙万类睽中有合。其睽以时,其合亦以时。天地以时睽,以时合,故万物育。男女以时睽,以时合,故家室成,子女生。万物以时睽,以时合,故相需相养。睽之以时,对于宇宙万类之作用甚大也。"

"异性相吸同性斥,志同喜悦而光明;天地分离生宇宙,化育万物事业同;男女睽而不同体,心存爱欲志相通。万物千姿又百态,物以类聚类别同"是对这一规律性认识的形象描述。阴阳交合、雌雄交配生育繁衍万物,植物开花授粉产生果实,动物交配孕育着新生命,男女组成家庭,共同从事人口生产和物质生产,创造着幸福生活。阴阴雌雄男女外在的形态有所不同,然而又存在着内在的吸引力,将二者结合在一起,普遍形成大的和同,在繁育生命大的和同基础上存在小小睽异是正常的事情。例如,"男女睽而不同体,心存爱欲志相通。"男女性别不同,夫妻组建家庭,而其生育子女的心志相通,偶尔争吵,也是为了家庭的日子过得更好。

(三)善于运用矛盾对立统一规律,求大同存小异

【睽卦卦辞】上火下泽,睽。君子以同而异。

【注解】以同而异:在根本方向、目标、本质规定性等大的方面基本一致的基础上存在一定的睽异离散现象(这种现象是客观的、正常的)。

【卦辞要义】睽卦核心启示为"上火下泽,睽。君子以同而异"。睽卦大象"君子以同而异"。对此朱熹《论象传》云:"此是取两象合体为同,而其性各异,在人则是和而不同之意。盖其趋则同,而所以为同则异。如伯夷、柳下惠、伊尹三子所趋不同,而其归则一。象辞言睽而同,大象言同而异。在人,则出处语默虽不同,而同归于理;讲论文字为说不同,而同于求合义理;立朝论事所见不同,而同于忠君。《本义》所谓'二卦合体'者,言同也;'而性不同'者,言异也。'以同而异',语意与'用晦而明'相似。大凡读《易》到精熟后,颠倒说来皆合,不然则是死说耳。"以万物的事理来说,形态虽然违背,但却有肉眼看不到的统一性存在,应以柔顺的方法,细心寻求可合之处,才能转离为合,变摩擦为和谐。事物之间虽存"异",但也必须存"同"存"合",必须有可同可合之处。只要因势利导,讲究方式,求同存异,矛盾终归得以化解。

一是"失马逾逐行逾远,恶人逾激逾劣行;失马勿逐自回复,遇恶避咎无灾眚"。

【初九爻辞】初九:悔亡。丧马,勿逐自复。见恶人,无咎。

象曰:见恶人,以辟咎也。

【注解】辟:bì,古同"避",躲,设法躲开。

【爻辞要义】跑掉的马,越追逐,就会跑得越远,不追逐,自己还会跑回来;卑鄙的恶人越被刺激其行为将更加恶劣,遇到恶人要注意规避才能没有灾祸。此乃古人总结的宝贵经验教训。对待有些事情,不必过于刻意或执着,淡而化之不失为一种好方法。

二是"遇主于巷未失道,主仆断金其心同"。

【九二爻辞】九二:遇主于巷,无咎。象曰:遇主于巷,未失道也。

【爻辞要义】在小巷中遇到其主人,虽然不合常规,但是却没有什么危险和灾难。主仆走失后相遇的位置不恰当,然而,并不违反主仆之道,双方的心是相通的。

三是"舆曳牛掣位不当,天劓无初而有终"。

【六三爻辞】六三:见舆曳,其牛掣,其人天且劓。无初有终。

象曰:见舆曳,位不当也。无初有终,遇刚也。

【注解】舆:甲骨文中的舆字像四只手抬着一副坐轿。车厢,也指车。

曳:yè《说文》:"曳,臾曳也。"臾曳:束缚捽捵之意。《古代汉语字典》:"曳是形声字,申为形,丿(piě)为声。曳的本义是拉、拖、牵引。"

掣:《经典释文》:"掣,拽也。"拽。

天:《古代汉语字典》:"天字在甲骨文、金文中如同一个头颅向外突出的人形。篆文的天字是会意字,由一和大两部分会意而成。指最高而无以上加的巅顶部位。天的本义指头或头顶。"《集韵》:"天,刑名。剠凿其额曰天。"虞翻注:"黥额为天。"古代的黥刑,又称墨刑。在额头上刺字的刑罚。这里指跌倒,将脸碰破皮。

劓:《古代汉语字典》:"劓yì,劓是会意字,由鼻和刂左右组合而成,表示用刀割鼻子。"劓刑,中国古代割掉鼻子的一种刑罚。《周礼·秋官·司刑》郑康成注:"劓,截其鼻也。"劓最早见于甲骨文,从刀从自,"自"是鼻的古字,象征用刀割鼻,也就是劓刑。劓刑重于墨刑,而轻于刖(刖)刑。劓刑在周代适用的范围甚广,史称周初"劓罪五百",至穆王时增至千条。春秋战国时期,劓刑仍被沿用。《左传·昭公十三年》记载,楚"公子比为王……使观从从师于乾溪,而遂告之,且曰:'先归复所,后者劓'"。秦孝公时,商鞅之法,"行之四年,公子虔复犯约,劓之"(《史记·商君列传》)。劓刑在战国及秦也用作惩罚士兵的刑罚。《商君书·境内》载,凡攻城之战,兵士如"不能死之,千人环,赭谏黥劓于城下。"劓刑有时与其他刑罚结合使用,如《秦简·法律答问》载:"不盈五人,盗过六百六十钱,黥劓以为城旦。"汉初亦沿用劓刑,文帝除肉刑,"当劓者,笞三百",始以笞刑代替劓刑。但直至南北朝时,劓刑尚间或使用。隋以后不见于刑典,唯金国早期对于犯重罪的赎刑者,仍要割掉鼻子或耳朵,以别于一般平民(《金史·刑法志》)。此处指跌倒使鼻子受伤。

【爻辞要义】车陷入泥沼或坎窞中,车轮受阻,赶车的人站在车上挥舞鞭子拼命抽打驱赶拉车的牛使劲向外前拉车(这是机动车发明前人们经常见到的景象),牛憋足劲儿,突然将车向前拉跑,赶车人由于注意力过度集中在驱牛拉车而忽视防范,不小心从车上跌倒到地上。一定注意,这个赶车人是脸朝下跌倒到地上的,结果呢,赶车人沾了一脸泥巴,鼻子也被碰破了,就像被施了黥刑和劓刑。以此打比方,当遇到一件特殊的事情,如果各方力量不能往一起使用,形不成合力,就会出现睽异离散的情况,局面就会变得很糟糕。出现这种情况,位不当是重要原因。这种结果不是当初所期望的,但毕竟是一种结果。

四是"乖异孤独遇伟人,诚信交往吉亨通"。

【九四爻辞】九四:睽孤。遇元夫,交孚,厉无咎。象曰:交孚无咎,志行也。

【注解】睽孤:乖异孤独。

【爻辞要义】到处都是对立,乖异孤独,但正好遇到了一位充满阳刚的大丈夫,他们有着共同的志向和行动,彼此信任,相互理解,虽有危险,但却能免去灾祸。

五是"厥宗噬肤如亲人,团结成功有喜庆"。

六五:悔亡。厥宗噬肤,往何咎? 象曰:厥宗噬肤,往有庆也。

【注解】厥宗噬肤:《古代汉语字典》:厥 jué"其。他(她、它)的,他(她、它)们的。""宗是会意字,由宀和示字两部分上下组合而成,表示设有祖先神位的房子。"有"宗庙、祖庙"之义,"由祖宗引申为宗族,同族同祖为宗。由引申为宗派、派别。""肤(繁体膚)是形声字,月(肉)为形,盧(卢的繁体)省略皿作声符。肤的本义指身体表层的皮。"有时指"禽和兽的肉"或"切得很细的肉"。厥宗噬肤指同宗族相聚吃肉相庆。

【爻辞要义】同宗族相聚吃肉相庆,虽然没有通知自己,但前往不会有什么咎殃,因为毕竟有值得庆贺的事情。

六是"载鬼一车豕负涂,张弓不射心高兴;非寇婚媾遇雨吉,疑虑顿消异而同"。

【上九爻辞】上九:睽孤。见豕负涂,载鬼一车。先张之弧,后说之弧。匪寇,婚媾。往遇雨则吉。

象曰:遇雨之吉,群疑亡也。

【注解】豕负涂:豕是象形文字,甲骨文字形,像猪形,长吻,大腹,四蹄,有尾。应该是比现在的家养的猪大的动物,后字义演化或进化为猪;负涂,涂抹泥巴。

鬼:有多义,本义:"鬼者,归也。传说人死之后化为鬼,鬼者,归也,其精气归于天,肉归于地,血归于水,脉归于泽,声归于雷,动作归于风,眼归于日月,骨归于木,筋归于山,齿归于石,油膏归于露,毛发归于草,呼吸之气化为亡灵而归于幽冥之间。"虽具有唯心色彩,但从物质不灭和能量转化的角度看,人体的物质和能量转化与分解是有一定道理的。还有一个字义用于对小孩等表示爱昵的称呼。如：小鬼；机灵鬼。而且，在民间传说中，人将头发染成红头发、绿头发被称为"鬼"。

婚媾：婚姻；嫁娶。晋·葛洪《抱朴子·弭讼》："夫婚媾之结，义无逼迫，彼则简择而求，此则可意乃许。"

【爻辞要义】从叙述事件发展的情节看，此上九爻续六五爻说道：这个人正在乖异孤独疑惑到底有什么值得喜庆的事儿的时候，突然见到豕（猪）身上涂抹了泥巴，拉着车，车上装载着打扮奇异怪状的"小鬼"（小孩和年轻人），他们活力四射，激情张扬，张牙舞爪，像传说中的鬼一样，当地人看见，吓了一跳，以为是鬼来了呢，慌忙拿起弓箭，用力拉开弓箭，就在要射杀的时候，突然天上下起雨来，豕身上涂抹的泥巴被雨水冲洗掉，"小鬼"们怪异的打扮与装饰也被冲刷掉，定睛一看，这哪是什么鬼呀匪寇呀强盗呀，这明明是兴高采烈的娶亲队伍嘛！所以，原来的种种怀疑都已经烟消云散，不复存在了。因此，就高高兴兴放下弓箭，不再射杀。家人卦说"男女正而天下定"，这当然顺乎自然，合乎天意，一定会获得吉祥。这给人以启示，日常中遇到一些事情，眼见未必真实，不要过度相信自己的眼睛或表象，看清真实本来的面目，把握事物的本质，对处理和解决问题很有好处，既不被别人欺骗，也不被自己欺骗。睽卦蕴含着丰富的矛盾对立统一的哲学因素。应正确处理小矛盾，不要激化小矛盾为大矛盾。因此要"矛盾对立又统一，调和存异更求同。"——君子应该在求大同的前提下，保留小的差别和不同（详见第十一章泰卦阐释，可以互参）。

（四）顺应规律，应时而动

【睽卦卦辞】"睽：小事吉。"

【卦辞要义】为什么这样讲呢？睽就是癸，就是当时的阳光雨露，乃为天水，也就是雨露雾霭。天水丰沛，万物繁衍生息。万物无不享受着悦而明的创造新生命的快乐。通览诸卦，《易经》既是道德修身的宝典，也是兴邦建国的政治行动纲领。作为哲学家、军事家、政治家，周文王整天思考的是推翻殷商王朝的大事，很显然，要完成这种大事，除此之外的事情都是小事。万物兴旺、农事繁忙、婚恋成习，是最利生的状态。值此之时，组织动员人们上战场去厮杀，是很不明智的选择，普天下没有人会热烈响应。读过《黄帝内经》的人知道，兴兵作战一般宜选择在肃杀的秋天季节，而不宜选择在万物繁衍生息的春夏季节，也是这个道理。对于国家大事，文胜于武，和胜于争，国家稳定繁荣是压倒一切的大局，有利于民生幸福。睽卦意义特别大，大就大在顺应规律，应时而动。

（五）找准内因，争取主动

"内部外部找原因，找准内因可主动。"事物发展变化的必须具备两个条件：

内因和外因。内因是事物变化发展的内在根据,指一事物内部矛盾对立双方的相互作用和斗争。内因是事物存在的基础,是一事物区别于其他事物的内在本质,是事物运动的源泉和动力,它规定着事物运动和发展的基本趋势。外因是事物存在和发展的外部条件,它通过内因而作用于事物的存在和发展,加速或延缓事物的发展进程,但不能改变事物的根本性质和发展的基本方向。所以,内因是第一位的原因,外因是第二位的原因。外因的作用无论多大,也必须通过内因才能起作用。例如:最经典的是鸡蛋孵化出小鸡的例子。鸡蛋所以能孵化出小鸡,而鸭蛋只能孵化出小鸭,是因为二者的内因不同。这就叫"内因是事物存在的基础,是一事物区别于他事物的内在本质,是事物运动的源泉和动力,它规定着事物运动和发展的基本趋势"。但是,并不是所有的鸡蛋都能孵化出小鸡,只有在适当的温度湿度下鸡蛋才能孵化,条件不具备,鸡蛋就不能孵化;而且,无论怎样的条件,鸡蛋就不能孵化出小鸭,这就叫"外因是事物存在和发展的外部条件,它通过内因而作用于事物的存在和发展,加速或延缓事物的发展进程,但不能改变事物的根本性质和发展的基本方向"。鸡蛋孵化出小鸡,一定要满足两个条件:首先蛋是鸡蛋,不是别的蛋,也不是石头。其次要有适当的温度、湿度。这就叫内因和外因在事物的发展中同时存在、缺一不可。分析现象,解决问题,要善于从内外两个方面找原因,找准抓住内因,对症下药,才会有的放矢,主动性强,效果好。

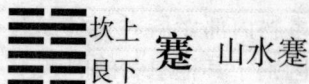

☷☵ 坎上
艮下 **蹇** 山水蹇

第三十九章 蹇 卦

摆脱危难之道：反身修德持贞正　自强外助终如一

　　山上有水，大山已构成险阻，水积山中，水流重重，山重水复，险象环生，举步维艰，行路更难。当面临或陷入险境困顿的时候，要到有人民群众支持的地方去寻求支持，获得力量，不要滞留在孤立无援的地方。一方面，君子应该"反身修德"自珍自善，很好地反省自己，坚持贞正的操守，提高自己的品德修养，坚定信心，增强战胜难关的意志，确保有坚强的意志力，以通过自身的努力渡过困境。另一方面，在立足自救的前提下还要争取外援，内外互助互济，尤其需要伟大人物的协助，需要伟大人物拨乱反正，指引前进方向和航向，避免失误与偏差。

一、蹇卦经文

蹇 水山蹇 坎上艮下

蹇：利西南，不利东北。利见大人，贞吉。

彖曰：蹇，难也，险在前也。见险而能止，知矣哉！蹇利西南，往得中也；不利东北，其道穷也。利见大人，往有功也。当位贞吉，以正邦也。蹇之时，用大矣哉！

象曰：山上有水，蹇。君子以反身修德。

初六：往蹇来誉。
象曰：往蹇来誉，宜待也。

六二：王臣蹇蹇，匪躬之故。
象曰：王臣蹇蹇，终无尤也。

九三：往蹇来反。
象曰：往蹇来反，内喜之也。

六四：往蹇来连。
象曰：往蹇来连，当位实也。

九五：大蹇朋来。
象曰：大蹇朋来，以中节也。

上六：往蹇来硕，吉。利见大人。
象曰：往蹇来硕，志在内也。利见大人，以从贵也。

二、蹇卦警语箴言

坎上艮下水积山　　排险克难合适宜
蹇卦时用意义大　　正邦定国当位吉
蹇利西南往得中　　坤势厚德广支持
不利东北其道穷　　艮山险阻贵知止
反身修德持贞正　　自强外助终如一
利见大人往有功　　贞正团结众心齐
往蹇来誉宜待时　　贵有洞察预见力
防范未然化危难　　保全自身不损失
君臣罹险宜谨慎　　如履薄冰不过失

长征两万五千里	排险除难锤意志
四渡赤水出奇兵	往蹇来反心内喜
雪山草地走铁脚	硬骨何惧雨浸衣
往蹇来连当位实	延安宝塔是圣地
建国大业千万难	万众戮力共克之
往蹇来硕收获大	伟大目标有激励
英明领袖指方向	排山倒海心志齐
慎重量力不轻率	坚韧持久险为夷
锤炼精神锻意志	无畏艰险不惧敌
大蹇朋来以中节	万众一心泰山移

三、易理哲学简说

反身修德持贞正　自强外助终如一

蹇,水山蹇,坎上艮下。艮为山,坎为水,山上有水,是蹇卦卦象。大山已构成险阻,水积山中,水流重重,山重水复,险象环生,举步维艰,行路更难。《说文》:"蹇,跛也。"跛足难于行走,形容行动迟缓或钝,困苦,不顺利。引申为难。蹇象征行进艰难。

性格乖僻(睽)会导致危难,利见大人,守贞正吉利,"君子以反身修德",即蹇卦。蹇卦揭示的是摆脱危难的道理,核心在于精神意志力的锤炼。我们看看蹇卦为我们诠释了哪些道理:

(一)蹇卦时用意义大,正邦定国当位吉

【蹇卦卦辞】蹇,利西南,不利东北。利见大人,贞吉。

【注解】蹇:《说文》:"蹇,跛也。"《素问·骨空论》:"蹇膝伸不屈、易蹇、往蹇来连。"《古代汉语字典》:"jiǎn 蹇是形声字,足为形,寒省略两点作声符。"有"跛,行动迟缓""困苦、不顺利"等义。

【卦辞要义】在先天八卦系统中,西南为坤,具有厚德载物之德,东北为艮,为阻,为止。说的意思是,当面临或陷入险境困顿的时候,要到有人民群众支持的地方去寻求支持,获得力量,不要滞留在孤立无援的地方。可谓"蹇利西南往得中,坤势厚德广支持;不利东北其道穷,艮山险阻贵知止"。

【蹇卦象辞】蹇,难也,险在前也。见险而能止,知矣哉!蹇利西南,往得中也;不利东北,其道穷也。利见大人,往有功也。当位贞吉,以正邦也。蹇之时,用大矣哉!

【象辞要义】蹇,困难,危险在前面。见到危险而能停止冒险,明智呵! 蹇,"利于西南",有巨大的人力和物资支持,前往符合中道,可得到支持。"不利东北",面临艮止之境,前往将穷途末路。居于艰难险阻之时,需要伟大贤明的人物,在其英明正确指引下,前往必立功业,居正当之位而"守正则吉利",可以正定邦国。能够恪守贞正的操守,矢志不渝,是"正邦之道",能于蹇难之时建立功业,用以济世助人,非小人之所能。有艰难险阻在前,宜知险而止。当面临艰难险阻之时,宜相机而动,无冒险必要,且冒险必败,要见险而止;有冒险必要,且冒险有成功之望,不妨无畏前进,所以说"蹇之时,用大矣哉"。

(二)反身修德持贞正,自强外助终如一

【蹇卦象辞】山上有水,蹇。君子以反身修德。

【象辞要义】"君子以反身修德"为蹇卦的核心启示,意思是说:蹇卦的卦象是坎(水)上艮(山)下,为高山上积水之表象,象征艰难险阻,行动困难。在险难中,要时刻反省自己,时刻对自己的错误行为与错误选择进行改正。面对这种情况,一方面,君子应该自珍自善,很好地反省自己,坚持贞正的操守,反身修德,提高自己的品德修养,对内坚定自己的信心,增强战胜难关的意志,确保有坚强的意志力,以通过自身的努力渡过困境。"反身修德"为蹇卦核心启示,强调处在危难之时,守持贞正之德是吉利的,不可妄为妄求。另一方面,在立足自救的前提下还要争取外援,内外互助互济,尤其需要伟大人物的协助,需要伟大人物拨乱反正,指引前进方向和航向,避免失误与偏差。

(三)利见大人往有功,贞正团结众心齐

蹇者,有难而不进,能止而不犯,有险有止。有险在前,所以为难。如果冒险而行,将罹其害。"大蹇朋来以中节,万众一心泰山移。"面临并战胜巨大的艰难险阻,需要凝聚万众之心和意志,英明伟大的人物指引方向,人人坚持贞正的品德,团结一心,同心同德,互励互助,同舟共济,才能共克难关,转危为安,共同创建大业。人心齐,泰山可移,万众团结一致,没有战胜不了的困难,没有办不成的事情。

(四)慎重量力不轻率,坚韧持久险为夷

临险罹难必须戒惧谨慎,恐惧修身,采取行动要量力而行,不可轻率,应积极谋求对策。要坚持中正的准则,上下不违正道,把握适当的节度,谙熟进退策略,必须进退适宜,当进则进,当退则退,掌握好进退的时机。从历史和现实情况看,所有的"蹇"难,几乎都是伴随着"往"而来的,没有"往",也就没有了

"蹇"。艰难坎险并不可怕,只要正视并采取有效的方法积极对待,都可以克服和战胜,而且可以取得种种成就或收获:

一是"往蹇来誉宜待时"。

【初六爻辞】初六:往蹇,来誉。象曰:往蹇来誉,宜待也。

【注解】来:《古代汉语字典》:"来往的来,与'往'相对。"返回。

誉:yù,《说文》:"誉,偁(称)也。"《墨子经》:"誉名美也。"《古代汉语字典》:"誉是形声字,繁体写作譽,言为形,與(yù)为声。誉的本义为'称也',及称赞、称颂、夸奖。"

【爻辞要义】出发前进将面临艰难险阻,知难而返,将得到赞誉。知险而退是识时待机之道,由于力量不足或准备不充分,在时机不成熟时宜安心等待,要懂得进退之道,寻机而动,不要轻举妄动。因此,"往蹇来誉宜待时,贵有洞察预见力;防范未然化危难,保全自身不损失。"此乃明智之举。

二是"君臣罹险宜谨慎"。

【六二爻辞】六二:王臣蹇蹇,匪躬之故。象曰:王臣蹇蹇,终无尤也。

【注解】躬:《古代汉语字典》:"躬 gōng 躬是会意字,由身和弓(像弯曲的身体)两部分组成,弓兼表声。躬的本义指身体,多指自身。"

王臣蹇蹇:君王与大臣屡次涉险历险冒险行事。不是为了自身的一己之私才陷入这种境地。

【爻辞要义】君王与大臣屡次涉险历险冒险行事。不是为了自身的一己之私才陷入这种境地,原因在于他们是为国家和民众,最终没有责怪怨恨。因此,"君臣罹险宜谨慎,如履薄冰不过失。"

《群书治要》之《说苑·正谏》:"易曰:王臣謇謇,匪躬之故。人臣之所以謇謇为难而谏其君者。非为身也。将欲以匡君之过。矫君之失也。君有过失。危亡之萌也。见君之过失而不谏。是轻君之危亡也。夫轻君之危亡者。忠臣不忍为也。"——《易经》上说:"有志于匡正王室的臣子刚正忠直,不是因为自身的缘故。"臣子之所以要刚正忠直,迎难而上去劝谏君主,不是为了自身,而是想要纠正君主的过错,匡正君主的过失。君主有过失,就是危亡的萌芽;看到君主的过失而不劝谏,就是轻视君主的危亡。轻视君主的危亡,忠臣是不忍心做的。

三是"往蹇来反心内喜"。

【九三爻辞】九三:往蹇,来反。象曰:往蹇来反,内喜之也。

【注解】反:《说文》:"反,覆也。"象形字。甲骨文字形,从又从厂。"厂"音 hǎn。本义:手心翻转。此处通"返"。返回,回归。

【爻辞要义】往蹇来反,可以从两反面理解:一方面,前进遇险,知险而退,返回原地进行休整;另一方面,行动的决定、方案错误或选择过失,宜及时纠正。

红军四渡赤水出奇兵最为典型。赤水(河)是长江上游右岸支流,为贵州、四川、云南三省界河。1935年1月19日至5月9日,遵义会议之后,中央红军在长征途中,处于国民党几十万重兵围追堵截的艰险条件下,进行的一次决定性运动战战役。在毛泽东主席、周恩来副主席、王稼祥将军、朱德将军等指挥下,中央红军采取高度机动的运动战方针,纵横驰骋于川黔滇边境广大地区,积极寻找战机,有效地调动和歼灭敌人,彻底粉碎了蒋介石等反动派企图围歼红军于川黔滇边境的狂妄计划,红军取得了战略转移中具有决定意义的胜利。

四是"往蹇来连当位实"。

【六四爻辞】六四:往蹇来连。象曰:往蹇来连,当位实也。

【注解】连:《古代汉语字典》:"连是会意字,由车和辶两部分组成。连的本义是连接。"有"有联合,使合作"之义。

【爻辞要义】前进遇到险阻,能够获得其他力量的联合共同战胜险阻,原因在于所在位置适当,所要战胜的险阻。大家共同关心的问题或需要解决的问题,人们既信任又支持,这是战胜艰难险阻的力量源泉。

"往蹇来连"犹如红军长征各路红军会合。如果要奔赴或拯救危难,就该联合其他的力量,只有这样,才有可能解救危难。既要立足自身,也要争取外援。"延安宝塔是圣地"是"当位实"的光辉范例——延安古称延州,历来是陕北地区政治、经济、文化和军事中心。城区宝塔山、清凉山、凤凰山三山鼎峙,延河、汾川河二水交汇,历史为兵家必争之地,被誉为"三秦锁钥,五路襟喉"。延安是中华民族五千年文明的发祥地之一。轩辕黄帝的陵寝就安卧在延安境内的桥山之巅,是炎黄子孙寻根祭祖的民族圣地。在漫漫的历史长河中,延安以其特殊战略地位,许多中国古代名将在此施展文韬武略,演绎了一幕幕悲壮的史剧。1935年至1948年,延安是中共中央的所在地,是中国人民解放斗争指挥中心和战略总后方。十三年间,这里经历了一系列影响和改变中国历史进程的重大事件。特别是革命先驱培育的延安精神,是中华民族精神宝库中的宝贵财富。党中央进驻延安后,这座古塔成为革命圣地的标志和象征。之所以是举世闻名的中国革命圣地,是因为延安从1935年到1948年,中共中央和毛泽东在这里领导、指挥了抗日战争和解放战争,奠定了中华人民共和国的基石,谱写了可歌可泣的历史篇章。也就是在延安,孕育了光照千秋的延安精神,在中国的革命和建设中发挥了巨大的精神动力作用。延安精神是我们党、也是中华民族的宝贵精神财富,它对中国历史发展进程产生着巨大和深远的影响。延安精神内涵是:坚定正确的政治方向,解放思想、实事求是的思想路线,全心全意为人民服务的根本宗旨,自力更生、艰苦奋斗的创业精神。

延安精神彪炳千秋,光照华夏。

五是"大蹇朋来以中节"。

【九五爻辞】九五:大蹇,朋来。象曰:大蹇朋来,以中节也。

【爻辞要义】遇到大的艰难险阻,有朋友前来帮助,原因在于恪守中正的节操得到朋友的信赖、同情和支持。

以红军长征为例,犹如红军长征延安胜利大会师,刘志丹陕北红军的胜利会师,为红军增加了有生力量,虽然处境极为艰难,却有众多的人来协助渡过危难,表明他能够坚守正道,行为合乎中正的准则,所以有众多的人前来协助。红军两万五千里长征是凝重的史诗,以伟大的革命实践生动诠释了蹇卦所揭示的易理是颠簸不破的真理。适宜于战胜任何艰难险阻,缔造伟业,在精神品质锤炼方面具有不言而喻的普世价值。

六是"往蹇来硕见大人"。

【上六爻辞】上六:往蹇来硕,吉。利见大人。

象曰:往蹇来硕,志在内也。利见大人,以从贵也。

【注解】硕:shuò,《说文》:"硕,头大也。"形声字。从页(xié),石声。页,头。本义头大。引申为大。

【爻辞要义】艰难险阻的极境,也是生死存亡的紧要关头,坚定信念,咬紧牙关,攻克难关,就会取得巨大成功,建立丰功伟绩。否则,在这关键时刻畏惧或退缩就会跌入败亡的深渊。值此紧要关头,需要有英明的伟人指引方向,同时,内心要有坚定的志向和意志力,追随伟人,沿着正确的方向路线奋勇前进,将会取得巨大的成功。

往蹇来硕,犹如红军长征,在毛泽东的英明领导下,万众一心,勇往无前,一次次打败敌人围追堵截,取得了胜利。遵义会议结束了王明"左"倾冒险主义在党中央的统治,确立了以毛泽东为核心的新的党中央的正确领导和毛泽东在红军和党中央的领导地位,挽救了党,挽救了红军,挽救了中国革命,是中国共产党生死攸关的转折点,使红军在极端危险的境地得以保存下来,胜利地完成长征,开创了抗日战争的新局面。它证明中国共产党完全具有独立自主解决自己内部复杂问题的能力,是中国共产党从幼年走向成熟的标志。

(五)锤炼精神锻意志,无畏艰险不惧敌

中国共产党领导全国各族人民经过艰苦卓绝的斗争,于 1949 年 10 月 1 日宣告成立中华人民共和国,开始建设社会主义新中国。在完成建国兴邦重大社会事务的艰巨使命中,坚定的信心和意志力是更为宝贵的精神品质。人类历史上"锤炼精神锻意志"最著名的是中国共产党领导红军所进行的气壮山河的两

易道 话说易经 谈道德修养

万五千里长征——土地革命战争后期的 1934 年 10 月—1936 年 10 月,红一、红二、红四方面军及红二十五军实施的战略大转移,到达陕甘革命根据地,实现战略会师。各主力红军长征的路线不同,行程当然也不同。而以红一方面军的长征行程为最长,所谓"二万五千里长征",主要是指红一方面军"走得最远的部队"的行程。红一方面军(亦称"中央红军")1934 年 10 月 10 日从中央革命根据地的长汀、宁化(福建境内)、瑞金、于都(江西境内)出发,经闽赣粤湘桂黔滇川康甘陕 11 个省(当时的省属),翻越五座海拔4 000米以上的雪山,跨越草地,于 1935 年 10 月 19 日到达陕甘革命根据地的吴起镇。根据红一军团直属队里程统计,军团直属队的总行程为18 088里,而据一般记载,走得最远的部队,行程超过两万五千里。"二万五千里"已经成为人们心中长征路线的一个标准里程。但实际上,红军战士走过的路远不止这些。其中爬雪山过草地,极大地锤炼了红军队伍的精神意志——红军过的草地主要是现在的川西北若尔盖地区。它位于阿坝藏族羌族自治州东北部,青藏高原东部边缘地带,平均海拔3 400米以上。1935 年 8 月,中共中央和红四方面军指挥部率领的右路军进入草地。行军队列分左右两路,平行前进。左翼为林彪的红一军团,先行;继后是中央领导机关、红军大学等;右翼为徐向前、陈昌浩率领的红三十军和红四军。彭德怀率红三军团殿后,走左翼行军路线。进入草地前,红军想尽一切办法筹粮。将青稞脱壳搓成麦粒,再碾成面粉炒熟,便成了干粮炒面;宰杀马匹、牦牛,做成肉干以备食用;在藏民带领下寻认野菜,供过草地之需;还要准备烧酒、辣椒或辣椒汁御寒。虽然尽了最大努力,红军筹到的粮食还是不够全军之用。每人最多携带8 ~10 斤粮食,一般的带 5 ~6 斤。粮食不足,使红军在过草地时付出了太多的生命代价。过雪山草地有六难:一是出行难,遍地是水草沼泽泥潭;二是饮食难,给养不足;三是路途险,草地沼泽多陷阱;四是草地毒,野草野花多有毒;五是御寒难,温差大,天气寒,挡风御寒少条件;六是宿营难,草地泥沼防下陷。肖华将军创作的《红军不怕远征难》组歌之第六曲《过雪山草地》写到:"雪皑皑,野茫茫,高原寒,炊断粮。红军都是钢铁汉,千锤百炼不怕难。雪山低头迎远客,草毯泥毡扎营盘。风雨侵衣骨更硬,野菜充饥志越坚。官兵一致同甘苦,革命理想高于天。"生动描述了这种艰难困苦,同时也展现了红军经过长征锤炼出顽强精神意志和崇高的革命理想。伟大的中国红军两万五千里长征的伟大意义在于,一方面摆脱了国民党军队的围追堵截实现了伟大的战略转移;一方面锤炼了可贵的精神意志保存了红军的核心力量,最终缔造了中华人民共和国,完成了建国大业,正所谓"当位贞吉,以正邦也"。

审视现实生活和工作,大多数父母都希望自己的孩子走在铺满鲜花的道路上,取得巨大成功,事实上,任何前进的道路都充满艰难险阻,面临无穷的坎坷波折泥泞,磨难重重,天上也从来掉不下来馅饼,因此,培养孩子信心和意志力锻造精神品质进而培养良好的心理素质尤为重要。同样,开公司,办企业,做生意也面临相同的问题,心存侥幸发大财的几率太小,在慎选经营方向和目标之后,要有坚定的信心和意志力,面对困难、挫折、失败,不气馁、不沮丧、不消沉,这是战胜艰难险阻的宝贵精神品质。

震上
坎下
解 雷水解

第四十章 解 卦

解除危厄之道:赦过宥罪广感化 宽恕解脱生新机

　　春雷阵阵雨潇潇,天地解而物生息。雷雨兴起,万物当春,春天来了,百果草木嫩芽破壳而出,万物生息,舒展生长,生机勃勃,春意盎然,一派欣欣向荣景象。天时之厄得到舒解,解除危厄的积极作用在于生养之德胜于肃杀之威。困厄有天然之困、自身之困、小人之困、劲敌之困等等,解除面临的种种困厄,首先要解除心灵的困厄。君子应该勇于赦免那些有过错的人,宽恕那些有罪过的人,使他们在宽松的环境下,得到解脱和新生。解卦时势意义大,随着时局的变化,有些束缚与禁锢可以适当地有所突破,有利于打破死水一样的局面,可以焕发希望、活力与生机。

一、解卦经文

解 雷水解 震上坎下

解:利西南,无所往。其来复吉。有攸往,夙吉。

彖曰:解,险以动,动而免乎险,解。解利西南,往得众也。其来复吉,乃得中也。有攸往,夙吉,往有功也。天地解,而雷雨作,雷雨作,而百果草木皆甲坼,解之时义大矣哉!

象曰:雷雨作,解。君子以赦过宥罪。

初六:无咎。
象曰:刚柔之际,义无咎也。

九二:田获三狐,得黄矢,贞吉。
象曰:九二贞吉,得中道也。

六三:负且乘,致寇至。贞吝。
象曰:负且乘,亦可丑也。自我致戎,又谁咎也。

九四:解而拇,朋至斯孚。
象曰:解而拇,未当位也。

六五:君子维有解,吉。有孚于小人。
象曰:君子有解,小人退也。

上六:公用射隼,于高墉之上,获之,无不利。
象曰:公用射隼,以解悖也。

二、解卦警语箴言

春雷阵阵雨潇潇　　天地解而物生息
百果草木皆甲坼　　万物舒展发生机
惊雷除去寒冬苦　　舒险解难民休息
刚柔际会舒险难　　解卦时义大哉矣
除恶务尽不敷衍　　刚柔相济顺情势
赦过宥罪广感化　　宽恕解脱生新机
利西南兮往得众　　物力人脉广支持
罹险遇难早解决　　攸往有功元夙吉

化解矛盾讲方法	刚柔并济破困局
田获三狐得黄矢	遵循中道守贞吉
冒险行动排险难	无所往而来复吉
背着东西乘豪车	自我招抢咎由己
避免遇困罹险境	柔中谦隐有助益
困手困脚多阻碍	解拇诚信有朋至
解开束缚放手脚	及早果决除问题
君子解困有吉祥	心怀诚信削异己
小人欺君误国是	亲贤远妄消势力
东汉乱于十常侍	扭转乾坤除叛逆
感化小人促转化	自我解除绊与羁
公用射隼高墉上	射中获之无不利
叛逆叛乱必征讨	正义战争除悖逆
人民政权为人民	西藏平叛维国体
文治武备除威胁	天下和平归统一

三、易理哲学简说

赦过宥罪广感化　宽恕解脱生新机

　　解,雷水解,震上坎下。坎为雨,震为雷,雷雨兴起,万物当春,纷纷舒发生机,为解。解为缓,象征舒缓,舒缓解散。舒解险难,宜用怀柔,使群情共获舒缓,与民休息,不再烦难百姓,才有利,不使纷扰延续下去,才获吉祥。

　　事物不可能永远处于困难(蹇)之中,其来复吉利,"君子以赦过宥罪",即解卦。解卦揭示的是解脱束缚危厄之道。解卦关键点:

（一）春雷阵阵雨潇潇,天地解而物生息

　　【解卦卦辞】解:利西南,无所往。其来复吉。有攸往,夙吉。

　　【注解】解:jiě,《古代汉语字典》:"解是会意字。在甲骨文中,字上部两边是双手,中间是牛角,下部是牛,合起来表示分解牛之意。篆文以后,解字由角、刀、牛三部分构成。"

　　夙:《说文》:"夙,早敬也。"《诗·召南·小星》:"夙夜在公。"会意字。夕是夜间,丮(jǐ)表示以手持物。天不亮就起来做事情,表示早。所以除了早晨的意义外,还有早起劳作,以示恭敬的意思。

　　其来复吉:其指雷水解,即惊蛰时春雷有规律地如期"来复",带来渐渐沥沥

的春雨,能够舒解万物,焕发勃勃生机,吉祥。(需要注意"其"与"往"的主语"统治者"指代表意不一致)

【卦辞要义】解卦,有利于西南方。西南方在八卦系统中为坤为地,土层肥厚,(惊蛰春雷春雨)对西南方大地上的万物苏醒、抽枝生长有利。这种情况下,不用前往帮助西南方的民众做什么事情。惊蛰时春雷有规律地如期"来复",带来淅淅沥沥的春雨,能够舒解万物,焕发勃勃生机,吉祥。如果有险难情况需要前往解脱救助,那么要提前及早前往帮助。

【解卦象辞】象曰:解,险以动,动而免乎险,解。解利西南,往得众也。其来复吉,乃得中也。有攸往,夙吉,往有功也。天地解,而雷雨作,雷雨作,而百果草木皆甲坼,解之时义大矣哉!

【注解】甲坼:jiǎ chè,《古代汉语字典》:"甲本指植物种子萌芽时所戴的种子外皮,后也指动物体表具有保护作用的硬壳。""坼为形声字,土为形,斥为声。坼的本义指裂开。"甲坼谓草木发芽时种子外皮裂开。

【象辞要义】解卦,有险难而动,动而脱离险难,解脱。解卦西南方有利,前往可以得到群众支持。惊蛰时春雷有规律地如期"来复",带来淅淅沥沥的春雨,能够舒解万物,焕发勃勃生机,吉祥。这种时令有规律如期复归符合中道,吉祥。如果什么地方出现险难危厄需要救助,那么越早、越快、越迅速前往吉祥,也会取得事功。震(雷)上坎(水)下,坎又代表雨。天地舒解,春天来了,春雷阵阵,春雨潇潇,宣告严酷的寒冬已经结束,封冻大地的冰雪渐渐消融,滋润泥土,大地处处呈现"百果草木皆甲坼,万物舒展发生机"的景象。百果草木嫩芽破壳而出,万物生息,舒展生长,生机勃勃,春意盎然,一派欣欣向荣景象,天时之厄得到舒解,从中可以看出,解除危厄的积极作用在于生养之德胜于肃杀之威,解除危厄可以焕发生机。解卦的时势意义特别大。随着时局的变化,有些束缚与禁锢可以适当地有所突破,有利于打破死水一样的局面,可以焕发希望与活力。

(二)赦过宥罪广感化,饶恕解脱生新机

【解卦象辞】象曰:雷雨作,解。君子以赦过宥罪。

【注解】赦过宥罪:赦谓放免,过谓误失,宥谓宽宥,罪谓故犯,过轻则赦,罪重则宥,都有解缓之义。赦免那些有过错的人,宽恕那些有罪过的人,使他们在宽松的环境下,得到解脱和新生。

【象辞要义】雷雨交作,天地解缓,险厄消除,百果草木皆孚甲开坼,没有不解散束缚与困厄的,充分显示了解卦所蕴含的解除危难的含义。受自然现象启发,君子也应该勇于赦免那些有过错的人,宽恕那些有罪过的人,使他们在宽松

的环境下,得到解脱和新生。

赦过宥罪是对待犯罪与过失的一个重要原则,赦谓放免,过谓误失,宥谓宽宥,罪谓故犯,过轻则赦,罪重则宥,都有解缓之义。赦免那些有过错的,饶恕那些有罪过的,使他们在宽松的环境下,得到解脱和新生,属于德治范畴。治理社会,德治重于法制,教化重于惩罚,赦过宥罪有两个方面的积极意义:一是过失犯罪者给予希望和新生的机会,促进积极改造;二是在社会层面教化民众,促进民俗和社会风气的转化,广泛培育恻隐与仁爱之心,避免恶性事件增加与升级。这就涉及深层次的问题,法制治理的是行为问题,德治治理的是思想和人心。管理行为,莫若凝心聚力。人人应该懂得,厉生危,宽生爱,融生洽,用心揣摩并付诸实践,在个人、家庭乃至社会生活中会有好的效果,尤其是在施行法度、管理社会中有奇效。赦过宥罪,须慎之又慎,必须着眼教化,施惠给那些有改过自新愿望和可能的人以机会,否则,效果未必理想。

《贞观政要》卷八赦令第三十二:贞观七年,太宗谓侍臣曰:"天下愚人者多,智人者少,智者不肯为恶,愚人好犯宪章。凡赦宥之恩,惟及不轨之辈。古语云:'小人之幸,君子之不幸。''一岁再赦,善人喑哑。'凡养稂莠者伤禾稼,惠奸宄者贼良人,昔'文王作罚,刑兹无赦。'又蜀先主尝谓诸葛亮曰:'吾周旋陈元方、郑康成之间,每见启告理乱之道备矣,曾不语赦。'故诸葛亮理蜀十年不赦,而蜀大化。梁武帝每年数赦,卒至倾败。夫谋小仁者,大仁之贼,故我有天下已来,绝不放赦。今四海安宁,礼义兴行,非常之恩,弥不可数。将恐愚人常冀侥幸,惟欲犯法,不能改过。"

《群书治要》之《袁子正书·刑法》:"天下有可赦之心,而有可赦之罪。无可赦之心,而无可赦之罪。明王之不赦罪,非乐杀而恶生也,以为乐生之实在于此物也。夫思可赦之法,则法出入。法出入则奸邪得容其议,奸邪得容其议则法日乱。犯罪者多而私议并兴,则虽欲无赦不可已。夫数赏则贤能不劝。数赦则罪人侥幸。明主知之,故不为也。夫可赦之罪,千百之一也,得之于一而伤之于万,治道不取也。故先王知赦罪不可为也,故所俘虏一断之于法,务求所以立法,而不求可赦之法也。"——天下有了可以赦免罪行的心思,就有了可以赦免的罪行;没有可以赦免罪行的心思,也就没有可以赦免的罪行。明主之所以不赦免罪行,并非喜欢杀人而厌恶让人存活,而是认为乐于使人存活的实际措施,就在于此(以刑止恶)。如果寻思赦免的方法,那么法律就会出现偏差,法律有偏差,奸邪之人就会参与议论。奸邪之人干政,那么法律就一天天地混乱,犯罪的人就会增多,同时私议也会兴起,到那时就是不想赦免都不可能了。奖赏太频繁了,贤能的人就不能得到劝勉;赦免的次数多了,罪人就心存侥幸。明主知道这一弊端,所以不做这样的事。可以赦免的罪,千百个才有一个,赦免了一个人，却损坏了千百万人对法律的敬畏心，这在治理之道上是不足取的。所以先王知道赦免罪行这种事是不能做的，因此对于犯罪嫌疑人统统按照法律进行处置，务求以此建立法律的威信，而不研求赦免罪行的方法。

在特定社会历史时期，出于某种特定的政治目的，赦过宥罪偶尔为之尚可，但不可随时随便而为，不可恒常而为。《群书治要》之《崔寔政论》云："大赦之造，乃圣王受命而兴，讨乱除残，诛其鲸鲵（比喻凶恶的敌人），赦其臣民渐染化者耳。及战国之时，犯罪者辄亡奔邻国，遂赦之以诱还其逋逃之民。汉承秦制，遵而不越。孝文皇帝即位二十三年乃赦。示不废旧章而已。近永平、建初之际，亦六七年乃一赦。命子（注：亡命之人）皆老于草野，穷困惩艾（注：戒惧），比之于死。顷间以来，岁且一赦，百姓忸（注：骄纵）忕，轻为奸非。每迫春节侥幸之会，犯恶尤多。近前年一期之中，大小四赦。谚曰：'一岁再赦，奴儿暗恶。'况不轨之民，孰不肆意？遂以赦为常俗。初期望之，过期不至，亡命蓄积，群辈屯聚，为朝廷忧。如是则劫不得不赦。赦以趣奸，奸以趣赦，转相驱蹴，两不得息。虽日赦之，乱甫繁耳。由坐饮多发消渴，而水更不得去口，其归亦无终矣。又践祚改元际未尝不赦。每其令曰：'荡涤旧恶，将与士大夫更始。'是衰己薄先，且违无改之义，非所以明孝抑邪之道也。"——大赦制度的建立，是圣王受天命而兴兵，讨伐叛乱，除去凶残，诛杀元凶，而赦免被其胁从的臣民，使其渐渐受到熏陶教化而改变。至战国时期，犯罪的人经常逃亡到邻国，于是就用赦免的办法来劝诱招回逃亡的人。汉朝沿袭秦制，遵从而没有逾越。孝文皇帝登基后二十三年才发布了大赦令，是为表示自己不废旧章而已。近时永平、建初年间，六七年有一次赦免，亡命之徒都老于荒野，穷困恐惧，和死了没有两样。近年以来，一年一赦，百姓都熟知、习惯了，一些人就会轻易作奸犯科。每当临近春节，想侥幸得赦的人就会聚集，犯罪的人尤其多。前年一年之中，大小四赦。谚语说："一年多次赦免，连奴才也会悄悄作恶。"何况越出常轨、不守法度的人，怎么能不更加肆无忌惮呢？于是，赦免就成为常例。一些人开始的时候寄希望于赦免，而过期没有得到赦免，就造成逃亡在外的罪犯积聚，同类结伙，成为朝廷的忧患。这就迫使朝廷不得不赦免。赦免促使犯罪，犯罪成风又迫使赦免，恶性循环，犯罪和赦免这两样都不得停息。（像这样）即使天天赦免，作乱的事情只会更多。就好比人因为暴饮暴食容易得消渴症，得病后水更不能离口，越渴越喝，越喝越渴，结果是不得终止。此外，皇帝即位、更改年号之际，没有不赦免的。每次下令就说："要洗除旧恶，和大臣们一起除旧布新。"这是抬高自己而降低先帝的声誉，而且违背了不改前代法规的大义，不是用以彰显孝道、抑制邪恶的治国之道。

可见，赦过宥罪当慎之又慎，切不可随意开口子。

(三) 化解矛盾讲方法,刚柔并济破困局

矛盾重重,局面僵持或恶化,怎样才能化解矛盾改善局面呢? 运用矛盾分析的方法,抓主要矛盾,一把钥匙开一把锁,是常用的方法,宜采取刚柔并济的措施解决问题或促进矛盾的转化。从解卦枚举的情形看,善于具体问题具体分析,一下子就能抓住主要矛盾,问题就会迎刃而解。人们经常面临的困厄(矛盾)有:

天然之困——"百果草木皆甲坼,万物舒展发生机"——寒冬对大地的困厄,需要春雷化春雨,天地解缓,险厄消除,使百果草木全都破壳发芽,万物舒展生发,生机勃勃,春意盎然。

【初六爻辞】初六:无咎。象曰:刚柔之际,义无咎也。

【爻辞要义】雷水解之时,春雷化春雨,刚柔际会,从道义上讲,天地舒解,万物焕发生机,不会有什么灾难。

【九二爻辞】九二:田获三狐,得黄矢,贞吉。象曰:九二贞吉,得中道也。

【爻辞要义】天地解,万物舒展生机,免不了野兽出没,自然危及农田里的庄稼、家畜或民众,对民众也构成危厄,值此之时,狩猎捕获很多动物,获得黄色的箭镞,象征解除危及人身安全的小人。这符合中道。

困厄(矛盾)有自身之困——"背着东西乘豪车,自我招抢咎由己"。

【六三爻辞】六三:负且乘,致寇至。贞吝。

象曰:负且乘,亦可丑也。自我致戎,又谁咎也?

【注解】负:fù,负字上为一个刀字,意为持刀抢劫;其下为一个古代表示钱的贝字,负指把别人的东西抢来归己所有。东西归自己了,看似是正,是得到,其实自己就欠了别人与其失去的东西的价值相等的德性或心理负担,这就是负。此处通"背"。背负。以背驮物。《列子·汤问》:"命夸娥氏二子负二山,一厝朔东,一厝雍南。"《孟子·梁惠王上》:"颁白者不负戴于道路矣。"

乘:chéng,《玉篇》:"乘,升也。"《古代汉语字典》:"乘是会意字,甲骨文、金文的乘字状似一个人站在树顶上。乘的本义是爬树,引申为爬、登的意思。"此处指骑;坐。唐·崔颢《黄鹤楼》:"昔人已乘黄鹤去,此地空余黄鹤楼。"

戎:róng,《说文》:"戎,兵也。"王国维《观堂集林》:"戎者,兵也……引申之,凡持兵器以侵盗者亦谓之戎。"此处指敌寇。

【爻辞要义】肩扛着抢劫来的沉重的东西,却又坐在华丽的大车上,导致持兵器贼寇袭击与抢劫,这样的行为很可耻,带来灾祸是必然的。由于自己的原因而招致灾祸,这又能去责怪谁呢? 只能是自作自受罢了。许多灾祸发生的原因是,受害者不知道谦忍守中道可致福佑,言行过于招摇张扬,引起了贼寇的注

意,结果受害,因此,要学会低调,需要加强修养才能达到这种境界。

困厄(矛盾)有小人之困——"东汉乱于十常侍,扭转乾坤除叛逆"。

【九四爻辞】九四:解而拇,朋至斯孚。

象曰:解而拇,未当位也。

【爻辞要义】如果能像伸展自己的拇指那样解脱外在和自身思想上的束缚,志同道合的人就会来到身边,真心信任,坦诚相助。

【六五爻辞】六五:君子维有解,吉,有孚于小人。象曰:君子有解,小人退也。

【爻辞要义】君子只有消除解脱了危难祸患,才会吉祥如意;同时,也只有这样,才有可能去赢得小人的信服。君子如果能够消除解脱危难祸患,小人就自然会畏惧退避的。

十常侍指东汉(25—220年)灵帝时操纵政权的张让、赵忠、夏恽、郭胜、孙璋、毕岚、栗嵩、段珪、高望、张恭、韩悝、宋典十二个宦官,人称"十常侍",其首领是张让和赵忠。他们都任职中常侍。黄巾之乱平息后,汉灵帝尊信张让等十常侍,使得平乱功勋的各将士一一被陷害,或被刺杀,或被流放……而宦官与外戚明争暗斗,十常侍张让等人与将军何进之争犹为激烈,史称"十常侍"之乱。"十常侍"玩小皇帝于股掌之上,以至灵帝称"张常侍是我父,赵常侍是我母"。十常侍自己横征暴敛,卖官鬻爵,他们的父兄子弟遍布天下,横行乡里,祸害百姓,无官敢管。人民不堪剥削、压迫,纷纷起来反抗。当时一些比较清醒的官吏,已看出宦官集团的黑暗腐败必将导致爆发大规模农民起义的形势。郎中张钧在给皇帝的奏章中明白指出,黄巾起义是外戚宦官专权逼出来的,他说:"张角所以能兴兵作乱,万人所以乐附之者,其源皆由'十常侍'多放父兄、子弟、婚宗、宾客典据州郡,辜确财利,侵掠百姓,百姓之怨无所告诉,故谋议不轨,聚为'盗贼'。"

说起"十常侍",那就不得不说说何进,何进本来是屠夫出身,因其妹嫁入宫中被封为贵人,又为灵帝生下皇子刘辩,被立为皇后,何进也因此受到重用,官拜大将军,手握兵权。当时"十常侍"要立陈留王刘协也就是后来的汉献帝为帝,并且得到了后宫董太后的同意,而何进主张立何皇后之子也就是少帝刘辩为帝,所以两派的矛盾很激烈,双方都想置对方于死地。后来何进直接在灵帝的灵堂上立了何皇后之子刘辩为帝,何进本想趁机将"十常侍"一网打尽,但迫于何皇后的压力一直没能下手。何进想借外军之手消灭"十常侍",于是就有了董卓进京。"十常侍"知道何进让董卓进京肯定是要借董卓之手置其于死地,于是"十常侍"就假传何太后懿旨,将何进骗进宫去,由于何进以为真是其妹妹叫其进宫,就没有带上随身的侍卫。于是乎刚进宫就被"十常侍"埋伏的人马斩首。当得知何进死后,何进的部下立刻就冲进宫内诛杀"十常侍"。"十常侍"马上携刘辩和刘协(后来历史上的汉献帝)出逃,后来曹操在路上将刘辩和刘协

易道 话说易经 谈道德修养

找到。至此"十常侍"之乱结束。这是"小人欺君误国是"的典型历史事件,历史教训在于,作为领导者,识人用人是第一件大事,用人失察意味着败亡的开始;其次要教育引导管束好身边的工作人员,尤其是要教导好身边最信任的助手与亲信,过于宽纵,易生祸乱;再次,要重视建立监督机制,亲贤远妄,消除险恶势力。

困厄(矛盾)有劲敌之困——"公用射隼高墉上,射中获之无不利"。

【上六爻辞】上六:公用射隼于高墉之上,获之,无不利。

象曰:公用射隼,以解悖也。

【注解】公:王公。

隼:sǔn,鸟类的一科,翅膀窄而尖,上嘴呈钩曲状,背青黑色,尾尖白色,腹部黄色。是一种凶猛的鸟,类似鹰。饲养驯熟后,可以帮助打猎。亦称"鹘"。

墉:《说文》释义为城垣也。高墉,就是高高的城墙。

悖:bèi,形声字。从心,孛(bèi)声。本义违反,违背。此处指叛乱。当指《论衡·恢国篇》云:"周成王,管、蔡悖乱,周公东征。"

【爻辞要义】卓越的王公,用箭去射那盘踞在高城上的恶隼,一箭射中,没有什么不利的。实际这是一个比喻,隼比喻为入侵的来犯之敌,君主应像射杀隼鸟一样去解除因悖逆所造成的危难。为什么这样表达呢?了解人类发展史,就会明白,人类发展的演进过程为穴居——部落——城邦——国家,建立城邦,在城邦的周围挖泥为堑,灌水为池,垒土为城垣高墙,目的和作用是保护城邦之民不受外来之敌侵扰,恶隼象征悖逆的入侵之敌,已经越过城池,逼临城垣高墙,危及民众的安全,射杀解除这种危乱当然有利。

解除面临的种种困厄,首先要解除心灵的困厄。"君子解困有吉祥,心怀诚信削异己""小人欺君误国是,亲贤远妄消势力;东汉乱于十常侍,扭转乾坤除叛逆;感化小人促转化,自我解除绊与羁"都是应该采取的果决措施,有利于"解开束缚放手脚,及早果决除问题"。

(四)文治武备除威胁,天下和平归统一

国家利益高于一切!国家安全高于一切!国家尊严高于一切!国家安定是人民的福祉,国家稳定与安全是压倒一切的大局,必须文治武备增强国力,有效抵御外国列强的威胁,防范内部暴乱发生,使"天下和平归统一",那么,中华民族将是无比强大的民族,无敌于天下。因此,中华各族儿女时刻要注意维持国家安全与民族团结;

一是"叛逆叛乱必征讨,正义战争除悖逆"。战争,是人类社会集团之间为了一定的政治、经济目的而进行的武装斗争。正义战争有广义和狭义之别。广

义的正义战争,一般来说,能够促进生产力、生产关系发展与社会文明进步的战争属于正义战争;阻碍生产力、生产关系发展与社会文明进步的战争为非正义战争。狭义的正义战争,具有民族性或阶级性,各国正史上通常会将带有自卫性质或者民族解放性质的战争视为正义战争,将侵略战争或者为争夺霸权而战视为非正义战争,着眼点在于维护统治权或民族利益,而不是促进生产力、生产关系发展与社会文明进步。周武王大举伐纣,由于商纣王统治腐败,十几万大军和奴隶纷纷起义,倒戈一击,商军当天"则瓦解而走,遂土崩而下"。纣王自焚而死,殷朝灭亡。周武王乘胜兵分四出,征伐商朝各地诸侯,包括表示臣服的共652国,结束了商王朝六百年的统治,确立了周王朝对中国的统治。此战是中国古代车战初期的一次著名的正义战例。在我国的概念上,人们一般会认同卫国战争、北美独立战争、拉丁美洲独立战争、1940年后的第二次世界大战、抗美援朝和抗日战争是正义战争;而日俄战争、一战、七年战争、三十年战争、十字军东征、1916年美国入侵墨西哥镇压革命的行动、海湾入侵以及现在进行的所谓"反恐战争"则缺乏正义性,是非正义战争。

二是"人民政权为人民,西藏平叛维国体"。1949年中华人民共和国新政权建立,1951年和平解放西藏,中共中央驻西藏工作委员会和人民解放军驻西藏部队,在入藏后八年多的时间里,一直采取慎重稳进和耐心等待的方针,争取由西藏各阶层人士自愿以和平方式,在多年内逐步地改革西藏的经济和政治。然而,西藏上层反动集团,却不顾中央的耐心等待和再三教育,坚持分裂祖国、维护农奴制度的反动立场,于1959年3月10日,公然撕毁中央人民政府和西藏地方政府签订的关于和平解放西藏办法,即《十七条协议》,发动了以拉萨为中心的全区性武装叛乱。为了巩固祖国统一,维护民族团结,彻底解放西藏劳动人民,人民解放军驻藏部队奉命于3月20日开始平叛作战,于22日彻底粉碎了拉萨市区的叛匪。28日,国务院总理周恩来签发国务院命令,解散暴动叛乱的西藏地方政府,由西藏自治区筹备委员会行使地方职权,由班禅额尔德尼·确吉坚赞代理筹备委员会主任委员。

从政治角度看,要善于抓大放小,对人民群众所犯的一般罪过,要善于赦过宥罪,给予解脱新生的机会;对于威胁国体政体的邪恶势力,必须"亲贤远妄消势力",要给予摧枯拉朽的残酷的打击,绝不姑息,坚决遏制。

第四十一章 损 卦

减损之道：惩忿窒欲 损下益上

　　山下有泽，大泽浸蚀山根。山下的沼泽增大，山就会变小；山下的沼泽变小，山就会增大。山与沼泽相互减损，相互增益，其损与益，始终是变动的，并非静止不变。泽卑山高，以泽之自损以增山高，损象征减损。从调配社会资源的角度看，必须处理好减与增、损与益的关系，发挥好损益之道的作用。克己助人是实质。减损之道应因应时机把握好度，损与益，应依状况，适当应用，应减损时减损，应增益时增益，辩证处理好损益关系。把握柔和、谦让、中正的怀柔态度，才能赢得信任和支持。民为国之基，损下益上，治理国家，过度会损伤国基。这是损卦最实质的内容。核心警示为"君子以惩忿窒欲"。行减损之道要把握好原则和态度：应该乐于助人、正道避凶、审人度势、喜克不足、损己益人、不损而益。减损之道不是常道，所以"损下益上，损刚益柔"不可常为，要与时偕行，因应需要而为，否则，将损伤民众之基。

一、损卦经文

损 山泽损 艮上兑下

损:有孚,元吉,无咎,可贞,利有攸往。曷之用? 二簋可用享。

彖曰:损,损下益上,其道上行。损而有孚,元吉,无咎,可贞,利有攸往。曷之用? 二簋可用享;二簋应有时。损刚益柔有时,损益盈虚,与时偕行。

象曰:山下有泽,损。君子以惩忿窒欲。

初九:已事遄往,无咎,酌损之。
象曰:已事遄往,尚合志也。

九二:利贞。征凶。弗损,益之。
象曰:九二利贞,中以为志也。

六三:三人行,则损一人;一人行,则得其友。
象曰:一人行,三则疑也。

六四:损其疾,使遄有喜,无咎。
象曰:损其疾,亦可喜也。

六五:或益之,十朋之龟弗克违,元吉。
象曰:六五元吉,自上佑也。

上九:弗损,益之,无咎。贞吉,利有攸往。得臣无家。
象曰:弗损,益之,大得志也。

二、损卦警语箴言

艮上兑下山泽损	以诚为本损之道
放下己事去助人	乐于助人有回报
利贞征凶弗损益	避凶宜于守正道
三人同行损一人	一人得友诚为道
克制弱点与不足	无灾有喜人称好
心诚微薄可奉献	元贞吉利非图报
二簋祭神粗且淡	素朴虔敬恰当好
有人送来大宝龟	天佑民钦拒不了
损下益上道上行	损而诚信卑益高

易道 话说易经·谈道德修养

损小益大顾大局　　持正不贪是瑰宝
减损有余盈不足　　奉献精神不可少
求恩利人不利己　　国际友爱拇指翘
雷锋精神放光芒　　服务人民最崇高
损己利人谋民福　　群众利益乃首要
损刚益柔应有时　　与时偕行益需要
自损私欲益公理　　惩忿窒欲是良药
戒除贪欲清风徐　　祛除忿怒息暴躁
戒慎中柔德润身　　恐惧敬畏行天道
关羽刚愎多自用　　败走麦城陨英豪
刘备忿躁伐东吴　　夷陵之战蜀势消
曾公低调鬼神钦　　蜀王贪牛遭秦剿
龚遂拯民施教化　　安居乐业民无盗
克己让利臻美德　　谦柔不取福永葆

三、易理哲学简说

惩忿窒欲　损下益上

损,山泽损,艮上兑下。兑为泽,艮为山,泽在山下。损卦卦象为山下有泽,大泽浸蚀山根。泽卑山高,以泽之自损以增山高,损象征减损。

缓解(解)必然有所损失,"损,有孚,元吉,无咎,可贞,利有攸往""君子以惩忿窒欲",即损卦。损卦揭示的是减损之道。

(一)损与益是相对的、变动的

山下有沼泽是损卦的卦象,山下的沼泽增大,山就会变小;山下的沼泽变小,山就会增大。山与沼泽相互减损,相互增益,其损与益,始终是变动的,并不是静止不变的。说得形象点,天降暴雨,产生泥石流,倾注入沼泽中,沼泽的面积就会增大,从物质与能量蓄积的角度看,受到了帮助;相反,长时间持续干旱,沼泽干涸,沼泽面积缩小,看上去山就变高变大了很多。用这一自然现象类比社会资源分配,在一定时期,社会资源总量是有限的,不同单位团体、不同阶级之间,此少(损)彼多(益),此多(益)彼少(损),在不停地发生变化,这种变化具有相对性,因此,从调配社会资源的角度出发,必须处理好减与增、损与益的关系,发挥好损益之道的作用。

(二)减损之道以诚信为本

【损卦卦辞】损:有孚,元吉,无咎,可贞,利有攸往。曷之用? 二簋可用享。

【损卦象辞】象曰:损,损下益上,其道上行。损而有孚,元吉,无咎,可贞,利有攸往。曷之用? 二簋可用享;二簋应有时。损刚益柔有时,损益盈虚,与时偕行。

【注解】损:《古代汉语字典》:"sǔn 损是形声字,扌为形,员为声。损的本义指减少。"有削减、减少、丧失、损失、损害、损伤等义。

簋:guǐ,《说文》:"簋,黍稷方器也。"《周礼·舍人》:"皆云圆曰簋,谓内圆也。"会意字,从竹,从皿,从皀。本义古代青铜或陶制盛食物的容器,圆口,两耳或四耳。簋,是中国古代用于盛放煮熟饭食的器皿,也用作礼器,流行于商朝至东周,是中国青铜器时代标志性青铜器具之一。

【卦辞要义】与**【象辞要义】**损卦,有诚信,大吉,没有灾难,可守正道,前往有利,用什么呢? 用两盘素淡的食物祭祀神灵即可,获得的启示是下属与上级的日常沟通,必要的以礼相待是正常的,关键要心存虔敬,对增进沟通有效果,薄礼示恭,与行贿买官明显有别(因为毕竟是生活在礼仪之邦嘛)。下对上要有必要的尊敬,上对下要有适当的关怀。"大河有水小河满,大河无水小河干。"民众减损自我,顾全大局,是责任和义务。"损下益上道上行,损而诚信卑益高。"基层自行减损应当得利助济国家需要或危难,群众自行减损应当得利以奉于国家宏观调控,下属自行减损应当得利以奉于领导对利益进行重新调配给更需要的人,是上行之道。讲究诚信会大吉大利。损下益上,损刚益柔,是益需之道,非补不足。损柔益上,不以盈上,损刚而不为邪,益上而不为谄,虽不能拯济大难,长此以往坚持做下去,物与物就会没有距离而通畅地流通起来,人与人之间就会没有隔阂,会彼此关爱相助。减损阳刚增益阴柔应合适宜,适度、稳妥,讲究平衡,无论事物的减损、增益、盈满与虚亏都要合适宜。减损要心怀诚信,不可有奸巧伪诈之念之行,自损其私欲以益于公理,自损其身家以益于天下,则可以取得民众的信任,能够取之于民用之于民,实现"损小益大顾大局""损己利人谋民福"广有帮助的效果。

(三)惩忿窒欲,臻善美德

【损卦象辞】山下有泽,损。君子以惩忿窒欲。

【注解】惩忿窒欲:惩,警戒,制止;忿,愤怒;窒,阻塞堵死,抑止;欲,嗜欲。谓克制愤怒,杜塞非分不正当的嗜欲。

【象辞要义】损卦的卦象是艮(山)上兑(泽)下,为山下有湖泽之表象,湖泽渐深而高山愈来愈高，象征着减损；按照这一现象中包含的哲理来做人，君子就应该抑制狂怒暴躁的脾性，杜绝世俗的欲望，也就是摒弃格调不高的低级趣味，不断培养高尚的品德。千险万险莫于人心之险；千祸万祸莫祸于贪欲之祸。孔颖达疏："君子以法此损道，以惩止忿怒，窒塞情欲。夫人之情也，感物而动，境有顺逆，故情有忿欲。惩者息其既往，窒者闭其将来。忿欲皆有往来，惩窒互文而相足也。"朱熹《论象传》云："看来人有迁善时节，自有改过时节，不必只是一件事。熹看来只是惩忿如摧山，窒欲如填壑，迁善如风之速，改过如雷之烈。""所谓'惩忿窒欲，迁善改过'，皆是动上有这般过失，须于方动之时审之，方无凶悔吝，所以再说个'动'。"

荀子《礼论》："礼起于何？曰：人生而有欲，欲而不得，则不能不求，求而无度量分界，则不能不争，争则乱，乱则穷。先王恶其乱也，故制礼义以分之，以养人之欲，给人之求，使欲必不穷于物，物必不曲于欲，两者相持而长，是礼之所起也。"君子以惩忿窒欲。可损之善，莫善于减损忿欲，基本途径依靠礼教。晋·袁宏《后汉纪·顺帝纪二》："愿陛下思惟所见，稽古率旧，勿令刑德大柄不由天断，惩忿窒欲，事依礼制。"明朝唐顺之《序》："不寝不食而非助也；不睹不闻而非忘也；惩忿窒欲而未尝损也"。亦作"惩忿窒欲"。宋朝朱熹《感尚子平事》诗："我亦近来知损益，只将惩窒度余生。"明朝高攀龙《答陈似木书》之三："即如忿欲，习于惩窒，惩窒过二三次，便省力，便有味。"《群书治要》之《傅子》："天下之福，莫大于无欲；天下之祸，莫大于不知足。"

《群书治要》之《政要论·节欲》："夫人生而有情，情发而为欲，物见于外，情动于中，物之感人也无穷，而情之所欲也无极，是物至而人化也。人化也者，灭天理矣。夫欲至无极，以寻难穷之物，虽有贤圣之姿，鲜不衰败。故修身治国也，要莫大于节欲。传曰：欲不可纵。历观有家有国，其得之也，莫不阶于俭约；其失之也，莫不由于奢侈。俭者节欲，奢者放情，放情者危，节欲者安。"——人生来就会对事物产生感情，感情产生后就会发展为欲望。人只要接触到外界的事物，内心就会产生情感活动。外物对人情感的影响没有止尽，而由情感所产生的欲望也没有止尽。所以一旦任由外物控制了人的欲望，人的纯净纯善的本性就会转化为贪婪的习性。而一旦人的本性转化成了习性，人心对天理的感悟就不复存在了。人的欲望是没有止尽的。如果一个人以内心无穷无尽的欲望，去追逐身外无穷无尽的物境，纵然有成圣成贤的资质，也很少有不中途颓堕和失败的。所以，修身治国的根本，没有比节制欲望更重要的了。《礼记》说：欲望不可以放纵。纵观历史，能够得到家国的，无一不是来自干勤俭节约，而失去家国的，无一不是由于奢侈浪费。节俭的人懂得控制欲望，奢侈的人则会放纵情感，放纵情感的人危险，懂得节欲的人安全。

2014年1月14日习近平总书记《在第十八届中央纪律检查委员会第三次全体会议上的讲话》：贪似火，无制则燎原；欲如水，不遏必滔天。一些人在腐败泥坑中越陷越深，一个重要原因是对其身上出现的一些违法违纪的小错，党组织提醒不够，批评教育不力，甚至睁一只眼闭一只眼。网开一面，法外施恩，就可能导致要么不暴露，要么就出大问题。所以，要抓早抓小，有病就马上治，发现问题就及时处理，不能养痈遗患。这是对干部的爱护。要让每一个干部牢记"手莫伸，伸手必被捉"的道理。孔子说："见善如不及，见不善如探汤。"意思是一见到善要觉得赶不上似地急切追求，见到不善就要像用手试沸水一样赶快躲开。领导干部要心存敬畏，不要心存侥幸。群众说，只有警钟长鸣，才能警笛不响。这些说的都是一个道理。

惩忿窒欲的精髓在于掌握絜矩之道。孔子《论语·颜渊》记载仲弓问仁，孔子回答说："……己所不欲，勿施于人……"后期儒家在《礼记》之《大学》中汇集提出："所恶于上，毋以使下；所恶于下，毋以事上。所恶于前，毋以先后；所恶于后，毋以从前。所恶于右，毋以交于左；所恶于左，毋以交于右。此之谓絜矩之道。"其核心是要有宽恕的胸怀。

减损涉及资源、利益再分配，由于人普遍具有"利己排他性"，面对减损自我利益常常会出现忿躁不满情绪，人如果不加强修养，正确认识小我与大局、损与益的关系，那么，就难以实现损下益上，损小益大的目的，因此，损卦核心警示为"君子以惩忿窒欲"。特别强调，要克制忿怒，杜塞非分不正当的嗜欲，才会以"克己让利臻美德，谦柔不取福永葆。"阐释此义，作者赋七律《恕海如天》："以怨抱怨恨已生，以仇复仇杀机重；己所不欲勿施人，恶念如魔影随形；胸怀宽恕风临海，心存感恩路途平；万端临头唯恕道，恕海如天天地宁。"为什么恕能够化解深重的怨忿呢？《菜根谭》云："忠恕待人，养德远害"——不责人小过，不发人阴私，不念人旧恶。三者可以养德，亦可以远害。

"自损私欲益公理，惩忿窒欲是良药。"损卦核心警示为"君子以惩忿窒欲。"历史上值得反思的事例或典故比比皆是，为了引起人们对这个问题重要性的认识，多占些篇幅例举正反两方面事例：

事例一：该隐杀弟。《圣经》中亚当和夏娃的故事广为传播。夏娃由于经受不住蛇的诱惑，偷吃了禁果，和亚当生下了兄弟俩，哥哥叫该隐，弟弟叫亚伯。兄弟俩长大以后，该隐种地，亚伯牧羊。该隐拿地里产的东西供奉上帝，亚伯拿羊群中头生的羊羔和羊油供奉上帝。上帝接待了亚伯和他的贡物，却不理睬该隐和他的贡物。该隐大怒，低头不语。于是上帝对该隐说："你为什么恼怒？为什么要低下头呢？如果你做得对，就抬起头来。如果你干了坏事，罪孽就会附在你的门口，它一定会对你紧追不放，你必须惩治它。"该隐对亚伯说："走，跟我到田野里去。"一到田野,该隐就向亚伯扑去,把亚伯杀死了。于是该隐被上帝处以重罪,把他放逐到伊甸园以东一个叫诺德的地方。这个因妒嫉弟弟而杀死弟弟的该隐就是人类的祖先。既然人类的祖先就是一个妒嫉心严重的杀人犯,所以人类都有妒嫉心。忿欲之心,自古就有,是人的"利己排他性"的表现。惩忿窒欲,对生存竞争压力越来越大的现实社会来说,变得越来越重要,因为这是社会安定和谐的调节剂。

事例二:一文钱小隙造奇冤。《醒世恒言》第三十四卷《一文钱小隙造奇冤》令人拍案惊奇,也令人厌倦沉思,两个小孩在街巷撇钱,只为一文钱输赢,由于两个孩子的妈妈难以抑制忿欲之心,结果最终导致发生 13 条人命的连环奇案,作者冯梦龙为警醒世人慨然叹道:"相争只为一文钱,小隙谁知奇祸连! 劝汝舍财兼忍气,一生无事得安然。""不争闲气不贪钱,舍得钱时结得缘。除却钱财烦恼少,无烦无恼即神仙。""事不三思终有悔,人能百忍自无忧。耐心终有益,任意定生灾。"

事例三:千里捎书只为墙。历史上有一首流传甚广的名诗,劝诫邻居谦让相互争夺的一墙之地:"千里捎书只为墙,让他三尺又何妨? 万里长城今犹在,不见当年秦始皇!"这首诗脍炙人口,考证出自何人有些恍惚,但却被附会到郑板桥、曾国藩、张廷玉等十余名历史名人身上,不外乎劝诫世人,克制自身的非分欲念,多些谦让和宽容,当事人深受感动,相互退让,最后冰消恨释,化干戈为玉帛。人与人相处,要多一分谦让,多一分宽容! 一位哲人说过一番耐人寻味的话:天空收容每一片云彩,不论其美丑,故天空广阔无比;高山收容每一块岩石,不论其大小,故高山雄伟壮观;大海收容每一朵浪花,不论其清浊,故大海浩瀚无比。宽容是深藏爱心的体谅,是一种智慧和力量,是对别人的释怀,也是对自己的善待,更是对生命的洞见,是一种人生的境界,宽容了别人就等于宽容了自己,宽容的同时,也创造了生命的美丽。

事例四:刘备忿躁伐东吴。"关羽刚愎多自用,败走麦城陨英豪;刘备忿躁伐东吴,夷陵之战蜀势消。"三国时期蜀国名将关羽侠肝义胆,但性格中也有刚愎自用的弱点。建安二十四年,关羽进攻樊城,曾水淹于禁七军,军威大振,曹操曾动议迁都以避其锋芒。建安二十四年(219 年)十月,江东大将吕蒙乘关羽与樊城守将曹仁对峙之时偷袭荆州,由于关羽大意,其大本营江陵被攻占。关羽两面受敌,急忙从樊城撤兵西还,驻扎在麦城。吕蒙采取分化瓦解的策略,使关羽的将士无心恋战,逐渐离散。关羽孤立无援,坚守麦城。孙权派人诱降关羽,关羽伪称投降,在城头立幡旗,假做军士,自己却逃走,只有丨多骑跟随。孙权派朱然、潘璋断了关羽各路,在临沮捉获关羽和其子关平,随即将其处死。关羽大意失荆州,败走麦城被斩,刘备忿躁异常,诸葛亮、赵云等劝阻无效,章武元年(221年)七月,也就是刘备称帝三个月后,刘备以替名将关羽报仇为由,挥兵东征东吴孙权,气势强劲。孙权求和不成后,决定一面向曹魏求和、避免两线作战,一面派陆逊率军应战。陆逊用以逸待劳的方法,阻挡了蜀汉军的攻势,更在章武二年(222年)八月夷陵一带打败蜀汉军。夷陵之战的惨败,是蜀汉继关羽失荆州后又一次实力大削,此后,蜀汉成为三国中最弱小的一国。夷陵之战,又称彝陵之战、猇亭之战,是三国时期蜀汉昭烈帝刘备对东吴发动的大规模战役,三国"三大战役"的最后一场。由于刘备没有克制忿欲之心,最终导致蜀国走向败亡。

事例五:曾国藩做人做事。"曾公低调鬼神钦",古往今来,实践低调哲学(谦逊)的人很多,但是最圆满地实践这种哲学的人,也许非曾国藩莫属。可以说曾国藩一生都在演绎低调哲学,他之所以取得立德、立言、立功三不朽的成就,之所以能够成为人们的精神偶像甚至被推为圣人,都得益于这种哲学。曾国藩的低调哲学,主要体现在做人、做事、做官三个方面,改变仕途、拯救自我、对抗人生的智慧,曾国藩的低调哲学,以谦让、恭敬、谨慎作风著称,被誉为做人、做事、做官的"圣经"。做人,曾国藩一生力戒骄傲,虚心向学,每日三省,努力修身,去伪崇拙,谦恭礼让,待人以诚,容人以恕,不仅赢得了众人的由衷爱戴,应付了许多难堪的境遇,还带出了大批后学和良好风尚,泽及一代又一代后人。做事,曾国藩"以禹墨为体",躬自入局,铢积寸累,"打掉牙,和血吞",终于形成了强大的军事实力,剿灭了席卷数省的太平天国运动;首办洋务,富国强兵,成为洋务运动之父。同时"以老庄为用",盛时常作衰时想,功劳越大越谨慎,一旦大功告成,立即自削羽翼,急流勇退,以持盈保泰。做官,曾国藩有一套行之有效的低调进身术,既巧妙地借助于他人的力量,又不留下任何痕迹,以至十年七迁,官至极品。为官不自用而长于用人,善于网罗贤才,以补一己之短。放下身段,做部下的良师益友;不假辞色,使部下心悦诚服。廉洁自律,以勤补拙,内明外晦,谋深虑远,所以始终立于不败之地。

事例六:蜀王贪牛遭秦剿。秦惠文王(公元前354—前311年),又称秦惠王或秦惠文君,嬴姓秦氏,名驷(先秦时期男子称氏不称姓,虽为嬴姓,却不叫嬴驷),秦孝公之子,未称王前称秦公驷。公元前338年,秦孝公死,惠文王即位,公子虔诬告商鞅谋反,惠文王车裂商鞅,却并未废除商鞅之法。公元前324年,惠文王称王。《水经注》卷二十七引来敏《本蜀论》的记载秦惠文王用计灭古蜀:"秦惠王欲伐蜀而不知道,作五石牛,以金置尾下,言能屎金,蜀王负力,令五丁引之,成道。秦使张仪、司马错寻路灭蜀,因曰石牛道。"说的是,以前蜀侯性格贪婪,秦惠王听说后想讨伐他,(但是通往蜀地的)山路深涧十分险峻,军队没有路可以过去。于是秦军雕凿石牛,把金子放在牛后,称为"牛粪",并把它送给蜀国(引诱他们)。蜀侯贪图宝物,于是挖平山路填平谷地,派了五个大力士去迎接金牛(财宝)。秦国率领着大军随后就到了蜀国,蜀侯不仅自己身亡,国家也被秦国灭了,于是被天下人耻笑,是因为贪图小的利益而失去巨大的利益啊!

事例七:龚遂拯民。龚遂,字少卿,是山阳郡南平阳县人。因为通晓儒学做了官,做到昌邑王国的郎中令,为昌邑王刘贺效力⋯⋯汉宣帝刘询即位,过了很长一段时间,渤海及其邻郡年成不好,盗贼纷纷出现,当地郡守无法捕拿制服。皇上想选拔善于治理的人,丞相御史推荐龚遂可以胜任,皇上任命他做渤海郡太守。当时龚遂已经70多岁了,被召见时,由于他个子矮小,宣帝远远望见,觉得跟传闻中的龚遂不相合,心里有点轻视他,对他说:"渤海郡政事荒废,秩序紊乱,我很担忧。先生准备怎样平息那里的盗贼,使我称心满意呢?"龚遂回答说:"渤海郡地处海滨,距京城很远,没有受到陛下圣明的教化,那里的百姓被饥寒所困,而官吏们不体贴,所以使您的本来纯洁善良的臣民偷来您的兵器,在您的土地上玩玩罢了。您现在是想要我用武力战胜他们呢,还是安抚他们呢?"宣帝听了龚遂的应对,很高兴,就回答说:"既然选用贤良的人,本来就是想要安抚百姓。"龚遂说:"我听说治理秩序混乱的百姓就如同解紊乱的绳子,不能急躁;只能慢慢地来,然后才能治理。我希望丞相御史暂时不要用法令条文来约束我,让我能够根据实际情况,不呈报上级而按照最有效的办法处理事情。"宣帝答应了他的要求,格外赏赐他黄金物品派遣他上任。龚遂乘坐驿车来到渤海郡边界。郡中官员听说新太守来了,派出军队迎接。龚遂把他们都打发回去了。然后下达文件命令所属各县:全部撤销捕捉盗贼的官吏;那些拿着锄头、镰刀等种田器具的都是良民,官吏们不得查问;拿着兵器的才是盗贼。龚遂独自乘车来到郡府,郡中一片和顺的气氛,盗贼们也都收敛了。渤海郡又有许多合伙抢劫的,听到龚遂的训诫和命令,当即散伙了,丢掉他们手中的兵器弓箭,而拿起了锄头镰刀,盗贼这时都平息了,百姓安居乐业。龚遂于是就打开地方的粮仓,赈济贫苦百姓,选用贤良的地方官吏,安抚养育百姓。龚遂看见渤海一带风俗很奢侈,喜欢从事那些不切于民用的行业,而不爱从事农业生产,就亲自带头实行勤俭节约的作风,鼓励百姓从事耕作和养蚕种桑。他下令:郡中每个人种一株榆树、一百棵薤菜、五十丛葱、一畦韭菜;每家养两头母猪、五只鸡。百姓有佩带刀剑的,让他们卖掉刀剑买牛犊,他说:"为什么把牛和犊佩带在身上!"春夏季节不允许不到田里劳动生产,秋冬时督促人们收获庄稼,又种植和储藏瓜果、菱角、鸡头米等多种经济作物,劝勉人们照规定办事,遵守法令,郡中人们都有了积蓄,官吏和百姓都很富足殷实,犯罪和打官司的都没有了。

(四)要把握好减损的原则与态度

减损的核心是处理自己与他人的利益关系,损卦六爻分别从不同的角度说

明减损的原则与态度:

一是乐于助人——"放下己事去助人,乐于助人有回报"。

【初九爻辞】初九:已事遄往,无咎,酌损之。象曰:已事遄往,尚合志也。

【注解】《古代汉语字典》:

已:"yǐ 已是后起字,是巳字分化出来的。已的本义是停止。"按:有的版本沿袭古文字写作巳,同此义。

遄:chuán,"山而"本义指"轮廓线和缓起伏的山丘",引申指"高低不平的山路"。"辶"与"山而"联合起来表示"走山路(取捷径)"。本义:(因走山路而)缩短行程和时间。引申义:快速。《尔雅》:"遄,速也。""遄是形声字,辶为形,耑(读作 duān)为声。遄的本义指迅速地运去或来。急速,快速。"

【爻辞要义】(当他人有需要时)停下自己正在做的事情赶快前去助人,就不会有灾难临头,损己助人时要再三斟酌把握分寸。处在尊位的柔弱之辈正需要帮助,地位卑下的阳刚之士首当其冲,义不容辞,立刻牺牲自己的事业而成人之美,表现出与尊贵者心心相印的关系。可贵之处在于有牺牲自我助人为乐的精神,以他人为重,能够心志相合。

二是正道避凶——"利贞征凶弗损益,避凶宜于守正道"。

【九二爻辞】九二:利贞。征凶。弗损,益之。象曰:九二利贞,中以为志也。

【注解】益:《古代汉语字典》:"yì 益是会意字,由水和皿组合而成,表示器皿中的水满溢而流出。益的本义是水满后溢出。"有增加,利益、好处等义。

【爻辞要义】在处理自己与他人的关系问题上,坚守贞正之道有利,采取征伐、侵略、攻击等方式待人凶险,不要减损他人的利益,对他人要给予助益和好处。只有持不偏不激也不过于保守的中庸态度,作为始终不变的志向,才能够使他人受益。

三是审人度势——"三人同行损一人,一人得友诚为道"。

【六三爻辞】六三:三人行,则损一人;一人行,则得其友。

象曰:一人行,三则疑也。

【注解】友:《古代汉语字典》:友是会意字,甲骨文和金文中的友像两只方向相同的手。友的本义指"同志为友",即志趣相同为朋友。

【爻辞要义】三个人一同前进,由于人具有劣根性,相互猜疑互相掣肘,会使一个人受到伤害,而达不到预期的目的;一个人独自行动,就会专心一意地寻求伙伴,最终必定能遇到志同道合的朋友,目的明确,可以顺利地得到接应,取得成功。人与人交往、沟通、和同,讲究诚信很重要。

四是喜克不足——"克制弱点与不足,无灾有喜人称好"。

【六四爻辞】六四:损其疾,使遄有喜。无咎。象曰:损其疾,亦可喜也。

【爻辞要义】帮助人解除病痛，可以使人迅速喜乐起来。同样，他人有缺点与不足，帮助其克服掉，也会使人迅速喜乐起来。这当然没有什么咎眚。

五是损己益人——"有人送来大宝龟，天佑民钦拒不了；损下益上道上行，损而诚信卑益高；损小益大顾大局，持正不贪是瑰宝"。

【六五爻辞】六五：或益之十朋之龟，弗克违，元吉。象曰：六五元吉，自上佑也。

【注解】或：代指有的人。如《孟子·梁惠王上》："兵刃既接，弃甲曳兵而走。或百步而后止，或五十步而后止。"司马迁《报任安书》："人固有一死，或重于泰山，或轻于鸿毛。"

朋：péng，《古代汉语字典》："朋字在甲骨文和金文中的字形，状似两串玉或贝连在一起。古代以玉或贝做货币，因此朋字的本义指货币。"相传五贝为一系，两系为一朋。

【爻辞要义】有人送来价值十朋（100个贝）的大宝龟，想推辞都不行，大吉大利。这是上天保佑的结果。为什么这么说呢？因为居于尊位的人不想得到其他人的好处，仍想着自我减损而使他人受益，这样不但得到大众的广泛帮助，也博得了上天的好感。说得通俗点，就是一个单位的领导心里想着群众，像焦裕禄一样，给群众办了很多好事儿，结果在过年节的时候，有群众发自内心地送来自己养的乌龟或鱼或农产品（电视剧《焦裕禄》中就有这个细节），坚辞拒绝不掉，虽然不提倡，但这是领导减损自我，维护大局、维护群众利益自然得到的良好回报，是可喜的事情。不管是国家、企事业团体还是家庭，都是一个整体，属于大局，作为其中一员，就是小我，即使身为领导，仍然是一个小我。在维护安定团结，发挥大局作用上，处理好小我与大局的关系非常重要，损小益大顾大局应注意：一要树立大局意识。要头脑清醒，明辨是非，真正懂得举什么旗、走什么路，防止思想上的迷茫和政治上的动摇。二要自觉维护大局。关键是把握住自己的立场，管住管好自己的行为。按照"自重、自省、自警、自励"的要求，常怀律己之心，自觉从各个方面严格要求自己。《礼记·中庸》中说："慎乎其所不睹，恐惧乎其所不闻。莫见乎隐，莫显乎微，故君子慎其独也。"做到慎微，在小节方面保持高度警惕，自觉维护安定团结的政治局面。习近平总书记参加全国人大二次会议安徽代表团审议时提出领导干部做到"三严三实"——既要严以修身、严以用权、严以律己，又要谋事要实、创业要实、做人要实。三要走群众路线。领导要联系群众、服务群众，家长要关爱成员，群众要拥护正确领导，服从组织调度，家庭成员遇事要按家长正确意见办，不各自为政、各行其是。四要融于岗位实践。要不断增强自我净化、自我完善、自我革新、自我提高的能力，履位尽责，共促和谐。

六是不损而益——"损刚益柔应有时，与时偕行益需要"。

【上九爻辞】上九:弗损,益之,无咎。贞吉,利有攸往。得臣无家。

象曰:弗损,益之。大得志也。

【注解】臣:战俘,俘虏;奴仆,奴隶;官吏。

【爻辞要义】不要减损。增益一些,没有咎殃。恪守贞正之道吉利,怀着这样的道德操守,利于与人交往去做各种事情。能够得到臣民的爱戴与拥护,臣民不以自家为家而以国为家,维护君王的权威和尊严,定能获得天下万民归心,治国、平天下的志向可以极大地实现。

损下益上,并不是对不足进行弥补;损刚益柔,并非助长君子之道。如果不以诚信,则涉谄谀而有过咎,所以必须讲诚信。行损之道不一定获利,但可以趋吉远祸。损益盈虚,与时偕行。自然之质,各定其分,凫足短而任性,短者不为不足,鹤胫长而自然,长者不为有余,损益将有什么用呢? 何须损我以益人! 减损之道不是常道,所以"损下益上,损刚益柔"不可常为,要与时偕行,因应需要而为。

(五)克己助人是"损"的主旨

损卦谈的是减损,并不意味着损伤自己一部分利益去援助别人,也不是一般的损人利己;而是如何在不使自己一方受到丝毫损伤的情况下去实现相当的帮助,以及如何在不得已的情况下适当减损或放弃一部分利益而去实现更大更多的帮助。损益相间,损中有益,益中有损。二者之间,不可不慎重对待。减损之道应因应时机把握好度,损与益,应依状况,适当应用,应减损时减损,应增益时增益,辩证处理好损益关系。把握柔和、谦让、中正的怀柔态度,才能赢得信任和支持。民为国之基,损下益上,治理国家,过度会损伤国基。这是损卦最实质的内容。克己助人令人敬仰的精神有:

一是白求恩的共产主义、国际主义精神。诺尔曼·白求恩(Norman Bethune)(1890—1939年),加拿大人,国际共产主义战士,著名胸外科医师,志愿参加西班牙反法西斯斗争和中国人民的反抗日本帝国主义的解放事业,献出宝贵的生命,毛泽东《纪念白求恩》一文,高度赞扬了白求恩的共产主义、国际主义精神,号召每一个共产党员向他学习:"一个外国人,毫无利己的动机,把中国人民的解放事业当作他自己的事业,这是什么精神? 这是国际主义的精神,这是共产主义的精神,每一个中国共产党员都要学习这种精神。""白求恩同志毫不利己专门利人的精神,表现在他对工作的极端的负责任,对同志对人民的极端的热忱。""我们大家要学习他毫无自私自利之心的精神。从这优秀的一点出发,就可以变为大有利于人民的人。一个人能力有大小,但只要有这点精神,就是一个高尚的人,一个纯粹的人,一个有道德的人,一个脱离了低级趣味的人,一个有益于人民的人。"

　　二是为人民服务的雷锋精神。雷锋是损己利人的光辉典范。雷锋精神实质和核心是全心全意为人民服务,为了人民的事业无私奉献。他已经成为精神文明的同义语、先进文化的表征。周恩来总理将雷锋精神全面而精辟地概括为:"憎爱分明的阶级立场、言行一致的革命精神、公而忘私的共产主义风格、奋不顾身的无产阶级斗志。"雷锋精神是对雷锋事迹所表现出来的先进思想、道德观念和崇高品质的理论概括和总结。已经成为雷锋和雷锋式的先进人物崇高思想和优秀品德的结晶,已经成为热爱祖国,热爱社会主义,热爱党,坚定共产主义信仰,树立全心全意为人民服务的思想,发展人与人之间团结友爱互助的社会主义新型关系的象征。为人民服务具有普世价值。胡锦涛同志"八荣八耻"社会主义荣辱观之一"以服务人民为荣,以背离人民为耻",将服务人民的精神升华构成了中华民族当代精神的基本内核。古代民本精神倡导"民为邦本,本固邦宁""民贵君轻",提倡爱民、重民、亲民。《尚书·五子之歌》就记载了大禹的话:"民可近,不可下。"孔子认为,如果能做到"博施于民而济众"(见《论语·雍也》),那就是圣人,从而将民众摆上至关重要的地位。孟子则更明确地提出了"民为贵,社稷次之,君为轻"(见《孟子·尽心下》)的光辉命题。荀子及唐代魏征都提出君民如同舟与水、民能载舟亦可覆舟的思想,主张为政应当爱护百姓。明清之际的启蒙思想家黄宗羲也提出,天下为主君为客,君应为天下人服务。孙中山先生也认为,国家之本在于民。这些富于人民性与朴素民主精神的传统民本思想,对民本精神的形成影响很大。中国共产党立党为民,从成立之初,就把"全心全意为人民服务"确定为党的根本宗旨,毛泽东撰写了《为人民服务》的光辉篇章,并提出"全心全意为人民服务""一切从人民的利益出发"等思想。鲁迅也写下"俯首甘为孺子牛"的名句。许多先烈与英雄模范人物努力实践服务人民的宗旨,如雷锋、焦裕禄、时传祥、孔繁森等,都是全心全意为人民服务的光辉典范。

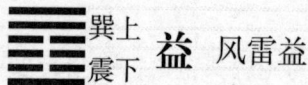

第四十二章　益　卦

增益之道：见善则迁　有过则改

　　风烈则雷迅，雷激则风怒。即风雷相益。象征增益。"君子以见善则迁，有过则改"——作为领导者，既是管理者，也是资源的调配者，对不同阶级、阶层，要妥善处理好利益关系，领导对利益占有欲如果低些，适当减损、牺牲应得利益，让利于民，那么群众的获益就会大些，这种行为，就领导者而言，牺牲的是物质利益，获得是亲民、仁民、爱民的美德，群众对其拥护程度自然会高，凝聚力会增强；群众得到物质利益，自然会焕发工作热情和活力，那么，活力自然会增强，向心力、战斗力自然也会增强，这是避免分崩离析局面出现的核心所在。益卦核心劝诫要"善用益道""下不厚事""善用益道"就是要多做对人民有利的事情；"下不厚事"就是不扰民，持静德，戒繁刑苛法，无为而治，兴利除弊，除凶避害，"善用益道"将有大的作为，"下不厚事"将大吉利。树立正确的利益观，让利修德才能巩固根基。

一、益卦经文

益 风雷益 巽上震下

益:利有攸往,利涉大川。

彖曰:益,损上益下,民说无疆,自上下下,其道大光。利有攸往,中正有庆。利涉大川,木道乃行。益动而巽,日进无疆。天施地生,其益无方。凡益之道,与时偕行。

象曰:风雷,益。君子以见善则迁,有过则改。

初九:利用为大作,元吉,无咎。
象曰:元吉无咎,下不厚事也。

六二:或益之十朋之龟,弗克违。永贞吉。王用享于帝,吉。
象曰:或益之,自外来也。

六三:益之用凶事,无咎。有孚中行,告公用圭。
象曰:益用凶事,固有之也。

六四:中行,告公从。利用为依迁国。
象曰:告公从,以益志也。

九五:有孚惠心,勿问元吉。有孚,惠我德。
象曰:有孚惠心,勿问之矣。惠我德,大得志也。

上九:莫益之,或击之,立心勿恒,凶。
象曰:莫益之,偏辞也。或击之,自外来也。

二、益卦警语箴言

巽上震下风雷激	损上益下民受益
见善则迁过则改	诚信中庸永贞吉
善用益道大作为	下不厚事大吉利
有人赠送十朋龟	王享于帝永贞吉
获得好处不独享	助人除凶利自己
中行公从依迁国	诚实互信国受益
诚信惠心惠我德	损己利民大吉利
立心勿恒凶何益	损人利己遭唾弃

从谏如流唐太宗　　贞观之治垂青史
八荣八耻荣辱观　　精神信仰树旗帜
诚信互惠增美德　　感恩图报大吉利
己所不欲勿施人　　惠人不倦祥而吉
自损必益施于人　　公正无私悦人己
坚持中道守正道　　不贪不偏不舞弊
上下信赖相益志　　惩忿窒欲益增吉
冯谖市义收民心　　天下归心因让利
康熙乾隆下江南　　布施仁政体民意
团结信任力量大　　助人互利增公益
利字当头慎取舍　　让利修德固根基

三、易理哲学简说

见善则迁　有过则改

——善用益道大作为　下不厚事大吉利

益卦卦象"风雷,益。巽上震下"。益是会意字。小篆字形。像器皿中有水漫出。本义"溢"的本字,引申义为增加、增强、增益。震为雷,巽为风,风烈则雷迅,雷激则风怒,为狂风和惊雷互相激荡,相得益彰之表象,象征"增益",即风雷相益。

经常受损(损)必然会有益处(益),"利有攸往,利涉大川""君子以见善则迁,有过则改",即益卦。益卦揭示的是损上益下的道理,是惠及广众的增益之道。二者异曲同工,核心在于造福百姓。作为统治者应该如何施惠于民呢?

(一)巽上震下风雷激,损上益下民受益

【益卦卦辞】益:利有攸往,利涉大川。

【卦辞要义】益卦,遵循增益的思想原则利于去做事情,尤其适宜于去做像跋涉大川那样的大事。

【益卦象辞】象曰:益,损上益下,民说无疆,自上下下,其道大光。利有攸往,中正有庆。利涉大川,木道乃行。益动而巽,日进无疆。天施地生,其益无方。凡益之道,与时偕行。

【注解】木道:树木之"与时偕行""日进无疆"的生长之道。(按:不苟同舟船说)

438　　【象辞要义】增益,核心是在上的统治者要减损利益,增益在下的民众,民众

则会欣悦无疆。统治者(领导干部)要把自己的利益看得轻一些,把群众、下属的利益看得重一些。作为领导者,既是管理者,也是资源的调配者,对不同阶级、阶层,要妥善处理好利益关系。领导对利益占有欲如果低些,适当减损、牺牲应得利益,让利于民,那么群众的获益就会大些,这种行为,就领导者而言,牺牲的是物质利益,获得的是亲民、仁民、爱民的美德,群众对其拥护程度自然会高,凝聚力会增强;群众得到物质利益,自然会焕发工作热情和活力,从而向心力、战斗力自然也会增强,能够避免分崩离析局面的出现。这就是"自上下下,其道大光"。怀着这样的心态和原则去做事有利,因为心怀中正必有吉庆。尤其是去做像跋涉大川一样的大事更为有利。对民众的增益遵循着"与时偕行""日进无疆"的树木生长之道。这是自然赋予树木具有日日生长不已的本性,大地承载生息不已,不分地域、不分物类,可以广泛受益。统治者(领导)应该效法"木道"增益民众。凡属增益之道,如同树木生长一样,与时俱进。

《贞观政要》卷一 君道第一:贞观初,太宗谓侍臣曰:"为君之道,必须先存百姓,若损百姓以奉其身,犹割股以啖腹,腹饱而身毙。若安天下,必须先正其身,未有身正而影曲,上治而下乱者。朕每思伤其身者不在外物,皆由嗜欲以成其祸。若耽嗜滋味,玩悦声色,所欲既多,所损亦大,既妨政事,又扰生民。且复出一非理之言,万姓为之解体,怨讟(dú 怨恨,诽谤,憎恶)既作,离叛亦兴。朕每思此,不敢纵逸。"谏议大夫魏征对曰:"古者圣哲之主,皆亦近取诸身,故能远体诸物。昔楚聘詹何,问其理国之要。詹何对以修身之术。楚王又问理国何如?詹何曰:'未闻身理而国乱者。'陛下所明,实同古义。"阐述得比较深刻。

《贞观政要》卷八辩兴亡第三十四:贞观二年,太宗谓黄门侍郎王珪曰:"隋开皇十四年大旱,人多饥乏。是时仓库盈溢,竟不许赈给,乃令百姓逐粮。隋文不怜百姓而惜仓库,比至末年,计天下储积,得供五六十年。炀帝恃此富饶,所以奢华无道,遂致灭亡。炀帝失国,亦此之由。凡理国者,务积于人,不在盈其仓库。古人云:'百姓不足,君孰与足。'但使仓库可备凶年,此外何烦储蓄!后嗣若贤,自能保其天下;如其不肖,多积仓库,徒益其奢侈,危亡之本也。"阐述隋朝灭亡的根本原因是隋炀帝不肯减损皇室利益而让利于民,天灾民怨,最终导致隋朝败亡。

《群书治要·傅子》:"利天下者,天下亦利;害天下者,天下亦害之。利则利,害则害。无有幽深隐微,无不报也。仁人在位,常为天下所归者。无他也,善为天下兴利而已矣。"——给天下人利益的人,天下人也给他利益;危害天下人的,天下人也危害他。利人则对自己有利,害人则对自己有害。不管事情多么远隐蔽,没有不报应的。仁爱之人在位,常使天下人都归顺。这没有别的原因,不过是因为他善为天下人兴利罢了。

（二）见善则迁过则改，诚信中庸永贞吉

【益卦象辞】象曰：风雷，益。君子以见善则迁，有过则改。

【象辞要义】益卦卦象为风雷相益，即风烈则雷迅，雷激则风怒，为狂风和惊雷互相激荡，相得益彰之表象，象征"增益"。君子从中受到启示，向美善学习，发现自身有错误或过失就及时改正。

朱熹《论象传》云："'迁善'字轻，'改过'字重。迁善如惨淡之物要使之白，改过如黑之物要使之白，用力自是不同。迁善者，但是见人做得一事强似我，心有所未安，即便迁之。若改过，须是大段勇猛始得。"自省、自善是加强修养重要而有效的途径，领导者能够"见善则迁，有过则改"，修养仁民爱民的仁德之心，能够弘扬正气，有利于树立良好的风气，促进形成人人向善、人人向上的局面。鉴于如此重要作用，益卦核心启示为"君子以见善则迁，有过则改"，殷切期望能够掌握民众命运的领导者竭诚改过向上，营造人心向上的局面和氛围。见到美好的人和事就努力学习，有了错误就马上改正。人不可能没有过错，重要的是能够及时改正。恪守贞正，坚持诚信中庸的原则，妥善处理事务就会吉祥。唐朝时，唐太宗下令修筑洛阳宫，大臣张玄素上书说："筑宫室不是当务之急。隋朝营建宫室，劳民伤财。陛下役使百姓，承袭隋朝灭亡的弊端，祸乱恐怕比隋炀帝还要大。"唐太宗对这位大臣说："你说我不如隋炀帝，那么，与桀、纣相比怎么样？"张玄素说："如果不停止修建洛阳宫，恐怕也要和他们一样遭到变乱。"于是，唐太宗下令停止修建洛阳宫。唐太宗善于听取别人的意见，有错就改，可谓善用益道，这种品质正是他开辟大唐盛世的重要原因之一。

《群书治要》之《说苑》："师经鼓琴，魏文侯起舞。赋曰：使我言而无见违。师经援琴而撞文侯。不中，中旒，溃之。文侯顾谓左右曰：'为人臣而撞其君，其罪何如？'左右曰：'罪当烹！'提师经下堂一等，师经曰：'臣可得一言而死乎？'文侯曰：'可。'师经曰：'昔尧舜之为君也，唯恐言而人不违。桀纣之为君也，唯恐言而人违之。臣撞桀纣，非撞吾君也。'文侯曰：'释之。是寡人之过也。悬琴于城门。以为寡人符。不补旒。以为寡人戒。'"——乐师经在弹琴，魏文侯闻乐起舞，吟诵道："让我的话不要被人违背。"乐师经抱起琴就去撞魏文侯，没有撞上，只撞到了文侯冕冠前的玉串，玉串被撞散了。文侯回视左右臣僚问："作为臣子竟敢撞击他的君王，该当何罪？"左右的臣僚说："罪当受烹杀之刑！"于是武士将师经带下朝堂，刚下了一级台阶，师经说："臣可以说一句话再死吗？"文侯说："可以。"师经说："从前尧、舜做君王时，唯恐自己的话没有人反对，而桀、纣做君王时，却唯恐自己的话被人违背。我撞的是像桀、纣这样的暴君，而不是撞我的君主。"文侯说："放开他吧，这是我的过错。把这张琴悬挂在城门上，用

易道 话说易经 谈道德修养

来作为我知错改过的凭证,也不要修补冕冠上的玉串,以此作为我的鉴戒。"

(三)善用益道大作为,下不厚事大吉利

"善用益道"就是要多做对人民有利的事情;"下不厚事"就是不扰民,不让民众承担过重的苛捐繁政。秉持"见善则迁,有过则改"的原则,持静德,戒繁刑苛法,无为而治,兴利除弊,除凶避害,尽量不铺张奢侈,不扰民,则民安其居,乐其业,不好大喜功而使民众过分辛劳,多做对人对社会有利的事情,就会增添活力,就会焕发出繁荣生产、促进社会文明进步的激情,就会有大的作为,取得显著的效果。"己所不欲,勿施于人。"只有这样才能获大吉而免遭责难。否则,民众则会心生厌倦,对统治者或领导失去信任。司马光《资治通鉴》卷第九载:沛公(汉高祖刘邦)西入咸阳,诸将皆争走金帛财物之府分之。萧何独先入收秦丞相府图籍藏之,以此沛公得具知天下厄塞、户口多少、强弱之处。沛公见秦宫室、帷帐、狗马、重宝、妇女以千数,意欲留居之。樊哙谏曰:"沛公欲有天下耶,将为富家翁耶?凡此奢丽之物,皆秦所以亡也,沛公何用焉!愿急还霸上,无留宫中!"沛公不听。张良曰:"秦为无道,故沛公得至此。夫为天下除残贼,宜缟素为资。今始入秦,即安其乐,此所谓'助桀为虐'。且忠言逆耳利于行,毒药苦口利于病,愿沛公听樊哙言!"沛公乃还军霸上。十一月,沛公悉召诸县父老、豪杰,谓曰:"父老苦秦苛法久矣!吾与诸侯约,先入关者王之,吾当王关中。与父老约法三章耳:杀人者死,伤人及盗抵罪。余悉除去秦法,诸吏民皆案堵如故。凡吾所以来,为父老除害,非有所侵暴,无恐。且吾所以还军霸上,待诸侯至而定约束耳。"乃使人与秦吏行县、乡、邑,告谕之。秦民大喜。争持牛、羊、酒食献飨军士。沛公又让不受,曰:"仓粟多,非乏,不欲费民。"民又益喜,唯恐沛公不为秦王。

史事可鉴,鉴往知来。如何善用益道呢?我们看看益卦六爻是怎么说的:

一是"善用益道大作为,下不厚事大吉利"。

【初九爻辞】初九:利用为大作,元吉,无咎。象曰:元吉无咎,下不厚事也。

【注解】大作:大的作为。

下不厚事:下:地位低下的人,庶民。《国语·周语》:"下事上,少事长。"不能让民众承担苛捐繁政而使民众过分辛劳。

【爻辞要义】无为而治,善用益道。利于大显身手干一番事业,能获得大吉大利,就不会遭到责难。在大显身手干事业的时候,一定要谨慎小心,尽量不要过分铺张奢侈,不能让民众承担苛捐繁政而使民众过分辛劳。只有这样才能大吉大利而免遭责难。

《群书治要·傅子》:"民富则安,贫则危,明主之治也。分其业而一其事。

业分则不相乱,事一则各尽其力,而不相乱,则民必安矣。重亲民之吏而不数迁。重则乐其职,不数迁则志不流于他官。乐其职而志不流于他官,则尽心恤其下,尽心以恤其下,则民必安矣。附法以宽民者赏,剋法以要名者诛。宽民者赏,则法不亏于下;克民者诛,而名不乱于上,则民必安矣。量时而置官,则吏省而民供。吏省则精,精则当才而不遗力。民则供顺,供顺则思义而不背上。上爱其下,下乐其上,则民必安矣。笃乡闾之教,则民存知相恤,而亡知相救。存相恤而亡相救,则邻居相恃,怀土而无迁志。邻居相恃,怀土无迁志,则民必安矣。度时宜而立制,量民力以役赋。役赋有常,上无横求,则事事有储,而并兼之隙塞。事有储,并兼之隙塞,则民必安矣。图远必验之近,兴事必度之民。知稼穑之艰难,重用其民,如保赤子,则民必安矣。"——百姓富足则安定,百姓贫困则忧惧。圣明的君主治理国家,给人们分配一定的职业,让人们专门从事本职工作。职业有分工就不互相扰乱,做事专一则各尽其力。各尽其力,不互相干扰,百姓必会安定。应重视切近百姓的基层官吏,不频繁调迁。重视则他们乐于尽职尽责,不频繁调迁则其心志不会转向其他官位。乐于其职,心志不转向其他官位,他们就会尽心体恤其辖区民众。尽心体恤其辖区民众,民众就安定。对依法办事、宽仁待民的官吏应奖赏,对执法苛刻、追求名声的官吏就惩罚。对宽厚待民的予以奖赏,则律法不会伤害百姓;对苛刻害民者给予惩罚,则其名声就不会使君主迷惑。这样,百姓必会安定。衡量时势设置官吏,则官吏少而百姓易于供给。官吏少则精干,精干就能人尽其材、不遗余力;百姓的供给合理,则怀念其恩谊而不背逆上级。上司爱护下民,下民喜欢上司,百姓一定会安定。重视乡间的教化,则百姓安定时懂得相互体恤,危急时知道相互救助。如此,则邻居间相互依仗,热爱故土不愿迁徙。相互依赖、怀恋故土而不愿迁徙,百姓一定会安定。分析时宜而定立制度,衡量民力来征役定税。徭役赋税有常规,上级不横征乱收,则各行各业皆有积储,兼并的漏洞就会被堵塞。如此,则百姓必然安定。谋求长远计划要用近期之事检验,兴办各种事业要考虑民力民意。懂得耕种收获的艰难,慎重使用民力,爱民如子,百姓必然安定。

二是"有人赠送十朋龟,王享于帝永贞吉"。

【六二爻辞】六二:或益之十朋之龟,弗克违。永贞吉。王用享于帝,吉。

象曰:或益之,自外来也。

【注解】或:指代词,有的人。

享:xiǎng,享字在甲骨文和金文中,像宗庙的样子,表示祭祀鬼神并将祭品进献给神灵祖先。

【爻辞要义】有人送来价值十朋的昂贵的大神龟,没有办法辞让。遇到这种情况,在任何时候恪守贞正的操守,其结果永远是吉祥如意的,这样的大好事并不是由于贪婪而主动索取的结果,完全是他人心甘情愿送上门来的意外收获。君王如果在此时(有群众的崇拜或恭敬)祭祀天神,祈求降福保佑,也会如愿以偿获得吉利。这种助益自外而来,不是主观索取的,且将这份民众的心意用来祭祀神灵与祖先,吉祥。

三是"获得好处不独享,助人除凶利自己"。

【六三爻辞】六三:益之用凶事,无咎。有孚中行,告公用圭。

象曰:益用凶事,固有之也。

【注解】凶事:凶荒。即饥荒,荒年,年成不好。《孟子·梁惠王上》:"河内凶。"

圭:《古代汉语字典》:"圭是会意字,由两个土组成,意指上古时代天子把土地分封给诸侯,之所以用两个土字,是表示要求诸侯将天子的土地作为自己的土地那样好好管理。圭的本义是指上古时天子分封给诸侯时给诸侯的凭证。""一种玉制礼器,上尖(或上圆)下方。帝王诸侯举行典礼时所用。"《周礼》:"珍圭以征守,以恤凶荒。"

【爻辞要义】将所得到的礼物用来帮助他人度过饥荒等灾难,不会引起麻烦,是保全自身的最好办法。因为身处显赫地位,得到许多好处,同时也埋下了祸根,只有把这些好处用来助人,才能得人心,免除灾祸,从而可以牢固地保持所得到的好处。要满怀诚意地按照中庸之道行事,遇到凶荒,需要向王公诸侯求助时,拿着天子所赐的"圭"前往求助,会得到帮助。

四是"中行公从依迁国,诚实互信国受益"。

【六四爻辞】六四:中行,告公从。利用为依迁国。象曰:告公从,以益志也。

【注解】迁国:迁国都。

【爻辞要义】采取温和宽厚的中庸态度行事,有灾难告急向王公求救,王公因对其诚信无疑,认从并给予帮助。在这种情况下,有诚信不会忤逆谋反,那么以此为依靠,可以商议研究迁徙国都的大事儿,这种愿望会得到王公的助益。

五是"诚信惠心惠我德,损己利民大吉利"。

【九五爻辞】九五:有孚惠心,勿问元吉。有孚,惠我德。

象曰:有孚惠心,勿问之矣。惠我德,大得志也。

【注解】惠心:《古代汉语字典》:"惠是会意字,由心和表示专注的且谨慎的叀(zhuān)两部分组合而成,合起来表示专心。惠的本义为仁爱。"惠心指仁爱之心,仁慈之心。

【爻辞要义】君王(我)满腹虔诚地怀着一颗使天下人受惠的仁慈之心,不用占卦问卜就知道大吉大利。君王(我)取信于民,顺应民心民意,将心比心,天下人必然也都虔诚地怀着受惠于我(君王)、感我(君王)恩德的心愿,信于我

（君王），顺我（君王）之德。不用诘问，这种万民归心的盛况，使减损自身造福大众的心志得到了极大的满足。

六是"立心勿恒凶何益，损人利己遭唾弃"。

【上九爻辞】上九：莫益之，或击之，立心勿恒，凶。

象曰：莫益之，偏辞也。或击之，自外来也。

【注解】击：攻击。

偏：在孟喜本中作"徧"，在虞翻本中也作"徧"，"徧"通今"遍"字。

辞：推却。《荀子·解蔽》："是之则受，非之则辞。"

【爻辞要义】没有人助益他，有人攻击他，面对这种情况，不可永久坚持己见，如果固执己见，那么凶险。没有人助益他，普遍推却他。有人攻击他，他受到的攻击是外来的。这说的是，有位有势的人从来不帮助别人最终将面临的必然结局——没有人助益他，是因为他背离了益卦损己益人的宗旨，由损上益下变为损下益上，必然遭到世人的唾弃；有人来攻击他，因为他凌驾于人之上，位置不当，而且贪图受益，搞得天怒人怨，遭到外来的攻击也就毫不奇怪。

《系辞下》："子曰：君子安其身而后动，易其心而后语，定其交而后求。君子修此三者，故全也。危以动，则民不与也。惧以语，则民不应也。无交而求，则民不与也。莫之与，则伤之者至矣。易曰：'莫益之，或击之，立心勿恒，凶。'"诠释了问题出现的原因。

益卦六爻从不同层面解析如何善用益道——核心在于"木道乃行"。为了加深对"无为而治，善用益道"的认识，我们当以树木之德为榜样。树木美德至少有八：一是"日进无疆"——升卦卦象为"地中生木"，揭示的是高大的树木是从地中生出来由小到大一点点长大的，其核心启示是"君子以顺德，积小以高大"，指明无论助益他人还是道德修养，都要遵循这一基本规律，才能持续助益他人，并获得信任与支持。二是以静制动——树木静守其位，硕果累累，或动物或鸟雀喜食甘美果肉自然会通过粪便将其种子传播到很远的荒野山岭，实现繁衍或种族的延续。三是福荫泽人——树荫浓浓，遮阳挡风，施惠与人，人们喜欢与其共生，于是城市街道便有一道道绿荫婆娑的风景。四是甘于奉献。只要人们需要，随时可以砍伐，用以制作车船工具器皿。五是恒存贵用。建造厅堂楼宇，随时可在众木之中选拔栋梁。六是抵御风险。沙漠防风固沙，铁道固基护路，防护林首建头功。七是助人除疾。有些树的根、皮、种子、汁液等入药，可以解除人的病痛。八是调剂品味。有些树的根、皮、种子等可做调味品，能够助济饮食宴乐，愉悦身心。树木以其静笃之德广为帮助，使其无为无不为。当然值得学习借鉴。

"康熙乾隆下江南，布施仁政体民意。"康熙可谓善用益道的仁德之君。清圣祖仁皇帝康熙,名字叫玄烨,8 岁继位,14 岁亲政,在位 61 年,享年 69 岁,是中国历史上有文字记载以来,在位时间最长的一位君主。康熙帝于康熙二十三年到四十六年(1684—1707 年)间曾经六次南巡,而康熙南巡的核心目的是为了治河、导淮、济运,了解东南地区的社会和民生疾苦,每次都很俭朴,且多数情况下是微服私访。没有惊动更没有骚扰地方百姓。乾隆皇帝也效法皇祖,六次南巡。下江南主要原因是江浙人稠物丰,地位重要,亲自去考察民情戎政。对于清政府安定江浙、聚集财力、吸纳人才、安抚人心、兴修水利、治理水患等,起到了巨大的作用。

(四)诚信惠心惠我德,损己利民大吉利

墨子《兼爱中》:"夫爱人者,人必从而爱之;利人者,人必从而利之;恶人者,人必从而恶之;害人者,人必从而害之。"损己利民的精神境界崇高,能够造福于民,大吉大利。这种美德,历来被人民所敬仰。推崇这种美德,人类的教化,始终是在与人的顽固的"利己排他"的劣根性在斗争。

好权者,多逐利;逐利者,多必贪;贪妄者,多欲旺!古代帝王、贤士、达人乃至现在领导干部,都很难超脱"利己排他性"心理的驱使。典故"人心不足蛇吞象"对此刻画入木三分——相传宋仁宗年间,有一个叫王妄的穷人救了一条花斑蛇的命,蛇为了报答他的救命之恩,于是就让他提出要求,满足他的愿望。这个人一开始只要求简单的衣食,蛇都满足了他的愿望,后来慢慢的贪欲生起,要求做官,皇帝向全国悬赏谁能敬献夜明珠就封官受赏,蛇的两只眼睛是两颗夜明珠,蛇同意他挖出自己的一只眼睛给他献给皇帝,他当官的愿望如愿以偿。可是王妄的贪欲并没有得到满足,他还想挖蛇的另一只眼睛敬献皇帝当宰相。蛇终于明白了人的贪心是永无止境的,于是一口就把这个人吞吃掉了。所以,蛇吞掉的是宰相,而不是大象。故此,留下了"人心不足蛇吞相"的典故。与其鲜明对比的是,还有这样一则《骆驼与羚羊》的寓言颇耐人寻味:

上帝耶和华利用六天时间创造了万物。

当创造骆驼和羚羊时,因为考虑骆驼和羚羊生活在戈壁沙漠之中,上帝为骆驼和羚羊各自准备了一只水袋。当把水袋给羚羊的时候,羚羊认为那么大的水袋放在体内,整天走到哪儿带到哪儿负担太重,它"咩——咩——咩——"哭闹着说什么也不肯接受。水袋已经制造出来了,扔掉实在可惜,怎么劝说羚羊,羚羊觉得那个水袋放进自己体内既沉重,也影响身体的美观,无论如何就是不肯接受。

当把水袋给骆驼的时候,上帝征求骆驼的意见:"我本来只想给你体内安装一只水袋,羚羊也有一只,可是,羚羊说什么也不愿意接受,我想把这两只水袋

都给你安装在体内,只不过,有充足的水为生命提供保障,你抵御干旱的耐力增强,寿命有所延长,也需要为他人多做贡献,这你愿意吗?"骆驼略略沉思了一下,对上帝说:"我愿意。"于是,上帝给骆驼在体内安装了两只水袋。为了美观,在骆驼的后背上捏造了两座挺拔俊美的驼峰,中间为驼谷,用以担负驮运货物。

羚羊连为自己都不愿意承担负担,戈壁沙漠上常常遇到它们的骸骨;骆驼喜欢为自己的生命储备,并乐于为他人做贡献,常常穿越戈壁沙漠,为人类运送丝绸、食盐、粮食等货物,人们非常喜欢它,被誉为沙漠之舟。骆驼的品格与操守是高尚的,这种增益他人的美德值得学习。

世界上最难的事是克制摒除自身贪欲之顽疾,加强自身修养,一时一事尚且可为,穷终身修为,难于登天。不管是存在道德真空也好,也不管缺乏必要的监督制约也好,统治者或领导者克制自身的欲望异常艰难,台湾前"总统"陈水扁难过贪欲,贪污腐败,被弹劾下台。可见减损统治者自身对财富的占有和享受,让利于民,使人民增益,是非常必要的。

与陈水扁截然相反的是,西汉时期的"文景之治"堪称让利于民的典范。针对汉初经济衰弱的社会现实,汉文帝、汉景帝统治时期朝廷推崇黄老之术,采取"轻徭薄赋""与民休息"的政策,使民众得到了极大的修养生息。唐朝"贞观之治"可谓善用益道的典范。唐太宗是中国历史上的一代英主,其治绩一直为后世所传颂。唐太宗即位后,因亲眼目睹大隋的兴亡,所以常用隋炀帝作为反面教材,来警诫自己及下属。他像孟子一样,把人民和君主的关系比作水与舟,认识到"水能载舟,亦能覆舟",因此留心吏治,选贤任能,从谏如流。他唯才是举,不计出身,不问恩怨。在文臣武将之中,魏征当过道士,原系太子李建成旧臣,曾议请谋杀太宗;尉迟恭做过铁匠,又是降将,但都受到重用。太宗鼓励臣下直谏,魏征前后谏事二百余件,直陈其过,太宗多克己接纳,或择善而从。魏征死后,太宗伤心地说:"夫以铜为镜,可以正衣冠;以古为镜,可以知兴替;以人为镜,可以明得失。魏征逝,朕亡一镜矣。"唐太宗在位期间的清明政治被称为"贞观之治"。由于唐太宗能任人廉能,知人善用;广开言路,尊重生命,自我克制,虚心纳谏,重用魏征等诤臣;并采取了一些以农为本,厉行节约,休养生息,文教复兴,完善科举制度等政策,使得社会出现了安定的局面;当时并大力平定外患,并尊重边族风俗,稳固边疆。当时年号为"贞观"(627—649 年),故史称"贞观之治"。这是唐朝的第一个治世,同时为后来的开元之治奠定了厚实的基础。究其历史原因:其一,隋唐更替,其间的战争使人口减少约 2 000 万人以上,战争结束,人少地多,人心思安,这是贞观之治产生的最重要原因。其二,隋开创了大运河以及科举,大运河的劳民导致隋灭亡,但这些却促成了贞观之治的产生。开创大运河,利在当时,功在千秋。其三,唐太宗引隋之苛政为戒,调整统治政策,纠正前朝之弊端,认识到皇帝要勤于政事,大臣要廉洁奉公,政府要轻徭薄赋。唐太宗是我国封建社会时期杰出的政治家,他善于用人,勇于纳谏,不断调整统治政策,他的个人作用也是"贞观之治"局面形成的重要因素。尤其是第三条原因至为重要。

(五)八荣八耻荣辱观,精神信仰树旗帜

八荣八耻荣辱观是时任中国共产党中央委员会总书记胡锦涛同志于 2006 年 3 月 4 日下午在第十届中国人民政治协商会议第四次会议的民盟、民进联组会上发表讲话提出的,即:

以热爱祖国为荣,以危害祖国为耻;
以服务人民为荣,以背离人民为耻;
以崇尚科学为荣,以愚昧无知为耻;
以辛勤劳动为荣,以好逸恶劳为耻;
以团结互助为荣,以损人利己为耻;
以诚实守信为荣,以见利忘义为耻;
以遵纪守法为荣,以违法乱纪为耻;
以艰苦奋斗为荣,以骄奢淫逸为耻。

目的在于引导中国广大干部群众特别是青少年树立社会主义荣辱观,明确要求在社会主义社会里,是非、善恶、美丑的界限绝对不能混淆,坚持什么、反对什么,倡导什么、抵制什么,都必须旗帜鲜明。"八荣八耻"坚持了以为人民服务为核心,以集体主义为原则,以爱祖国、爱人民、爱劳动、爱科学、爱社会主义为基本要求。"八荣八耻"是针对拜金主义、享乐主义、见利忘义、损公肥私、不讲信用、欺骗欺诈等消极现象和社会公害提出来的。"八荣八耻"引导人们摆正个人、集体、国家的关系,正确处理好个人与社会、竞争与协作、先富与共富、经济效益与社会效益等关系。"八荣八耻"的重要论述,涵盖爱国主义、集体主义、社会主义思想,体现了中华民族传统美德和时代要求,反映社会主义世界观、人生观、价值观,明确了当代中国最基本的价值取向和行为准则,是马克思主义道德观的精辟概括,是新时期社会主义道德的系统总结,是以人为本、全面协调可持续发展的科学发展观的重要组成部分,是新形势下社会主义思想道德建设的重要指导方针。

(六)己所不欲勿施人,惠人不倦祥而吉

孔丘(公元前 551 年——前 479 年),字仲尼。行二,春秋时期鲁国人。孔

子是我国古代伟大的思想家和教育家,儒家学派创始人,世界最著名的文化名人之一。其《论语·颜渊篇》仲弓问仁。子曰:"出门如见大宾,使民如承大祭。己所不欲,勿施于人。在邦无怨,在家无怨。"仲弓曰:"雍虽不敏,请事斯语矣!"说的是,仲弓问孔子如何处世才能合乎仁道? 孔子回答道:"出门与同仁行礼如见贵客一般,对民如庄重神圣的大祭一样凝重,自己不喜欢的事不要强加给别人。如此在朝上就不会招谁怨,在家中私下的交往也不招谁恨。"仲弓感谢道:"我虽迟钝,但一定要牢记先生的话。"《论语·卫灵公》:"子贡问曰:'有一言而可以终生行之者乎?'子曰:'其恕乎。己所不欲,勿施于人。'——子贡问孔子:'有一句可以终身奉行的话吗?'孔子说:'那应该是恕吧。自己不想做的事,切勿强加给别人。'"直白概括为,自己不想做的事,不要施加在别人身上。

战国时期冯谖市义是对"己所不欲勿施于人"的极佳诠释。《史记·孟尝君列传》记载,孟尝君以"好客养士""好善乐施"而名闻天下,他对待门客,不惜"舍业厚遇之",因而"倾天下之士",门下食客达三千余人,冯谖是其中的佼佼者,起初并不为孟尝君器重。他以怪人面目出现,起初为了试探孟尝君的胸怀和眼光,曾三番五次地向孟尝君提出近乎苛刻的要求,但孟尝君无一例外的都满足他而从来不嫌弃。当他发现孟尝君是一个不势利、非常大度、值得为他出谋划策的领袖时,毅然决定竭尽全力以事孟尝君。一次他受命去孟尝君的封地薛收债,他问孟尝君收了债,要不要买点什么回来,孟尝君说,你看我家缺什么,就买点什么回来好了。冯谖辞别了孟尝君,驱车到了薛地,派官吏召集应该还债的人,偿付息钱。结果得息钱十万,但尚有多数债户交纳不出。冯谖便用所得息钱置酒买牛,召集能够偿还息钱和不能偿还息钱的人都来验对债券。债户到齐后,冯谖一面劝大家饮酒,从旁观察债户贫富情况,一面让大家拿出债券如前次一样验对,凡有能力偿还息钱的,当场订立还期,对无力偿还息钱的,冯谖即收回债券。并假传孟尝君的命令,为无力还款的老百姓免去了债务,"因烧其券"(《战国策·齐策》),冯谖说:"孟尝君所以贷钱者,为民之无者以为本业也;所以求息者,为无以奉客也。今富给者以要期,贫穷者燔券书以捐之。诸君强饮食。有君如此,岂可负哉!"于是,"坐者皆起,再拜。"(《史记·孟尝君列传》),"民称万岁"(《战国策·齐策》)。这样,冯谖就在薛地百姓中埋下了感恩于孟尝君的种子,换得民心,功德无量。冯谖回来交差,对孟尝君说:我为您买来了"义"。孟尝君虽然心中不悦,认为无此必要,倒也没有责怪他。事情过去不久,齐王听信谗言,让孟尝君交出相印,退隐薛城。孟尝君离京去薛时,百姓出城十里远迎。孟尝君此时方知冯谖焚券买义收德的用意,感慨地对冯谖说:"先生所为文市义者,乃今日见之!"(《战国策·齐策》)消息传回京城,齐王深悔自己不察,迎回孟尝君当面致歉。由于冯谖的远见,使孟尝君避免了一场政治波折,并得以巩固自己的地位。这叫作"未雨而绸缪",留了条后路。冯谖有超人的智慧,极具战略眼光。他抱着对孟尝君高度负责的态度,积极为孟尝君政治地位的稳定出谋划策。在孟尝君做齐国相国的几十年时间里,"无纤介之祸"(《战国策·齐策》),是与冯谖的精心谋划分不开的。

(七)树立正确利益观,让利修德固根基

民衰国必亡,民富国必强。统治(领导)者宜坚持中道,克制自己,减损自己,多做损己利民之事,适当合理分配不同阶级的的利益,做到不贪赃枉法,不徇私舞弊,这样才能"有孚惠心惠我德,损己利民祉元吉"。因此,要"利字当头慎取舍"。此句涵盖正确处理好两观。一是利益观。所谓利益观,是人们对利益的总体看法和根本态度。分对人民、集体、国家的利益和对个人的利益,二者有一定的关联,也存在着冲突。树立正确的利益观需要把握好三个维度,即个人利益服从整体利益;局部利益服从全局利益;眼前利益服从长远利益。二是舍得观。利字当头,处理好舍与得的关系非常重要,需要掌握原则和艺术。当取之利,取之无愧。不当得利,莫生贪念,否则,易违法违纪或罹临杀身之祸。《易经》中多卦阐述取与舍、舍与得的关系,屯卦"几不如舍",比卦"舍逆取顺",随卦"志舍下也",贲卦"舍车而徒",颐卦"舍尔灵龟,观我朵颐",姤卦"志不舍命",井卦"时舍也"。舍得,即愿意付出,不吝惜。有舍才有得,要想得,必须舍弃。有舍有得,不舍不得,大舍大得,小舍小得。舍得是一种人生智慧和态度,舍得不是舍与得之间的日常计较,而是拥有超越境界来对已得和可得的东西进行决断的情怀和智慧。舍得既是一种处世的哲学,也是一种做人做事的艺术。舍与得就如水与火、天与地、阴与阳一样,是既对立又统一的矛盾概念,相生相克,相辅相成,存于天地,存于人世,存于心间,存于微妙的细节,囊括了万物运行的机理。万事万物均在舍得之中,才能达到和谐统一。如果真正把握了舍与得的机理和尺度,便等于把握了人生的钥匙和成功的机遇。

第四十三章　夬　卦

决断之道：施禄及下　居德则忌

　　天上水汽腾腾,欲降成雨,为夬,象征决断,有清除邪恶的意思。制裁小人时,应光明正大,公开公布小人的罪过,并告诫人们引以为戒。施"仁政",建章立法,不乱用武施暴,才会吉祥有利。光明正大是决断小人的正道。决断小人要讲究原则和方法,总的来说是按内部矛盾处理,采取"中行"措施,不使用武力。要师出有名,证据确凿,方式正当;要掌握运用中庸原则,妥善处理决断过程中遇到的各种情况;要有理有节有力度,不偏不激达到化解矛盾的效果。从决断小人中君子要领悟"施禄及下,居德则忌"的深刻道理,密切与人民群众的关系,广施恩德,布施仁政,否则如果高高在上,以德自居自傲,不施恩德,不关心下属及民众,就会遭到忌恨,就会失去人民群众的信任和支持。这是密切领导与人民群众血浓于水的关系的关键所在。夬卦揭示的是决断小人的决断之道。

一、夬卦经文

夬 泽天夬 兑上乾下

夬:扬于王庭,孚号,有厉,告自邑,不利即戎,利有攸往。

象曰:夬,决也,刚决柔也。健而说,决而和,扬于王庭,柔乘五刚也。孚号有厉,其危乃光也。告自邑,不利即戎,所尚乃穷也。利有攸往,刚长乃终也。

象曰:泽上于天,夬。君子以施禄及下,居德则忌。

初九:壮于前趾,往不胜为吝。

象曰:不胜而往,咎也。

九二:惕号,莫夜有戎,勿恤。

象曰:有戎勿恤,得中道也。

九三:壮于頄,有凶。君子夬夬,独行遇雨,若濡有愠,无咎。

象曰:君子夬夬,终无咎也。

九四:臀无肤,其行次且。牵羊悔亡,闻言不信。

象曰:其行次且,位不当也。闻言不信,聪不明也。

九五:苋陆夬夬,中行无咎。

象曰:中行无咎,中未光也。

上六:无号,终有凶。

象曰:无号之凶,终不可长也。

二、夬卦警语箴言

泽上于天谓之夬　　水破堤岸溢决崩
刚正明信宣其令　　制裁小人正光明
扬于王庭孚号厉　　告自邑兮不利戎
刚决柔兮健和悦　　柔乘五刚扬王庭
孚号有厉危乃光　　刚长乃终利攸往
居德自负当禁忌　　施禄及下布仁政
壮于前趾往不胜　　不胜而往吝咎生
受惊呼号夜有戎　　有戎勿恤得道中
壮于颧骨怒外露　　怒形于色不从容

遇雨若濡而有愠　　君子夬夬无咎终
臀无肤兮行次且　　战灾斗险谨慎行
风雨牵羊无灾难　　闻言不信不聪明
获益免痛难兼顾　　其行次且位不当
苋陆夬夬洪中泛　　中行无咎中未光
阳刚果决制阴柔　　无号之凶终不长
矛盾转化不激化　　不偏不激适中庸
随波逐流丧本我　　同流合污品德脏
人民群众力量大　　清除邪恶尚阳刚
有理有节有力度　　伸张正义乃高尚

三、易理哲学简说

施禄及下　　居德则忌

夬,泽天夬,兑上乾下。乾为天,兑为泽,天上水汽腾腾,欲降成雨,为夬(guài)。"象曰:夬,决也,刚决柔也。"夬为决断、果断。有清除邪恶的意思。君子制裁小人时,应光明正大,公开公布小人的罪过,并告诫人们引以为戒。施"仁政",建章立法,不乱用武施暴,才会吉祥有利。

受益(益)过多必有所决裂(夬),不利于立即动武,利于有所前往,"君子以施禄及下,居德则忌",即夬卦。夬卦揭示的是决断之道。关键需要把握:

(一)正义与邪恶的斗争始终在此消彼长,决绝恶势力清除小人是必要的

过度增益,又会盛极而衰,小人势力再度增长,又将面临对其决断。历朝历代都有小人当道之事。小人当道,祸国殃民,当然是统治者考虑要解决的问题。在商灭亡后,箕子说:"无偏无党,王道荡荡,无党无偏,王道平平"(《尚书·洪范》),只有清除小人,统治政权才能得到巩固。夬卦总结了历史教训,阐明了清除小人的原则与做法。卦象为五阳一阴,小人在上,众阳共决之。

(二)采取正大光明的"中道"

决断小人要讲究原则和方法,总的来说是按内部矛盾处理,采取"中行"措施,不使用武力。

一要师出有名,证据确凿,方式正当。

【夬卦卦辞】夬:扬于王庭,孚号,有厉,告自邑,不利即戎,利有攸往。

【注解】《古代汉语字典》:

夬:"guài 夬在小篆中是会意字,由两部分组成,一部分表示手(写作又),另一部分表示用器物将东西分开,合起来表示手持器物将东西分开。隶变作夬。夬的本义是分裂、断开。"

庭:通"廷"。宫廷,朝廷。

戎:战争或征伐。

【卦辞要义】刚正、光明磊地落宣布号令,要在朝廷或公开场合宣布小人的种种罪行或劣迹,发出决断的檄文,光明正大制裁小人,像洪水崩决堤岸那样勇敢、坚决、彻底决断。在君王的宫廷之上当面宣扬小人的罪过,诚信客观公告(孚号)将面临小人侵袭的危险,告诫自己封邑内的人,不宜立即动武,利于马上前去有理有节地解决问题。光明正大是决断小人的正道。惩治与决断小人,要出师有名,行正义之举,证据确凿,有理有节有度地进行,不可贸然莽撞,或授人以柄或被人有机可乘,将自身置于被动的境地或死地。

【夬卦象辞】象曰:夬,决也,刚决柔也。健而说,决而和,扬于王庭,柔乘五刚也。孚号有厉,其危乃光也。告自邑,不利即戎,所尚乃穷也。利有攸往,刚长乃终也。

【注解】决:《古代汉语字典》:"决 jué,决本写作决,是形声兼会意字,氵为形,夬为声。夬兼表义,表示与分开的意义有关。"有决断等义。

【象辞要义】夬,即决断。阳刚决断阴柔。刚健而喜悦,决断而能和谐,宣扬小人罪证于朝廷或公开场合,阴柔小人登乘在众阳刚君子之上,这种情况必须决断。竭诚哭号有危险,这种危险很明显。告诫自己封邑内的人,不宜立即动武,利于马上前去有理有节地解决问题,因为崇尚武力去解决问题行不通。随着时间推移,阳长自然阴消。也可以概括为"泽上于天谓之夬,水破堤岸溢决崩;刚正明信宣其令,制裁小人正光明;扬于王庭孚号厉,告自邑兮不利戎;刚决柔兮健和悦,柔乘五刚扬王庭;孚号有厉危乃光,刚长乃终利攸往。"其实,这里阐释了一个与敌斗争的原则和策略问题,用心体会当悟其妙。

我们不妨再看看历史上孔颖达、司马光对相关原则、策略问题是怎么认识的。孔颖达疏:为"施而能严,严而能施,健而能说(悦),决而能和,美之道也"。司马光对决断小人阐述的更为理智,《资治通鉴》卷第五十六:"天下有道,君子扬于王庭,以正小人之罪,而莫敢不服;天下无道,君子囊括不言,以避小人之祸,而犹或不免。党人生昏乱之世,不在其位,四海横流,而欲以口舌救之,臧否人物,激浊扬清,撩虺蛇之头,践虎狼之属,以至身被淫刑,祸及朋友,士类歼灭而国随以亡,不亦悲乎!"

《群书治要》之《政要论·决壅》指出:"人主之好恶不可见于外也,所好恶见于外,则臣妾乘其所好恶以行壅制焉。故曰:人君无见其意,将为下耳。昔晋公好色,骊女乘色以壅之;吴王好广地,太宰陈伐以壅之;桓公好味,易牙烝首子以壅之;及薛公进美珥以劝立后;龙阳临钓鱼行微巧之诈;以壅制其主。沉寞无端,甚可畏矣。古今亡国多矣。皆由壅蔽于帷幄之内,沉溺于谄谀之言也。而秦二世独甚,赵高见二世好淫游之乐,遗于政,因曰:帝王贵有天下者,贵得纵欲恣意,尊严若神,固可得闻,而不可得睹。高遂专权欺内。二世见杀望夷,临死乃知见之祸,悔复无及,岂不哀哉?!"——做君主的,自己的喜好和厌恶,不能表现于外,如果自己的喜好和厌恶让外人所知晓,那么,他的臣子和妻妾就会利用其喜好和厌恶来达到蒙蔽视听的目的。所以说君主看不到臣子的意图,自己的好恶就会被他们当成诱饵。过去晋献公喜欢美色,骊姬就用自己的美色蒙蔽晋献公的视听;吴王阖庐喜欢扩大领地,太宰就用陈兵攻伐来蒙蔽他的视听;齐桓公喜欢美味,易牙就把自己的孩子蒸熟来满足他,达到蒙蔽他的目的;还有薛公进献美丽的玉珥来劝说册封太后,龙阳乘齐桓公钓鱼的时候巧妙地实施奸诈之计来达到蒙蔽其君主的目的,所用的种种手段隐伏、平静、不露端倪,真的是太可怕了! 古往今来亡国的人很多,都是因为做君主的被臣子蒙蔽在宫廷之内,沉湎于臣子谄媚阿谀的言语之中。最严重的莫过于秦二世,赵高见秦二世喜欢荒淫游乐,不过问政事,于是进言说:做帝王的高贵而拥有天下,贵在能够放纵欲望恣意妄为,像神明一样有尊严,百姓和大臣只能听说,而不能亲眼看见。这样,赵高就专揽大权,欺上罔下。二世直到在望夷宫被逼自杀,临死之时才明白自己被赵高蒙蔽造成亡国杀身之祸,可惜后悔已经来不及了啊,这难道还不值得人哀叹吗?

决壅,意即消除壅蔽。处在君主之位,如果被左右所壅制,那么就听不到、看不到很多事情的真相,长此以往,就会危害国家。因此,君主要消除壅蔽,重在广开言路,虚心听取各方人士的意见。兼听则明,偏听则暗。如果做君主的能够广开言路,让各方人士直言进谏,那么,壅臣自然就无法壅蔽君主。君主不能将自己的好恶示人,否则就会被身边的臣妾利用其喜好和厌恶来达到蒙蔽视听的目的。

二要掌握运用中庸原则,妥善处理决断过程中遇到的各种情况。

一是"壮于前趾往不胜,不胜而往咎咎生"。

【初九爻辞】初九:壮于前趾,往不胜为咎。象曰:不胜而往,咎也。

【爻辞要义】脚前趾健壮,前往对敌不能取胜会有灾难。与敌斗争,力量不足或准备不充分,不要贸然行动,否则,行动陷于被动或招致失败。

二是"受惊呼号夜有戒,有戒勿恤得道中"。

【九二爻辞】九二:惕号,莫夜有戎,勿恤。象曰:有戎勿恤,得中道也。

【注解】惕号:受惊而呼喊。

莫夜:《古代汉语字典》:"莫 mò,莫是会意字,甲骨文的莫字,上下为草木,中间是太阳,表示太阳西沉于草丛中。莫的本义指太阳快落山的时候,后用暮表示此义。莫是暮的本字。"

【爻辞要义】夜晚有贼或暴徒在街巷中袭扰,不要惊慌,也不要轻易出户反击或搏斗。在情况不明的情况下,即使小有风吹草动,实施决断者也不要慌乱,心理素质要镇定,坚守中道可化险为夷。

三是"壮于頄骨怒外露,怒形于色不从容;遇雨若濡而有愠,君子夬夬无咎终"。

【九三爻辞】九三:壮于頄,有凶。君子夬夬,独行遇雨,若濡有愠,无咎。

象曰:君子夬夬,终无咎也。

【注解】頄:qiú,颧骨。

濡:"rú 濡是形声字,氵为形,需为声。"有浸湿、沾染等义。

愠:yùn,愤怒,怨恨。《论语·述而》:"人不知而不愠,不亦君子乎?"

【爻辞要义】决断小人实施行动要沉着镇定不露声色,颧骨高突怒容满面,去与小人较量必然有凶险。原因在于,没有城府与韬晦,虽示形于外,但气度和阳刚不足,在与小人斗争中易招凶险。以君子气度毅然决然地前去,即使遇上大雨浑身湿透而心怀恼怒,却不会有任何灾祸。不露声色地与小人周旋,就能够避免打草惊蛇引起不测,又可斩断感情纠葛,避免优柔寡断,因而不会遇到灾祸。阳刚与韬晦相济,有利于与小人周旋。

四是"臀无肤兮行次且,战灾斗险谨慎行;风雨牵羊无灾难,闻言不信不聪明;获益免痛难兼顾,其行次且位不当"。

【九四爻辞】九四:臀无肤,其行次且。牵羊悔亡,闻言不信。

象曰:其行次且,位不当也。闻言不信,聪不明也。

【注解】次且:cì qiě,孔颖达疏:"次且,行不前进也。"犹豫不进貌。形容行走困难之状。

【爻辞要义】与小人决断的斗争犹如同暴风骤雨搏斗,屁股蹭破了皮走路趔趔趄趄比喻搏斗受了伤,但落在崩决的洪水中如果能够牵住一只羊那就不会招致深重的灾难,因为毕竟有外力相助,不过要想既获利又不受伤害那是做不到的,有搏斗自然会有牺牲。不过,在这个时候,人非常容易一意孤行。刚亢不能纳言,自任所处,闻言不信,按照这种方式行事,其凶险可想而知。

五是"苋陆夬夬洪中泛,中行无咎中未光"。

九五:苋陆夬夬,中行无咎。象曰:中行无咎,中未光也。

【注解】苋陆夬夬:(暴雨导致洪水泛滥)根部黏结着泥土块的马齿苋接连不断被洪水冲击从壕沟岸边崩塌落入洪水中,这些苋草在洪水中漂摇浮荡。

【爻辞要义】暴雨导致洪水泛滥，根部黏结着泥土块的马齿苋接连不断被洪水冲击从壕沟岸边崩塌落入洪水中，这些蒿草在洪水中漂摇浮荡，不可抗拒的洪流，是决断的根本力量。决断清除小人要像洪水决断马齿苋连根拔起那样，有坚决性和彻底性。这是个比喻，关键是根泥相连的植物，就是不用马齿苋而用其他植物打比方，也能够说明这个道理。应当明白，值此激烈冲突刚烈决断之际，坚持中道行事没有灾难，但不会取得更广大的效果。

六是"阳刚果决制阴柔，无号之凶终不长"。

【上六爻辞】上六：无号，终有凶。象曰：无号之凶，终不可长也。

【注解】号：《古代汉语字典》：hào，发布命令，号召；命令，号令，讯号。

【爻辞要义】与卦辞、象辞"扬于王庭""孚号"呼应，没有光明正大的命令、号令，决断小人的行动就会师出无名，最终结果凶险。没有号令或有号令没人听，都是非常凶险的事情，凶险的结果很快就会来临。这是决断小人需要警惕的事情。

三要有理有节有力度，不偏不激达到化解矛盾的效果。

小人诡计多端，从类比与暴风雨搏斗看，清除小人既要准备充分，又要借助外力，还要有气度和韬略，既不可迟疑不决，也不可冲动，应把握不偏不激的原则，有理有节有力度，稳扎稳打，步步为营，掌握主动权而不陷入被动境地。实现矛盾的转化而不是激化，最终达到清除小人的目的。

（三）君子要深刻领悟核心启示"施禄及下，居德则忌"，密切与人民群众的关系

【夬卦象辞】泽上于天，夬。君子以施禄及下，居德则忌。

【注解】施禄及下：将福禄施予百姓。

居德则忌：高高在上，以德自居自傲，不施恩德，不关心下属及民众，就会遭到忌恨。

【象辞要义】兑（泽）上乾（天）下，为湖水蒸发上天，即将化为雨倾注而下之表象，以此象征决断。君子从中得到启迪，应该自觉地向下层民众广施恩德，布施仁政，将福禄施予百姓，否则如果高高在上，以德自居自傲，不施恩德，不关心下属及民众，就会遭到忌恨，就会失去人民群众的信任和支持。这是密切领导与人民群众血浓于水的关系的关键所在。因此，要"居德自负当禁忌，施禄及下布仁政"。

《群书治要》之《袁子正书·政略》："夫有不急之官，则有不急之禄，国之蠹贼也。明主设官，使人当于事。人当于事，则吏少而民多。民多则归农者众，吏少则所奉者寡。使吏禄厚则养足，则无求于民。无求于民，奸轨息矣。禄足以代耕，则一心于职，一心于职则政理，政理则民不扰，民不扰则不乱其农矣。养生有制,送终有度,嫁娶宴享,皆有分节,衣服食味,皆有品衰。明设其礼而严其禁,如是则国无违法之民。财无无用之费矣。此富民之大略也。"——有不必要的官职,就会有不必要的俸禄,这是国家的害虫。英明的君主设置官制,使人数和政事相称。人数和政事相称,就会让官吏减少而百姓增多。百姓多从事农业劳动的就多,官吏少拿俸禄的人就少。使官吏俸禄多则足以供给家用,这样官吏就不会再向民间索求。不向民间索求,违法作乱的事就停息了。俸禄足以供养家庭,官吏就会专心于职务。官吏专心于职务,政事就理顺了。政事理顺,百姓就不被侵扰。百姓不被侵扰,农业生产就不会被扰乱了。活着时供养有一定的规定,送终时有一定的节度;男婚女嫁、宴客祭祖,都有一定的名分和礼节;服装、饮食,都有标准规制。明确设定相应的礼法,并严格禁止违礼的行为。这样,国家就没有违背法律的百姓,钱财就没有不必要的开支了。这是富裕百姓的大计啊。

(四)矛盾转化不激化,不偏不激适中庸

所谓问题的解决,就是矛盾不断转化的过程,所谓矛盾转化,是指矛盾双方走向自己的对立面,是事物具体矛盾的解决,是新矛盾代替旧矛盾。矛盾的转化是有条件的。矛盾转化的形式:其一,矛盾的一方克服另一方,如优胜劣汰,就像本卦所阐述的那样,阳刚制裁阴柔小人,是正义战胜邪恶的必然;其二,矛盾双方同归于尽,为新的对立双方所取代,如奴隶社会矛盾的奴隶阶级与奴隶主阶级的矛盾,被资本主义社会的工人阶级与资本家的矛盾所取代;其三,矛盾双方经过一系列的发展而融合成一个新事物,如城乡矛盾、脑体矛盾的最终解决。在促成矛盾转化的过程中,要采取不偏颇不激进的中道,稳妥慎重地处理相关问题,关键是要保证达到目的,取得效果。

第四十四章 姤 卦

邂逅相遇之道：风行草偃天威令 诰于四方施教命

姤卦的卦象为天下刮风，风行天下，无处不至，自然会意外邂逅，无物不遇。天地邂逅化生万物，男女邂逅组建家庭繁衍人类，阴阳交合是促进生发的关键因素，没有邂逅的同一，将没有世间万物，就没有世间万物的同荣共生。偶然中蕴含必然，邂逅相遇是自然合理的事情。邂逅是同一的机缘和开始。邂逅必须恪守贞正之道。邂逅中要有纯正的动机，男女邂逅要专一忠诚，臣妾要贞正恪守本分，互尊互敬。"天下有风，姤。后（君主、帝王）以施命诰四方"为核心启示——正如风吹拂大地的情形一样，君王也应该颁布政令通告四面八方，解决全民的思想意志统一，最终实现全民行动步调的一致。

一、姤卦经文

姤 天风姤 乾上巽下

姤：女壮，勿用取女。

彖曰：姤，遇也，柔遇刚也。勿用取女，不可与长也。天地相遇，品物咸章也。刚遇中正，天下大行也。姤之时义大矣哉！

象曰：天下有风，姤。后以施命诰四方。

初六：系于金柅，贞吉。有攸往，见凶，羸豕孚蹢躅。

象曰：系于金柅，柔道牵也。

九二：包有鱼，无咎，不利宾。

象曰：包有鱼，义不及宾也。

九三：臀无肤，其行次且，厉，无大咎。

象曰：其行次且，行未牵也。

九四：包无鱼，起凶。

象曰：无鱼之凶，远民也。

九五：以杞包瓜，含章，有陨自天。

象曰：九五含章，中正也。有陨自天，志不舍命也。

上九：姤其角，吝，无咎。

象曰：姤其角，上穷吝也。

二、姤卦警语箴言

风行天下蔚然风　　风行草偃天威令
阴阳媾合衍生机　　天地构精物相生
女壮勿用娶此女　　刚柔相遇辅相成
婉娩贞顺期偕老　　天下人伦化大行
刚柔际会天地遇　　品物咸章皆向荣
刚遇中正化乃行　　诰于四方施教命
系于金柅柔道牵　　以柔制刚贵精诚
男女姤遇贵专一　　臣妾之道在贞正
庖鱼无咎为己惠　　义不及宾不宜朋

臀无肤兮行次且　　得位无妄小灾眚
其行次且行未牵　　行为其应内心诚
不为己乘居不安　　灾非己招安性命
庖无鱼兮无民义　　失应而作是以凶
以杞包瓜含其章　　履得尊位命未行
中正含章而不发　　有陨自天志舍命
姤其角吝无咎殃　　进而无遇物不争
独恨鄙吝自省察　　其道不害故无凶
阴阳消长有吉凶　　邂逅小人要包容
合礼守正善得贤　　恶性善用动机正

三、易理哲学简说

风行草偃天威令　诰于四方施教命

姤,天风姤,乾上巽下。巽为风,乾为天,风行天下,无物不遇,为姤,同逅,即邂逅,意外相遇。一阴爻周旋于五阳爻之间,疑此女不守贞节,而且身体强壮,相遇不可娶其为妻。但也不一定都恶劣不如人意。阴阳交合是和合统一的基础,刚遇到中正的柔,刚柔相济,才能使其抱负大行天下。

决裂(夬)后必然有新相遇(姤),"女壮,勿用取女""后(君主、帝王)以施命诰四方",即姤卦。姤卦揭示邂逅相遇之道:

(一)邂逅是同一的机缘与开始,必须恪守贞正之德

【姤卦卦辞】姤:女壮,勿用取女。

【注解】姤:gòu,《广雅》:"姤,遇也。"《说文新附》:"姤,偶也。"相遇。《古代汉语字典》取"姤,遇也,柔遇刚也。"释阴柔与阳刚相遇之义。

取:取通"娶"。

【卦辞要义】姤卦象征相遇,女子过分强壮(不单纯指体格健壮,也包含体魄强健),不适合娶来做妻子,具有男尊女卑的封建思想。

【姤卦彖辞】彖曰:姤,遇也,柔遇刚也。勿用取女,不可与长也。天地相遇,品物咸章也。刚遇中正,天下大行也。姤之时义大矣哉!

【注解】遇:yù,《说文》:"遇,逢也。"形声字。从辵(chuò),禺(yù)声。本义相逢,不期而会。

品物咸章:品,种类。品物,犹言物类,万物。咸,皆。章,孔颖达疏:"章,美也。"犹言茂盛。万物内含美质,繁荣茂盛。

【象辞要义】姤,相遇。阴柔遇阳刚。"勿用取女"——不要娶这样的女子,不可与她长久相处。天地相遇,众物皆光明。万物内含美质,繁荣茂盛。阳刚居中得正,阴阳交合,人伦教化大行于天下。姤卦之时,所含意义太大啦!

乾天刚健而生发,坤地雌柔而承载,阴阳交合衍发生机,天地邂逅化生万物,万物繁衍生长茂盛。男女邂逅组建家庭繁衍人类,阴阳交合是促进生发的关键因素。没有邂逅的同一,将没有世间万物,将没有世间万物的同生共荣。"阴阳媾合衍生机,天地构精物相生。""刚柔际会天地遇,品物咸章皆向荣。"

其实,这是用"勿用取女"打比方,喻示臣妾之道,强调"合理""守正",反对不正当的遇合。至少有三个方面需要注意:一是"男女姤遇贵专一,臣妾之道在贞正"——男女邂逅相遇结成爱侣,贵在忠贞专一,作为臣与妾,应该遵守贞洁正固的美德和操守。二是"女壮勿用娶此女,刚柔相遇辅相成"——女子过分强壮,不适合娶来做妻子。阳刚与阴柔相遇,相辅相成才会发挥作用。"女壮勿用娶此女",是因为女子过于强壮而违背了柔顺承载的美德。三是"婉娩贞顺期偕老,天下人伦化大行"——和顺柔美,能生孩子哺育后代,有贞节,懂得服从,具有这样美德的女子,才可以期望与她白头偕老,才能使人伦教化大行天下。从不同的方面说明邂逅中要有纯正的动机,男女邂逅要专一忠诚,臣妾要贞正恪守本分,互尊互敬。从讲爱情,谈治家,解析教化天下的机理所在。

(二)施命诰四方,统一全民的意志和行动

【姤卦象辞】天下有风,姤。后以施命诰四方。

【注解】后:《古代汉语字典》:古代的君主、帝王。

诰:《古代汉语字典》:"gào 诰是形声兼会意字,讠为形,告为声,告兼表义。诰的古文字由言、又(手)及表示肉的构形三部分组成,意为手持肉告神。在金文中,诰像是一个人态度恭敬地拱手相告。诰的本义是告诉,且多指以下告上,后来专指以上告下。"朱骏声《说文通训定声》:"诰者,上告下也。"

【象辞要义】天底下刮着风,风吹遍天地间各个角落,与万物相依之表象,象征着"相遇",正如风吹拂大地的情形一样,君王也应该向臣民颁布政令通告四面八方。表达的是,君王采取"施命诰四方"的手段,解决全民的思想意志统一,最终实现全民行动步调的一致。

为什么姤卦核心启示是"施命诰四方"呢?因为物物偶然邂逅相遇是必然的,你不相遇,别人还可能相遇,假如有一个美女,有若干个年轻男子,谁先与其邂逅相遇,谁就有可能与其谈恋爱并发展为夫妻关系,民众的思想意识领域也面临同样的问题,封建主义、资本主义、社会主义、共产主义的思想意识流派纷呈,哪种主义渗透、灌输、占领了民众的头脑,那种主义就会生根、发芽、开花、结

果。邂逅只是机遇,本体的邂逅只表明有所接触,重要的是,要心灵互相感应、沟通、共鸣,最终实现心与心的默契,达到思想意志的统一与行动的一致。"刚遇中正化乃行,诰于四方施教命。"古代君王意识到也重视对民众思想意识和行动统治,这对当今统一全民族的思想意志和行动同样有深刻的启发。宣传工作和思想政治工作要强有力地开展,要重视正面引导的原则,在全社会范围内开展道德风尚教育与宣导,引导树立正确的世界观、价值观、人生观,形成良好的社会风气,积极推进社会道德水平的提高。

(三)偶然中蕴含着必然,邂逅相遇是自然合理的事情

"风行天下蔚然风,风行草偃天威令。"偃,倒伏。姤卦的卦象为天下刮风,风行天下,蔚然成风,无处不至,草柔弱地随顺逊服,巽顺服从天威发令,在邂逅相遇中,和谐共存。孔子《论语·颜渊》:"君子之德风,小人之德草,草上之风,必偃。"乃出自于此。比喻道德文教能感化人。

姤卦六爻列举六种邂逅的情形,同时解析其应该秉持的原则:

一是"系于金柅柔道牵,以柔制刚贵精诚"。

【初六爻辞】初六:系于金柅,贞吉。有攸往,见凶,羸豕孚蹢躅。

象曰:系于金柅,柔道牵也。

【注解】柅:nǐ,《汉语大字典》:"塞于车轮下的制动木块。"《集韵·旨韵》:"柅,止车轮木。"王弼注:"柅者,制动之主。"孔颖达疏引马融曰:"柅者,在车之下,所以令止轮不动者也。"唐·刘禹锡《绝编生墓表》:"制动也有柅,变道也五方。"宋·司马光《独乐园记》:"行无所牵,止无所柅。"

见:现。

孚:像抓俘虏那样俘获。

羸:《说文》:"羸,瘦也。"《古代汉语字典》:"羸 léi 瘦弱,羸弱。"

蹢躅:《古代汉语字典》:zhí zhú,徘徊不前的样子。

【爻辞要义】绑上坚固结实的车闸,紧急关头就可以使车轮与车闸"相遇",而使狂奔的车子刹住。守持贞正吉祥。在这种情况下去做事,则会显露凶险。犹如瘦弱的猪像被抓俘虏那样捆绑起来,就会徘徊不进逃脱不掉。因为由柔道牵制其避免鲁莽行事。

二是"庖鱼无咎为己惠,义不及宾不宜朋"。

【九二爻辞】九二:包有鱼,无咎,不利宾。象曰:包有鱼,义不及宾也。

【注解】包:《古代汉语字典》:"páo 通'庖'。厨房,用来做饭的屋子。"

及:《古代汉语字典》:"及是会意字,由又(手)和人组合而成,表示走在后面人的手接触到了前面的人。"

宾：以宾客之礼招待。《周礼·地官·大司徒》："五州为乡,使之相宾。"

【爻辞要义】厨房里发现鱼(注意:这鱼是有人送来的礼物),虽是不义之财,但不会有灾祸,有鱼而没有猪牛羊肉,却不宜只用鱼以宾客之礼招待宾朋,因此,无法与宾朋接触相聚。

三是"臀无肤兮行次且,得位无妄小灾眚;其行次且行未牵,行为其应内心诚;不为己乘居不安,灾非己招安性命"。

【九三爻辞】九三:臀无肤,其行次且。厉,无大咎。象曰:其行次且,行未牵也。

【注解】次且:cì qiě,犹豫不进貌。形容行走困难之状。孔颖达疏:"次且,行不前进也。"

【爻辞要义】屁股上蹭破了皮只是表皮受了伤,走起路来很困难,会遇到危险,但尽管艰难,因体格未受到伤害,未完全受到牵制,但不会有大的灾祸,还可以继续前进。这种灾害不是由于自身原因导致的,只要内心诚信,安于性命,小心谨慎行动,不会有大灾难。

四是"庖无鱼兮无民义,失应而作是以凶"。

【九四爻辞】九四:包无鱼,起凶。象曰:无鱼之凶,远民也。

【爻辞要义】厨房里没有鱼(注意:没有人送礼物也很糟糕,说明与群众的关系还不够密切,缺乏群众的信任与支持),会发生凶祸。就好像君主脱离民众,失去民众百姓的支持,听不到民众的心声,"后以施命诰四方"的教令不能有效畅达于下,就会失去姤合同一的机会,就会失去思想控制,当然会发生凶险。

五是"以杞包瓜含其章,履得尊位命未行;中正含章而不发,有陨自天不舍命"。

【九五爻辞】九五:以杞包瓜,含章,有陨自天。

象曰:九五含章,中正也。有陨自天,志不舍命也。

【注解】含章:《古代汉语字典》:"章是象形字,在篆文中这个字变形为会意字,由音和十两部分组成。章的本义指花纹、文采。"孔颖达疏:"章,美也。"含章指包含美质。《三国志·魏志·管宁传》:"含章素质,冰絜渊清。"唐·柳宗元《唐故衡州刺史东平吕君诔》:"进于礼司,奋藻含章。"宋·司马光《体要疏》:"夫岂皆习见成俗以为当然,其亦有含章怀宝,待唱而发者也。"明《袁可立晋秩兵部右侍郎诰》:"兵部右侍郎兼都察院右佥都御史袁可立妻累封宜人宋氏,禀柔成性,蕴粹含章。"

陨:yǔn,《说文》:"陨,从高下也。"《尔雅》:"陨,坠也。"《玉篇》:"陨,落也,堕也。"形声。从阜(fù),员声。"阜"指土山,与"高下"义有关。本义从高处掉下、坠落。

志不舍命:高尚的志向不得施行,则舍命而殉志。

【爻辞要义】用杞树枝叶包住甜瓜，是因为好东西需要格外珍惜与爱护。好比内心修养中正美好的品德，是由于得到"后（君王）以施命诰四方"的教化陶冶情操养成的。得到君王的关爱与教化，当国家或君王需要时，（臣民）如果高尚的志向不得施行，则舍命而殉志，维护国家的形象与利益。

六是"姤其角吝无咎殃，进而无遇物不争；独恨鄙吝自省察，其道不害故无凶"。

【上九爻辞】上九：姤其角，吝，无咎。象曰：姤其角，上穷吝也。

【注解】姤其角：牛羊等动物头上长角，彼此打斗冲撞时，首先以角抵角。

【爻辞要义】动物头上长角，是自我保护的需要，即使处境艰难，不过也不会有大的灾祸。动物的角是起防范和抵御作用的，不管是人捕猎动物，还是动物之间相互搏斗，遇到动物用角抵御，就很难有进一步接触，狩猎难以猎物而归，动物也不会随顺同类相逐而行。隐喻存在抵触思想情绪和行为。独自悔恨鄙吝，自我省察，没有害人之处，所以没有灾害。姤卦用此比喻，邂逅相遇，如果受到抵御，不会成为志同道合者，也不会发生搏杀械斗等灾难，也不会发生物利纷争，没有灾难，不过要进一步沟通与偕同是有难度的。"施命诰四方"要注意这种情形，重视思想和心灵的沟通，才能实现真正有效的沟通。

（四）恶性善用，包容小人

"阴阳消长有吉凶，邂逅小人要包容。"阴阳相互消长，矛盾对立双方相互依存，相互斗争，相互转化，致使事物发展变化的结果存在着吉凶（好与坏）两种可能。人与人邂逅相遇，可能遇到道德品质高尚的人，可能遇到志同道合者，当然值得欣喜，但是也可能遇到人格卑下或识见浅狭的小人。不过，遇到小人，要善于包容。包容人格卑下的"小人"，意义在于防止"恶人逾激逾劣行"（详见《38睽卦》卦象与易理哲学），避免其制造破坏行为；包容识见浅狭的人或地位低的人，努力感化，积极争取有可能将其发展为志同道合的人，虽很艰难，但要积极争取。"合礼守正善得贤，恶性善用动机正。"言行合乎礼仪，恪守贞正之道，心怀美好品德，将会得到贤能人士的支持与帮助。对待恶的品行，要善于发挥其积极作用的一面，善是与恶对比而存在的，对恶劣的品性行为要做坚决的斗争，同时，也要善于总结恶劣的品性行为的反面教材，以其开展警示教育，教化民众避恶向善，端正动机。天下无绝对的善恶，恶性也有善用的一面，只看动机是否纯正。统一民众的思想意志和行动是异常艰巨的工作，可能遇到阻力，人格卑下的"小人"心地卑劣将会搬弄是非，识见浅狭的人或地位低的人过于木讷接受教命必然迟钝。如果将这部分人推到对立面上去，将会激化矛盾，促其转化为敌对势力，增加斗争的艰巨性，对推动事业发展将会产生更大的阻力，从化消极因素为积极力量角度看,应当包容人格卑下的"小人"和识见浅狭的人或地位低的人,这样才能广泛接近群众,减少对立面,获得支持,以巩固基础,使邪恶自然而然地消匿于无形。

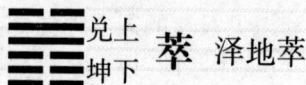

第四十五章　萃　卦

聚合之道:荟萃戒备生外节　戒除不虞戒兵戈

　　地上有湖,四面八方的细流都源源不断汇入湖中,象征着聚合。众流会聚、鱼龙混杂、泥沙俱下,既有繁荣昌盛的表征,也可能节外生枝出现分崩离析的局面。凡是事物所以能够会聚、聚集的,是因为族类相近情志相投。情志若乖,无由得聚,故"观其所聚,则天地万物之情可见矣"。人的聚合首先是心志的聚合,情同是聚合的基础,义气相合才能聚合成群。合理的聚合有重大意义和作用。众人聚集在一起,发生意外与变乱的可能性极大,聚合不可不戒备意外事件的发生。变乱易生聚集之地,兵戈乃凶器,易助纣为虐,从维护国家安定和大局稳定及民众人身安全的角度考虑,"君子以除戎器,戒不虞",应该增强戒备,解除兵戈,还要制订相应的应急预案和危机化解机制,以防发生暴动。这条原则是一条重要的安全原则,在社会管理的各个环节处处适用。

一、萃卦经文

萃 泽地萃 兑上坤下

萃:亨。王假有庙,利见大人,亨,利贞。用大牲吉,利有攸往。

象曰:萃,聚也。顺以说,刚中而应,故聚也。王假有庙,致孝享也。利见大人亨,聚以正也。用大牲吉,利有攸往,顺天命也。观其所聚,而天地万物之情可见矣。

象曰:泽上于地,萃。君子以除戎器,戒不虞。

初六:有孚不终,乃乱乃萃。若号,一握为笑。勿恤,往无咎。
象曰:乃乱乃萃,其志乱也。

六二:引吉,无咎,孚乃利用禴。
象曰:引吉无咎,中未变也。

六三:萃如,嗟如,无攸利,往无咎,小吝。
象曰:往无咎,上巽也。

九四:大吉,无咎。
象曰:大吉无咎,位不当也。

九五:萃有位,无咎。匪孚,元永贞,悔亡。
象曰:萃有位,志未光也。

上六:赍咨涕洟,无咎。
象曰:赍咨涕洟,未安上也。

二、萃卦警语箴言

水在地上聚沼泽　　荟萃聚集安利乐
物资丰富民心畅　　统领民众靠正德
类聚群分而演进　　刚正善贞增团结
君王宗庙祭先帝　　大牲祭祀瞻礼乐
内诚薄祭表心虔　　不厚取民民心乐
利见大人亨贞吉　　刚中而应顺和悦
诚信不终乱乃萃　　混乱新聚心不合
诚信沟通与交流　　握手言欢无灾祸
引退谦让持中庸　　不偏不激吉祥多

萃聚叹息希望灭	谦退顺从避灾祸
位置不当将受伤	大吉大利免灾祸
萃聚有位要有为	修德树威民心悦
盛世欢聚当谨慎	谨防小人结团伙
衰世忧患防暴乱	涕泪横流未安乐
广结关系添人脉	信仰凝志增团结
荟萃聚集看目标	坚持正道利和谐
偶然源之于必然	原因条件必有果
必然之中蕴偶然	规律趋势颠不破
久聚必乱萌异心	荟萃戒备生外节
陈桥兵变换朝代	乾坤运转被改写
团结稳定维大局	戒除不虞戒兵戈
和谐盛世民心向	天下大同万民乐

三、易理哲学简说

荟萃戒备生外节　戒除不虞戒兵戈

萃卦卦象,萃泽地萃,兑上坤下。坤为地,性顺,兑为泽,性悦。为地上有湖,四面八方的细流都源源不断汇入湖中之表象,象征着聚合。在这种众流会聚的时候,必然会出现鱼龙混杂、泥沙俱下的情况,也可能出现分崩离析的局面,这种象为萃。萃,草丛生,草茂盛的样子;聚集。萃卦象征会聚,既有繁荣昌盛的表征,天下会聚,顺利亨通;也可能节外生枝出现分崩离析的局面。"水在地上聚成泽,荟萃聚集安利乐"表述的就是这种卦象。

物相遇后(姤)聚在一起(萃),亨通,利于恪守贞正,利于见到大人君子,利于前往做事,君王到祖宗庙堂祭祀,"君子以除戎器,戒不虞",即萃卦。萃卦揭示的是聚合之道。核心要点为:

(一)"偶然源之于必然,偶然之中蕴必然"之规律颠簸不破

"偶然源之于必然,原因条件必有果;必然之中蕴偶然,规律趋势颠不破。"萃卦卦象为地上有湖,四面八方的细流都源源不断汇入湖中之表象,象征着聚合,是一种必然现象,同时,在众流会聚的时候,必然会出现鱼龙混杂、泥沙俱下的情况,也可能偶然出现分崩离析的意外事件和局面,通过这种自然现象,可以发现其中蕴含深刻的必然性和偶然性规律。必然性和偶然性揭示客观事物发生、发展和灭亡的不同趋势。必然性是指事物联系和发展过程中一定要发生

的、确定不移的趋势,由事物的本质所决定,认识事物的必然性就是认识事物的本质。偶然性则是事物联系和发展过程中不确定的趋向。偶然性,对于单个的人或单一的事件来说,确实可以说无时不在,无处不在。然而,所有偶然性的东西其实都同样处于历史的联系之中,处于历史形成的因果关系之中。事物的联系是多方面的。事物的形成,有其远因,但是其近因,有其主因,有其助因。必然性与偶然性既对立又统一。产生的原因以及在事物发展中的地位和作用的不同。必然性产生于事物内部的根本矛盾,而偶然性产生于非根本矛盾或外部条件;必然性在事物发展过程中居于支配地位,决定着事物发展的方向,而偶然性居于从属地位,对发展的必然过程起促进或延缓作用,使发展的确定趋势带有一定的特点和偏差。必然性存在于偶然性之中,通过大量的偶然性表现出来,并为自己开辟道路;偶然性是必然性的表现形式和补充,偶然性背后隐藏着必然性并受其支配。必然性和偶然性在一定条件下可以相互转化:由于事物的范围极其广大和发展的无限性,必然性和偶然性的区别是相对的。基于对必然性与偶然性的认识,既要重视事物发展的必然性,分析事物之间的因果关系,把握事物发展的总趋势,又要不忽视偶然性在事物发展中的作用,把握有利于事物发展的机遇。

(二) 合理的聚合有重大意义和作用

【萃卦卦辞】萃:亨。王假有庙,利见大人,亨,利贞。用大牲吉,利有攸往。

【注解】萃:cuì,《古代汉语字典》:"萃是形声字,艹为形,卒为声。萃的本义指草聚集在一起。"有聚集,聚集在一起的人或物等义。陆机《谢平原内史表》:"擢自群萃,累蒙荣进。"本卦以物象所萃聚,喻人聚合之情。

假:《古代汉语字典》:"gé 通"格"。至,到达。"《诗经·商颂·玄鸟》:"四海来假。"《诗经·小雅·楚茨》:"神保是假,报以介福。"

牲:《古代汉语字典》:"shēng 牲是形声字,牛是形,生为声。牲的本义指完整的供祭祀用的牛。"供祭祀用的牲畜,色纯的为牺,体全的为牲。班固《东都赋》:"于是荐(进、献)三牺,效(贡献、呈献)五牲。"

【萃卦彖辞】萃,聚也。顺以说,刚中而应,故聚也。王假有庙,致孝享也。利见大人亨,聚以正也。用大牲吉,利有攸往,顺天命也。观其所聚,而天地万物之情可见矣。

【注解】说:说通"悦"。

孝:《古代汉语字典》:"孝在金文中是会意字,上部像一位老人,下部是子字,表示子孙搀扶着长辈。""善待长辈。古代以尽心奉养和绝对服从父母为孝。"

【卦辞要义】与【象辞要义】萃聚,亨通。"君王宗庙祭先帝,大牲祭祀瞻礼乐;内诚薄祭表心虔,不厚取民民心乐;利见大人亨利贞,刚中而应顺和悦。"君王到宗庙祭祀,祈求神灵保佑,利于出现德高望重的大人物,亨通无阻而且有利于树立纯正的道德风尚。用牛羊等体大而全的牺牲为祭品献祭能够带来吉祥如意,利于前去行事。君王在宗庙祭祀先帝,要心存虔敬,不扰民,不厚取于民,可上下呼应,民心和乐欢融。《乾·文言》:"同声相应,同气相求,水流湿,火就燥,云从龙,风从虎,圣人作而万物睹,本乎天者亲上,本乎地者亲下,则各从其类也。"《系辞上》:"方以类聚,物以群分,吉凶生焉。"类聚群分而演进,刚正善贞增团结。情同而后乃聚,气合而后乃群。凡是事物所以能够会聚、聚集的,是因为族类相近情志相投。情志若乖,无由得聚,故"观其所聚,则天地万物之情可见矣"。人的生存状态是典型的"物以类聚,人以群分"的。维护民众团结,需要有"刚正善贞"的美德,不可有邪恶、偏妄之心。自然万物聚合因其存在相同的特性,利于生长。

　　这个道理在比卦中进行了阐释。用这个道理去剖析审视人,同样适用。人的聚合首先是心志的聚合,情同是聚合的基础,义气相合才能聚合成群。合理的聚合有重大意义和作用。当面临自然灾害或外敌入侵之时,聚合民众,组织力量,保家卫国,维护生产是必要的,有着重大意义和作用,要善于"刚正善贞增团结",凝聚民族或群体力量,这是前进与发展的力量所在。"君王""大人"或领导干部必须用正道和美好的德性聚合人心,会通上下,才能亨通畅达。聚合以诚信为本才能精诚团结,不正当的聚合必被唾弃,结果能够至善,才会免除凶险。身为领袖,应刚毅中正,至善坚贞,以德服人,孤高独尊必然失去群众,所以应警惕与反省。"物资丰富民心畅,统领民众靠正德"表述的就是这个意思。

(三)荟萃戒备生外节,戒除不虞戒兵戈

　　【萃卦象辞】泽上于地,萃。君子以除戎器,戒不虞。

　　【注解】除:《古代汉语字典》:chú,"除的本义是指宫殿的台阶,泛指台阶"。有"清除、去掉","整治、修整"等义。

　　戎器:兵器。

　　虞:yú,《尔雅·释言》:"虞,度也。"《古代汉语字典》:意料、预料,担心忧虑。

　　【象辞要义】泽本当在地中,今却上于地上,是水盛之状,有溃裂奔突之忧,从自然之象看,有崩溃决裂之意外发生可能,从主动预防的角度考虑,采取围堵或疏导的方法防洪减灾是合情合理的事情。由此推及人事,事物久聚必生变乱,人群久聚萌动异心。众人聚集在一起,发生意外与变乱的可能性极大,聚合

不可不戒备意外事件的发生。朱熹《论象传》云:"大凡物聚众盛必有争,故当豫为之备。如人少处,必无争;才人多,少间便自有争。所以当豫为之防也。又泽本当在地中,今却上于地上,是水盛,有溃裂奔突之忧,故其取象如此。"所以应当预备防患。变乱易生聚集之地,兵戈乃凶器,易助纣为虐。从维护公共安全和大局稳定及民众人身安全的角度考虑,应该增强戒备,解除兵器,还要制定相应的应急预案和危机化解机制,以防发生暴动、变乱等意外之患,掌握局面,维护安定。因此,要加强信访工作和重大突发事件应急管理,预防在先,应对有措,避免不良效果。

"戒除不虞戒兵戈"——为萃卦由"水汇聚成泽可能滋润万物促进繁荣,也可能出现意外分崩离析"而类比推演出的关于对待民众聚集的一条管理原则,这是一条重要的安全原则,不可麻痹大意。不用上升到国家安全的角度,就是在小处着眼也处处适用。管理好、处理好群众利益的企事业单位不可能出大问题。如果企事业单位实施改革触及群众的根本利益,或在干部调配中存在泄私愤打击报复排挤行为,那么,单位在开会或团康活动等重大聚合场合就容易节外生枝,发生重大意外事件,要么领导被打,要么某些人被伤,要么财物被损,流血事件不断发生,不能不吸取沉痛教训。着眼点再小点,日常小范围聚合最多的是朋友聚会(同学会、战友会、帮派会不一而足),总有那么一些血气方刚的人持刀持枪,酒精发作,血往上涌,在酒店、歌舞厅、公共场所、街头巷尾滋事行凶,要么伤了人,要么被对手伤害,结果很糟糕。人的素质参差不齐,企图心各异,不可控因素多,大凡物聚众盛必有争,所以应当预备防患。由此可见,国家对刀具和枪支实行管制十分必要。"久聚必乱萌异心,荟萃戒备生外节;陈桥兵变换朝代,乾坤运转被改写;团结稳定维大局,戒除不虞戒兵戈;和谐盛世民心向,天下大同万民乐。"因此,萃卦核心启示为"泽上于地,萃。君子以除戎器,戒不虞"。说明国家安全与社会稳定是社会管理的头等大事,不能掉以轻心。从国家安全稳定角度,兵权掌握在什么人手里是一个决定乾坤的大问题。"陈桥兵变换朝代,乾坤运转被改写"即是历史明证。

陈桥兵变是赵匡胤建立宋朝的政变。公元960年后周大将赵匡胤借口北汉与辽联合南侵率军出大梁(今河南开封),至陈桥驿(今开封东北)授意将士给他穿上黄袍拥立他为帝。此次兵变最后导致了后周的灭亡和宋朝的建立,推动了历史的发展。陈桥兵变是赵匡胤发动取代后周、建立宋朝的兵变事件。公元959年,周世宗柴荣死,七岁的恭帝即位。殿前都点检、归德军节度使赵匡胤,与禁军高级将领石守信、王审琦等结义兄弟掌握了军权。翌年正月初,传闻契丹兵将南下攻周,宰相范质等未辨真伪,急遣赵匡胤统率诸军北上御敌。周军行至陈桥驿,赵匡义(赵匡胤之弟)和赵普等密谋策划,发动兵变,众将以黄袍加在赵匡胤身上，拥立他为皇帝。随后，赵匡胤率军回师开封，京城守将石守信、王审琦开城迎接赵匡胤入城，胁迫周恭帝禅位。赵匡胤即位后，改国号宋，仍定都开封。史称这一事件为"陈桥兵变"。

民间相传，在陈桥驿发生了这么一件事：

元帅帐内，赵匡胤正一个人喝着酒，喝着喝着，他突然起身向掌书记赵普的营帐走去。

来到赵普营帐，他随意看了一眼帐内，问道："赵大人，歇息得可好？"

"多谢将军关心。"赵普暗暗揣测着这位顶头上司深夜造访的意图。

赵匡胤谦虚地说道："我有一件事想请教。"

"将军请说，普一定知无不言。"赵普惶恐不安。

"我一直想不明白汉高祖刘邦本是一市井无赖，为什么却得了西汉两百年天下？"

"将军，刘邦本人并无特别才能，只是他手下有一批人本事很大，刘邦的成功是他驾驭人才的成功。"

赵匡胤诧异道："哦？你说刘邦手下有什么人才？我读书不多。"

赵普道："文有萧何，曹参，张良；武有韩信，樊哙。"赵匡胤道："萧何这名字倒挺熟悉的。"

赵普道："萧何乃刘邦手下第一大谋士，可以这么说，如果没有萧何，刘邦就得不到天下！"

赵匡胤看着赵普，突然发现了什么似的，嘴里连连说着"不错"，最后留下了一句"赵大人倒挺像萧何的"就走了。只剩赵普还在苦苦思索这句话。

赵匡胤又接着来到了其弟赵匡义的营帐内。

赵匡义道："不知兄长驾到，可有何事？"

赵匡胤一脸无奈，叹道："近来东京城内谣言四起，说点检将做天子，这是满门抄斩之罪啊！为兄担心要连累弟弟了。"

赵匡义气愤地说道："这一定是有人陷害，咱们行得正，没什么可怕的！"

赵匡胤又叹了一声："唉，当今新主年幼，太后又是女流，只怕他们听信谗言，赵家就要多灾了。"

赵匡义看着兄长，一副欲言又止的样子。赵匡胤看在眼里，他说："你有什么话尽管说，难道还有比杀头更大的罪吗？"

赵匡义紧握双拳，大声说道："干脆反了吧！咱们在前方拼命，他们在朝中享福，不仅不发兵饷，还要疑来疑去。况且点检做天子也许是天意呢，我们不能逆天而行。"

赵匡胤变了脸色，一把握住宝剑怒道："住嘴！你怎能说出如此大逆不道的话来！想我们赵家世受皇恩，万万不能有此想法，今天我要替家祖杀了你这个忤逆的子孙！"

赵匡义急忙上前按住剑柄，说道："兄长，现在情况紧急，心软就是对自己残忍，况且咱们无辜受死，赵家就会绝后，你对得起九泉之下的父亲吗？"

赵匡胤听了此话，好像呆了一样，他突然面向北方跪了下来，道："先皇在上，臣赵匡胤一片忠心，日月可鉴，但是朝中大臣却不容我，我该怎么办啊？"

赵匡义扶起他兄长说："兄长放心，只要你点头答应了，余下的事就交给我去办，不会叫你为难的。各位将军都对你忠心耿耿。"

赵匡胤不置可否，他跌跌撞撞的走出营帐，回到自己帐里大喝好酒而睡。

当夜，军中起了一阵骚动，人人都在议论，军粮断绝，朝政被韩通把持拒不发饷。因主帅赵匡胤烂醉如泥赵普提议各位将军一起召开紧急会议。

第二天，赵匡胤还在睡梦中，忽被一阵"万岁"声惊醒，大将高怀德捧着黄袍，不由分说披在了赵匡胤身上，三军高呼万岁，响彻云霄。赵匡胤推辞再三，众人以死相胁，最后赵匡胤依刘邦故事约法三章，大军向东京进军。城内殿前都指挥使石守信，都虞候王审琦早已恭候多时，此二人都是赵匡胤的心腹。接下来的事情正如上面所说的，赵匡胤逼使周恭帝禅位，轻易地夺取了后周政权，改国号为"宋"，建立了赵宋王朝，被称为宋太祖。

就是这个宋太祖深谙萃卦精髓，其杯酒释兵权政治智慧与手腕堪称"戒除不虞戒兵戈"的杰作。

宋太祖即位后不出半年，就有两个节度使起兵反对宋朝。宋太祖亲自出征，费了很大劲儿，才把他们平定。

为了这件事，宋太祖心里总不大踏实。有一次，他单独找赵普谈话，问他说："自从唐朝末年以来，换了五个朝代，没完没了地打仗，不知道死了多少老百姓。这到底是什么道理？"

赵普说："道理很简单。国家混乱，毛病就出在藩镇权力太大。如果把兵权集中到朝廷，天下自然太平无事了。"

宋太祖连连点头，赞赏赵普说得好。

后来，赵普又对宋太祖说："禁军大将石守信、王审琦两人，兵权太大，还是把他们调离禁军为好。"

宋太祖说："你放心，这两人是我的老朋友，不会反对我。"

赵普说："我并不担心他们叛变。但是据我看，这两个人没有统帅的才能，管不住下面的将士。有朝一日，下面的人闹起事来，只怕他们也身不由主呀！"

宋太祖敲敲自己的额角说："亏得你提醒。"

过了几天，宋太祖在宫里举行宴会，请石守信、王审琦等几位老将喝酒。

酒过几巡,宋太祖命令在旁伺候的太监退出。他拿起一杯酒,先请大家干了杯,说:"我要不是有你们帮助,也不会有现在这个地位。但是你们哪儿知道,做皇帝也有很大难处,还不如做个节度使自在。不瞒各位说,这一年来,我就没有一夜睡过安稳觉。"

石守信等人听了十分惊奇,连忙问这是什么缘故。宋太祖说:"这还不明白? 皇帝这个位子,谁不眼红呀?"

石守信等听出话音来了。大家着了慌,跪在地上说:"陛下为什么说这样的话? 现在天下已经安定了,谁还敢对陛下三心二意?"

宋太祖摇摇头说:"对你们几位我还信不过? 只怕你们的部下将士当中,有人贪图富贵,把黄袍披在你们身上。你们想不干,能行吗?"

石守信等听到这里,感到大祸临头,连连磕头,含着眼泪说:"我们都是粗人,没想到这一点,请陛下指引一条出路。"

宋太祖说:"我替你们着想,你们不如把兵权交出来,到地方上去做个闲官,买点田产房屋,给子孙留点家业,快快活活度个晚年。我和你们结为亲家,彼此毫无猜疑,不是更好吗?"

石守信等齐声说:"陛下给我们想得太周到了!"

酒席一散,大家各自回家。第二天上朝,每人都递上一份奏章,说自己年老多病,请求辞职。宋太祖马上照准,收回他们的兵权,赏给他们一大笔财物,打发他们到各地去做节度使。

历史上把这件事称为"杯酒释兵权"("释"就是"解除")。

过了一段时期,又有一些节度使到京城来朝见。宋太祖在御花园举行宴会。太祖说:"你们都是国家老臣,现在藩镇的事务那么繁忙,还要你们干这种苦差,我真过意不去!"

有个乖巧的节度使马上接口说:"我本来没什么功劳,留在这个位子上也不合适,希望陛下让我告老回乡。"

也有个节度使不知趣,唠唠叨叨地把自己的经历夸说了一番,说自己立过多少多少功劳。宋太祖听了,直皱眉头,说:"这都是陈年老账了,尽提它干什么?"

第二天,宋太祖把这些节度使的兵权全部解除了。

宋太祖收回地方将领的兵权以后,建立了新的军事制度,从地方军队挑选出精兵,编成禁军,由皇帝直接控制;各地行政长官也由朝廷委派。通过这些措施,新建立的北宋王朝开始稳定下来。

(四)荟萃聚集看目标,坚持正道利和谐

判断萃聚集会性质,关键看目标是否正确,动机是否纯正,必须明白一个道

理,只有坚持正道,才能促进安定团结与和谐融洽。

萃卦六爻警示注意以下六个方面:

一是"诚信不终乱乃萃,混乱新聚心不合;诚信沟通与交流,握手言欢无灾祸"。

【初六爻辞】初六:有孚不终,乃乱乃萃。若号,一握为笑。勿恤,往无咎。

象曰:乃乱乃萃,其志乱也。

【注解】号:《尔雅》:"号,呼也。"《古代汉语字典》:"háo 号是会意字,表示气由下向上而出,中间受阻,因此变成声音从口中发出。"大声地哭。曹植《王仲宣诔》:"翩翩孤嗣,号恸崩摧。"高声地喊叫。吕不韦《吕氏春秋·荡兵》:"民之号呼而走之,若强弩射于深溪也。"

一握为笑:《古代汉语字典》:"一是指事字,用一横画表示抽象的数目一。古文写作式,一的本义指'数之始也'。"此处指"一旦、一经"之义。"握是形声字,扌(手)为形,屋为声。握的本义指'搤(读作è,同扼)持',即把东西攥在手里。"有掐住、按住、捉住、握住等义。

【爻辞要义】如果诚信之心不能从始至终保持,就会陷于迷惑混乱,各种乱子就会发生而且将会聚合到一起。处于混乱聚合之时,众人会喧哗并大声哭叫,这种情况可能会经常发生,也可能导致更为混乱的局面,不过不要怕,一旦握手相拥加强沟通,就能化众怒为欢笑。表明沟通在化解混乱聚合方面能够起重要作用。由此看来,即使出现混乱聚合的局面,也用不着忧虑,前去行事不会遇到灾祸,关键要摸准脉搏,找准病根,进行有效的沟通。荟萃聚集发生意外变乱暴动等,其根源是社会或团体诚信不能坚持始终,导致人的心志不齐,才出现的,任何社会都没有无缘无故的变乱与聚合。其启示:日常要开展强有力的思想工作,加强意识形态领域建设,才是避免霍乱暴动等意外事件发生的关键,才能在源头预防与遏止。

二是"引退谦让持中庸,不偏不激吉祥多"。

【六二爻辞】六二:引吉,无咎。孚乃利用禴。象曰:引吉无咎,中未变也。

【注解】引:《古代汉语字典》:"引是会意字,由弓和丨(读作gǔn)会意,表示拉弓。引的本义为开弓,是人把弓弦拉开。"此处取退、后退意。

禴:yuè,古同"礿"。春祭名,古代四季祭祀之一。禴祭是古代君王具有的祭礼。春曰礿,夏曰禘,秋曰尝,冬曰烝。禴祭是一种非常简朴的祭祀。既济卦"九五:东邻杀牛,不如西邻之禴祭,实受其福。"可证。关键在于心中怀持诚信。

【爻辞要义】人们混乱地聚合在一起不会有什么好处,出现这种情况,像拉开弓箭那样引退众人分离开来会带来吉祥,没有殃咎。只要内心怀着虔诚,即使举行微薄的禴祭也能带来吉祥。这是因为当出现聚合的情况,能够不偏不激也不过于保守,虔诚地遵循中庸之道处事始终不曾改变,因而能够谦退而逢凶化吉。

三是"萃聚叹息希望灭,谦退顺从避灾祸"。

【六三爻辞】六三:萃如嗟如,无攸利。往无咎,小吝。

象曰:往无咎,上巽也。

【注解】嗟:jiē,叹息,感慨。

【爻辞要义】一味地聚合下去,混乱局面得不到缓解,人们就会嗟叹,持续下去也不会有好结果或得到什么利益。在这种僵持的局面中,离开现场,前往他处,不会遇到灾祸,只是这样的人从混乱的聚合现场而来,(有人会对他持戒备和怀疑之心)还可能遇到小小的麻烦。离开混乱的聚合现场没有灾祸,因为崇尚以谦退、顺从之德待事,能够免去可能出现的灾祸。

四是"位置不当将受伤,大吉大利免灾祸"。

【九四爻辞】九四:大吉,无咎。**象曰**:大吉无咎,位不当也。

【爻辞要义】处在混乱聚合中,随时有可能受到伤害,只有洞悉时局,不被什么麻烦事儿纠缠上,才会大吉大利,才可以避免受害。因为当事人毕竟去了一个不应该去的场所。

五是"萃聚有位要有为,修德树威民心悦;盛世欢聚当谨慎,谨防小人结团伙"。

【九五爻辞】九五:萃有位,无咎。匪孚,元永贞,悔亡。

象曰:萃有位,志未光也。

【爻辞要义】在长久持续的聚合中会产生新的首领,在建立新的组织体系中,相关人也会得到相应的位置,对他们来说,尽管志向还没有完全实现,不过,不会有什么咎殃。由于在聚合之前人们彼此不是很了解,因此众人对他们不一定会完全信任,还将面临长久的信任考验。在这种境况中,有位更要有作为,宜恒久地守持正道,倡导纯正的风尚,正派做人,公道做事,就会逐渐赢得民众信赖,不会有悔恨。但并不能表明会聚天下、四海归心的志向得到了发扬光大,还需要修持德行,树立威望,使大众心悦诚服。

六是"衰世忧患防暴乱,涕泪横流未安乐"。

【上六爻辞】上六:赍咨涕洟,无咎。**象曰**:赍咨涕洟,未安上也。

【注解】赍:jī,怀抱着,带着;把东西送给别人;旅行的人携带衣食等物。

咨:zī,《说文》:"咨,谋事曰咨。"《尔雅》:"咨,谋也。"形声。从口,次声。本义商议;征询。

洟:tì,《说文》:"洟,泣也。"毛传皆云:"自目出曰洟。"形声。从水,弟声。先秦时期,"洟"指眼泪,后来出现了"泪",两字就同义并用了。本义眼泪。

洟：yí，同"涕"，洟涕：擤鼻涕。

【爻辞要义】在聚合过程中，可能由于自身的思想意识问题缺少主动性，可能阴差阳错没把握好时机，可能自身存在敌对意识排斥聚合，眼睁睁看着别人在聚合中获得了相应的位子，建立了卓著的功绩，就像原有贵族受到新生革命力量的冲击与胁迫，带着财货涕泪横流远走他乡。在这场革命斗争中，他没有得到相应的位置获得巨大的利益，但是尚有资财，仍可安闲生活，所以无咎。

坤上
巽下 **升** 地风升

第四十六章　升　卦

升进之道:君子以顺德　积小以高大

　　地中生出树木,为升。象征上升,事物上升,亨通吉利。向光明前进,必获
吉祥。朱熹云:"'地中生木,升。君子以顺德,积小以高大',木之生也,无日不
长;一日不长,则木死矣。人之学也,一日不可已;一日而已,则心必死矣。"老子
曰:"天下难事,作于易;天下大事,作于细。"事物发展要遵循着这样循序渐进的
规律,道德修养也"积小以高大",升进之道也不例外。升迁为官者政治思想品
德以及遵纪守法、廉洁奉公、遵守职业道德和社会公德等方面必须出类拔萃。
升迁由下至上逐级而进,得到全面的岗位锻炼,具备全面的综合素质,才能全面
熟悉工作情况,才能胜任所驾驭的工作局面,避免位不当的情况发生。

一、升卦经文

升 地风升 坤上巽下

升:元亨。用见大人,勿恤。南征吉。

象曰:柔以时升,巽而顺,刚中而应,是以大亨。用见大人,勿恤,有庆也。南征吉,志行也。

象曰:地中生木,升。君子以顺德,积小以高大。

初六:允升,大吉。
象曰:允升大吉,上合志也。

九二:孚乃利用禴,无咎。
象曰:九二之孚,有喜也。

九三:升虚邑。
象曰:升虚邑,无所疑也。

六四:王用亨于岐山,吉无咎。
象曰:王用亨于岐山,顺事也。

六五:贞吉,升阶。
象曰:贞吉升阶,大得志也。

上六:冥升,利于不息之贞。
象曰:冥升在上,消不富也。

二、升卦警语箴言

地中生木谓之升　循序渐进才亨通
天下难事做于易　大事做细才成功
积小成大顺时势　方向正当用贤能
用见大人须提携　柔顺时升刚中应
仁政爱民不厚取　薄礼进贡表心诚
大显身手有作为　黑马无阻任驰骋
君王赞赏民拥戴　执政为民好作风
综合素质要全面　德能勤绩健廉政
君王岐山祭神灵　惶恐恭顺吉祥生

先王祭祀获民心　　而今倡导双文明
步步高升循正道　　官德恪守公正明
升升不息有发展　　柔顺正固心意诚
坚持不懈守正道　　昏暗幽冥境可升
盛极而衰势头消　　进取精神不复存
长江后浪推前浪　　升进极处谦退荣
步步高升人所愿　　行权为民几人能
贪官恋权包私心　　流弊千古警钟鸣

三、易理哲学简说

君子以顺德　积小以高大

升,地风升,坤上巽下。巽为木,坤为地。地中生出树木,为升。升象征上升,事物发展上升,亨通吉利。升晋发展受到阻力是常有的事情,保持美德可获吉祥。向光明前进,必获吉祥。

相聚(萃)的群体中必然会产生首领(升),大大亨通,不要忧虑,利于见到大人君子,"君子以顺德,积小以高大",即升卦。升卦揭示的是升进之道。其关键是:

(一)巽顺柔进是升进的基础

【升卦卦辞】升:元亨。用见大人,勿恤。南征吉。

【升卦象辞】象曰:柔以时升,巽而顺,刚中而应,是以大亨。用见大人,勿恤,有庆也。南征吉,志行也。

【注解】南征吉:升卦上卦为坤,在后天八卦方位中代表西南;下卦为巽,在后天八卦方位中代表东南,其总的趋势是南方,而且南方气候温暖宜人适宜作战,所以向南方征伐作战吉祥。

【卦辞要义】与【象辞要义】升卦,大亨通。需要拜见大人物,向南方征讨吉祥。柔顺的德行按时上升,随和而柔顺,九二刚爻居中而与六五爻相应,所以大亨通。需要拜见大人物,不用忧虑,会有喜庆的事情。向南方征讨吉祥,志向可以得到实现。

(二)升进要循序渐进

【升卦象辞】象曰:地中生木,升。君子以顺德,积小以高大。

【注解】生:《说文》:"生,进也。像草木生出土上。"《广雅》:"生,出也。"

《广韵》:"生,生长也。"《易·系辞》:"天地之大德曰生。"《古代汉语字典》:"生字在甲骨文中的字形上边是生出的草木,下面一横表示土地,合起来表示幼苗刚从地里长出来。生的本义指植物从土地里长了出来。"

升:shēng,《广雅》:"陞,上也。"《诗·小雅·天保》:"如日之升。"《广韵》:"昇,日上。本亦作升。"《易·序卦》:"聚而上者谓之升。"朱骏声《说文通训定声》:"升假借为'登'。字亦作昇,作陞。"有上升、升起、升高等义。

循序渐进:循,按照;序,次序;渐,逐渐。指学习工作等按照一定的步骤逐渐深入或提高。从前纪昌去拜箭法高手飞卫为师学习射箭,飞卫让他练好眼睛的基本功,他回家看妻子织布,练就圆睁眼睛,一点也不眨。飞卫让他练把小东西看成大东西,纪昌把头发上的小虱子看成车轮,飞卫这才教他射箭,从此成为百发百中的神射手。

【象辞要义】地中生出树木,由矮而高,由小而大,渐生渐长渐大,日增其高,为升。升进是一个逐渐长成的过程。君子当效法地中生出树木之物象,心怀柔顺之德,渐进积累,不断壮大。做事当如此,修德亦当如此,升晋也当如此。

聚沙成塔,集腋成裘。升进遵循循序渐进的规律亨通有利。老子曰:"天下难事,作于易;天下大事,作于细。"——天下所有的难事,都是从简单的事情做起;天下所有的大事,都是从小事细节做起,天下的难事都是从容易的时候发展起来的,天下的大事都是从细小的地方一步步形成的,这样才会成功。"地中生木谓之升,循序渐进才亨通;天下难事作于易,大事做细才成功;积小成大顺时势,方向正当用贤能。"说的就是这个道理。

升卦六爻以西周兴盛史对升进之道的一般规律从六个方面进行了解析:

一是"用见大人须提携,柔顺时升刚中应"。

【初六爻辞】初六:允升,大吉。象曰:允升大吉,上合志也。

【注解】允升:《古代汉语字典》:"允的本义指'信也'。"《尚书·舜典》:"夙夜出纳朕命,惟允。"有诚信、诚实义。允升指诚信而升进。

【爻辞要义】诚信做人做事,因得到信赖而升进,大吉大利。民众与在上的统治者心志相符合。这是谋事、创业、升进的基础。

二是"仁政爱民不厚取,薄礼进贡表心诚"。

【九二爻辞】九二:孚乃利用禴,无咎。象曰:九二之孚,有喜也。

【注解】禴:《古代汉语字典》:"yuè 古代祭祀名。指春祭或夏祭。"《古代汉语大字典》:"同礿。《尔雅·释天》:'夏祭曰礿。'唐陆德明释文:'本或作禴。'王弼注:'禴,殷春祭名也,四时祭之省者也。'《诗·小雅·天保》:'禴祠烝尝,于公先王。'毛传:'春曰祠,夏曰禴,秋曰尝,冬曰烝。'唐刘禹锡《代郡开国公王氏先庙碑》:'乃禴乃尝,敬而追远。'"禴祭是古代君王具有的祭礼。禴祭的基本特征是,祭品薄约,仅用饭菜等,不用大牲。六十三既济卦"九五:东邻杀牛,不如西邻之禴祭,实受其福"可证。关键在于虔敬诚。效果在于感动民心,团结、凝聚民众。

【爻辞要义】内心恭敬虔诚,举行庄重肃穆的禴祭,虽然祭品薄约,但是由于心怀恭敬虔诚,还是可以感动神灵,免除灾祸。内心虔诚仁厚,一心成人之美,敬而追远,深得众人信服,必定会给自身带来喜庆。

三是"大显身手有作为,黑马无阻任驰骋"。

【九三爻辞】九三:升虚邑。象曰:升虚邑,无所疑也。

【注解】虚邑:《说文》:"虚,大丘也。昆仑丘谓之昆仑虚。"《尔雅》:"虚,空也。"空虚,与"实"相对。《古代汉语字典》:"虚在篆文中是形声字,丘为形,虍(hū)为声。虚的本义指大的土丘。"虚邑指在空旷的山区建立村落蕃息邑国。

【爻辞要义】迁徙升进到空旷的岐山建立村落逐渐蕃息成邑国。没有遇到阻碍,升进得十分顺利,没有什么值得犹疑。(按:岐山乃奠定西周基业的发祥地)

此爻讲述的,是西周建国早期的历史事件。

周文王姬昌的祖父名亶(dǎn),又称古公亶父,豳(bīn 古都邑名,在今陕西彬县旬邑县)人。他是周朝先公,是西伯君主,其后裔周武王姬发建立周朝时,追谥他为"周太王"。据推算,他是轩辕黄帝的第 15 世孙、周祖后稷的第 12 世孙,在周人发展史上是一个上承后稷、公刘之伟业,下启文王武王之盛世的关键人物。他"积德行义,国人皆戴之",而戎、狄等游牧部落却常侵犯。

根据《史记·周本纪》记载,古公亶父继承了后稷、公刘的事业,积德行义,得到民众的爱戴。薰育和戎狄进攻周族,想要夺取财物,亶父就给了他们。后又来攻,要取得周族的土地和人口。民众非常愤怒,想要抵抗。古公说道:"民众拥立君主,是为了让君主为民众谋利。如今戎狄来攻,是为了我的土地和臣民,而臣民归我还是归他,又有什么区别呢?你们要为我而战,要杀死很多人的父子,通过这种办法让我当国君,我不忍心做。"于是亶父带着家人和亲随离开了豳,渡过漆水和沮水,经过梁山,到岐山之下安顿下来。豳地的人全都扶老携弱,复归古公到岐下。其他国家的人听说古公仁德,也多归附。于是古公改革戎狄的风俗,营造城郭房舍,让人们分别居住,并设置五官,各司其责。人民安居乐业,都歌颂周太王的功德。

四是"君王岐山祭神灵,惶恐恭顺吉祥生;先王祭祀获民心,而今倡导双文明"。

【六四爻辞】六四:王用亨于岐山,吉,无咎。象曰:王用亨于岐山,顺事也。

【注解】王用亨于岐山:《古代汉语字典》:"岐的本义指在右扶风郡美阳县

中水乡的周文王的邦国。"岐山在今天陕西省岐山县东北,山形如柱,故又名天柱山。岐山指周王朝故址。岐山县位于陕西省西部,宝鸡市境东北部。北接麟游县,南连太白县,东与扶风、眉县接壤,西同凤翔、陈仓区毗邻。属暖温带大陆性季风型半湿润气候,年平均气温12℃。岐山是炎帝生息、周室肇基之地,是周文化的发祥地,是民族医学巨著《黄帝内经》、古代哲学宏著《周易》诞生之地。岐山历史悠久,文化灿烂,享有"青铜器之乡""甲骨文之乡"的美名。周武王在岐山举行祭祀活动。周武王在岐山祭祀从周古公亶父至周文王等历代君主的诗文为《周颂·清庙之什·天作》:"天作高山(岐山),大王(太王古公亶父)荒(扩大,治理)之。彼(大王)作(治理)矣,文王康之。彼(周文王)徂(往)矣,岐有夷(平坦易通)之行(道路)。子孙保之。"——高耸的岐山自然天成,创业的大王苦心经营。荒山变成了良田沃野,文王来继承欣欣向荣。他率领民众云集岐山,阔步行进在康庄大道,为子孙创造锦绣前程。

【爻辞要义】周武王到岐山祭祀神灵,在圣地敬奉先祖表示恭顺,诚惶诚恐、庄重肃穆地祭祀,吉祥如意,没有灾祸。

随着时代发展,祭祀已经淡出人们的生活,只有在传统节日才有人祭奠自己的祖先,不过,受祭祀启发,现在社会更加注重精神文明建设,以提高国民的综合素质。

五是"升升不息有发展,柔顺正固心意诚"。

【六五爻辞】六五:贞吉,升阶。象曰:贞吉升阶,大得志也。

【注解】阶:jiē,阶是形声字,阜为形,介为声。阶的本义指台阶。有登梯子,升高,官员品阶、官位的等阶等义。

【爻辞要义】恪守贞正结果吉祥如意,乘势沿着台阶稳步上升。表明上升已达到鼎盛时期,接近光辉的顶点。可谓春风得意,踌躇满志。同时也表明阴柔居于尊位,必须稳健行事,循序渐进,不可冒进。

六是"坚持不懈守正道,昏暗幽冥境可升;盛极而衰势头消,进取精神不复存"。

【上六爻辞】上六:冥升,利于不息之贞。象曰:冥升在上,消不富也。

【注解】冥升:在幽暗不明状态中升进。

不息之贞:恪守贞正进而不休止。

消不富:《说文》:"消,尽也。"《广雅》:"消,减也。"《孟子·告子上》:"故苟得其养,无物不长;苟失其养,无物不消。"形声字。从水,肖声。有消失、消灭、消融等义。

【爻辞要义】在昏暗幽冥状态下依然升进,只有坚持不懈地保持纯正品性,才能获得好的结果。昏暗幽冥状态下仍然上升,本身又已处在升的最高位置,按照盛极而衰的道理，上升的势头必然会逐渐消退，再不会如原来那样富有进取精神了。

发展升进至极，必然欲望无限膨胀。物极必反，必然向相反的方向转化。这是"君子以顺德，积小以高大"终极目标的最大障碍。值此之时，应当崇德、广业同修，贞正不息，修业精进，修德不止，方能完成"积小以高大"的伟大德业。但经常出现的情况是，大部分人进入"冥升"状态，往往自闭视听，唯我独尊，常常步入自我消亡的必然轮回。

（三）升进者综合素质必须全面

做事、升晋并行同进。升进以修德为基础和前提。

"综合素质要全面，德能勤绩健廉政"是对升进者的基本要求。德指思想品行；能指能力；勤指敬业精神与工作态度及表现；绩指业绩（成绩）；健指身心健康，自强不息；廉系廉洁。这是考察、评价和任用领导干部工作上涉及的六个方面，也是组织工作"天平"上的六个砝码。

首先，德为首、为纲。古语说："德若水之源，才若水之波。"德，即品德、道德。概括地说，德的内涵是指工作人员的政治思想品德以及遵纪守法、廉洁奉公、遵守职业道德和社会公德的情况。"德"是考核和用人的首要标准。"德"由四个方面构成：一是政治品德。要保持坚定的政治立场、方向和原则，有明辨大是大非的能力，公道正派，秉公办事。二是伦理道德。即指在处理个人与社会之间关系，在处理人与人之间关系时所表现出的思想品德。包括大公无私、牺牲精神、兼容性等。三是职业道德。指职业活动中的道德操守。包括职业上的原则性、事业心、责任感、政策性等。四是心理品德。是指个性心理倾向、动机、兴趣、理想品德是否高尚。包括：行为动机、性格特征、志趣爱好等方面。其中，政治品德最重要，因为政治品德是决定工作人员的成长及发展方向的根本因素。政治品德是核心，政治品德对整个社会的发展方向起作用；伦理道德对交往对象产生作用；职业道德对社会劳动起作用；心理品德对个人成长起作用。

其次，能为胜任工作的基本条件。能，即能力或才能、才干、本领。通常是指完成一定活动的本领。能力是有效地认识、改造和控制客观世界的综合力量。由两个方面构成：其一，一般能力，是指各类工作人员完成一切活动都必须具备的能力。包括分析判断能力（准确性、周密性、敏感性、预见性、果断性、条理性、灵活性）和基本工作能力（口头表达能力、文字表达能力、说服能力、归纳能力等）。其二，特殊能力，是指为适应一定活动需要而形成的具有专业和综合特征的能力。包括：业务专业技术能力；领导能力（决策能力、用人能力、协调能力、解决问题的能力、计划能力等）；创造能力（管理工作及高层次的职位人选、尤其需要具备创造能力）；执行能力（执行力的好坏对工作的成功推进有举足轻重的作用）；经验能力——经验是能力的一种表现形式，是在管理实践和业务专业技术工作实践过程中培养出来的能力。

第三，勤为担负工作的基本要求。勤，指的是工作尽力尽责，勤奋不息，甘于奉献。由组织纪律上的勤、工作态度上的勤、工作积极性上的勤、本职工作岗位上的勤奋敬业和出勤率等方面组成。包括积极性、纪律性、责任心、事业心和出勤率等方面。

第四，绩为工作优劣的集中体现。绩指工作实绩，是工作能力、水平和努力程度的综合反映，是业务活动和管理过程中表现出来的改造客观世界的物质或精神的成果。由四个方面构成：一是工作指标上的绩。即在履行职责、完成工作任务时质量好、数量多。这就是工作质量指标成绩和数量指标成绩。二是工作效率上的绩。即完成工作任务过程中体现出来的组织效率、管理效率和机械效率高。三是工作效益上的绩。即完成工作任务的经济效益、社会效益、时间效益等方面的效益好，取得的成果绩效就好。四是工作方法上的绩。是指采取了什么样的好方法、什么样的好措施、什么样的好手段胜利地完成了任务。

第五，廉是工作的道德操守。古语说："公生明，廉生威"，又有"其身正，不令则行；其身不正，虽令不从"，主要讲的就是道德操守对于人的重要性。廉洁奉公、严格自律，是对领导干部的基本要求。

第六，健是工作的精神灵魂。领导干部要身心健康，具有自强不息的精神，开拓进取的主观能动性，胸怀宽广，奋发图强，务实有为。

"先王祭祀获民心，而今倡导双文明。"古代先王以祭祀为手段笼络民众获取民心，现今社会倡导建设物质文明和精神文明，普遍提高公民及全社会的道德水平。人类历史的发展，归根结底是社会物质文明和精神文明的发展，物质文明是精神文明的基础和源泉，精神文明是物质文明的必要条件和重要保证。两者互为前提，互相促进。精神文明不是物质文明的直接派生物，不会随着物质文明的发展而自然地发展，它是以精神文明建设为目的的自身建设的结果。精神文明中的思想建设，要依靠长期的思想政治教育才能实现。这是为官履职的根本任务，从选拔干部的角度和干部履职的角度都要予以重视。

（四）官德是升进者首要必修的内容

"君子以顺德，积小以高大"是升卦的核心启示。朱熹《论象传》云："'地中生木，升。君子以顺德，积小以高大'，木之生也，无日不长；一日不长，则木死矣。人之学也，一日不可已；一日而已，则心必死矣。""步步高升循正道，官德恪守公正明；升升不息有发展，柔顺正固心意诚。"说明道德品质为首、为纲，在考核和用人诸标准中居于首位。

所谓官德指的是官员恪守职业道德，保持政治操守。"官德"本质是一种政治道德，而政治道德始终处于社会道德的核心地位，因为没有哪一种职业道德像"官德"这样涉及运用国家权力过程中体现出的道德问题。如果官德缺失就会在思想上、作风上都导致官德的腐败。这种腐败和单纯的经济腐败相比，具有更大的危害，它不仅导致国家和民众的经济利益受损，而且会从组织上、声誉上败坏整个干部队伍的形象，并可能由此衍生更多的不良现象。官德与其他职业道德相比有其双重性的特点，即官员作为一个职业道德主体，他既要具备国家管理人员在进行管理活动过程中的职责道德，如忠于国家、忠于人民、忠于法律、忠于职守，具有高度的责任意识、公仆意识，谦虚谨慎，求真务实，办事公办，一视同仁，惩恶扬善，救危助困等；又要具备作为一个掌权者在权力运用过程中的权力道德，即与权力的行使密切相关的道德意识和道德行为，如遵纪守法，诚实无私，廉洁自律，不谋私利等。

人类历史表明，官德之于政治和社会的发展，之于国家安危和人民的祸福，确有千钧之重；而一切伟大人物和杰出之士，无不注重、倡导和践行社会所要求的官德。在古代希腊，苏格拉底和柏拉图都主张国王应是哲学家，即实行"哲学王"治理，极力倡导"贤人政治"。古罗马历史学家、曾长期担任执政官和保民官的塔西陀曾断言："当一个政府或部门失去公信力时，不论说真话还是假话，做好事还是坏事，都会被认为是说假话、做坏事。"

升晋为官者政治思想品德以及遵纪守法、廉洁奉公、遵守职业道德和社会公德等方面必须出类拔萃。升升不息有所升晋和发展，是干部成长的正常规律，具有柔顺正固心意诚肯的品行是对干部内在的思想素质的基本要求。这就是所谓程朱理学八条目之"诚意正心"。实践证明如果放松此条标准，所选拔任用的干部往往出大问题，给党和事业造成重大损失。原铁道部部长刘志军巨额贪污腐败案，值得深刻反思。欲为官先修德，欲做官先做人。做人要讲人品，为官要讲官德。官德属于特定职业道德范畴，简而言之，就是为官者的从政道德。具体而言，则是为官者个人的政治信仰、道德品行、思想作风、工作态度、执政理念的综合反映，体现于领导、管理、服务、协调等各项领导工作中。"官德"是为官之魂、从政之本、用权之道。历史表明，吏治关乎国治。"官德"彰则政权稳，"官德"丧则政权失。正官品先正人品，公平正义是为官者的良心，清白廉政是做官的风骨，贤明是做官的立足之基。

（五）作风过硬是重要保证

"仁政爱民不厚取""执政为民好作风"是领导干部应该具备的过硬的优良

作风。"贪官恋权包私心,流弊千古警钟鸣"是干部作风建设值得关注的重要问题,其规律值得高度关注。贪婪的官吏贪恋职位与权力包藏私心,流弊贻害千古,时刻要敲响防范的警钟。自从历史上诞生了国家机器,腐败与反腐败一直尖锐斗争,受人的"利己排他性"驱使,经过努力和奋斗,人一旦当上官,有权有利很难遏制日益膨胀的欲望,反腐斗争具有艰巨性,因此,从加强治理的角度,需要设立组织人事部门考核选拔德能兼备的人履行要职,设立纪检监察、监管等督查部门进行监督检查,设立检察机关对违规违法行为进行查办。重要领导干部的一般规律是,履职第一年比较勤勉敬业谨慎执政,一年后开始滋生膨胀私欲,虽有贪心,但轻易不敢下手,一年半至二年开始形成贪腐伙伴、团伙或贪腐一条龙,这个时候,对异己势力也排斥打击得差不多了,大部分贪官腐败作案一般发生在履职一年半至二年之后,因此,从组织考核的角度,对于主要领导在任期两年的时候要进行考核调整,最晚在任期三年的时候要进行干部交流。一般情况是组织失察或失误后,就会发生严重官员腐败问题,这个时候,纪检、监察、司法部门就会介入查处。从中可以看出,组织工作是立党、立国的根本工作,不能掉以轻心。面对贪腐的常态规律,在关键的节点上必须采取果断有力的组织措施予以遏制。

(六)内在"柔顺正固心意诚恳"与外在被"君王赞赏民拥戴"同等重要

领导干部柔顺、正固、心意诚恳,才能得到群众和领导的支持,才能"柔顺时升刚中应"。既需要内在加强修养,也需要外界赢得口碑。"仁政爱民不厚取,薄礼进贡表心诚。"此乃为官的上下沟通的正常之道,对下要仁政爱民,体恤民众,让利于民而不厚取于民,给民众以生养;对上略进薄礼表达内心的虔敬之意和忠诚,需要把握好尺度,薄礼之谓恭,厚资之谓贿,这是需要把握的政策和原则与民俗民风界限的分水岭。虔恭友善善风善俗,将形成良好的君民关系;厚礼行贿,将陷入贪腐的泥潭。升卦阐释升迁之道,第35卦晋卦阐释为官之道,两卦互参,吸收科学合理的积极内核,对提高领导干部的综合素质裨益匪浅。

(七)人事更迭是正常规律

"长江后浪推前浪,官升极处谦退荣。"长江后浪推前浪比喻事物的不断前进,多指新人新事代替旧人旧事。根据能力与职位职责相匹配原则,当官职升到极处(匹配的临界点)的时候,要识时务,及时谦退下来,这是光荣的事情。否则,居位不让,将有悔吝的事情发生,官职越高,权力越大,凶险越大。在人事更迭规律面前,要保持正常心、平常心,升降从容,得失淡定。

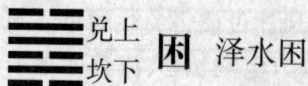

第四十七章　困　卦

摆脱困顿之道:有言不信尚口穷　致命遂志困求通

　　坎为水,兑为泽,水在泽下,泽中无水,泽干涸,为困。事物不断上升必然会导致穷困,大人恪守贞正吉利,虽然亨通,但此时不管说什么都难以有人相信,所以,"君子以致命遂志"为实现自己的志向,不惜牺牲生命。过度衰弱固然陷于穷困,升进到极度,也将陷于穷困。穷则思变,困则谋通,变则富,通则活,这是自然发展的规律。面对困境,应该积极寻求解脱的办法:身处穷困不气馁,宜刚中自强且自济,少说多做,多修己德,有所作为,发挥自身的主观能动性,靠自身发奋图强困境求通;心存虔敬,求上天保佑,通过思想意志的影响,寻求民众的拥戴与支持;不要急躁,必须徐图良谋,审慎图进,寻求突破;条件成熟时就要奋力拼博,冲破困境。任何人的一生都不是一帆风顺的,总会遇到各种各样的困难、挫折、磨难,关键要有抵御挫折、战胜苦难的能力和良好的心理素质,谋通求变,戒浮戒躁,采取正当手段,戒慎行事。

一、困卦经文

困　泽水困　兑上坎下

困:亨,贞,大人吉,无咎。有言不信。

象曰:困,刚掩也。险以说,困而不失其所,亨。其唯君子乎? 贞大人吉,以刚中也。有言不信,尚口乃穷也。

象曰:泽无水,困。君子以致命遂志。

初六:臀困于株木,入于幽谷,三岁不觌。
象曰:入于幽谷,幽不明也。

九二:困于酒食,朱绂方来,利用亨祀。征凶,无咎。
象曰:困于酒食,中有庆也。

六三:困于石,据于蒺藜。入于其宫,不见其妻,凶。
象曰:据于蒺藜,乘刚也。入于其宫,不见其妻,不祥也。

九四:来徐徐,困于金车,吝,有终。
象曰:来徐徐,志在下也。虽不当位,有与也。

九五:劓刖,困于赤绂,乃徐有说,利用祭祀。
象曰:劓刖,志未得也。乃徐有说,以中直也。利用祭祀,受福也。

上六:困于葛藟,于臲卼。曰动悔有悔,征吉。
象曰:困于葛藟,未当也。动悔有悔,吉行也。

二、困卦警语箴言

坎下兑上泽干涸　　有言不信尚口穷
衰极而困富亦然　　途穷运厄多险凶
刚中自强且自济　　致命遂志困求通
隐入幽谷徐图进　　远禄自守以刚中
阴柔掩刚险求脱　　困不失所吉亨通
卧薪尝胆雪前耻　　卷土重来执新政
孔子困于陈蔡间　　昧道为穷明道通
亨贞大人吉无咎　　小人困身宜求通
臀困株木身困顿　　困于酒食纵乱性

困于金车奢靡志　　困于石蒺罹否凶
困于赤绂权昧恤　　困于葛藟境遇窨
臀困株木入幽谷　　三岁不觌幽不明
自然环境甚恶劣　　生存有术利安生
困于酒食朱绂来　　利用亨祀征伐凶
居中有位虽喜庆　　湎于享乐困道穷
霸王别姬史之悲　　乌江自刎困途囧
有位更要有作为　　出仕勤恭民所敬
身困于石据蒺藜　　宫不见妻其境凶
生活所困难排遣　　情感有变宜从容
情志变故莫低迷　　身心调适可轻松
徐徐前行解民苦　　行义淡权禄不争
谦恭尊上卑自牧　　困于金车吝有终
诚信祭祀统民众　　亲和通志戒酷刑
慈禧专权倾朝野　　垂帘听政光绪庸
困于赤绂刑劓刖　　刚中诚信困可通
居尊刑猛众叛离　　持正自济修德亨
葛藟臲卼动则悔　　居困至极则谋通
困境临头常自省　　德术兼修相机动

三、易理哲学简说

有言不信尚口穷　　致命遂志困求通

　　困卦卦象困,泽水困,兑上坎下。坎为水,兑为泽,水在泽下,泽中无水,泽干涸,为困。《说文》:"困,故庐也。"《周礼·地官·禀人》:"行而无资谓之乏,居而无食谓之困。"《广雅》:"困,穷也。"困是会意字,甲骨文字形,从口(wéi),像房屋的四壁,里边是生长的树木,困本义指废弃的房屋,象征困穷,引申为人陷入贫困、困顿之境。

　　事物不断上升(升)必然会导致穷困(困),大人恪守贞正吉利,虽然亨通但此时"有言不信(不管说什么都难以有人相信)","君子以致命遂志",摆脱困顿求通达,即困卦。困卦揭示的是摆脱困顿之道。核心要点需要把握:

(一)贞,大人吉

　　【困卦卦辞】困:亨,贞,大人吉,无咎。有言不信。

【困卦象辞】困,刚掩也。险以说,困而不失其所,亨。其唯君子乎?贞大人吉,以刚中也。有言不信,尚口乃穷也。

【注解】说:说通"脱"。

【卦辞要义】与【象辞要义】困卦象征困顿,亨通;恪守贞正之道,神通广大的大人物可以获得吉祥,没有灾祸;处于困顿之中的人,不管说什么或承诺什么都没有人相信;恐怕只有大人物才能处危险之中而乐观喜悦,穷困而不失其道,所以"亨通"。原因在于大人物睿智聪明,有顽强的精神意志力,能够加强自身修养,处于困境而不哀,积极想办法谋求摆脱困境。正所谓"艰难困苦,玉汝于成"。昔文王拘而演《周易》,仲尼厄而作《春秋》。身处各种危机,并没有使他们走入绝境。面对着危机,他们没有畏惧而是更加坚强,在绝境中,他们睿智、勇敢、执着、自励彰显了志向,在危机中,他们成就了理想。或许没有危机,他们成就不了自己辉煌的一生,也影响或改变不了灿烂的中国古代文明史和文明走势。

(二)君子以致命遂志

【困卦象辞】泽无水,困。君子以致命遂志。

【象辞要义】困卦卦象是兑(泽)上坎(水)下,为泽中无水之表象,象征困顿。志就是理想,是对事物的合理想象或希望。致命是舍弃生命;遂是达到、实现。致命遂志就是舍弃生命来实现理想。作为君子应该身处穷困而不气馁,宜刚中自强且自济,靠自身发奋图强困境求通,为实现自己的志向,不惜牺牲生命。乾卦阐释了中华民族乃至每个公民要有阳光、向上、奋发、进取、图强的"自强不息"精神。这种精神表现在战胜艰难困苦中。"衰极而困富亦然,途穷运厄多险凶;刚中自强且自济,致命遂志困求通",表达的是战胜艰难困苦的基本要求,也是应该达到的理想境界。《中国共产党章程》第一章第六条规定:"预备党员必须面向党旗进行入党宣誓。誓词如下:我志愿加入中国共产党,拥护党的纲领,遵守党的章程,履行党员义务,执行党的决定,严守党的纪律,保守党的秘密,对党忠诚,积极工作,为共产主义奋斗终身,随时准备为党和人民牺牲一切,永不叛党。"表达的就是这种高尚的人生价值追求和理想境界。可见,致命遂志是道德品格高尚的人的精神追求,致命遂志以信仰、忠诚、献身精神为支撑,以国家、民族振兴为己任,当个人利益与国家利益、民族利益发生冲突时,以国家、民族、大局、集体利益为重,这种品质是国家栋梁、民族精英应该具有的宝贵品质。岳飞、林则徐、史可法、雷锋、黄继光、董存瑞等古今英雄人物是令人敬仰的楷模。从树立和弘扬民族精神的角度看,进行理想教育十分必要。

(三)穷则变,变则通

过度衰弱固然陷于穷困,升进到极度,也将陷于穷困。穷则思变,困则谋通,变则富,通则活,这是自然发展的规律。困卦六爻从不同方面列举了种种困境及应该坚持的态度与原则:

一是臀困株木身困顿。

【初六爻辞】初六:臀困于株木,入于幽谷,三岁不觌。

象曰:入于幽谷,幽不明也。

【注解】株木:《古代汉语字典》:株为"树木砍伐后剩下的树桩"。木为"树木"。

觌:《古代汉语字典》:dí,觌的繁体字写作覿。觌的本义指相见。《公羊传·庄二十四年》:"觌者何? 见也。"

幽谷:《古代汉语字典》:"幽是会意字,甲骨文中的幽⋯⋯表示在火的照射下,原来隐蔽的事物显现。""谷的本义指两山之间从水源到水汇入河流的地方。"《辞海》:有深,深远,僻静,昏暗;隐蔽的,不公开的⋯⋯等义。幽谷指幽深僻静的山谷。

【爻辞要义】人的一生可能面临诸多困窘之境,此例举生活之困——臀困于株木,一个人生活物质条件极其匮乏,隐遁在幽深僻静的山谷里,以伐木垦荒为生,劳累困顿之极,则坐在开垦荒地周边的树桩上聊以休息,此时没有能力和条件,勉强维持生计,尚不足以外出建功立业。人落魄到这种境地,多年不能外出与朋友见面,前途幽暗不明。

二是困于酒食纵乱性。

【九二爻辞】九二:困于酒食,朱绂方来,利用享祀。征凶,无咎。

象曰:困于酒食,中有庆也。

【注解】朱绂:《古代汉语字典》:"绂 fú 绂是形声字,纟为形,犮为声。本义指古代印章上系着的丝绳。又同韨,是古代祭服上的蔽膝。"绂的颜色按官位等级各有不同。周制帝王、诸侯及诸国的上卿皆着朱绂。后多借指官服。白居易《轻肥》:"朱绂皆大夫。"程颐 传:"朱绂,王者之服,蔽膝也。"《汉书·韦贤传》:"黼衣朱绂,四牡龙旂。"南朝陈·徐陵《东阳双林寺傅大士碑》:"黑貂朱绂,王侯满筵。"唐·杜牧《书怀寄中朝往还》诗:"朱绂久惭官借与,白头还叹老将来。"

【爻辞要义】人的一生可能面临诸多困窘之境,此例举仕途之困——困于酒食。初入仕途,刚刚穿上代表官员地位的"朱绂",整天困于应酬,穷于酒宴迎来送往。在这种境况中,酒食宴乐,有利于交际更多的人,但是,仕途的局面在打开过程中,如果举行或参与祭祀活动,可以扩大在宗族或宗派中的影响力。不过,此时羽翼尚不丰满,仍不能帅兵打仗,兴兵征伐则面临凶险,但不会受到伤害。整天忙于酒食宴乐,坚持中道会有喜庆之事。泛纵就会迷乱心性。只要内心坚持中道,纯正而有主见,就会有喜庆之事到来。

三是困于石蒺藜否凶。

【六三爻辞】六三:困于石,据于蒺藜。入于其宫,不见其妻,凶。

象曰:据于蒺藜,乘刚也。入于其宫,不见其妻,不祥也。

【注解】宫:gōng,《尔雅·释宫》:"宫谓之室,室谓之宫。"古代为房屋的通称。《古代汉语字典》:"宫是象形字,古代的宫字,像埋在地下穴室的样子。一说宫是会意字,由宀和吕两部分组成,宀代表房屋,吕表示屋子众多。因此,宫的本义指比较大的房屋建筑或建筑群。"

石:《古代汉语字典》:"石在甲骨文中是象形字,像山石之形。在篆文中是会意字,由表示山崖义的厂(读作 hǎn)和表示石头形状的口两部分组成,合起来表示山上的石头。石的本义指山石。"

蒺藜:jí lí,《辞海》:"草本植物,茎平铺在地上,果皮有刺,种子入药。"《古代汉语字典》:"jí lí 一种草名,又名茨。""古代在打仗时铺在路上像蒺藜子形状的铁制障碍物,以阻止敌人进攻。"

【爻辞要义】人的一生可能面临诸多困窘之境,此例举环境之困与情感之困——困于石。古代遇到战争,人们会四处逃散,有的人跑到荒山野岭蒺藜丛生的乱石之中;也可能遭遇重大自然灾害,迷失在荒野中;也可能到深山之中打猎陷入沟壑险隘之中。好不容易避过战乱,或摆脱灾害境地,或脱离困境,回到自己家中,发现妻子却不见了。情感变故,妻离子散,不吉祥。生活失去配偶的关爱与护佑,怎么能不是困顿呢?值此之时,"生活所困难排遣,情感有变宜从容;情志变故莫低迷,身心调适可轻松"。

四是困于金车奢靡志。

【九四爻辞】九四:来徐徐,困于金车,吝,有终。

象曰:来徐徐,志在下也。虽不当位,有与也。

【注解】金车:jīn chē,用铜做装饰的车子。唐兰《中国青铜器的起源与发展》:"至于车马饰,更为繁多;这种到处用铜作装饰的车子,称为金车。"高亨注:"金车,以黄铜镶其车辕衡等处,车之华贵者也。"

【爻辞要义】人的一生可能面临诸多困窘之境,此例举受制于权门之困——困于金车。人有了一定的位置,也愿意为下层民众做事,因而疏忽了与上级的沟通与联络,这是典型的亲下抗上行为,谋事施政往往会受到高高在上乘坐"金车"——铜马车的权门豪族的掣肘与阻碍,结果做起事来不能放开手脚,只能缓慢徐来,虽然有麻烦,但还是会有好结果的。原因在于亲民为民,是会得到民众的支持与援助的。"徐徐前行解民苦,行义淡权禄不争;谦恭尊上卑自牧,困于金车吝有终。"可以说是对其品行操守的直观反映。

五是困于赤绂权昧恤。

【九五爻辞】九五:劓刖,困于赤绂。乃徐有说,利用祭祀。

象曰:劓刖,志未得也。乃徐有说,以中直也。利用祭祀,受福也。

【注解】劓刖:劓,割掉鼻;刖,剁掉脚。夏商五刑之二,即割掉鼻子的刑罚与剁掉脚的刑罚。

赤绂:chì fú,即赤带或赤绶。李贤·注:"赤绂,大夫之服也。"《三国志·魏志·武帝纪》:"天子使魏公位在诸王侯上,改授金玺、赤绂、远游冠。"高亨·注:"赤绂,赤色之蔽膝,大夫所服,此赤绂象征服赤绂之大夫。"

说:说通"脱"。

【爻辞要义】人的一生可能面临诸多困窘之境,此例举权刑之困——困于金车。用割鼻子剁脚的酷刑治理天下,滥用权刑之威,而不知道采取教化的德治手段效果更好,就会被自身所处的尊贵地位所困扰,这是苛官酷吏施治常常陷入的怪圈。单纯用酷刑苛法施治,造福人民的伟大志向难以得到真正彻底地实现。在这种情况下,如果坚持中庸的原则,保持正直品德,注重用祭祀等途径教化统一人们的思想意识,解决好民众的精神信仰问题,那么,就会一点点摆脱这种困境。表明处在至高无上的显赫位置上,如果不恤民命,滥施酷刑,就会落得个孤家寡人,被困在众叛亲离的尊位上,摆脱困境走向亨通的志向就难以实现。原因在于被官权所昧,失去了体恤民众的仁爱之心。因此,对"诚信祭祀统民众,亲和通志戒酷刑;慈禧专权倾朝野,垂帘听政光绪庸;困于赤绂刑劓刖,刚中诚信困可通;居尊刑猛众叛离,持正自济修德亨"要有所认识。

六是困于葛藟境遇窘。

【上六爻辞】上六:困于葛藟,于臲卼;曰动悔有悔,征吉。

象曰:困于葛藟,未当也;动悔有悔,吉行也。

【注解】葛藟:gě lěi,植物名,又称"千岁藟",俗称"野葡萄"。落叶木质藤本。叶广卵形,夏季开花,圆锥花序,果实黑色,可入药。

臲卼:niè wù:动摇不安定;不安的样子。

【爻辞要义】人的一生可能面临诸多困窘之境,此以葛藟之困喻示极境之困——"困于葛藟"。迷失在深山之中,跌落于峭壁乱石之间,困在纷乱缠绕的葛藤中,手脚被藤蔓缠绕束缚,上天无应,落地不着,外无救援,在这种境况中,如果不自己奋力挣扎,就只能困而待毙。值此之时,必须想尽一切办法,迅速行动,努力改变这种境况。其实,在人的一生中,有时会面临类似这种情况的极境

易道 话说易经 谈道德修养

之困。

假如说动辄会后悔,那就早点行动,让悔悟快点到来,这是十分明智的举动,早些悔悟,把危险抛在身后。在军事进攻战中,面临极境之困之时,与其坐以待毙,莫若拼死突围,向前进军会迎来吉祥。处于极境之困,一般是由于自己所处位置不当造成的,及时行动会有所悔悟,那么就及时行动吧,立即采取行动吉祥有利。

困卦列举的困有多方面:有的困于生活——"困于株木",这是身体之困,即人身自由受到了限制,生活境遇陷入困顿;有的困于仕途——"困于酒食",身心疲于应酬;有的困于情感——"困于石",情感困顿需要及时调适;有的困于权门——"困于金车",需要处理好上下级的关系;有的困于权刑——"困于赤绂",需要有仁爱体恤之心。面对困境或韬光养晦,或迅速摆脱,否则,将陷入极境之困——"困于葛藟"。生活、情感等困顿容易给人的身心造成创伤,对有志向、有抱负的人来说,虽身处酒池、肉林、金车等豪华奢侈的享受之中,却是莫大的精神困顿,必须警惕精神危机。困卦例举种种困境,剖析了陷入困境的根源所在,其中不乏自身面临的种种困顿坎坷境遇。最为有价值的是,面对困境,并不是悲观哀叹,而是积极需求解脱的办法:一是"有言不信"(承诺没有人相信,说什么话都没有人听)——君子应该身处穷困而不气馁,宜刚中自强且自济,少说多做,多修己德,有所作为,发挥自身的主观能动性,靠自身发奋图强困境求通;二是"利用祭祀"——心存虔敬,求上天保佑,通过思想意志的影响,寻求民众的拥戴与支持,当今世界,南非的曼德拉长达二十七年的牢狱修炼实现了这种涅槃重生;三是"来徐徐""乃徐有说——不要急躁,必须徐图良谋,审慎图进,寻求突破;四是"征吉"——条件成熟时就要奋力拼博,冲破困境,只有"大人"才能做到这一点,所以说"大人吉"。在商周之时,"大人"处于困境比比皆是,殷之先祖王亥"丧羊于易",被有易国君所杀;比干强谏纣王,被剖心而死;箕子装疯为奴,被纣王所囚;微子数谏不听,遂离而去;周文王被纣王囚于羑里……这些都是曾身处困境的"大人"。《易经》将其归结起来,经过提炼,提出了"曰动悔有悔,征吉"的思想,这是积极的,其积极性在于,一方面,要隐忍待时,韬光养晦,蓄积改变困境的力量,伺机而动;另一方面,身处逆境时,不要消沉,要积极寻找并创造机遇,当条件具备或机遇来临之时,要敢于打破困顿局面,英勇奋起,为实现志向,不惜牺牲生命。所以《菜根谭》云:"困苦穷乏,锻炼身心"——横逆困穷是锻炼豪杰的一副炉锤,能受其锻炼则身心交益,不受其锻炼则身心交损。具有现实意义和普世价值。

(四)昧道为穷明道通

"孔子困于陈蔡间,昧道为穷明道通。"春秋时期,大思想家孔子为了推行他的仁政及儒家思想,带领弟子数十人周游春秋列国。在楚国受到冷落后,就去陈国及蔡国游说。孔子在陈国和蔡国之间的地方缺粮受困,饭菜全无,七天没吃上米饭了。白天睡在那儿,颜回去讨米,讨回来后煮饭,快要熟了,孔子看见颜回用手抓锅里的饭吃。一会,饭熟了,颜回请孔子吃饭,孔子假装没看见颜回抓饭吃的事情。孔子起身说:"刚刚梦见我的先人,我自己先吃干净的饭然后才给他们吃。"颜回回答道:"不是那样的啊,刚刚炭灰飘进了锅里弄脏了米饭,丢掉又不好,就抓来吃了。"孔子叹息道:"**按说应该相信眼睛看见的,但是眼睛也不一定可信;应该相信自己的心,自己的心也不可以相信。你们记住,要了解人本来就不容易啊。**"所以,了解一个人难,要了解万事万物蕴含的规律和道理就更难。因为人对事物的认识受环境、条件和认识手段的局限性限制。

人们对世界的认识,首先是思想的解放,其次是随着认识手段的进步而进步。人类对事物的本质及规律性的认识,受历史阶段的技术手段限制。哥白尼创立日心说取代地心说,即是天文学的革命,也是人类世界观的飞跃。人类关于世界的认识在不断进步,人们对事物的规律和真理的认识和运用也在进步。哥白尼的"日心说"发表之前,"地心说"在中世纪的欧洲一直居于统治地位。自古以来,人类就对宇宙的结构不断地进行着思考,早在古希腊时代就有哲学家提出了地球在运动的主张,只是当时缺乏依据,因此没有得到人们的认可。在古代欧洲,亚里士多德和托勒密主张"地心说",认为地球是静止不动的,其他的星体都围着地球这一宇宙中心旋转。这个学说的提出与基督教《圣经》中关于天堂、人间、地狱的说法刚好互相吻合,处于统治地位的教廷便竭力支持地心学说,把"地心说"和上帝创造世界融为一体,用来愚弄人们,维护自己的统治。因而"地心说"被教会奉为与《圣经》一样的经典,长期居于统治地位。哥白尼"日心说",也称为地动说,核心内容是关于天体运动的和地心说相立的学说,它认为太阳是银河系的中心,而不是地球。在哥白尼和伽利略研究的基础上,后来牛顿提出了运动定律和万有引力定律。显然哥白尼的学说是人类对宇宙认识的革命,它使人们的整个世界观都发生了重大变化。从哥白尼时代起,脱离教会束缚的自然科学和哲学开始飞跃发展。哥白尼的科学成就,是他所处时代的产物,又转过来推动了时代的发展。

(五)持正自济修德亨

"居尊刑猛众叛离,持正自济修德亨。"居于尊位,用刚猛之刑施加压迫,容易导致众叛亲离,从而导致自身陷入困顿,要保持贞正之心,自助自济,加强自身的品德修养。《左传·子产论为政宽猛(昭公二十年)》:郑国的子产生了病,他对太叔说:"我死了以后,您肯定会执政。只有有德行的人,才能够用宽和的方法来使民众服从,差一等的人不如用严厉的方法。火的特点是猛烈,百姓一看见就害怕,所以很少有人死在火里;水的特点是柔弱,百姓轻视而玩弄它,有很多人便死在水里,因此运用宽和的施政方法很难。"子产病了几个月后就去世了。太叔执政,不忍心严厉而用宽和方法施政。郑国的盗贼很多,聚集在叫作崔苻的湖沼里。太叔很后悔,说:"要是我早听他老人家的话,就不会到这种地步了。"于是,他派步兵去攻打崔苻的盗贼,把他们全部杀了,盗贼才有所收敛。孔子说:"政宽则民慢,慢则纠之以猛;猛则民残,残则施之以宽。宽以济猛,猛以济宽,政是以和。"——好啊!施政宽和,百姓就怠慢,百姓怠慢就用严厉措施来纠正;施政严厉,百姓就会受到伤害,百姓受到伤害就用宽和的方法。宽和用来调节严厉,严厉用来调节宽和,政事因此而和谐。这是"不易"的常道啊!《诗·大雅·民劳》中说:"'民众辛苦又勤劳,企盼稍稍得安康;京城之中施仁政,四方诸侯能安抚。'这是施政宽和。'不能放纵欺诈者,管束心存不良者;制止抢夺残暴者,他们从不惧法度。'这是用严厉的方法来纠正。'安抚远方和近邻,用此安定我王室。'这是用和睦来安定国家。又说:'既不急躁也不慢,既不刚猛也不柔,施政温和又宽厚,百种福禄全聚遒。'这是宽和达到了顶点。"子产去世,孔子得到了消息,流着眼泪说:"他是古代传下来的有仁爱的人。"值得深思的是,宽大仁慈,并不意味着软弱。它实际上既体现了胸襟和气度,也体现了涵养与明智。宽大为怀,是为了征服人心,使人心服,也是自信心的表现,可以当作笼络人心的"胡萝卜"。威猛严厉,也不意味着残忍。它所体现的是决心和力度,为的是以强硬手段迫使越轨者和不法之徒循规蹈矩,遵纪守法,平等竞争。过分的宽大仁慈容易使人误以为软弱,从而得寸进尺,变本加厉;过分的威猛严厉容易导致残暴,从而引起强烈反抗,法纪大乱。所以,宽和与严厉相互补充调节,可以避免走极端造成的不良后果,让人们心服口服地遵纪守法。

(六)困境临头常自省,德术兼修相机动

身陷困境常自我反省,需要在道德品行和生存本领两个方面加强修养,相机而动。《菜根谭》云:"顺境不足喜,逆境不足忧"——居逆境中,周身皆针砭药石,砥节砺行而不觉;处顺境中,眼前尽兵刃戈矛,销膏靡骨而不知。韩国总统朴谨惠说:"在人生的低谷,我受到的启发是,人生一世,终归尘土,就算是一百年光阴,也不过是历史长河中的涟漪。因此,人要活得正直和真诚。无论遭受多大考验,只要视真诚为前进道路上的灯塔,绝望也能锻炼我。做人有四样东西要有:扬在脸上的自信、长在心底的善良、融在血里的骨气、刻进生命里的坚强。"对待困境的态度、原则、方法不同,效果当然有所不同,效果对比鲜明的是勾践卧薪尝胆与霸王别姬。

一看"卧薪尝胆雪前耻，卷土重来执新政"。薪，柴草。睡觉睡在柴草上，吃饭睡觉前都尝一尝苦胆。原指中国春秋时期的越王勾践励精图治以图复国的事迹，后演变成成语，形容人刻苦自励，发奋图强。公元前496年，吴王派兵攻打越国，被越王勾践打得大败，吴王也受了重伤，临死前，嘱咐儿子夫差要替他报仇。夫差牢记父亲的话，日夜加紧练兵，准备攻打越国。过了两年，夫差率兵把勾践打得大败，勾践被包围，无路可走，准备自杀。这时谋臣文种劝住了他，说："吴国大臣伯嚭贪财好色，可以派人去贿赂他。"勾践听从了文种的建议，就派他带着美女西施和珍宝贿赂伯嚭，伯嚭答应带西施和文种去见吴王。文种见了吴王，献上西施，说："越王愿意投降，做您的臣下伺候您，请您能饶恕他。"伯嚭也在一旁帮文种说话。伍子胥站出来大声反对道："人常说'治病要除根'，勾践深谋远虑，文种、范蠡精明强干，这次放了他们，他们回去后就会想办法报仇的！"这时的夫差以为越国已经不足为患，又看上了西施的美色，就不听伍子胥的劝告，答应了越国的投降，把军队撤回了吴国。吴国撤兵后，勾践带着妻子和大夫范蠡到吴国伺候吴王，放牛牧羊，终于赢得了吴王的欢心和信任。三年后，他们被释放回国了。勾践回国后，立志发愤图强，准备复仇。他怕自己贪图舒适的生活，消磨了报仇的志气，晚上就枕着兵器，睡在稻草堆上，他还在房子里挂上一只苦胆，每天早上起来后就尝尝苦胆，门外的士兵问他："你忘了三年的耻辱了吗？"他派文种管理国家政事，范蠡管理军事，他亲自到田里与农夫一起干活，妻子也纺线织布。勾践的这些举动感动了越国上下官民，经过十年的艰苦奋斗，越国终于兵精粮足，转弱为强。再说吴王夫差自从战胜越国后，以为没有了后顾之忧，从此沉迷于西施的美色，过着骄奢淫逸的生活。他又狂妄自大，不顾人民的困苦，经常出兵与其他国家打仗。他还听信伯嚭的坏话，杀了忠臣伍子胥。这时的吴国，貌似强大，实际上已经是走下坡路了。公元前482年，夫差亲自带领大军北上，与晋国争夺诸侯盟主，越王勾践趁吴国精兵在外，突然袭击，一举打败吴兵，杀了太子友。夫差听到这个消息后，急忙带兵回国，并派人向勾践求和。勾践估计一下子灭不了吴国，就同意了。公元前473年，勾践第二次亲自带兵攻打吴国。这时的吴国已经是强弩之末，根本抵挡不住越国军队，屡战屡败。最后，夫差又派人向勾践求和，范蠡坚决主张要灭掉吴国。夫差见求和不成，才后悔没有听伍子胥的忠告，非常羞愧，就拔剑自杀了。越王勾践为了使自己不忘记以前所受的耻辱，激励自己的斗志，以图将来报仇雪恨，回国后卧薪尝胆，最终东山再起，一举灭吴，恰恰印证了"生于忧患死于安乐"的观点。

二看"霸王别姬史之悲，乌江自刎困途囧"。项羽（公元前232—前202年）名籍，字羽，通常被称作项羽，中国古代杰出军事家及著名政治人物。中国军事思想"勇战派"代表人物，秦末起义军领袖。汉族，下相（今江苏宿迁市南郊1公里徐淮公路废黄河堤下）人。秦末随项梁发动会稽起义，在公元前 207 年的决定性战役巨鹿之战中大破秦军主力。秦亡后自立为西楚霸王，统治黄河及长江下游的梁、楚九郡。项羽的武勇古今无双（古人对其有"羽之神勇，千古无二"的评价），他是中华数千年历史上最为勇猛的武将，"霸王"一词，专指项羽。《史记·项羽本纪》记载：西楚霸王项羽在和汉高祖刘邦争夺封建统治权的战争中，最后兵败，自知大势已去，在突围前夕，不得不和自己心爱的宠妾虞姬诀别，自刎乌江，末路穷途，最终垮台。垓下之战，韩信布下十面埋伏阵，项羽战败回营，汉军围困数重，到了夜晚，韩信又施四面楚歌之计，闻汉军四面大营皆有楚歌声，项羽大惊："难道汉军已占了楚地吗？为何楚人这么多呢？"满怀愁绪之下，他起身在帐中饮酒。项羽有位很宠爱的妃子，叫虞姬，经常跟着他；有一匹骏马，名字叫乌骓，经常骑乘。酒过三巡，项羽感慨良多，作歌唱道："力拔山兮气盖世，时不利兮骓不逝。骓不逝兮可奈何，虞兮虞兮奈若何！"（我的力量能拔起大山啊，我的气概能压倒当世，时势不利啊，乌骓也不再飞驰，乌骓不再飞驰啊！我该拿它怎么办？虞姬啊虞姬啊，我该拿你怎么办？！）歌唱了数阕。虞姬和道："汉兵已略地，四面楚歌声，大王意气尽，贱妾何聊生！"（汉兵已经得到了楚地，四面都是楚歌声，大王的意气已经尽了，我还为什么要活在世上呢？）歌罢，虞姬凄然自刎，项羽也流下热泪，左右都不敢抬头看他，这就是历史上的"霸王别姬"，而后项羽战败，自刎于乌江边。项羽在战场上的无往不利相对的却是政治上的幼稚，甚至是愚蠢无知。真乃军事天才，政治蠢材。他坑杀战俘，放弃关中，怀念楚国，放逐义帝，自立为王却失尽人心。更为突出的表现是在用人方面。刘邦手下萧何、张良、韩信、彭越、英布出身各不相同却可以发挥其所长，而项羽却连一个范增都不能用，项羽与刘邦形成了鲜明的对比。后来三国时代的东吴被灭也从侧面说明当天下大定只剩江东的时候，江东是无法抵挡的。项羽是一个军事天才，政治蠢材。他在军事上是非常可用之人，却坐在了用人之人的政治位置上。既是个人悲剧，也是历史悲剧，这就是项羽的悲哀。

任何人的一生都不是一帆风顺的，总会遇到各种各样的困难、挫折、磨难，关键要有抵御挫折、战胜苦难的能力和良好的心理素质，谋通求变，戒浮戒躁，采取正当手段，戒慎行事。

坎上
巽下
井 水风井

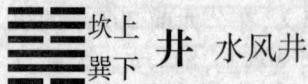

第四十八章　井　卦

修德惠人之道：井德惠人　劳民劝相

　　水分沿着树身向上运行，直达树冠，为井水源源不断地被汲引到地面之表象，因此象征无穷。井卦卦象为以木桶取水类比此象，象征水井。井坚持应有的位置，保持恒常不变的操守。即使城镇村落搬迁也不会使水井发生改变和迁徙，井水不会枯竭也不会溢满，来来往往的人都到井里来打水。井仍然在原地坚持，为过往行人奉献甘冽的井水，具有伟大的奉献精神。井卦以井喻人，由于经年日久，井总是存在淤塞、破壁等问题，及时清淘、修补，可以源源不断为人们奉献清冽甘甜的井水，如果将井类比人，犹如人存在若干缺点，只要即刻克服缺点增益美德，就会源源不断为社会为民众有所奉献。人需要克服缺点增益美德，"君子以劳民劝相"，即井卦。

一、井卦经文

井 水风井 坎上巽下

井：改邑不改井，无丧无得。往来井井。汔至，亦未缱井，羸其瓶，凶。

象曰：巽乎水而上水，井。井养而不穷也。改邑不改井，乃以刚中也。汔至，亦未缱井，未有功也。羸其瓶，是以凶也。

象曰：木上有水，井。君子以劳民劝相。

初六：井泥不食，旧井无禽。

象曰：井泥不食，下也。旧井无禽，时舍也。

九二：井谷射鲋，瓮敝漏。

象曰：井谷射鲋，无与也。

九三：井渫不食，为我心恻。可用汲。王明，并受其福。

象曰：井渫不食，行恻也。求王明，受福也。

六四：井甃，无咎。

象曰：井甃无咎，修井也。

九五：井冽，寒泉食。

象曰：寒泉之食，中正也。

上六：井收勿幕，有孚元吉。

象曰：元吉在上，大成也。

二、井卦警语箴言

坎上巽下桶汲水　　井养源源而不穷
城邦村落几变迁　　井德惠人岿不动
改过臻善修美德　　善德惠人善始终
往来井井无丧得　　近涸未淘羸瓶凶
井底污泥不可饮　　陈年积弊需除冗
井谷射鲋小失大　　瓮敝破漏终无用
井渫不食我心恻　　共享福泽求王明
井壁破败及时修　　补过井养而不穷
井水清澈众人饮　　天下大治明公正
井收勿幕诚信吉　　静守修德柔中正
穷困起贤振衰弊　　良才遗野误国用
求贤若渴心浩荡　　从谏如流为民用

井养之德心怀诚　　大公无私信用恒
奉献美德源不断　　劳民劝相助永恒

三、易理哲学简说

井德惠人　　劳民劝相

井,水风井,坎上巽下。巽为木,坎为水,木上有水。即以木桶取水。井象征水井。"巽下坎上桶汲水,水润根茎向上行"即取卦象之义。

受困(困)于上,井需要经常清淘修理(井),人需要克服缺点增益美德,"君子以劳民劝相",即井卦。井卦揭示的是修德惠人之道。核心是要有加强修养乐于奉献的美德,重点应把握以下几个方面:

(一)岿然不动,井养不穷

一是"巽下坎上桶汲水,井养源源而不穷"。

井卦卦象是"井,水风井,坎上巽下。"象辞说"巽乎水而上水,井。井养而不穷也……"上卦为坎为水,下卦为巽为木,木上有水为井卦卦象。木头上怎么会有水呢? 远古时,在发明辘轳之前,人们用叫桔槔的木制机械装置从井中汲水。桔槔使用的是杠杆原理。就是在井边立起一个支点,支点上横放一个长木棍,木棍的一头绑着绳子可以与打水的水瓶相连,一头加上重物,由人操纵杠杆,打水时可以省力气。井水源源不断地被汲引到地面,供养、滋润民众,可谓井养不穷。

二是"往来井井无丧得,近涸未淘羸瓶凶"。

【井卦卦辞】井:改邑不改井,无丧无得。往来井井。汔至,亦未繘井,羸其瓶,凶。

【井卦象辞】象曰:巽乎水而上水,井。井养而不穷也。改邑不改井,乃以刚中也。汔至,亦未繘井,未有功也。羸其瓶,是以凶也。

【注解】井:《古代汉语字典》:"井是象形字。甲骨文的井字为中间是井口,周围用木石构成的井栏的形状。"孔颖达疏:"古者穿地取水,以瓶引汲,谓之为井。"水井。

汔:《说文》:"汔,qì 水涸也。"《古代汉语字典》:"汔的本义指水干涸。"

至:《古代汉语字典》:"极,最,到达了极点。"

繘井:《古代汉语字典》:"繘 yù jú 用来汲井水的绳索。"繘通"矞"。《说文》:"矞,以锥有所穿也。一曰满有所出也。"《古代汉语字典》:"矞 yù 用锥穿物体。"繘井指清淘穿通水井。即将淤塞水井的淤泥秽物清淘,装在水桶里,用

502

汲井水的绳索将清淘秽物提取至井外倒掉。

赢:léi,《说文》:"赢,瘦也。"《古代汉语大字典》:"通纍（累）。绳索,拘系,缠绕。"大壮卦"赢其角。"孔颖达疏:"赢,拘赢缠绕也。"本卦"赢其瓶。"孔颖达疏:"拘赢其瓶而覆之也。"此处指为几近干涸的井中的污泥秽物所挂碍。

瓶:《古代汉语字典》:"汲水的瓦制容器。"

【卦辞要义】与【爻辞要义】改变迁移城邑不会使水井发生改变和迁徙,没有损失也没有收获。来来往往的人井然有序都到井里来打水。井快干涸了也不淘井,也没有停止用绳汲井水,结果打水的瓦瓶却被几近干涸的井中的污泥秽物所挂碍,这是凶险的兆头。此乃所谓改邑不改井。

井被淤泥秽物堵塞,需要清淘才能重新源源不断供应甘洌清甜的井水。比喻人要时刻反省检视自身存在的缺点和不足,加强修养,增益美德,做对他人及社会有用的人,善德惠人,善始善终。人是一个内心充满矛盾的动物,一方面受"利己排他性"的本性驱使,总是想多多占有更多的资源或利益;另一方面,作为具有社会属性的动物,生存于一定的人际关系和社会关系中,需要加强修养,克服自身的顽弊,实现亲和钦融,构建良好的社会人伦关系。这种尖锐的矛盾冲突,一般内化为内心激烈的思想斗争。人生最难之事是不断修正错误完善自我修养美好的品德恒久不渝地施惠于人,这是苦差事,也是难差事,也是高尚的修为,没有恒定静善的功夫难以持久,说明道德修养具有艰巨性和重要性。

三是"城邦村落几变迁,井德惠人岿不动"。

井卦:"井:改邑不改井,井,以不变为德者也。"古时穿地取水,以瓶或桶引汲,谓之为井。此卦阐明君子修德养民,有常不变,终始无改,养物不穷,既要有仁善养颐之心,又要有关爱民生的奉献精神。这种境界与精神,只有井是杰出的典范,没有任何事物所蕴含的精神境界能够超过井!井坚持应有的位置,保持恒常不变的操守。即使城镇村落搬迁也不会使水井发生改变和迁徙,井水不会枯竭也不会溢满,来来往往的人都到井里来打水。井仍然在原地坚持,为过往行人奉献甘洌的井水。井以美好的奉献之德面向世人,只讲奉献,不求索取,岿然不动地在那里坚守,具有公而无私的品德和情怀,总是对人们有益,堪称无私奉献的典范。此卦阐释修德,用井来做比喻,对加强修养很有启发。

（二）劳民劝相,奉献美德

【井卦象辞】木上有水,井。君子以劳民劝相。

【象辞要义】木上有水是井卦卦象。木巽能入,桔槔谦下而能将打水器具伸入井水中源源不断汲水供众人饮用。井水无穷无尽,孜孜不倦地养育着人们,具有伟大的奉献精神,这种美德源源不断地惠及民众,人更应该这样。君子应当效法这种美德,不辞劳苦地为大众谋福利,倡导助人为乐的社会风尚,劝导劳作的民众相互团结相互帮助,形成蔚为和谐的社会风气。以上是从加强修养治理国家的角度演绎解读的井卦。其实,治理小家,管理企业其道理是相通的。"劳民劝相"是井卦的核心启示。

(三)改过修德,善德惠人

"改过臻善修美德,善德惠人善始终"是井卦体现的重要思想。井卦以井喻人,由于经年日久,井总是存在淤塞、破壁等问题,及时清淘、修补,可以源源不断为人们奉献清冽甘甜的井水,如果将井类比人,犹如人存在若干缺点,只要即刻克服缺点增益美德,就会源源不断为社会为民众有所奉献。井卦六爻对此进行了形象生动的比喻。

一是"井底污泥不可饮,陈年积弊需除冗"。

【初六爻辞】初六:井泥不食,旧井无禽。

象曰:井泥不食,下也。旧井无禽,时舍也。

【注解】《古代汉语字典》:

泥:ní,泥是形声字,氵为形,尼为声。泥的本义指土和水的混合物。

禽:鸟兽通称。

旧:古老的,过时的。

【爻辞要义】井底淤满了污泥阻塞水源而不能供人饮用,历尽沧桑,年久失修而干涸的老井连鸡鸭鹅狗等家禽、家畜和麻雀等鸟雀都不来光顾。井底下的污泥不能食用,因为位置在最下面阻塞了水源通道。干涸废弃的老井边没有禽兽,是因为其时古老的水井已经舍弃不用。

旧井无禽是解读此爻关键点。正常使用的水井,取水者由于拿拎水桶不稳,经常有水洒落在井口边的井台上,就会有鸡鸭鹅狗前来或麻雀等鸟雀飞落啜饮,而且欢悦鸣叫,而淤塞干涸被废弃的老井,没有水洒落井台,则没有禽兽前来啜饮,此所谓旧井无禽。

井本来对人有用有益,由于淤塞,失去了用途和益处。人也是一样,如果出现缺点和错误或不足,就会影响其对他人的益处或贡献。

每隔一段时间需要淘井,进行一番清理,才能保持其用途。人也需要经常检省自身不足,才能更多地助益他人、助益社会。只有革弊出新,才能"井养而不穷"。

二是"井谷射鲋小失大,瓮敝破漏终无用"。

【九二爻辞】九二:井谷射鲋,瓮敝漏。象曰:井谷射鲋,无与也。

【注解】井谷射鲋:《古代汉语字典》:"谷 gǔ 义为山谷的谷字,是象形字,上部像水流,下部像俗口合起来表示溪水流出山谷。一说,谷是会意字,口表示水流出的地方,口的上面部分是古文字的一半,表示水从口中流了。谷的本义指两山之间从水源到水汇入河流的地方。"井谷指从井底水源到井口的竖井通道。"鲋fù,鲋是形声字,鱼为形,付为声。本义指古书上的一种鱼,即鲫鱼。"井谷射鲋指打水时在井口朝井水中投射陶瓷水罐打捞小鲋鱼。

与:yǔ 当训为帮助。《老子》:"天道无亲,常与善人。"《孟子·梁惠王上》:"孰能与之?"又曰:"天下莫不与也。"刘向《战国策》:"君之谋过矣。君不与胜者而与不胜者,何故也?"

【爻辞要义】到井边去打水,发现井水里有许多小鲋(鲫)鱼,于是将打水用的瓮(陶瓷水罐)反复投进水里想将鱼打捞上来,不但没有打捞到鱼,结果水罐被碰破漏水,没有什么帮助与收获。

打水饮用是正常功能与需要,在打水过程中,打水者偏离正确方向,贪图额外小利,不但没有得到,而且还造成损失,完成不了基本的工作任务。这种情况与风险在日常工作与生活中经常发生,也应该警惕。

三是"井渫不食我心恻,共享福泽求王明"。

【九三爻辞】九三:井渫不食,为我心恻。可用汲。王明,并受其福。

象曰:井渫不食,行恻也。求王明,受福也。

【注解】渫:xiè,《说文》:"渫,除去也。"《古代汉语字典》:"渫是形声字,氵为形,枼为声。渫的本义指除去污秽。"此处为淘去污泥之义。

恻:《古代汉语字典》:悲痛、忧伤。

【爻辞要义】淤塞的水井淘去泥污变得清洁干净却没有人前来汲取饮用,我心中不免恻怆悲痛。清洁的井水可以汲取饮用。贤德之才被发现重用对国家、人民有利。君王圣明,人们会一同发挥作用。因此,真诚祈求君王圣明,是为了民众都能因为他重用贤德之人而得到福泽。故孔颖达疏:"井之可汲,犹人可用。若不遇明王,则滞其才用。若遭遇贤主,则申其行能贤主既嘉其行,又钦其用,故曰'可用汲,王明,并受其福'也。"

四是"井壁破败及时修,补过井养而不穷"。

【六四爻辞】六四:井甃,无咎。象曰:井甃无咎,修井也。

【注解】甃:zhòu,《说文》"甃,井壁也。"《古代汉语字典》:"甃是形声字,瓦为形,秋为声。""用砖砌成的井壁""砌井壁"。

【爻辞要义】用砖砌好井壁,没有灾难,是修井带来的好处。用砖或石头都能砌井壁,用砖所砌的井壁比用石头所砌的井壁更密实坚固,如果是石头砌的井壁,缝隙大,容易松动,石头缝隙容易脱落泥土掉入井水中;用砖砌的井壁,缝隙小或没有缝隙,不容易松动,不容易脱落泥土,因此,井水洁净安全,可以放心饮用。喻及人事,如果一个人能够随时修正自己的错误或不足,对人忠诚安全可靠,值得信赖,怎么会有灾难呢?

五是"井水清澈众人饮,天下大治明公正"。

【九五爻辞】九五:井冽,寒泉食。象曰:寒泉之食,中正也。

【注解】冽:liè,《说文》:"冽,水清也。"《古代汉语字典》:"冽是形声字,氵为形,列为声。冽的本义指水清澈。"

寒泉:《古代汉语词典》:"清凉的泉水或井水。"左思《招隐诗》之二:"前有寒泉井,聊可莹心神。"

【爻辞要义】井水清澈明净,像甘甜凉爽的泉水一样可供人饮用。水井有滋润万物、造福民众的美德。象征行为不偏不倚,内心纯正无私。是奉献精神的象征。人若能观井修德,则可钦可赞。贤德之人若像寒泉那样有正中之德则可以被重用。

六是"井收勿幕诚信吉,静守修德柔中正"。

【上六爻辞】上六:井收,勿幕。有孚,元吉。象曰:元吉在上,大成也。

【注解】收:shōu,《小尔雅》:"收,敛也。"《古代汉语字典》:有收敛、收拾、收起等义。《新编字典》:"把摊开的或分散的事物聚拢。"《古代汉语词典》:有结束、停止等义。

幕:mù,《说文》:"幕,帷在上曰幕。"覆盖。左丘明《左传·昭公十一年》:"泉丘人有女,梦以其帷幕孟氏之庙。"徐宏祖《徐霞客游记·滇游日记》:"雪幕其顶。"

【爻辞要义】因为上下照应,同心协力,井破损的井壁被修补、淤塞井泉的几近干涸的淤泥被清淘,可不断地将水提出井口供众人饮用。水井养人润物的功德已完成,不要覆盖上井口。继续怀着诚心为人们不断提供饮水的方便,功德无量,必然会有大吉大利到来。从而标志着滋养世人的宏伟事业获得了巨大的成功。所以,井收拾好后,不要盖上井盖,仍然源源不断供人们饮用是大吉大利的。孔颖达疏:"井功已成,若能不擅其美,不专其利,不自掩覆,与众共之,则为物所归,信能致其大功,而获元吉,故曰'勿幕有孚,元吉'也。"井的显著特点是,坚守位置,静以待人,谦卑低调,仁柔中正,不张扬,不喧哗,不忿躁,自善惠人,乐于付出,乐于奉献,养民而不扰民,不巧取豪夺,这种美德恰恰是为官执政应该具备的官德,所以,执政为民者要参井修德,以"造福他人,乐于奉献"的美德和情怀对待民众,不尔虞我诈、包藏祸心,那么就会形成更加良好的社会风气和秩序。由此可见,静德乃是官德之"宝"。这种道德修养,是极高的精神境界。官为民之公仆,诚然如是,则当心系民众,时刻加强自身"静守修德柔中正"的美德修养。

(四)重视良才,起贤振弊

人力资源是第一生产力,人才浪费是最大的浪费。修井善德惠人,拯救衰亡避乱的世道,要启用贤能人才,如果贤能的人才散逸在民间乡野,不能被选拔到应有的位置发挥作用,犹如"井谷射鲋",对国家来说,则是令人痛心的浪费。治理国家,当处在穷困中,必须起用贤能,方可振弊起衰。贤能被遗弃在民间,是莫大的人才浪费。原因是犹如井水被淤泥堵塞源头,井壁破败阻塞输送渠道,人事选拔使用渠道被阻塞,而致使遗失乡野的人才得不到任用。所以当政者必须畅通组织渠道,留意发掘人才,蔚为国用,造福民众。贤能的人应该修养自身,守恒不渝,以服务人民为己志,善始善终。否则也会因不合适宜而被淘汰。治理任何单位也可以从中受到启发,建立起畅通的组织渠道,盘活了人力资源,极大地发挥了人力资源的效能,那么,运营状况和经营效益还能差得了吗?

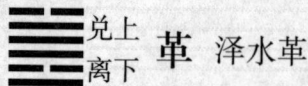

第四十九章 革 卦

变革之道：文明亨正革当革 治历明时宜守则

革卦卦象为泽中有火。火性燥，泽性湿，二物不相得，会有变动，泽中有火为革。革是改变的意思，象征变革。核心启示是"君子以治历明时"。坚守正道，民众信服，改革适逢其时，顺天应人，革其当革，会获得支持。变革坚持的一般原则为：维护相关方利益；因地制宜；把握时机；审慎推进；果断决策；公平公正；动机纯正；科学高效；巩固自己；制造声势；不匆迫、窘迫；正确处理改革、发展、稳定的关系等等，对改革对象及改革活动具体要求灵活变通。变革要适时、必要、可行。可行性与实际效果是需要关注的最重要问题。变革首先要进行风险和效果预测。要有前瞻性和预见性，增强变革胜算的把握，要"革言三就"——周密部署与实施，诚信推进。

一、革卦经文

革 泽火革 兑上离下

革：己日乃孚，元亨利贞，悔亡。

彖曰：革，水火相息，二女同居，其志不相得，曰革。己日乃孚；革而信也。文明以说，大亨以正，革而当，其悔乃亡。天地革而四时成，汤武革命，顺乎天而应乎人，革之时义大矣哉！

象曰：泽中有火，革。君子以治历明时。

初九：巩用黄牛之革。
象曰：巩用黄牛，不可以有为也。

六二：己日乃革之，征吉，无咎。
象曰：己日革之，行有嘉也。

九三：征凶，贞厉，革言三就，有孚。
象曰：革言三就，又何之矣。

九四：悔亡，有孚改命，吉。
象曰：改命之吉，信志也。

九五：大人虎变，未占有孚。
象曰：大人虎变，其文炳也。

上六：君子豹变，小人革面，征凶，居贞吉。
象曰：君子豹变，其文蔚也。小人革面，顺以从君也。

二、革卦警语箴言

兑上离下泽火革　　火燥水湿不相得
二女同居不同志　　水火生克生变革
泽爆火山择新居　　盛极衰腐须变革
果断慎进动机纯　　固己造势不逼仄
除旧布新势所趋　　群众拥护少波折
元亨利贞己日孚　　文明亨正革当革
天地革而四时成　　治历明时宜守则
革之时用意义大　　顺天应人汤武革

巩用黄牛不可为　　征吉无咎己日革
革言三就详周密　　诚信改命志相协
大人虎变其文炳　　焕然彪炳益美德
君子豹变其文蔚　　相映成蔚小变革
小人革面顺从君　　不能立制变颜色
以民为天德加威　　刚柔并济诚不忒
洗心革面要彻底　　与民休息新生活

三、易理哲学简说

文明亨正革当革　治历明时宜守则

革，泽火革，兑上离下。离为火，兑为泽，泽中有火。火性燥，泽性湿，二物不相得，会有变动，因此，泽中有火为革。《说文》："革，兽皮治去其毛。"革象征变革。

井德(井)惠人必然推动事物发展与变革(革)，在时机条件成熟时变革，大亨通，利守贞正，悔恨消亡，"君子以治历明时"，即革卦。革卦揭示的是变革之道。关于变革与革命，要有以下四个方面的基本认识：

(一)变革必须坚持正确原则，伺机而动

【革卦卦辞】革：己日乃孚，元亨利贞，悔亡。

【革卦象辞】象曰：革，水火相息，二女同居，其志不相得，曰革。己日乃孚；革而信也。文明以说，大亨以正，革而当，其悔乃亡。天地革而四时成，汤武革命，顺乎天而应乎人，革之时义大矣哉！

【注解】革：《古代汉语字典》："革是象形字，金文的革字，像一张被剥下来的兽皮。革的本义是指兽皮去毛以后的样子。"中间的圆形物是被剥下来的兽身皮，余下的部分是兽头、身和尾。兽皮去掉毛变皮为革，所以革的引申义为"改变""改革"、革命。《盐铁论·非鞅》："革法明教，而秦人大治。"

己日：《古代汉语字典》："己是象形字，甲骨文中的己像丝形。己的本义指为了缠束丝而区分出来的丝缕的端绪。""天干的第六位。"古代以十天干纪日，己处于十天干的前五数之后，列第六位，为后五数之始，是发展、变化、转折的节点，所以有"变革"的含义。

汤武革命："汤"指中国历史上第二个统治王朝的开基者——商汤天乙。他曾经领导商部族和其他诸侯反抗夏王朝最后一个统治者——桀的残暴统治的同盟部族，运用战争的暴力手段，一举推翻垂死腐朽的夏王朝，建立起新的统治

秩序。"武"指周武王,他领导商王朝的诸侯国西周推翻了商纣王的统治,建立了新的王朝——西周。这两次王朝更迭合称为"汤武革命"。

【卦辞要义】与【彖辞要义】"果断慎进动机纯,固己造势不逼仄;除旧布新势所趋,群众拥护少波折;元亨利贞己日孚,文明亨正革当革。"己日,古代以十天干纪日,己日处于十天干的前五数之后,列第六位,为后五数之始,是发展、变化、转折的节点,所以有"变革"的含义。这是个比喻,喻示改革要在具备条件、时机成熟,该进行改革的时候对旧的事物进行改革会取得成功。因为,坚守正道,民众信服,改革适逢其时,顺天应人,革其当革,会获得支持。变革坚持的一般原则为:维护相关方利益;因地制宜;把握时机;审慎推进;果断决策;公平公正;动机纯正;科学高效;巩固自己;制造声势;不匆迫、窘迫;正确处理改革、发展、稳定的关系等,对改革对象及改革活动具体要求灵活变通。变革要适时、必要、可行。这样,才不会有悔吝的事情发生,发挥好的作用和效果。

"兑上离下泽火革,火燥水湿不相得;二女同居不同志,水火生克生变革;泽爆火山择新居,盛极衰腐须变革。"是对革卦卦象的概括与描述。水火相克相息,为不合之象,不合就会发生变故,就像两个年轻的女子同居住在一起,彼此心志不同,早晚要嫁给郎君,因此说,用这种现象象征变革。变革要坚持卦辞所说的原则。天地自然变革产生春夏秋冬四季交替。历史上,"汤武革命,顺乎天而应乎人"。这里所说的"汤",就是据史书记载的中国历史上第二个统治王朝的开基者——商汤天乙。他曾经领导商部族和其他诸侯反抗夏王朝最后一个统治者——桀的残暴统治的同盟部族,运用战争的暴力手段,一举推翻垂死腐朽的夏王朝,建立起新的统治秩序。而"武"则是指周武王,他领导商王朝的诸侯国西周推翻了商纣王的统治,建立了新的王朝——西周。这两次王朝更迭合称为"汤武革命"。中国古代把改朝换代说成是天命的变革,所以称为"革命"。这是有文字记载的中国历史上第一次武力改朝换代,成汤通过"伐谋""伐交""伐兵",最终取得战争速胜。这对后世战争的发展、军事理论的构建,都产生过深远的影响。革命具有阶级性,分析判断问题和形势要学会辩证看问题。总的来说能够代表人民群众意志与利益的革命是正义的革命。革的时势意义特别重大。

(二)遵循变革规律,治历明时

【革卦象辞】象曰:泽中有火,革。君子以治历明时。

【注解】治历明时:古人根据气象物候的变化规律制定历法,以明辨春、夏、秋、冬四季的变化。

【象辞要义】从卦象上看,革卦上卦为兑为羊为牲。下卦为离为火为刀为晒,泽中有火,是革卦的大形象。大泽中会有火山爆发,人们必须重新择地居住,属于大的社会变革。从小处来说,剥下的兽皮首先需要用刀刮去油脂,绷起来晒干,系取象于革卦的下卦离。晒干后的兽皮然后再进入水中泡软,进一步去脂和去毛,系取象于革卦上卦的兑。因此,革卦的卦象描述了制革的基本过程。将兽皮制作成革,使兽皮发生了较大的变化,使兽皮对人类在制衣、工具等多方面有更广泛的用途。因此,人们将对社会有重要意义的运动称为变革、革命。火旺水干;水大火熄。二者相生亦相克,必然出现变革。要善于用发展变化的眼光,从变化的角度看待事物的发展变化,这才符合唯物辩证法的基本原理。"天地革而四时成,治历明时宜守则。"古人根据气象物候的变化规律制定历法,以明辨春、夏、秋、冬四季的变化。此乃革卦在社会实践及人民群众生产生活中的基本应用。因此,革卦象辞为"泽中有火,革。君子以治历明时"是革卦核心启示。

关于治历明时,我们不妨看看尧帝是如何组织人怎样划分春夏秋冬的。据《尚书·尧典》记载:"乃命羲和,钦若昊天,历象日月星辰,敬授民时。分命羲仲,宅嵎夷,曰旸谷。寅宾出日,平秩东作。日中,星鸟,以殷仲春。厥民析,鸟兽孳尾。申命羲叔,宅南交。平秩南讹,敬致。日永,星火,以正仲夏。厥民因,鸟兽希革。分命和仲,宅西,曰昧谷。寅饯纳日,平秩西成。宵中,星虚,以殷仲秋。厥民夷,鸟兽毛毨。申命和叔,宅朔方,曰幽都。平在朔易。日短,星昴,以正仲冬。厥民隩,鸟兽鹬毛。帝曰:'咨!汝羲暨和。期三百有六旬有六日,以闰月定四时,成岁。允厘百工,庶绩咸熙。'"——(他)于是命令羲氏与和氏,敬慎地遵循天数,推算日月星辰运行的规律,制定出历法,敬慎地把天时节令告诉人们。分别命令羲仲,住在东方的嵎夷也叫旸谷的地方,恭敬地迎接日出,辨别测定太阳东升的时刻。昼夜长短相等,南方朱雀七宿黄昏时出现在天的正南方,依据这些确定仲春时节。这时,人们分散在田野,鸟兽开始生育繁殖。又命令羲叔,住在南方的交趾,辨别测定太阳往南运行的情况,恭敬地迎接太阳向南运行。白昼时间最长,东方苍龙七宿中的火星黄昏时出现在南方,依据这些确定仲夏时节。这时,人们住在高处,鸟兽的羽毛稀疏。又命令和仲,住在西方的昧谷,恭敬地送别落日,辨别测定太阳西落的时刻。昼夜长短相等,北方玄武七宿中的虚星黄昏时出现在天的正南方,依据这些确定仲秋时节。这时,人们又回到平地上居住,鸟兽换生新毛。又命令和叔,住在北方的幽都,辨别观察太阳往北运行的情况。白昼时间最短,西方白虎七宿中的昴星黄昏时出现在正南方,依据这些确定仲冬时节。这时,人们住在室内,鸟兽长出了柔软的细毛。尧说:"啊!你们羲氏与和氏啊,一周年是三百六十六天,要用加闰月的办法确定春夏秋冬四季而成一岁。由此规定百官的事务,许多事情就都兴办起来。"

易道 话说易经 谈道德修养

尧帝根据天象运行的规律治历明时,划分春夏秋冬,教导民众顺应气象规律周而复始安排生产生活,对人类繁衍延续做出了巨大贡献。

(三)注重效果,周密实施

变革首先要进行风险和效果预测。要有前瞻性和预见性,增强变革胜算的把握。再必要、再科学的改革如果失败了,都将是"流血的政治"。改革对象覆盖面越大,触及的社会矛盾越尖锐,所付出的代价越大而惨痛。汤武革命是社会变革成功的范例,但像中国历史上的王安石变法、商鞅变法、戊戌变法等政治改革大部分以失败告终,不能不令人深刻反思。

"革言三就详周密,诚信改命志相协。"不同层面变革具有不同的特点,要针对对象,区分情况,精心组织,周密实施,诚信推进。让我们看看革卦六爻都说了些什么:

一是"巩用黄牛不可为"。

【初九爻辞】初九:巩用黄牛之革。象曰:巩用黄牛,不可以有为也。

【注解】巩:gǒng,《说文》:"巩,以韦束也。"《古代汉语字典》:"巩字在古文字中是形声字,右部作为形符,状似人伸出双手持物,以工作为声符;或在下面再加一个手字。巩的本义是指用皮革束物。"

【爻辞要义】巩,用皮革制的绳子捆牢。说的是,地处卑微的人要进行变革,对他应该用黄牛的皮革牢牢地捆绑住,因为位卑微而不可能有所作为。要防止贸然妄动。

二是"征吉无咎己日革"。

【六二爻辞】六二:己日乃革之,征吉,无咎。象曰:己日革之,行有嘉也。

【注解】嘉:《古代汉语字典》:"嘉是形声字,壴(读作 zhù,《说文》:壴,陈乐立而上见也。从中,从豆。凡壴之属皆从壴。本义为陈列乐器,一说是鼓字的初文)为形,加为声。"有赞许、赞美、表彰,美好、优美等义。

【爻辞要义】己日,古代以十天干纪日,己处于十天干的前五数之后,后五数之始,所以有"变革"的含义。就是在"己日"(应该变革的时候)变革旧的事物,能够使民众深深的信服,前途通畅,坚守正道,最后就会取得成功,悔恨终将消释。实际说的是改革要选择恰当的时机,不能仓促上阵。

三是"革言三就详周密"。

【九三爻辞】九三:征凶,贞厉;革言三就,有孚。象曰:革言三就,又何之矣!

【注解】言:yán,《说文》:"直言曰言,论难曰语。"《古代汉语字典》:"甲骨文的言是象形字,像舌头前伸的样子。"下面是"舌"字,下面一横表示言从舌出。"言"是张口伸舌讲话的象形。从"言"的字与说话或道德有关。"言的本义为说话，即'直言'。"有见解，主张，意见等义；也有政令，号令之义，如《国语·周语》："有不祭则修意，有不祀则修言。"

就：jiù，《说文》："就，就高也。从京从尤。尤，异于凡也。"孔广居注："京，高丘也。古时洪水横流，故高丘之异于凡者人就之。"《广韵》："就，即也。"会意。京尤会意。"京"意为高，"尤"意为特别。《古代汉语字典》："就的本义到地势高地方居住。接近，靠近，趋向。成就，完成，成功……"

何：hé，何处，哪里，什么。唐·贺知章《回乡偶书》："笑问客从何处来。"

【爻辞要义】对于变革的言论或方案，要多次研究周密考虑才能实施与完成，必须讲究诚信。除此之外，又有什么样的其他出路呢！变革已经势在必行，只有走变革的道路，当慎之又慎。

四是"诚信改命志相协"。

【九四爻辞】九四：悔亡，有孚改命，吉。象曰：改命之吉，信志也。

【注解】命：命令。

信志：信守志向。

【爻辞要义】成功实施改革悔恨就会消释。有诚信可以推行变革的命令。推行变革的命令吉祥，关键在于信守志向，这是根本而重要的保证。

五是"大人虎变其文炳，焕然彪炳益美德"。

【九五爻辞】九五：大人虎变，未占有孚。象曰：大人虎变，其文炳也。

【注解】虎变：《说文》："虎，山兽之君。"象形。金文字形象以虎牙、虎纹为特征的虎形。本义老虎。亚洲产的一种大型食肉类哺乳动物，是体型最大的猫科动物之一。在黄褐色的毛皮上有黑色横纹，尾长而无簇毛，有黑圈，下体大部白色，无鬣，典型的体形比狮子略大。是陆地上最凶猛的食肉动物之一。老虎对环境要求很高，各老虎亚种均在所属食物链中处于最顶端。虎的适应能力也很强，在亚洲分布很广，从北方寒冷的南西伯利亚地区，到南亚的热带丛林，及高山峡谷等地，都能见到其优雅威武高贵的身影。虎变指脸色陡变而露出严厉或威严的表情。

文炳：《古代汉语字典》：文有"文化，包括典章礼乐制度"之义。炳 bǐng，《说文》："炳，明也。"《广雅》："炳炳，明也。"《古代汉语字典》："光明，显著。"文炳，改革的制度办法方案光明炳耀。

【爻辞要义】孔颖达疏："以大人之德为革之主，损益前王，创制立法。"伟大的人物像猛虎一般进行轰轰烈烈变革，进行创制立法等重大改革，不必置疑，一定能光大诚信的美德。这种情形不用占问，因为伟大圣明的人讲究诚信。表明变革必然成功，其美德将光照天下。为什么这么说呢？虎乃百兽之王，象征君主，其特点是威德并有，雷厉风行，光明正大，说变就变。

易道 话说易经 谈道德修养

六是"君子豹变其文蔚,征凶贞吉小变革;小人革面顺从君,不能立制变颜色"。

【上六爻辞】上六:君子豹变,小人革面;征凶,居贞吉。

象曰:君子豹变,其文蔚也;小人革面,顺以从君也。

【注解】豹变:《说文》:"豹,似虎圆文。"豹是一种捕捉猎物时具有高度专注性,速度快的食肉动物。哺乳动物,速度快,能上树,常捕食鹿、羊、猿猴等。豹是形声字,豸为形,勺为声。"豸"(zhì)指长脊兽,"勺"意为"专取一物"。"豸"与"勺"联合起来表示"一种长脊兽,它在一群猎物中只捕捉它看准的那一只"。

革面:改变面孔。

蔚:wèi,《广雅·释训》:"蔚蔚,茂也。"《古代汉语字典》:"蔚是形声字,艹为形,尉为声。本义牡蒿,也叫雄蒿。"有"草木茂盛的样子"等义,其显著特征是茂盛,荟聚,盛大。

【爻辞要义】君子实施变革,像豹那样目标明确行动迅捷。顺应变革形势,小人改变自己的面孔。采取变革(革命)的手段征伐被革命者面临凶险,恪守贞正之道吉祥。君子像豹那样目标明确行动迅捷地实施变革,所推行代表其变革主张的典章礼乐制度像茂盛的草木迅速汇聚而蔚然成风。君子有良好的道德风范,协助有道德的大人物一起变革,相映成蔚,必然使变革的成就更加光辉灿烂。可怜那些地位低下的小人,既不能像虎那样变革,也不能像豹变革,那就秉持诚惶诚恐之心像蜥蜴一样变化颜色以随顺变化着的时局改变面孔。原因是小人不能润色立制,只能顺从君主,这是由所处的地位和影响面决定的。

变革具有破坏性,变革的目的不在于破坏,而在于为新的发展奠定基础,推动生产力的提高,以期提高生产率。变革的实质是对社会资源进行重新调整,任何变革只是完成阶段性的调整任务,社会资源重新分配调整之后,主要矛盾和任务仍然是发展生产力。当改之时要"以民为天德加威,刚柔并济诚不怯"。变革之后,上下要同心同德,放下包袱,"洗心革面要彻底,与民休息新生活。"轻装上阵,开创新的局面。也就是既要革面,还要洗心,要有彻底性,与民休息,休养生息,保养民力,复兴经济。《汉书·昭帝纪》"海内虚耗,户口减半,光知时务之要,轻徭薄役,与民休息"即是历史实践的明证。

第五十章　鼎　卦

革故鼎新之道:离上巽下火风鼎　正位凝命元吉亨

　　木上有火,木上燃烧着火焰,呈烹饪状态,为鼎,"革物者莫若鼎,故受之以鼎。"就是说,没有比鼎更能变革事物的了！变故成新,必须当理,故先元吉而后乃亨通。鼎在古代被视为立国的重器,是政权和法制的象征。"鼎,元吉,亨""君子以正位凝命"——革故鼎新,社会变革,应该正位凝命,依道循礼,郑重行事,由能够担当重任的德才兼备的人制定典章制度,强力有效推行。君子应当像鼎那样摆正位置,端正而稳重,以此完成变革的使命,而小人成事不足,不足以担当重任,必须排除,任用不当会遭致祸殃。变革是郑重的事情,必须严肃认真慎重对待。变革,必须准备充分,群众拥护,刚柔相济才能成功。

一、鼎卦经文

鼎 火风鼎 离上巽下

鼎:元吉,亨。

彖曰:鼎,象也。以木巽火,亨饪也。圣人亨以享上帝,而大亨以养圣贤。巽而耳目聪明,柔进而上行,得中而应乎刚,是以元亨。

象曰:木上有火,鼎。君子以正位凝命。

初六:鼎颠趾,利出否。得妾以其子,无咎。
象曰:鼎颠趾,未悖也。利出否,以从贵也。

九二:鼎有实。我仇有疾,不我能即,吉。
象曰:鼎有实,慎所之也。我仇有疾,终无尤也。

九三:鼎耳革,其行塞,雉膏不食,方雨亏悔,终吉。
象曰:鼎耳革,失其义也。

九四:鼎折足,覆公餗,其形渥,凶。
象曰:覆公餗,信如何也。

六五:鼎黄耳金铉,利贞。
象曰:鼎黄耳,中以为实也。

上九:鼎玉铉,大吉,无不利。
象曰:玉铉在上,刚柔节也。

二、鼎卦警语箴言

离上巽下火风鼎	正位凝命元吉亨
以木巽火施烹饪	以享上帝圣人烹
大亨颐以养圣贤	巽顺耳聪且目明
柔进上行中应刚	元吉亨通乃鼎盛
颠趾鼎倾除陈秽	娶妾生子无咎眚
鼎颠趾兮未悖理	利出否兮从贵亨
鼎有实兮慎所之	配偶有疾无灾眚
正位凝命善自我	无机无隙敌不乘
鼎耳革损其行塞	野鸡味美怎食用

待到润雨释悔恨　　阴阳调和吉祥终
鼎耳革损失其义　　虚中纳物似楼空
鼎折足兮覆公𫗰　　无信形渥凶凶凶
黄耳金铉鼎利贞　　鼎黄耳兮以实中
玉铉在上大吉利　　刚柔并济元吉亨
正位凝命以郑重　　廪实岿然不可动
执鼎行权故纳新　　革故鼎新任贤能
除旧布新裁冗汰　　错用小人事难成
明君贤臣相益彰　　刚柔并济元吉亨

三、易理哲学简说

离上巽下火风鼎　正位凝命元吉亨

鼎，火风鼎，离上巽下。巽为木，离为火，木上有火，木上燃烧着火焰，呈烹饪状态，为鼎。鼎，古代烹煮用的器物，一般是三足两耳。鼎指鼎器，基本功能是烹饪食物，在古代被视为立国的重器，是政权和法制的象征。君子持鼎意味着执掌权力，贤士会被君王赏识，此时必大吉而后亨通顺利。

改革（革）成功在于像鼎一样有信而稳定（鼎），"鼎，元吉，亨""君子以正位凝命"，即鼎卦。鼎卦揭示的是革故鼎新之道。核心内容需要把握：

（一）正位凝命大吉大利

【鼎卦象辞】象曰：木上有火，鼎。君子以正位凝命。

【注解】鼎：dǐng《说文》："鼎，三足两耳，和五味之宝器也。"《古代汉语字典》："鼎是象形字，早期的鼎字，状似鼎之有耳有足且大腹的样子。鼎的本义是古代烹煮用的器物，一般是三足，边上有两耳。鼎也是宗庙祭祀时用的一种礼器。""古代烹煮用的器具，多用青铜制成，圆形，三足两耳，也有方形四足的。"甲骨文字形，上面的部分像鼎的左右耳及鼎腹，下面像鼎足。本义古代烹煮用的器物。盛行于商、周。用于煮盛物品，或置于宗庙做铭功记绩的礼器。统治者亦用作烹人的刑具。古代视为立国的宝器、重器，是政权的象征。

正位凝命：以正念、正心立身于正确的地位，凝聚力量，稳健做事，完成自身使命。

【象辞要义】"离上巽下火风鼎，正位凝命元吉亨。"鼎卦的卦象是离（火）上巽（木）下，为木上燃着火之表象，是烹饪的象征，称为鼎。冶炼技术发明后，铸铁或铜为鼎，制作成烹饪器皿，供烹饪之用，其最大的功用是可以将放牧或狩猎获得的牛、羊、狍、鹿、兔、野鸡等动物通过烹煮的方法变熟,将物质由一种状态变化成另一种状态,呈现新的状态。明显具有二义:一有烹饪之用;二有物象之法,故象辞曰"鼎,象也,明其有法象也"。《杂卦》曰"革去故"而"鼎取新",明其烹饪有成新之用。此卦明圣人革命,示物法象,唯新其制,有"鼎"之义,"以木巽火",有"鼎"之象,故名为鼎焉。《序卦传》:"革物者莫若鼎,故受之以鼎。"就是说,没有比鼎更能变革事物的了!变故成新,必须当理,故先元吉而后乃亨通。鼎取革故鼎新之义,取新应该由能够担当重任的德才兼备的人制定典章制度,强力有效推行。君子"须端庄安重,一似那鼎相似,安在这里不动,然后可以凝住那天之命。如所谓'协于上下,以承天休'"(朱熹语)。通俗点说就是,君子应当像鼎那样摆正位置,端正而稳重,以此完成变革的使命。鼎的根本作用在于能够实现革故鼎新,最为宝贵的是推陈出新,实现大的亨通。其对社会管理启发和借鉴意义重大。革故鼎新,社会变革,应该正位凝命,依道循礼,郑重行事,由能够担当重任的德才兼备的人制定典章制度,强力有效推行。君子应当像鼎那样摆正位置,端正而稳重,以此完成变革的使命,而小人成事不足,不足以担当重任,必须排除,任用不当会遭致祸殃。因此,孔子在《系辞下》中说:"德薄而位尊,知(通"智")小而谋大,力小而任重,鲜不及矣。意思是,道德浅薄身居尊位,才智狭小而图谋大事,力量小却担负重任,很少有不因此连累自己的。鼎卦"鼎折足,覆公𫗧,其形渥,凶"说的就是错选不胜其任的人导致的结果。鼎卦的核心是正位凝命,强调选拔德才兼备的人,在行鼎革重任的位置上发挥作用,才能郑重其事履行神圣的使命,人才选拔使用不当,当然不胜重任,败坏公事。在进行社会变革时,选拔栋梁之才当慎之又慎。国家之所以为国家,就是要人们将国像家那样爱护,将家像国那样建设,治理国与家的道理是相通的。就家庭而言,如果培养出栋梁之才,当然会家兴业旺,有益于国家与社会,反之,如果家庭忽视子女教育,培养出人格低下卑琐的人,那么不但对国家和社会无益,而且还会败坏家道门风。因此说:"正位凝命以郑重,廪实岿然不可动;执鼎行权故纳新,革故鼎新任贤能;除旧布新裁冗汰,错用小人事难成;明君贤臣相益彰,刚柔并济元吉亨。"正位凝命"是鼎卦的核心启示。

(二)变革是郑重的事情,必须严肃认真慎重对待

一是要善于向明达的圣贤学习吸纳宝贵的智慧,"巽顺耳聪且目明",所制定的变革方案或推行的变革措施有科学性与合理性不脱离实际,可行、可操作,兼顾各方利益,对被变革对象给予希望和出路,变革方案遇到的阻力就可能小一些,成功的可能性就会大一些。二是推行变革要讲究方式方法和艺术。"柔进上行中应刚,元吉亨通乃鼎盛。"变革准备要充分,要进行有效的思想动员,推

行起来要有依有据循序而行,推行过程中遇到问题宜刚柔相济且不可鲁莽操之过急,对具体变革对象要善于抓主要矛盾各个击破,分化瓦解,而不是全面开花"大帮哄",遇到顽固对象要善于做有针对性的思想工作,必要时可以采取强制措施,不管遇到什么情况,要善始善终,不可半途而废。鼎卦诸爻的比喻形象生动而贴切。变革,必要的前期准备应充分,思想动员要深入有效扫除思想障碍,"颠趾鼎倾除陈秽,娶妾生子无咎眚;鼎颠趾兮未悖理,利出否兮从贵亨。"说的是"颠趾"与"鼎倾"能够清除陈秽之物,有利于迎接新变革的到来;实施变革者要加强自身修养,要像"鼎有实兮慎所之,敌妒英才无灾眚;正位凝命善自我,无机无隙敌不乘"。不给被变革者或敌人任何可乘之隙;变革的途径和通道万万不可阻塞,一旦阻塞要迅速疏通清理,"鼎耳革损其行塞,野鸡味美怎食用;待到润雨释悔恨,阴阳调和吉祥终;鼎耳革损失其义,虚中纳物似楼空。"说的是如果不迅速疏通变革的途径,像雨一样消除悔恨,就享受不到像"野鸡味美"那样的改革的成果;变革要讲究诚信,"黄耳金铉鼎利贞,鼎黄耳兮以实中"如果违背诚信精神采取欺骗的手段推行变革,那将面临"鼎折足兮覆公𫗧,无信形渥凶凶凶"的失败结果;变革需要人民群众支持,上下呼应,戮力同心,思想统一,意志坚定,刚柔相济,明君贤臣相益彰,才会"玉铉在上大吉利,刚柔并济元吉亨"。

(三)革故鼎新基本规律与可能遇到的具体情况及对策

"执鼎行权故纳新,革故鼎新任贤能。"故纳新指"吐故纳新",原指人呼吸时,吐出浊气,吸进新鲜空气。现多用来比喻扬弃旧的、不好的,吸收新的,好的。革故鼎新,《杂卦》:"革,去故也,鼎,取新也。"革:改变,革除;故:旧的;鼎:树立。旧指朝政变革或改朝换代。现泛指除去旧的,建立新的。革故鼎新的重要作用在于,消除弊端,盘活资源或重新配置资源,提高社会生产率,促进生产力水平的提高,最终实现社会的文明进步,要选贤任能,唯贤能之人堪担当此大任。基本途径是除旧布新,裁汰冗员。

圣人以鼎烹饪祭祀上帝而颐养圣贤所体现的三个主要方面需要关注:一是"柔进上行中应刚,元吉亨通乃鼎盛"——阴柔进升行上位,居中而应于阳刚,所以开始即"亨通"。可以理解为,正位凝命的君主要蓄养圣贤,虚心听取有价值的意见或建议,顺应民众的需要,郑重履行立制革新的使命,才能亨通,国家才能出现鼎盛的局面。二是"以木巽火施烹饪,以享上帝圣人烹"——用木在鼎下面生火,用鼎烹饪,圣人烹饪特大的牺牲以祭享上帝,表明这是一件非常郑重的事情,要虔敬地用心对待。三是"大烹颐以养圣贤,巽逊耳聪且目明"——烹饪大的牛羊或多多的牛羊,宴请颐养圣贤之人,行巽逊虔敬美德,广纳圣贤,广视听,广进言,集思广益,自然耳目聪明,博增见识。

革故鼎新基本规律与可能遇到的具体情况及对策,用圣人以鼎烹饪祭祀上帝而颐养圣贤打比方,鼎卦六爻警示可从以下几个方面分析把握:

一是"颠趾鼎倾除陈秽,娶妾生子无咎眚;鼎颠趾兮未悖理,利出否兮从贵亨"。

【初六爻辞】初六:鼎颠趾,利出否。得妾以其子,无咎。

象曰:鼎颠趾,未悖也。利出否,以从贵也。

【注解】趾:zhǐ,形声字,从足,从止,止亦声。"止"意为"停步""不走"。"足"指"脚"。"足"与"止"联合起来表示"处于静止状态的脚"。本义站着的脚。左思《吴都赋》:"足趾之所不蹈。"王力注:"足趾是同义词连用,'趾'不是足指。"《徐霞客游记·滇游日记》:"行者俱不敢停趾。"此处指支撑鼎器的脚。

妾:qiè,妾的名称,最早见于《礼记·曲礼》:"天子有后,有夫人,有世妇,有嫔,有妻,有妾。"《说文》:"妾,有罪女子给事者。"妾是会意字,从辛,从女。甲骨文字形上面是古代刑刀,表示有罪,受刑;下面是"女"字。合而表示有罪的女子,就是奴。妾,又称姨太、陪房,亦有二奶、小老婆等俗称,主要指一夫一妻多妾制结构中,地位低于正妻的女性配偶。妾是中国传统一夫一妻多妾制下的产物,在其他东方国家(如东亚、印度、阿拉伯世界)也有或曾有过类似存在。也作为女子对自己的谦称,类似于男人自称的"仆"。

悖:bèi,形声字,从心,孛(bèi)声。本义违反,违背。《左传·僖公三十二年》:"勤而无所,必有悖心。"与事实相冲突,违背常理,错误的。悖还是一个姓氏,悖氏是以凶德为氏的。悖,违反,谬误之意。南北朝时,梁武王萧衍命令豫章王综担任督军,镇守彭城,与魏将安丰王元延明对峙。双方相持了很长时间,两军仍然不分胜负。梁武王怕长期拖延战争会发生变乱,就命令萧综退兵。萧综怕退兵回来受到责备,就投降了魏将元延明。梁武王知道王综投降魏后,大怒,削去了萧综的爵位封号,把他的姓改为悖氏,意思是狂悖忤逆。从此以后,萧综的后代就耻辱地把"悖"作为姓氏。

贵:guì,《说文》:"贵,物不贱也。"《广雅》:"贵,尊也。贵贱以物喻。犹尊卑以器喻。"《古代汉语字典》:"贵是形声字,贝为形,虫为声。贵的本义是指价格高。"贵与"贱"相对。

【爻辞要义】烹饪食物的鼎足颠翻,却顺利地倒出了鼎中陈积的污秽之物。就好像娶妾可以生子一样,不会发生灾祸(要注意古代为一夫多妻制,娶妾生子是添丁进口的重要途径,对家族的兴盛来说,是非常重要的事情)。烹饪食物的鼎足颠翻,看似反常,实则不然,这并没有违背事物发展变化的规律,也就是反常不悖理,这能够顺利地倒出了鼎中陈积的污秽之物,便于除旧布新,反常的现象得以向好的方面转化,是非常亨通的。

二是"鼎有实兮慎所之,配偶有疾无灾眚"。

【九二爻辞】九二:鼎有实。我仇有疾,不我能即,吉。

象曰:鼎有实,慎所之也;我仇有疾,终无尤也。

【注解】实:shí,《说文》:"实,富也。"《广雅》:"实,诚也。"《小尔雅》:"实,满也,塞也。"《古代汉语字典》:"实(實)在金文中是会意字,由宀、母、贝三部分上下组合而成。宀表家之义,贝指钱财,合起来表示家里有土地和钱财。实的本义指富裕。"有富足,富裕;充满,充实;真实,诚实等义。

即:《古代汉语字典》:即,会意字,甲骨文中的即字左边像盛满食物的器皿,右边像一个跪着的人,合起来指准备就餐的意思。本义指走过去进食。释义为就食,就餐。

仇:qiú,《说文》:"仇,雠也。"《尔雅·释诂》:"仇,匹也,合也。"《古代汉语字典》:"仇是形声字,亻为形,九为声。仇的本义指配偶。"有"同伴,朋友,伴侣,配偶""同族,同类,同等"等义。左丘明《左传》:"嘉偶曰妃,怨偶曰仇。"

慎:shèn,《说文》:"慎,谨也。"《尔雅》:"慎,诚也。"《国语·周语》:"慎,德之守也。"《古代汉语字典》:"形声字,忄为形,真为声。一说,真兼表义,表示唯有待人真诚,才会处事谨慎。"

所:suǒ,《古代汉语字典》:"所是形声字,斤(按:斧子)为形,户为声。所的本义是象声词,形容伐木的声音。"有地方,处所,适当的位置、理想的去处等义。

尤:yóu,《诗·小雅·四月》:"废为残贼,莫知其尤。"过失,罪过。

【爻辞要义】鼎中盛满了烹饪的食物,我的配偶得了疾病,没有办法能够将我接近,吉利。配偶有病,比喻助手不能给予有力的支持与帮助,值此之时,应该谨慎行事,不要走错方向;在重要位置履行重要使命,有充足的实力,出现任何情况,都应该坦然面对,不值得大惊小怪,越是在这种情况下,越要戒惧谨慎,制定典章要符合实际周密适用,办事不出纰漏,达到尽善尽美的状态,不给人以可乘之机,不给人以可钻之隙,那么,就可以排除敌对因素的干扰,或仇视情绪的波动,不会有什么灾祸。在敌对势力的较量与斗争中,不管是优势方还是劣势方都有成功的可能,只要自己的精神意志力不垮掉,对手轻易不会战胜你。优势方有实力、有广泛的民众支持,劣势方在暗处,机动灵活,具有掩蔽性,都有获胜的可能,在敌对势力的较量与斗争中,谁具有良好的作风,戒惧谨慎行事,谁就有更多的主动权,就可能亨通顺利。

三是"鼎耳革损其行塞,野鸡味美怎食用;待到润雨释悔恨,阴阳调和吉祥终;鼎耳革损失其义,虚中纳物似楼空"。

【九三爻辞】九三:鼎耳革,其行塞,雉膏不食;方雨亏悔,终吉。

象曰:鼎耳革,失其义也。

【注解】革:坏损或变化。

雉膏:zhì gāo,肥美的野鸡肉。宋·黄庭坚《赠惠洪》诗:"数面欣羊胛,论诗喜雉膏。"

方:刚刚,才。范晔《后汉书·南匈奴传》:"光武初,方平诸夏,未遑外事。"

亏:kuī,《说文》:"亏,气损也。"段玉裁注:"引申凡损皆曰亏。"

【爻辞要义】鼎的耳部发生了变化或损坏,无法将插杠插入鼎耳移动鼎,精美的野鸡肉无法食用;待到阴阳调和,润雨出现才能消释悔恨,最终还可以获得吉祥。革故鼎新,需要顺利组织实施,鼎卦用鼎耳革损打比方,说的是这种变革在某个或某些方面出现了阻塞的情况,影响变革的进程和效果,煮熟的精美的野鸡肉就好比预想的美好改革结果不能惠及民众实现共享,这种悔恨和遗憾,用润雨出现才能消释或减损悔恨打比方,说明对于变革,仅仅有组织实施者的努力是不够的,还需要外力的支持和配合,最终可能会有好的结果。鼎的耳部发生了变化或损塞,鼎无法移动,也就失去了它虚中纳物的意义。中国历史上发生了商鞅变法、王安石变法、戊戌变法等诸多变法,有的成功,有的失败,有的在某些方面发生阻塞。鼎耳革损就是对变革行动出现阻塞现象的一个形象比喻。从中国近代的社会变革中可以窥见一斑。1898 年(农历戊戌年)以康有为为首的改良主义者通过光绪皇帝所进行的资产阶级政治改革被称为戊戌变法,是中国清朝光绪年间(1898 年)的一项政治改革运动。主要内容是:学习西方,提倡科学文化,改革政治、教育制度,发展农、工、商业等。这次运动遭到以慈禧太后为首的守旧派的强烈反对,当年九月慈禧太后等发动政变,光绪被囚,维新派康有为、梁启超分别逃往法国和日本。谭嗣同等 6 人(戊戌六君子)被杀害,历时仅 103 天的变法终于失败。因此戊戌变法也叫"百日维新"。1919 年 5 月4 日在北京爆发了中国人民彻底的反对帝国主义、封建主义的爱国"五四运动"。"五四运动"是中国旧民主主义革命的结束和新民主主义革命的开端。"五四运动"是中国革命史上划时代的事件,是中国旧民主主义革命到新民主主义革命的转折点。"五四运动"促进了马克思主义在中国的传播及其与工人运动相结合,从而在思想上为中国共产党的建立准备了条件,为新中国的建立迎来了曙光。

四是"鼎折足兮覆公悚,无信形渥凶凶凶"。

【九四爻辞】九四:鼎折足,覆公悚,其形渥,凶。象曰:覆公悚,信如何也!

【注解】悚:sù《古代汉语字典》:"悚是形声字,饣为形,束为声。悚的本义指鼎里面的粥,常掺有肉和蔬菜。"置放在鼎中的食物。泛指佳肴美味。孔颖达疏:"悚,糁也,八珍之膳,鼎之实也。"

渥:wò,《说文》:"渥,沾也。"沾湿,沾润。《诗经·小雅·信南山》:"既伏既渥,既沾既足,生我百谷。"形声字,从水,从屋,屋亦声。"屋"意为"个人寝室"。"水"与"屋"联合起来表示"在个人寝室内洒水清扫搞卫生"。本义洒水。引申义:沾润。

信:《说文》:"信,诚也。"《孟子》:"诸己之谓信。"《墨子经》:"信,言合于意也。"《白虎通·情性》:"信者,诚也。专一不移也。"《国语·晋语》:"定身以行事谓之信。"会意字。从人,从言。人的言论应当是诚实的。本义真心诚意。

【爻辞要义】鼎的足折断了,王公鼎里的粥饭倾倒出来了,鼎身被玷污,哪还有什么诚信可言呢?凶险!这仍然是个比喻,比喻变革失败了,当权者与国家的形象受到玷污。导致这种情形发生的原因是什么?选拔任用人失当!一定注意,"鼎折足"是暗喻,比喻所选的人才不堪担当重任;"覆公𫠦,其形渥,凶。"暗喻败坏了变革的重任;"信如何也!"是对变革失败之结果的怅然慨叹,指明根源在于诚信出了问题。鼎卦的核心是正位凝命,强调选拔德才兼备的人,在行鼎革重任的位置上发挥作用,才能郑重其事履行神圣的使命,人才选拔使用不当,当然不胜重任,败坏公事。在进行社会变革时,选拔栋梁之才当慎之又慎。

五是"黄耳金铉鼎利贞,鼎黄耳兮以实中"。

【六五爻辞】六五:鼎黄耳金铉,利贞。象曰:鼎黄耳,中以为实也。

【注解】铉:xuàn,《说文》:"铉,举鼎具也。易谓之铉,礼谓之鼏。"孔颖达疏:铉,所以贯鼎而举之也。《古代汉语字典》:"铉的本义指古代横贯鼎耳以扛鼎的器具。"古代举鼎器具,状如钩,铜制,用以提鼎两耳。

【爻辞要义】鼎配上黄色的鼎耳,插上坚固的扛鼎之器,象征坚守正道,自然可获得实惠。此乃针对前面所说的"鼎耳革"而言,用此比喻,要修正变革过程发现的问题或弊端,用"黄耳金铉"比喻要提供良好的保障。这种保障可以从完善变革方案,选拔合适的栋梁之才,周密组织实施等多方面进行,以确保变革有效进行。

六是"玉铉在上大吉利,刚柔并济元吉亨"。

【上九爻辞】上九:鼎玉铉,大吉,无不利。象曰:玉铉在上,刚柔节也。

【爻辞要义】鼎配上玉制的鼎杠,十分吉祥,不会有什么不利。玉制的鼎杠高处上方,表明刚柔相济,互相调节,可以起到扛鼎作用。用此比喻,如果进行变革,当然需要栋梁之才在关键岗位发挥关键作用,唯此,才能正位凝命,为其当为,实现变革。在处理重大问题上,要将人的因素作为首要因素加以考虑,毕竟人力资源是第一生产力。曾经发生的国有大中型企业破产倒闭,很重要原因就是错选误选企业"一把手",由于其业务素质和政治素质及道德品质达不到标准要求,结果导致企业破产倒闭,国有资产流失,其教训不能不敲响警钟,值得汲取。

（四）变革是调整生产力与生产关系二者关系的重要手段

生产力和生产关系具有辩证统一关系，二者存在矛盾运动规律。社会成员共同改造自然、改造社会获取生产资料和生活资料的能力被称为生产力。劳动者在生产过程中所结成的相互关系，包括生产资料的所有关系、生产过程的组织与分工关系、产品的分配关系三个方面的关系被称为生产关系。人类进行物质生活资料的生产既要同自然界发生关系，人们之间也要发生一定的社会关系，这就构成了生产力和生产关系，二者辩证统一于生产方式。生产力最终决定生产方式的存在、发展和变革；生产关系则直接规定生产力的性质。生产力和生产关系的矛盾运动构成了生产关系一定要适合生产力状况的规律。生产力和生产关系的相互作用构成生产方式的矛盾运动。生产力的状况决定着生产关系的性质。生产关系对生产力具有反作用。当生产关系与生产力的发展要求相适合的时候，它就有力地推动生产力的发展；当生产关系与生产力的发展要求不相适合的时候，它就阻碍甚至破坏生产力的发展。当生产力与生产关系发生矛盾时，如果继续发展生产力，就只能调整生产关系；否则，保持原有生产关系就是倒退生产力或者是打击生产力发展，如果这种现象是社会普遍性的，很可能爆发革命来推翻旧生产关系的维护者。鼎卦所阐释的，不管从宏观着眼，还是从微观入手，就是实现社会资源调整所面临的变革应该注意的问题。要认识到变革是事物发展变化的必然规律和必然趋势。应该选拔德才兼备的人担当变革的重任，正位凝命，合理调整生产力与生产关系的关系。变革要顺应历史潮流而动，顺应发展趋势而动，才会有好的效果。

☷ 震上
震下 **震** 震为雷

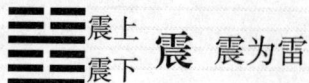

第五十一章　震　卦

恐惧修省之道:恐惧修省　匕鬯不惊

震雷连天,寰宇震撼,声势威震,到处震惊恐惧。霹雳当空,一般人反应先是震惊骇异,然后释然而笑,正所谓"震来虩虩,笑言哑哑"。雷声震动,使万物皆惧而知道戒备,由戒备而生谨慎,以致顺利亨通而致福。君子应恐惧修省,陶冶心理素质,做到"震惊百里,不丧匕鬯。"临危不乱、镇定从容的良好的心理素质是成就大事的精神意志力的基石。

一、震卦经文

震 震为雷 震上震下

震:亨。震来虩虩,笑言哑哑。震惊百里,不丧匕鬯。

彖曰:震,亨。震来虩虩,恐致福也。笑言哑哑,后有则也。震惊百里,惊远而惧迩也。出可以守宗庙社稷,以为祭主也。

象曰:洊雷,震。君子以恐惧修省。

初九:震来虩虩,后笑言哑哑,吉。
象曰:震来虩虩,恐致福也。笑言哑哑,后有则也。

六二:震来,厉,亿。丧贝,跻于九陵,勿逐,七日得。
象曰:震来厉,乘刚也。

六三:震苏苏,震行无眚。
象曰:震苏苏,位不当也。

九四:震遂泥。
象曰:震遂泥,未光也。

六五:震,往来厉,亿。无丧,有事。
象曰:震,往来厉,危行也。其事在中,大无丧也。

上六:震索索,视矍矍,征凶;震不于其躬,于其邻,无咎;婚媾有言。
象曰:震索索,中未得也。虽凶无咎,畏邻戒也。

二、震卦警语箴言

震上震下震德亨　巨雷连天寰宇动
震来虩虩恐致福　柔中守正可亨通
笑言哑哑后有则　保安其福笑语盈
闻震而惧恐致福　惊远惧迩重修省
镇定从容有气度　宜勇其身安民众
国君外出去狩猎　长男祭祀承国命
长男承位国福祉　恐惧修省第一宗
震惊百里天威赫　匕鬯不惊自从容
震施天威肃怠慢　雷迅风烈化广众

戒慎恐惧首镇定　　震惧为基谨慎行
刚毅从容勇面对　　转危为安靠辩证
临危不乱伟丈夫　　青梅煮酒论英雄
灾难发生丧资财　　跻于九陵暂逃生
勿追勿逐七日得　　复越陵险必困穷
震苏苏兮有震动　　谨慎行事无灾眚
震遂泥兮道未通　　尚未光大震惧功
频繁猛震有危险　　守中谨慎建大功
震索索兮心不安　　视矍矍兮不专容
震于比邻非自己　　婚媾有言难兼容
畏邻震动惧自戒　　修德豫防无灾眚
极惧之地心痛恻　　震动至极复征凶
威严之教行天下　　洊雷震震惧修省
万事慎重不大意　　镇定从容乃枭雄

三、易理哲学简说

恐惧修省　匕鬯不惊

震，震为雷，震上震下。迭连轰响着巨雷，谓震。《说文》："震，劈历振物者。"就是，疾雷（霹雳）使物体振动。延伸义为巨大的力等使物体剧烈颤动等。震象征着雷声震动。震卦的震，是借雷震的震，但又不仅仅指雷震的震，它有一种震动、震撼、震惊、震慑综合的意思，也即指超过一般人承受压力而造成的骇异局面。

能够用鼎（鼎）祭祀上帝的只有长子，"震：亨。震来虩虩，笑言哑哑；震惊百里，不丧匕鬯""君子以恐惧修省"，即震卦。震卦揭示的是恐惧修省之道。"震下震上震德亨，巨雷连天环宇动。"震为雷，两震相叠，反响巨大，可消除沉闷之气，亨通畅达。雷声震动，使万物皆惧而知道戒备，以致顺利亨通而致福。在发展进步过程中，难免不发生意外、重大事故或事件，以致引起震惊，此时唯有汲取教训，戒慎恐惧，才能有法可依。值此局面，应发挥刚毅的力量镇定自若，从容面对，蕴含着处"危"而后安的辩证哲理。

（一）"闻震而惧恐致福，惊远惧迩重修省"——要有恐惧致福的思想意识

【震卦卦辞】震：亨。震来虩虩，笑言哑哑；震惊百里，不丧匕鬯。

【震卦象辞】象曰：震，亨。震来虩虩，恐致福也。笑言哑哑，后有则也。震惊百里,惊远而惧迩也。出可以守宗庙社稷,以为祭主也。

【注解】震:《古代汉语字典》:"震是形声字,雨为形,辰为声。这个字的籀(zhòu)文(大篆。春秋、战国间通行于秦国,字体与秦篆相近,但字形的构形多重叠)是会意字,由雨、玄、鬲(读作lì)、二爻、二火组合而成。玄意指昏天黑地;鬲为古代一种炊具,用在这个字里表示雷雨大作时云气像鬲中沸水一样激烈翻腾;爻用来形容物体被雷电击中后散乱破碎的样子;炎(二火)表示雷电发出的强光像火光一样。震的本义指霹雳。"有雷、雷声,威震、威慑等义。

虩虩:《古代汉语字典》:"恐惧、惊惧的样子。"

哑哑:笑声。

匕:bǐ,《古代汉语字典》:"古人吃饭时用的勺子,即羹匙。"

鬯:chàng,《古代汉语字典》:鬯在甲骨文和金文中是象形字,状似盛东西的器皿。在篆文中的意思是用勺子把粮食酿的酒从盛器中取出。鬯的本义是指古代祭祀用的一种用郁金草合着黑黍酿成的香酒,气味芬芳,古人用来祭神。因酒气芬芳四播,故鬯又通"畅"。

宗庙:设有祖先神位的房子。

社稷:shè jì,《辞海》:"社"指土神,"稷"指谷神,古代君主都祭社稷,后来就用"社稷"代表国家。

【卦辞要义】与【象辞要义】震卦象征震动的雷声可致亨通。当惊雷震动的时候,天下万物都感到恐惧,然而君子却能安之若素,言笑如故;即使雷声震惊百里之遥,主管祭祀的人却能做到从容不迫,手中的匙和香酒都未失落。象征大丈夫威武不能屈,所以能成就大事。雷声袭来让人害怕而不妄作妄为,恐惧后而不失法度,因而恐惧可致福祥,是亨通的。这样,当君王外出狩猎时,(长子)才可以守卫宗庙社稷,成为祭祀的主祭,也就是具备了良好的心理素质和修为。从树立恐惧致福的思想意识看,重点需要把握三个方面:一是"震来虩虩恐致福,柔中守正可亨通"。"震来虩虩"的前"虩"当指"成终、成始"之交;后"虩"意指复卦辞"七日来复"之交。"雨水"过后到"惊蛰",才有震卦为雷、离卦为闪电现象,似要撕裂大地的"虩虩"之声传来,雷疾不及掩耳,给人震撼的感觉,才有惊恐之义。威震之来,初虽恐惧,能因恐惧自修,柔中守正,所以导致福佑,可以亨通。二是"笑言哑哑后有则,保安其福笑语盈"。因面临雷震恐惧自修,未敢宽逸妄为,导致福佑后方有笑声和快乐的言语。以戒慎恐惧之德待人待事,当然不敢丧失做人做事的原则,必然临端处事之后才能言语,快乐之后才能发出真正的笑声。修为保持戒慎恐惧之德,才能保安其福笑语盈盈。三是"闻震而惧恐致福,惊远惧迩重修省"。雷声袭来让人害怕,因恐惧而致福祥,震惊远方而使近旁畏惧,关键在于加强自身修养。本卦值得深刻体味的是,要有深刻的忧患意识和责任意识。要将人民群众时刻放在心头,关心群众,体恤群众,尤其是发生地震、海啸的天灾,军事战争、暴动、罢工等重大变乱,要秉持恐惧之心,认真、迅速、有效地进行灾难解除与化解,不可马虎大意、掉以轻心、视同儿戏,万万不可漠视民生,草菅人命。

(二)"长男承位国福祉,恐惧修省第一宗"——要有恐惧修省的功夫

一看"国君外出去狩猎,长男祭祀承国命"。古代认为掌管宗庙主持祭祀是头等大事,事关精神和意志的统领与威望的树立,当国君外出去狩猎时,其长子承担守护国家的神圣使命,守宗庙社稷,为祭主,主持祭祀,这是国家的祯祥。二看"震施天威肃怠慢,雷迅风烈化广众"。雷震天威整肃怠慢与懈怠,雷迅疾,风猛烈,催化广大民众。君子要学习效法,以恐惧之心修身修德,修养雷迅风烈那样的威仪,惠泽民众,感化民众。三看"长男承位国福祉,恐惧修省第一宗"。古代君王继位嫡传长男是普遍的传统,随着历史发展变化,民主政治已经成为社会主流,"长男承位"已经赋予了新的内涵,那就是采取民主公选的方式选拔德能勤绩廉综合素质全面而深孚众望的人来继承(关于综合素质的要求在晋卦与升卦分别做全面而深入的阐述),无论国家还是企业团体选拔接班人都是头等大事,因此,有继承愿望的人或已经继承要职的人要以"恐惧修省"为第一要务,时刻加强自身修养,修持恐惧敬畏之心,才能增益慎言慎行慎断之德,进而提高威信。古代承国命的长男,今天,准备接班的后备干部,都要重视恐惧修省,要有"惊远惧迩重修省"的敏锐性,善于自省,在处置重大灾难、事件或变乱中历练出镇定从容的良好心理素质,做到"震惊百里天威赫,匕鬯不惊自从容"。

2014年5月9日习近平总书记《在参加河南省兰考县委常委班子专题民主生活会时的讲话》:当官要当舞台上端端正正的官,当清官,不要当庸官贪官,被人戳脊梁骨。第一步走错了就不行。如果抱着当官谋利的想法,那做的一切事情都不会对。为什么说当官是高危职业?就是说不仅主动以权谋私不行,而且要处处防备社会诱惑。诱惑太多了,处处是陷阱啊!所有自己认为是当官能享受的、产生快感的事情,背后都可能隐藏着罪恶,都可能是陷阱。有人说,天上掉馅饼之时,就是地上有陷阱之时。一旦突然凭空来了一个好处,一定要警惕。看到这些东西自己就要戒惧、退避三舍。咱们的门神要摆正,大鬼小鬼莫进来。一个要有情操,这是一道防线;一个要有戒惧,一定要有敬畏之心。一旦犯事,什么都没了,倾家荡产,甚至家破人亡。那些大贪巨贪,最后不就当了一个财物保管员吗?就是过了个手,最后还要还财于民、还财于公。不要做这些事情。

回顾中国历史,"青梅煮酒论英雄"的历史典故人们耳熟能详:三国时,董承约会刘备等立盟除曹操。刘备恐怕曹操生疑,每天浇水种菜;曹操闻知后,以青

梅绽开,煮酒邀刘宴饮,议论天下英雄。当曹说"天下英雄,唯使君与操耳",刘备闻之大惊失箸。这时正好大雨倾盆而下,雷声大作。刘备才从容地低头拿起筷子和勺子说:"因为打雷被吓着了,才会这样(指筷子和勺子掉在地上)。"曹操笑着说:"大丈夫也怕打雷吗?"刘备说:"圣人听到刮风打雷也会变脸色,何况我怎么能不怕呢?"将听到刚才的话才掉了筷子和勺子的缘故轻轻地掩饰了过去,曹操才不怀疑刘备。刘以胆小、怕雷掩饰而使曹操释疑,并请征剿袁术、借以脱身。在中国历史上,刘备被誉为英雄,尚达不到"匕鬯不惊"的境界,可见,"匕鬯不惊"的境界标准是很高的,这其中寄托了古先王对承接国命的长男的殷切期望,也寄托了对国家安定、人民生活祥和的期盼和祝福。

(三)"震惊百里天威赫,匕鬯不惊自从容"——要有"镇定从容、匕鬯不惊"的气度

匕,古代的一种勺子;鬯,香酒。匕和鬯都是古代宗庙祭祀用物。当惊雷震动的时候,天威赫赫,天下万物都感到恐惧,然而君子却能安之若素,言笑如故;即使雷声震惊百里之遥,主管祭祀的人却能做到从容不迫,手中的匙和香酒都未失落。大丈夫威武不能屈,所以能成就大事。为什么响雷震惊百里呢?古帝王制国,公侯地方百里,雷声震动整个诸侯国,万物恐惧,君王的长男只有镇定从容,威震国家,才能承担起护卫国家主持祭祀的神圣使命。增益慎言慎行慎断之德,首先要培养镇定从容的心理素质。"万事慎重不大意,镇定从容乃枭雄。""镇定从容有气度,宜勇其身安民众。"在重大灾害或变乱面前,领导者镇定自若,是"定海神针",这种气度将坚定群众的信心,有利于局势的稳定。

(四)"戒慎恐惧首镇定,震惧为基谨慎行"——要有戒惧之德

"戒慎恐惧首镇定,震惧为基谨慎行;刚毅从容勇面对,转危为安靠辩证。""频繁猛震有危险,守中谨慎建大功。"戒惧之德对有效化解危机确保平稳运行具有积极作用,保持戒慎恐惧之心做人做事,具有临危不乱保持镇定的心理素质是首要的因素,有恐惧之心、敬畏之德是谨慎行事的基础,其核心是要有临危不乱、镇定从容的良好的心理素质,也就是人们日常所说的定力。这是成就大事的精神意志力的基石,成就大事者需要加强这方面的修养。

(五)"威严之教行天下,洊雷震震惧修省"——要有保命之智与赈灾之魄

【震卦象辞】洊雷,震。君子以恐惧修省。
【注解】洊:《古代汉语字典》:jiàn,再次;重新。

恐惧修省:恐惧,是一种人类及生物心理活动状态;通常称为情绪的一种。恐惧是因为周围有不可预料不可确定的因素而导致的无所适从的心理或生理

的一种强烈反应,是只有人与生物才有的一种特有现象。修省指"修身反省",语出"敕修省"——皇帝诏书责令修身反省。恐惧修省指对威震恐惧而反省修身,关键在于知不可为而不为。

【象辞要义】雷声连连相因仍,声势威震。恐惧修身的威严教化(相当于现今社会的警示教育)施行于社会,就像接连不断炸响的惊雷,震动不断,警示君子恒自战战兢兢,不敢懈怠,应悟知恐惧惊惕,修身省过,陶冶静定的功夫,克服自身的缺点和不足,增强气定神闲的从容的气度。灾难或重大变乱发生,首先要保全性命,然后积极寻求应对的措施。不要贪恋珠宝玉器金钱财货,危急时刻该舍弃立即舍弃,逃命为上,灾难、变乱过后,珠宝玉器金钱财货等有的可以找回来,有的可以通过创造的方式再制作出来,也可以接受捐赠而聚敛财富。系震卦核心启示。震卦六爻对恐惧修身需要注意的情事进行了深刻的警示:

一是"震来虩虩恐致福,柔中守正可亨通;笑言哑哑后有则,保安其福笑语盈"。

【初九爻辞】初九:震来虩虩,后笑言哑哑,吉。

象曰:震来虩虩,恐致福也;笑言哑哑,后有则也。

【爻辞要义】当惊雷震动的时候,天下万物都感到恐惧,君子应知恐惧而修省,言笑自若,结果是吉祥的。表明恐惧之后从而谨慎从事,能够致福,"而君子却能安之若素,言笑如故",说明君子懂得做人的法则。

二是"灾难发生丧资财,跻于九陵暂逃生;勿追勿逐七日得,复越陵险必困穷"。

【六二爻辞】六二:震来,厉,亿。丧贝,跻于九陵,勿逐,七日得。

象曰:震来厉,乘刚也。

【注解】厉:是"砺"的本字。从厂(hàn),像山崖形,表示与山石有关。本义磨刀石。祸患;危险。《诗·大雅·瞻卬》:"降此大厉。"《广韵》:"烈也,猛也。"《礼·表记》:"不厉而威。"《玉篇》:"危也。"

亿(億):yì,《说文》:"亿,安也。"形声。左形,右声。本义安宁,安定。《左传·隐公十年》:"不能供亿。"《左传·昭公二十一年》:"心亿则乐。"

贝:bèi,《说文》:"海介虫也。古者货贝而宝龟,周而有泉,至秦废贝行钱。"象形。甲骨文和金文字形,像海贝形。汉字部首之一。古时以贝壳为货币,又用作装饰,故从"贝"的字多与钱财宝物、装饰品或贸易商品有关。本义海贝。

跻:jī,《说文》:"跻,登也。"攀登,登高。

九陵:jiǔ líng,高山峻岭。汉·扬雄《太玄·锐》:"上九陵,峥岸峭陒。"

【爻辞要义】惊雷震动,有危险,面临震慑之险要注意安全。在灾难来临时会丢失大量金钱或财富,那也在所不惜,应当攀登到高高的九陵山上去躲避,暂且逃生,不必刻意追寻金钱或财富,待到过一定日子失去的金钱或财富自会失而复得。如果贪财恋物,处在逃生未安之时,又跑回去寻找金钱或财富,则会陷入困穷之中,甚至会发生性命之忧。只要保持性命有创造力,失去的金钱财富即使找不回来,毕竟还可以再创造出来。有防火救灾经验的人知道,大火现场,那些侥幸逃出火场的人,有的反身再次冲进火海抢救家人或财物,基本上百分之百罹难火海,就是这种情事。

三是"震苏苏兮有震动,谨慎行事无灾眚"。

【六三爻辞】六三:震苏苏,震行无眚。象曰:震苏苏,位不当也。

【注解】震苏苏:畏惧不安之貌。

【爻辞要义】雷动于天而使人震惧,运动来临使人震惊畏惧,在这种境况中,处在不适当的位置上,就会"震苏苏"而感到恐惧不安,但是如果能够知震惧而能谨慎行事,因此不会有灾异。

四是"震遂泥兮道未通,尚未光大震惧功"。

【九四爻辞】九四:震遂泥。象曰:震遂泥,未光也。

【注解】震遂泥:雷声坠落于沼泽淤泥之中。

【爻辞要义】雷声坠落于沼泽淤泥之中没有接连不断的声响,没有对任何人或事物产生震惧或毁灭性的破坏,这是雷没有发挥应有的作用。比喻开展肃反、肃清之类的运动,对被震慑对象没有发挥应有的震慑作用。表明震慑、震惧的功效并未真正发挥出来。

五是"频繁猛震有危险,守中谨慎建大功"。

【六五爻辞】六五:震,往来厉,亿。无丧,有事。

象曰:震,往来厉,危行也。其事在中,大无丧也。

【注解】丧:sāng,《说文》:"丧,亡也。"会意。小篆字形,上面是"哭',下面是"亡"。表示哭已死去的人。本义丧失。有丢掉、失去等义。

【爻辞要义】在雷震惊惧之中来回奔跑所喻示运动震惧之中左右摇摆有危险,需要格外注意安全。值此突发事变频繁发生之时,能知恐惧而谨慎行动,处事恪守中道,就不会有什么大的损失,可以建立大的功业。

六是"震索索兮心不安,视矍矍兮不专容;震于比邻非自己,婚媾有言难兼容"。

【上六爻辞】上六:震索索,视矍矍,征凶;震不于其躬,于其邻,无咎;婚媾有言。

象曰:震索索,中未得也;虽凶无咎,畏邻戒也。

【注解】震索索:心不安之貌。

视矍矍(jué jué):惊惧四顾貌,急切貌,疾视貌。为视不专之容之态。

【爻辞要义】此句描述的景象是,山雨欲来风满楼,暴风骤雨前夕,电闪雷鸣,燕雀等天上的飞鸟震惊之极,心神不安,惊惧四顾,上下翻飞,欲求安身立命之所。燕雀等飞鸟受雷电震动惊恐至极,自己却没有受到震惊。这就好比在政治运动中或突发事变中,人们心神不安,惊惧四顾,纷纷逃命,在这种情况下,势单力薄不足以对抗,采取抗争、斗争的方式对待是凶险的事情。邻人在运动之中受到了打击或伤害,虽然本人没有受到打击或伤害,不过从震惧中也看到,其伤害力和杀伤力非常大。对于婚姻而言,如果双方磨合不好发生震惧造成心理伤害就会产生言语纷争,难以再相互融洽。"畏邻震动惧自戒,修德豫防无灾眚。"看见近邻面临危险而加强道德修养,及时戒备,因而能防患于未然,虽然有凶险却不致受害。"极惧之地心痛恻,震动至极复征凶。"陷于极端恐惧的境地心中无限痛楚,震动震惧到极点的时候对抗或征伐将面临凶险,因为在这种状态下心神不宁,不能够专心致志干事。

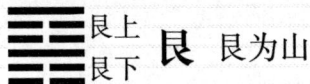

第五十二章　艮　卦

进退行止之道:不出其位思与行　宁静致远皆安平

　　艮卦卦象是艮(山)上艮(山)下,为两山重叠之表象,崇山峻岭一座连着一座,山山相连,好比爬完一座山又面临一座山,翻过一道岭有面临一道岭,永无止境! 翻山越岭是艰苦凶险的事情。如果不知道停止,人将在不断的攀爬中累死。艮卦象征着抑止,喻示要明晰做事知止之道,遇事适可而止,不可盲目而贸然行动。因此,君子应"不出其位思与行,不出其位谋其政"。——思想应当切合实际,考虑问题不超出自己的位置,要从客观环境和条件等实际出发,明晰职责,履职尽份,不超越职权、范围办理不该办的事,不该做事的坚决不做;该干的事一定干好! 在应当止的时候停止,在应当行动的时候行动,动静相宜不失时机,前途必然光明。

一、艮卦经文

艮 艮为山 艮上艮下

艮:艮其背,不获其身;行其庭,不见其人,无咎。

彖曰:艮,止也。时止则止,时行则行,动静不失其时,其道光明。艮其止,止其所也。上下敌应,不相与也。是以不获其身,行其庭不见其人,无咎也。

象曰:兼山,艮。君子以思不出其位。

初六:艮其趾,无咎,利永贞。
象曰:艮其趾,未失正也。

六二:艮其腓,不拯其随,其心不快。
象曰:不拯其随,未退听也。

九三:艮其限,列其夤,厉熏心。
象曰:艮其限,危熏心也。

六四:艮其身,无咎。
象曰:艮其身,止诸躬也。

六五:艮其辅,言有序,悔亡。
象曰:艮其辅,以中正也。

上九:敦艮,吉。
象曰:敦艮之吉,以厚终也。

二、艮卦警语箴言

艮上艮下山重重　　适可而止不盲动
行止合时不失机　　动静相宜有光明
进退行止须把握　　抑制邪欲心内宁
艮趾做事慎谋始　　艮腓除弊不盲从
艮限危心陷被动　　艮身于躬控平衡
艮辅慎言有条理　　敦艮之吉以厚终
艮背而止不获身　　避免冲突无伤痛
行于其庭不见人　　安位守分心安宁
不出其位思与行　　不出其位谋其政

危中罹险严要求　柔顺慎行不乱动
适时适地又适当　动静相宜总关情
清静无为无不为　盲动妄动险接踵
世事纷扰如浮云　物欲横流心不动
诱惑干扰俱排除　宁静致远皆安平

三、易理哲学简说

不出其位思与行　宁静致远皆安平

艮,艮为山,艮上艮下。艮为山,特性止。先天八卦系统八卦之一,代表山,象征艮止、抑制、阻止。一山已能镇止,两山相重叠,象征翻越一座山又面临一座新的大山,山山相连,绵延不尽,永远翻越不完,所以止义更大。

事物不能总是运动(震),"时止则止,时行则行,动静不失其时,其道光明""君子以思不出其位",即艮卦。朱熹《论象传》云:"定则明。凡人智次烦扰,则愈见昏昧;中有定止,则自然光明。庄子所谓'泰宇定而天光发焉'是也。"艮卦揭示的是进退行止之道。核心要点是:

(一)不出其位思与行,不出其位谋其政

【艮卦卦辞】艮其背,不获其身;行其庭,不见其人,无咎。

【注解】艮:gèn,《古代汉语字典》:"艮在篆文中是会意字,由目和匕(比)两部分组成,表示两人怒目相视,读作gèn。本义指互不相让,僵持不下。"艮卦象征山,有阻止之义。

【卦辞要义】分两个方面看:一方面,"艮背而止不获身,避免冲突无伤痛。"背,指后背。身,指全身。"艮其背,不获其身",只看到了他的后背,却不能看到、触摸、冲撞到他的全身。不相摩,则不相侵;不相交,则不相害。常常见到两个人对面相搏针锋相对打得头破血流,关键原因互相都没有停止搏斗的忿欲之心。相背而去,搏斗则立即停止,避免了冲突、矛盾和交害,当然不会受伤而痛。因此说,背是艮止的极限,背对而止不相交害,当然背离艰险,背离伤害,向着光明前进。另一方面,"行于其庭不见人,安位守分心安宁"。行动在自己的庭院之中,足不出户,安守本位与本分,没有像同人卦那样"同人于门""同人于郊",自然看不见其人。艮卦以此为比,喻示要安守本体、本位和本分,由此兴发阐释了"不出其位谋其政"的重要政治思想和原则。这是艮卦的核心启示与警示。

【艮卦象辞】象曰:艮,止也。时止则止,时行则行,动静不失其时,其道光明。艮其止,止其所也。上下敌应,不相与也。是以不获其身,行其庭不见其

人，无咎也。

【象辞要义】艮为山山相连之象，象征停止与阻止。做事该行动的时候就行动，该停止的时候就停止，行动与静止要不失时机，这样，道路才会光明。该停止、抑止的时候则止，止得其所。要注意到，两山相连之处，恰恰是彼此艮止的界限，并不是亲密融洽到你中有我、我中有你的境界，因此，人在做事的时候要保持应有的矜持、警惕和戒备。所以才会有"不获其身，行其庭不见其人"而没有咎殃的境况。

【艮卦象辞】兼山，艮。君子以思不出其位。

【象辞要义】山山相连象征艮止，君子从物象中受到启发，思想应当切合实际，考虑问题不超出自己的位置，要从客观环境条件等实际出发，明晰职责，履职尽分，不超越职权、范围办理不该办的事；不参加与己无关对社会无益的暴动、变乱、反动会道门等非法组织及事件；不无中生有制造事端为家庭及社会添乱。要定位，谋政，尽责，止于至善。《论语·宪问第十四》：子曰："不出其位，不谋其政。"对此思想有所延伸发挥。"不出其位谋其政"是中庸思想在政治领域应该遵循的基本原则。简单说：艮止之道——不该做事的坚决不做；履职践诺之道——该干的事一定干好。《菜根谭》云："退即是进，与即是得。"——处世让一步为高，退步即进步的张本；待人宽一分是福，利人实际是利己的根基。

（二）进退行止种种玄机

"艮上艮下山重重，适可而止不盲动。"艮卦卦象是艮（山）上艮（山）下，为两山重叠之表象，崇山峻岭一座连着一座，山山相连，好比爬完一座山又面临一座山，永无止境，如果不知道停止，人将在不断的攀爬中累死，因此，艮卦象征着抑止，喻示君子要明晰做事知止之道，遇事适可而止，不可盲目而贸然行动。艮卦以登山为喻，喻示"做事知止之道"。我们看看艮卦六爻都说了些什么：

囿于自家门户，没有去登山，当然不会面临艰难险阻和灾难。

首先，处于"艮其趾"之时——"艮趾做事慎谋始"。

【初六爻辞】初六：艮其趾，无咎，利永贞。

象曰：艮其趾，未失正也。

【爻辞要义】虽然没有开始跋涉，但是，也没有丧失正道，仍然面临着多种选择，选择哪条登山路径非常重要，在做事开始之前要审慎谋划。与讼卦的"作事谋始重本源"说的是同一道理。

第二，"艮其腓"之时——"艮腓除弊不盲从"。

【六二爻辞】六二：艮其腓，不拯其随，其心不快。

象曰：不拯其随，未退听也。

【注解】腓：féi，《古代汉语字典》："腓是形声字，月为形，非为声。本义指胫骨后的肉。""人的小腿肌，俗名腿肚子"。

【爻辞要义】艮止于小腿，艮止于弊病。喻示刚刚开始行动，由于发现存在弊病，受到阻止和限制，不能迈步向前跟随应该跟随的人，失去前进的方向，心情当然不愉快！有如开始行动，一旦路径选择错误，就会发现弊病，即使选择正确的道路，也可能面临艰难险阻，因此克服弊病，选准正确方向尤为重要，因为一旦偏离了正确道路或跟随不上应跟随的人，结果会很糟糕。与复卦的"误入歧途立即返，不远复正无悔恨"所表达的意思比较接近。

第三，"艮其限"之时——"艮限危心陷被动"。

【九三爻辞】九三：艮其限，列其夤，厉熏心。象曰：艮其限，危熏心也。

【注解】限：xiàn，《小尔雅》："限，界也。"《说文》："限，阻也。"《古代汉语字典》："限在金文中是会意字，由左右两部分组成，左部像山丘，右部为人的眼睛，合起来表示视线被山丘所阻挡。"有边界、界限等义。

夤：yín，《说文》："夤，敬惕也。从夕，寅声。"通"膗"，夹脊肉。

熏：xūn，《说文》："熏，火烟上出也。"《尔雅》："炎炎，熏也。"《古代汉语字典》"熏在篆文中是会意字，由黑表示烟火的从烟囱中冒出来的形状的中（chè）组成，合起来表示冒出来的烟把物体熏黑。"一说，在金文中，上面像火烟冒出，中间是烟突（本古"窗"字），两点表示烟苔，下面是火焰。"合起来表示黑色的烟火自天窗中冒烟。本义烟、火向上冒。"熏，烤。如《诗经·大雅·云汉》："忧心如熏。"

【爻辞要义】艮止于险阻，艮止于体能能够到达的极限，喻示在当止与不当止、当为与不当为的极限境地，体能和身心、精神具受考验，因此有撕心裂背的感觉。登高山的人有体验，当你爬到一定的高度，虽有山顶在眼中，虽有目标在心中，但面临撕心裂背之痛楚（实际是血氧供应不充足），自己体能不济，无法逾越极限继续攀登。即使选择了正确的登山路径，由于自身体能、精力、保障支持能力的限制，将会达到无法逾越的极限，这个极限不是外在的山的高度或途程的极限，而是内在的自身的人体力或意志的极限。由于自身体能存在极限，必须量力而行，这是掌握和运用知止之道的度。如果自不量力，就如同攀登珠穆朗玛峰而跌入万劫不复的深渊。由此启发，做人做事，要量力而行。面临最大的阻碍因素，不是外在的目标或障碍，而是自身的体能、精力和保障支持能力、意志的极限。出现这种情况，将陷入被动困境，难以突破。

第四，"艮其身"之时——"艮身于躬控平衡"。

【六四爻辞】六四：艮其身，无咎。象曰：艮其身，止诸躬也。

【注解】诸：zhū，《古代汉语字典》：用于句中，相当于"之于"。《论语·卫灵公》:"君子求诸己。"

【爻辞要义】艮止于身体,喻示本体受到阻止与阻碍,要善于自我控制不超越本身的地位,也就是要守好本位本分之道,不过越,保持好平衡。这是不出其位思与行及谋其政的本分。如果违背古训,出其位思与行或谋其政,一是能力不济,难周济其事;二是如果分内之事尚未处理明白而参与染指分外之事,内外不分易招致攻击;三是面临政治风险,如果参与君宫闱之事,将罹临掉头杀身之祸。

第五,"艮其辅"之时——"艮辅慎言有条理"。

【六五爻辞】六五:艮其辅,言有序,悔亡。象曰:艮其辅,以中正也。

【注解】辅:fǔ,《说文》:"辅,人颊车也。"《古代汉语字典》:"辅是形声字,车为形,甫为声。本义指为了增强车子辐条的承载力而绑在车轮外用来夹毂的两条直木。"此处指"脸颊,腮"。

序:xù,《说文》:"序,东西墙也。"此处为"次第、秩序"之义。例如《孟子·滕文公上》:"长幼有序。"

【爻辞要义】抑止于口不随便乱说,说话很有条理,悔恨将会消失。原因是,居于中位能守中道。要发扬颐卦的精神而"慎言语",说话有条有理,不授人以口实。

第六,"敦艮之吉"——"敦艮之吉以厚终"。

【上九爻辞】上九:敦艮,吉。象曰:敦艮之吉,以厚终也。

【注解】敦:dūn,形声。从"攴",表示与以手持械的动作有关。本义投掷。厚道,诚心诚意。《韩非子·难言》:"敦祗恭厚。"

【爻辞要义】能够以敦厚笃实的德行抑止邪欲,就吉祥。说明能够将敦厚的德行保持至终。通过登山打比方,形象、生动地诠释了深刻的哲理:有行动就有停止,在前进中,如何自我节制,适当地停止,需要有高深的修养和敏锐的把握。在应当止的时候停止,在应当行动的时候行动,动静相宜不失时机,前途必然光明。停止于应当停止行动未开始之前,才不会失当。刚强过度,不知节制,当止不止,导致众叛亲离,必然忧虑痛苦,内心不安。抑制人的邪欲,应内心宁静,止得其所,才无过失。只有达到不为外物所动,不为贪欲所蔽的物我两忘境界,才能自我节制动静相宜,进而达到宁静致远的境界。

(三)清静无为无不为

"清静无为无不为,盲动妄动险接踵;世事纷扰如浮云,物欲横流心不动。"道家"清净无为"思想源自《易经》艮卦"不出其位谋其政",升华为"清净无为"的政治思想和理想。"清净无为",指一切听其自然,人力不必强为。在应该止的时候停止,应该行动的时候行动,行动与停止不失时机,动静相宜,知行知止,那么其道才能光明通畅。因此,要认识和把握动静规律,加强修养,敏物干事,该行则行,该止则止,对待任何事物,不妄加个人的主观意念,行清净无为政治,以静待动,以静制动,以静启动,实现无为无所不为的政治理想。一要敏物。识坎险,慎选择,慎开始,慎行动。二要明辨。相时机,辨方向,辨路径,有良好的政治敏感、坚定的立场和信念,不迷失。三要不施妄。从客观实际出发,顺应规律,清净无为而治。四要厚德。妥避险,得善终。

(四)宁静致远皆安平

"宁静致远"最早出自西汉初年刘安《淮南子·主术训》:"人主之居也,如日月之明也。天下之所同侧目而视,侧耳而听,延颈举踵荆鹏而望也。是故非澹薄无以明德,非宁静无以致远,非宽大无以兼覆,非慈厚无以怀众,非平正无以制断。"——人王君主如日月光明正大,不能看淡世事就无法明确自己的志向,不能心神宁静就无法达到远大的目标,不能做到胸怀宽广就不能容纳万物,不仁慈忠厚就无法心怀天下,不能做到公平公正就不能明断是非。

《淮南子·主术训》又云:"人主之术,处无为之事,行不言之教;清静而不动,一动(应为度)而不摇;因循而任下,责成而不劳。是故,心知规,而师傅喻道;口能言,而行人称辞;足能行,而相者前导;耳能听,而执政(政作正)者进谏。是故虑无失策,举无过事;言成文章,而行为仪表于天下;进退应时,动静循理;不为丑美好憎,不为赏罚喜怒;事由自然,莫出于己。故古之王者,冕而前旒,所以蔽明。冕,冠也。前旒,冕前珠饰也。黈纩(tǒukuàng,黄绵所制的小球。悬于冠冕之上,垂两耳旁,以示不欲妄听是非。)充耳,所以揜(yǎn,通"掩")聪。黈纩,所以塞耳。天子外屏,所以自障也。故所理者远,则所在者近;所治者大,则所守者小。目妄视则淫,耳妄闻(闻作听)则惑,口妄言则乱。三关者,不可不慎守也。"——君主治理天下的策略,应该是实行无为之治,以遵循自然法则来施行教化;身心清静而不轻举妄动,统一法度而不随意变更;遵循旧制,任用臣下,责令百官各成其事而不亲自劳作。因此,自己心里虽怀有韬略,却还要辅政大臣来告以正道;口虽能言善辩,却还要外交使臣去陈述辞令;双脚虽能行走,却要让负责礼仪的傧相在前面引导;耳虽善于听政,却让执政大臣规劝指正。因此考虑问题就不会失策,谋划大计就不会出错;言谈皆成为礼乐法度,行为成为天下人效法的准则;一进一退都合乎时宜,一举一动都遵循客观规律;不因为美丑而产生喜好和憎恶之情,不因奖赏和处罚而表现喜怒;万事万物都是顺其自然,而不独出于个人意见。所以古代的君主皇冠前垂挂玉串,这是为了遮挡(不依仗自己的)视力之明。冕,皇冠。前旒,皇冠前面的玉珠装饰。用黄色的丝绵塞住耳孔,这是为了掩蔽(不依仗自己的)听觉之敏。黈纩,用来堵塞耳朵。天子宫门外设立垣墙,是用来阻隔自己,远离奸邪小人。因此天子所管理的地方很远,但其活动的地方却很近;所管理的事情重大,但所持守的道理却很简约。眼睛胡乱观看就会失去节制,耳朵胡乱听受就会产生迷惑,信口胡乱言谈就会发生混乱。这三个关口,不能不谨慎地守住。

诸葛亮在《诫子书》:"夫君子之行,静以修身,俭以养德。非淡泊无以明志,非宁静无以致远。夫学须静也,才须学也,非学无以广才,非志无以成学。淫慢则不能励精,险躁则不能冶性。年与时驰,意与日去,遂成枯落,多不接世,悲守穷庐,将复何及!"——君子的操守,应该恬静以修善自身,俭朴以淳养品德。不淡泊就不能明晰志向,不宁静就不能高瞻远瞩。学习必须静心,才识需要学习,不学习无从拓广才识,不立志不能学习成功。沉迷滞迟就不能励精求进,褊狭躁进就不能冶炼性情。年年岁岁时日飞驰,意志也随光阴一日日逝去,于是渐渐枯零凋落,大多不能经时济世,可悲地困守着贫寒的居舍,那时后悔却哪里来得及呀!

唐僖宗年间,奉化出了个名僧,体态肥胖、大腹袒露、笑口常开,时常携一袋,随处寝卧,人们称他为布袋和尚。布袋和尚所作《秧苗歌》流传甚广:"手把青秧插满田,低头便见水中天;心地清净方为道,退步原来是向前。"描写的景致是,农夫弯腰倒退步一撮接着一撮往下插秧插满了稻田,虽然低着头却能看见倒映在水田里的天空,虽然是倒退,而秧苗却逐渐插满田。所描写的"境"与"界"是,只有将心境沉静下来,低下头,弯下腰,扎扎实实做手里"当下"的事情,不为外物所扰所惑,顺应事物发展的规律与方向,才能稳步向前,这恰恰是宁静致远所能达到的境界。

老子《道德经》第十六章:"致虚极,守静笃。万物并作,吾以观复。夫物芸芸,各复归其根。归根曰静,静曰复命。复命曰常,知常曰明。不知常,妄作,凶。知常容,容乃公,公乃全,全乃天,天乃道,道乃久,没身不殆。"——尽力使心灵的虚寂达到极点,使生活清静坚守不变。万物都一齐蓬勃生长,我从而考察其往复的道理。那万物纷纷芸芸,各自返回它的本根。返回到它的本根就叫作清静,清静就叫作复归于生命。复归于生命就叫自然,认识了自然规律(常理)就叫作聪明,不认识自然规律(常理)的轻妄举止,往往会出乱子和灾凶。就是说,人应懂得天地间万事万物流动变化、相反相成的常理,为人处世要合乎自然的常理。认识自然规律(常理)的人是无所不包的,无所不包就会坦然公正,公正就能周全,周全才能符合自然的"道",符合自然的道才能长久,终身不会遭到危险。

"宁静致远"是"清静无为"政治的理想境界。社会情况纷繁混乱,像浮云又如过眼云烟。物欲横流就是对物质的需要到处都是,以至于横扫一切领域。人心为物质享受的欲望所蔽,将失其灵明,因此,加强修养,修养寂然不动的淡定之心非常重要。因此,需要"诱惑干扰俱排除",处理好"外诱"与"内敛"的关系。"进退行止需把握,抑制邪欲心内宁。"斯宾诺莎在其《伦理学》第五部分命题42中曾说:"懵懂无知的人不仅由于外界的各种因素而焦躁不安,以致永不得享受心灵的宁静;他还对神和万事都懵懂无知,若不痛苦,便无法生活,真正不痛苦时,也就不存在了。有智慧的人,在他被认为有智慧的范围内,心神泰然,还由于意识到神、万物、自我,因具有某种永远的必然性而时刻存在,由此得以安享心灵的宁静。"

在应该止的时候停止,应该行动的时候行动,把握好临界度,其核心与关键是抑制贪婪偏枉的邪欲恶念,保持心灵宁静,这是艮卦启示做人做事应达到的境界,也是损卦与益卦所涉惩忿窒欲的根本要求。需要用心体会。心宁气敬志向专一,保持平稳静谧心态,不为杂念所左右,潜心钻研,静思反省,行谦柔之道,将自己的欲念与心态降至极低点,无妄欲妄念,屈躬下物,卑以自牧,加强自我管理与修养,树立远大的目标,专心致志,至诚笃定,不为诱惑所迷,不为压力干扰所迫,冷静观察世事变化,高瞻远瞩,明察秋毫,才能厚积薄发,做事持久,最终事业成功,对他人、对社会有所贡献。

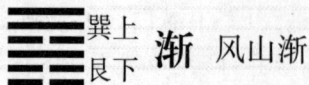

第五十三章 渐 卦

渐变之道：循序渐进 贤德善俗

　　山上的高大之木由小树慢慢长成，木渐长则山渐高，徐缓慢进，所以为渐，象征渐进。如同女子出嫁，循礼渐行可获吉祥。渐进需要遵循正道，才会有利。循序渐进地发展是必然规律，核心是遵循质量互变规律循序渐进，给人生修养的启示是"君子以居贤德，善俗"，即德术兼修，贤德善俗，化育民风。要用客观的、发展变化的眼光看待事物的发展变化，避免僵化、死板地看待事物或问题，寻求应对变局的办法。只有坚持质量互变规律，循序渐进，才能正确地认识事物，分析事物，客观地判断形势，正确把握事物发展前进的方向，妥善解决发展与前进道路上存在的问题。在前进过程中，应把握中庸的原则，脚踏实地，动静顺乎规律，才能安全。

一、渐卦经文

渐 风山渐 巽上艮下

渐：女归吉，利贞。

象曰：渐之进也，女归吉也。进得位，往有功也。进以正，可以正邦也。其位刚，得中也。止而巽，动不穷也。

象曰：山上有木，渐。君子以居贤德，善俗。

初六：鸿渐于干，小子厉，有言，无咎。

象曰：小子之厉，义无咎也。

六二：鸿渐于磐，饮食衎衎，吉。

象曰：饮食衎衎，不素饱也。

九三：鸿渐于陆，夫征不复，妇孕不育，凶。利御寇。

象曰：夫征不复，离群丑也。妇孕不育，失其道也。利用御寇，顺相保也。

六四：鸿渐于木，或得其桷，无咎。

象曰：或得其桷，顺以巽也。

九五：鸿渐于陵，妇三岁不孕，终莫之胜，吉。

象曰：终莫之胜，吉。得所愿也。

上九：鸿渐于陆，其羽可用为仪，吉。

象曰：其羽可用为仪，吉。不可乱也。

二、渐卦警语箴言

山上巨木徐长成　　嫁女循礼吉祥生
进位往功女归吉　　位刚得中动不穷
大雁丰羽渐渐飞　　岸磐陆木而丘陵
雏鸿初飞渐于干　　岸边戏水不安宁
年幼无知有危难　　循序渐进利亨通
鸿渐于磐身体壮　　饮食衎衎乐融融
尸位素餐非所为　　体健魄强堪重用
夫征不复妇不育　　鸿渐于陆御寇凶
妇孕不育失其道　　御寇顺保有利用

鸿渐于木得其桷　　顺巽无咎得安生
鸿渐于陵守贞正　　三岁不孕终莫胜
聚首吉祥得所愿　　忠贞爱情堪称颂
鸿渐于陆羽为仪　　吉祥不乱典雍容
爱情专一堪称羡　　忠贞不二葆永恒
循序渐进讲量变　　量变积累质变生
动静自然庸为度　　进退由心步步营
虚心远离功名利　　日月空明照远程
凡事不可急求进　　渐进不躁守中庸
安然秉持中庸道　　除灾避凶心安宁
徐缓慢进循正道　　受之以渐物不终
久经磨砺出栋梁　　德术兼修堪国用
内刚外柔怀中正　　贤德善俗化民风
贤君明臣忠义士　　捍卫祖国赖忠诚
强国强兵增素质　　万众戮力筑长城

三、易理哲学简说

循序渐进　贤德善俗

渐，风山渐，巽上艮下。艮为山，巽为木，山上的高大之木由小树慢慢长成，木渐长则山渐高，所以为渐。徐而不速，为渐，徐缓慢进，所以象征渐进。即渐渐地在前进，如同女子出嫁，循礼渐行可获吉祥。渐进需要遵循正道，才会有利。

事物不可能永远停止（艮），循序渐进地发展是必然规律（渐），"渐，女归吉，利贞""君子以居贤德，善俗"，即渐卦。渐卦揭示的是循序渐进之道。核心是遵循质量互变规律循序渐进，德术兼修，贤德善俗，化育民风。重点要把握好：

（一）循序渐进的质量互变规律是事物发展的普遍规律

质量互变规律是唯物辩证法的基本规律，也是事物发展变化基本规律之一。它揭示了一切事物、现象发展过程中量变和质变的内在联系及其相互转化。又称量变质变规律。这一规律表明，事物的发展变化存在两种基本形式，即量变和质变，前者表现为事物及其特性在数量上的增加或减少，是一种连续的、不显著的变化，后者是事物根本性质的变化，是渐进过程的中断，是由一种

易道 话说易经 谈道德修养

质的形态向另一种质的形态的突变。在事物内部矛盾的作用下,事物的发展从量变开始,当量变达到一定的界限时,量变就转化为质变,事物的性质发生了变化,旧质事物就变成了新质事物。这是量变向质变的转化。在新质的基础上又开始了新的量变。这是质变向量变的转化。量变引起质变,质变又引起新的量变,循环往复以至无穷,构成了事物无限发展的过程。量变和质变,是事物发展变化的两种基本形式,二者既有区别又有联系,在事物发展过程中,它们是相互依存相互渗透的。量变中有阶段性的和局部性的部分质变,质变中有量的扩张。其一,质是指事物成为它自身并区别于另一事物的内在规定性。事物总是具有一定质的事物,不具有一定质的事物是不存在的。质总是一定事物的质,脱离了一定事物的质也是不存在的。事物的质的规律性是多样的。质和属性不可分。质通过属性表现出来;属性则是一物与他物在相互联系中表现出来的质。其二,量是事物的规模,程度,速度以及构成要素在空间上的排列组合可以用数量表示的规定性。事物的量的规定性也是事物本身所固有的,是客观存在的,同事物不可分离。其三,度是事物质和量的统一,是事物保持自己质的数量界限、范围或幅度。事物的度的两端的界限叫作关节点或临界点。关节点是一定质的事物所能容纳的量的活动范围的最高界限和最低界限。事物的量在度的范围内变化,事物不会发生质变,量变超出度的范围,事物就会发生质变。度的极限叫关节点,超出关节点,事物就形成了新的质、量统一体,成为另一事物。质量互变规律,揭示事物、现象由于内部矛盾所引起的发展是通过量变和质变的互相转化而实现的。任何事物发展变化都体现这一鲜明的特征。因此才说:"循序渐进讲量变,量变积累质变生;动静自然庸为度,进退由心步步营;虚心远离功名利,日月空明照远程;凡事不可急求进,渐进不躁守中庸;安然秉持中庸道,除灾避凶心安宁;徐缓慢进循正道,受之以渐物不终。"

(二) 事物发展遵循质量互变规律,循序渐进

【渐卦卦象】渐 风山渐 巽上艮下。

【渐卦卦辞】渐:女归吉,利贞。

【渐卦象辞】彖曰:渐之进也,女归吉也。进得位,往有功也。进以正,可以正邦也。其位刚,得中也。止而巽,动不穷也。

【注解】《古代汉语字典》:

渐:"逐步发展,渐进。""逐渐,渐渐。"

归:guī,"归是形声字,繁体'歸',以止和帚作形符,以㠯(省亻)作声符。止表示行走,一说止在这里表示到达的意思。归的本义指女子出嫁。"

【卦辞要义】与【象辞要义】"山上巨木徐长成,嫁女循礼吉祥生。"是比喻,

说的是，山上的树木不是一夜之间长成参天大树的，是从小到大，从低到高，细到粗，一点点长大的。女子出嫁也遵循一定的礼仪，循理渐行，可获吉祥。以此为比，引申生发出——事物发展变化也是循序渐进的。只有坚持质量互变规律，循序渐进，才能正确地认识事物，分析事物，客观地判断形势，正确把握事物发展前进的方向，妥善解决发展与前进道路上存在的问题。在前进过程中，应把握中庸的原则，脚踏实地，动静顺乎规律，才能安全。如果刚强过度，不停地冒进，就有脱离群众的危险。在渐进中会有阻碍，但邪不侵正，以正当的方式突破，超脱于世俗之外，不为名利所累，进退由心，是进的极致。

老子《道德经》第六十四章："其安易持，其未兆易谋。其脆易泮，其微易散。为之于未有，治之于未乱。合抱之木，生于毫末；九层之台，起于累土；千里之行，始于足下。民之从事，常于几成而败之。慎终如始，则无败事。"揭示了渐变的基本规律——局面安定时容易保持和维护，事变没有出现迹象时容易图谋；事物脆弱时容易消解；事物细微时容易散失；做事情要在它尚未发生以前就处理妥当；治理国政，要在祸乱没有产生以前就早做准备。合抱的大树，生长于细小的萌芽；九层的高台，筑起于每一堆泥土；千里的远行，是从脚下第一步开始走出来的。有所作为的将会招致失败，有所执着的将会遭受损害。因此圣人无所作为所以也不会招致失败，无所执着所以也不遭受损害。人们做事情，总是在快要成功时失败，所以当事情快要完成的时候，也要像开始时那样慎重，就没有办不成的事情。因此，有道的圣人追求人所不追求的，不稀罕难以得到的货物，学习别人所不学习的，补救众人所经常犯的过错。这样遵循万物的自然本性而不会妄加干预。

（三）渐进的本质特征是循序

"徐缓慢进循正道，受之以渐物不终。"阻滞、停止是事物发展变化的一个必然阶段。但是，事物不会总是停留在静止状态。艮卦之后，自然是渐卦。渐，就是遵循质量互变的渐进规律，顺应时势变化，循序渐进逐渐变化。因此，要用客观的、发展变化的眼光看待事物的发展变化，避免僵化、死板地看待事物或问题，寻求应对变局的办法。遵循循序渐进的规律看事物的发展变化，用发展的眼光看待问题、处理问题，就不会僵化或停滞不前。渐进的表现形态可以是慢，也可以是快。卦辞以姑娘出嫁以大雁做采纳为喻，强调必须遵循六个规定步骤，婚姻才能吉祥，所显示的事理正是循序渐进之理。渐卦六爻对这六个步骤比喻如下：

一是鸿渐于干——"雏鸿破壳渐于干，岸边戏水不安宁；年幼无知有危难，循序渐进利亨通"。

【初六爻辞】初六:鸿渐于干,小子厉,有言,无咎。象曰:小子之厉,义无咎也。

【注解】《古代汉语字典》:

鸿:"鸿是形声字,鸟为形,江为声。""雁类,大雁、天鹅等。"

干:多音字。(1)gān,通"岸"。河岸,水边,河畔。(2)gàn,草或树木的主干。(3)hàn,井栏。此处指河岸,水边,河畔。

【爻辞要义】孵化破壳而出的小鸿雁从草丛中出来逐渐跑到河岸边,显得不安;象征着年幼无知的孩子,不成熟,有危难,像这样不成熟的行为会受到言语中伤。如果能够循序渐进,就不会受害而发生什么危险。

二是鸿渐于磐——"鸿渐于磐身体壮,饮食衎衎乐融融;尸位素餐非所为,体健魄强堪重用。"

【六二爻辞】六二:鸿渐于磐,饮食衎衎,吉。象曰:饮食衎衎,不素饱也。

【注解】《古代汉语字典》:

磐:pán,"磐是形声字,石为形,般为声。磐的本义指大石头"。

衎衎:kàn kàn,衎是形声字,行为形,干为声。快乐,和乐的样子。

【爻辞要义】渐渐长大的鸿雁飞起来逐渐前进,能够安稳地飞跃到磐石之上,饮食和乐,比喻决不是尸位素餐,不干事情的,吉祥。

三是鸿渐于陆——"夫征不复妇不育,鸿渐于陆御寇凶;妇孕不育失其道,御寇顺保有利用"。

【九三爻辞】九三:鸿渐于陆,夫征不复,妇孕不育,凶。利御寇。

象曰:夫征不复,离群丑也。妇孕不育,失其道也。利用御寇,顺相保也。

【注解】《古代汉语字典》:陆:"陆的繁体字写作陸,是形声兼会意字,陆省略去(阜)为形,坴(读作 lù)为声。坴兼表义,表示有土但无石。陆的本义指又高又平的土地。"

丑:chǒu,类,种类。《尔雅·释鸟》:"凫,雁丑。"

【爻辞要义】进入生育期的鸿雁飞起来逐渐前进到又高又平的陆地,好比丈夫远去出征而不复还,他的妻子非夫而孕难以生育,这当然是凶险的事;但却能以刚烈御强寇。"好比丈夫远去出征而不复还",离开自己的同类是值得忧虑的;"他的妻子非夫而孕难以生育",因为违反了妇道;"但却能以刚烈御强寇"说明守正能够使丈夫与妻子和顺相保。

四是鸿渐于木——鸿渐于木得其桷,顺巽无咎得安生。

【六四爻辞】六四:鸿渐于木,或得其桷,无咎。象曰:或得其桷,顺以巽也。

【注解】《古代汉语字典》:

木:"木是象形字,甲骨文的木如同树的形状,上有枝,下有根。树在上古时期称作木,后来才称树。"《庄子·山木》:"庄子行于山中,见大木枝叶盛茂。"

桷:jué，桷是形声字，木为形，角为声。指方形的椽子。此处指大树上突出像椽子一样平直的树杈。

【爻辞要义】鸿雁向前飞，逐渐前进，飞落到高树之上，或许能找到较平的枝杈得以栖息，这样就没有愆尤，说明柔顺和服从可保安生。

五是鸿渐于陵——"鸿渐于陵守贞正，三岁不孕终莫胜；聚首吉祥得所愿，忠贞爱情堪称颂"。

【九五爻辞】九五：鸿渐于陵，妇三岁不孕。终莫之胜，吉。

象曰：终莫之胜吉，得所愿也。

【注解】陵：较大的土山。

【爻辞要义】鸿雁向前飞，逐渐前进到丘陵上。好比丈夫远出在外，妻子多年没有怀孕；但邪毕竟不能胜正，因此最终得到吉祥。实现了夫妇聚首的愿望。

六是鸿渐于陆——"鸿渐于陆羽为仪，吉祥不乱典雍容；爱情专一堪称羡，忠贞不二葆永恒"。

【上九爻辞】上九：鸿渐于陆，其羽可用为仪，吉。

象曰：其羽可用为仪，吉。不可乱也。

【注解】仪：礼节、仪礼；仪容，外表。

【爻辞要义】鸿雁向前飞，逐渐前进到陆地之上，换季蜕落的漂亮的羽毛因为贞洁可以作为礼仪上洁美的装饰品，吉祥。说明忠贞洁美高尚的志向不能相乱。

"大雁丰羽渐渐飞，岸磐陆木而丘陵。"大雁在河边草丛中孵化，边生长边羽翼丰满，渐卦六爻形象比喻简单概括了循礼嫁女的渐进过程，就像大雁成长壮大的过程，先是雏雁破壳而出，蹒跚走到河岸，然后逐渐长大爬上磐石，然后羽翼渐丰飞到陆地，而后长出强健有力的翅膀能够振翅飞到树木上，进而翅膀强健到足以长途跋涉的程度，飞入远离河岸的丘陵高地，排成"一字"或"人字"长阵迁徙飞翔，在这个成长过程中，面临自我觅食的自强自立考验，面临着丧偶的考验，面临着盗寇侵袭的考验，实现生命的蜕变，修养出美好的品德和生存能力。大雁的成长过程充满诗情画意，同时也面临种种艰难考验。六爻以大雁飞行为例，由近到远，由低到高，由水中到陆地，循序的特色极其明显。

渐进，是事物发展的内在要求，要把握中庸原则。不可以勉强，不可以冒进，依据状况，把握时机，脚踏实地，一步步地循序向前迈进，动静顺乎自然，才能安全渐进，有助于社会安定，有助于克服急躁病，有助于消除"拔苗助长"的蠢事。"凡事不可急求进，渐进不躁守中庸；安然秉持中庸道，除灾避凶心安宁；徐缓慢进循正道，受之以渐物不终。"

(四)"进位往功女归吉,位刚得中动不穷"有利于正定邦国

女子出嫁,在新的家庭成为夫人,生子后成为母亲,于是成为新家庭的主妇,担负起家庭凝聚作用的职责,从操持家务的技能,到凝聚家庭的艺术,从沟通亲邻的技巧,到包容博爱的品德,需要全方位磨砺和修炼,才能将社会安定的基石——"家"的功用彰显出来。核心在于"女归吉",为什么这么说呢?我们需要知道"采纳"的由来:古代大雁与婚嫁有极密切的关系。伏羲时代,取消了群婚制,改为对偶婚。当时男方与女方确定婚姻关系时,必须给女方送一只大雁。这种习俗一直被延续到单偶婚时代,改为男方向女方提婚时必须送的礼物。这不叫聘礼,在古代称之为采纳。也是采纳的由来。为什么要送大雁?因为大雁总是成双成对地生活在一起,死掉其中一只,另一只终身不再成双。另外,大雁飞行时总是排成一行或"人"字形,非常有秩序。所以,从古至今,大雁象征爱情忠贞,也象征遵守秩序,是忠贞、纯洁、默契、和谐、情爱的典范。治国安邦,君子也应该从中吸取宝贵的经验以资借鉴。要不断提高学识和道德修养,像循礼嫁女一样,增益美德——内心刚强,外表柔顺,怀有中正之德。才能成为栋梁,堪为国用,有利于正定邦国。

(五)德术兼修堪国用,贤德善俗化民风

"渐,女归吉,利贞""君子以居贤德,善俗。"渐卦象征循序渐进,如同女子出嫁那样,按照一切婚嫁的礼节循序渐进,就会得到吉祥,有利于坚守正道。君子要不断积蓄自己的美德,移风易俗,改掉自己的缺点,同时进行思想道德品质修养和技术、技能及专长修养,通过培养和自身修养相结合,造就担当国家大任栋梁之才,改善社会的风尚、礼节和习俗,促进社会良好风气的形成,对实现社会大同境界,具有积极作用。这是渐卦的核心启示。

第五十四章　归妹卦

爱情婚姻之道：天地大义系归妹　永终知敝重归妹

　　兑为泽，为阴，特性悦；震为雷，为阳，特性动。雷震于上，泽随而动，为女从男之象，为归妹。归妹象征少女出嫁。男婚女嫁，男欢女爱是一种正常合理的现象。婚姻必须遵循正道，门当户对，互敬互爱，才会吉祥。男婚女嫁是人类繁衍的根本因素。应顺其自然，不可过度强求。正家基石看归妹，天地大义也系于归妹。归妹代表的婚姻是家庭安定和谐幸福生活的基石，决定这一基石地位的关键因素是妇德。归妹卦的核心启示是"君子以永终知敝"。归妹之德，系国家之安，系国家之乐。"治国要务在家乐，归妹德美家风蔚"。归妹卦揭示的是爱情婚姻之道，更是国家安定富强之道。

一、归妹卦经文

归妹 雷泽归妹 震上兑下

归妹:征凶,无攸利。

象曰:归妹,天地之大义也。天地不交,而万物不兴,归妹人之终始也。说以动,所归妹也。征凶,位不当也。无攸利,柔乘刚也。

象曰:泽上有雷,归妹。君子以永终知敝。

初九:归妹以娣。跛能履。征吉。
象曰:归妹以娣,以恒也。跛能履吉,相承也。

九二:眇能视,利幽人之贞。
象曰:利幽人之贞,未变常也。

六三:归妹以须,反归以娣。
象曰:归妹以须,未当也。

九四:归妹愆期,迟归有时。
象曰:愆期之志,有待而行也。

六五:帝乙归妹,其君之袂,不如其娣之袂良。月几望,吉。
象曰:帝乙归妹,不如其娣之袂良也。其位在中,以贵行也。

上六:女承筐,无实。士刲羊,无血。无攸利。
象曰:上六无实,承虚筐也。

二、归妹卦警语箴言

上震雷动兑下随　　少女出嫁待字归
男婚女嫁正当事　　少女少男为归妹
阴阳交合恒常理　　门当户对好婚配
妇德坚贞中柔顺　　德重于表好口碑
国泰民安家为基　　正家基石看归妹
柔乘刚巾无攸利　　天地大义系归妹
天地不交物不兴　　人之终始系归妹
幸福婚姻令人羡　　永终知敝重归妹
归妹以娣跛能履　　相承以恒征无畏

眇能视尔幽人贞　　遵道守德不逾规
归妹以娶反归娣　　位置不当摆好位
归妹愆期待而行　　衷心愿望好婚配
月亮圆圆吉上吉　　帝乙归妹俭德美
喜结连理祭先祖　　夫妻同虔志相随
新娘提篮没果实　　新郎宰羊血尚未
婚姻关系不和谐　　繁衍子嗣非佳配
自古婚姻系未来　　身心健康品德美
树立正确爱情观　　青春活力长流水
家旺族衍代生息　　阴阳交合世相推
治国要务在家乐　　归妹德美家风蔚
家兴业旺绵永长　　国强民殷树丰碑

三、易理哲学简说

天地大义系归妹　　永终知敝重归妹

归妹，雷泽归妹，震上兑下。兑为泽，为阴，特性悦；震为雷，为阳，特性动。雷震于上，泽随而动，为女从男之象，为归妹。归妹象征少女出嫁。

渐进发展（渐）必然有归宿（归妹），"归妹，征凶，无攸利""君子以永终知敝"，即归妹卦。归妹卦揭示的是爱情婚姻贞正之道，更是国家安定富强之道。

（一）男婚女嫁正当事　门当户对好婚配

【归妹卦卦辞】归妹：征凶，无攸利。

【注解】归妹：归古代称女子出嫁。女子出嫁何谓为"归"。《易·渐》："女归，吉。"孔颖达疏："女人……以夫为家，故谓嫁曰归也。"《诗·周南·桃夭》："之子于归，宜其家室。"妹系指少女。

征（繁体"徵"）凶：《古代汉语字典》："徵是会意字，由表示声名显赫的壬（读作 tǐng）和表示行迹隐秘的微（省略几）两部分组成。徵的本义指征召，即征求召集到身边，授予官职。引申指寻求，又引申指以国家名义召集人员或收取财物，招集人为其服务也叫徵。"有征召、召请、征聘等义。征凶指违背女方意愿采取胁迫手段强迫或抢掠女方成婚凶险。

【卦辞要义】少女出嫁谓之归妹。违背女方意愿采取胁迫手段强迫或抢掠女方成婚凶险。没有什么好处和利益。言外之意强调，爱情与婚姻需要坚持双方自愿的原则，讲究门当户对。

"归妹,雷泽归妹,震上兑下"为归妹卦象。兑为少阴,震为长阳,少阴而乘长阳,悦以动,嫁妹之象征。表明男婚女嫁,男欢女爱是一种正常合理的现象。"上震雷动兑下随,少女出嫁待字归;男婚女嫁正当事,少女少男为归妹。"少女与长男不相配,违背女方意愿采取胁迫手段强迫或抢掠女方成婚凶险,没有什么利益。男婚女嫁是人类繁衍的根本因素。应顺其自然,不可过度强求。"阴阳交合恒常理,门当户对好婚配。"婚姻必须遵循正道,门当户对,互敬互爱,才会吉祥。

"门当户对"一词出自元朝王实甫《西厢记》第二本第一折:"虽然不是门当户对,也强如陷于贼中。"旧时指男女双方的社会地位和经济情况相当,很适合结亲。古人说的"门当户对"有其合理性。恋爱是男女双方两个人的事情,婚姻是双方两个家庭的事情。家庭氛围、家庭的生活方式和文化是在一个家族一代一代沿袭下来的,即便周围的环境有变化也是不会轻易改变的。两个家庭如果有相近的生活习惯,对现实事物的看法相近,生活中才会有更多的共同语言,才会有共同的快乐,才会保持更长久的彼此欣赏,才会更长久地保持双方的激情与活力,也才会让婚姻保持持久的生命力。门当户对的婚姻观念在一般情况下来说,道理上确实符合社会所处的现实环境。但是在某些特殊情况下,门当户对的世俗观念反而会把真正的缘分永远地天壤相隔开来。(门当户对也是重要的外交原则,此处不赘述。)

要知道为什么婚姻一般要坚持"门当户对"原则或以"门当户对"代表匹配适当的婚姻,要对古建筑学中的"门当"与"户对"有所了解。"门当"与"户对"是古民居建筑中大门建筑的组成部分,这种用于镇宅的建筑装饰现今存留不多了。"门当",原指大宅门前的一对石鼓,有的抱鼓石坐落于门砧上。因鼓声宏阔威严,厉如雷霆,百姓信其能避邪,故民间广泛用石鼓代"门当"。"户对",即置于门楣上或门楣双侧的砖雕、木雕。形状有圆形与方形之分,圆形为文官,方形为武官,"户对"大小与官品大小成正比。"户对"一至五品可以为六个,六至七品可以为四个,以下只能为两个,普通大户人家也可以有两个。典型的有圆形短柱,短柱长一尺左右,与地面平行,与门楣垂直,它位于门户之上,且取双数,有的两个一对,有的四个两对,故名"户对"。"户对"用短圆柱形是因为它代表了人们生殖崇拜中重男丁的观念,意在祈求人气旺盛、香火永续。有"户对"的宅院,必须有"门当",这是建筑学上的和谐美学原理。因此,"门当""户对"常常同呼并称。后成了社会观念中男女婚嫁衡量条件的常用语,是家庭地位的标志。

(二)正家基石看归妹,天地大义也系于归妹

【归妹卦象辞】归妹,天地之大义也。天地不交,而万物不兴,归妹人之终始

也。说以动,所归妹也。征凶,位不当也。无攸利,柔乘刚也。

【象辞要义】孔颖达疏:正义曰"归妹,天地之大义也。天地不交,而万物不兴"者,此举天地交合,然后万物蕃兴,证美归妹之义。所以未及释卦名,先引证者,以归妹之义,非人情所欲,且违于匹对之理。盖以圣人制礼,令侄娣从其姑姊而充妾媵者,所以广其继嗣,以象天地以少阴少阳、长阴长阳之气共相交接,所以蕃兴万物也。"归妹,人之终始也"者,上既引天地交合为证,此又举人事"归妹"结合其义也。天地以阴阳相合而得生物不已,人伦以长少相交而得继嗣不绝,归妹难道不是"天地之大义,人伦之终始"吗?男女婚配,即是男女结成夫妇以终其身,又是养儿育女的开始,宜男女相悦而后行动,男悦女则娶之,女悦男而嫁之,因此,才有归妹的礼仪而结成夫妇。违背女方意愿采取胁迫手段强迫或抢掠女方成婚凶险,因为所处的位置和采取的方式不妥当,没有什么好处和利益。原因在于女方受制与男方,违背了双方平等自愿的原则。

关于家是社会和谐安定的基石在家人卦已诠释。"正家基石看归妹"——归妹代表的婚姻是家庭安定和谐幸福生活的基石,决定这一基石地位的关键因素是妇德,在中国古代社会对这一点超乎寻常地重视。妇德指妇女贞顺的德行。为妇女四德之一。《礼记·昏义》:"教以妇德、妇言、妇容、妇功。"郑玄注:"妇德,贞顺也。"晋张华《女史箴》:"妇德尚柔,含章贞吉。"《后汉书·列女传·曹世叔妻》:"清闲贞静,守节整齐,行己有耻,动静有法,是谓妇德。"女贞,可以保持种族繁衍延续的纯洁性。柔顺,可以与丈夫很好地配合与互动。《圣经》箴言三十一认为心灵美的妇女称为贤妇。《圣经》论贤妇是有才有德的妇女,她的价值远胜过珍珠。即使进入男女平等的现代社会,这种优秀品德仍然值得提倡。如果将家庭比喻为人生幸福宁静的港湾,那么,蕴含美好妇德的归妹则是港湾里温暖的灯塔。意义在于能够明确家庭定位,增强家的吸引力,向心力,凝聚力。

(三)幸福生活令人羡,永终知敝重归妹

【归妹卦象辞】象曰:泽上有雷,归妹。君子以永终知敝。

【注解】永终知敝:知弊除弊,善始善终。

【象辞要义】归妹卦的卦象是震(雷)上兑(泽)下,泽上雷动,春水荡漾,万物焕发生机,草长花开,莺歌热舞,到处春光明媚。这是一个什么季节?这个季节最适宜干什么呢?这是一个爱的季节,尽管一年四季随时都可以结婚,但是这个季节最适宜男女两情相动相悦而结婚。这是取此象名之为归妹卦的寓意所在。男女婚配,配得得当,称心如意,永结佳偶伉俪,同心同德,同舟共济,兴家立业,白首偕老,那么最终当然有好的归宿,好的结果,自然吉祥如意。婚配

失当或失败,则成怨偶宿敌,夫妻反目成仇,睽异离散,彼此心灵遭受创伤,如果生育了子女,那么将给子女的心灵留下抹不掉的阴影和创伤,并由此可能导致系列社会问题,其弊端既多又大。基于对这种社会人伦生活的客观认识,君子(有修养的贤德之人)在择偶婚配这件人生大事上慎选慎度,谨慎行事,要选一个身体健康、品格操守端正的人为人生伴侣,永远使夫妇和谐,白头偕老,防止夫妇关系被破坏,确保婚姻既有美好的开端,又有良好的人生结局。以永其终,以知其弊,营造美满幸福的婚姻,维持家庭安定和谐,进而维护社会安定和谐。因此说,"婚姻关系不和谐,繁衍子嗣非佳配;自古婚姻系未来,身心健康品德美;家旺族衍代生息,阴阳交合世相推。"

"永终知敝"是归妹卦的核心启示。归妹卦六爻警示"永终知敝"需要注意以下六个方面的弊端:

一是"归妹以娣跛能履,相承以恒征无畏"。

【初九爻辞】初九:归妹以娣。跛能履。征吉。

象曰:归妹以娣,以恒也。跛能履吉,相承也。

【注解】娣:dì,《说文》:"娣,女弟也。"《尔雅·释亲》:"女子同出谓后生内娣。"《仪礼·丧服子夏传》:"娣姒妇者,弟长也。"《古代汉语字典》:"娣是形声兼会意字,由女、弟两个字组合而成。女表示女子婚嫁的意思,第表示年幼,弟兼表音。古代实行一夫多妻制,两个以上女子共嫁一夫,其中年长者称为'姒(sì)',年幼者变为'娣'。"古代诸侯娶一个妻子,一共可以得到九个女子。因为还有陪嫁过来的女子。一般是正室夫人一名,随嫁娣侄二人为媵(yìng),也称介妇;正室与媵又各有二侄娣陪嫁。一共是九个人。简单说,娣指古代剥削阶级的妇女出嫁时随嫁的女子。

跛:bǒ,《说文》:"跛,行不正也。"《古代汉语字典》:跛本义指行走时身体不平衡。俗成为瘸。因腿脚有毛病,行走不正。

恒:详见第三十二卦恒卦注解。

承:《小尔雅·广诂》:"承,佐也。"

【爻辞要义】少女出嫁,有年轻的女子陪嫁,在婚嫁中是正常情况。关键在于陪嫁的年轻女子能以偏房侧室的地位辅佐和照顾丈夫,必获吉祥。这就好像跛脚瘸腿的人能够走路,是因为有人辅佐照顾。对于君王来说,有人辅佐和支持,有利于出征作战,吉祥。

二是"眇能视尔幽人贞,遵道守德不逾规"。

【九二爻辞】九二:眇能视,利幽人之贞。

象曰:利幽人之贞,未变常也。

【注解】眇:miǎo《古代汉语字典》:"眇是会意兼形声字,由目和少会意,即少了一只眼睛。目又为形,少兼表声。眇的本义指一只眼睛小。"一目失明。

幽人:《古代汉语字典》:"幽是会意字,甲骨文中的幽表示在火的照射下,原来隐蔽的事物显现。"《辞海》:有深,深远,僻静,昏暗;隐蔽的,不公开的等义。幽人指深居不出与外界不来往的人。古代婚俗习惯,少女未嫁之前不离开自己的家,称为幽人。

【爻辞要义】眼睛一瞎一明仍能看到东西,虽然有生理缺陷,但待字闺中未嫁的少女坚守女人的贞正是吉祥的。原因在于从女子三从四德的角度看,这没有违背恒常的伦理秩序。

三是"归妹以媵反归娣,位置不当摆好位"。

【六三爻辞】六三:归妹以须,反归以娣。象曰:归妹以须,未当也。

【注解】须:须通"嬃(xū)"。《说文》:"嬃,女字也。"《说文》:"贾侍中说:楚人谓姊为嬃。"《古代汉语字典》:"嬃是形声字,女为形,须为声。嬃字原作古代女人的表字用。另外,古代楚人称姐姐为嬃。"

【爻辞要义】少女出嫁时,以姐姐陪嫁,嫁过去后姐姐为妾成了偏房,这不符合恒常的伦理秩序,位置没有摆正当。

四是"归妹愆期待而行,衷心愿望好婚配"。

【九四爻辞】九四:归妹愆期,迟归有时。象曰:愆期之志,有待而行也。

【注解】愆期:qiān qī,《古代汉语字典》:愆的本义指超越。延误。《诗·卫风·氓》:"匪我愆期,子无良媒。"

待:dài,《广雅》:"待,逗也。"《古代汉语字典》:"形声字。彳(chì)为形,寺为声,本义指等候。"

【爻辞要义】待嫁少女错过出嫁的时机,只是晚一些出嫁,不过早晚是会嫁出去的。延迟日期待嫁,她的愿望是为等候更好的时机到来再嫁。在婚姻中有时会遇到这样的情况,双方已经订好了迎亲的日子,由于某种原因,女方推迟了婚期,发生这种事情虽不尽人意,但毕竟还是允许的,女子迟早会出嫁,只是早晚问题。

五是"月亮圆圆吉上吉,帝乙归妹俭德美"。

【六五爻辞】六五:帝乙归妹,其君之袂,不如其娣之袂良。月几望,吉。

象曰:帝乙归妹,不如其娣之袂良也。其位在中,以贵行也。

【注解】帝乙归妹:帝乙是殷代最后第二个帝王,纣王的父亲。归:女子出嫁。妹:少女。纣王的父亲帝乙将胞妹嫁与周文王姬昌。

袂:mèi,《古代汉语字典》:"袂是形声字,衤(衣)为形,夬为声。袂的本义指衣袖。引申为结成伙伴,取衣袖成双之义。"

望:夏历每月十五日月圆之最大月相为望。几,接近。月几望:犹言夏历每月的十四日。月亮快圆满的时候,暗喻事物发展圆满就会向衰败的方向转化。

【爻辞要义】商纣王的父亲帝乙将胞妹嫁给周文王,做正室的王后(帝乙胞妹)的服饰还不如陪嫁做偏房的"娣"服饰艳丽华美;月近十五将要圆了,吉祥。其身居中位,十分尊贵,能保持勤俭谦虚的美德,当然吉祥。

六是"新娘提篮没果实,新郎宰羊血尚未"。

【上六爻辞】上六:女承筐,无实。士刲羊,无血。无攸利。

象曰:上六无实,承虚筐也。

【注解】刲:kuī,《说文》:"刲,刺也。从刀,圭声。"《广雅》:"刲,屠也。"宰杀,刺。

士:《古代汉语字典》:士在甲骨文中像雄性生殖器。有(1)男子;(2)古代贵族的最低等级等义。此处指新郎。

【爻辞要义】新娘双手捧着筐,筐里空空没有果实。新郎杀羊,却没有流出羊血。没有什么利益。有的婚姻空虚无实,好比手持空空的篮筐,没有利益。

古代贵族结婚要到宗庙祭祀祖先,祈求祖先保佑新郎新娘夫妻平安幸福子息繁衍家族兴旺。祭祀要敬献祭品,新娘的篮筐要么没放果品供物,要么果品供物遗失了,篮筐空空如也;新郎要宰杀羊作为牺牲祭献祖先,可是刺杀羊却没有血液流淌出来,在古人看来均是不祥之兆,喻示婚姻关系不和谐。

(四)树立正确爱情观,青春活力长流水

爱情观是人们对爱情及爱情的本质、位置、择偶标准等问题的根本看法和态度。爱情观是人生观的重要组成部分。爱情观在不同的历史时期,由于受不同的经济条件,社会制度、民俗民风及思想文化状态的影响和制约,有着不同的内容,并且随着社会发展而不断发展和变化。由于现代社会实行婚姻自由、一夫一妻、男女平等的婚姻制度,现代爱情观是以男女双方的共同理想和奋斗目标为前提,以自由恋爱为基础,以共同承担社会责任和道德义务为己任,因此,它至少具有四大特征:一是自愿互爱。爱情是不可强求的,男女双方首先要在自觉自愿的基础上,相互尊重,相互爱慕,从而促使爱情关系建立和发展。二是忠贞专一。人的"利己排他性"在爱情领域表现得最为极端。男女双方应相互信任和保持依恋感,决不能三心二意,朝三暮四,见异思迁。三是兼容互助,无论爱情双方存在什么样的个性差异,只要不是原则问题,都应该心理兼容,并在实际生活中相互尊重,相互学习,取长补短,满足需要,共同发展。四是强烈持久。男女双方应保持强烈深厚的感情,从而保证爱情关系的稳定性和持久性。爱情是美好的,爱情是幸福人生的活力源泉,能够将爱情像源头活水永葆在婚姻里的人,是最幸福的人。幸福的爱情不仅有益身心健康,也有利于社会稳定。

（五）治国要务在家乐，归妹德美家风蔚

"治国要务在家乐"，这一重要思想在家人卦中已经进行了比较全面的诠释，而家乐是以"归妹德美家风蔚"为基石。归妹卦六爻警示人们要注意婚姻中的六种弊端，注意克服这些弊端，有利于婚姻幸福长久。要想"家兴业旺绵永长，国强民殷树丰碑"，应在全社会大力倡导培育美好的妇德和正确的爱情观，家家树立良好的家风，家家形成良好的家风，社会就会安定和谐。社会离婚率偏高，妇德培育存在空白点，正确的爱情观没有养成，不能不说是主要原因之一，因此，对家庭主妇和其应有的妇德要给予格外的关爱。所以，并爱女性的身心健康，就是关心民族和世界的未来。从历史上看，归妹德美当推帝乙归妹。商王文丁杀了周族首领季历以后，商周关系恶化。季历之子姬昌继位后，积极蓄聚兵力，准备为父报仇。此时，位于商王朝东南的夷方也先后同孟方、林方等部落叛乱，反对商朝。帝乙为了避免东西两方同时受敌，也为了修好因其父杀季历而紧张的商周间的臣服关系，决定将胞妹嫁与姬昌，采用和亲的办法来缓和商周矛盾，稳定全局，希望唇齿相依的商周两大国之间彼此不记前嫌，亲善相处。姬昌审时度势，认为灭商时机还未成熟，为了稳住商王，同时争取充足时间，同意与商联姻。帝乙亲自择定婚期，置办嫁礼，并命姬昌继其父为西伯。成婚之日，西伯亲自去滑水相迎，以示其郑重之极。周人自称"小邦周"，称商为"大邑商"，而今能够与商王之妹联姻，觉得是"天作之合"。此事史称"帝乙归妹"，一时传为美谈，商周双方皆大欢喜，商周重归于好。这一历史事件被写入归妹卦六五爻《象》辞："'帝乙归妹，不如其娣之袂良'也；其位在中，以贵行也。"——帝乙嫁出少女，正房的服饰，反不如偏房的服饰艳丽华美；说明虽身居中位，十分尊贵，却能保持勤俭谦虚的美德。可见，归妹之德，系国家之安，系国家之乐。

易道

话说易经 谈道德修养

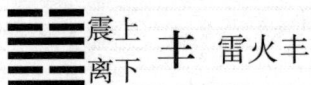

震上
离下　丰　雷火丰

第五十五章　丰　卦

盛衰之道：盛世防衰保丰盛　　折狱致刑治世丰

　　雷电俱至，威明备足，为丰。丰含有丰大、丰硕、丰盛的意思。象征丰盈硕大。丰盛之时，自然亨通。丰盛之道，必须有德者才能获得。有德的君王能使天下丰盛，并让盛德之光普照天下。当事物发展到鼎盛期，首要任务是持盈保泰，维持状态更持久，防止急速衰败。社会繁荣富强物质丰富需要持盈保泰，宜持中道行事，"君子以折狱致刑"。丰卦名为盛大的丰，但全卦却充满了深刻的忧患意识，谆谆告诫盛极必衰，必须警惕。

一、丰卦经文

丰 雷火丰 震上离下

丰:亨,王假之,勿忧,宜日中。

彖曰:丰,大也。明以动,故丰。王假之,尚大也。勿忧宜日中,宜照天下也。日中则昃,月盈则食,天地盈虚,与时消息,而况人于人乎? 况于鬼神乎?

象曰:雷电皆至,丰。君子以折狱致刑。

初九:遇其配主,虽旬无咎,往有尚。
象曰:虽旬无咎,过旬灾也。

六二:丰其蔀,日中见斗,往得疑疾,有孚发若,吉。
象曰:有孚发若,信以发志也。

九三:丰其沛,日中见昧,折其右肱,无咎。
象曰:丰其沛,不可大事也。折其右肱,终不可用也。

九四:丰其蔀,日中见斗,遇其夷主,吉。
象曰:丰其蔀,位不当也。日中见斗,幽不明也。遇其夷主,吉,行也。

六五:来章,有庆誉,吉。
象曰:六五之吉,有庆也。

上六:丰其屋,蔀其家,窥其户,阒其无人,三岁不觌,凶。
象曰:丰其屋,天际翔也。窥其户,阒其无人,自藏也。

二、丰卦警语箴言

雷光电火足威明　　盛德普照天下丰
盛极必衰是常理　　谨防衰败须警醒
持盈保泰讲诚信　　精诚团结用贤能
仁爱亲民远流弊　　丰盛至极警钟鸣
天地盈虚时消息　　盛世防衰保丰盛
日中则昃月盈食　　折狱致刑治世丰
治国安邦施法度　　黎民受惠相呼应
遇见伙伴有合分　　合作短吉久灾眚
丰蔀蔽日中见斗　　趋利疑忌吉信诚

易道 话说易经 谈道德修养

丰旆蔽日折右肱　无为无害终不用
物丰利多泛私心　上下同心利丰恒
明君喜遇贤明臣　同力遏乱法度明
高屋蔽家寂无人　物丰淫欲乱滋生
乱世隐逸利保身　超然物外备神明
盛衰无常识时势　自古时势造英雄

三、易理哲学简说

盛世防衰保丰盛　折狱致刑治世丰

离为电、火,震为雷。震上离下,雷电俱至,威明备足,为丰。丰含有丰大、丰硕、丰盛的意思。象征丰盈硕大。丰盛之时,自然亨通。致丰之道,必须有德者才能获得。有德的君王能使天下丰盛,并让盛德之光普照天下。

得到自己的归宿(归妹)后必然会有所丰大(丰),亨通,不必忧虑,宜持中道行事,"君子以折狱致刑",即丰卦。丰卦揭示的是盛衰之道。盛衰之道核心是持盈防衰,重点把握以下几点:

(一)盛极必衰是常理,谨防衰败须警醒

【丰卦卦辞】丰:亨,王假之,勿忧,宜日中。

【丰卦象辞】象曰:丰,大也。明以动,故丰。王假之,尚大也。勿忧宜日中,宜照天下也。日中则昃,月盈则食,天地盈虚,与时消息,而况人于人乎?况于鬼神乎?

【注解】丰:fēng,形声;字从三从丨,三亦声,"三"指"三个月","丨"为植物的抽象之形,"三"与"丨"联合起来表示"从开春起,植物已生长了三个月",本义经过三个月的春季生长,植物已遍布田野。《说文》:"丰,豆之丰满者也。"《广韵》:"丰,茂也,盛也。"(象形。甲骨文字形,上面像一器物盛有玉形,下面是"豆"——古代古文形体盛器。故"丰"本是盛有贵重物品的礼器。这由"豊"字可以得到证明。古文"丰"与"豊"是同一个字,《说文》:"豊,行礼之器也。"本义:古代盛酒器的托盘)

宜:《说文》:"宜,所安也。"《仓颉篇》:"宜得其所也。"会意字。从宀从且。"宀"指"处所""地点";"且"意为"加力""用力"。"宀"与"且"联合起来表示"力量用在指定的地方",即《仓颉篇》所言"宜:得其所也"。本义:力与着力点匹配。引申义:恰当;正好。

假:《古代汉语字典》:"gé 通'格'。至,到达。"

【卦辞要义】与【象辞要义】丰，盛大、茂盛，光明而行动，所以能丰大亨通。君王来到，表明他能发扬宏大的美德，不必忧虑，适宜日在中午，适宜普照天下。太阳到了正午就会偏西，月亮盈满就会逐渐亏缺。天地间的盈满与亏虚随着时间变化而消长、生息，更何况是人和鬼神呢？

　　盛极而衰是物极必反律显著特征之一。"天地盈虚时消息""日中则昃月盈食"——太阳到了正午就要偏西，月亮盈满就要亏缺。比喻事物发展到一定程度，就会向相反的方向转化。是物极必反规律的典型特征。事物普遍发展变化，发展变化是通过渐进的量变和突变的质变实现由小到大、由弱到强、由稚到丰的发展壮大，再由大到小、由强到弱、由丰到衰向相反方向的转化，这是发展变化的必然规律。丰卦六爻反映了人类文明进程并对盛极防衰予以警示：

　　一是"遇见伙伴有合分，合作短吉久灾眚"。

　　【初九爻辞】初九：遇其配主，虽旬无咎，往有尚。象曰：虽旬无咎，过旬灾也。

　　【注解】配主：对事物主体的配合。南朝 梁·刘勰《文心雕龙·章句》："理资配主，辞忌失朋。"

　　旬：《说文》："旬，徧也。十日为旬。"会意。从勹（bāo）日。甲骨文，上为交叉记号，表示由此开始，后来引长内曲，表示回环周遍。金文又加"日"。本义：十日。古代天干纪日，每十日周而复始，称一旬。

　　【爻辞要义】遇见地位彼此相当与自己相匹配的伙伴，虽然合作十天也不致受害，前往会受到尊敬重视，但是过了十天就可能会有灾祸。

　　二是"丰蔀蔽日中见斗，趋利疑忌吉信诚"。

　　【六二爻辞】六二：丰其蔀，日中见斗，往得疑疾；有孚发若，吉。

　　象曰：有孚发若，信以发志也。

　　【注解】蔀：覆盖于棚架上以遮蔽阳光的草席。

　　斗：北斗星。《疏》日中盛明之时，而斗星显见。《诗·小雅》维北有斗。《疏》维此天上，其北则有斗星。

　　【爻辞要义】光明遭到草棚的遮蔽，白天却看到了北斗星，前往行事会被猜疑；如果能以自己的至诚之心去启迪，那么最后是能获得吉祥的，这是有信以展拓其盛大之志。"九四：丰其蔀，日中见斗；遇其夷主，吉。"《象》曰："丰其蔀，位不当也；日中见斗，幽不明也；遇其夷主，吉行也。"光明遭到草棚的遮蔽，亮的白天却看到了夜晚的北斗星；说明由于蒙蔽而出现昏暗，但若遇到明主赏识还是会吉祥的。

　　三是"丰沛蔽日折右肱，无为无害终不用"。

　　【九三爻辞】九三：丰其沛，日中见昧；折其右肱，无咎。

　　象曰：丰其沛，不可大事也；折其右肱，终不可用也。

【注解】沛:pèi,《说文》:"旆,继旐之帛也。"形声。本义古代旐旗末端形如燕尾的垂旒飘带。

昧:形声字。字从日,从未,未亦声。"日"指朝日。"未"指树木上部的柔枝嫩叶。"日"与"未"联合起来表示"日上树梢"。本义天未大明。

肱:胳膊。

【爻辞要义】光明被幡幔遮掩,白天看见了小星星,右臂折断而无为慎守,难以有所作为或成就胜任大事,但终究不会受害。

四是"物丰利多泛私心,上下同心利丰恒;明君喜遇贤明臣,同力遏乱法度明"。

【六五爻辞】六五:来章,有庆誉,吉。象曰:六五之吉,有庆也。

【注解】来章:招来有美德的人。

【爻辞要义】有美德的贤能之士来辅佐,会有喜庆和美誉,吉祥。

五是"高屋蔽家寂无人,物丰淫欲乱滋生;乱世隐逸利保身,超然物外备神明"。

【上六爻辞】上六:丰其屋,蔀其家,窥其户,阒其无人,三岁不觌,凶。

象曰:丰其屋,天际翔也;窥其户,阒其无人,自藏也。

【注解】翔:xiáng,字从羊从羽。"羊"意为"驯顺","羽"意为"鸟飞"。"羊"与"羽"联合起来表示"鸟儿顺风飞行""鸟儿利用风力滑行"。本义鸟儿展翅顺风滑行。

阒:qù,形容寂静。

【爻辞要义】房屋高大,蒙蔽居室,窥视窗户,寂静而无人,三年之久仍不见人,好似在天际飞翔,深深隐藏踪迹。自蔽孤立,定有凶险。

丰卦分别用六二爻、九四爻"丰其蔀"、九三爻"丰其沛(通"旆")"、上六"丰其屋"打比方,实际体现了人类文明发展的演进过程和物极必反盛极而衰的情形。"丰旗蔀"反映的是由原始社会的穴居进化到氏族部落,人们用木头支棚架,在上面铺苫茅草或草席遮风挡雨避阳光。"丰其沛"反映的是进化到游牧狩猎时代,跑马占荒,圈地为疆,幔布帐篷外插满幡旗,遮天蔽日,在黑暗蒙昧的环境下,折断右臂,无法再投入到掠夺性的游牧战争之中,避开冲突、战争的焦点,没有凶险。"丰其屋"反映的是人类演进到定居时代,出现城郭,官宦士大夫与富商拥有高屋豪宅,鱼肉剥削百姓,一方面他们占有大量社会财富;另一方面被压迫阶级对他们充满仇视、敌对和反抗,一旦盛世转衰,出现重大社会动荡,这部分人首先弃家而逃,藏匿起来,恐受革命力量的打击,自保其身。

当事物发展到鼎盛期,首要任务是持盈保泰,维持状态更持久,防止急速衰败。老子敏锐地意识到"持而盈之,不如其已;揣而锐之,不可长保。金玉满堂,莫之能守;富贵而骄,自遗其咎。功遂身退,天之道也"(《道德经》第九章)。秦王朝暴政统治中国,社会空前发展,天下统一,可以说,发展达到了一个丰盛的极点,同时也产生了一系列社会矛盾,终于爆发了陈胜吴广揭竿而起的农民革命,秦始皇的家天下宣告结束。因此,敲响丰盛防衰的警钟、采取折狱致刑的手段解决社会矛盾以维持长治久安尤为必要。

"雷光电火足威明,盛德普照天下丰;盛极必衰是常理,谨防衰败须警醒;持盈保泰讲诚信,精诚团结用贤能;仁爱亲民远流弊,丰盛至极警钟鸣;天地盈虚时消息,盛世防衰保丰盛。"所说的道理时刻要谨记在心。丰卦名为盛大的丰,但全卦却暗无天日,谆谆告诫盛极必衰,必须警惕。英明的领袖当积极发展创造财富,使天下分享丰衣足食的生活。要懂得盛大容易迷失,必须居安思危。以诚信启发全民意志,坚持刚正的态度,精诚团结任用贤能,才能持盈保泰,不致因盛大产生流弊。否则,得意忘形,必导致孤立,完全陷于黑暗。

(二)治国安邦施法度,折狱致刑治世丰

【丰卦象辞】雷电皆至,丰。君子以折狱致刑。

【注解】折狱致刑:折狱指断狱判案;致刑指行刑处罚。

【象辞要义】丰卦卦象是(震)雷上离(火)下,离又代表闪电,震为雷,为雷电同时到来之表象,象征着盛大丰满;君子应该折狱致刑——也就是诉讼判刑施行刑法,要像雷电那样,审案用刑正大光明。这是为什么呢?社会繁荣富强,物质丰富,人们的私心私欲就会膨胀,各种贪占抢掠违法之事就会滋生泛滥,如不有效制裁加以遏制,就会败坏社会风气影响社会稳定,从而导致国家衰亡,因而必须发挥国家机器——司法的作用,建立健全法度,像雷电闪耀天空那样正大光明断决狱讼,公正司法,违法犯罪者惩罚不殆,冤假狱讼察明免刑,通过司法公正维护社会公正,进而保持繁荣盛世的安泰稳定。

(三)盛衰无常识时势,自古时势造英雄

万物普遍联系而发展变化,蕴含着内在规律性,自然界的"日中则昃月盈食"、潮涨潮落、花开花落的规律看得见、摸得着,人们容易认识和接受。其实,人类的历史发展也是万物普遍联系而发展变化的重要组成部分,当然也蕴含着内在的规律。时势造英雄就是人类历史发展规律之一。时势指一段时期内的客观形势,最显著特征是变化无常。识时务乃俊杰。时势造英雄指特定的历史条件(如社会动荡),使人的聪明才智显露出来,并相互作用,使之成为英雄人物,泛指社会造就人。在人类社会的演进发展过程中,人的成长受历史、文化、社会、生活等环境影响,以适当的经济条件、家庭条件和自身素质为基础,学习

易道 话说易经 谈道德修养

或训练出某种能力和特长，当出现某种特定历史社会形势，他们应时应需彰显本领发挥作用，而这种作用难以被取代。历数历史英雄人物，中国有周文武王、秦皇汉武、唐宗宋祖、康熙乾隆、毛泽东……外国有恺撒、华盛顿、拿破仑、林肯……他们各领风骚，团结带领人民群众推动着历史进步。《易经》既是关于联系、发展变化的学问，也是关于"时"的学问，易经六十四卦，多卦涉及时、时义、时用——分别从特定的角度解析时义时用，并启发和教导如何识时用时，关键在于抓住机会，顺应时代的潮流而不逆天行事。

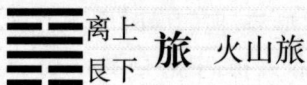

第五十六章　旅　卦

旅程之道：明慎用刑不留狱　旅卦启示重时义

　　火在山上燃烧，随风而过，势非长久，为旅卦之象，象征旅途、征途。羁旅途中，动荡不居，一切都容易不正常，只会有小亨通。必须守正又柔顺持中，方可安然度过。安定是第一要务，旅途、征途中充满机遇、诱惑、割舍等无穷变数，只有内心静定心态良好，磊落持中对待变易而不是斤斤计较，才会处变不乱，临危不慌。兴家、兴企、兴业也都需要首先解决定位、安心关系稳定的根本问题，增强归属感、安全感。受此启发，从治理社会的角度看，"君子以明慎用刑，而不留狱。"基于对旅途中种种境遇的剖析，推演出对于社会管理要解决好民众的安居乐业，才能实现社会的安定。

一、旅卦经文

旅 火山旅 离上艮下

旅:小亨,旅贞吉。

彖曰:旅,小亨,柔得中乎外,而顺乎刚,止而丽乎明,是以小亨,旅贞吉也。旅之时义大矣哉!

象曰:山上有火,旅。君子以明慎用刑,而不留狱。

初六:旅琐琐,斯其所取灾。
象曰:旅琐琐,志穷灾也。

六二:旅即次,怀其资,得童仆贞。
象曰:得童仆贞,终无尤也。

九三:旅焚其次,丧其童仆,贞厉。
象曰:旅焚其次,亦以伤矣。以旅与下,其义丧也。

九四:旅于处,得其资斧,我心不快。
象曰:旅于处,未得位也。得其资斧,心未快也。

六五:射雉一矢亡,终以誉命。
象曰:终以誉命,上逮也。

上九:鸟焚其巢,旅人先笑后号啕。丧牛于易,凶。
象曰:以旅在上,其义焚也。丧牛于易,终莫之闻也。

二、旅卦警语箴言

旅行无常山火离	旅卦小亨守贞吉
劳顿困苦随时有	艰难坎险常遇奇
羁旅颠沛先安定	内心静定对变易
斤斤计较常罹祸	正固柔顺庸德益
得失放开看大处	悠悠安然度时日
旅始猥琐自取灾	意志穷迫多不利
旅宿怀资得童仆	坚守正道无过失
旅舍失火丧童仆	坚守正道也危厉
旅舍失火遭意外	受损丧义人心离

客舍异乡不安居　　虽有资斧不安怡
安居乐业民心尚　　流离失所国之忌
国安民乐贵定位　　居有定所多情趣
安居乐业饴子孙　　匪盗不生实堪誉
射雉丧失一支箭　　终以誉命上以恤
高危为宅巢之谓　　旅处上极众所嫉
客旅异乡居高位　　焚巢之灾实难避
客得上位必先笑　　后嚎啕尔害必至
丧牛于易王离位　　不当之旅终无益
旅人先笑后号啕　　丧牛于易凶至极
明慎用刑不留狱　　旅卦启示重时义

三、易理哲学简说

明慎用刑不留狱　旅卦启示重时义

旅,火山旅,离上艮下。艮为山,离为火,火在山上燃烧,随风而过,势非长久,为旅。旅,会意字。甲骨文字形,像众人站在旗下。旗,指军旗;人,指士兵。小篆字形,表示旌旗;从"从",表示众人,即士兵。本义:古代军队五百人为一旅。旅者,失其本居,而寄他方,象征旅行。

丰大(丰)后失其所将走入困穷(旅),"旅,小亨,旅贞吉""象曰:山上有火,旅(孔颖达疏:'火在山上,逐草而行势不久留,故为旅象。')。君子以明慎用刑,而不留狱。"即旅卦。履卦揭示的是旅程(旅途、军旅等)之道。旅行是一种不安的状态。在不安定的状态中,一切都容易不正常,只会有小亨通。在旅途之中,要注意以下方面:

(一)遵循正道,才会吉祥

【旅卦卦辞】旅:小亨,旅贞吉。

【旅卦象辞】象曰:旅,小亨,柔得中乎外,而顺乎刚,止而丽乎明,是以小亨,旅贞吉也。旅之时义大矣哉!

【注解】旅:《说文》:"旅,军之五百人为旅。"本义古代军队五百人为一旅。《古代汉语字典》:旅在古文字中是会意字。在甲骨文和金文中像众人会集在旗下。篆文表示用旌旗将军队集合在一起。后写作旅。有军队,旅居、旅行等义。

【卦辞要义】与【象辞要义】旅卦,有小的亨通,旅行在外守正道则吉祥。出门在外,羁旅途中,动荡不居,恪守贞正之道吉利。必须守正又柔顺持中,遇事顺从正义的法则,追寻光明,才会逢凶化吉,遇难呈祥,方可安然度过,因此,旅卦的时势意义太大啦!

"丧牛于易王离位,不当之旅终无益;旅人先笑后号啕,丧牛于易凶至极。"丧牛于易系指王亥丧牛于易。王亥,子姓,又名振,契之后,冥之长子,商部落族的第七任首领。王亥是阏伯的六世孙,继任为商族首领,商族先公之一,华商始祖。甲骨卜辞中称为"高祖亥"或"高祖王亥"。王亥是经商做买卖的"商人"的始祖,数千年来一直被商人奉若神明。王亥是一位很有作为的人,他不仅帮助父亲冥在治水中立了大功,而且还发明了牛车,开始驯牛,促使农牧业迅速发展,使商部落得以强大。王亥在商丘服牛驯马发展生产,用牛车拉着货物,到外部落去搞交易,开创了华夏商业贸易的先河,久而久之人们就把从事贸易活动的商部落人称为"商人",把用于交换的物品叫"商品",把商人从事的职业叫"商业"。夏泄十二年,王亥为了要解决牛、羊过剩的问题,于是跟其弟恒讨论如何跟其他部落以物换物。王亥最后一次经商是到黄河以北的有易氏部落。决定好之后,与恒选了一些有活力的牧人,一起亲自把这些动物送至有易国(今河北省易县一带)。据《竹书纪年》记载:帝泄"十二年,殷侯子亥宾于有易,有易杀而放"。帝泄十二年,王亥和弟弟王恒一起从商丘出发,载着货物,赶着牛羊,长途跋涉到了河北的有易氏(今河北易水一带)。有易氏的部落首领绵臣见财起歹意,杀害了王亥,赶走了王亥的随行人员,夺走了货和牛羊。王亥的弟弟王恒日夜兼程逃回商丘。王亥之子上甲微非常悲愤,欲为王亥报仇。但由于诸多原因,当时未能立即出兵,四年以后,即帝泄十六年才借助河伯之师,灭了有易氏,杀了绵臣,为父王王亥报了仇。商朝建立之后,历任君主为了纪念祖先的功劳,对于王亥和其子上甲微的祭祀非常慎重,另外追尊王亥的庙号为高祖。丧牛于易指的就是这一历史事件。从定位的角度看王亥作为部落首领,正常应该在王位履行王的职责,处理王的职责所承担的事务,结果他却离开首领之位,处于旅途劳顿状态,在陌生环境从事与本职工作不相当的活动,上九爻辞说:"丧牛于易,终莫之闻也。"指当羁旅穷极之时,在上而过于高亢,故无守卫之人,而丧牛于易,造成了欲行无资的境地,祸生于所忽而不自觉,故曰"终莫之闻也"。因此,陷入"丧牛于易王离位,不当之旅终无益;旅人先笑后号啕,丧牛于易凶至极"的境地,可以说,这是极其凶险的事情。从这一历史事件吸取教训,既要在其位谋其政,又要不出其位谋其政。在其位谋其政是应该坚持的仕宦原则;不出其位谋其政是避免仕宦风险的政治智慧和修养。

(二)内心静定,心态良好

"羁旅颠沛先安定,内心静定对变易。"旅途的普遍特征是颠沛流离不安定,面临常常出现的变乱因素的冲击和影响，内心保持静定的心态非常重要。处于旅途之中，安定是第一要务，不管发生什么事情，都要自珍自爱，时刻保持沉着、安定，以良好的心理状态，面对旅途或征程中所遇到的一切情况。旅卦用客在旅途中得到盘缠、童仆、旅舍失火等得与失，阐述坚守正道的重要性与违逆正道的危害性。旅卦六爻警示如下：

一是"旅始猥琐自取灾，意志穷迫多不利"。

【初六爻辞】初六：旅琐琐，斯其所取灾。象曰：旅琐琐，志穷灾也。

【注解】琐：suǒ，《说文》："琐，玉声也。"琐是形声字，王（玉）为形，琐的本义指玉件相击发出的细碎声音。也作"琐琐"。唐·杜牧《送刘三复郎中赴阙》："玉珂声琐琐，锦帐梦悠悠。"

灾：《古代汉语字典》：灾的本义指天地间自然着起来的大火，这种火并非人们按自己的意愿点燃的，所以常常造成祸害。灾祸，灾难。《论衡》："人君失政，天为异；不改，灾其人民；不改，乃灾其身也。"伤害，使受灾害。

【爻辞要义】旅行之始猥琐不堪，这是自己招来的灾祸，这是意志穷迫造成的灾祸。

二是"旅宿怀资得童仆，坚守正道无过失"。

【六二爻辞】六二：旅即次，怀其资，得童仆，贞。象曰：得童仆贞，终无尤也。

【注解】次：cì，《礼记·檀弓上》："次，舍也。"临时住宿或驻扎。《左传·襄公十八年》："楚师伐郑，次于鱼陵。"

【爻辞要义】旅客住在旅舍，携带钱财，有童仆照顾，能坚守正道。故不会有过失。

三是"旅舍失火丧童仆，坚守正道也危厉；旅舍失火遭意外，受损丧义人心离"。

【九三爻辞】九三：旅焚其次，丧其童仆；贞厉。

象曰：旅焚其次，亦以伤矣；以旅与下，其义丧也。

【爻辞要义】旅途中旅舍失火，已经受到损伤；从而丧失了照顾自己的童仆，即使坚守正道也会出现危险，因为失去了照应与护佑。

四是"客舍异乡不安居，虽有资斧不安怡；安居乐业民心尚，流离失所国之忌"。

【九四爻辞】九四：旅于处，得其资斧，我心不快。

象曰：旅于处，未得位也；得其资斧，心未快也。

【注解】处：《古代汉语字典》："chǔ 处是会意字，金文的处字，状似一个头戴皮冠在凳子上坐着的人。处的本义为暂时停下来，停止。"处（繁体字處）chǔ 形声。繁体字从虍（hū），从处（chǔ），处亦声。"处"意为"在茶几旁"。"虍"指虎皮,意为"保护",引申为"安全"。"虎"与"处"联合起来表示"安享饮食"。本义:安享饮食。转义:安乐窝。

资斧:资(資),zī,财物,资产。斧,本义指砍东西的斧子,又指一种兵器。资斧指旅费、盘缠与防身器械。程颐传:"得货财之资,器用之材。"《古今小说·裴晋公义还原配》:"大人往京,老汉愿少助资斧。"

【爻辞要义】处于旅途之中,身处异乡,暂时停留下来或停止旅行,毕竟不是终身安定之所,那怎么能安居呢?!虽然得到路费与防身器物,但没有得到安身立命的处所,我的心情仍然不愉快。

五是"射雉丧失一支箭,终以誉命上以恤"。

【六五爻辞】六五:射雉,一矢亡;终以誉命。象曰:终以誉命,上逮也。

【注解】雉:zhì,《古代汉语词典》:鸟名,野鸡。《尚书大传》:"雉者,野鸟。"《说文》:"雉有十四种。"形声。从隹,矢声。隹(zhuī),短尾鸟的总称。本义野鸡。

誉命:yù,《说文》:"誉,偁(称)也。"形声。从言,舆(yù)声。本义:称赞,赞美;荣誉,美名。《诗·周颂·振鹭》:"以永终誉。"命:mìng,《说文》:"命,使也。"朱骏声按:"在事为令,在言为命,散文则通,对文则别。令当训使也,命当训发号也。"会意。从口从令。表示用口发布命令。本义指派,发号。此处命通"名"。如《诗·周颂·赉》:"时周之命。"誉命指声誉。

逮:dài,《说文》:"逮,唐逮及也。"按,逮者,行相及也。古曰唐逮。逮是形声字,辶为形,隶(读作dài)为声。逮的本义为到、及。有捉拿、逮捕等义。其捉拿之义特指经过追赶或努力而抓住。

【爻辞要义】射野鸡,丧失一支箭;但最终获得声誉。是由于能亲近居高位的尊者,得到体恤。

六是"高危为宅巢之谓,旅处上极众所嫉;客旅异乡居高位,焚巢之灾实难避;客得上位必先笑,后号啕尔害必至;丧牛于易王离位,不当之旅终无益;旅人先笑后号啕,丧牛于易凶至极"。

【上九爻辞】上九:鸟焚其巢,旅人先笑,后号啕;丧牛于易,凶。

象曰:以旅在上,其义焚也;丧牛于易,终莫之闻也。

【注解】焚:fén,《说文》:"焚,烧田也。"《广雅》:"焚,烧也。"会意。从火,从林。甲骨文字形,像火烧丛木。古人田猎,为了把野兽从树林里赶出来,就采用焚林的办法。本义烧山。用火烧山林宿草。

号啕:放声大哭。

【爻辞要义】鸟巢失火被烧掉,行旅之人得高位先喜悦欢笑,后因遭祸事而号啕痛哭;殷商王朝先王王亥在有易部落丢失了牛和性命,有凶险。作为旅客却在异乡身居高位,这样必然要遭到焚巢之灾和灭顶之祸。处旅之极,居高危之位如树上鸟巢,为心胸狭窄的众人所嫉恨,必然遭受排斥打击。旅者先得位而笑,后号啕哭泣,是比较常见的情形。因此,居高思危,注意退路不失为明智之举。

"国安民乐贵定位,居有定所多情趣;安居乐业饴子孙,匪盗不生实堪誉。"民居无定所,行无定踪,则国家不稳,社会动荡。因此,治国必先安民,兴家、兴企、兴业也都需要首先解决定位、安心的根本问题,否则,缺失归属感、安全感。这是关系稳定的大问题。

(三)得失放开看大处,而不斤斤计较

旅途,面临艰难的跋涉;旅途,充满各种机遇;旅途,面对各种诱惑;旅途,存在各种变化与可能;旅途,拥有太多动荡与不定因素。面对种种外在考验,面对种种机会,根据价值观、世界观、人生观与所采取的行动,将影响决定着旅行者的吉凶祸福。"斤斤计较常罹祸,正固柔顺庸德益。"处于旅途,一切都在动荡之中,凡事追求尽善尽美不现实,遭遇机遇和利益要坚持贞正柔顺的操守,办事要适度有分寸,才会得到相应的益处,如果斤斤计较,得理不饶人,得利不让人,那么常常罹临祸害。面对机遇和利益要慎取舍,善于着眼大处,不在细小的方面与环节斤斤计较,在对待重要机遇和重大利益面前要有危机意识,得之不喜,失之不忧,操之审慎。客居异乡居高位将面临焚巢之灾,是一般规律。保持清醒头脑,明哲保身很重要。

得失指所得和所失,根据语境不同有不同的解释:或指成败;或指利弊;或指盈利和亏本;或指是非曲直,正确与错误;也可偏指失,过失。得与失,是一对矛盾。得与失是羁旅之中无法回避的现实问题,需要正确看待与处理。宜用大局的眼光、发展的眼光和超脱的胸怀看待得失。许多古圣先贤的名言警句值得深思:孔子《论语》:"见小利,则大事不成。"《北史》:"营大者,不计小名;图远者,费拘近利。"《史记》:"智者千虑,必有一失;愚者千虑,必有一得。"伊索:"有些人因为贪婪,想得到更多的东西,却把现在所有的都失去了。"萨迪:"谁在平日节衣缩食,在穷困时就容易过关;谁在富足时豪华奢侈,在穷困时就会死于饥寒。"汉族谚语:"近水不可枉用水,近山不可枉烧柴。"这些聪明睿智的眼光、胸怀、格局以及无与伦比的智慧,对于处于羁旅中的人们有着借鉴意义。

(四)珍惜过程,享受乐趣

老子曾说:"九层之台,始于垒土;千里之行,始于足下。"说的是,做事情要遵循循序渐进、历阶而升的道理。旅游是一个旅途,商旅是一个旅途,征伐是一

个旅途,人生是一个旅途,建侯兴邦建立国家也是一个旅途,其实做任何事情都可以用旅途打比方。现实生活中,大部分人在旅途中过分关注终极目标,达成心切,往往在沿途忽视了许多风景,错失很多美好或难得的机会,等到到达目的地、成功交易、打赢战争、步入年迈,蓦然回首,心里留下太多太多的遗憾。美国名将艾森豪威尔一次玩扑克牌,屡屡抓到糟牌,他抱怨不已。他的母亲谆谆告诫他:"你必须认真打好手中的每一张牌。因为生活和打牌一样,你并不是总能抓到想要的好牌!"是的,任何事情都像打牌,并不是每把牌都称心如意,必须认真打好手中每一张牌。这样,你才能成功解决你面临的棘手的现实问题,在解决现实问题中充分享受过程的快乐。

(五) 明慎用刑,而不留狱

【旅卦象辞】象曰:山上有火,旅。君子以明慎用刑,而不留狱。

【象辞要义】旅卦的卦象是离(火)上艮(山)下,为火势匆匆蔓延之表象,象征行旅之人匆匆赶路;君子观此应谨慎使用刑罚,明断决狱,不积压案件,避免违法犯罪案件不能及时有效处置,而扩大损失和影响。基于对旅途中种种境遇的剖析,推演出对于社会管理要"明慎用刑不留狱",解决好民众的安居乐业,才能实现社会的安定。此乃旅卦核心启示。

第五十七章　巽　卦

巽顺和申命行事之道：谦逊受益随顺亨　申命行事如风行

巽为风，性入。风的特性为巽顺善入，无孔不入，随时能够充满所到达的空间，效仿风的特性，谦逊柔顺小心谨慎行事将会亨通有利。谦虚柔顺之德具有极强的亲和力，能够化坚冰为柔水，化干戈为玉帛，无往而不利。谦逊是做人应有的态度，谦逊易被接纳，容易赢得人心，得到给力。具有贤良公正美德的君主应当仿效风行而物无不顺的样子，排除杂念，统一思想，凝聚意志，下达命令，指明方向，施行统治。申命行事，不同阶层、不同对象反映不同，心态各异，也会遇到具体问题和情况，因此，要因地制宜，区别对待，有针对性地开展思想和宣传工作，以达到思想意志的统一和行动步调的一致。因此，"君子以申命行事"，巽卦揭示的是巽顺和申命行事之道。

一、巽卦经文

巽 巽为风 巽上巽下

巽:小亨,利攸往,利见大人。

彖曰:重巽以申命,刚巽乎中正而志行。柔皆顺乎刚,是以小亨,利有攸往,利见大人。

象曰:随风,巽。君子以申命行事。

初六:进退,利武人之贞。

象曰:进退,志疑也。利武人之贞,志治也。

九二:巽在床下,用史巫纷若,吉无咎。

象曰:纷若之吉,得中也。

九三:频巽,吝。

象曰:频巽之吝,志穷也。

六四:悔亡,田获三品。

象曰:田获三品,有功也。

九五:贞吉悔亡,无不利。无初有终,先庚三日,后庚三日,吉。

象曰:九五之吉,位正中也。

上九:巽在床下,丧其资斧,贞凶。

象曰:巽在床下,上穷也。丧其资斧,正乎凶也。

二、巽卦警语箴言

上上下下处处风　无孔不入无不能
凡物沿顺就能入　行事谦顺小亨通
刚巽中正而志行　利见大人往有功
谦逊受益随顺亨　申命行事如风行
东南西北大小风　一会吹来一会停
进退不决多犹疑　武士励志以守正
巽顺床下游不定　史官巫官除疑星
巽顺过度无主见　有失馁弱怎建功
频巽凶险政令忌　朝令夕改无适从

排除杂念统思想　申命行事方向明
君王田猎收获多　笼络人心树丰功
贞吉悔亡无不利　中正无初而有终
巽在床下丧资斧　丧资图穷正乎凶
附庸顺从柔至极　择善而从不盲从
谦逊亲和得相助　优寡卑惧不可行

三、易理哲学简说

谦逊受益随顺亨　申命行事如风行

巽，巽上巽下。《周易说卦》："巽为木，为风。"性入，风之人物，无所不至，无所不顺。凡物沿"顺"则能"入"，所以巽为顺。巽象征顺从。行事谦顺，可致顺利亨通。巽卦是阴卦，只能小有亨通。阴顺从阳，合乎自然的道理，前进有利，顺从必须选择对象，不可盲从，顺从伟大的人物有利。

旅途（旅）中无处安身，巽顺则小有亨通（巽），利有攸往，利见大人，"君子以申命行事"，即巽卦。巽卦揭示的是巽顺和申命行事之道：

（一）谦虚柔顺之德是亨通之德

【巽卦卦辞】巽：小亨，利有攸往，利见大人。

【巽卦象辞】重巽以申命，刚巽乎中正而志行。柔皆顺乎刚，是以小亨，利有攸往，利见大人。

【注解】巽：xùn，八卦之一，代表风。《释名·释天》："巽，散也，物皆生布散也。"孔颖达疏："巽者卑顺之名也。"卑顺；怯懦。古同"逊"，谦让恭顺。巽顺乃卑顺、顺从。

"重巽以申命"与"申命行事"：孔颖达疏："上下皆巽，以明可以申命也。上巽能接于下，下巽能奉于上，上下皆巽，命乃得行。"

【卦辞要义】与【爻辞要义】"上上下下处处风，无孔不入无不能；凡物沿顺就能入，行事谦顺小亨通；刚巽中正而志行，利见大人往有功。"巽上巽下为重巽，表明处处都是风，风的特性为巽顺善入，无孔不入，随时能够充满所到达的空间，效仿风的特性，谦逊柔顺小心谨慎行事将会亨通有利。巽卦阳刚居中正之位而行其志，阴柔皆顺从阳刚，象征顺从，谦虚柔顺，利于做事，利于拜见有德高势隆的大人物。几千年的社会实践也证明，谦虚柔顺之德具有极强的亲和力，能够化坚冰为柔水，化干戈为玉帛，无往而不利。谦逊是做人应有的态度，谦逊易被接纳，容易赢得人心，得到给力。

（二）效仿巽风，申命行事。

【巽卦象辞】随风，巽。君子以申命行事。

【注解】申命行事：孔颖达疏："'随风，巽'者，两风相随，故曰随风，风既相随，物无不顺，故曰'随风，巽'。"申命行事像"风之随至"，故以两风相随比拟申命行事之事。

【象辞要义】巽卦卦象是巽（风）上巽（风）下，为风行起来无所不入之表象，由此表示顺从。巽卦核心启示是，具有贤良公正美德的君主应当仿效风行而物无不顺的样子，排除杂念，统一思想，凝聚意志，下达命令，指明方向，施行统治。申命行事，不同阶层、不同对象反映不同，心态各异，也会遇到具体问题和情况，因此，要因地制宜，区别对待，有针对性地开展思想和宣传工作，以达到思想意志的统一和行动步调的一致。

一是"进退不决多犹疑，武士励志以守正"。

【初六爻辞】初六：进退，利武人之贞。象曰：进退志疑也；利武人之贞，志治也。

【注解】武人：指将帅军人。《诗·小雅·渐渐之石》："武人东征，不遑朝矣。"郑玄笺："武人，谓将率也。"

治：zhì，形声。从水，台声。《吕氏春秋·察今》："治国无法则乱。"管理，处理 惩办。此处指社会安定、太平（跟"乱"相对）。

【爻辞要义】意志懦弱犹豫，过度谦卑，缺乏信心，进退犹疑，利于勇武之人坚守中正之道。勉励其修治，要树立坚强的意志。

二是"巽顺床下游不定，史官巫官除疑星"。

【九二爻辞】九二：巽在床下，用史巫纷若，吉，无咎。象曰：纷若之吉，得中也。

【注解】祝：zhù，《说文》："祝，祭主赞词者。"《礼记·郊特牲》："祝将命也。"会意。甲骨文字形，像一个人跪在神前拜神、开口祈祷。从示，从儿口。"儿"是古文"人"字。本义：男巫，祭祀时主持祝告的人，即庙祝。《周礼·夏官》："有大祝、小祝、丧祝、甸祝、诅祝。"

史：shǐ，《说文》："史，记事者也。"会意字。甲骨文字形，上面是放简策的容器，下面是手。合起来表示掌管文书记录。本义史官。古代掌管记载史事的官：太史。内史。周官有大史、小史、闪史、外史、御史、女史。其属又各有府史、胥徒史，主造文书者亦称史。凡府史，皆其官长所自辟除。史巫指祝史和巫觋。

巫：wū，《说文》："巫，祝也。女能事无形，以舞降神者也。"象形字。据甲骨文，像古代女巫所用的道具。小篆像女巫两袖舞形。本义古代称能以舞降神的人。中国古代医师也称"巫"。古人认为，巫能够与鬼神相沟通，能调动鬼神之力为人消灾致富，如降神、预言、祈雨、医病等，久而久之成为古代社会生活中一种不可缺少的职业。

觋:xí,会意。字从巫,从见。"见"意为"让人看到",引申为"大街小巷都可看到"。男巫师,以装神弄鬼替人祈祷为职业的人,男称"觋"(或"祝",女称"巫"),"巫"指以神秘法术替人消灾去难为职业的人。"巫"与见联合起来表示"走街穿巷的巫师"。《初刻拍案惊奇》:"话说男觋女巫,自古有之。汉时谓之'下神',唐世呼为'见鬼人'。"又如:觋女(巫婆)。

纷:fēn,《说文》:"纷,马尾韬也。"形声。从糸(mì),分声。从"糸",表示与线丝等有关。本义马尾韬,扎束马尾的丝麻织物。众多,杂乱。

若: ruò,《尔雅·释名》:"若,顺也。"《诗·鲁颂·閟宫》:"万民是若。"象形字。甲骨文字形,像一个女人跪着,上面中间像头发,两边两只手在梳发,表示顺从。

床:chuáng,《说文》:"牀,安身之坐也。从木,爿声。字亦作床。古闲居坐于牀,隐于几,不垂足,夜则寝,晨兴则敛枕簟。"形声。从木,爿(pán)声。本义坐卧的器具。

【爻辞要义】如果能像祝史、巫觋巽顺谦卑听命纷纷来到床前排除疑星或按旨意办理事务,则吉祥,一定不会有什么祸患。这是因为能够居中守正的缘故。

三是"频巽凶险政令忌,朝令夕改无适从"。

【九三爻辞】九三:频巽,吝。象曰:频巽之吝,志穷也。

【注解】频:pín,《字汇》:"频,连也。"重复,连续。会意。从步,从页。页(xié):人头。《说文》认为步是"涉"的省略。人将要渡河,见水深,皱眉而止。本义皱眉。屡次,连次,频繁。

穷:qióng,《说文》:"穷,极也。"《广雅》:"穷,贫也。"《小尔雅·广诂》:"穷,竟也。"形声。从穴,躬声。躬,身体,身在穴下,很窘困。简化字为会意,力在穴下,有劲使不出。本义:穷尽,完结。

品:pǐn,《说文》:"品,众庶也。"会意字,从三口。口代表人,三个表多数,意即众多的人。本义众多。

【爻辞要义】像风一样频繁改变方向和强度那样行政施令是执政行事最大的禁忌,原因在于朝令夕改臣属和民众无所适从。

四是"君王田猎收获多,笼络人心树丰功"。

【六四爻辞】六四:悔亡,田获三品。象曰:田获三品,有功也。

【注解】功:gōng,《说文》:"功,以劳定国也。"《周礼·司勋》:"国功曰功。"会意。从力,工声。"工"亦兼表字义,表示用力从事工作。本义功绩,功业,功劳。成就,成效,与"过"相对。

【爻辞要义】君王到田野狩猎时得到多种收获,一是深入民众,拉近君王与民众的距离;二是猎物赏赐给有关的人,体现君王的仁爱之心;三是通过王用三驱等方式猎获羸弱的动物,放走健壮的动物,体现了优胜劣汰的规律,系替天行道,体现了君王的大仁大爱,可以达到亲民、爱民的效果。从这几个方面看,君王狩猎有利于凝聚民心。与现行精神文明建设中开展文体活动,繁荣丰富职工业余文化生活,凝聚员工队伍,具有异曲同工之妙。

五是"贞吉悔亡无不利,中正无初而有终"。

【九五爻辞】九五:贞吉,悔亡,无不利。无初有终,先庚三日,后庚三日,吉。

象曰:九五之吉,位正中也。

【注解】庚:天干的第七位,用作顺序第七的代称。本义指"庚,更也。事之变也。先庚三日,丁也。后庚三日,癸也。丁所以丁宁于其变之前,癸所以揆度于其变之后"。

【爻辞要义】坚守中道,可以得到吉祥,悔恨会消失,做任何事情没有不顺利的;开始时也许不会太顺利,但最后一定会通达。比如颁行新的法令、政令,可以在象征变更的"庚"日的前三天发布,在"庚"日后三天再开始施行这些命令,才能使命令深入人心,从而使上下皆顺从,由此获得好的效果。原因在于,守持中道,慎始慎终。

六是"巽在床下丧资斧,丧资图穷正乎凶"。

【上九爻辞】上九:巽在床下,丧其资斧,贞凶。

象曰:巽在床下,上穷也。丧其资斧,正乎凶也。

【注解】资斧:资zī,财物,资产。斧,本义指砍东西的斧子,又指一种兵器。资斧指旅费、盘缠与防身器械。程颐传:"得货财之资,器用之材。"《古今小说·裴晋公义还原配》:"大人往京,老汉愿少助资斧。"

【爻辞要义】谦卑恭顺到了极点而屈于床下,处于穷极末路,无法前进,丧失了赖以谋生的资本,丧失了刚硬的本性,失去了生活的能力,结果是凶险的。

(三)尚巽顺美德,避遏流弊

一是"频巽凶险政令忌,朝令夕改无适从"。像风一样频繁改变方向和强度那样行政施令是执政行事最大的禁忌,原因在于朝令夕改臣属和民众无所适从。这与恒卦警语箴言"若烹小鲜治大国"揭示的是同一个道理,只不过是从相反的方面说不守"静德",为官执政朝令夕改总是变来变去人们不知道该如何适从好了。二是"谦逊亲和得相助,优寡卑惧不可行"。谦逊柔顺要注意把握度,谦逊亲和将得到支持和帮助,而谦逊柔和过度,优寡寡断,卑怯畏惧,则不可行。将有祸患,此乃为政当忌。巽卦与恒卦互参,对参悟为政须秉持静德帮助匪浅。统治者或领导者禁忌朝令夕改,否则,政务紊乱,民众或员工将无所适从;民众或员工禁忌优寡卑惧,巽顺固然是美德,但是巽顺过度将产生优寡卑惧心理,上级即使有良好的政策、英明的决策,在民众和基层中也得不到有力的贯彻执行。对管理者具有极强的借鉴意义。

第五十八章　兑　卦

沟通交流之道：泽上泽下相附丽　沟通交流利讲习

　　兑，兑为泽，性悦，泽泽相连，融通互动，有沟通交流的意思，象征欣悦和乐。观象悟道，发现沟通交流互动具有无比神奇的作用。核心启示是"君子以朋友讲习"。一般人经历过这样的景象，炎热季节，燥热难耐，见到一个沼泽，就足以令人心神愉悦，而无数沼泽相互联通，则会给大地增添无数润泽与生机。泽水相互流通滋润，彼此受益，因而又象征喜悦和乐。这种景象会给更多的人带来喜悦和乐。君子应当效法泽与泽相附丽沟通和乐的精神，乐于同志同道合的朋友一道研讨学业，讲习道义，长进学识，沟通思想，凝聚意志，统一行动，这是人生最大的乐趣。同时，更有利于共同开创伟大的事业。

一、兑卦经文

兑 兑为泽 兑上兑下

兑:亨,利贞。

彖曰:兑,说也。刚中而柔外,说以利贞,是以顺乎天,而应乎人。说以先民,民忘其劳;说以犯难,民忘其死;说之大,民劝矣哉!

象曰:丽泽,兑。君子以朋友讲习。

初九:和兑,吉。
象曰:和兑之吉,行未疑也。

九二:孚兑,吉,悔亡。
象曰:孚兑之吉,信志也。

六三:来兑,凶。
象曰:来兑之凶,位不当也。

九四:商兑,未宁,介疾有喜。
象曰:九四之喜,有庆也。

九五:孚于剥,有厉。
象曰:孚于剥,位正当也。

上六:引兑。
象曰:上六引兑,未光也。

二、兑卦警语箴言

泽上泽下相附丽　相润相滋相裨益
泽泽相连心喜悦　沟通交流利讲习
思想交流意志凝　向心凝聚战斗力
喜悦之心守正道　顺天应人劝民矣
悦以先民忘其劳　悦以犯难民忘死
和兑喜悦行未疑　孚兑喜悦诚增吉
来兑求喜位不当　谨防结党与营私
商兑喜悦心不宁　糖衣炮弹需警惕
介疾有喜悔增吉　拒贿清廉民受益

易
道
话说易经 谈道德修养

巧言令色蕴凶险　诚心轻信必无益
引兑引诱取悦人　行为诡谲心包私
光明正大民所敬　开诚布公悦人己
成己为人是宗旨　成人达己双赢利
沟通交流意义大　协同协作心志齐
外柔内刚亨利贞　交流融通总有益
谄媚暴戾失正德　刚正诚信排异己
守正和中德至善　悔吉吝凶因动机

三、易理哲学简说

泽上泽下相附丽　沟通交流利讲习

兑,兑为泽,兑上兑下。兑为泽,性悦,上下皆悦。兑象征欣悦。兑的基本字义为:交换;液体从一个容器注入另一个容器,一种东西掺到另一种东西里去,比如,兑点热水。有沟通交流的意思。兑卦代表一个沼泽连着一个沼泽。沼泽代表喜悦和乐,沼泽相连、融通互动,因此,代表着喜上加喜的欣悦和乐。

能够巽顺而入(巽)沟通交流才能有喜悦(兑),"兑,亨,利贞""君子以朋友讲习",即兑卦。兑卦以沼泽相连喜悦和乐为比,以揭示沟通交流为兴,揭示的是沟通交流之道:

(一)沼泽具有融通互动令人喜悦和乐的特性

"泽上泽下相附丽,相润相滋相裨益;泽泽相连心喜悦,沟通交流利讲习。"

【兑卦象辞】丽泽,兑。君子以朋友讲习。

【注解】丽:《玉篇》:"好也。"《广韵》:"美也。"《序卦》:"离者,丽也。"《尔雅》:"麗,附也。"《小尔雅·广言》:"丽,两也。"《古代汉语字典》:"丽的繁体写作麗,是形声字,鹿为形,丽为声。丽的本义是双、两、耦。后指结伴而行。丽在古籍中的基本义是成双成对的,这个意义也写作俪。"有依附、附着等义。

泽(澤):《释名》:"下而有水曰泽,言润泽也。"《古代汉语字典》:"泽是形声字,氵为表,睪(读作yì)为声。本义指沼泽之类的草积聚的低洼地。"多指沼泽。

兑:duì,《说文》:"兑说(悦)也。"《古代汉语字典》:"兑是会意字,由人、口、八三个字组合而成,指人笑的时候把口张开,兑的本义是喜悦。"

【象辞要义】兑卦的卦象是兑(泽)上兑(泽)下,为两个泽水并连之表象。炎热季节,燥热难耐,见到一个沼泽,就足以令人心神愉悦,而无数沼泽相互联通,则会给大地增添无数润泽与生机。泽水相互流通滋润,彼此受益,因而又象征喜悦和乐。这种景象会给更多的人带来喜悦和乐。君子应当效法泽与泽相附丽沟通和乐的精神，乐于同志同道合的朋友一道研讨学业，讲习道义，这是人生最大的乐趣。观象悟道，发现沟通交流互动具有无比神奇的作用。

（二）兑卦核心启示重在充分发挥沟通交流互动的神奇功效

【兑卦卦辞】兑：亨，利贞。

【兑卦彖辞】彖曰：兑，说也。刚中而柔外，说以利贞，是以顺乎天，而应乎人。说以先民，民忘其劳；说以犯难，民忘其死；说之大，民劝矣哉！

【卦辞要义】与【彖辞要义】兑卦的核心启示为"君子以朋友讲习"。既然泽水相互流通滋润，彼此受益，给人带来无限喜悦和乐，那么在社会实践和现实生活中，效法泽与泽相附丽沟通和乐的精神，乐于同志同道合的朋友一道研讨学业，讲习道义，长进学识，沟通思想，凝聚意志，统一行动，将会给人带来无穷的乐趣，同时，更有利于共同开创伟大的事业。与民众进行有效的沟通具有神奇的功效——"悦以先民忘其劳，悦以犯难民忘死"——与民众进行有效的沟通，赢得民众的信任，民众心怀喜悦和乐，热爱国家，也就是通过沟通事先开展有效的思想工作，赢得民众的忠诚，那么让民众付出，那么民众就会忘记劳苦；让民众为国家共赴难关或捐躯现身，民众便会忘记死亡。"沟通交流意义大，协同协作心志齐；外柔内刚亨利贞，交流融通总有益。"兑卦揭示了沟通交流的意义重大，是思想意志交流融通的有效手段，需要双方协同协作齐心共同努力，外柔内刚，秉持贞正的操守，将会亨通有利，因此，交流融通总有裨益。"成己为人是宗旨，成人达己双赢利。"发展自身，加强自我修养，是为了给他人提供更好的服务，成全成就别人可以促进自己实现目标，使人己双方都有收获或赢利。其核心是"互相成就""共同发展"。"双成"是沟通、交流、互动比较高的境界。中国人寿保险公司即以"双成"为企业文化核心理念，强化社会公共服务意识，实现了企业的快速发展，跻身世界企业 500 强。可以说，是以兑卦精神为基本内核建设企业文化的一个范例。

（三）沟通交流必须动机端正，克服诸多流弊

欣悦来自有效的沟通交流。上下、内外要保持沟通融洽畅达，刚正不失外悦，柔悦不失内刚，内外刚柔兼济。"守正和中德至善，悔吉吝凶因动机。"悔悟生吉，悭吝生凶，是易经所反映的基本规律之一，要善于把握好。恪守贞正和顺中庸的美德将趋于至善的境界。悔悟生吉，悭吝生凶，这是由动机不同而导致的。强调的是，沟通交流要注意原则、分寸和度的把握。沟通交流喜悦和乐需要注意把握以下几个方面：

一是"和兑喜悦行未疑"。

【初九爻辞】初九:和兑,吉。象曰:和兑之吉,行未疑也。

【注解】和兑:和颜悦色温和地与人交流沟通。

【爻辞要义】能以平和喜悦的态度待人,有效地相互进行沟通,因为心怀诚信,态度和行为端正,行为笃实,吉祥,不被人猜疑。

二是"孚兑喜悦诚增吉"。

【九二爻辞】九二:孚兑,吉,悔亡。象曰:孚兑之吉,信志也。

【注解】孚兑:心中诚信与人和悦沟通。

【爻辞要义】心中诚信与人和悦沟通,故而得到吉祥;悔恨可以消失,说明心志诚信、笃实,能获得好的结果。

三是"来兑求喜位不当,谨防结党与营私"。

【六三爻辞】六三:来兑,凶。象曰:来兑之凶,位不当也。

【注解】来兑:《尔雅》:"来,至也。"《古代汉语字典》:"来在古汉语中是象形字,上部像麦穗,中部像下披的叶,下部是根,中间一竖是麦茎,整体很像麦子的表状。""来往的来,与'往'相对。"来兑指对方主动前来沟通寻求和乐。

【爻辞要义】对方主动前来沟通寻求和乐,有凶险,是因为居位不中不正,有曲意逢迎、有所企图的缘故。这种情况下,要警惕结党营私。

四是"商兑喜悦心不宁,糖衣炮弹须警惕;介疾有喜悔增吉,拒贿清廉民受益"。

【九四爻辞】九四:商兑,未宁,介疾有喜。象曰:九四之喜,有庆也。

【注解】商兑:shāng,《说文》:"商,从外知内也。"《广雅》:"商,度也。"《古代汉语字典》:"商的本义指从外部估测里面的情况。"有商议、商量等义。商兑指采取商讨或商业交换的方式实现沟通交流。

【爻辞要义】采取商讨或商业交换的方式实现沟通交流,会出现心绪不宁的情况,在商业贸易中,有所求,必有所图,必然存在着企图心,这是正常的心理,因此,警惕糖衣炮弹的进攻理所当然。排除凶险疾恶才会有喜庆的结果。能拒绝诱惑,毅然守正,因此出现好的兆头,值得庆贺,民众将会获得益处。

五是"巧言令色蕴凶险,诚心相信必无益"。

【九五爻辞】九五:孚于剥,有厉。象曰:孚于剥,位正当也!

【注解】剥:《说文》:"剥,裂也。"《广雅》:"剥,离也。"《古代汉语字典》:"剥在甲骨文中是会意字,由左边的卜和右边的刀组成。在篆文中仍是会意字,或为左卜右刀,或为左录右刀。剥的本义是割裂。"有割裂、割开、脱落、脱掉等义。

【爻辞要义】"诚心相信小人的巧言令色必有危险",只可惜它所居的正当之位了。

六是"引兑引诱取悦人,行为诡谲心包私"。

【上六爻辞】上六:引兑。象曰:上六引兑,未光也。

【注解】引兑:《说文》:"引,开弓也。"《古代汉语字典》:"引是会意字,由弓和丨(读作 gǔn)会意,表示拉弓。引的本义为开弓,是人把弓弦拉开。"有引导等义。

【爻辞要义】采取引诱的方式进行沟通,与别人一同欢悦,不是光明正大的品行,而是偏离正德,这种所谓的欢悦将导致凶险。

"喜悦之心守正道,顺天应人劝民矣。"沟通是交流思想的有效手段,沟通交流应该坚持喜悦和乐之心,坚守正道,才能顺应天道(规律和法则)而应和人心,才能达到劝导教化民众的效果。因此,沟通的力量太大了!民众之心被真诚地沟通而达到教化的啊!"谄媚暴戾失正德,刚正诚信排异己。"谄媚,卑贱地奉承,讨好别人。暴戾,凶暴残忍。为人或者卑贱地奉承讨好别人或者凶暴残忍地胡作妄为都将失去贞正的美德。相反,坚持刚正诚信的美德,将团结志同道合的人共事,从而排除异己的小人。这对"君子以朋友讲习"十分有利。

易道 话说易经 谈道德修养

第五十九章 涣 卦

拯救涣散之道：局面涣散怎么办 团结相助凝聚力

　　风行水上，推波助澜，水波离散，四方流溢，流散、离散，涣象征组织和人心涣散、流散。古圣先王观察到这种象，联想类比到人心涣散不是大致也是这种状态吗？"先王以享于帝立庙"，先王为了收合归拢人心便修建庙宇，祭祀天帝。祭天目的在于感化民众，起到团结民众、凝聚民众的作用。祭祀需要笃诚而心存敬畏，才能影响和感召民众，达到一呼而应的效果。其核心要有共同的信念与信仰，此乃涣卦核心启示，揭示的是拯救涣散之道。

一、涣卦经文

涣 风水涣 巽上坎下

涣:亨。王假有庙,利涉大川,利贞。

彖曰:涣,亨。刚来而不穷,柔得位乎外而上同。王假有庙,王乃在中也。利涉大川,乘木有功也。

象曰:风行水上,涣。先王以享于帝立庙。

初六:用拯马壮,吉。
象曰:初六之吉,顺也。

九二:涣奔其机,悔亡。
象曰:涣奔其机,得愿也。

六三:涣其躬,无悔。
象曰:涣其躬,志在外也。

六四:涣其群,元吉。涣有丘,匪夷所思。
象曰:涣其群,元吉;光大也。

九五:涣汗其大号,涣王居,无咎。
象曰:王居无咎,正位也。

上九:涣其血,去逖出,无咎。
象曰:涣其血,远害也。

二、涣卦警语箴言

风行水上水波离　　丰逸心涣易德离
随波逐流泛私心　　涣散悔亡须警惕
局面涣散怎么办　　团结相助凝聚力
先王立庙祭天帝　　信仰精神树旗帜
君王至诚感民心　　形散呼应而神聚
拯涣马壮柔顺吉　　寻找乐土脱险地
涣奔其机抓枢纽　　抓住根本拯涣局
同坠涣海临危难　　损己助人心凝聚
摒弃小我和大同　　安泰吉祥同相益

涣殃堤岸同登船　同舟共济悔增吉
涣海万众聚成山　众志成城不可击
领袖舵手指航向　广散积蓄民心聚
同心戮力排险难　败亡教训要汲取
团结凝心通其志　革除私弊增公益
安石变法拯涣散　显效败终因积弊

三、易理哲学简说

局面涣散怎么办　团结相助凝聚力

涣,风水涣,巽上坎下。坎为水,巽为风。风行水上,推波助澜,水波离散,四方流溢,为涣。《说文》:"涣,流散也。"有流散、离散的意思。涣象征组织和人心涣散、流散。

喜悦(兑)过后人们各自散去(涣),"涣,亨。王假有庙,利涉大川,利贞""先王以享于帝立庙",即涣卦。涣卦揭示的是拯救涣散之道。在丰盛愉悦的环境下,人心容易涣散,以致离心离德,重私利而忘公益,使风气败坏,破坏团结,必须及时拯救。如何能够有效拯救涣散呢?

(一)警惕出现涣散局面

"风行水上水波离,丰逸心涣易德离;随波逐流泛私心,涣散悔亡须警惕。"涣卦的卦象是巽(风)上坎(水)下,为风行水上之表象,风在水上不停地吹拂,水面泛滥着不规则的离散的水波,古圣先王在观察到这种象,联想类比到人心涣散不是大致也是这种状态吗? 一个群体或整个国家,由于私心杂欲不停地膨胀,各种思想观念不停地灌输、宣导、交流、渗透,人们的心态忿躁纷乱,政出多门或频繁更改,离心离德,人们的步调变得紊乱,就会出现涣散的局面,如果漠视而不及时拯救,就会恶化成溃亡的局面,因此,需要提高警惕。

(二)凝神聚力,同心同德共克时艰

"先王立庙祭天帝,信仰精神树旗帜;君王至诚感民心,形散呼应而神聚。"

【涣卦卦辞】涣:亨。王假有庙,利涉大川,利贞。

【卦辞要义】涣卦:亨通。君王来到宗庙举行祭祀活动,能够统一民众的思想意识,有利于去做像跋涉山川大河那样的大事,利于恪守贞正之道。

【涣卦象辞】象曰:亨。刚来而不穷,柔得位乎外而上同。王假有庙,王乃在中也。利涉大川,乘木有功也。

【象辞要义】涣卦亨通,刚健的力量来拯救涣散的局面,不会穷困。柔弱者摆脱涣散局面得到适当位置与君王的期望是相同的。君王来到宗庙举行祭祀活动,君王深入到民众之中,(民众拥戴)利于去做像跋涉山川大河那样的大事,需要凭借像木船那样的有利工具来拯救涣散局面。

【涣卦象辞】风行水上,涣。先王以享于帝立庙。

【象辞要义】涣卦的卦象是巽(风)上坎(水)下,为风行水上之表象,象征涣散、离散。先王为了收合归拢人心便修建庙宇,祭祀天帝。祭天目的在于感化民众,起到团结民众、凝聚民众的作用。祭祀需要笃诚而心存敬畏,才能影响和感召民众,达到一呼而应的效果。此乃涣卦核心启示。古代宗庙的基本作用是树立信仰、教化人心、统一民众思想意志,增强社会安定和谐的思想基础。常常会听到有人说烧香拜佛、拜神有什么用? 需要了解,古代信息、宣传、舆论的传播工具和途径非常有限,为了达到教化人心,统一人们思想意识与行动的目的,由于历史发展的局限性,面临涣散危亡局面时,古代先王常常采取修建庙宇进行祭祀的方式教化民众感化民心,团结民众,共同面对并战胜危难。固然带有迷信色彩,但其积极作用不可低估。在涣散危难局面来临之际,如果没有信仰或信念支撑,很难走出困境,就是社会文明极大进步的今天,人们仍然离不开信仰,各种宗教(当然是正教而非邪教)之所以存在,是因为其有合理性的一面。

(三)抓主要矛盾,从根本上解决问题

出现涣散局面,必然有导致涣散局面产生的主要原因,"涣奔其机抓枢纽,抓住根本拯涣局。"就是要抓住涣散生发的枢纽这一主要矛盾,从根本上解决问题。涣散局面出现在不同领域有着不同的实际情况,不同阶段有着不同的特征,要善于具体问题具体分析,有针对性地采取相应的原则与策略:

一是"拯涣马壮柔顺吉,寻找乐土脱险地"。

【初六爻辞】初六:用拯马壮,吉。象曰:初六之吉,顺也。

【注解】拯:zhěng,《古代汉语字典》:"拯是形声字。扌为形,丞为声。拯的本义指上举。"孔颖达疏:"拯,举也。"

【爻辞要义】借助健壮的好马可以迅速摆脱像水波横流流散的涣散境地,登上远离水涣的乐土。以此比喻,涣散局面初起之时,如果自身力量不足,可以借助外力来摆脱涣散局面,可以获得吉祥。

二是"涣奔其机抓枢纽,抓住根本拯涣局"。

【九二爻辞】九二:涣奔其机,悔亡。象曰:涣奔其机,得愿也。

【注解】奔:bēn,《尔雅·释宫》:"中庭谓之走,大路谓之奔。"会意字。金文字形,上面从"大"(人),像人挥动双手,下面从"止"(趾),而且是三个"止",表

示快跑。本义快跑。

机：jī，《说文》："主发谓之机。"《说文》："机，机木。从木，几声。"形声。从木，几（jī）声。本义：弓弩上的发射机关。

【爻辞要义】涣奔其机就是处在涣散之时，抓住涣散生发的枢纽，从根本上抓住主要矛盾，迅速脱离涣散危险的境地，悔恨便会消失。能够摆脱涣散局面，实现愿望。

三是"同坠涣海临危难，损己助人心凝聚"。

【六三爻辞】六三：涣其躬，无悔。象曰：涣其躬，志在外也。

【注解】躬：《说文》："躬，身也。"《古代汉语字典》："躬 gōng，躬是会意字，由身和弓（像弯曲的身体）两部分组成，弓兼表声。躬的本义指身体，多指自身。"

【爻辞要义】面临涣散局面，能够迅速摆脱涣散局面脱离危险境地固然好，但是，处于涣散局面之中陷入危险境地一时又难以解脱怎么办呢？这时，怎样才能团结一心，同心同德呢？应该从大局着眼，主动积极寻求解脱的办法，或在危难、关键时刻挺身而出，宁愿自身受到损失，在宽广的胸怀和美好的德性感召下，众人将团结凝聚起来，共同寻求摆脱涣散局面的办法，那将没有什么悔恨。

四是"摒弃小我和大同，安泰吉祥同相益"。

【六四爻辞】六四：涣其群，元吉。涣有丘，匪夷所思。

象曰：涣其群元吉，光大也。

【注解】群：《说文》："群，辈也。从羊，君声。"《汉字的奥秘》："从羊君声。两旁结体，以头羊的率领表示群团之义（无头领的乌合之众不是群，群与众有别）。头羊的特征乃是发情时嘴皮的翻抖，因此，以'君'为声义偏旁。"君"本义为"管事人""干事"，引申义为"地方主事人"；"羊"指某一地方的居民。"君"与"羊"联合起来表示"有君长的地方""有君长的人民团体"。本义指人民自治体。引申义包括人、马、牛、羊、猪、鸡、鸭、鱼等在内的一切动物集合体。

丘：《古代汉语字典》："丘是象形字，甲骨文的丘像有两个山峰的山丘形状。本义指自然形成的土山。"此处指居住的地方。

【爻辞要义】尽散朋党，能化解小的群体而聚成山丘一般大的群体，这不是常人所能想到的，表明无自私自利之心，品行光明正大，因而有大的吉祥。处于涣散局面中，和同与团结具有积极作用，可以达到安泰吉祥共同受益的效果。

五是"涣決堤岸同登船，同舟共济悔增吉。领袖舵手指航向，广散积蓄民心聚"。

【九五爻辞】九五：涣汗其大号，涣王居，无咎。象曰：王居无咎，正位也。

【注解】汗：《说文》："汗，身液也。"形声。从水，干声。本义汗腺的分泌物。出汗,使出汗。

大号:号,hào,《说文》:"号,痛声也。"《尔雅》:"号,呼也。"形声。字从口从万,万亦声。"万"意为"折磨""磨难"。"口"与"万"联合起来表示"遭受折磨时发出的惨叫"。本义遭受痛苦折磨时发出的惨叫。号字亦可右边加"虎",成为"号"字,发音不变,义为"遭受老虎撕咬时发出的惨叫"。引申义大声呼叫。命令:号令,号召。

居:jū,《说文》:"居,蹲也。从尸,古者居从古,俗居从足。"会意。字从尸从古。"尸"意为"身体不动","古"指"古代"。"尸"与"古"联合起来表示"自古以来未曾挪动身体"。居字属于古字族。在古字族里,古字都是声符兼义符。古字族汉字都与"过去的""旧时的"之义有关。本义土著、土人、自古以来就住在本地的家族,引申义为"永住"。住所,住宅。

【爻辞要义】涣散的波及面越来越大,危及堤岸,同舟共济有助于共同摆脱危险的境地,是吉祥的。可见,面临涣散的危险境地,团结一心,同心同德是坚不可摧的精神力量。这个时候,像挥发身上的汗水一样发布重大的命令,同时亦能疏散君王的积蓄用以聚拢民心,这样做一定不会有什么祸患。因为居于正位,行事端正,必将产生同舟共济的好效果。

六是"涣海万众聚成山,众志成城不可击"。

【上九爻辞】上九:涣其血,去逖出,无咎。象曰:涣其血,远害也。

【注解】血:xuè,《说文》:"血,祭所荐牲血也。"指事。小篆字形,从皿,"一"像血形。表示器皿中盛的是血。本义牲血,供祭祀用。后泛指血液。

逖:tì,远,不近。使之远离。

【爻辞要义】处在深重的涣散危难境地,仅仅有少数人的付出奉献还不够,需要每个人都有付出和奉献,万众才能像山一样聚在一起,众志成城,形成意志坚不可摧的铜墙铁壁。处在深重的涣散危难之中,全民必须有共克时艰的危亡意识,摆脱涣散,避免伤害。自从中国共产党诞生以来,每当重大灾难发生,中国共产党及其所领导的人民解放军犹如中流砥柱,深入人民群众之中,坚强地冲在抢险救灾的最前线。中华人民共和国国歌《义勇军进行曲》歌唱的就是这种危亡图存的境界:

"起来!不愿做奴隶的人们!
把我们的血肉,筑成我们新的长城!
中华民族到了,最危险的时候!
每个人被迫着发出最后的吼声!起来!
起来!起来!
我们万众一心,冒着敌人的炮火,前进!

冒着敌人的炮火,前进!前进!前进!进!!"

(四)立足自身与借助外援相结合,形成共同战胜涣散危难局面的合力

"团结凝心通其志,革除私弊增公益。"这是拯救涣散的基本要求,要求处于涣散局面之中的每个人都要齐心协力,相互团结,志向相同,共同采取积极有效的措施,革除私心与弊端,互助公益,才能摆脱涣散危险的局面。要有领袖舵手指引正确的航向,民众要万众一心,善于损己助人,凝聚意志与力量,同时,也要善于借助一切可以借助的力量,内外配合,形成合力。

(五)善于总结,吸取涣散败亡的教训

朝代更迭千孔百面,但是,其灭亡的规律和根本原因主要有一个,那就是统治者自身的腐败与衰乱导致涣散给外敌入侵或内部变乱以可乘之机。因此,执政党或统治阶级加强自身建设永远是治国安邦的首要问题。得民心则得天下,失民心则失天下。"同心戮力排险难,败亡教训要汲取。"同心戮力出自《墨子·尚贤》:"《汤誓》曰:'聿求元圣,与之戮力同心,以治天下。'"同心,齐心;戮力,并力。齐心合力。含有"思想一致,行动上共同努力"的意思。败亡教训是指,历史上历朝历代的灭亡,根本原因在于统治阶层腐败涣散没落使其失去生命力和威信,比如夏桀残暴、商纣王无道……清朝末代统治者腐败软弱无能。决定事物性质的关键因素在于内因,外因的作用在于促成其转化。外来的、革命的、反抗的新生力量只是加速了它们的灭亡。我们不妨看看历史上的朝代是怎么灭亡的:

唐朝的灭亡主要原因就是宦官专权,藩镇割据和朋党之争。

首先,宦官专权。在中国历代的封建王朝中,东汉、唐朝和明朝是宦官专权最严重的三个朝代。与东汉和明朝相互比较,唐朝的宦官专权的程度要比后两者严重得多。东汉王朝和明朝虽然有宦官专权,但是宦官是狐假虎威。但是唐朝的宦官操纵着皇帝,宰相的任免,国策的制定都取决于宦官。唐朝初年,唐太宗为了限制宦官的权力,对于宦官的限制是十分严格的,并且规定宦官只能担任四品的内官。但是到了天宝年间,宦官的权力逐渐地扩大。宦官高力士的权力很大。诸王和公主称其为"阿翁",驸马称其为"爷"。唐肃宗时期的宦官李辅国执掌禁军,权力非常大,曾经拥立唐代宗即位。他非常跋扈,曾经对代宗说:"大家但在内里坐着,外事皆听老奴处分",唐代宗听了龙颜大怒,但是只因其大权在握也无可奈何。唐宪宗由于宦官俱文珍的拥立而即位。宦官仇士良曾经当着皇帝的面历数其过失。唐文宗称自己连汉献帝和周赧王都不如。唐朝后期的大部分皇帝大都是宦官拥立。其中唐宪宗、唐敬宗竟为宦官所杀。中

央政权实际上操纵在宦官的手里,皇帝成为宦官的傀儡。唐朝的宦官之所以这样嚣张,在很大一部分上应该怪皇帝。皇帝对大将不信任,所以把禁军的指挥权交给了宦官。从唐德宗时开始,宦官掌握禁军,成为惯例。为了反对宦官专权,皇帝曾经多次连结朝臣共同对付宦官。其中比较著名的是唐顺宗时期的"二王八司马"事件和唐文宗时期的"甘露之变"。但是这些斗争都以失败而告终。宦官的权力不但未能削弱,反而更加加强。这样的局面一直持续到唐朝灭亡。

其次,藩镇割据。为了保卫边疆地区,唐朝在景云年间设置了节度使,刚一开始,这一设置只是存在于边疆地区,在"安史之乱"之后,唐朝为了保卫中央政权,设立了更多的节度使。节度使权重,掌握地方行政大权和兵权,成为割据一方的割据势力。而且节度使一职传子或者部将,中央到时只能加以承认,而且他们垄断了地方的税收。藩镇之间以及藩镇与中央之间为了争夺人口和土地,不断进行着战争,各个藩镇拥兵自重,割据一方,严重地威胁着国家的统一。在"安史之乱"之后,唐王朝在"安史之乱"的源地河北设立了诸多的藩镇,其中昭仪、成德和魏博三镇最为严重,史称为"河北三镇"。他们长期与中央对抗,名为"王室之臣",实际上是土皇帝。唐宪宗即位以后,曾经试图改变这种状况,对藩镇用兵,平定了吴元济的叛乱,而且还歼灭了其他不服从中央的藩镇,这时候一向骄横的河北三镇也不得不服从中央。国家表面上恢复了统一的局面,可是这样的局面并没有持续多久。在唐宪宗元和末年,唐朝的统治区域内除了都城以外,共有藩镇46处。这些藩镇大都处于独立半独立状态。但是某些事关唐朝安全的一些重要藩镇,则都是由中央控制,这也保证了唐朝的存在。藩镇割据在很大程度上削弱了中央对地方的控制。

其三,朋党之争。唐朝中央官员主要由两部分人组成,一是门荫入仕的官宦贵族子弟;一是科举出身的官员,他们大多来自庶族地主,倾向于与门阀士族斗争。科举出身的官员,由于政治地位相近,情趣相合,极易结成党派。是时,同榜进士称"同年",进士对主考官称"座主",被录取的进士为"门生",门生座主关系密切,互相援引,形成一个政治上的小圈子。士族地主虽已衰落,而且其地位每况愈下,但是,他们仍然以阀阅自矜,看不起庶族地主。这两种官员不断进行明争暗斗,而以长庆(821—824年)至大中(849—860年)年间的"牛李党争"历时最久,斗争最为激烈。朋党之争是唐后期统治阶级内部争权夺利的斗争,没有更多的积极意义,反而起了削弱唐朝统治力量的作用。这三大因素是唐朝灭亡的主要原因。最终导致了全国性的农民大起义,瓦解了唐朝的统治。终于使其在农民起义被镇压的二十年后,为唐末农民起义的叛徒朱全忠所代替。

明朝灭亡的主要原因为：皇权高度集中；党争不断；官僚集团腐败；宦官乱政；自然灾害频发；农民战争；货币紧缩；少数民族政权兴起八大因素。

清朝灭亡的主要原因为：其一，政府腐败，官官相护，十年七品官十万雪花银；其二，制度落后，封建制度已经跟不上时代的变迁；其三，闭关锁国，思想封建，世界在进步、在工业化革命，而自己却在闭门造车；其四，当权者误国，变革不彻底，半工业化半封建化；其五，丧权辱国，毫无羞耻，偏安之心昭然若揭；其六，内斗，无论农民起义，工人起义，革命党起义等都是内耗；其七，外国侵略不断，恰逢其时，世界大战，屡战屡败割地赔款元气大伤；其八，日本侵略，清政府倒台，政权变更的过程中战争不断。总的来说，封建制度的腐朽性导致落后的生产力阻碍了经济发展是封建社会灭亡的根本原因。

面对王朝涣散衰败，也曾有仁人志士积极变革扭转败局，但因大势已去，结果并不尽理想。"安石变法拯涣散，显效败终因积弊"就是其中的典型。王安石变法是中国历史上针对北宋当时"积贫积弱"的社会现实，以富国强兵为目的进行的一场轰轰烈烈的改革。王安石（1021—1086 年），字介甫，晚号半山，北宋临川（今江西东乡县上池村）人，中国杰出的政治家、思想家、文学家，唐宋八大家之一。他以"因天下之力以生天下之财，取天下之财以供天下之费"为原则，从理财入手，颁布了"农田水利法"、均输法、青苗法、免役法（又称募役法）、市易法、方田均税法，并推行保甲法和将兵法以强兵。变法取得的成果是有目共睹的，但它最终以失败而告终，王安石的缺陷和变法中的种种弊端是主要原因。王安石变法面临严峻的历史环境，其一，三大矛盾难以调和。阶级矛盾尖锐——北宋初年，宋朝统治者由于对土地兼并采取"不抑兼并"态度，导致三分之一的自耕农沦为佃户和豪强地主隐瞒土地，致使富者有田无税、贫者负担沉重，连年的自然灾害加剧了农民苦难，因而造成各地农民暴动频繁。民族对立严重——北宋与西夏和辽国发生多次战争。统治集团内部矛盾突出——改革派与守旧派斗争激烈。其二，面临"三冗"危机。冗官——北宋政府采用分化事权的方式，集中皇权。比如，宰相职位一般有很多人担任，同时还设置了枢密使、参知政事、三司使，来分割宰相的军、政、财权。官职也不断增加，导致北宋机构臃肿；采用恩荫制，一个官僚一生当中可以推荐数十个亲属当官；北宋大兴科举，科举应试人数增加，取士人数也增加。冗兵——政府为稳定社会秩序招收流民入军，军队数量增加，军费增加。冗费——冗官、冗兵导致政府财政支出增加，北宋政府还要给西夏和辽"岁币"，与此同时由于土地兼并现象严重，富豪隐瞒土地，导致财政收入锐减，因而造成了北宋政府的财政危机。其三，军队涣散，国家不稳。实行更戍法，兵无常帅、帅无常师，指挥效率和战斗力较低，导致北宋在与辽国和西夏的斗争中常常失败。王安石变法对于增加国家收入，有着积极的作用,北宋积贫积弱的局面得以缓解,北宋熙宁六年(1073年),在王安石指挥下,宋熙河路经略安抚使王韶率军进攻吐蕃,收复河(甘肃临夏)、岷(今甘肃岷县)等五州。宋军收复五州,拓地2 000余里,受抚羌族30万帐,建立起进攻西夏地区的有利战线。熙宁六年(1073年)大旱,安上门监郑侠画《流民图》,图中流民或身背锁械,或口食草根,告诉皇帝说旱灾是王安石造成的,神宗大受刺激,对变法产生重大怀疑。王安石认为"水旱常数,尧、汤所不免",司马光又上《应诏言朝廷阙失状》,随着改革深入,变法最大的支持者宋神宗发生动摇,熙宁七年(1074年)王安石第一次罢相,出知江宁府。变法运动由韩绛、吕惠卿等人继续执行,吕惠卿私心自用,引起朝中大臣的不满。熙宁八年二月,召王安石回京复职,继续执行新法。熙宁九年(1076年)爱子王雱病逝,王安石求退金陵,潜心学问,不问世事。王安石变法效果显著为什么又失败了呢? 同意改革的最主要支持者宋神宗在关键时刻发生了动摇,宋神宗死后司马光出任宰相,彻底废除新法,从各项经济上改革内容可以看出,王安石的新法规模甚大,其中理财方面最为重要,受到时人抨击。平心而论,王安石变法遭到失败,也不能完全推到守旧派反对上,他的政策和做法都值得检讨。一是变法事先缺乏宣传,导致在变法的过程中无法吸引到优秀的人才。在变法的反对阵营中,有一大批的知名人物,而其中的精英部分,在经过足够的宣传说服后应该是可以被吸收进变法阵营中的。二是政策执行不力——如青苗法、免役法之实行,与理想相去悬绝。如果贫困民户自愿请贷官钱,尚有可说,但实际上是地方官强迫农民五家互保后在逐家派定数目,称为散青苗,地方官为了保障秋后本息全部收回,散派的对象是中上之家而非贫下之户,盖怕贫下户无力偿还,这还谈什么惠民呢? 而青苗法中要收取利息二分,即是百分之二十,这数目是一般平民所不能负担的。政策执行不力的根本原因是没有合适的人才推行新法。三是刚愎自用——王安石性刚,与神宗议论国事,有所抗辩,声色俱厉,神宗每为之改容听纳。创行变法之初,司马光曾致函叫他不要用心太过,自信太厚,安石复书抗议,深不以为然,二人本是极要好又互相推重的朋友,从此画地绝交。例如,苏轼本来是拥护新法的最好人选,但苏轼的很多正确的意见也未能被王安石采纳。庆历新政失败以后,宋朝严重的阶级矛盾和民族矛盾并未缓和,积贫积弱的局面仍在向前发展,统治集团感到危机四伏,因而要求改革的呼声在一度沉寂之后,很快又高涨起来,终于掀起一次更大的变法活动。失败的最根本原因:新法没有触及社会的根本问题,它只是一场地主阶级内部针对北宋统治危机的制度改良,没有根本触及核心,不可能从根本上解决封建社会的矛盾。变法或多或少触动了大地主大官僚阶级(中上级官员、皇室、豪强和高利贷者)的利益,遭到他们的强烈反对,司马光曾经多次上书皇帝取消新法。因此,在每一项新

易道 话说易经 谈道德修养

法的推行过程当中,遂无例外地都遭受到他们的阻挠和反对。到宋神宗逝世之后,哲宗继位,高太后垂帘听政,以司马光为首的守旧派掌握了政权,此前的新法便在元祐初期全被废罢,有效的募役法也被废除。

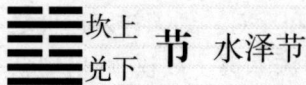

第六十章 节 卦

节制之道:以制数度议德行 节卦核心要牢记

节,泛指草木枝干间坚实结节的部分,喻关键的、能起决定性作用的环节或时机,引申义是节制、限制、节俭、衔接、关联的意思。泽容水,会有限量,过度就会溢出,应加以节制。有节制,能限制,是事物发展的普遍规律。顺应这种规律,人类制定规则,自觉地通过各种法律和规章调控自己的行为,社会才能顺利发展。节制贵适当,不能过分。天地有节度才能常新,国家有节度才能安稳,个人有节度才能完美。节卦的核心思想是讲节度的,主要表现在修身齐家、为政治国等层面;同时节卦也包含节俭的思想。君子应当效法"节卦"的易理哲学,制定典章制度和必要的礼仪法度来作为行事的准则,以此来节制人们的行为,管理社会事务,维护秩序,保持生机与活力。适度"甘节"美如怡,过度"苦节"丧活力。节制有艺术,掌握分寸很重要。

一、节卦经文

节 水泽节 坎上兑下

节:亨。苦节不可。贞。

象曰:节,亨,刚柔分,而刚得中。苦节不可贞,其道穷也。说以行险,当位以节,中正以通。天地节而四时成,节以制度,不伤财,不害民。

象曰:泽上有水,节。君子以制数度,议德行。

初九:不出户庭,无咎。
象曰:不出户庭,知通塞也。

九二:不出门庭,凶。
象曰:不出门庭,失时极也。

六三:不节若,则嗟若,无咎。
象曰:不节之嗟,又谁咎也。

六四:安节,亨。
象曰:安节之亨,承上道也。

九五:甘节,吉,往有尚。
象曰:甘节之吉,居位中也。

上六:苦节,贞凶,悔亡。
象曰:苦节,贞凶,其道穷也。

二、节卦警语箴言

堤防节制水盈虚　水满则溢洪水袭
坎上兑下泽容水　过度不节满则溢
以制数度议德行　节卦核心要牢记
不伤财物不害民　节以制度和礼仪
制度礼仪为准则　节制行为有意义
不伤害也不妨碍　适度节制吉生益
过分节制不出门　凶险在于失时机
机遇可能遍地有　自囿闭锁机终失
闭关锁国常挨打　开放并蓄增活力

文化革命雨如晦　改革开放焕生机
视野开阔有格局　适中妥当亨而宜
不节自悔无祸患　柔顺安节总有益
适度节制有褒奖　适中美好中正吉
过分节制生苦涩　缺养乏助困无力
懊悔自省求改进　苦节凶险可消失
苦节贞凶穷末路　兴家立业当谨记
物事盈虚有规律　天真苦节终无益
安节之亨承上道　居位适中甘节吉
当位节制中正通　天地节制成四时
适当节制是美德　恰如其分乃相宜
当节不节有伤害　不当而节丧活力
过犹不及难亨通　处中守正合规律
节以为防要适中　过度为遏则失机
适度甘节美如怡　过度苦节丧活力
路易十六纵过度　苛政猛虎民疲敝
投入注重有发展　产出消费莫过比
循环更新重增长　减损增益添活力
艰苦奋斗好传统　勤俭节约好风气
普惠共盈国昌盛　适度美节家国颐

三、易理哲学简说

以制数度议德行　节卦核心要牢记

节，水泽节，坎上兑下。兑为泽，坎为水。泽容水，会有限量，过度就会溢出，应加以节制。《说文》："节，竹约也。"泛指草木枝干间坚实结节的部分，喻关键的、能起决定性作用的环节或时机，引申义是节制、限制、节俭、衔接、关联的意思。节有止义，象征节制。"堤防节制水盈虚，水满则溢洪水袭；兑下坎上泽容水，过度不节满则溢"是对节卦卦象的形象描述。

事物不会总是处于分崩离析（涣）的状态中，适度节制与约束（节）利于拯救涣散，催发生机，稳定局面，提高效率，"节：亨。苦节不可。贞。""君子以制数度，议德行"，即节卦。节卦揭示的是节制之道。关键在于：

（一）节制是规律也是美德，倡导广普有意义

【节卦卦辞】节：亨。苦节不可。贞。

【节卦象辞】象曰：节，亨，刚柔分，而刚得中。苦节不可贞，其道穷也。说以行险，当位以节，中正以通。天地节而四时成，节以制度，不伤财，不害民。

【注解】节：jié，《说文》："节（節），竹约也。"形声。从竹，即声。本义竹节。竹子或草木茎分枝长叶的部分，泛指草木枝干间坚实结节的部分。《古代汉语字典》有"常规，礼节，法度"；"节约，节制，节省"等义。

苦节：kǔ，《说文》："苦，大苦苓也。"形声。从艸，古声。本义苦菜。《广雅》："苦，穷也。"苦节指用苛刻严困的制度进行控制或管控，属于节制过度的情形。

制度：指在一个社会组织或团体中要求其成员共同遵守并按一定程序办事的规程或行动准则，也指在一定历史条件下形成的法令、礼俗等规范或一定的规格。是实现某种功能和特定目标的社会组织乃至整个社会的一系列规范体系。"制"有节制、限制的意思，"度"有尺度、标准的意思。这两个字结合起来，表明制度是节制人们行为的尺度。

【卦辞要义】与【象辞要义】节卦的主旨是节制，也就是限制。有节制，能限制，是事物发展的普遍规律。顺应这种规律，人类自觉地通过各种法律和规章调控自己的行为，社会才能顺利亨通而有所发展。但是一定要注意到，节制贵适当，不能过分。苛刻严困的节制为苦节，不适宜推行。"为节过苦，则物所不能堪也；物不能堪也，则不可复正也。"（王弼）在这种情形下，坚持贞正之道，不但得不到益处，反而会受到伤害。节制应从实际出发选准限制点，选用或制定适当的制度进行节制或控制，才能保证节制的顺利可行。

节制之道是亨通之道，其具有"刚柔分，而刚得中"的特征，这是指制度、礼仪、规范制定与管控具有规范性、权威性、严肃性，这是刚的一面，也被成为铁律，神圣不可侵犯；在制度、礼仪、规范制定时也要注意被管控对象的个体差异性和实施控制环节的特殊性或实际情况，就是说制定制度、规范时要避免一刀切，实施管控要注意灵活性与弹性，坚持基本原则与规范，又会适度地灵活变通，那么才不会将制度节制异化为桎梏束缚住统治者或管理者自己的思想和手脚，做到以坚持制度为主，妥善处理好其刚与柔的关系。如果不注意客观实际情况，过度"苦节"，就会走上穷途末路，为困顿所累。

从卦象上看，"水泽节，坎上兑下。"兑为泽，坎为水。泽容水，会有限量，过度就会溢出，应加以节制。从这种物象启发，做事要以喜悦的心情去面临坎险、战胜坎险，在相应的环节或过程要善于节制，坚持中正之道才会亨通顺利。

任何事物皆有一个有盛有衰的过程，也有一个有行有止的过程，在一定的时候必须适当节制，这将会是极有益处的。天地有规律化成春夏秋冬四季，天地有节度更迭常新；国家以制度节制君臣庶民，则富贵者不骄奢挥霍浪费财物、不残暴侵犯民众利益,那么国家有节度才能安稳,民众才能安居乐业。

节卦的核心思想是讲要有适当的节度,主要表现在修身齐家、为政治国等层面;同时节卦也包含节俭的思想,这主要是财用等日常生活层面。后期,儒家与墨家各执一端。儒家主要继承了节度的思想,以此丰富了中和、时中的中庸思想;墨家主要生发了节俭思想,提出了节用、节葬等主张。墨子将尚节思想由平常日用之节发挥到为政治国,提出"圣人之所俭节也,小人之所淫佚也。俭节则昌,淫佚则亡"思想,同时也敏锐地意识到中和之节,"天壤之情,阴阳之和"。但墨子尚节思想的特质仍主要集中在日常生活方面,而很少提及时中、中和等抽象化的节度含义。从这个意义上看,《周易》节卦的内涵和外延都要大于墨子的尚节意蕴,日用上的节俭不是节卦的核心思想,节卦更多的是强调在处理问题上的节度,讲求凡事要中乎节。

(二)以制数度议德行,节卦核心要牢记

【节卦象辞】泽上有水,节。君子以制数度,议德行。

【注解】数:《古代汉语字典》:读 shù 时,有"法则、规律"等义。《荀子·天论》:"天有常道矣,地有常数矣。"读音 shǔ 时,"数是形声字,攴为形,娄为声。数的本义指计算,一个一个地算。"按:"娄"意为"双层",引申为"多层"。"攴"指"敲击"。"娄"与"攴"联合起来表示"逐层点算,击掌确认"。本义点算并确认层量。引申义点算并给出总计。要注意区别。

度:《说文》:"度,法制也。"按:五度,分寸尺丈引也。度起于人手取法,故从又。清代段玉裁《说文解字注》:"法制也。论语曰:谨权量,审法度。"《中庸》曰:"非天子不制度。今天下车同轨。古者五度:分寸尺丈引谓之制。周礼。出其淳制。天子巡守礼。"《古代汉语字典》:"本义指计量物体长短的标准及器具。"计量长短的标准或工具。度字,有多种解释,其在哲学中解释为:度是质和量的统一,是事物保持其质的量的界限、幅度和范围。这种统一表现在:度是质和量的互相结合和相互规定。关节点是度的两端,是一定的质所能容纳的量的活动范围的最高界限和最低界限。度是关节点范围内的幅度,在这个范围内,事物的质保持不变;突破关节点,事物的质就要发生变化。量变与质变相互区别的根本标志就在于:事物的变化是否超出了度。度是关节点范围内的幅度,要把度和关节点、临界点区分开来。在实践过程中,要掌握适度的原则,要学会把握分寸。

【象辞要义】节卦卦象为坎(水)上兑(泽)下为泽上有水之表象,象征以堤防、堤岸来节制。水在泽中,一旦满了就溢出来,而堤防、堤岸本身就是用来节制水的盈虚的。君子应当效法节卦的易理,制定法则、标准、典章制度和必要的

礼仪法度作为行事准则,以节制人们的行为。强调法则、标准、典章制度与道德行为准则在社会管理中的重要作用,对维护秩序保持生机与活力具有积极作用。在国家社会事务管理中重要,在企事业团体与家庭中同样重要。系节卦核心思想,要切切牢记。

(三) 节制有艺术,掌握分寸很重要

节,充满了深刻的辩证法。从六爻解析的情况看,"不伤财物不害民,节以制度和礼仪;制度礼仪为准则,节制行为有意义;不伤害也不妨碍,适度节制吉生益。"是应该把握的基本准则。节卦六爻渐次演绎,昭示了有节乃亨,乃吉;不节或苦节,特别是苦节,都将导致凶的结果这一易理。分别需要注意以下几个方面:

一是过节——"过分节制不出门,凶险在于失时机。过分节制生苦涩,缺养乏助困无力"。

【初九爻辞】初九:不出户庭,无咎。象曰:不出户庭,知通塞也。

【九二爻辞】九二:不出门庭,凶。象曰:不出门庭,凶,失时极也。

【注解】庭:tíng,《说文》:"庭,宫中也。"《荀子·儒效》:"是君子之所以骋志意于坛宇宫庭也。"形声。从广,廷声。广(yǎn),就山岩架成的屋。本义:厅堂。堂阶前的院子:庭院。

【爻辞要义】不迈出庭院,俗话叫老死不相往来,没有危害。说明知晓通则当行,阻则当止的道理。存在的凶险是失去适中、妥当的与外界交往的机会和发展的机遇。

"过节"之极当属清政府闭关锁国。闭关锁国政策指"闭关自守,不与外界接触与往来,严格限制对外经济、文化、科学等方面的交流"的一种国家政策,是典型的地方保护主义。鸦片战争前清政府自囿闭锁,限制和禁止对外交通、贸易的政策。限定广州一口通商,外商来华贸易须通过清政府特许的公行商人,活动限于指定范围,进口货征收高税额,出口货限制品种和数量。它是落后的封建自然经济的产物,对近代中国社会的发展起了严重的阻碍作用。清朝政府在对外关系中所执行的控制贸易及隔绝与外国交往的政策。清政府推行闭关锁国政策,盲目排外,缺少与外界沟通,与外界隔绝,最终导致自己的落后。无论是思想上,还是经济上难以追上世界的潮流。清政府实行闭关政策,构筑了隔绝中外的一道堤墙,对中国社会的前进起了阻碍作用。由于对出海贸易横加限制,严重影响了经济的发展。同时,也使中国人民与世界潮流隔绝,不明世界大势,而清统治者更是闭目塞听,其结果正如魏源所说:"以通事二百年之国,竟莫知其方位,莫悉其离合。"清朝的闭关锁国政策终于导致第一次鸦片战争、第

二次鸦片战争爆发。第一次鸦片战争结果：1842年8月29日，清政府代表耆英在英国军舰上同英方代表签订了《南京条约》，这是中国近代史上的第一个不平等条约。鸦片战争给中国历史进程带来了深远的影响。战争的失败归咎于落后的体制、腐败的清朝统治、闭关自守的对外政策和错误的战争对策。战争的结果使中国逐步转变为半殖民地半封建的国家，中国被迫向西方打开大门。第二次鸦片战争结果：1860年7月，英法联军攻入北京。清政府同英法代表分别签订了《北京条约》。最终决定了清政府闭关政策的破产。

二是不节——"不节自悔无祸患，柔顺安节总有益"。

【六三爻辞】六三：不节若，则嗟若，无咎。象曰：不节之嗟，又谁咎也！

【注解】嗟：jiē，《古代汉语字典》："嗟形声字，口为形，差为声。"有叹息，感慨；感叹；遗憾，惋惜等义。表示忧感。嗟最初一般为叹词，表示忧感。后一般用来泛指带有侮辱性的施舍。《玉台新咏·古诗为焦仲卿妻作》："嗟叹使心伤。"

【爻辞要义】不能节制，将会陷入穷困之境。出现困境如能嗟叹自悔，则没有祸患。这样的话，又有谁能给他造成祸患呢？相反，不节制又不知道悔改则凶险异常。

路易十六是法兰西波旁王朝复辟前最后一任国王，他昏庸和残暴，奢纵过度，其名言是"我死之后，哪管洪水滔天！"民众激愤异常，其种种行径引发了法国大革命，是法国历史中唯一一个被处死的国王。路易十六给后代子孙留下国债四十亿之巨。如此局面，当然不可长保。

三是安节——"安节之亨承上道"。

【六四爻辞】六四：安节，亨。象曰：安节之亨，承上道也。

【注解】安：《古代汉语字典》："会意字。是女子坐在宀（房子）下的样子，古时女子能安坐家中，万事平静，天下太平。安的本义是平静、安宁。"

【爻辞要义】人安心于接受制度节制，则其行为亨通顺畅。安然接受节制，是因为谨守臣民柔顺遵从君上之道。

四是甘节——居位适中甘节吉。

【九五爻辞】九五：甘节，吉，往有尚。象曰：甘节之吉，居位中也。

【注解】甘：《说文》："甘，美也。"《古代汉语字典》："甘是指事字，古文字的甘字，由口和一组成，口代表嘴，一表示嘴里含着一点东西。甘的本义是指食物的味道好，又特指味甜。"此处取其"甘心、情愿"之义。

【爻辞要义】心甘情愿接受适度的节制从事甜美而适中的事情，吉祥。自身有主动性，乐于遵守制度，在所在的适当的位置履职尽责，那么做事会有所成就并获得奖赏。原因在于居位中正的缘故。

"文化革命雨如晦，改革开放焕生机。"1949 年新中国成立后，国家建设与发展曾经走过一段弯路，1966 年 5 月至 1976 年 10 月爆发的"文化大革命"给中华民族带来严重灾难。中国共产党的伟大之处在于能够总结纠正自身存在的错误和偏差，适时进行路线、方针、政策调整，进入 20 世纪 70 年代末中国开始实行的改革经济政策、对外开放的政策。1978 年 12 月，中国共产党召开十一届三中全会实现具有深远意义的伟大转折，中国开始走上改革开放的道路。改革开放包括对内改革和对外开放。中国的对内改革首先从农村开始，安徽省凤阳县小岗村开始实行"家庭联产土地承包责任制"，拉开了我国对内改革的大幕。对外开放是中国的一项基本国策，中国的强国之路，是社会主义事业发展的强大动力。

五是苦节——"懊悔自省求改进，苦节凶险可消失；苦节贞凶穷末路，兴家立业当谨记；物事盈虚有规律，天真苦节终无益"。

【上六爻辞】上六：苦节，贞凶，悔亡。象曰：苦节，贞凶，其道穷也。

【爻辞要义】节制过度会束缚手脚；节俭过度会丧失吐故纳新与生发创造的能力。因节制严苛过分，则会苦涩而陷入困顿，而且会丧失生机与活力发生凶险，过分节制必然凋敝衰败导致而步入末路穷途。如果能对过分节制及时感到懊悔，而且还要采取有效的措施积极改变节制过度的局面，则凶险有可能消失。

苦节之极当属苛政猛于虎：《礼记·檀弓下》中有《苛政猛于虎》一文，记述孔子和弟子路过泰山的一侧，有一个在坟墓前哭的妇人看上去十分忧伤。孔子立起身来靠在横木上，派遣子路，问讯那个妇人："你哭得那么伤心，好像有很伤心的事吧？"那个妇人说："没错，之前我的公公被老虎吃了，我的丈夫以前被老虎吃了，现在我的儿子也被老虎吃了。"孔子问："那为什么不离开这里呢？"妇人回答说："这里没有苛刻的暴政。"孔子说："学生们记住，苛刻的暴政比老虎还要凶猛可怕！"

从六爻解析看，"过节""不节""苦节"都存在一定的弊端，盲目节制就有凶险，过与不及都将造成伤害与祸患；而"安节""甘节"则比较科学合理适当，节制应适度适当，恰如其分。"适当节制是美德，恰如其分乃相宜；当节不节有伤害，不当而节丧活力；过犹不及难亨通，处中守正合规律；节以为防要适中，过度为遏则失机。""适度甘节美如怡，过度苦节丧活力"适度节制，可以有效配置或调剂资源，提高生产力的效率；不应当节制时节制，属于苦节，会丧失活力与时机；应当节制时而不节制，则会造成浪费，发生社会生产效率损失。应顺其自然，适当适宜，不可勉强，应以中正的德行以身作则，蔚为风气，使人乐于接受。

（四）合理管控，处理好管理与发展的关系

管理可以明确发展方向，提高资源利用率，影响结果。管理就是有效调度使用资源，追求效益或效率最大化。管理具有控制性，既要注重整体，又要注意细节。放任自由是最没有效率的状态，高效必须建立在有效控制基础上。小发展可能遇到小问题，大发展可能遇到大问题，不发展遇不到问题，则容易在竞争中被淘汰。管理会促进发展，发展则会促使管理的加强。管理与发展相互促进，互为约束。发展过程中可能出现各种各样的问题，必要的管控是应该的，但不管控或过分管控又容易使自身在发展中丧失活力，可见，解放思想，摆脱桎梏，坚持正确的原则，采取科学的措施，处理好管理与发展的关系非常重要。"投入注重有发展，产出消费莫过比；循环更新重增长，减损增益添活力。"就是在发展中应该把握好的原则问题。

（五）艰苦奋斗好传统，勤俭节约好风气

艰苦奋斗是一种不怕艰难困苦，奋发图强，艰苦创业，为国家和人民的利益乐于奉献的英雄顽强的斗争精神。艰苦奋斗是中华民族和中国共产党的优良传统。勤俭节约的意思是勤劳而节俭，形容工作勤劳，生活节俭。勤俭节约是中华民族的优良作风。胡锦涛同志提出的社会主义荣辱观之一就是"以艰苦奋斗为荣，以骄奢淫逸为耻"。中国先贤历来倡导、实践一种先忧后乐、鞠躬尽瘁、不屈不挠、自强自立、勤俭朴素的精神。在漫长的岁月中，中华民族历经磨难，但却几度衰微几度崛起，巍然自立于世界民族之林，靠的是什么？靠的就是这种艰苦奋斗、自强不息的精神。"艰难困苦，玉汝于成。"《韩非子》说尧的主要美德是俭朴、爱民。他虽贵为部落联盟的大首领，却住茅草屋、喝野菜汤、吃粗米饭、用土碗土钵子。乾卦提出"天行健，君子以自强不息"的命题，儒家倡导弘扬这种积极有为、自强不息的精神，效法大自然的生生不息来勉励自己不断进步，中国历史上曾涌现出众多不屈不挠、自强不息的仁人志士，集中展示了中华民族的这种伟大精神。孟子曾列举过不少受困厄而自强不息、有所作为的人物，认为只有通过"苦其心志，劳其筋骨，饿其体肤，空乏其身"的磨炼，才会有大作为。他提出的"富贵不能淫，贫贱不能移，威武不能屈"，成为激励后人的不朽座右铭。西汉伟大的史学家司马迁在《报任安书》中，也列举了历史上一些处逆境而奋起、遇厄运而发愤著书的先贤。这种自强不息的精神还会升华、转化为傲然卓立、至大至刚的民族气节。此外，中国历史上关于勤俭节约、视勤俭为美德的思想也很多，如"谁知盘中餐，粒粒皆辛苦""静以修身，俭以养德"等。中

易道 话说易经 谈道德修养

国共产党的领袖和英雄模范人物，都是艰苦奋斗、勤俭节约的典范。毛泽东曾以五代梁将韦睿"不贪财"、艰苦朴素的事例教育干部。他多次号召"坚持艰苦奋斗，密切联系群众""永远保持艰苦奋斗的作风"等。可见中华民族的艰苦奋斗、勤俭朴素的精神同样源远流长。

《贞观政要》卷六俭约第十八之唐太宗李世民对奢与俭的反思与辩证论述可资借鉴。贞观十一年，诏曰："朕闻死者终也，欲物之反真也；葬者藏也，欲令人之不得见也。上古垂风，未闻于封树；后世贻则，乃备于棺椁。讥僭侈者，非爱其厚费；美俭薄者，实贵其无危。是以唐尧，圣帝也，谷林有通树之说；秦穆，明君也，橐泉无丘陇之处。仲尼，孝子也，防墓不坟；延陵，慈父也，嬴、博可隐。斯皆怀无穷之虑，成独决之明，乃便体于九泉，非徇名于百代也。洎乎阖闾违礼，珠玉为凫雁；始皇无度，水银为江海；季孙擅鲁，敛以玙璠；桓魋专宋，葬以石椁；莫不因多藏以速祸，由有利而招辱。玄庐既发，致焚如于夜台；黄肠再开，同暴骸于中野。详思曩事，岂不悲哉！由此观之，奢侈者可以为戒，节俭者可以为师矣。朕居四海之尊，承百王之弊，未明思化，中宵战惕。虽送往之典，详诸仪制，失礼之禁，着在刑书，而勋戚之家多流通于习俗，间阎之内或侈靡而伤风，以厚葬为奉终，以高坟为行孝，遂使衣衾棺椁，极雕刻之华，灵辀冥器，穷金玉之饰。富者越法度以相尚，贫者破资产而不逮，徒伤教义，无益泉壤，为害既深，宜为惩革。其王公以下，爰及黎庶，自今以后，送葬之具有不依令式者，仰州府县官明加检察，随状科罪。在京五品已上及勋戚家，仍录奏闻。"

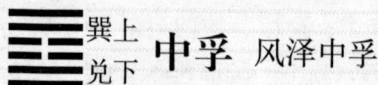

第六十一章　中孚卦

诚信之道:诚实信用广普惠　帝王规则要牢记

　　信风如期而至,孵卵如期破壳,客观、真实、无妄的规律具有诚实无欺的本性。诚信是知行统一的基础,也是社会法则建立的基础。诚信能感化万物,即使用小豚和小鱼作为祭品,仍然会被神嘉纳赐福。人与人交往应以纯正为先决条件,凡事应该谨慎明辨。沟通交往贵在以诚相待。诚信是增进了解与交往、互助与互爱的黏合剂,是社会和谐安定的基石。诚信可以引起共鸣,缩短距离,沟通意志,促进和谐与团结。诚信是建立公序良俗的稳定器。效法"中孚"之象,"君子以议狱缓死",就是在办理狱讼过程中,遵循诚信原则,广施信德,重视客观证据,慎重地议论刑法讼狱,宽缓死刑,避免冤假错案发生,教化人心安分守己。诚信缺失,社会就会变乱,讲究诚信,社会就会安定和谐。

一、中孚卦经文

中孚 风泽中孚 巽上兑下

中孚:豚鱼吉,利涉大川,利贞。

彖曰:中孚,柔在内而刚得中。说而巽,孚,乃化邦也。豚鱼吉,信及豚鱼也。利涉大川,乘木舟虚也。中孚以利贞,乃应乎天也。

象曰:泽上有风,中孚。君子以议狱缓死。

初九:虞吉,有它不燕。

象曰:初九虞吉,志未变也。

九二:鸣鹤在阴,其子和之;我有好爵,吾与尔靡之。

象曰:其子和之,中心愿也。

六三:得敌,或鼓或罢,或泣或歌。

象曰:可鼓或罢,位不当也。

六四:月几望,马匹亡,无咎。

象曰:马匹亡,绝类上也。

九五:有孚挛如,无咎。

象曰:有孚挛如,位正当也。

上九:翰音登于天,贞凶。

象曰:翰音登于天,何可长也。

二、中孚卦警语箴言

风行泽上信风至　　孵卵守信皆如期
木舟中虚涉大川　　信及豚鱼无不至
诚信立身虚为本　　和诚互助总相宜
谨慎明辨动机纯　　人己社会均受益
刑法讼狱乃公器　　威明公正申正义
冤假错案要避免　　议狱慎诛重证据
悔过自新给时机　　宽赦缓死化以恤
安守诚信获吉祥　　心存旁骛不安怡
呼唤应和同心愿　　鸣鹤在阴子和之

共饮琼浆诚沟通　　我有好爵与尔靡
捍卫祖国赖忠诚　　得敌鼓罢歌与泣
爱国主义熠生辉　　精忠报国岳母刺
月几望时马匹亡　　不结朋党不营私
翰音登天不长久　　空虚不实其无益
教化众生安邦国　　诚信之德以维系
人生自古谁无死　　民无诚信则不立
家庭和睦与团结　　诚信互爱粘合剂
团队集体建堡垒　　诚信互助凝聚力
社会和谐讲道德　　诚实信用是基石
诚意正心修其身　　诚信首要居第一
齐家治国平天下　　诚信建设奠基礼
诚实信用广普惠　　帝王规则要牢记
舍诚趋利终浮躁　　诚信博爱泛暖意
人心违逆多变乱　　害人终归害自己
世道人心多问朴　　诚信远胜和氏璧
烽火戏侯食恶果　　褒姒一笑幽王刘
商鞅变法效显着　　立木为信诺不易
一诺千金千古颂　　诚信得道广帮助
人人心中有诚信　　天清地宁终归一

三、易理哲学简说

诚实信用广普惠　帝王规则要牢记

中孚，风泽中孚，巽上兑下。兑为泽，巽为风。风行泽上，信风守期而不爽约，无所不至，上下交孚（诚信互感），有诚信之德，为中孚。"风行泽上信风至，孵卵守信皆如期"是对卦象的描绘。《说文》："孚，卵孚也。一曰信也。"《易·杂卦传》："中孚信也。"徐锴曰："鸟之孚卵，皆如其期不失信也。""孚"是"孵"的本字，鸟及禽类孵卵皆有日期之信。该多少天破壳就多少天破壳。中孚象征诚信。

有符节（节）然后可以取信于人，"中孚，豚鱼吉，利涉大川，利贞""君子以议狱缓死"，即中孚卦。中孚卦揭示的是诚信之道。

（一）天道与人道合一在于诚

"风行泽上信风至，孵卵守信皆如期。"天道（自然规律）显著特征是诚，就像信风如期而至,小鸡小鸟如期孵化出壳,客观、真实、无妄地存在并按规律发生与运行,是至善、至诚、至仁、至真的。人道就是通过学习、实践等多种途径了解掌握天道(自然规律)并效仿推行之,相合相验,也应该是至善、至诚、至仁、至真的。咸卦所说的无心之感说的就是这种情况,二者相应相合,没有虚妄的主观的色彩。天道与人道合一,关键是认识掌握客观规律,熟悉客观事物的本性,按规律办事,不妄,不偏,亦不过与不及。这是人们认识和实践可以相统一的基点。是人们思想意识与行动可以达成一致的基础,非此,社会关系的基本法则则不足以构建,社会和谐关系则不足以建立,人们的社会生活则没有赖以存在的基础,这正是为什么诚信是社会和谐稳定的基石的根本原因。正是基于这个基点,才确立了诚信在社会生活中的基石地位。

(二)虚心为诚信的根本

【中孚卦卦辞】中孚:豚鱼吉,利涉大川,利贞。

【中孚卦象辞】象曰:中孚,柔在内而刚得中。说而巽,孚,乃化邦也。豚鱼吉,信及豚鱼也。利涉大川,乘木舟虚也。中孚以利贞,乃应乎天也。

【注解】中孚:中正诚信。

豚:《古代汉语字典》:tún,豚是会意字,由月(肉)和豕两部分左右组合而成,表示小猪。

【卦辞要义】与【象辞要义】中正诚信,对待任何人或事都秉持这种态度,就是对待小猪小鱼这样弱小也无妄无欺地对待它们,该喂食的时候喂食,该清理它们的生活环境(猪圈、鱼池、鱼缸等)就清理生活环境,该让它们休息的时候就让它们休息。如果能像这样诚信待人待事,那么利于去做像跋涉山川大河那样的大事,利于坚守贞正之道。中正诚信,柔顺之德居于内心,刚健之行符合中道,喜悦而随顺,这种讲究诚信的德与行可以感化万邦的民众。"豚鱼吉"在于人的德与行讲究诚信惠及像小猪小鱼这样微小事物,说明诚信之德能够得到普遍贯彻。讲究诚信,从卦画形象上看,就像乘坐中空虚诚的木舟悠游于水上,利于跋涉大河。中正诚信利于守持贞正之道,原因在于顺应自然规律。诚信能感化万物,秉承中空而虚的诚信之德犹如驾乘中虚的木舟可以跋涉大川,吉祥如意,无往不利。可谓"木舟中虚涉大川,信及豚鱼无不至;诚信立身虚为本,和诚互助总相宜"。

(三)诚信以秉持正固为核心

"谨慎明辨动机纯,人己社会均受益。"人与人交往应以纯正为先决条件,凡事应该谨慎明辨。诚信的对象并不是毫无选择。沟通交往贵在以诚相待。"教

化众生安邦国,诚信之德以维系"道出了社会安定和谐的关键所在,中孚卦六爻警示重点要把握好以下几个方面:

一是"安守诚信获吉祥,心存旁骛不安怡"。

【初九爻辞】初九:虞吉,有它不燕。象曰:初九虞吉,志未变也。

【注解】虞:yú,《古代汉语字典》:意料,预料;谋划好,事先有准备。

它:tā,《说文》:"它,虫也。从虫而长,像冤曲垂尾形,上古草居患它,故相问'无它乎?'"《古代汉语字典》:"它是形声字,在甲骨文中,它字由虫字延长尾巴构成,即古蛇字。"有别的、第三人称之义,指代人以外的事物。

燕:yàn,《尔雅》:"燕,白颈乌。"《小尔雅》:"白项而群飞者谓之燕乌。"《古代汉语字典》:"甲骨文的燕字是象形字,嘴似钳子,翅膀似布帛,尾巴似枝丫,如同展翅向上飞翔的样子。"本义是燕子。鸟类的一科,候鸟,常在人家屋内或屋檐下用泥做巢居住,捕食昆虫,对农作物有益。古同"宴",舒适,安闲。

【爻辞要义】蛇为鸟类的天敌,蛇喜噬鸟蛋,鹤在草丛中孵卵,只要有蛇那样的意外之患存在,鹤就不会像小燕子那样自由自在舒适安闲地飞翔。对蛇那样的意外之患有所预料和防范,吉祥。鹤在草丛中孵卵它的愿望是抚育雏鹤,到一定日期小鹤就会破壳而出,是符合"风行泽上信风至,孵卵守信皆如期"的规律的信诚特征。其对像蛇那样的意外之患有所预料和防范,是因为其抚育雏鹤保护其安全的心志没有改变。

二是"呼唤应和同心愿,鸣鹤在阴子和之;共饮琼浆诚沟通,我有好爵与尔靡"。

【九二爻辞】九二:鸣鹤在阴,其子和之;我有好爵,吾与尔靡之。

象曰:其子和之,中心愿也。

【注解】阴:《说文》"阴,闇也。山之北,水之南也。从阜,从侌。"即阴的本义为:"山的北面,水的南面",也就是树荫繁茂水草肥美的地方。

和:hè,《说文》:"和,相应也。"《广雅》:"和,谐也。"

爵:jué,《说文》:"爵,礼器也。象爵之形,中有鬯酒,又持之也。"《古代汉语字典》:"爵在甲骨文和金文中是象形字,像古时饮酒的器具。爵的本义是指古代的一种三足两柱、仿雀形的饮酒器具。是天子分封诸侯时赏赐给诸侯的。"青铜制,爵的一般形状,前有流,即倾酒的流槽,后有尖锐状尾,中为杯,一侧有鋬,下有三足,流与杯口之际有柱,此为各时期爵的共同特点。用以温酒或盛酒,流行于夏、商、周。属贵族阶层使用,古代结盟、会盟、出师、凯旋、庆功,贵族阶层就用这类酒具饮酒。爵可以说是最早的酒器,功能上相当于现代的酒杯。此处代指美酒。

靡:mí,《古代汉语字典》:靡是形声字,非为形,麻为声。靡的本义指随风散乱倒下。有挥霍、浪费之义。

【爻辞要义】鹤在山的北面水的南面繁茂的树荫草丛中鸣叫,小鹤在附近应和鸣叫。呼唤相应,心愿相同。我有醇香的酒浆,愿与你一同分享,彼此推心置腹诚信真诚地沟通。

三是"捍卫祖国赖忠诚,得敌鼓罢歌与泣"。

【六三爻辞】六三:得敌,或鼓或罢,或泣或歌。象曰:或鼓或罢,位不当也。

【注解】敌:dí,《说文》:"敌,仇也。"《尔雅》:"敌,匹也。"《古代汉语字典》:"敌的繁体字写作敵,是形声字,攵(攴 pū)为形,商(dí)为声。本义是相当、相等。

鼓:gǔ,《说文》:"鼓,郭也。春分之音。"《说文》:"鼓,击鼓也。"《释名·释乐器》:"鼓,廓也。张皮以冒之,其中空也。"会意字,甲骨文字形,左边是鼓的本字,右边是"支"(pū),表示手持棒槌击鼓。本义鼓,一种打击乐器。圆柱形,中空,两头蒙皮。

罢:bà,《古代汉语字典》:"会意字。篆文上边为网,下边为能(熊类的野兽),会合了用网捉住熊的意思,熊力大必耗尽力气疲极被捉。古时候熊罴的罴是这个字,罢作为'疲'来用,表示疲惫,读作 pí 。罢表示完毕、完了,读作 bà。"

泣:《古代汉语字典》:"qì 是形声字。氵为形,立为声。泣的本义指默默地流眼泪。""无声或低声地哭。"

歌:gē,《说文》:"歌,咏也。"《书·舜典》:"诗言志,歌永言。"《古代汉语字典》:"歌本义专指有有音乐伴奏的唱。"有唱歌等义。

【爻辞要义】攻克了强敌,战士有的擂鼓,有的休息,有的哭泣,有的歌唱。这是古战场殊死搏斗胜利后的景象描写,悲喜交加难以言说。"呼唤应和同心愿……得敌鼓罢歌与泣"在中孚卦中九二爻爻辞:"鸣鹤在阴,其子和之;我有好爵,吾与尔靡之。"六三爻爻辞:"得敌,或鼓或罢,或泣或歌。"引用的是一首古歌,描述的一个画面是"鸣鹤在阴"的宁静的田园风光,喻示着和平;一个画面是流血漂橹的战场,喻示着战争,二者形成鲜明强烈的对照。表达的中心意思是,自然和平宁静祥和的生活是忠诚于祖国的战士流血牺牲捍卫的,面对胜利他们喜极而泣,思念阵亡的战友又悲从中来。如果没有爱祖国、爱人民的情怀和精神,哪里会有幸福的生活呢? 在古代历史上曾涌现出许多著名的爱国者和民族英雄,如不畏强暴的晏婴,英勇抗击匈奴的卫青、霍去病,精忠报国的岳飞,"男儿到死心如铁"的辛弃疾,保卫北京的于谦,抗击倭寇的戚继光,横戈戍边抗清的袁崇焕,收复台湾的郑成功等,他们的爱国献身精神至今仍具有巨大的精神感召力,是中华民族振兴图强的精神支柱。在几千年的发展中,中华民族形成了以爱国主义为核心,团结统一、爱好和平、勤劳勇敢、自强不息的伟大民族精神。爱国主义是千百年来固定下来的对自己祖国的一种最深厚的感情。它同为国奉献、对国家尽责紧紧地联系在一起。爱国主义是一种崇高的思想品德。中华民族的历史之所以悠久和伟大,爱国主义作为一种精神支柱和精神财富是起了重要作用的,爱国主义是一种深厚的感情,一种对于自己生长的国土和民族所怀有的深切的依恋之情。这种感情在历史的长河中,经过千百年的凝聚,无数次的激发,最终被整个民族的社会心理所认同,升华为爱国意识,因而它又是一种道德力量,它对国家、民族的生存和发展具有不可估量的作用。为祖国奉献一切的献身精神是中华民族的爱国主义美德之一。

四是"月几望时马匹亡,不结朋党不营私"。

【六四爻辞】六四:月几望,马匹亡,无咎。象曰:马匹亡,绝类上也。

【注解】望:《古代汉语字典》:"望日,天文学上指月亮圆的那一天。即阴历每月十五日。"几,接近。月几望:犹言夏历每月的十四日。月亮快圆满的时候,暗喻事物发展圆满就会向衰败的方向转化。

类:《古代汉语字典》:"类的繁体写作類,是形声兼会意字,犬为形,表示像狗一样。类的本义指种类。"相似、类似、像,引申为种类、类别。

【爻辞要义】月亮将圆而未盈,好马失掉了匹配,不会有什么祸害。原因是,诚信专一,断绝与同类之间的交往,而专心事奉君主,没有结党营私。值得注意的是,这里的马匹,暗喻为君王手下的大臣。

五是"教化众生安邦国,诚信之德以维系"。

【九五爻辞】九五:有孚挛如,无咎。象曰:有孚挛如,位正当也。

【注解】挛如:《说文》:"挛,系也。"挛:luán,形声。从手,䜌(luán)声。本义维系,牵系。《古代汉语字典》:"挛本义指为使物体移动而在上面系绳索。""连在一起"。

【爻辞要义】具有诚信之德并以其牵系天下人心,天下的人也以诚信相和应,所以没有祸患。指居位中正适当,说明中心诚信这种教化作用可以施及整个邦国。

六是"翰音登天不长久,空虚不实其无益"。

【上九爻辞】上九:翰音登于天,贞凶。象曰:翰音登于天,何可长也!

【注解】翰音:hàn yīn,《说文》:"翰,天鸡,赤羽也。"翰形声字。从羽,倝(gàn)声。本义天鸡,也叫锦鸡或山鸡。《礼记·曲礼下》:"凡祭宗庙之礼……羊曰柔毛,鸡曰翰音。"后因以"翰音"为鸡的代称。《文选·张协〈七命〉》:"封熊之蹯,翰音之跖。"吕延济注:"翰音,鸡也。"

【爻辞要义】鸡的叫声上达于天,而鸡仍旧在地。比喻居非其位而声过其实,徒有虚声,怎么会长久呢?! 王弼注:"翰,高飞也。飞音者,音飞而实不从之谓也。"《汉书·叙传下》："博之翰音,鼓妖先作。"颜师古注："喻居非其位,声过其实也。"缺少诚信,虚张声势,华而不实,将招致凶险。

（四）诚信是增进了解与交往、互助与互爱的黏合剂,是社会和谐安定的基石

"安守诚信获吉祥,心存旁骛不安怡。"诚信可以引起共鸣,缩短距离,沟通意志,促进和谐与团结。九二爻辞："鸣鹤在阴,其子和之;我有好爵,吾与尔靡之。"六三爻辞："得敌,或鼓或罢,或泣或歌。"为古歌,两个对比鲜明的画面,表达的是和谐安宁幸福和平的环境是由战场上的战士满怀一腔爱国、爱民的忠诚换来的,因此说"呼唤应和同心愿,鸣鹤在阴子和之;共饮琼浆诚沟通,我有好爵与尔靡;捍卫祖国赖忠诚,得敌鼓罢歌与泣"。放眼社会各个层面,须臾离不开诚信这块基石："教化众生安邦国,诚信之德以维系;人生自古谁无死,民无诚信则不立;家庭和睦与团结,诚信互爱黏合剂;团队集体建堡垒,诚信互助凝聚力;社会和谐讲道德,诚实信用是基石;诚意正心修其身,诚信首要居第一;齐家治国平天下,诚信建设奠基礼。"

胡锦涛同志"八荣八耻"社会主义荣辱观之一"以诚实守信为荣,以见利忘义为耻",要求全民增强诚信观念,这是构建和谐社会的基石。从道德范畴看,诚信即待人处事真诚、老实、讲信誉,言必行、行必果,一言九鼎,一诺千金。在《说文解字》中的解释是："诚,信也""信,诚也"。诚信的本义就是要诚实、诚恳、守信、有信,反对隐瞒欺诈、反对伪劣假冒、反对弄虚作假。

诚,是先秦儒家提出的一个重要的伦理学和哲学概念,以后成为中国伦理思想史的重要范畴。直到孔子时期,"诚"还未形成为理论概念。孟子时不但已经形成为理论概念,而且位置十分重要。他说："是故诚者,天之道也;思诚者,人之道也。至诚而不动者,未之有也;不诚,未有能动者也。"在这里,诚不但是天道本体的最高范畴,也是做人的规律和诀窍。荀子发挥了"诚"的思想,指出它为"政事之本"。他说："天地为大矣,不诚则不能化万物;圣人为知矣,不诚则不能化万民;父子为亲矣,不诚则疏;君上为尊矣,不诚则卑,夫诚者,君子之所守也,而政事之本也。"在《礼记·中庸》里,"诚"成为礼的核心范畴和人生的最高境界："唯天下至诚,为能尽其性;能尽其性,则能尽人之性;能尽人之性,则能尽物之性;能尽物之性,则可以赞天地之化育;可以赞天地之化育,则可以与天地参矣。"至诚如神,有了诚笃的品德和态度,就可以贯通多种仁义道德,成己成人,甚至能够尽人之性,尽物之性,赞天地之化育而与天地参,达到"天人合一"的境界。唯有天下至诚之人,才能充分发挥人的天性,能充分发挥自己天性的人,才能充分发挥别人的天性;而后才能充分发挥万物的本性,而后才能帮助天地化育万物;而后才能与天地合为一体。《大学》把"诚意"作为八条目之一,格物、致知、诚意、正心、修身、齐家、治国、平天下。"诚"成为圣贤们体察天意,修身养性和治国平天下的重要环节。宋代周敦颐进一步认为"诚"为"五常之本,百行之源也"。把包括诚实在内的"诚"看作仁、义、礼、智、信这"五常"的基础和各种善行的开端。程颐更为直截了当地说:"吾未见不诚而能为善也。"其见解入木三分。马克思主义伦理学批判地继承了"诚"这个范畴,肯定诚实是社会公德中的一个重要规范。在长期的社会生活中,诚实之主要的道德要求逐渐明晰为:忠诚、正直、老实。忠诚的主旨是对祖国、对人民、对正义事业的忠诚。当然,这种忠诚不是盲目和狭隘的"愚忠",而是认同于崇高的理想,为实现理想而不懈追求和努力奋斗,从而表现出乐于奉献,勇于牺牲的精神。正直,是指为人正派,处事公正坦率。老实,则特指说老实话,办老实事,做老实人。信,也是中国伦理思想史的范畴。

"信"的含义与"诚""实"相近。从字形上分析,信字从人从言,原指祭祀时对上天和先祖所说的诚实无欺之语。隋国大夫季梁说:"忠于民而信于神""祝史正辞,信也。"后来,由于私有经济和私有观念的发展,原有的纯朴的社会被逐渐破坏。国与国、人与人之间的交往不得不订立誓约。但誓约和诺言的遵守,仍然要靠天地鬼神的威慑力量维持。春秋时期,经儒家的提倡,"信"始摆脱宗教色彩,成为纯粹的道德规范。孔子认为,"信"是"仁"的体现,他要求人们"敬事而信"。他说:"信则人任焉""人而无信,不知其可也"。孔子和孟子都将"信"作为朋友相交的重要原则,强调"朋友信之""朋友有信"。而历代当权者大都将"信"作为维护秩序的重要工具。《左传·文公四年》中说:"弃信而坏其主,在国必乱,在家必亡。"《吕氏春秋·贵信》对社会生活中的信与不信之后果,做了淋漓尽致的剖析:"君臣不信,则百姓诽谤,社会不宁。处官不信,则少不畏长,贵贱相轻。赏罚不信,则民易犯法,不可使令。交友不信,则离散忧怨,不能相亲。百工不信,则器械苦伪,丹漆不贞。夫可与为始,可与为终,可与尊通,可与卑穷者,其唯信乎!"汉代董仲舒将"信"与仁、义、礼、智并列为"五常",视为最基本的社会行为规范。并对"信"做了较详尽的论述:"竭遇写情,不饰其过,所以为信也。"他认为"信"要求诚实,表里如一,言行一致。朱熹提出"仁包五常",把"信"看作是"仁"的作用和表现,主要是交友之道。他说:"以实之谓信",其说与孔子、孟子基本相同。在儒家那里,诚与信往往是作为一个概念来使用的。"信,诚也","诚"与"信"的意思十分接近。传统伦理将诚信作为人的一种基本品质,认为诚实是取信于人的良策,是处己立身,成就事业的基石。总之,是一种个人生活的准则。

《贞观政要》卷五诚信第十七载:贞观十年,魏征上疏曰:臣闻为国之基,必资于德礼,君之所保,唯在于诚信。诚信立则下无二心,德礼形则远人斯格。然则德礼诚信,国之大纲,在于君臣父子,不可斯须而废也。故孔子曰:"君使臣以礼,臣事君以忠。"又曰:"自古皆有死,民无信不立。"文子曰:"同言而信,信在言前;同令而行,诚在令外。"然则言而不信,言无信也;令而不从,令无诚也。不信之言,无诚之令,为上则败德,为下则危身,虽在颠沛之中,君子之所不为也。

"诚信"是中华民族五千年道德文明的精华,厚德载物、诚实不欺、恪守信用、言行一致,构成中华民族的优良传统。儒家提倡"信"德,倡行重承诺、守诚信。孔子在《论语》中曾 38 次提到"信"字,其中,有 24 处体现了"诚信不欺"之意。他说:"人而无信,不知其可也",此话曾被毛泽东引用。在儒家看来,信是最低限度的道德。曾子告诫人们应每日"三省吾身",其中"二省"就是反省自己的信用如何:"与朋友交而不信乎?"儒家还主张"不诚无物,是故君子诚之为贵"。老子则认为"轻诺必寡信",主张不要因轻易承诺而失信。一些思想家还从"知行合一"角度提出"言必信,行必果"的命题。作为传统的道德规范,"信"既是立身处世、自我修养的基本原则,也是从政的基本准则。"瓜期不代"典故说的就是春秋时期的齐襄公因不讲信义而被手下将军杀死的教训。中国历代的商帮及百年老店都十分注意"以诚立业",恪守商业信用,讲求生财有道,利以义取;讲究"秤平、斗满、尺足"。晋帮、徽帮是这样,宁波帮也是这样。信用是现代市场交易的一个必备要素,市场经济在本质上是信用经济。信用的影响遍及社会各领域,信用直接反映个人或群体对社会公平、正义和社会规范的认同。人无信不立,企业无信不成长,城市无信不繁荣,社会无信不稳定。离开了诚信,和谐社会就难以实现。在素称"礼仪之邦"的中国,大力建设信用文化,努力弘扬诚信精神,是构建当代民族精神的题中应有之义。只有全民增强诚信观念,用诚信的精神接人待物,公平交易,公正司法,阳光政务,才能在思想层面奠定基础,进而消除欺诈行为,杜绝虚假的统计数字和政绩工程。

(五)民无诚信则不立

学生子贡问孔子:具备什么样的条件,才能治理国家呢? 孔子说:只要三条就足矣。第一,强大的军队;第二,足够的粮食;第三,人民对国家的信仰。可子贡又问:如果非得去一条您说去什么。孔子说:去兵。子贡再问:这两条再去一个。老师又告诉他,去食。在别人看来可能需要洋洋万言的大道理,孔子仅用"足兵足食民信之矣"简单几个字就回答清楚必备条件有三条,其中最为重要根本的一条是诚信,揭示了诚信的重要地位和作用。《贞观政要》卷五诚信第十七载:贞观十七年,太宗谓侍臣曰:"传称'去食存信',孔子曰:'民无信不立。'昔项羽既入咸阳,已制天下,向能力行仁信,谁夺耶?"房玄龄对曰:"仁、义、礼、智、信,谓之五常,废一不可。能勤行之,甚有裨益。殷纣狎侮五常,武王夺之,项氏以无信为汉高祖所夺,诚如圣旨。"在《论语·为政》中,子曰:"人而无信,不知其可也。大车无輗(注:ní 古代大车车辕和横木衔接的活销),小车无軏(注:yuè 古代车辕与横木相连接的销钉),其何以行之哉?"——孔子说:"一个人如果不讲信用,那么就没什么可肯定的了。譬如大车没有輗,小车没有軏,如何能行动呢?"对诚信的重要作用进行了形象比喻。

《孟子·公孙丑上》:"人皆有不忍人之心……今人乍见孺子将入于井,皆有怵惕恻隐之心……由是观之,无恻隐之心,非人也;无羞恶之心,非人也;无辞让之心,非人也;无是非之心,非人也。恻隐之心,仁之端也;羞恶之心,义之端也;辞让之心,礼之端也;是非之心,智之端也。人之有四端,犹其有四体也……凡四端与我者,知皆扩而充之矣。若火之使然,泉之始达。苟能充之,足以保四海;苟不充之,不足以养父母。""五常"贵信,以仁、义、礼、智为柱石。

人生于世,讲诚信为头等大事。伊索寓言"狼来了"的故事对这个道理做了更形象深刻的诠释。从前,有个放羊娃,每天都去山上放羊。一天,他觉得十分无聊,就想了个捉弄大家寻开心的主意。他向着山下正在种田的农夫们大声喊:"狼来了!狼来了!救命啊!"农夫们听到喊声急忙拿着锄头和镰刀往山上跑,他们边跑边喊:"不要怕,孩子,我们来帮你打恶狼!"农夫们气喘吁吁地赶到山上一看,连狼的影子也没有!放羊娃哈哈大笑:"真有意思,你们上当了!"农夫们生气地走了。第二天,放羊娃故伎重演,善良的农夫们又冲上来帮他打狼,可还是没有见到狼的影子。放羊娃笑得直不起腰:"哈哈!你们又上当了!哈哈!"大伙儿对放羊娃一而再再而三地说谎十分生气,从此再也不相信他的话了。过了几天,狼真的来了,一下子闯进了羊群。放羊娃害怕极了,拼命地向农夫们喊:"狼来了!狼来了!快救命呀!狼真的来了!"农夫们听到他的喊声,以为他又在说谎,大家都不理睬他,没有人去帮他,结果放羊娃的许多羊都被狼咬死了。寓言的寓意朴素而深刻:说谎是一种不好的行为,它既不尊重别人,也会失去别人对自己的信任。应该培养诚恳待人的良好品质;寓言告诉大家做人应诚实,不以通过说谎来达到自己的目的。更不能以说谎去愚弄他人。

历史上和氏璧典故告诉我们"诚信远胜和氏璧":《韩非子》《新序》等书记载情节大致相同,说是在春秋时期,楚国有一个叫卞和的琢玉能手,在荆山(今湖北省南漳县内)里得到一块璞玉。卞和捧着璞玉去见楚厉王,厉王命玉工查看,玉工说这只不过是一块石头。厉王大怒,以欺君之罪砍下卞和的左脚。厉王死,武王即位,卞和再次捧着璞玉去见武王,武王又命玉工查看,玉工仍然说只是一块石头,卞和因此又失去了右脚。武王死,文王即位,卞和抱着璞玉在楚山下痛哭了三天三夜,眼泪流干了,接着流出来的是血。文王得知后派人询问他哭什么?卞和说:我并不是哭我被砍去了双脚,而是哭宝玉被当成了石头,忠贞之人被当成了欺君之徒,无罪而受刑辱。于是,文王命人剖开这块璞玉,见真是稀世之玉,命名为和氏璧。

诚信缺失结果很糟糕。讲诚信,效果当然显明。最著名的历史上当属商鞅变法立木为信。商鞅(约公元前390—前338年),卫国(今河南安阳市内黄梁庄镇一带)人。战国时期政治家,思想家,著名的法家代表人物。姬姓,卫氏,全名为卫鞅。因卫鞅本为卫国公族之后,故又称公孙鞅。后被秦孝公封于商(今陕西商洛),后人称之为商鞅。应秦孝公求贤令入秦,说服秦孝公变法。其核心思想是:"一断于法",主要研究制度变革,提出秦国要实行"霸道"。其《商君书》是改革旧制,推行法治的思想理论源泉。孝公死后,受到贵族诬害以及秦惠文王的猜忌,车裂而死(即五马分尸)。其在秦执政二十余年,秦国大治,史称"商鞅变法",并由此开始使秦国凌驾于山东六国之上。商鞅变法是指战国时期秦国的秦孝公即位以后,决心图强改革,便下令招贤。孝公十三年(公元前356年)和十九年(公元前350年)商鞅先后两次实行变法,变法内容为"废井田、开阡陌,实行郡县制,奖励耕织和战斗,实行连坐之法"。开始推行革新时,为了取信于民,他派人在城中竖立一木,并告知:"谁人能将之搬到城门,便赏赐三十金。"秦民无人敢信,后加至五十金,于是有人扛起木头搬到城门,果然获赏五十金,从此宣示与开展孝公变法,史称"徙木立信"。北宋王安石,在一首称赞商鞅的诗中以"一言为重百金轻",来比喻言出必行的重要。经过商鞅变法,秦国的经济得到发展,军队战斗力不断加强,发展成为战国后期最富强的封建国家。

"烽火戏侯食恶果,褒姒一笑幽王刘。"在商鞅"立木为信"的地方,在早它四百年以前,却曾发生过一场令人啼笑皆非的"烽火戏诸侯"的闹剧。周幽王有个宠妃叫褒姒,为博取她的一笑,周幽王下令在都城附近20多座烽火台上点起烽火——烽火是边关报警的信号,只有在外敌入侵需召诸侯来救援的时候才能点燃。结果诸侯们见到烽火,率领兵将们匆匆赶到,弄明白这是君王为博妻一笑的花招后又愤然离去。褒姒看到平日威仪赫赫的诸侯们手足无措的样子,终于开心一笑。五年后,西夷犬戎大举攻周,幽王烽火再燃而诸侯未到——谁也不愿再上第二次当了。结果幽王被逼自刎而褒姒也被俘虏。

商鞅变法"立木取信",一诺千金,结果变法成功,国强势盛;周幽王无信,戏玩"狼来了"的游戏。结果自取其辱,身死国亡。可见,"信"对一个国家的兴衰存亡都起着非常重要的作用。

(六)诚实信用是广普惠的帝王规则

在合同法中常常将诚实信用原则称为"帝王规则"——指民事主体在从事民事活动时,应诚实守信,以善意的方式履行其义务,不得滥用权利及规避法律或合同规定的义务。同时,诚实信用原则要求维持当事人之间的利益及当事人利益与社会利益之间的平衡。在合同的订立、履行、变更、解除的各个阶段,甚至在合同关系终止以后,当事人都应当严格依据诚信原则行使权利和履行义务,避免欺诈行为发生,保护双方利益。诚实信用原则不仅是商业贸易的黄金法则,同样适用社会生活各个领域。"诚实信用广普惠,帝王规则要牢记;舍诚趋利终浮躁,诚信博爱泛暖意;人心违逆多变乱,害人终归害自己。""一诺千金千古颂,诚信得道广帮助;人人心中有诚信,天清地宁终归一。"从历史文献记载的典故看,和氏璧让人认识到诚信是无价之宝;商鞅立木为信推动了变法;岳母刺字岳飞精忠报国,无不彰显诚信的光辉。而周幽王烽火戏诸侯害己亡国,则警醒告诫人们违背诚信原则,所处的地位越高越重要,则下场越悲惨。目前,在全球经济一体化大格局下,到处充斥着竞争的压迫,西方列强觊觎中国虎视眈眈,核威胁将人们笼罩在巨大的恐惧中,2012年世界末日的传言更是加重了人们的惶恐,人们走到了十分焦灼的十字路口,出路在哪里?未来在哪里?其实,只要能够静下心来,放眼全世界,人们普遍在心中树立起诚信意识,自觉遏制不良思想,以竞合代替竞争,以对话代替对抗,以博爱代替掠夺,那么,纷繁躁乱的世界顿时就会安静下来,利比亚暴乱、叙利亚武装冲突等将自行消弭。

(七)诚信是建立公序良俗的稳定器

【中孚卦象辞】泽上有风,中孚。君子以议狱缓死。

【注解】议狱缓死:议狱——犹断狱,审议狱案。《魏书·刑罚志》:"议狱定律,有国攸慎,轻重损益,世或不同。"缓死——谓宽赦死罪。孔颖达疏:"故君子以议其过失之狱,缓舍当死之刑也。"

【象辞要义】卦象是巽(风)上兑(泽)下,为泽上有风,风吹动着泽水之表象,比喻没有诚信之德施及不到的地方,说明极为诚信;君子应当效法"中孚"之象,广施信德,慎重地议论刑法讼狱,宽缓死刑,避免冤假错案发生,教化人心安分守己。"议狱缓死",只是以诚意求之。"泽上有风",感得水动;"议狱缓死",则能感人心。"刑法讼狱乃公器,威明公正申正义;冤假错案要避免,议狱慎诛重证据;悔过自新给时机,宽赦缓死化以恤。"说的是在办理狱讼过程中,遵循诚信原则,重视客观证据,避免举假证、错判案,规避冤案发生。在古代,国家机器没有现代丰富而完备,重视在当时的司法领域引入诚信理念,应该说是一个伟大的创举。社会的安定团结建立在诚信基础上才和谐,否则,不堪一击。

《资治通鉴》卷第一百九十三载:上(唐太宗李世民)谓侍臣曰:"朕以死刑至重,故令三覆奏,盖欲思之详熟故也。而有司须臾之间,三覆已讫。又,古刑人,君为之彻乐减膳。朕庭无常设之乐,然常为之不啖酒肉,但未有着令。又,百司断狱,唯据律文,虽情在可矜,而不敢违法,其间岂能尽无冤乎!"丁亥,制:"决死囚者,二日中五覆奏,下诸州者三覆奏;行刑之日,尚食勿进酒肉,内教坊及太常不举乐。皆令门下覆视。有据法当死而情可矜者,录状以闻。"由是全活甚众。其五覆奏者,以决前一二日,至决日又三覆奏;唯犯恶逆者一覆奏而已。

钱若水断案堪称议狱缓死的典范。钱若水(960—1003年),字澹成,一字长卿,河南新安人。生于宋太祖建隆元年,卒于真宗咸平六年,年四十四岁。幼聪悟,十岁能属文。雍熙中,公元986年左右登进士第,起家同州观察推官。类迁简易大夫,同知枢密院使。真宗时从幸大名,陈御敌安边之策。后拜并、代经略史知并州事。为人有器识,能断大事。事继母以孝闻。所至推诚待物,委任僚佐,总其纲领,无不称治。卒,谥宣靖。若水注有文集二十卷《宋史本传》传于世。钱若水担任同州推官,知州性情急躁气量狭小,多次凭臆测决断事情而不恰当,若水坚持争论但不能达到目的,就说:"又该陪着你一起交纳赎罪的钱了。"(意思是这样错下去,你受罚,我也要陪着你受罚。)不久果然被朝廷及上级批驳,知州和推官都被处以罚款。知州向钱若水表示惭愧道歉,但不久又是老样子。前前后后像这样已经好多次了。有个富民家的小女奴逃跑了,不知道逃到哪里去了。女奴的父母告到州里,知州命录事参军(州里掌管文书的官)审问这件案子。录事曾向富民借过钱,没借到,于是就揭发富民父子数人共同杀死了女奴,并抛尸于水中,于是找不到尸体。这些人中有的是主犯,有的是跟着做帮凶的,都应该是死罪。富民受不了鞭杖拷打的酷刑,就自己屈招了。录事呈报知州,知州等人复审后认为并无相反或异常的情形,都认为审出了此案的真实情况。只有钱若水怀疑此事,留下这案子好几天不判决。录事到若水的办公处骂他说:"你接受了富民的钱财,想出脱他的死罪吗?"钱若水笑着道歉说:"现在几个人都判了死罪,怎可不稍微留下案件几天,仔细看看他们的供词呢?"留下案子将近十天了,知州多次催促他也没有结果,州里大小官员都责怪钱若水。有一天,钱若水去见知州,屏去他人后对知州说:"若水拖延此案的原因,是我在秘密派人寻找女奴,现在找到了。"知州吃惊地说:"在哪里?"钱若水于是秘密派人将女奴送到知州官府。知州便垂下窗帘,领女奴的父母来问道:"你们今天如看到你们的女儿还认得吗?"回答说:"怎么会不认得呢?"知州于是就从窗帘后推出女奴给他们看。女奴的父母哭着说:"这是我的女儿啊!"知州于是叫人带来富民父子,全部卸下枷锁释放了他们。富民哭着不肯走,说:"如果没有您的恩赐,我们一家就全完了。"知州说:"这是推官的恩赐,不是我的功劳。"那人又赶往钱若水的办公处,若水关上门不见他,说:"这是知州自己求得实情的,我又参与了什么?"知州因若水替几个被判死罪的洗雪了冤情,想为他上奏请功,钱若水坚决拒绝说:"我只求审判公正,不冤枉处死人罢了。论功行赏不是我的本意。"知州感叹佩服。录事到钱若水处叩头表示惭愧道歉。于是远近都一致称赞钱若水。

　　坚持诚信原则议断狱案，一直沿袭至今，目前，从世界范围看，诚信断案、公正断案普遍被重视。关于议狱缓死，司法实践主要把握两点：

　　一是无罪推定。无罪推定，又可称为无罪类推（与有罪类推相对应），简单地说是指任何人在未经证实和判决有罪之前，应视其无罪。无罪推定所强调的是对被告人所指控的罪行，必须有充分、确凿、有效的证据，如果审判中不能证明其有罪，就应推定其无罪。应该说这一原则对于保障被告人的诉讼权利、诉讼地位发挥了巨大的作用。因此，世界上大多数国家都将其作为一条重要的法治原则规定于宪法中，如《美国联邦宪法》第 5 条、《加拿大宪法》第 11 条以及《俄罗斯联邦宪法》第 2 章第 40 条等。无罪推定原则，是以保护被告人的合法权利为目的的，而与之相适应的审判方式也必然是强调控辩平等的当事人主义诉讼模式。当事人主义诉讼模式主要是体现当事人在诉讼中的地位，注意诉讼程序的正当，相对加重国家对当事人合法权利的保护。无罪推定原本是西方资本主义兴盛时期的产物。在无罪推定原则演变过程中，西方国家个体利益高于整体利益的历史文化传统对其产生重要影响，他们认为，被告人是个体利益的代表，检察官是整体利益的代表，被告人往往处于劣势和不利的地位，刑事诉讼中必须特别强调保护被告人权益。否则，就不能保持这两种利益冲突中的平衡，就难以实现司法公正。无罪推定在个体利益和整体利益这一两难中选择了对个体利益的保护，这便意味着它必须要付出一个不愉快的代价——不能更有效地减少犯罪，国家也必然要用更大的投入来维护社会安全和法律秩序。中国是一个发展经历不同于别国，具有鲜明的中国特色的社会主义国家，所以对待西方通行的无罪推定原则，既不全盘否定，也不盲目接收。在 1997 年刑事诉讼法修改之前，中国不采用无罪推定或有罪推定原则，而采取"以事实为依据、以法律为准绳"的原则。1997 年 10 月 1 日实施的修改后的刑事诉讼法中增加了类似于无罪推定原则的表述："未经人民法院依法判决，对任何人都不得确定有罪"，该原则必须坚持"以事实为依据、以法律为准绳"这一宪法原则。在人民法院依法判决被告人有罪前，既不认为被告人是罪犯，也不认为被告人没有犯罪嫌疑，而是实事求是，进行调查，客观地收集有罪、无罪、罪轻、罪重的证据，根据事实来确定。因此，中国的刑事审判中并没有完全照搬或抄袭西方国家的无罪推定原则，而只是一种批判地吸收，体现了它的一些基本精神。除以上内容外：无罪推定还包括：被告人不负有证明自己无罪的义务，被告人提供证明有利于自己的证据的行为是行使辩护权的行为，不能因为被告人没有或不能证明自己无罪而认定被告人有罪。

易道　话说易经　谈道德修养

二是把握好无过错责任原则与公平责任原则。无过错责任原则,也叫无过失责任原则,是指没有过错造成他人损害的依法律规定应由与造成损害原因有关的人承担民事责任的确认责任的准则。执行这一原则,主要不是根据行为人的过错,而是基于损害的客观存在,根据行为人的活动及所管理的人或物的危险性质与所造成损害后果的因果关系,而由法律规定的特别加重责任。学术上也把无过错责任称之为"客观责任"或"危险责任",英美法则称之为"严格责任"。公平责任原则实质上是一种法官自由裁量原则。它是指法条中只有原则性规定,在实施中由法官根据立法精神从公平合理的角度出发将民事责任分摊给各方当事人,做出符合立法目的的公正裁决的归责原则。无过错责任原则与公平责任原则是完全不同的两种归责原则。二者最主要的区别在于行为与损害结果的因果关系,且后者隐含着法官自由裁量原则。如果弄反了就将严重影响裁判结果,适用无过错责任原则的结果是要么加害人承担全责,要么免责;适用公平责任原则的结果是加害人和受害人分担责任,分担多少由法官决定。因此,实践中应当慎用公平责任原则,只有在既不能适用过错责任原则又不能适用无过错责任原则的情况下,方可在法律有原则性规定的范围内适用公平责任原则。

　　综上所述,诚实信用是社会和谐的基石。

第六十二章 小过卦

小有过越之道:过越过度小过亨 小事可为大事妨

　　山顶上响着震雷,其声过常,谓之小过。有飞鸟遗音之象。有诚信(中孚)一定能够通行,通达而小有过越是经常发生的事情(小过),"小过,亨,利贞;可小事,不可大事,飞鸟遗之音,不宜上,宜下,大吉"。"君子以行过乎恭,丧过乎哀,用过乎俭。"从时行时止的角度看,做小事还可以,是亨通的,做大事就不可以了。定位问题,是做好任何事情,能否取得成就面临的首要问题,定位准确,才能方向不偏,取得好的效果。不管是人生,还是事业,一定要确立正确的方向和目标,这是做好、做成功一切事情的前提。"过越过度小过亨,小事可为大事妨;行为稍过恭示虔,过度谦恭生虚妄;挫折失败常自省,过度悲观易自伤;节俭过度丧活力,适度节俭要提倡。"关键在于要把握好度,深谙"中庸之道妙在度,不过不及不虚妄"的精髓,处理事务才会游刃有余。过与敛,刚与柔,应知因应时机,把握好中庸之道,不过度,亦不不及,恰到好处。

一、小过卦经文

小过 雷山小过 震上艮下

小过：亨，利贞。可小事，不可大事。飞鸟遗之音，不宜上，宜下，大吉。

彖曰：小过，小者过而亨也。过以利贞，与时行也。柔得中，是以小事吉也。刚失位而不中，是以不可大事也。有飞鸟之象焉，有飞鸟遗之音，不宜上，宜下，大吉。上逆而下顺也。

象曰：山上有雷，小过。君子以行过乎恭，丧过乎哀，用过乎俭。

初六：飞鸟以凶。
象曰：飞鸟以凶，不可如何也。

六二：过其祖，遇其妣；不及其君，遇其臣；无咎。
象曰：不及其君，臣不可过也。

九三：弗过防之，从或戕之，凶。
象曰：从或戕之，凶如何也！

九四：无咎，弗过遇之。往厉必戒，勿用，永贞。
象曰：弗过遇之，位不当也。往厉必戒，终不可长也。

六五：密云不雨，自我西郊，公弋取彼在穴。
象曰：密云不雨，已上也。

上六：弗遇过之，飞鸟离之，凶，是谓灾眚。
象曰：弗遇过之，已亢也。

二、小过卦警语箴言

山顶响雷声过常　　小过持正可安详
当位柔中把握度　　时行宜下不宜上
过越过度小过亨　　小事可为大事妨
行为稍过恭示虔　　过度谦恭生虚妄
挫折失败常自省　　过度悲观易自伤
节俭过度丧活力　　适度节俭要提倡
小有过越无大碍　　过祖遇妣且无妨
臣履其位不越君　　往厉必戒终不长

放纵罹害有凶险　　无有过越也需防
密云不雨自西郊　　公弋取彼穴中殃
安身立命要有位　　飞鸟投网过极亢
好高骛远易折翅　　自慎静守利身藏
密云不雨无恩泽　　风云突变须慎防
政治清明民福祉　　横征暴敛国之殃
竭泽而渔食民膏　　官腐国衰运不长
过敛刚柔应时机　　节制变通要适当
中庸之道妙在度　　不过不及不虚妄

三、易理哲学简说

过越过度小过亨　　小事可为大事妨

小过，雷山小过，震上艮下。艮为山，震为雷，山顶上响着震雷，其声过常，谓之小过。有飞鸟遗音之象。有小的过失、过度等义。象征小有过越。

有诚信（中孚）一定能够通行，通达而小有过越是经常发生的事情（小过），"小过：亨，利贞。可小事，不可大事。飞鸟遗之音，不宜上，宜下，大吉。""君子以行过乎恭，丧过乎哀，用过乎俭"，即小过卦。小过卦揭示的是小有过越之道。小过卦本身有亨通的含义，必须守持正道，不会出现大的差池。重点要把握以下几个方面：

（一）小事可为大事妨

"当位柔中把握度，时行宜下不宜上；过越过度小过亨，小事可为大事妨。"

【小过卦卦辞】小过：亨，利贞。可小事，不可大事。飞鸟遗之音，不宜上，宜下，大吉。

【小过卦彖辞】小过，小者过而亨也。过以利贞，与时行也。柔得中，是以小事吉也。刚失位而不中，是以不可大事也。有飞鸟之象焉，飞鸟遗之音，不宜上，宜下，大吉。上逆而下顺也。

【卦辞要义】与【象辞要义】以飞鸟比兴而生卦理，飞鸟在天空飞翔，其鸣叫的声音遗落下来，飞鸟哀鸣是要找到安定的住所，鸟向上飞得愈高愈无所适从，越低则得安宁。愈高则愈穷困，莫若飞鸟之过。从时行时止的角度看，做小事还可以，是亨通的，做大事就不可以了。按中庸之道的原则行事，凡事都讲究度，要在适度范围内行事，稍有过越，超于常态，对于柴米油盐酱醋茶这些小事而言是吉利的、亨通的，但是在建侯行师定邦国等大事方面则容易出现问题，因

628

此,不可为。小有过越的范围只适用于日常小事,而不适用于天下大事,在日常小事方面小有过越是亨通的,而在风云变幻的政治时局中不可越雷池半步,因此说,"风云突变须慎防",就是要有敏锐的政治敏感性,多加防范。

天下大事,莫大过治理国家、安定天下。治理国家什么事大呢?当然是民众利益为大,要时时刻刻维护民众利益,不可横征暴敛,竭泽而渔,强征捐税,搜刮人民财富。公元前632年,晋国为了援助宋国,和楚国在城濮(今山东鄄城西)打了一仗。当时,论实力楚国占着明显的优势。晋文公见楚军来势汹汹,就求计于他的舅舅大臣狐偃说:"楚兵多,我兵少,这一仗该怎样打才能取胜呢?"狐偃回答说:"我听说善于打仗的人,不厌欺诈。你就用欺诈的办法对付楚军好了。"晋文公又去征求另一个大臣雍季的意见,并把狐偃的话也告诉了他。雍季不大赞成这样做,就打了个比喻说:"竭泽而渔,岂不获得。而明年无鱼?焚薮而田,岂不获得?而明年无兽。诈伪之道,虽今偷可,后将无复,非长术也。"意思是说:把池塘里的水弄干了才捉鱼,哪还有捉不到的?但到明年就没鱼可捉了;把山上的树林烧光了再去打猎,哪还有打不到的?但到明年就将会没有野兽可打了。欺诈的办法虽然可以偶尔用一下,但以后就不能再用,这不是长远之计啊!当时也想不出更好的制胜楚军的办法的情况下,晋文公还是采用了狐偃的计谋,假借遵守自己流亡时向楚庄王许下的"退避三舍"的诺言之名,连续三次后撤,以避其锋芒,为自己选择了有利的时机和歼敌的地形。而楚军见晋军一退再退,误以为晋文公胆怯,不敢与之交战,就紧逼不舍,结果被晋军打得七零八落,溃不成军。这场历史上有名的城濮之战,终以楚国的失败,其领兵大将成得臣被迫自杀而告结束。后来人们引出"竭泽而渔"这个成语,比喻只顾眼前利益,缺乏长远打算,不顾长远利益。

(二)定位要准确

【小过卦象辞】象曰:山上有雷,小过。君子以行过乎恭,丧过乎哀,用过乎俭。

【象辞要义】山上打雷为小过卦象,象征刑罚威慑震慑。君子观此卦象,其启示是:谨言慎行,力求无过,其所过者,只是行为过于恭谨,操办丧事过于悲哀,用财过于节俭。行为过于恭谨,则会失之谄媚;操办丧事过于悲哀,则失之毁身;用财过于节俭,则失之悭吝。这些过错,全是小过错。这些过错,不为犯罪,不触犯刑罚,所以君子敢于为之。

定位问题,是做好任何事情,能否取得成就面临的首要问题,不可视同儿戏。定位准确,才能方向不偏,取得好的效果。安身立命,要有适合自己奋斗发展的位置和空间,只有合适的人,在合适的位置上,也就是对的人,在正确的时间空间内做对的事,才会取得好效果。把握好定位问题,不管是人生,还是事业,一定要确立正确的方向和目标,这是做好、做成功一切事情的前提。否则,人生或事业易发生悲剧。小过卦用飞鸟之凶打比喻,揭示定位与把握度的相关问题:

一是"小鸟高飞有凶险,咎由自取不冤枉"。

【初六爻辞】初六:飞鸟以凶。象曰:飞鸟以凶,不可如何也。

【爻辞要义】飞鸟向高空强飞将会出现凶险,是咎由自取,无可奈何。

二是"小有过越无大碍,过祖遇妣且无妨;臣履其位不越君,往厉必戒终不长"。

【六二爻辞】六二:过其祖,遇其妣;不及其君,遇其臣,无咎。

象曰:不及其君,臣不可过也。

【注解】祖:zǔ,《尔雅·释亲》:"父为考。"

妣:bǐ,《尔雅·释亲》:"母为妣。"《说文》:"妣,殁母也。"妣,原指母亲,后称已经死去的母亲。

【爻辞要义】越过祖父遇到祖母没有妨碍。拜谒、看望祖父没有看见他结果遇到了祖母,当然没有大的凶险和遗憾,因为祖母也是值得尊敬的人,从社会角度看,这毕竟是家庭中的小事。但臣属不能擅自越过君位,君臣遇合,一定没有祸患。因为作为臣子是不能超越至尊的。臣属按位履职,不出其位谋其政,属守位守分,如果过越职责,以下侵上,则前往行事有危险,必须戒除。不出其位谋其政,是明哲保身的有效之道,因为不出其位谋其政,少沾染是非。

三是"放纵罹害有凶险"。

【九三爻辞】九三:弗过防之,从或戕之,凶。象曰:从或戕之,凶如何也!

【注解】戕:qiāng,《说文》:"抢也。他国臣来弑君曰戕。"杀害。会意。从戈,从爿。戈,古代用以横击、钩杀的重要武器。爿(pán),劈开的竹木片。本义残杀、杀害。

【爻辞要义】没有过越也要有所戒备防范;放纵将要为人所害,凶险。说明面临的危险是多么的严重啊!

四是"无有过越也须防"。

【九四爻辞】九四:无咎,弗过遇之;往厉必戒,勿用,永贞。

象曰:弗过遇之,位不当也;往厉必戒,终不可长也。

【爻辞要义】不过越没有凶险,过越则会有凶险,不过分恃强恃刚就能遇到阴柔,主动迎合阴柔会有凶险,务必要心存戒惕,是说若主动迎合阴柔,最终将不可能长久无害,要永远守中正之道。

五是"密云不雨自西郊,公弋取彼穴中殃"。

【六五爻辞】六五:密云不雨,自我西郊,公弋取彼在穴。

象曰:密云不雨,已上也。

【注解】弋:yì,《玉篇》:"弋,缴射也。"系有绳子的箭,用来射鸟。古人用弓射禽鸟,使用的箭,有两类,一类是箭尾不系丝绳的,另一类在箭尾系上一根丝绳。这个丝绳叫作缴。前者是一般的射箭,简称射或弓射。后者则称弋,或弋射。早在周代,已有弋射。如《诗经·郑风·女曰鸡鸣》:"将翱将翔,弋凫与雁。"

彼:bǐ,《说文》"往有所加也。"《玉篇》:"对此之称。"形声。从彳,从皮,皮亦声。"彳"(chì)指行走。"皮"指动物皮张。"彳"与"皮"联合起来表示"行走在动物皮张上面"。本义相互牵扯,相互影响。引申义相关方,对立方、对方(与"此方"相对)。按:设想有两个人站在一张很厚的橡胶毯上,然后其中一个人开始走动,那么这个人的走动会造成另一个人的位置的水平升降,反过来也一样。这种情况就是"相互牵扯""相互影响",造成影响的一方相对于静止不动的一方称为"彼方"。

【爻辞要义】乌云密布在天空而不下雨,这些乌云是从城的西边飘过来的;王公们用细绳系在箭上射取那些藏在巢穴中的鸟兽。"乌云密布在天空而不下雨",是因为阴气超过了阳气,阴阳不合,故而不能化雨。

六是"安身立命要有位,飞鸟投网过极亢"。

【上六爻辞】上六:弗遇过之,飞鸟离之,凶,是谓灾眚。

象曰:弗遇过之,已亢也。

【注解】离:此处借为网。

亢:kàng,高,极度,非常,过分。

【爻辞要义】网杀飞鸟之谓"离"。飞鸟投网过极亢,打的是比方,用鸟高飞投入网被网住,比喻过度亢奋、亢进做事没有把控,结果必遭凶险。实际上,做任何事情,都要在自己能够掌握的可控范围内才稳妥把握。

"好高骛远易折翅,自慎静守利身藏。"好,喜欢;高,过高;骛,追求,马快跑,引申为追求;远,过远。好高骛远,比喻不切实际地追求过高过远的目标。人生应该合理确定发展方向和目标,如果定得过高,不切合实际,难以实现,很容易导致发生人生悲剧。合理地确定好奋斗方向和目标后,自身坚持戒慎怡静的心态稳步发展,则对保其身发展会有很大的好处。"男怕选错行,女怕嫁错郎"说的也是这个道理。

(三)要善于把握度

"山顶响雷声过常"——山顶响雷异常响亮,这是小过卦象。小过卦核心启示为"君子以行过乎恭，丧过乎哀，用过乎俭"。其蕴含的道理在于："过越过度小过亨，小事可为大事妨；行为稍过恭示虔，过度谦恭生虚妄；挫折失败常自省，过度悲观易自伤；节俭过度丧活力，适度节俭要提倡。"关键在于要把握好度，深谙"中庸之道妙在度，不过不及不虚妄"的精髓，处理事务才会游刃有余。度——有多种解释，其中哲学解释为：度是质和量的统一，是事物保持其质的量的界限、幅度和范围。统一表现在：度是质和量的互相结合和相互规定。关节点是度的两端，是一定的质所能容纳的量的活动范围的最高界限和最低界限。度是关节点范围内的幅度，在这个范围内，事物的质保持不变；突破关节点，事物的质就要发生变化。量变与质变相互区别的根本标志就在于：事物的变化是否超出了度。度是关节点范围内的幅度，要把度和关节点、临界点区分开来。在实践过程中，要掌握适度的原则，要学会把握分寸。"不偏之谓中，不易之谓庸。"其奥妙与核心就是在处理问题的时候，要掌握好度，既不过头也不不及，恰到好处。对度的把握，需要对客观规律及事物内在本质规定性有准确的把握，不将个人的主观妄念强加于客观事物或他人。在这方面，无妄卦阐释得更为全面而详细。据传苏东坡在京都相国寺与佛印和尚对饮，酒意兴至，和尚即兴挥毫"酒色财气四堵墙，人人都往墙里藏；若能跳出墙垛外，不活百岁寿也长"。苏东坡即席和道："饮酒不醉最为高，见色不迷是英豪，世财不义切莫取，和气忍让气自消。"后来，宋神宗和宰相王安石同游到此，见墙上"酒色财气诗"，精神一振，诗兴大发，王安石受命先和一绝："世人无酒不成礼，人间无色路人稀。民为富财才发奋，国有朝气方生机？"皇帝随即吟道："酒助礼乐社稷康，色育生灵发纲常，财足粮丰国家盛，气凝大宋如朝阳。"从中不难看出，不同身份和角色的人物对酒都有不同的情趣和意境，视角不同，感受不同，但其中要把握好度的艺术和趣的韵味。

（四）明哲保身

明哲保身是人生智慧的重要组成部分。信心十足，必然会有行动，有行动就难免过度。过度与收敛的火候，必须把握。在消极方面，一些小事情对自己要求过度，有益无害。在一些大的事情上过度，好高骛远，可能招致杀身之祸。因此过与敛，刚与柔，应知因应时机，把握好中庸之道，不过度，亦不不及，恰到好处。即使正义的、正确的，也不可过度固执，如果处置不当，反而会造成伤害。比如在封建时代，帝王决策延迟、失误或跑偏，在时机、场合适当的时候以适当的形式进谏，可能会有效果，如果没有把握好时机和分寸，则可能招致杀身之祸，比干犯龙颜进谏而罹挖心之祸就是这个问题。自省悔过，从自身查找原因和不足，保持积极乐观的人生态度，时时加强自身道德修养非常重要。出于自身利益的需要,人对于不同的事物往往有着不同的选择倾向性,这种选择倾向性在根本上就是不同价值类型的选择倾向性。乐观则总是能够找到快乐的理由,悲观者常常拒绝快乐。乐观者遇事总愿意往好处想,悲观者遇事总是容易看到事物坏的一面,不容易看到事物好的一面,常常陷于悲观忧伤的情绪中。乐观能够增强战胜困难的信心,悲观常常懈怠斗志,过度悲观则容易陷入"泥潭"难以自拔,眼睁睁看着错过好多发展机遇。"过度悲观易自伤",伤在错失发展机遇。

(五)善于自省

对待成功与失败,成绩与过失,自省是一个好方法。自省即自我反省。就是自我评价、自我反省、自我批评、自我调控和自我教育。是孔子提出的一种自我道德修养的方法。他说:"见贤思齐焉,见不贤而内自省也。"(《论语·里仁》)"自省"就是通过自我意识来省察自己言行的过程,其目的正如朱熹所说:"日省其身,有则改之,无则加勉。"(《四书集注》)孔子的学生曾子奉行"自省"这一主张,他经常做到"吾日三省吾身",即检查自己"为人谋而不忠乎?与朋友交而不信乎?传不习乎?"(《论语·学而》)战国时荀子则把"自省"和学习结合起来,作为实现知行统一的一个环节。他说:"君子博学而日三省乎己,则知明而行无过矣。"(《荀子.劝学》)"自省"是自我意识能动性的表现,是行之有效的德行修养的方法。面临挫折失败,善于自省,善于从自身查找原因和不足,是积极的人生态度。邵雍《迷悟吟》对自省改过的好处揭示得比较深刻:"君子改过,小人饰非;改过终悟,饰非终迷;终悟福至,终迷祸归。""挫折失败常自省"是科学积极的态度。

第六十三章　既济卦

成功之道：初吉终乱乃必然　居安思危防未然

　　水火相交，水在火上，似煮成食物，为既济，就是事情已经成功，但终将发生变故。终结意味着开始，成功意味着转折。初吉终乱是事物发展必然趋势。成功之时，要居安思危，主动防患，曲成万物，慎始善终，"君子以思患而预防之"——就是要有远大的目光，考虑成功后可能出现的种种弊端，防患于未然，采取预防措施，抓住有利时机，继续奋发向上，推动事业发展。对此唯有坚守正道，能够"缓衰避乱延时日，前进方向要前瞻"，才能守住阵脚，不乱方寸。人是第一生产力，人是决定事业成败的关键因素。识人用人，是事业成败的首要大事。小人成事不足，败事有余，盛衰虽然无常，导致衰败的一个主要原因是小人作祟，小人为一切祸害的根源，小人勿用，应严厉排斥。

一、既济卦经文

既济 水火既济 坎上离下

既济:亨,小利贞,初吉终乱。

彖曰:既济,亨,小者亨也。利贞,刚柔正而位当也。初吉,柔得中也。终止则乱,其道穷也。

象曰:水在火上,既济。君子以思患而预防之。

初九:曳其轮,濡其尾,无咎。
象曰:曳其轮,义无咎也。

六二:妇丧其茀,勿逐,七日得。
象曰:七日得,以中道也。

九三:高宗伐鬼方,三年克之。小人勿用。
象曰:三年克之,惫也。

六四:繻有衣袽,终日戒。
象曰:终日戒,有所疑也。

九五:东邻杀牛,不如西郊之禴祭,实受其福。
象曰:东邻杀牛,不如西邻之时也;实受其福,吉大来也。

上六:濡其首,厉。
象曰:濡其首,厉,何可久也。

二、既济卦警语箴言

离下坎上皆济然　　功成名就莫等闲
水在火上属既济　　君子思患防未然
既济小者亨利贞　　刚柔正而位当然
创业艰难守更难　　初吉终乱乃必然
初吉因为柔得中　　道穷终止则必乱
曲成万物而不遗　　慎始善终讲手段
成功过渡人人求　　居安思危防未然
曳轮濡尾义无咎　　成功稍损属小患
完美至极始缺损　　谨慎意外重防范

妇丧其茀勿寻找　　七日复得物可还
车蔽虽损无大碍　　保存本体莫慌乱
征伐鬼方三年克　　小人勿用愈防患
繻有衣袽终日戒　　完美平衡危机感
西邻禴祭实受福　　东邻杀牛心不虔
纣王无道助者寡　　周朝诚信吉不断
过河湿头有危险　　由成转衰临危难
缓衰避乱延时日　　前进方向要前瞻
屯蒙升晋皆奋进　　安享盛世易涣散
恺撒英威无不胜　　小人深恐施暗算
骄纵常引忧患至　　根除小人断祸源
明察慎识远小人　　曾公冰鉴可借鉴

三、易理哲学简说

初吉终乱乃必然　　居安思危防未然

既济,水火既济,坎上离下。离为火,坎为水,水火相交,水在火上,似煮成食物,为既济。既,已经;济,成也。既济就是事情已经成功,但终将发生变故。既济象征事已成、成功。

有所超越者(小过)一定能够成功(既济),"既济,亨,小利贞,初吉终乱",初吉终乱是事物发展必然趋势,"君子以思患而预防之",即既济卦。既济卦揭示的是成功之道。六十四卦只有既济卦六爻刚柔均当位。既济是比较完美的理想状态,同时,也具有过于完整反而僵化呆板的局限性。面对这种客观现实,关键要把握好:

(一)坚守正道,不乱方寸

【既济卦卦辞】既济,亨小,利贞,初吉终乱。

【既济卦象辞】既济,亨,小者亨也。利贞,刚柔正而位当也。初吉,柔得中也。终止则乱,其道穷也。

【注解】既济:《古代汉语字典》:"'既是会意字。甲骨文和金文的既像一个人跪坐在食物前却扭头不看的样子(左边是食器的形状,右边像一人吃罢而掉转身体将要离开的样子),表示吃饱了。'既的本义是已吃晚饭"有尽、终结等义。"济,渡过,过河。"左丘明《左传·成公十六年》:"晋师济河。""成功,完成。"范晔《后汉书·荀彧传》:"故虽有困败,而终济大业。"既济就是事情已经成功,但终将发生变故。

【卦辞要义】与【象辞要义】既济卦象征成功,此时功德完满,连柔小者都亨通顺利,有利于坚守正道。开始时是吉祥的,如有不慎,终久必导致混乱,原因在盛极而衰,其道穷尽。成功局面来之不易,盛极而衰是事物发展必然趋势。终结,意味着新的开始。既有的终结要守住,同时,更要谋划新的发展方向,寻找新的出路。值此之时,唯有坚守正道,能够"缓衰避乱延时日,前进方向要前瞻",才能守住阵脚,不乱方寸。

【既济卦象辞】象曰:水上火上,既济。君子以思患而预防之。

【象辞要义】火在下面燃烧,水在上面,为水已烧开或煮熟食物之象,象征事已完成。君子应该根据这种卦象,在做事的过程中要思虑隐患的存在,采取有效的方法进行预防,宜做到未雨绸缪。既济卦六爻警示六个方面需要注意:

一是"曳轮濡尾义无咎,成功稍损属小患"。

【初九爻辞】初九:曳其轮,濡其尾,无咎。象曰:曳其轮,义无咎也。

【注解】濡:rú,《礼记·祭义》:"春雨露既濡。"沾湿,润泽。

曳:《说文》:"曳:yè 曳,臾曳也。"臾曳:束缚捽摔之意。《古代汉语字典》:"曳是形声字,申为形,丿(piě)为声。曳的本义是拉、拖、牵引。"

【爻辞要义】拉车过河,就像有人拽住车轮阻碍其过河,导致车尾被沾湿,出现这种情况没有灾祸。说明事情成功之始,遇到阻碍是正常的事情。即使像车轮受阻碍那样前进受阻,也没有大碍。

二是"妇丧其茀勿寻找,七日复得物可还;车蔽虽损无大碍,保存本体莫慌乱"。

【六二爻辞】六二:妇丧其茀,勿逐,七日得。象曰:七日得,以中道也。

【注解】茀:fú,《古代汉语字典》:"古代用来遮蔽车箱的物体。""古代妇女的首饰。"王弼注:"茀,首饰。"

【爻辞要义】此句诸多研究者有的解释为首饰丢了,有的解释为车蔽丢了。解释为车蔽丢了更有道理。古代妇女乘车不露于世,车之前后设障以自隐蔽。妇人乘车到达一定的目的地,喻示做事已经成功,同时发现经过颠簸与旅途劳顿之后车蔽(遮帘)却丢失了,喻示追求成功的过程中可能发生了小小的局部损失,不过无大碍,不用去寻找,过不了七天(不是确指,指一定时间)就会物归原处。说明乘车到达目的地,完成了追求目标的基本任务,这符合中道。在这个过程中,发生小小的损失并没有什么大的妨碍。

三是"征伐鬼方三年克,小人勿用患防患"。

【九三爻辞】九三:高宗伐鬼方,三年克之。小人勿用。

象曰:三年克之,惫也。

【注解】高宗：系指商帝武丁。

鬼方：亚洲古代的小国，商周时居于我国西北方的少数民族，位于今陕西西北部、山西北部和内蒙古西部，是商周时期活动在山西北部以及我国西北地区的游牧族之一，其势力西及陇山和渭水流域的广大地区，是商朝时期的外患。其活动载于《汲冢周书》《易经》《山海经》《古本竹书纪年》《史记·殷本纪》和出土的《小盂鼎》及商周甲骨卜辞中。那时，漠南地区多次发生讨伐鬼方的大规模战争，甲骨卜辞载"鬼方易"，即鬼方向远方逃走或迁走。史载，居匈奴北和康居北。本世纪以来，经我国、苏联、蒙古的考古发掘及研究工作，证明鬼方迁到了南西伯利亚东起贝加尔湖西至巴尔喀什湖一带。

惫：bèi，《通俗文》："疲极曰惫。"《古代汉语字典》："极度疲劳，困顿。"

【卦辞要义】商帝武丁曾发动大规模的讨伐鬼方的战争。历时三年征伐才取得胜利，经历了漫长的过程，这是成功过程中必然可能经历的情形。成功做事，起码有两点必须注意：一是不可重用小人，因为小人会坏事或误事；二是获得成功之时，可能面对极度的疲惫，必须要有充分的良好的思想准备，如果是处于多角竞争或战争中，你的胜利之时，有可能恰恰是被新生或其他劲敌灭亡之日。

"高宗伐鬼方，三年克之"系指商帝武丁伐鬼方。商帝武丁，曾发动大规模的讨伐鬼方的战争。按照当时商对北方民族用兵的记录考察，每次用兵一般为3 000到5 000人不等。如果说以殷商的中兴之主用三年时间征伐鬼方，而未能完全将其击败或消灭，这足以说明当时鬼方的力量是相当强大的。武王克商以后，原属商朝统治的鬼方便从属于周。鬼方人不断被内迁至中原。周成王分封给晋国的始封者唐叔虞之怀姓九宗，史学界一般认为就是鬼方之隗姓，到周平王东迁，它已经和其他周朝的诸侯一样同列、同朝了，并且逐步与华夏族融合到了一起。从抵御外寇、民族融合的角度看，任何重大成功都需要一个艰难的过程，才能实现成功过渡。

四是"繻有衣袽终日戒，完美平衡危机感"。

【六四爻辞】六四：繻有衣袽，终日戒。象曰：终日戒，有所疑也。

【注解】繻：rú，《说文》："繻，缯采色。从糸，需声。"《玉篇》："繻，细密之罗也。"彩色的丝织品。

袽：rú，旧絮，破布。《程颐传》曰："袽当作濡，谓渗漏也。舟有罅（xià）漏，则塞以衣袽。"

【爻辞要义】渡河的时候，为了防止船漏水，事先要准备破布棉絮，而且整天保持戒备，以防止发生灾祸。比喻做事的时候要有充分的准备以防不测之患。恒自戒惧，谨慎行事，才能保证做事不出差池而导致失败。

五是"西邻禴祭实受福,东邻杀牛心不虔"。

【九五爻辞】九五:东邻杀牛,不如西郊之禴祭,实受其福。

象曰:东邻杀牛,不如西邻之时也;实受其福,吉大来也。

【注解】禴:yuè,古同"礿"。春祭名,古代四季祭祀之一。禴祭是古代君王具有的祭礼。春曰礿,夏曰禘,秋曰尝,冬曰烝。禴祭是一种非常简朴的祭祀。

【爻辞要义】东边邻国杀牛羊来举行盛大祭礼,不如西边的邻国举行简单而朴素的祭祀,这样才能实在地得到神降赐的福分。用此比喻做事要有发自内心的虔敬之心,才会获得大大的福报,有好的结果。

东邻指殷王朝,西邻指周王朝,殷王朝祭祀之礼虽厚,不如周朝祭礼虽薄但心意至虔而感动神灵,是福报的根本原因。

六是"过河湿头有危险,由成转衰临危难"。

【上六爻辞】上六:濡其首,厉。象曰:濡其首,厉,何可久也!

【爻辞要义】"渡河时弄湿了头,有危险",不可以在水中停留时间过长。以其危险警示成功与失败就在顷刻之间,对盛极而衰必须保持高度的警惕,绝对不可掉以轻心,不然怎能长久不败呢?

(二)居安思危,主动防患

"坎上离下皆济然,功成名就莫等闲;水在火上属既济,君子思患防未然。"既济卦卦象是坎(水)上离(火)下,为水在火上之表象,比喻用火煮食物,食物已熟,象征事情已经成功。"创业艰难守更难,初吉终乱乃必然;初吉因为柔得中,道穷终止则必乱;曲成万物而不遗,慎始善终讲手段;成功过渡人人求,居安思危防未然。"创业难,守业更难。开始时是吉祥的,但如有不慎,终久必导致混乱。这是事物发展的基本规律。一个国家、一个朝代、一个家族、一个企业,有开始,就有终结,有兴旺就有衰败,这是必然规律,在这个必然规律的发展链条上,保持居安思危的品质尤为重要。成功是事物发展的顶点,也是事物发展的转折点,居于成功之时,居安思危,必须认识盛极将衰的真理,要有强烈的盛大防衰的忧患意识,防微杜渐,主动预防衰乱,有备可无患。君子应有远大的目光,在事情成功之后,就要考虑将来可能出现的种种弊端,防患于未然,采取预防措施,抓住有利时机,继续奋发向上,推动事业发展,而不能等闲视之。这是既济卦的核心启示。

《贞观政要》卷一君道第一:贞观十年,太宗谓侍臣曰:"帝王之业,草创与守成孰难?"尚书左仆射房玄龄对曰:"天地草昧,群雄竞起,攻破乃降,战胜乃克。由此言之,草创为难。"魏征对曰:"帝王之起,必承衰乱。覆彼昏狡,百姓乐推,四海归命,天授人与,乃不为难。然既得之后,志趣骄逸,百姓欲静而徭役不休,百姓凋残而侈务不息,国之衰弊,恒由此起。以斯而言,守成则难。"太宗曰:"玄龄昔从我定天下,备尝艰苦,出万死而遇一生,所以见草创之难也。魏征与我安天下,虑生骄逸之端,必践危亡之地,所以见守成之难也。今草创之难,既已往矣,守成之难者,当思与公等慎之。"贞观十五年,太宗谓侍臣曰:"守天下难易?"侍中魏征对曰:"甚难。"太宗曰:"任贤能、受谏诤,即可,何谓为难?"征曰:"观自古帝王,在于忧危之间,则任贤受谏。及至安乐,必怀宽怠,言事者唯令兢惧,日陵月替,以至危亡。圣人所以居安思危,正为此也。安而能惧,岂不为难?"

(三)曲成万物,慎始善终

"曲成万物而不遗,慎始善终讲手段。"两点之间直线距离虽然最短,但要到达目标,直线路途未必是最快最有效的,有时"曲则全"——选择迂回曲折的路线前进更迅捷、更奏效。《易·系辞上》:"曲成万物而不遗。"韩康伯注:"曲成者,乘变以应物,不系一方者也。"孔颖达疏:"言圣人随变而应,屈曲委细,成就万物。"老子曰:"曲则全,枉则直,洼则盈,蔽则新,少则得,多则惑。是以圣人抱一为天下式。不自见,故明。不自是,故彰。不自伐,故有功。不自矜,故长。夫唯不争,故天下莫能与之争。古之所谓曲则全者,岂虚言哉?诚全而归之。"——委屈便会保全,屈枉便会直伸,低洼便会充盈,陈旧便会更新,少取便会获得,贪多便会迷惑。所以有道的人坚守这一原则作为天下事理的范式,不自我表扬,反能显明;不自以为是,反能是非彰明;不自我夸耀,反能获得功劳;不自我矜持,所以才能长久。正因为不与人争,所以遍天下没有人能与他争。古时所谓"委屈便会保全"的话,怎么会是空话呢?它实实在在能够达到。老子等古圣先哲从唯物辩证的角度解析了"曲则全"的深刻辩证法,任何事物的成功都有艰难的过程,并不是一帆风顺的,委曲求全,多方设法使有成就,做事要注重谨慎开始,处理事情要注重方式方法,可以采取退让的办法,等待、静观以待变,然后再采取行动,从而达到自己的目标,追求与确保取得好的效果。在做事谋成的过程中,可能遇到"曳轮濡尾""妇丧其茀"等意想不到的意外与损失,也可能遇到东邻杀牛祭祀心不虔诚的诚信缺失问题,还可能经历渡河防船漏水须备破棉絮的情况,不管面临什么情况,都要充分准备,时刻防范意外灾害发生,确保善始善终。

(四)明察慎识,切断祸源

人是第一生产力,人是决定事业成败的关键因素。识人用人,是事业成败的首要大事。盛衰虽然无常,导致衰败的一个主要原因是小人作祟,小人为一切祸害的根源,小人勿用,应严厉排斥。"恺撒英威无不胜,小人深恐施暗算。"

盖乌斯·尤利乌斯·恺撒大帝出身贵族,历任财务官、祭司长、大法官、执政官、监察官、独裁官等职。他是罗马共和国末期杰出的军事统帅、政治家。公元前60年与庞培、克拉苏秘密结成前三头同盟,随后出任高卢总督,花了八年时间征服了高卢全境(大约是现在的法国),还袭击了日耳曼和不列颠。公元前49年,他率军占领罗马,打败庞培,集大权于一身,实行独裁统治。制定了《儒略历》。恺撒战绩卓著,众望所归,元老院的小人们深恐其称王称帝威胁自身利益,公元前44年,恺撒遭以布鲁图所领导的元老院成员暗杀身亡,身中23刀,其中3刀为致命伤,惨遭小人暗算,享年58岁。恺撒死后,其甥孙及养子屋大维击败安东尼开创罗马帝国并成为第一位帝国皇帝。从恺撒被小人暗杀看,要保持事业兴旺,必须时刻发现并清除小人,以免其动摇或损毁事业发展的根基。"骄纵常引忧患至,根除小人断祸源;明察慎识远小人,曾公冰鉴可借鉴。"忧患常常由骄纵引起,小人是产生忧患的重要原因之一,因此,需要根除小人,切断祸源,这就需要明察慎识远离小人。

《贞观政要》卷五公平第十六魏征因上疏曰:"臣闻为人君者,在乎善善而恶恶,近君子而远小人。善善明,则君子进矣;恶恶着,则小人退矣。近君子,则朝无秕政;远小人,则听不私邪。小人非无小善,君子非无小过。君子小过,盖白玉之微瑕;小人小善,乃铅刀之一割。铅刀一割,良工之所不重,小善不足以掩众恶也;白玉微瑕,善贾之所不弃,小疵不足以妨大美也。善小人之小善,谓之善善,恶君子之小过,谓之恶恶,此则蒿兰同臭,玉石不分,屈原所以沉江,卞和所以泣血者也。既识玉石之分,又辨蒿兰之臭,善善而不能进,恶恶而不能去,此郭氏所以为墟,史鱼所以遗恨也。"对识别小人与远离小人阐述得比较深刻。《资治通鉴》卷第一百九十四:"上(唐太宗李世民)谓魏征曰:'为官择人,不可造次。用一君子,则君子皆至;用一小人,则小人竞进矣。'对曰:'然。天下未定,则专取其才,不考其行;丧乱既平,则非才行兼备不可用也。'"

在识别和远离小人方面,清朝明臣曾国藩堪称典范。曾国藩,初名子城,字伯涵,号涤生,谥文正,汉族,湖南省长沙府湘乡县人。晚清重臣,湘军的创立者和统帅者。清朝军事家、理学家、政治家、书法家、文学家,晚清散文"湘乡派"创立人。官至两江总督、直隶总督、武英殿大学士,封一等毅勇侯。怎样用人,特别是怎样用准人,学问极深。曾国藩所著述《冰鉴》用人的学问,是其人生成功术中重要的一门,他从不盲目选人,糊涂授权,而是睁大自己的一双明亮之眼,遵循"看透人之后再用人"的方法,该避则避、该提则提,显示出到位的领导才智和管理才智。曾氏用人四法:做、省、学、禁;摸透人的精、气、神;任用智、言、劳三种人。避免乱用小人误国误民。曾国藩《冰鉴》相术口诀:邪正看眼鼻,真假看嘴唇;功名看气概,富贵看精神;主意看指爪,风波看脚筋;若要看条理,全在语言中。

诸葛亮《将苑》知人性篇云:"夫知人之性,莫难察焉。美恶既殊,情貌不一,有温良而为诈者,有外恭而内欺者,有外勇而内怯者,有尽力而不忠者。然知人之道有七焉:一曰问之以是非而观其志;二曰穷之以辞辩而观其变;三曰咨之以计谋而观其识;四曰告之以祸难而观其勇;五曰醉之以酒而观其性;六曰临之以利而观其廉;七曰期之以事而观其信。"对如何识别小人亦值得借鉴。

第六十四章　未济卦

发展变化之道:慎辨物类居其方　周而复始易生生

　　火在水上燃烧,水波浩浩荡荡,怎么能够使水沸腾煮熟东西呢!原因是水火的位置没有在应该在的位置,不当位,难以济物,为未济,象征着做事未完成。未济之时充满着发展的可能性,未济有可济之理,因而亨通。若处事不谨慎,则没有什么利益。"君子以慎辨物居方"——要明辨各种事物,看到事物的本质,慎重分辨物类,使它们各居其方,努力使事物的变化趋向好的方面,这样做则万事可成。处于"未济"之时,需用发展的眼光、联系的眼光看问题,分析和处理问题则要善于运用矛盾分析的方法。未济存在着无限的发展可能性。为了使可能性转化为现实,我们必须尊重客观规律,实事求是,自觉地发挥主观能动性。已经实现的客观现实与"既济"相关联;预示着未来发展趋势充满发展可能性的"未济"与可能性相关联。"百物不废慎终始,继续演进物不穷。"世间各种事物之所以存在,都有其合理性和效用,不管做什么事情都要慎始慎终,事物的发展变化从来不曾停息,层出不穷。人们要想在活动中获得预期的目的,即取得成功,就要从实际出发,坚持实事求是,认识和尊重客观规律,按照客观规律办事。否则就会受到客观规律的惩罚。发展变化永无止境。

一、未济卦经文

未济 火水未济 离上坎下

未济:亨,小狐汔济,濡其尾,无攸利。

象曰:未济,亨,柔得中也。小狐汔济,未出中也。濡其尾,无攸利,不续终也。虽不当位,刚柔应也。

象曰:火在水上,未济。君子以慎辨物居方。

初六:濡其尾,吝。
象曰:濡其尾,亦不知极也。

九二:曳其轮,贞吉。
象曰:九二贞吉,中以行正也。

六三:未济,征凶,利涉大川。
象曰:未济,征凶,位不当也。

九四:贞吉,悔亡,震用伐鬼方,三年有赏于大国。
象曰:贞吉,悔亡,志行也。

六五:贞吉,无悔,君子之光,有孚,吉。
象曰:君子之光,其晖吉也。

上九:有孚于饮酒,无咎。濡其首,有孚失是。
象曰:饮酒濡首,亦不知节也。

二、未济卦警语箴言

火燃水上难济物　位不当位事未成
小狐过河湿尾巴　无利守中无险凶
拖拽车轮进不快　克制持中以正行
未济征凶临险难　戮力除难窘途通
贞吉悔亡伐鬼方　三年克之国赏功
诚信贞吉无悭吝　臣辅民拥国运亨
未济之极反既济　安闲饮酒庆事成
自逸过度荒其事　疏忽大意危机生
凡事有果必有因　吝凶悔吉贵自重

渴望成功尚未成　　顺势静定慎始终
阴阳交合促发展　　刚柔相摩增可能
百物不废慎终始　　继续演进物不穷
戒慎恐惧正中庸　　周而复始易生生
慎辨物类居其方　　客观规律我所用
唯物辩证讲方法　　实事求是好作风
和平发展殊同途　　未竟事业万国同
私欲妄念莫膨胀　　安位守分天下宁
国昌业旺何为重　　服务人民第一宗
既济未济周复始　　顺应自然不妄动
以民为天谋福祉　　世界大同天下公

三、易理哲学简说

慎辨物类居其方　　周而复始易生生

未济,火水未济,离上坎下。坎为水,离为火。火在水上,难以济物,为未济。未济象征事未成。本卦六爻均失正,有"事未成"之象。其阳刚阴柔能够相应,充满着发展的可能性,未济有可济之理,因而亨通。若处事不谨慎,则没有什么利益。

事物发展不会穷尽(未济),未来充满无限发展的可能,"未济:亨,小狐汔济,濡其尾,无攸利""君子以慎辨物居方",即未济卦。未济卦揭示的是永无止境的发展变化之道。

(一)"火水未济",有终结必有新的开始

未济卦卦象为"未济,火水未济,离上坎下"。离上坎下,卦名称作"火水未济"。火本来应该在水下面燃烧才能烧水沸腾煮熟食物,这是常理。未济卦象是火在水上燃烧,水波浩浩荡荡,火在水上燃烧,怎么能够使水沸腾煮熟东西呢! 原因是水火的位置没有在应该在的位置,不当位,象征着做事未完成,还要向前发展。未济卦与既济卦是形爻上下相反的"综卦",也是阴阳完全相反的"错卦",亏而盈,满而损,完成为未完成的终结;同时,也是另一次未完成的开始;既与未,相互交错作用。"火燃水上难济物,位不当位事未成。"

《序卦传》说:"物不可穷也,故受之以未济终焉。""既济"是极度的完成,但一切事物,不可能就此终止,永远美满,必然继续变化发展。所以,完成是另一未完成的开始,《易经》虽然到此终止,但宇宙森罗万象,则永远变化演进,无尽

无穷。《菜根谭》云:"天道忌盈,卦终未济"——事事留个有余,不尽的意思,使造物不能忌我,鬼神不能损我。若业必求满,功必求盈者,不生内变,必召外忧。

(二)发展变化是永恒的规律

【未济卦卦辞】未济:亨,小狐汔济,濡其尾,无攸利。

【未济卦象辞】象曰:未济,亨,柔得中也。小狐汔济,未出中也。濡其尾,无攸利,不续终也。虽不当位,刚柔应也。

【注解】汔:qì,《广雅》:"汔,尽也。"接近,庶几,几乎,差不多:"民亦劳止,汔可小康"。

【卦辞要义】与【象辞要义】未济指尚未成功之时是亨通的。就像小狐过河尾向上舒,可刚要到河边尾巴就被沾湿了,没有什么利益。以小狐狸渡河尚未成功比喻事情尚未完结,还要向前发展。亨通的原因在于柔顺居中。小狐狸过河,快要靠岸,还是没有达到岸边,沾湿了尾巴,没有什么利益,比喻离成功还有一定距离,虽然没有终结,只要努力,成功就不会太远。居于未成功之境,虽然位不当位,当时由于各方因素刚柔相应,还是存在着成功的可能与美好光明的前景。

《易经》六十四卦的逻辑推演至此结束,但客观事物的发展变化永远不会完结,宇宙间的一切,不可能永远圆满,终止运行。必然由亏而盈,由满而损,由缺而圆,反复循环,生生不息。物不可穷,继续演进,周而复始,因循发展变化规律是永恒的发展变化着的。

未济卦六爻基本反映了这一规律:

一是"小狐过河湿尾巴,无利守中无险凶"。

【初六爻辞】初六:濡其尾,吝。象曰:濡其尾,亦不知极也。

【注解】极:jí,《说文》:"极,栋也。"形声。从木,亟声。本义房屋的正梁。在屋之正中至高处。最高位置,顶点,极点。如登极(帝王即位),登峰造极。

【爻辞要义】小狐狸过河快要到对岸还没有登岸,浸湿了尾巴,也不知道到了自己承受的极限。

二是"拖拽车轮进不快,克制持中以正行"。

【九二爻辞】九二:曳其轮,贞吉。象曰:九二贞吉,中以行正也。

【爻辞要义】拖拽车轮使不能快速行进,以此比喻采取克制守中道的态度和方法办事,虽不能快速实现目标,但坚持正道,中正行事,可以避免犯急躁冒进的错误。

三是"未济征凶临险难,戮力除难窘途通"。

【六三爻辞】六三:未济,征凶,利涉大川。

易道 话说易经 谈道德修养

象曰:未济,征凶,位不当也。

【爻辞要义】处于事情没有完成的未济状态,如果进行征伐,将会罹临险难,但是,同心同德戮力排险除难,那么困窘的境遇也会变成通途。强调在事情将要成功尚未成功之时,仍然不能涣散,还要同心同德团结奋斗,此乃取得胜利的法宝。

四是"贞吉悔亡伐鬼方,三年克之国赏功"。

【九四爻辞】九四:贞吉,悔亡,震用伐鬼方,三年有赏于大国。

象曰:贞吉,悔亡,志行也。

【注解】震用伐鬼方:注解见既济卦。

【爻辞要义】坚守正道可获吉祥,悔恨会消失;以雷霆万钧之势征讨鬼方国,经过三年的激烈战斗终于获得胜利,被封为一个大国的诸侯。《象辞》说:"坚守正道可获吉祥,悔恨会消失",说明实现了建功立业的志向。

五是"诚信贞吉无悭吝,臣辅民拥国运亨"。

【六五爻辞】六五:贞吉,无悔,君子之光,有孚,吉。

象曰:君子之光,其晖吉也。

【注解】光:guāng,《说文》"从火在人上。本作炗,今作光。"《古代汉语字典》:"光是会意字,古文字的光由火和人上下组合而成,表示人头上有火。光的本义指光明。"

晖:huī,《说文》:"晖,光也。"形声字。从日,军声。字本作"暈"。本义:日月周围的光圈。阳光,亦泛指光辉。

【爻辞要义】君王坚守正道或获吉祥,没有什么悔恨;这是君子所具有的美德的光辉,有诚实守信的德行可以获得吉祥,臣属辅佐民众拥戴国运就会亨通。

六是"未济之极反既济,安闲饮酒庆事成;自逸过度荒其事,疏忽大意危机生"。

【上九爻辞】上九:有孚于饮酒,无咎。濡其首,有孚失是。

象曰:饮酒濡首,亦不知节也。

【注解】是:《古代汉语字典》:"在篆文中是会意字,由日和正两个字构成,表示以太阳为标准会正而不偏、直而不曲。"对的,正确的,与"非"相对。

节:注解见节卦。

【爻辞要义】没有完成的状态达到极限将会转化为完成状态,满怀信心,充分信任众人,这时可以安闲自得地饮酒作乐,没有什么灾祸。在酒场会见到这样的情形,纵情滥饮,酒精发作神智昏聩,在这种情形下,即使彼此心存诚信与信任,由于不能控制自己的意志,也会出现错误的言行,结果败坏了大事儿,就是日常所说的吃酒误事,根本原因在于做事不知道要有节制,那当然是逸豫过度就会荒废其事理,疏忽大意就会产生危机,将会损害君子的正道。

(三) 慎辨物类居其方,用辩证发展的眼光看问题

【未济卦象辞】象曰:火在水上,未济。君子以慎辨物居方。

【注解】辨物居方:biàn wù jū fāng,辨别众物的性质、条件等因素,使之各得其所。孔颖达疏:"辨别众物,各居其方,使皆得安其所。"本卦离上坎下,水火不能相交,则未能发挥济物之功,君子观此象以慎辨物居方。辨物必如火之明,居方必如水之聚,辨物使物以群分,因水火各异,故于异中求同;居方使方以类聚,因水火各居相对之位,故又当同中求异,如此则物以群分,分定不乱,虽未济而成既济矣。

【象辞要义】未济卦的卦象是离(火)上坎(水)下,为火在水上之表象。火在水上,大火燃烧,水波浩浩,水火相对相克,象征着未完成。君子此时要明辨各种事物,看到事物的本质,慎重分辨物类,使它们各居其方,努力使事物的变化趋向好的方面,这样做则万事可成。"慎辨物类居其方,客观规律我所用;唯物辩证讲方法,实事求是好作风。""君子以慎辨物居方"是未济卦的核心启示。

唯物辩证法,是一种研究自然、社会、历史和思维的哲学方法;是辩证法的三种基本历史形式之一;是由马克思首先提出,经其他马克思主义者(比较突出的如恩格斯、列宁、托洛茨基、毛泽东等)发展而形成的一套世界观、认识论和方法论的思想体系;是马克思主义哲学的核心组成部分。唯物辩证法认为:"普遍联系"和"永恒发展"是世界存在的两个总的基本特征,从总体上揭示了世界的辩证性质,《易经》的简易、变易、不易也是从联系、发展的角度通过六十四卦所反映的种种形态、情态、现象及其蕴含的规律性来分析判断把握万事万物,《易经》所涵盖的哲学体系更广大悉备,所涉猎的内容与范畴比唯物辩证法更全面而深刻,在预测学方面发挥了巨大的作用。只不过,几千年来,由于其晦涩难懂,被占卜算命者穿凿附会,流于迷信的滥觞。唯物辩证法的基本规律和各个范畴,从不同侧面揭示了"普遍联系"和"永恒发展"这两个基本特征的内涵和外延,矛盾对立统一的观点是唯物辩证法的核心。对立统一规律在乾坤、泰否、既济与未济等多卦中体现和阐释;质量互变规律在渐卦中体现和阐释;辩证否定观也就是否定之否定规律在需、泰、否卦等多卦中的体现和阐释。唯物辩证法的五对基本哲学范畴在易经六十四卦中分别有体现和阐释,观卦揭示了现象和本质的辩证关系;贲卦揭示了内容和形式的辩证关系;未济等卦原因和结果的辩证关系;既济、未济等卦揭示了可能性与现实性的辩证关系;萃卦揭示了偶然性与必然性的辩证关系。除了五对基本哲学范畴外,其他唯物辩证法的相关范畴在相应的卦中也有揭示。

处于"未济"之时,要善于用辩证的眼光看问题想事情:一是要坚持矛盾的观点。毛泽东曾说过:"事物发展的根本原因,不是在事物的外部而是在事物的内部,在于事物内部的矛盾性。"任何事物都包含着既对立又统一的两个方面,都是一分为二的。工作总是既有成绩也有不足,人总是既有优点又有缺点。关键是分辨出哪个是主要矛盾、哪个是次要矛盾,找出哪个是矛盾的主要方面、哪个是矛盾的次要方面。坚持重点论与两点论相统一,分析问题要一分为二、实事求是,既不把成绩说得天花乱坠,也不把不足讲得一团漆黑。二是要坚持发展的观点。马克思主义关于发展的观点有三个基本方面:任何事物都是变化发展的;发展呈现着波浪式前进螺旋式上升的过程;发展的根本动力在于内因。任何事业都是不断发展的,有一个成长过程,而且这个过程不是一帆风顺的,前进的过程中会遇到许多可以预料的和难以预料的风险与困难,事业发展的根本动力在于万众一心,心往一起想,劲往一处用。对待事业对待工作,要看发展趋势,看主流;对待存在的问题要客观分析;对待工作失误要从改进的角度做积极的促进工作。全党全民团结起来,不断纠正失误,科学向前发展。三是要坚持联系的观点。事物是普遍联系的,联系的本质是相互影响,相互制约。从世界范围看,"中国的发展离不开世界,世界的发展也离不开中国"。外界的一举一动都会迅速传递到国内,进而产生难以估量的影响。中国和世界是联系在一起的,这种联系是普遍的、客观的。在全球一体化趋势下,闭关锁国过桃源般的生活不现实。我们要放眼世界,放眼未来,将历史、现实、未来联系起来,将国内与国外联系起来看问题,我们才能准确把握未来发展方向。

(四)阴阳交合促发展,刚柔相摩增可能

事物的发展变化包含着现实性与可能性的哲学问题——可能性和现实性是揭示事物的过去、现在和将来的相互关系的范畴。可能性是指事物发展过程中潜在的东西、包含在现实事物中并预示事物发展前途的种种趋势。现实性(现实)指一切包含内在根据的、合乎必然性的存在,是事物和现象的种种联系的综合。可能性和现实性既有区别又有联系。二者相互依赖,现实性是由可能性转化而来的,可能性的内在根据存在于现实当中;二者在一定的条件下可以相互转化,现实性是由可能性发展和转化而来的,同时它又包含着新的可能性,这种新的可能又将转化为新的现实。客观事物的发展就是在可能性和现实性的相互转化过程中实现的。可能性不等于现实性,一切工作都要从现实出发,而不要从可能出发。为了使好的可能性转化为现实,我们必须在尊重客观规律的基础上,自觉地发挥主观能动性。已经实现的客观现实与"既济"相关联;预示着未来发展趋势充满发展可能性的"未济"与可能性相关联。"百物不废慎终

始,继续演进物不穷。"世间各种事物之所以存在,都有其合理性和效用,不管做什么事情都要慎始慎终,事物的发展变化从来不曾停息,层出不穷。

(五)凡事有果必有因,吝凶悔吉贵自重

原因与结果是唯物辩证法中一对相关联的哲学基本范畴,揭示事物的前后相继、彼此制约的关系。引起一定现象的现象是原因,由原因所引起的现象是结果。原因和结果的关系既对立又统一。原因和结果的区分既是确定的,又是不确定的。即在具体的因果联系中,两者的区别是确定的,但在世界的普遍联系和永恒发展中,原因和结果的区别又是不确定的,在一定的条件下可以相互转化。原因和结果相互作用,原因产生结果,结果反作用于原因(反馈调控),互为因果。原因和结果相互依存,因果双方失去一方,另一方就不能存在。因果联系具有三个特性:其一,客观性——因果联系是客观事物本身所固有的,不以人的意志为转移。其二,普遍性——世界上的一切事物和现象无不处在一定的因果联系之中。其三,多样性——因果联系具体表现是复杂多样的。正确把握事物的因果联系是自觉的实践活动的必要条件。辩证地分析事物的因果关系,可以增强人们生活的自觉性、预测性和调控性。这是"君子以慎辨物居方"的内在根据。《易经系辞上传》第二章"圣人设卦观象,系辞焉而明吉凶,刚柔相推而生变化。是故,吉凶者,失得之象也。悔吝者,忧虞之象也"。悔,指后悔;吝,指心上有事放不下,有思想包袱,举棋不定犹疑不决,从而呈现忧虞的状态。悔生吉,吝生凶是人事的基本规律。悔吉吝凶规律也是易理的基本规律。

(六)客观规律我所用

规律亦称法则。客观事物发展过程中的本质联系,具有普遍性的形式。规律和本质是同等程度的概念,都是指事物本身所固有的、深藏于现象背后并决定或支配现象的方面,是本质的内在规定性。然而本质是指事物的内部联系,由事物的内部矛盾所构成,而规律则是就事物的发展过程而言,指同一类现象的本质关系或本质之间的稳定联系,它是千变万化的现象世界的相对静止的内容。规律是反复起作用的,只要具备必要的条件,合乎规律的现象就必然重复出现。世界上的事物、现象千差万别,它们都有各自的互不相同的规律,但就其根本内容来说可分为自然规律、社会规律、历史规律和思维规律。自然规律、社会规律和历史规律都是客观的物质世界的规律,但它们的表现形式有所不同:自然规律是在自然界各种不自觉的、盲目的动力相互作用中表现出来的;社会规律和历史规律则必须通过人们的自觉活动表现出来。思维规律是人的主观的思维形式对物质世界的客观规律的反映。规律具有必然性,其存在、作用及

作用的后果不可避免地能够重复出现;规律具有客观性,规律是客观的,既不能创造,也不能消灭;不管人们承认不承认,规律总是以其铁的必然性起着作用;规律具有普遍性和永恒性,对于同一本质的事物和现象具有普遍的支配作用,如新陈代谢、四季更替,它适用于所有的阶段、社会、领域、层次等。在客观规律面前人并不是完全消极被动的,在实践中,人们通过大量的外部现象,可以认识或发现客观规律,并用这种认识指导实践,即应用客观规律来改造自然,改造社会,为社会谋福利。人们要想在活动中获得预期的目的,即取得成功,就要从实际出发,坚持实事求是,认识和尊重客观规律,按照客观规律办事。否则就会受到客观规律的惩罚。传说在黄帝晚年,九黎地巫教流行,崇尚鬼神,迷信盛行,风气败坏,一切都靠占卜来决定,人民也不安心于生产。颛顼(上古五帝之一。黄帝之孙,姬姓。父亲是黄帝次子昌意,封于若水,娶蜀山氏之女昌仆为妻,生颛顼。颛顼性格深沉而有谋略。十五岁时就辅佐少昊,治理九黎地区,封于高阳,故又称其为高阳氏。黄帝死后,因颛顼有圣德,立为帝,时年二十岁)为解决这一问题,下令禁绝巫教,禁断民间以占卜通人神的活动。亲自诚敬地祭祀天地祖宗,为万民做出榜样。又任命南正重负责祭天,以和洽神灵。任命北正黎负责民政,以抚慰万民。劝导百姓遵循自然的规律从事农业生产,鼓励人们开垦田地,使社会恢复正常秩序。颛顼生子穷蝉,是舜的高祖。据说他在位七十八年,活到九十八岁逝世,葬于濮阳。

(七)实事求是好作风

实事求是指从实际对象出发,探求事物的内部联系及其发展的规律性,认识事物的本质。指按照事物的实际情况说话办事做学问,不可弄虚作假。实事求是一词,最初出现于东汉史学家班固撰写的《汉书·河间献王传》,讲的是西汉景帝第三子河间献王刘德"修学好古,实事求是"。明朝王阳明在宋代朱熹"格物便是致知""理在事中"的基础上,提出了"知行合一"的观点,倡导"实事求是"的学风。这原本指一种严谨的治学态度和方法,是一个经学和考据学的命题,也是中国古代学者治学治史的座右铭。中央党校、中国人民大学、天津大学、岳麓书院(湖南大学)等高等院校将此作为校训。毛泽东在中国革命的实践中,反对主观主义,尤其是反对教条主义,把马克思主义的普遍真理与中国革命具体实践相结合,确立了实事求是的思想路线。党的十一届三中全会重新确立了实事求是的思想路线,为全面改革奠定了思想理论基础。实事求是是毛泽东思想的精髓,是邓小平建设有中国特色社会主义理论的哲学基础。实事求是的关键是理论联系实际。人们对"实事求是"的认识,有一个历史发展过程。对这一认识过程做历史考察,将有利于坚持实事求是的思想路线。从中也可以看出,中国的马克思主义者是如何批判地继承优秀的传统文化的。思想路线,也叫认识路线。指的是人们的认识所遵循的方向、途径、原则和方法。一个政党的思想路线,是指这个政党确定自己的指导思想并支配自己行为的认识路线。坚持辩证唯物主义、历史唯物主义的思想路线,反对唯心主义、形而上学的思想路线,对于正确地制定和贯彻无产阶级政党的政治路线和各项方针政策,具有决定性的意义。延安时期,毛泽东在总结中国共产党的历史经验教训时,借用中国古典,提出了"实事求是"的口号,这一口号后来被作为党的思想路线的概括表述。新时期之初,邓小平提出了"解放思想,开动脑筋,实事求是,团结一致向前看"的口号,丰富了"实事求是"思想路线的内涵。

（八）周而复始易生生

"易"以"生生"为基本的存在方式,"易"就是"生",而"生生"是一个连续不断的生成演化过程,日月相推,斗转星移,没有一刻停息,自然界本身不断地生成、创造万物。"易"的这个生成过程表现的就是宇宙的生生化化。宇宙就是混沌未分的"太极"发生出来的,而后有"阴"(－－)"阳"(—)两仪,再由"阴""阳"两仪分化出太阴、太阳、少阴、少阳四象,四象分化而为八卦,用八种符号代表万物的不同特性:"乾,健也;坤,顺也;震,动也;巽,入也;坎,陷也;离,丽也;艮,止也;兑,悦也。"分别用天、地、风、山、水、火、雷、泽八种自然物象表示。被称为先天八卦系统,又分化成后天八卦系统的八八六十四卦,六十四卦揭示六十四种象数理的关系,展示了宇宙的生生化化,并不意味宇宙的发展演化就此完结,实际上仍可不断地继续展开,六十四卦最后两卦是"既济"和"未济",说明事物发展必然有一个终结,同时此终结又是新的开始,所以《说卦传》中说:"物不可穷也,故受之以未济终焉。"宇宙的生化过程,是一个开放的过程。《系辞》中说:"天地氤氲,万物化醇,男女构精,万物化生。"《序卦》中则说:"有天地然后有万物。有万物,然后有男女,有男女,然后有夫妇。有夫妇,然后有父子。有父子,然后有君臣。有君臣,然后有上下。有上下,然后礼仪有所错。"所以天地之所以为天地,就在于"生",那所谓的"变化"之理,"简易"之理,说到底也自然就是"生生"之理。需要说明的是,八卦是一个由古圣人概括提炼出的抽象的哲学体系的符号系统,用以展示客观规律及事物之间的联系,但八卦并不是纯粹的客观事物本身。由于以往易学家没有研究明白或表述明白,致使学习或研究者在歧途上越走越远。

（九）以民为天谋福祉,世界大同天下公

《礼记·礼运》:"大道之行也,天下为公。"原意是天下是公众的,天子之

位,传贤而不传子,后成为一种美好社会的政治理想。孙中山推崇"天下为公",主张民主政治理想,天下为公的大同世界为民众所向往。《礼记·礼运》原文:"昔者仲尼与于蜡宾。事毕,出游于观之上,喟然而叹。仲尼之叹,盖叹鲁也。言偃在侧,曰:'君子何叹?'孔子曰:'大道之行也,与三代之英,丘未之逮也,而有志焉。大道之行也,天下为公。选贤与能,讲信修睦。故人不独亲其亲,不独子其子。使老有所终,壮有所用,幼有所长,矜寡孤独废疾者皆有所养。男有分,女有归。货,恶其弃于地也,而不必藏于己;力,恶其不出于身也,而不必为己。是故谋闭而不兴,盗窃乱贼而不作。故外而不闭。是谓大同。今大道既隐,天下为家。各亲其亲,各子其子。货、力为己。大人世及以为礼,城郭沟池以为固,礼义以为纪;以正君臣、以睦兄弟,以和夫妇,发设制度,以立田里,以贤勇智,以功为己。故谋用是作,而兵由此起,禹、汤、文、武、成王、周公由此其选也。此六君子者,未有不谨于礼者也。以着其义,以考其信。着有过,刑仁讲让,示民有常。如有不由此者,在执者去,众以为殃。是谓小康。'"——从前,孔子曾加过鲁国的蜡祭。祭祀结束后,他出来在宗庙门外的楼台上游览,不觉感慨长叹。孔子的感叹,大概是感叹鲁国的现状。言偃在他身边问道:"老师为什么叹息呀?"孔子回答说:"大道实行的时代,以及夏、商、周三代英明君王当政的时代,我孔丘都没有赶上,我对它们心向往之。大道实行的时代,天下为天下人所共有。选举有德行的人和有才能的人来治理天下,人们之间讲究信用,和睦相处。所以人们不只把自己的亲人当亲人,不只把自己的儿女当作儿女,这样使老年人能够安享天年,使壮年人有贡献才力的地方,使年幼的人能得到良好的教育,使年老无偶、年幼无父、年老无子和残废的人都能得到供养。男子各尽自己的职分,女子各有自己的夫家。人们不愿让财物委弃于无用之地,但不一定要收藏在自己家里。人们担心有力使不上,但不一定是为了自己。因此,阴谋诡计被抑制而无法实现,劫夺偷盗杀人越货的坏事不会出现,所以连住宅外的大门也可以不关。这样的社会就叫作大同世界。如今大道已经消逝了,天下成了一姓家的财产。人们只把自己的亲生的当作亲人,把自己的儿女当作儿女,财物和劳力,都为私人拥有。一代人的认知就把它当作礼制,修建城郭沟池作为坚固的防守。以为法治就是礼义,用来确定君臣关系,父子关系淳厚,兄弟关系和睦,夫妻关系和谐,还用来制定颁发制度,划分田地和住宅,奖给功臣,为的都是自己个人立业。所以争端因此兴起,战争也由此产生了。夏禹、商汤、周文王、周武王、周成王和周公旦,如在世也会因此而悲伤。这六位君子,没有哪个不谨慎奉行等级礼制。他们彰昌礼制的内涵,用它们来考察人们的信用,揭露过错,树立讲求礼让的典范,向下民们昭示刑罚也有个度。如果有贵族们有越轨的反常行为,像抓下民罪人一样逮捕去,那大众才认为是一种祸害。这种社会就叫作小康。"

　　建设小康社会,建设世界大同,需要全世界各族人民共同努力。目前,由于竞争,世界陷入浮躁、喧嚣、忿欲、纷争的漩涡之中,在巨大的经济危机之中潜藏着深重的精神危机,人的信仰、价值观面临着严峻的考验与挑战。本著作之所以名之《易道》,就是面对发展变化的客观世界,探讨对发展变化规律的把握,以此启示人们掌握规律、按规律办事,加强美德修养,试图促进人们在精神层面的融合共乐,同心合力战胜精神危机,人类才能齐步走向"天下为公"的大同世界。因此,一要世界人民淡泊个人非分的欲望,壁立千仞,无欲则刚,窒欲可以消弭纷争;二要弱化国家之间、民族之间、阶级之间、团体之间的隔阂与壁垒,对话胜于对抗,惩忿可以增进交流;三要强化团结协作弱化竞争意识,团结协作胜于分崩离析,团结协作促进和谐共赢;四要博爱互助,博爱互助春风化雨,利于焕发万物生机;五要谦诚修德,维系好社会关系,谦诚奠定社会和谐稳定的基石;六要增强节度,节制胜于奢靡,节制人心,保护性利用有限资源,全世界共同保护地球和宇宙空间;七要处理好损益关系,增益胜于减损,处理好损益关系维护民众利益,维护世界各国之间的友好和平关系……要把握好中庸原则,刚柔并济,不可掉以轻心,必须审时度势,慎重判断,按规律办事,才能实现未济向既济的过渡,最终实现世界大同的理想境界。

易道

话说易经 谈道德修养（上）

刘祺庸 著

黑龙江人民出版社

图书在版编目(CIP)数据

易道:话说易经　谈道德修养:全2册/刘祺庸著.—哈尔滨:
黑龙江人民出版社,2015.5
ISBN 978 - 7 - 207 - 10343 - 7

Ⅰ.①易…　Ⅱ.①刘…　Ⅲ.①《周易》—研究②《道德经》
—研究　Ⅳ.①B221.5②B223.15

中国版本图书馆 CIP 数据核字(2015)第 124589 号

责任编辑：李　珊　付秋婷
装帧设计：李文宝

易道

——话说易经谈道德修养（上、下）

刘祺庸　著

出版发行	黑龙江人民出版社
通讯地址	哈尔滨市南岗区宣庆小区 1 号楼
邮　编	150008
网　址	www. longpress. com
电子邮箱	hljrmcbs@ yeah. net
印　刷	北京万博诚印刷有限公司
开　本	787×1092　1/16
印　张	41.75
字　数	750 千字
版　次	2015 年 5 月第 1 版　2021 年 1 月第 2 次印刷
印　数	1－2000
书　号	ISBN 978 - 7 - 207 - 10343 - 7
定　价	88.00 元(上、下)

文明之根　文化之源

（代　序）

　　作为世界文化宝藏、智慧宝库的《易经》，也被称作《周易》。传说中华民族祖先伏羲创立先天八卦；后经周文王演绎成八八六十四卦，并撰写象辞、彖辞；周公推演三百八十六爻及爻辞。《易经》是群经之始、群经之首、群经之祖，是中国文化与文明的总源头，也是世界文明的源头之一。其思想精髓深深植根于中国民众的社会实践和日常生活中，影响、引导中华文明乃至世界文明的走向，不过人们日用而不知，时用而不觉。

　　世界在发展，文明在肇进。经过对几千年浩瀚的历史实践、纷杂的文化学说、丰富的文明成果进行梳理与研究，发现诸经诸派诸学说中蕴蓄的先进文化与思想早就被《易经》所揭示的易理所涵盖，而且其丰富深刻、博大精深，所展现的辩证体系更为广大悉备。可以说与马克思主义唯物辩证法相一致：世界是物质的、客观的，世界万事万物的规律及客观属性是可以认识与掌握的，普遍联系与发展变化是最显著特性，机遇与风险时刻并存，应该有高度的居安思危意识，不断加强道德修养，戒惧谨慎行事，那么，"规律"可以为"我"所用，"危机"可以是化"危"为"机"。

　　《易经》是关于普遍联系与发展变化的学问。可以简单概括为三易：简易、变易、不易——就是用"简易"的方法，看待"变易"的事物，发现"不易"的真理，发现事物自身的本质规定性和内在蕴含的规律，并用以指导社会和生活实践。《道德经》与《易经》一脉相承又有所发展，道基本等同于规律，德就是按规律办事，并养成正确的行为规范。基本要求是，思考问题动机纯正，行事态度端正，品性行为符合规律或原则，不主观妄断，随顺自然，戒慎恐惧。中国国学中的中庸之道就是对其的把握与运用。

　　《易经》的课业在于"列明相位，明德业"——其核心是程朱理学在《大学》中所提炼、升华、倡导的"三纲领"与"八条目"。《大学》："大学之道，在明明德，在亲民，在止于至善……古之欲明明德于天下者，先治其国；欲治其国者，先齐其家；欲齐其家者，先修其身；欲修其身者，先正其心；欲正其心者,先诚其意;欲诚其意者,先致其知;致知在格物。""格物,而后知至;知至而后意诚;意诚,而后心正;心正,而后身修;身修,而后家齐;家齐,而后国治;国治,而后天下平。"所谓"三纲领"就是明德、新民、至善。所谓"八条目"就是"格物、致知、诚意、正心、修身、齐家、治国、平天下"。《易经》关于变易规律性的法则的学说,所揭示的易理,是宇宙、社会安定和谐的基本法则,经得起历史实践和社会实践的检验,是颠簸不破放之四海而皆准的真理,是人们认识世界、改造世界、创造历史、缔造文明的科学的行动指南,此乃《易经》的核心与精髓。这一点,得到了历史实践、社会实践、哲学理论的验证。"易"的显著特点是:

其一,唯物辩证,发展、联系看问题。唯物辩证法,是一种研究自然、社会、历史和思维的哲学方法;是辩证法的三种基本历史形式之一;是由马克思首先提出,经其他马克思主义者(比较突出的如恩格斯、列宁、毛泽东等)发展而形成的一套世界观、认识论和方法论的思想体系;是马克思主义哲学的核心组成部分。唯物辩证法认为:"普遍联系"和"永恒发展"是世界存在的两个总的基本特征,从总体上阐释了世界万物的辩证性质。《易经》的简易、变易、不易也是从联系、发展的角度通过六十四卦所反映的种种形态、情态、现象及其蕴含的规律性来分析判断把握万事万物,《易经》所涵盖的哲学体系更广大悉备,所涉猎的内容与范畴比唯物辩证法更全面而深刻,在预测学方面发挥了巨大的作用。只不过,几千年来,由于其晦涩难懂,被占卜算命者穿凿附会,流于迷信的滥觞。唯物辩证法的基本规律和各个范畴,从不同侧面揭示了"普遍联系"和"永恒发展"这两个基本特征的内涵和外延。一阴一阳之谓道——矛盾对立统一的观点是唯物辩证法的核心。对立统一规律在乾坤、泰否、既济与未济等卦中多有体现和揭示;质量互变规律在渐卦中体现和揭示;辩证否定观也就是否定之否定规律在需、泰、否卦等多卦中体现和揭示。唯物辩证法的五对基本哲学范畴在易经六十四卦中分别有体现和揭示,观卦揭示了现象和本质的辩证关系;贲卦揭示了内容和形式的辩证关系;未济等卦揭示了原因和结果的辩证关系;既济、未济等卦揭示了发展变化趋势及可能性与现实性的辩证关系;萃卦揭示了偶然性与必然性的辩证关系。除了五对基本哲学范畴外,唯物辩证法的其他相关范畴在相应的卦中也有揭示。其蕴含的深刻哲理与辩证思想,在相应诸卦中也从不同角度或侧面进行了揭示。运用联系、发展的眼光辩证看问题需要把握以下几个方面:

一是物极必反。"普遍联系"和"永恒发展"是世界存在的两个总的基本特征。事物的发展不可能停留在一种状态凝滞不变,发展变化是事物存在的基本状态。事物发展到极端,会向相反方向转化。否极就会泰来,泰极就会否来(否、泰分别是《易经》中的两个卦名)。逆境达到极点,就会向顺境转化。顺境达到极点,就会向逆境转化。这是事物发展变化的基本趋势。这一亘古不变的规律,首先在《易经》中进行了比较朴素的揭示。这种本质规定性,在剥与复、蹇与解、损与益、升与困、兑与涣、既济与未济等其他卦中都有不同的体现,也是演绎《易经》的内在根据。物极必反思想构成日后以老子为代表的道家哲学的基本内核,老子《道德经》第一章:"持而盈之,不如其已。揣而锐之,不可长保。金玉满堂,莫之能守。富贵而骄,自遗其咎。功遂身退,天之道。"《吕氏春秋·博志》:"全则必缺,极则必反,盈则必亏。"揭示物极必反规律的三种情形。有了对规律性的深刻认识,在看待事物、分析问题的时候,自然应该坚持矛盾对立统一规律,发展而不僵化,联系而不孤立,当然会避免片面性和狭隘性。在解决问题的时候,就会注意普遍性和特殊性,当然会避免简单、机械、呆板、纰漏的行为发生。

二是居安思危。基于对物极必反规律的认识和把握,《易经》所揭示的道理具有深刻的居安思危的忧患意识。这一思想在否、泰、豫、大有、大壮、大畜、恒、丰、晋、升、既济等卦中有深刻的体现,而且这一思想始终贯穿于《易经》之中,不夸张地说,《易经》具有深刻的忧患意识,每卦象辞所揭示的核心启示,就是站在居安思危角度所敲响的防范风险的警钟。

三是中庸致和。对世界有了客观辩证的认识,也具有了忧患和危机意识,在变动不居的世界里,在纷扰变乱的社会实践与生活中,应该秉持什么样的态度、原则、方法应对层出不穷的事件和问题呢?《易经》中,在坤、蛊、离、蹇、解、夬、姤、困、震、既济等卦中多处出现"中道",在需、讼、履、同人、豫、观、离、晋、益、姤、井、艮、巽、涣、节等卦中多处出现"中正",后由孔子倡导、子思阐发形成提高人的基本道德、精神修养以达到天人合一、太平和合神圣境界的一整套理论与方法,被概括提炼为中庸之道,是传统儒家修行的法宝。中庸之道,用现在的文化成果表述,一言以蔽之,就是按规律办事。当我们站在哲学角度来学习研究《易经》,你会发现,它是关于世界观、人生观、价值观的学问,是人们认识世界、顺应时势、推动社会文明进步的智慧宝典。

四是悔吉吝凶。《系辞上》第二章:"圣人设卦观象,系辞焉而明吉凶,刚柔相推而生变化。是故,吉凶者,失得之象也。悔吝者,忧虞之象也。"悔,后悔;吝,心上有事放不下,有包袱,进而举棋不定等等,从而呈现忧虞之象。

悔生吉,吝生凶是人事的基本规律。悔吉吝凶规律也是易理的基本规律。

五是通变致久。孔子《系辞》云:"易,穷则变,变则通,通则久",这是《易经》的重要辩证法则。《易经》自古又被称为变经,变与不变是统一连在一起的,所以王夫之说:"《易》兼常变也。"变是《易经》所反映的本质规定性。《系辞》说:"《易》之为书也,不可远,为道也屡迁。变动不居,周流六虚,上下无常,刚柔相易。不可为典要,唯变所适。"变就有常,有常就有变。《易经》反映的就是只有发展变化的规律是恒常通久的不变法则,在恒常通久中表现着"唯变所适"的可变规律,这种规律被称为"天行",即天道运行的规律,也就是自然规律。世间万物都在变,唯有规律是不变的。天道规律永恒不变的最高表现就是天高地卑,阳尊阴卑,事物发展变化必然遵循天道运行规律,体现尊卑长幼的秩序,这种常变规律是《易经》成卦的根本原则,也是贯穿易经的主线,如果偏离这条主线,则偏离了易理。《易经》是关于天道、地道、人道的学问,展示演绎世间万物都是发展变化的,只有天道规律本身恒常不变,那么,人就应该效法天道(自然规律),不违天(自然)逆常,顺时适变,才能通变致久。事物变化遵循天道运行的规律是《易经》最根本的辩证法则。

其二,厚德载物,高度重视道德修养。道为万物之源。遵道而行,谓之德。道生化万物,德养育万物。使万物成长、发育却不拥有,使万物自立、成熟却不自以为施恩,尊重万物而不肆行主宰,这就积蓄了无限深厚的德行。学习、研究、掌握《易经》的思想与精髓,需要了解其写作、表达基本方式与特点,可以简单概括为"生动的比,贴切的兴,缜密的演,形象的喻,宝贵的示"——其主要运用修辞学中的比兴,以卦象打比喻,深刻揭示事物内部蕴含的客观规律或属性,兴发演绎展示出宝贵的易理,供人们参考借鉴,用以指导社会实践与生活。《易经》是宝贵的修身宝典,也是沟通融洽人际关系构建社会和谐关系的润滑剂。学习掌握规律,按规律办事,被誉之为德,在古老的《易经》中,每一卦无不闪烁着这种德性的伟大智慧的光辉,在人类发展的文明史上,犹如指引前进的灯塔,放射着熠熠光芒。德是人性的根,年久日深愈见其美。德是文明的基石,无德国不立。德是友谊与博爱的桥梁,无德天下将陷入纷争的深渊。

《易经》每卦中的象辞为揭示本卦核心启示的画龙点睛之笔,直接强调加强道德修养的相关卦核心启示如下:乾卦"天行健,君子以自强不息"。坤卦"地势坤,君子以厚德载物"。蒙卦"山下出泉,蒙。君子以果行育德"。需卦"云上于天,需。君子以饮食宴乐"。小畜卦"风行天上,小畜。君子以懿文德"。否卦"天地不交,否。君子以俭德避难,不可荣以禄"。大有卦"火在天上,大有。君子以遏恶扬善,顺天休命"。谦卦"地中有山,谦。君子以裒多益寡,称物平施"。豫卦"雷出地奋,豫。先王以作乐崇德,殷荐之上帝,以配祖考"。蛊卦"山下有风,蛊。君子以振民育德"。观卦"风行地上,观。先王以省方观民设教"。复卦"雷在地中,复。先王以至日闭关,商旅不行,后不省方"。大畜卦"天在山中,大畜。君子以多识前言往行,以畜其德"。颐卦"慎言语,节饮食",要体德同修。大过卦"泽灭木,大过。君子以独立不惧,遁世无闷"。坎卦揭示"水洊至,习坎。君子以常德行,习教事"。咸卦"山上有泽,咸。君子以虚受人"。恒卦"雷风,恒。君子以立不易方"。大壮卦"雷在天上,大壮。君子以非礼弗履"。晋卦"明出地上,晋。君子以自昭明德"。家人卦"风自火出,家人。君子以言有物而行有恒"。蹇卦"山上有水,蹇。君子以反身修德"。损卦"山下有泽,损。君子以惩忿窒欲"。益卦"风雷,益。君子以见善则迁,有过则改"。升卦"地中生木,升。君子以顺德,积小以高大"。井卦"木上有水,井。君子以劳民劝相"。鼎卦"木上有火,鼎。君子以正位凝命"。震卦"洊雷,震。君子以恐惧修省"。艮卦"兼山,艮。君子以思不出其位"。渐卦"山上有木,渐。君子以居贤德善俗"。归妹卦"泽上有雷,归妹。君子以永终知敝"。节卦"泽上有水,节。君子以制数度,议德行"。小过卦"山上有雷,小过。君子以行过乎恭,丧过乎哀,用过乎俭"。

《易经》本身是一部伟大的哲学著作,在古代历史环境中,以文言写作成书,难免艰深晦涩,很多人(没有古文言功底、对古代历史缺乏了解者)望而却步,甚至以"之乎者也"为推搪,加以全面否定,不能不说是中华民族的遗憾,不能不说是人类历史的遗憾。所幸的是,孔子作《十翼》,在系统阐释其蕴含的哲学思想方面,做出了突破性的伟大贡献。在这个伟大的哲学体系中,孔子《系辞下》(七)精辟指出相关卦在加强道德修养方面的功用:"《易》之兴也,其于中古乎!作《易》者,其有忧患乎!是故履,德之基也;谦,德之柄也;复,德之本也;恒,德之固也;损,德之修也;益,德之裕也;困,德之辨也;井,德之地也;巽,德之制也。履,和而至;谦,尊而光;复,小而辨于物;恒,杂而不厌;损,先难而后易;益,长裕而不设;困,穷而通;井,居其所而迁;巽,称而隐。履以和行,谦以制礼,复以自知,恒以一德,损以远害,益以兴利,困以寡怨,井以辨义,巽以行权。"基本意思是,《周易》的成书,大概是中古时代吧。作《周易》的人,大概充满着忧患意识吧!所以礼,这是德性的基础;谦,是把握德性的柄持;复,是德性的根本;恒,是德性的修固;损,是对德性的修养;益,是德性的宽裕;困,是德性的辨别;井,是育德之地;巽,是对德的裁断,礼,和悦而践行;谦,尊让而光大;复,微小而能识辨于物;恒,(遇事)杂乱恒守而不厌倦;损,是(减损私欲)起初难而以后易;益,增长宽裕而不摆设(夸耀);困,穷困而能通达;井,居其所而迁养(民众);巽,称量事物隐藏而不露。礼以和而行事;谦以制订礼仪,复可以自知,恒因恒守一德,损以远离灾害,益以兴隆其利,困可以减少怨尤,井(养民)可以辨其义,巽可以申命行权。"可以看出,道德修身,积善远恶,经世济民,是易经的主线、核心与精髓。《易经》是道德修养的宝典,也是"崇德广业"的社会使命所在。这也是为什么说《易经》是中华文明源头的根本原因。

其三,以民为本,仁政爱民。民众如水,君王是舟。"水可以载舟,亦可以覆舟",这个道理在《易经》中相关卦核心启示得到深刻的体现:师卦"君子以容民畜众";履卦"上天下泽,履。君子以辩上下,定民志"。泰卦"天地交,泰。后以财成天地之道,辅相天地之宜,以左右民"。临卦"泽上有地,临。君子以教思无穷,容保民无疆"。剥卦"山附于地,剥。上以厚下安宅。"离卦"明两作,离。大人以继明照于四方"。明夷卦"明入地中,明夷。君子以莅众,用晦而明"。夬卦"泽上于天,夬。君子以施禄及下,居德则忌"。许多卦的爻辞中也多有"以民为本"思想的表述,比如屯卦初九"象曰:虽盘桓,志行正也。以贵下贱,大得民也"。仁民爱物思想,始终贯穿于诸卦之中。这恰恰体现了"齐家、治国、平天下"的着眼点、出发点、立足点、落脚点,是统治者或领导赢得民心受拥戴的核心所在。不用说建国兴邦,就是建立发展一个小小的企业,不是也要重视"以人为本"吗?试想,员工队伍涣散,没有客户群,是多么糟糕的事情呀!

其四,讲究诚信,阳光政务、司法公正。客观规律的基本特征是诚信无妄,社会生活要以诚信为基本准则才能维持公序良俗,因此说,诚信是社会安定的基石。基于这一点,在"治国、平天下"方面,要讲究诚信,阳光政务、司法公正。主要体现在以下卦中:相关卦核心启示——豫卦"圣人以顺动,则刑罚清而民服"。噬嗑卦"雷电,噬嗑。先王以明罚敕法。"贲卦"山下有火,贲。君子以明庶政,无敢折狱。"解卦"雷雨作,解。君子以赦过宥罪"。丰卦"雷电皆至,丰。君子以折狱致刑"。旅卦"山上有火,旅。君子以明慎用刑,而不留狱"。中孚卦"泽上有风,中孚。君子以议狱缓死"。其核心就是在治理社会方面必须彰显公平正义,才能维护社会安定和谐。

其五,统一思想意志,团结凝聚人心。思想意志统一是成就事业的思想基础和精神基础,是团结奋发的动力源泉。这一思想,在《易经》许多卦中都有体现和揭示。例如：蒙卦"彖曰：蒙，山下有险，险而止，蒙。蒙亨，以亨行时中也。匪我求童蒙，童蒙求我，志应也。初噬告，以刚中也。再三渎，渎则不告，渎蒙也。蒙以养正，圣功也"。比卦"地上有水，比。先王以建万国，亲诸侯"。履卦"彖曰：上天下泽，履。君子以辩上下，定民志"。同人卦"天与火，同人。君子以类族辨物。"彖辞中有"唯君子为能通天下之志"。豫卦"九四，由豫，大有得；勿疑，朋盍簪"。"彖曰：由豫，大有得，志大行也。"大畜卦"九三，良马逐，利艰贞。曰闲舆卫，利有攸往"。"彖曰：利有攸往，上合志也。"姤卦"刚遇中正，天下大行也。姤之时义大矣哉！""天下有风，姤。后以施命诰四方。"巽卦"随风，巽。君子以申命行事"。困卦"泽无水，困。君子以致命遂志"。兑卦"丽泽，兑。君子以朋友讲习"。涣卦"风行水上，涣。先王以享于帝立庙"。诸卦针对特定的环境和形势，从不同角度探讨了统一思想凝聚意志的问题，深入研读诸卦，将有收获。

其六，顺应时势，按规律办事。"时"是《易经》多处提及且很重要的概念，所强调的是，要从实际出发，因时制宜，因地制宜，因情制宜，因机制宜，因势制宜，按规律办事，把握好"度"的规定性，掌握好分寸、火候，那么，做事则会取得好的效果。时势有时、时义、时用之别，《易经》中豫、旅、遁、姤四卦探讨的是"时义"；睽、蹇、坎三卦探讨的是"时用"；解、革、颐、大过四卦直接探讨"时"，而没有揭示"义"与"用"。这在学习和实践运用中都要用心体会。

《易道》面世，从探讨发展变化的规律谈道德修养的角度，为马克思主义中国化、中国文化世界化的突破性研究献上一朵瑰丽的奇葩。

这本书，是本人学习研究《易经》的心得体会，最初在哈尔滨工作之余于2010年国庆节至2011年3月开始西鳞片爪地每卦写了八句七言，大约至2012年1月扩充升华为七古体"警语箴言"的面貌及注疏部分注解。朋友们读了之后，认为思想有深度、有高度，博大精深，有的建议系统注疏或阐释将会更有价值，有的建议将所学的哲学与实践结合起来能够挖掘出金矿，有的建议总结历史，还有的语重心长地说"相信你能在人性方面"写出有价值的东西……朋友们的期望，给我以动力。2012年2月16日，我由哈尔滨被调整至三江大地的佳木斯市工作。三江大地是共和国元勋王震将军率领十万官兵缔造北大荒精神的大地；三江大地是知识青年上山下乡的"广阔天地大有作为"的大地；三江大地是万物生生不息的大地。三江大地"自强不息"的奋发进取精神和"厚德载物"的博大胸怀给我以极大的冲击和震撼，也让我的心绪澄明宁静下来。工作之余，我将时间和精力投放到注疏与推演易理之上，于是诞生了这部著作。朋友读后，认为它不应为个人独有，应该作为

人类共同的文化财富为更多的人分享,原因在于:

其一,有利于党政领导干部加强官德修养。适宜各级党政领导干部阅读,对提高政治理论水平、管理水平、加强官德修养有帮助。

其二,有利于爱好者及专业研究人员阅读参考。

其三,有利于公民综合素质提升。站在中国特色社会主义理论构建的高度,将中国传统文化与马克思主义唯物辩证法与历史唯物主义有机结合,在构建社会主义核心价值体系,树立正确的世界观、人生观、价值观等方面进行了积极的探索。

其四,是经营管理者的参谋与助手,对经营管理中的棘手问题可资借鉴。

哲学不应是象牙塔中的娇吟浅唱,而应是工作生活实践中的睿智妙思。哲学是思想的武器,哲学是沟通的工具,哲学是思维的体操,哲学是心灵的翅膀!哲学应服务于历史实践、服务于社会实践、服务于生活实践。它应该脱去晦涩神秘的面纱,走出象牙塔,走进社区、走进机关、走进厂矿、走进村屯、走进田间、走进炕头……人生是漫长而遥远的旅程,有胜景也有险境,有顺境也有逆境,插上智慧与美德的双翼,让心灵轻松去旅行。旅游是旅程,爱情是旅程,婚姻是旅程,军旅是旅程,商旅是旅程,中华文明是旅程,世界文明也是旅程……一切有开始有结束又有新的开始的过程都是"旅程"。《易经》里伟大的哲学,几千年来,被穿凿附会上迷信的面纱,作者投入巨大的精力学习研究后发现,《易经》本身就是哲学与智慧的宝典,之所以著作成书,就是要把它的真实面目、伟大的功用展现给世人,对学习、了解、掌握它的人有所裨益。《易经》所揭示的易理犹如光芒闪烁的灯塔,将照亮每个人幽暗的心室,照亮人类的前程。

纵观世界风云,经济危机此起彼伏,烽火狼烟随时骤起,在忿躁纷争的表象背后,潜藏着深重的精神危机,人的信仰与价值追求面临着严峻的挑战,化解精神危机,加强道德修养是重要而有效的途经,也是根本的途径。

中华民族生存发展并屹立于世界民族之林,关键在于中华公民综合素质的普遍提高和道德修养的提高,希望《易道》在这方面将会起到积极的作用。

由于作者学识和参与社会实践广度、深度有限,对国学的深厚内蕴,难辞管窥之嫌,不当之处,敬请专家与广大读者批评指正。

刘祺庸
二〇一二年十一月二十八日于瑞雪纷飞的三江大地初序
二〇一五年三月二十八日于春雨潇潇的冰城夏都序

诗　序

宇宙混沌太极生　两仪四象八卦成
天尊地卑有秩序　阴阳对合物化生
一阴一阳之谓道　道为规律德为用
万有演化有规律　顺应自然乃尊崇
探寻规律求真理　指导实践效显明
列明相位明德业　无妄依律适中庸
易经大道通马列　唯物辩证贵变通
曲成万物而不遗　戒慎恐惧柔中正
悔吉吝凶多省察　居安思危警钟鸣
道德修身民为本　君明臣良民朴诚
如临父母有师保　明哲保身不罔功
万年历史多变化　古圣法则普适用
演易释理探大道　但愿广普利民众
干部参易增官德　以德治国国运亨
学子学易提素质　祖国未来必昌盛
公民学易明事理　邻和友睦四海平
全民同心修美德　中华民族腾巨龙
世界各国习易理　战争骚乱不频仍
和平发展人心向　世界大同乾坤宁

六十四卦歌

乾坤屯蒙需讼师　　比小畜兮履泰否
同人大有谦豫随　　蛊临观兮噬嗑贲
剥复无妄大畜颐　　大过坎离三十备

咸恒遁兮及大壮　　晋与明夷家人睽
蹇解损益夬姤萃　　升困井革鼎震继
艮渐归妹丰旅巽　　兑涣节兮中孚至
小过既济兼未济　　是为下经三十四

目 录

上 卷

易道
话说易经
谈道德修养

上　卷

第一章　乾　卦

创造与生长之道：天行健，君子以自强不息

　　乾象征天，纯阳刚健，其性刚强，其行劲健。以阳气始生万物，而得原始、亨通、和谐、贞正、坚固。"天行健，君子以自强不息。"乾卦揭示的是创造与生长之道，亦即自然之道，以此阐释了正确的人生观和宝贵的中华民族精神。乾是一切生发创造的基础。万物因为有了它才开始，故而本于天。中华民族是图腾龙的民族，中华文化图腾龙的文化，乾卦以龙成长的"潜龙勿用""见龙在田""惕龙乾乾""龙跃深渊""飞龙在天""亢龙有悔"六个阶段打比方，喻示事物发展与人成长具有鲜明的阶段性，说明人生成长或衍物干事必须"萌长盛衰循规律，进退存亡视阶段"。天生发创造万物，具有发展的活力、奉献的精神，天阳刚劲健、自强不息，是推动自然、社会、时代、文明进步的主导力量。以龙图腾为表征的乾天催生了伟大的中华民族精神。核心内容是以爱国主义为核心的"团结统一、爱好和平、勤劳勇敢、自强不息"。在强大中华民族精神凝聚和感召下，伟大的中华民族必将万众一心，同舟共济，同心同德开创伟大的事业，缔造美好的未来。

一、乾卦经文

乾 乾为天 乾上乾下

乾：元，亨，利，贞。

彖曰：大哉乾元，万物资始，乃统天。云行雨施，品物流形。大明终始，六位时成，时乘六龙以御天。乾道变化，各正性命，保合太和，乃利贞。首出庶物，万国咸宁。

象曰：天行健，君子以自强不息。

初九：潜龙勿用。
象曰：潜龙勿用，阳在下也。

九二：见龙在田，利见大人。
象曰：见龙在田，德施普也。

九三：君子终日乾乾，夕惕若，厉无咎。
象曰：终日乾乾，反复道也。

九四：或跃在渊，无咎。
象曰：或跃在渊，进无咎也。

九五：飞龙在天，利见大人。
象曰：飞龙在天，大人造也。

上九：亢龙有悔。
象曰：亢龙有悔，盈不可久也。

用九：见群龙无首，吉。
象曰：用九天德，不可为首也。

文言曰："元者，善之长也；亨者，嘉之会也；利者，义之和也；贞者，事之干也。君子体仁，足以长人；嘉会，足以合礼；利物，足以和义；贞固，足以干事。君子行此四德者，故曰：乾，元，亨，利，贞。"

初九曰："潜龙勿用。"何谓也？

子曰："龙德而隐者也。不易乎世，不成乎名；遁世无闷，不见是而无闷；乐则行之，忧则违之；确乎其不可拔，潜龙也。"

九二曰："见龙在田，利见大人。"何谓也？

子曰:"龙德而正中者也。庸言之信,庸行之谨,闲邪存其诚,善世而不伐,德博而化。易曰:'见龙在田,利见大人。'君德也。"

九三曰:"君子终日乾乾,夕惕若,厉无咎。"何谓也?

子曰:"君子进德修业,忠信,所以进德乎。修辞立其诚,所以居业也。知至至也,可与言几也。知终终也,可与存义也。是故,居上位而不骄,在下位而不忧。故乾乾,因其时而惕,虽危而无咎矣。"

九四曰:"或跃在渊,无咎。"何谓也?

子曰:"上下无常,非为邪也。进退无恒,非离群也。君子进德修业,欲及时也,故无咎。"

九五曰:"飞龙在天,利见大人。"何谓也?

子曰:"同声相应,同气相求;水流湿,火就燥;云从龙,风从虎。圣人作,而万物睹,本乎天者亲上,本乎地者亲下,则各从其类也。"

上九曰:"亢龙有悔。"何谓也?

子曰:"贵而无位,高而无民,贤人在下而无辅,是以动而有悔也。"

潜龙勿用,下也;见龙在田,时舍也;终日乾乾,行事也;或跃在渊,自试也;飞龙在天,上治也;亢龙有悔,穷之灾也;乾元用九,天下治也。

潜龙勿用,阳气潜藏;见龙在田,天下文明;终日乾乾,与时偕行;或跃在渊,乾道乃革;飞龙在天,乃位乎天德;亢龙有悔,与时偕极;乾元用九,乃见天则。

乾元者,始而亨者也;利贞者,性情也。乾始能以美利利天下,不言所利。大矣哉!大哉乾乎!刚健中正,纯粹精也;六爻发挥,旁通情也;时乘六龙,以御天也;云行雨施,天下平也。

君子以成德为行,日可见之行也。潜之为言也,隐而未见,行而未成,是以君子弗用也。

君子学以聚之,问以辩之,宽以居之,仁以行之。《易》曰:"见龙在田,利见大人。"君德也。

九三,重刚而不中,上不在天,下不在田,故乾乾因其时而惕,虽危元咎矣。

九四,重刚而不中,上不在天,下不在田,中不在人,故或之。或之者,疑之也,故无咎。

夫大人者,与天地合其德,与日月合其明,与四时合其序,与鬼神合其吉凶。先天下而天弗违,后天而奉天时。天且弗违,而况于人乎?况于鬼神乎?

亢之为言也,知进而不知退,知存而不知亡,知得而不知丧。其唯圣人乎?知进退存亡,而不失其正者,其唯圣人乎?

二、乾卦警语箴言

乾上乾下始乾元　　元亨利贞阳刚健

潜龙勿用蓄精锐　　见龙在田试手段

惕龙乾乾免祸害　　龙跃深渊度机变

飞龙在天盛德普　　亢龙有悔极必反

群龙无首谦谨慎　　衍物干事序渐变

天道刚健主创造　　万物资始乃统天

云行雨施物流形　　首出庶物万国安

萌长盛衰循规律　　进退存亡视阶段

君子自强而不息　　时乘六龙以御天

大明终始乾道变　　六位时成性命安

保合太和乃利贞　　天生万物不自满

树立正确人生观　　民族精神是乾天

三、易理哲学简说

天行健　君子以自强不息

乾,乾为天,乾上乾下。乾是象形字,乙为形,倝(音干)为声,乙表示植物由地里向地面上冒出。乾的本义指向上冒出。乾象征天,为《易经》六十四卦首卦,纯阳刚健,其性刚强,其行劲健,其德中正。以阳气始生万物,而得原始、亨通、利生、贞正、坚固。

世上先有天(乾)与地(坤)。"天行健,君子以自强不息。"即为乾卦。乾卦揭示的是创造与生长之道,催生了包含人生观、世界观、价值观在内的宝贵的中华民族精神。乾是一切生发创造的基础,核心需要把握:

(一)乾上乾下始乾元,元亨利贞阳刚健

【乾卦卦辞】乾,元,亨,利,贞。

【注解】卦:guà《说文》:"卦,筮也。"《易·说卦》:"观变于阴阳而立卦。"易经(周易)中象征意义的符号。以阳爻(—)、阴爻(— —)相配合,每卦三爻,组成八卦(即经卦),象征天地间八种基本事物及其阴阳刚柔诸性。八卦相互组合重叠,组成六十四卦(即别卦),象征事物间的矛盾联系。古代视占卜所得之卦判断吉凶。

乾：qián 从现存典籍看，最早用"乾"字的便是《易经》。《易·说卦传》："乾，天也。"《易·系辞传》："乾，阳物也。"《易·杂卦传》："乾刚坤柔。"《说文》："乾，上出也。"段玉裁注："此乾字之本义也。自有文字以后，乃用为卦名，而孔子释之曰健也。健之义生于上出，上出为乾，下注则为湿，故乾与湿相对，俗别其音，古无是也。"朱骏声《说文通训定声》："达于上者谓之乾。凡上达者莫若气，天为积气，故乾为天。"《古代汉语字典》："乾（乾）。乾是形声字。乙为形，倝（读作 gàn）为声。乙表示表示植物由地里向地面冒出。乾的本义指向上冒出。"八卦之一，又为六十四卦之一。用来象征天、阳、日、君、父、夫等。《周易·说卦》："乾为天，为圜，为君，为父，为玉，为金，为冰，为大赤，为良马。"

元：yuán《古代汉语字典》：元是会意字，甲骨文和金文中的元字在"人"的头上加上指明头的部位的二或一，本义为人头。《后汉书·臧洪传》："陨首丧元，必无二志。"第一，开始，开端。《公羊传·隐公元年》："元年者何，君之始年也。"另《吕氏春秋·应同》："芒芒昧昧，因天之威，与元同气。"指气，元气。乾具有元气、真气，赋有原始、创生事物的特性与功能。

亨：hēng《古代汉语字典》："亨、享在金文是一个字，字形像盛食物的器皿。篆文分为两个字，亨的本义读作 xiǎng，是进献的意思，后此义也写作享，后来享从表示进献的亨中分化出来，专门表示享受。"引申义：通达顺利。

利：lì《古代汉语字典》："利是会意字，由禾与刀两部分组成，刀是类似耒（读作 lěi）的农具。在甲骨文和金文中，刀旁有数点表示犁出地土块，所以利是犁的初文，表示犁地、耕地。"有利于创生、生长之义。

贞：zhēn《古代汉语字典》："贞在甲骨文中，似鼎形，以鼎假借为贞。在金文中加上卜，将卜问的含义加以强调，鼎兼表声，这个字于是成为会意兼形声字。在小篆中，鼎讹写作贝。贞的本义指卜问、占卜。"占卜，卜问。坚定，有操守。特指封建制度压迫下的妇女从一而终，不得改嫁的道德观念。正，纯正。

【卦辞要义】乾为天。上卦下卦都是天。其特性和功效为：元始，亨通，利生，贞正。乾象征天，亦即象征生发创造的自然之道。《文言》曰：元者，善之长也；亨者，嘉之会也；利者，义之和也；贞者，事之干也。君子体仁，足以长人；嘉会，足以合礼；利物，足以和义；贞固，足以干事。君子行此四德者，故曰"乾：元，亨，利，贞"。子夏传云："元，始也。亨，通也。利，和也。贞，正也。"此卦之德，有纯阳之性，自然能以阳气始生万物而得元始亨通，能使物性和谐，各有其利，又能使物坚固贞正得终。此卦自然令物有此四种使得其所，故谓之四德：言圣人也应当效法此卦而行善道，以长万物，物得生存而为"元"也。又当以嘉美之事，会合万物，令使开通而为"亨"也。又当以义协和万物，使物各得其理而为"利"也。又当以贞固干事，使物各得其正而为"贞"也。是以圣人法乾而行此四德，故曰"元，亨，利，贞"。故乾象征天，具有元始、亨通、和谐、贞正之性。

（二）大明终始乾道变，六位时成性命安

【乾卦彖辞】大哉乾元，万物资始，乃统天。云行雨施，品物流形。大明终始，六位时成，时乘六龙以御天。乾道变化，各正性命，保合太和，乃利贞。首出庶物，万国咸宁。

【注解】彖：tuàn 会意字。字从彑(jì)，从豕。"彑"指"猪头"。猪头有长吻部，其中上吻部半包住下吻部。"彑"与"豕"联合起来表示"半包边的猪嘴"。本义：包边、包括。引申义：总括。《易经》的专用术语"彖辞"即指"总括之辞""小结"，即小结一卦之辞。《易·系辞》彖者，言乎象者也。《史记·孔子世家》孔子晚而喜易，序彖系象说卦文言。《又》彖者，材也。虞翻曰：八卦以象告。彖说三才。故言乎象也。三才即天、地、人三才。意思是，先观天文知道上天以及天子的信息，观地理知道地方富贵家族的信息，观人文知道许多人的信息，然后把这三种信息框在一起分析、判断就能决断事情。彖言成卦之材，以统卦义也。《周易正义》：彖，断也。断定一卦之义，所以名为彖也。周易卦辞谓之彖。爻辞谓之象。爻即组成八卦中每一卦的长短横道。"彖辞"，就是古经六十四卦中每一卦开头的卦辞。它与"爻辞"相对而言。本乾卦，"元，亨，利，贞"就是彖辞或者卦辞；其余六爻的筮辞就是爻辞。爻辞只断定该爻的吉凶，彖辞则断定整卦的吉凶。古人把"彖"解释为"断"，就是"断定"（吉凶）的意思。这种断定是根据整个卦象来进行的，所以《系辞上》说："彖者，言乎象者也。"

道：南怀瑾在《老子他说》中对道的解释："在传统的古书中，大约便有三种意义与用法。（一）'道'就是道，也便是人世间所要行走的道路的道。犹如元人马致远在《秋思曲》中所写的'枯藤老树昏鸦，小桥流水人家，古道西风瘦马，夕阳西下，断肠人在天涯。'这个'古道西风瘦马'的道，便是道路的道。照《说文》意义的注释就是：'道者，径路也。'（二）'道'是代表抽象的法则、规律，以及实际的规矩，也可以说是学理上或理论上不可变易的原则性的道。如子产在《左传》中所说的：'天道远，人道迩。'如子思在《中庸》首章中所说：'天命之谓性，率性之谓道。'孙子所说：'兵者，诡道也。'等等。（三）'道'是指形而上的道。如《易·系传》所说：'形而上者谓之道，形而下者谓之器。'又如道书所说：'离有离无之谓道。'这便同于佛经上所说的：'即有即空，即空即有。'玄妙幽微，深不可测了！"

"道"在易经中是基本的哲学范畴，与"德"对立统一，二者构成易经的理论基石，也是八八六十四卦探讨的核心问题。其精髓在于，从客观规律出发，探讨加强道德修养的原则、态度、方法、途径等问题。这是本著作研究探讨阐释的核

易道 话说易经 谈道德修养

心与主要内容,意义在于为人们认识世界、改造世界提供科学的世界观,避免在社会实践、日常生活等诸领域发生失误。

庶物:庶是会意字。在小篆中,由表示房屋的广(读作 yǎn)和芺(古文光字)两部分组成。庶的本义是屋子里面火光众多,引申泛指众多。《庄子·渔父》:"阴阳不和,寒暑不时,以伤庶物。"庶物,指众多事物。

【象辞要义】经过长时间观察与积累,古人观察到天有伟大的始生之德,万物因为有了它才赖以开始,因此说万物属于天。具体体现在,云气流行,雨水布施,受雨水滋育,万物周流而各自成形。古人还观察到日是宇宙中最大的光明物体,将日称为大明(唐李鼎祚撰《周易集解》引侯果曰:"大明,日也")。古人对时间概念的确定与地理方位的确定是从观察太阳运行得来的。古人认为日出地面为始,日落入地面为终。"大明终始"系指日出日落。在晋、明夷两卦象传中即有验证。《晋·象传》曰:"明出地上,晋。"《明夷·象传》曰:"明入地中,明夷。"日运行于天空,宇宙中充满无限光明。天在上,地在下,日东升西落,向日为南,背日为北,于是确定了上下东南西北六个方位,就是说地理方位是依据时间概念的形成而确立的。在宇宙时空中,乾卦所体现的天道,是按照一定的客观规律而运行的自然之道。天道规律具有变与不变的双重特性。变,体现有雨雪冰霜雾霭雷电阴晴冷暖等种种物象变化,透过这些变化着的现象,古人观察到春夏秋冬四季年复一年更迭轮回。四季有规律性地往复运行为万物的生长繁衍提供了环境和条件,因此,万物适应自然变化的天道得以"各正性命"——天所赋为命,物所受为性,万物由此而具有各自的禀赋,成就各自的品性,各有相应的属性和性命,为人类的生存繁衍提供了必要的生活物资,因而,万国都得到安宁。可以简明概括为:"天道刚健主创造,万物资始乃统天;云行雨施物流形,首出庶物万国安。"

(三)君子自强而不息,时乘六龙以御天

【乾卦象辞】天行健,君子以自强不息。

【注解】君子:《古代汉语字典》:"君是会意字,由尹和口上下组合而成。尹表示掌握权力者,口表示发号施令。君的本义指帝王和诸侯,与'臣'相对。"《辞海》:"君子 ①古代指统治阶级。②指人格高尚的人。"君子是《易经》关键词之一。六十四卦学习与警示对象主要是君子。

自强不息:《辞海》:"指自己努力向上,永远不懈怠。"

【象辞要义】天道运行周而复始,永无止息,谁也不能阻挡,君子应效法天道,自立自强,不停地奋斗下去。朱熹在《论象传》中说:"非是说天运不息,自家去赶逐,也要学他如此不息。只是常存得此心,则天理常行,而周流不息矣。"

"一日一时,顷刻之间,其运未尝息也。"此乃乾卦核心启示。这是在乾天具有阳刚之德和"元,亨,利,贞"之性基础上获得的人生启示,就是将天道运用于人道。人道的使命在于:一是自身成长发展;二是管理社会成就事业;三是教化天下文明共进。

从这个角度看,需要阳光、活力、刚健、奋发、向上、进取。谁能做到这样呢?当然是天上行云布雨的龙(比喻)。《说文》:"龙,鳞虫之长。能幽能明,能细能巨,能短能长,春分而登天,秋分而潜渊。从肉,飞之形,童省声。"在中国传统文化中,图腾龙的文化,龙就是中华民族的化身。龙诞生于大地之中水沼之内,成长于大地之上,翱翔于九霄,其生命过程可分为六个阶段。

我们看看乾卦六爻是怎么说的:

一是潜龙勿用蓄精锐。

【初九爻辞】初九:潜龙勿用。象曰:潜龙勿用,阳在下也。

【注解】爻:yáo《说文》:"爻,交也。象易六爻,头交也。"《系辞上》:"爻者,言乎变者也。"爻,象形字,本义是组成八卦的长短横道。卦的变化取决于爻的变化,故爻表示交错和变动的意义。

潜龙:潜隐在水中的龙。

【爻辞要义】龙刚刚诞生,尚潜在水中养精蓄锐,阳气不能散发出来,锻炼发挥作用的本事尚不能发挥。比喻人隐居不出,静处而不妄动。值此之时,发挥作用的时机与条件尚不成熟,所以说是"潜龙勿用",就是说,不具备时机,需要进一步加强修炼。

二是见龙在田试手段。

【九二爻辞】九二:见龙在田,利见大人。象曰:见龙在田,德施普也。

【注解】见龙:见同现,展现。展现头角与身手的龙。

大人:有大才德的王侯、大夫等贵族。

【爻辞要义】龙崭露头角,出现在大地上,云行雨施。以此作喻,犹如大人活动于民间,德泽普施于广大民众。

三是惕龙乾乾免祸害。

【九三爻辞】九三:君子终日乾乾,夕惕若,厉无咎。象曰:终日乾乾,反复道也。

【注解】君子:指道德修养很高的贵族与士。

乾乾:勤勉努力的样子。

若:语助词。

【爻辞要义】君子白天勤勉不息,晚上警惕反省,整天自强不息,不敢丝毫懈怠,反反复复按正道行事,即使遇到危险也会逢凶化吉,不会有什么灾祸。

四是龙跃深渊度机变。

【九四爻辞】九四：或跃在渊，进无咎。象曰："或跃在渊，进无咎也。"

【注解】渊:yuān 甲骨文、金文之象形字，像一个中间有水回流的深潭，本义指回漩的水。有深潭、深池之义。比喻麻烦事或灾难。

咎：《古代汉语字典》："咎在古文是会意字，由人字和各字构成，表示人各不相同，彼此易发生矛盾冲突。咎的本义指灾殃、凶祸。""释义:①〈名〉灾害，灾祸。②〈动〉遭灾。③〈名〉过错，过失，罪过。④〈动〉归罪，责备。"人具有"利己排他"的本性，也是劣根性。人的灾殃、凶祸多来自人的内心。《易经》八八六十四卦，从物象上获得启发，探寻吉凶悔吝(是否有咎)的原因，推演通变致久的法则。咎，是《易经》关键字，将在许多卦的卦辞、象辞、爻辞中出现，根据此注解，随处将依据语境具体诠释，不再注释。

【爻辞要义】龙或者飞腾跃至深渊之中，前进不会遭遇灾祸。在适宜的环境中，当然会有利于发挥作用有所作为。

五是飞龙在天盛德普。

【九五爻辞】九五：飞龙在天，利见大人。象曰：飞龙在天，大人造也。

【注解】飞龙:飞舞的龙。

【爻辞要义】龙飞舞在天空上，在广阔的舞台上行云布雨，发挥巨大的作用，为万物成长做出巨大贡献，盛德普惠天下。利于出现德高势隆的大人物，象征德高势隆的大人物一定会有所作为。要注意，"见龙在田""或跃在渊""飞龙在天"修辞方法为排比，展示了龙所在的不同方位与情态，出现、腾跃、飞舞所发挥作用的情态逐步飞进。

六是亢龙有悔极必反。

【上九爻辞】上九：亢龙有悔。象曰：亢龙有悔，盈不可久也。

【注解】亢龙:亢奋至极的龙。隐喻张扬过度。

【爻辞要义】龙亢奋至极，飞得过高，失去发挥作用的舞台，体能不济，向衰败的反面发展，就会发生悔吝的事情，这是应该警惕出现的局面。亢龙为什么有悔？朱熹《周易本义》分析其原因是："知进而不知退，知存而不知亡，知得而不知丧。"最终出现群龙也不愿意为首的现象。

【用九爻辞】用九：见群龙无首，吉。象曰：用九天德，不可为首也。

【注解】见:现。

首:首领。

【爻辞要义】群龙出现于天空，"各秉刚健之天德"(高亨释)，谦而不愿意以首领自居。"此乃比喻诸侯并立，各秉天德，德齐力均，不可能有帝王为之首领。"(高亨释)出现这种现象，是很吉利的。

龙的发展变化合于自然万物成长的阶段性特征,适应事物发展变化阶段性特征,人的成长或事物发展进程也不例外地具有鲜明的阶段性:①潜龙勿用蓄精锐——孩童(物创)初生,开蒙发智;②见龙在田试手段——崭露头角,显示才华,发挥作用;③惕龙乾乾免祸害——自强不息,快速成长;④龙跃深渊度机变——审时度势,应机飞跃;⑤飞龙在天盛德普——当位有为,盛德普惠;⑥亢龙有悔极必反——亢奋至极,物极必反。可见,乾卦对事物发展的阶段性及其内在蕴含的深刻道理进行了深刻揭示。我们看看,孔子是怎么解读的:

初九曰"潜龙勿用",何谓也?子曰:"龙,德而隐者也。不易乎世,不成乎名,遁(《楚辞·离骚》王弼注:'遁,隐也。')世无闷,不见是而无闷。乐则行之,忧则违之,确乎其不可拔,潜龙也。"

什么是"潜龙勿用"?孔子说(高亨等学者认为是伪托):"潜龙"比喻有才德而隐居的君子,隐居在社会下层,品德操守坚贞不移,不为世人的舆论或压力而改变自己,他们不求成名,甘心隐居,回避世俗,言行不为世人赞同也没有烦闷,对所乐之事则行,对所忧虑的事情则躲避,坚定不可动摇。这就是"潜龙"啊!

九二曰"见龙在田,利见大人",何谓也?子曰:"龙德而正中者也。庸(李鼎祚:'庸,常也。')言之信,庸行之谨,闲(注:闲,门闩,意防范。)邪存其诚,善世而不伐(注:伐,夸),德博而化。《易》曰:'见龙在田,利见大人',君德也。"

龙出现在田野,云行雨施,发挥作用有所作为。孔子说:"龙德在于行正中之道,无偏无妄,无过无不及,正言正行,唯诚唯谨。施善于世,谦不自夸。君德博大,广化众人。龙之德,乃君之德。按龙的品德操守加强修养,有利于出现德高势隆的大人物。"

九三曰"君子终日乾乾,夕惕若厉,无咎",何谓也?子曰:"君子进德修业。忠信所以进德也。修辞立其诚,所以居业也。知至至之,可与几也。知终终之,可与存义也。是故居上位而不骄,在下位而不忧,故乾乾因其时而惕,虽危无咎矣。"

君子加强道德修养,奠定成就事业的根基。讲忠信,加强道德修养;修习辞令,表达诚意。这是创立事业的君子应该秉持的德性。《广雅·释诂》:"几,微也。"事物的发展都是由微小的端倪一步步发展到巨大,有客观规律性。君子敏而有预见力,能够见微识著,预见事物发展的进程与状态,知晓或预见到结果,从而努力而为。判断无误,行有恒常。这样明达的人,可以谈论"几微",可以存事业正义。君子居上位不骄不躁,处下位无忧无患。所以因时势、时运、时机的发展变化保持警惕勤勉努力,虽遇危险之境,也没有灾祸。

九四曰"或跃在渊,无咎",何谓也?子曰:"上下无常,非为邪也。进退无

恒,非离群也。君子进德修业,欲及时也,故无咎。"

龙跃深渊没有灾难,是什么原因呢?孔子说:"龙或处在上位或处在下位,并不是行为不端正。或者前进或者退后,并不是不合群。"这是由龙的秉性所致,所以效仿龙道"君子增进道德精修事业,要及时而动,因此,没有灾祸。"其根本原因在于因应、适应时势与时机而为。

九五曰"飞龙在天,利见大人",何谓也?子曰:"同声相应,同气相求。水流湿,火就燥,云从龙,风从虎,圣人作而万物睹。本(《古代汉语字典》:基础,根本。《老子》三十九章:'贵以贱为本,高以下为基。')乎天者亲(情感深厚,关系密切)上,本乎地者亲下,则各从其类也。"

"飞龙在天,利见大人",是什么原因呢?孔子说:"同声相呼应,相同脾气秉性相互逐求。水流湿润,火性干燥,云从龙而行,风从虎而生,圣人施展作为,则万民观瞻而亲附崇拜。"风云轻扬其根本在天空上自然亲近依于天空,从社会层面看,相类比基础在上的自然亲近依附于上层;水流倾向于潮湿的沼泽,自然亲近地势低洼的湿地,从社会层面看,相类比基础在下的,自然亲近依附于基层。这适从于物以类聚的基本法则。可谓是,"本乎天者亲上,本乎地者亲下,则各从其类也"。

上九曰"亢龙有悔",何谓也?子曰:"贵而无位,高而无民,贤人在下位而无辅,是以动而有悔也。""潜龙勿用",下也。"见龙在田",时舍也。"终日乾乾",行事也。

"亢龙有悔",是什么原因呢?孔子说:"君德虽然高贵而没有相应的地位,地位虽高而没有民众亲附,贤人在下得不到重用而没有辅佐的贤臣,出现这些情况,行动就会发生悔吝。"

"潜龙勿用,下也;见龙在田,时舍也;终日乾乾,行事也;或跃在渊,自试也;飞龙在天,上治也;亢龙有悔,穷之灾也;乾元(高亨《周易大传今注》:'乾元,天之元德,即天之善德。')用九,天下治也。"

"潜龙勿用",比喻君子身处下位,还没有得到施展才干的舞台;"见龙在田",比喻君子初到民间或基层,只是刚刚发挥作用;"终日乾乾",比喻君子行事勤勉;"或跃在渊",比喻君子自试才干深入到民众中排忧解难;"飞龙在天",比喻君子登上天子之位治国临民造福天下;"亢龙有悔",比喻高高在上的君王脱离臣民、脱离基层,罹临穷困之灾。乾元"用九",比喻诸侯分治,各秉天元善德,实现天下大治。

"潜龙勿用,阳气潜藏;见龙在田,天下文明;终日乾乾,与时偕行;或跃在渊,乾道乃革;飞龙在天,乃位乎天德;亢龙有悔,与时偕极;乾元用九,乃见天则。乾元者,始而亨者也;利贞者,性情也。乾始能以美利利天下,不言所利,大矣哉！大哉乾乎！刚健中正，纯粹精也。六爻发挥，旁通情也。"

其演进情形，可诠释为："潜龙勿用"，阳气潜藏，尚未生发；"见龙在田"，天下文明，风气好转；"终日乾乾"，与时俱进，奋斗不息；"或跃在渊"，遵循天道，应时变革；"飞龙在天"，发挥天德，造福天下；"亢龙有悔"，与时偕极，盛极必衰；乾元"用九"，掌握天道，按规办事。天始生万物，原始亨通。和谐贞正是天的性情。天始能以美利利天下，不言所利，伟大啊！天太伟大啦！其刚健中正的天德，达到了纯粹精要的地步。六爻爻义阐释发挥，触类旁通天道的种种情状。

"时乘六龙，以御天也。云行雨施，天下平也。"

龙或潜或现，或跃或飞，云行雨施泽及万物。君子应该了解掌握龙的六种生存与变化状态所喻示的事物特性及规律，应对处理好事物发展变化过程中出现的种种问题，具体办理关乎国计民生的种种事宜，那么天下就会太平。

"君子以成德为行，日可见之行也。'潜'之为言也，隐而未见，行而未成，是以君子弗用也。"

君子以养成自身的品德作为行为的目的，每天应该落实在行动上。"潜"的意义在于，隐伏而不显露，当自身修养尚未达到成熟的程度，所以君子不能有所作为。

"君子学以聚之，问以辩之，宽以居之，仁以行之。《易》曰：'见龙在田，利见大人。'君德也。"

君子研学以积累知识，探问以辨明是非与道理，宽厚以存心志，仁德以行事精业。《易》曰："见龙在田，利见大人。"这是君子品德呀！

"九三重刚而不中，上不在天，下不在田，故'乾乾'因其时而惕，虽危无咎矣。"

九三爻"重刚而不中"，上不在天位，下不在地位，乃在人位，就像人上不在朝廷任职，下不在田野耕种，而是在小官之位谋差干事。君子官小职微，但因其时时勤勉警惕，虽处危险境地，也没有咎殃。

"九四重刚而不中，上不在天，下不在田，中不在人，故或之。或之者，疑之也，故无咎。"

这是对"或跃在渊"原因的剖析。用龙的生存状态，比喻君子上不在朝廷任职，下不在田野耕种，中层不在小官之位干事，或者隐居，或者与世隔绝，无作为，与他人也没有交害，自然也就没有咎殃。

"夫大人者，与天地合其德，与日月合其明，与四时合其序，与鬼神合其吉凶。先天而天弗违，后天而奉天时。天且弗违，而况于人乎？况于鬼神乎？"

这是对"飞龙在天，利见大人"原因的剖析：所谓"大人"，能够参悟借鉴天

易道 话说易经 谈道德修养

地的美德涵养自身的德性,能够体悟日月普照万物的光明而造福人民,能够按春夏秋冬的时令把握干事的规律和节奏,明辨善恶是非与吉凶祸福。具有良好的判断力和预见力,在客观事实发生之前决策或行动而客观结果不会违背他的预见。面对客观形势与事件则要尊奉天时以行事。遵循自然天道而且不违背,何况对于民众呢,即使有鬼神又能怎么样呢?

"'亢'之为言也,知进而不知退,知存而不知亡,知得而不知丧。其唯圣人乎?知进退存亡而不失其正者,其唯圣人乎!"

所说的"亢龙有悔"是指,飞到天空极高处的龙被称为"亢龙",类比人则指高高在上的统治者脱离群众脱离基层,这样的统治者骄傲自满,狂妄自大,知道前进而不知道该后退时后退,知道生存而不知道灭亡,知道得到而不知道丧失。这样的人只能算作愚人而不能称作圣人。知进退存亡而不失其正道者,才是圣人啊!

六龙代表的不同发展阶段不失其时而成,升降无常,变化无常,随时而用,处则乘潜龙,出则乘飞龙,所以说"时乘六龙"以驭天。明白掌握自然的发展变化之道,明晓事物发展变化规律,掌握不同阶段特性,那么自然就会进入"始则潜伏,终则飞跃,可潜则潜,可飞则飞"的自由的必然王国,就会随心所欲应对种种变化或问题。

(四)萌长盛衰循规律,进退存亡视阶段

事物萌发生长强盛衰败遵循规律。龙有生命周期,人也有生命周期,生命周期所蕴含的发展阶段也大致相同,其实,世界上任何事物的发展都存在着生命周期,其发展阶段尽管有个体差异,但都有着基本共同的规律可以遵循。大至国家朝代建立,中至企业设立,小如万事万物的每个个体,比如像一个如蚂蚁一样小的昆虫,都大致有着相同的萌长盛衰的阶段性规律。有了对规律性的认识,针对不同阶段的阶段性特征以及存在的问题,就可以采取相应的原则,采取必要有效的措施,应对层出不穷的形形色色的变化,增强针对性,避免盲目性,才能有效解决生存发展中的种种问题,保持持续稳健科学的发展。这就叫"萌长盛衰循规律,进退存亡视阶段"。比如说,孕育建立国家时期(潜龙勿用),要积极动员积蓄各方力量同腐朽国体或政治制度或昏庸的统治者做坚决彻底的斗争;国家初创时期(见龙在田),面对百废待兴的局面要发展生产,焕发生机;国家振兴时期(惕龙乾乾),各种敌对势力害怕其强大构成威胁,想尽一切办法干扰,就需要格外励精图治,保持高度的惕厉,时刻警惕亡我之心与亡我之举;国家腾飞时期(龙跃深渊),要健全社会管理机制,处理好发展与保障等各种社会关系,防止社会运营出现脱节现象;国家强盛时期(飞龙在天),谨防物极必

反,要居安思危,警钟长鸣,重点要防范各层面、各级领导干部,尤其是重要领导干部腐败堕落,这个阶段是物极必反转化的节点,丝毫马虎不得,大意不得;国家衰败时期(亢龙有悔),要维护国力,爱惜国民,不要发生过度消耗。以企业生命周期为例,发展阶段与规律也基本相同:比如说,企业孕育阶段(潜龙勿用),要积极动员积蓄各方力量做基础准备;发展阶段(见龙在田),百端待举,要组织生产,拓展市场,做好运营;振兴时期(惕龙乾乾),各种竞争对手威胁严重,需要艰苦奋斗,励精图治,在竞争中求得生存,关键是要增强核心发展能力;成长阶段(龙跃深渊),要健全管理机制,处理好发展与保障的关系,处理好发展规模、速度、效益的关系问题,防止投入产出失衡;成熟阶段(飞龙在天),谨防物极必反,要居安思危,警钟长鸣,防止管理者各种不当欲望的无限膨胀,重点要防范各层面、各级领导干部腐败堕落,同时,要防范具体岗位工作人员消极懈怠,发生失职、渎职行为给工作造成不利或被动局面,这个阶段是物极必反转化的节点,丝毫马虎不得,大意不得;衰退阶段(亢龙有悔),要维护财力,爱惜员工(民众),不要发生过度消耗,同时要研究转型、转产、釜底抽薪等一系列办法。衰退与死亡既是旧事物的终结,也是新生的开始。这是发展变化过程中矛盾转化最激烈的环节。可见,不同阶段主要矛盾不同,抓住主要矛盾,具体原因分析到位,才能处理好阶段问题。掌握事物发展阶段性及其规律性,从方法论角度顺应自然就会"衍物干事序渐变"——衍生万物与干事或办理工作均遵循循序渐进的规律,应对变化,有条不紊进行,就可以增强衍物干事的针对性,避免盲目性,提高效率,取得良好效果。

(五)保合太和乃利贞,天生万物不自满

"保合太和"是《易经》中最重要的哲学思想。《程氏易传》中说:"保为常存,合为常和"太和即大的和谐。连起来基本意思是保持常和达到大的和谐。高亨《周易大传今注》:"保合大和,乃利贞"——"保,保持。合犹成也。大读为太。太和非谓四时皆春,乃为春暖、夏热、秋凉、冬寒,四时之气皆极为调谐,不越自然规律,无酷热,无严寒,无烈风,无淫雨,无久旱,无早霜,总之,无特殊自然灾害。天能保合太和之景象,乃能普利万物,乃为天之正道,故曰:'保合大和,乃利贞。'"《易经》所揭示的道理,无不表现天地氤氲有常生,阴阳和会以施化,刚柔相摩以成形,男女和合成夫妇,感应相通生变化的思想。《易经》的氤氲、和会、相摩、和合、相通都蕴含着和合、融和的意思,都是"保合太和"的具体表现。"和合"思想奠定了中国哲学重和而不重争,重和而不重分的特征,体现了矛盾对立统一的基本规律性。可见,"保合太和"指的是阴阳之合,阳气是阴阳交合的重要基础,这是贞正之道的根基。天生发创造万物,具有发展的活力、

奉献的精神,天阳刚健劲,自强不息,是推动自然、社会、时代、文明进步的主导力量。因此,天始生万物永远不会自满。

(六)树立正确人生观,民族精神是乾天

民族精神是指反映人民群众利益和社会发展方向的精粹思想、进步观念和优秀文化,是指导民族延续发展、不断前进的思想精粹,集中体现在信仰上。在人的成长和发挥作用过程中,需要有坚定的信仰,正确的、科学的人生观引导方向提供强大的精神动力,明确人类生存的目的、价值和意义,树立起核心价值体系。这项伟大的工程,自从有人类以来,就未曾停止探索的步伐。人生观的核心问题是如何认识和处理个人发展同社会进步的关系,即私与公的关系问题。拥有阳光、活力、刚健、奋发、向上、进取的人生观,拥有正确的价值取向,将既激励人自强不息,同时对他人和社会有所贡献。人是群居的社会性的动物,仅有个体行动和奋斗是不够的,需要相互团结协作共同奋进,需要有民族精神凝聚人心,凝聚力量,应对重大自然灾害与社会变乱,推动社会前进,创造文明。

中华民族崇尚龙图腾。龙的精神,就是中华民族精神的写照。乾卦六爻以龙的成长过程打比喻,描绘了人和事物的成长进程,催生了伟大的中华民族精神。乾卦的"天行健,君子以自强不息"与坤卦的"地势坤,君子以厚德载物"(坤卦将进行解读与揭示)是其集中体现。中华民族精神是一个博大精深的思想体系。它的核心内容是以爱国主义为核心的"团结统一、爱好和平、勤劳勇敢、自强不息"。此外,实事求是的科学精神、舍生忘死的牺牲精神、敬老尊贤的伦理精神、与时俱进的创新精神、艰苦奋斗的创业精神以及天人合一的和合精神等等,都是我们认识和把握中华民族精神的丰富思想内涵。正确的人生观和宝贵的民族精神是中华民族奋发图强的强大精神支柱,在强大中华民族精神凝聚和感召下,伟大的中华民族必将万众一心,同舟共济,同心同德开创伟大的事业,缔造美好的未来。中华民族信仰不妨概括为:

信　仰

中华

中华

伟大的民族

伟大的国家

屹立在世界东方

图腾龙的文化

团结　统一　爱好和平

勤劳　勇敢　自强奋发

诚信　友爱　和谐社会

爱国　爱民　博爱天下

五星红旗指引前进方向

与时俱进意气风发

万众戮力共同建设富强的祖国

同心同德振兴伟大的华夏

灾难困苦不畏惧　勇敢踩在脚下

敌人胆敢入侵　就坚决消灭他

天空蔚蓝

阳光照耀

辽阔的大地盛开鲜花

天空蔚蓝

阳光照耀

辽阔的大地盛开鲜花

辽阔的大地盛开鲜花

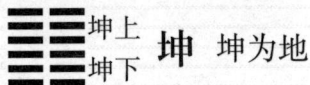

第二章 坤 卦

承载与比辅之道：地势坤，君子以厚德载物

坤为地，像雌马一样守持正固，与"天"很好地配合，能开创化生万物，负载万物并使之元始亨通。坤德在于柔顺、居后，不为天下先。地道柔顺。广阔无际的大地是生成万物的根源，万物都依靠它而成长，柔顺而秉承天道的法则。大地深厚且载育着万物，它的功德广阔无穷。它蕴藏着弘德、光明、远大的功能，使万物都能顺利地成长。坤卦赞美大地的纯正、柔顺、承载之德。大地有极大的包容性、亲和性、顺承性，甘于付出与奉献。君子应该效仿这种品德和行为，善用柔的法则，谨言慎行，自尊自重，以厚德对待他人，善于包容和宽忍。恪守"爱国守法、明礼诚信、团结友善、勤俭自强、敬业奉献"公民道德基本规范，以深厚的德泽育人利物。对于公民来说，需要积善远恶修美德。其核心是启示人心向好、人心向善，从细微处积累，积善远恶，才会家和国兴，增强凝聚力。

一、坤卦经文

坤 坤为地 坤上坤下

坤：元，亨，利牝马之贞。君子有攸往，先迷，后得主，利。西南得朋，东北丧朋。安贞吉。

彖曰：至哉坤元，万物资生，乃顺承天。坤厚载物，德合无疆。含弘光大，品物咸亨。牝马地类，行地无疆，柔顺利贞。君子攸行，先迷失道，后顺得常。西南得朋，乃与类行；东北丧朋，乃终有庆。安贞之吉，应地无疆。

象曰：地势坤，君子以厚德载物。

初六：履霜，坚冰至。
象曰：履霜坚冰，阴始凝也。驯致其道，至坚冰也。

六二：直方大，不习，无不利。
象曰：六二之动，直以方也。不习无不利，地道光也。

六三：含章可贞；或从王事，无成有终。
象曰：含章可贞，以时发也；或从王事，知光大也。

六四：括囊，无咎，无誉。
象曰：括囊无咎，慎不害也。

六五：黄裳，元吉。
象曰：黄裳元吉，文在中也。

上六：龙战于野，其血玄黄。
象曰：龙战于野，其道穷也。

用六：利永贞。
象曰：用六永贞，以大终也。

《文言》曰：坤至柔而动也刚，至静而德方，后得主而有常，含万物而化光。坤道其顺乎，承天而时行。积善之家必有余庆，积不善之家必有余殃。臣弑其君、子弑其父，非一朝一夕之故，其所由来者渐矣。由辩之不早辩也。《易》曰："履霜，坚冰至。"盖言顺也。

"直"其正也。"方"其义也。君子敬以直内，义以方外，敬义立而德不孤。"直方大，不习，无不利。"则不疑其所行也。阴虽有美，含之以从王事，弗敢成也。地道也,妻道也,臣道也。地道无成而代有终也。天地变化,草木蕃。天地闭,贤人隐。《易》曰:"扩囊,无咎,无誉。"盖言谨也。

君子黄中通理,正位居体,美在其中,而畅于四支,发于事业,美之至也。

阴疑于阳必战,为其嫌于无阳也,故称"龙"焉。犹未离其类也,故称"血"焉。夫"玄黄"者,天地之杂也。天玄而地黄。

二、坤卦警语箴言

坤卦地道柔而刚　　厚德载物广蓄养
牝马柔顺坚贞固　　臣妻宜正亦端方
恪守中道利永贞　　广蓄美德人敬仰
履霜坚冰微知著　　识远绸缪高素养
直方广大无不利　　地广德厚发热光
内蕴美德守正道　　无成有终智慧广
括囊无咎亦无誉　　谨言慎行避祸殃
黄裳元吉守中道　　龙战于野血玄黄
怀才佐君利永贞　　万事善终功不抢
恶小不积身不灭　　善小不积名不扬
积善之家有余庆　　不善之家有余殃
乾元创造坤负载　　阴阳为朋变万方
诺亚方舟乃神话　　万古历史起阴阳

三、易理哲学简说

地势坤　君子以厚德载物

坤,坤为地,坤上坤下。坤是会意字,由土和申两部分组成,土表示土地,申表示西南方,土与申合起来表示与"乾"代表的"天"相对的"地"。坤像雌马一样守持正固,与"天"很好地配合,能开创化生万物,负载万物并使之元始亨通。坤德在于柔顺、居后,不为天下先。抢先居首必失败,随主之后必得利。

有天(乾)地(坤)之后才能产生万物,"地势坤,君子以厚德载物",即为坤卦。坤卦揭示的是地道——承载与比辅之道,核心在于培养公民道德素质。其核心内容是:

(一)坤卦地道柔而刚,厚德载物广蓄养

坤卦核心启示为象辞所说"地势坤,君子以厚德载物。"朱熹在《论象传》中

评说坤地："高下相因只是顺,若厚,又是一个道理。然惟其厚,所以上下只管相因去,只见得他顺。若是薄底物,高下只管相因,则倾陷了,不能如此之无穷矣。惟其高下相因无穷,所以为至顺也。君子体之,惟至厚为能载物。天行甚健,故君子法之以自强不息;地势至顺,故君子体之以厚德载物。"就是说坤象征大地,君子应效法大地,胸怀宽广,包容万物。需要掌握三个要点:

一是地道柔刚。

【坤卦卦辞】"坤:元,亨,利牝马之贞。君子有攸往,先迷,后得主,利。西南得朋,东北丧朋。安贞吉。"

【注解】坤:坤、堃,kūn《左传·庄公二十二年》:"坤,土也。"《易·说卦》:"坤也者,地也。"《说文》:"坤,地也,易之卦也。"形声。从土,申声。本义:八卦之一,象征地。

牝马:雌的本义指雌性的鸟兽。牝马指雌马。

主:主人。

朋:(《广雅·释诂三》:"朋,比也。"《广韵·登韵》:"朋,朋党也。"孔颖达疏:"凡言朋者非唯人为其党,性行相同亦为其党。"

【坤卦象辞】象曰:至哉坤元,万物资生,乃顺承天。坤厚载物,德合无疆。含弘光大,品物咸亨。牝马地类,行地无疆,柔顺利贞。君子攸行,先迷失道,后顺得常。西南得朋,乃与类行;东北丧朋,乃终有庆。安贞之吉,应地无疆。

【注解】至:朱熹:"至,极也。"

万物资生:万物赖以生长。

承天:顺承"万物资始"的乾天。

品物咸亨:高亨注:"坤为地,为顺,地能生养万物;能顺承天道;体厚能载物,面广能包容万物,万物得以皆美。是地之德又元善又亨美。"

牝马地类:牝马是阴柔巽顺之物,与大地同属具有"顺"的属性的事物。

常:高亨注:"常谓常道,正路也。"

【卦辞要义】与**【象辞要义】**广阔无际的大地是生成万物的根源,万物都依靠它而成长,柔顺而秉承天道的法则。大地深厚且载育着万物,它的功德广阔无穷。它蕴藏着弘德、光明、远大的功能,使万物都能顺利地成长。坤卦赞美大地的纯正、柔顺、承载之德。牝(雌)马属于地上走兽、具有在大地上无限奔驰的能力,它的性情柔顺祥和,有利于守持正道。安顺且守持正固的行动将是吉祥的,因为应合了大地广阔无极的柔顺之德。如果遇事争先居首就会迷失方向,如果跟在人后顺随大势就能找到正道。往西南方向可以得到朋友的帮助,是因为与同类同行。往东北方向将失去同类则有害无益。尽管这样,最终也是吉利的。安顺且守持正固的行动将是吉祥的,因为应合了大地广阔无极的柔顺之德。就是说,坤卦从坤地抽象出一个坤顺的性质。坤为阴形积累集中的形象,如广阔深厚的土地,如特别柔软的事物。坤土是一种最能够顺从四时变化的事物。冬日就变硬,夏日就变软。所以将坤卦的性质确定为柔顺。君子应该效仿这种品德而行动,善用柔的法则,谨言慎行,坚持中庸的原则,跟在人后顺随大势就能找到正道,巽顺配合,做事就会取得好效果。

二是厚德载物。

天创生万物,地负载完成生命,"阴阳为朋"阴阳相互作用,是万物运动、发展、变化的源泉。阴阳相依相存,相辅相承。大地深厚且载育着万物,它的功德广阔无穷。它蕴藏着弘德、光明、远大的功能,使万物都能顺利地成长。坤象征大地,大地有胸怀宽广、包容万物、容纳百川的品德,泽荫普及万物无边无际。人有聪明和愚笨之别,就如同地形有高低不平,土壤有肥沃贫瘠之分。农夫不会因为土壤贫瘠而不耕作,君子也不能因为愚笨不肖而放弃教育。天地间有形的东西,没有比大地更厚道的了,也没有不是承载在大地上的。所以君子处世要效法"坤"的意义,取法于地,自尊自重,以深厚的德泽育人利物,无论是对聪明、愚笨的人还是对卑劣不肖的人,都要给予一定的包容和宽忍。

三是培育社会公德。

"厚德载物"意思是说,以深厚的德泽育人利物。作为公民,必须培养美好的道德情操。中共中央《公民道德建设实施纲要》提出了"爱国守法、明礼诚信、团结友善、勤俭自强、敬业奉献"的公民道德基本规范。每一个公民都应该遵守。"爱国守法"——是公民对国家的最首要的道德义务。公民应当热爱国家、建设国家、保卫国家,维护国家的尊严,维护法律确定的最基本的政治秩序和社会秩序。"明礼诚信"——公民应讲文明、讲礼貌、讲诚实、讲信用。在经济活动中要诚信,杜绝假冒伪劣、坑蒙拐骗;在日常生活中也要信守诺言,忠诚待人。"团结友善"——公民之间应该彼此团结,相互友爱,建立起一种和睦亲爱的关系。团结是力量的源泉。能否团结、友善,关系到一个人的前途和幸福,也关系到民族的兴旺、国家的兴衰。"勤俭自强"——公民应自强不息,健康向上,勤奋创造财富,厉行节约,反对奢侈浪费和享乐主义的生活方式。"敬业奉献"——公民应爱职爱岗爱事业,精益求精,为国家、为社会、为他人做出有益的贡献。只有加强修养,具备了这些美德,才能达到厚德载物的境界。胡锦涛同志在中国共产党第十八次全国代表大会报告《坚定不移沿着中国特色社会主义道路前进为全面建成小康社会而奋斗》中强调:"全面提高公民道德素质。这是社会主义道德建设的基本任务。要坚持依法治国和以德治国相结合,加强社会公德、职业道德、家庭美德、个人品德教育,弘扬中华传统美德,弘扬时代新风。推进公民道德建设工程,弘扬真善美、贬斥假恶丑,引导人们自觉履行法定义务、社会责任、家庭责任,营造劳动光荣、创造伟大的社会氛围,培育知荣辱、讲正气、做奉献、促和谐的良好风尚。深入开展道德领域突出问题专项教育和治理,加强政务诚信、商务诚信、社会诚信和司法公信建设。加强和改进思想政治工作,注重人文关怀和心理疏导,培育自尊自信、理性平和、积极向上的社会心态。深化群众性精神文明创建活动,广泛开展志愿服务,推动学雷锋活动、学习宣传道德模范常态化。"中华公民道德不妨以《中华公民道德歌》诠释:

《中华公民道德歌》

我们是华夏儿女

我们是龙的传人

刀耕火种创造历史

团结共进开创文明

华夏儿女缔造历史传奇

龙的传人昂扬龙马精神

爱国守法,建设保卫祖国,勇于斗争

明礼诚信,博爱互助爱人民,情谊深重

团结友善,热爱和平,四海和睦一家人

勤俭自强,艰苦奋斗,自强不息好作风

敬业奉献,奋发进取,文明富强祖国兴盛

(二)牝马柔顺坚贞固,臣妻宜正亦端方

牝(雌)马性情柔顺温和,配合、服从、执行意识强。以牝马为比,兴发出臣属、妻妾承载比辅之道,一个国家的臣属(现公务员)、国民,团队成员,家庭妻妾(现配偶子女)等成员应该具有这种贞正端方柔顺的品德。如果具备,那么则是吉祥有利的。何谓臣妾之道?《说苑》曰:"人臣之行,有六正六邪。行六正则荣,犯六邪则辱。何谓六正?一曰:萌芽未动,形兆未见,昭然独见存亡之机,得失之要,预禁乎未然之前,使主超然立乎显荣之处,如此者,圣臣也。二曰:虚心尽意,日进善道,勉主以礼义,谕主以长策,将顺其美,匡救其恶,如此者,良臣也。三曰:夙兴夜寐,进贤不懈,数称往古之行事,以厉主意,如此者,忠臣也。四曰:明察成败,早防而救之,塞其间,绝其源,转祸以为福,使君终以无忧,如此者,智臣也。五曰:守文奉法,任官职事,不受赠遗,辞禄让赐,饮食节俭,如此

者,贞臣也。六曰:家国昏乱,所为不谀,敢犯主之严颜,面言主之过失,如此者,直臣也。是谓六正。何谓六邪?一曰:安官食禄,不务公事,与代浮沉,左右观望,如此者,具臣也。二曰:主所言皆曰善,主所为皆曰可,隐而求主之所好而进之,以快主之耳目,偷合苟容,与主为乐,不顾其后害,如此者,谀臣也。三曰:内实险诐,外貌小谨,巧言令色,妒善嫉贤,所欲进,则明其美、隐其恶,所欲退,则明其过、匿其美,使主赏罚不当,号令不行,如此者,奸臣也。四曰:智足以饰非,辩足以行说,内离骨肉之亲,外构朝廷之乱,如此者,谗臣也。五曰:专权擅势,以轻为重,私门成党,以富其家,擅矫主命,以自贵显,如此者,贼臣也。六曰:谄主以佞邪,陷主于不义,朋党比周,以蔽主明,使白黑无别,是非无间,使主恶布于境内,闻于四邻,如此者,亡国之臣也。是谓六邪。贤臣处六正之道,不行六邪之术,故上安而下治。生则见乐,死则见思,此人臣之术也。"

(三)恪守中道利永贞,广蓄美德人敬仰

坤卦六爻比较全面深刻概括了大地所代表的柔顺美德,以及用这一美德指导实践与社会生活的益处。

一是履霜坚冰微知著。

【初六爻辞】初六:履霜,坚冰至。**象曰:**履霜坚冰,阴始凝也。驯致其道,至坚冰也。

【注解】履:《古代汉语字典》:走……上,踩,践踏。

驯:《古代汉语字典》:"驯是形声字,马为形,川为声。一说,川兼表顺义。驯的本义指马顺服。释义为驯服、顺服。"

【爻辞要义】脚踏秋霜,气候变冷,冰雪即将到来,说明阴气开始凝聚,按照这种趋势和规律发展下去,必然迎来冰雪季节。这是气候变化的必然规律。由此引申,任何事物都存在必然的发展规律,要有敏锐的洞察力,善于从眼前的简单物象、细节或细微征兆预见到未来发展的必然趋势,增强预见性,并针对趋势中将要发生的种种可能,采取必要的应对措施,防患于未然,妥善处理好各种问题。此乃见微知著、由表及里的功夫。需要"识远绸缪高素养"——见识广远,善于未雨绸缪,有很高的素养,能够根据已知的情况、现象或条件,准确判断事物的发展趋势和可能,采取必要的措施应对可能出现的局面。

二是"直方广大无不利,地广德厚发热光"。

【六二爻辞】六二:直方大,不习,无不利。

象曰:六二之动,直以方也,不习无不利,地道光也。

【注解】习:《古代汉语字典》:"习在甲骨文中是会意字,由羽和日组成,表示鸟儿在日光下飞翔。习的本义指小鸟反复练习飞翔。"有熟悉、通晓、学习等

义。

光：高亨《周易大传今注》：光借为广。

【爻辞要义】大地具备宽直、端正、广大等特性和优秀的品格，对这些特性和品格即使不熟悉也不会有什么不利，是因为地德体厚广大，能够承载包容万物。从中受启发和借鉴，人（当然指臣属民众妻妾等）也应该效仿地道，具有这样的美德，使其发扬光大。

三是"内蕴德才守正道，无成有终智慧广"。

【六三爻辞】六三：含章可贞；或从王事，无成有终。

象曰：含章可贞，以时发也；或从王事，知光大也。

【注解】含章：《古代汉语字典》："章是象形字，在篆文中这个字变形为会意字，由音和十两部分组成。章的本义指花纹、文采。"孔颖达疏："章，美也。"含章指包含美质。《三国志·魏志·管宁传》："含章素质，冰絜渊清。"唐·柳宗元《唐故衡州刺史东平吕君诔》："进于礼司，奋藻含章。"宋·司马光《体要疏》："夫岂皆习见成俗以为当然，其亦有含章怀宝，待唱而发者也。"明《袁可立晋秩兵部右侍郎诰》："兵部右侍郎兼都察院右佥都御史袁可立妻累封宜人宋氏，禀柔成性，蕴粹含章。"

终：高亨《周易大传今注》："事有好结果为终。"

知：知通"智"。

【爻辞要义】地德体厚广大，能够承载包容万物，使万物欣欣向荣；有深厚道德修养的人像大地那样内蕴美质。像大地那样有深厚道德修养的人内蕴文章胸怀才华，才智广大，把握时机而施展才干，如果辅佐君主，做事即使不成功，也会有好结果。因为，内蕴美德的人值得信赖与托付。

四是"括囊无咎亦无誉，谨言慎行避祸殃"。

【六四爻辞】六四：括囊，无咎无誉。象曰：括囊无咎，慎不害也。

【注解】括囊：孔颖达疏："括，结也；囊，所以贮物，以譬心藏知也。闭其知而不用，故曰括囊。"结扎袋口。比喻缄口不言。

【爻辞要义】大地默默承载万物，日夜不停运转。人们信赖它，依靠它，将一切交给它。人应该学习修养这种美德，不图虚名奢望。这样虽得不到称赞，但能免遭祸患。谨慎言语，慎重行动，可以避免灾祸。如何做到谨言慎行？关键是把握住自己的立场，管住管好自己的言论与行为。按照"自重、自省、自警、自励"的要求，常怀律己之心，常润修身之德，自觉从各个方面严格要求自己。《礼记·中庸》中说："慎乎其所不睹，恐惧乎其所不闻。莫见乎隐，莫显乎微，故君子慎其独也。"一要慎微，就是要在小节方面保持高度警惕；二要慎独，人在缺少组织监督的情况下，往往容易放松要求，抱有侥幸心理，动邪念、犯错误，能否慎独,最能反映一个人的灵魂深处,是衡量一个人道德水准和思想品德的试金石;三要慎始,端正动机,不该做的事,不越雷池半步;四要慎终,坚持一贯,持之以恒,做事不偏离正确方向与轨道。

五是黄裳元吉守中道。

【六五爻辞】六五:黄裳,元吉。象曰:黄裳元吉,文在中也。

【注解】黄裳元吉:黄裳(《昭公十二年》:"裳,下之饰也。"音长,遮蔽下体的衣裙),元吉,大为吉祥。

文:《广雅释诂》:"文,饰也。"

中:王夫之曰:"衣著于外,裳藏于内,故曰在中。"中和,不显眼。

【爻辞要义】泥土呈"黄"色,为中色,是大地的本色。大地默默承载万物,发挥着巨大作用,但并不引人注意,原因在于大地有极大的包容性、亲和性、顺承性,甘于付出与奉献,不居功,不自伐,不索取,是中和之道的典型代表,大为吉祥。因此,以周人为代表的古人喜欢黄色,认为穿不显眼的黄色衣裙吉祥。原因在于不过分表现自己,用中和的接近泥土颜色的黄色做一个不引人注意的下装,保持谦逊之德而获"元吉"。坤卦之德贵在雌柔,宜守中道,无论是等级社会、利益集团、群众团体还是家庭,作为臣属、职员、妻妾或家庭成员都要遵守坤德,当好配角,做好附属性的基础工作,有坚定可靠的基础或后方,社会才能和谐稳定,集团才能合作共赢,团体才能团结富有活力,家庭才能和睦快乐。《坤·文言》说:"君子黄中通理,正位居体,美在其中,而畅于四支,发于事业,美之至也。"孔子极赞"黄裳"之德。认为君子应该效法代表大地的坤的美德。事实上,从古至今,这一思想像血液一样,深深植根于民众的心中,从古人到今人,都喜欢代表"中"的黄色,穿黄色衣裳,粉刷黄色的外墙,看上去,给人们的视觉感官温和、柔顺、稳重、可靠,有安全感。人们从中受到启发,加强自身美德修养,使自身具备大地所具有"中和"的坤德,那么,与人沟通则会消除隔阂,与人和同则会消除障碍,行动则会步调一致(军装大部分为黄色或接近黄色),就连我们国家的名字也被称为"中国",原因就在于我们是讲究"中和之道"的国家。

六是龙战于野血玄黄。

【上六爻辞】上六:龙战于野,其血玄黄。象曰:龙战于野,其道穷也。

【注解】野:《古代汉语字典》:"野的本义表示郊外或边邑、边鄙。"田野、郊区;朝廷之外,民间。

【爻辞要义】阴气盛极,与阳气相战于郊外,天地混杂,乾坤莫辨,后果是不堪设想的。群龙在荒野大战。比喻群雄角逐。龙战于野为坤卦第六爻,龙为阳,此爻为阴,故龙战指阴阳交战。城外距离都城百里以内的地方为郊,郊之外或边邑、边鄙为野。玄黑色或红黑色,玄黄,指天、地红黑黄混合之色。天地为最大的阴阳,其血玄黄,是指阴阳交战流出了血。喻人事,则为上下交战,出现死伤流血,浸染泥土,结果惨不忍睹。由于有争斗之心,陷入穷途末路之境。三国后期,高贵乡公曹髦与司马昭交战的故事,正可与此爻义相通。三国时期的魏国,由一代枭雄曹操所建立,在三国中最强大。谁知,曹氏子孙不肖,后来的魏国竟成为司马氏的天下。到魏主曹芳当政时,司马氏实际上已经操纵了大权。司马师带剑入殿,一切政事都由他决断,根本不把曹芳放在眼里。曹芳气愤不过,下密诏诛杀司马氏。谁知,事不机密,反而被司马师废了他的王位。司马师因篡位不到时机,只好另立曹髦为新王。这位曹髦是魏文帝的孙子,原先被封高贵乡公的爵位,如今做了皇帝,倒想有一番作为。哪知,司马氏控制了整个朝政。司马师死后,司马昭自封天下兵马大都督,处处挟制高贵乡公,篡权的野心日益显露,以至天下无人不知。"司马昭之心路人皆知"的成语,就出自此处。眼见司马昭的专横,曹髦是恨在心里,但又怕司马昭的权势,只好作《潜龙诗》一首,以泄不满。诗曰:"伤哉龙受困,不能跃深渊。上不飞天汉,下不见于田。播居于井底,鳅鳝舞其前。藏牙伏爪甲,嗟我亦如然。"一位名叫贾充的官吏知道后,马上向司马昭告发了此事。司马昭一听,诗中将他比喻成泥鳅黄鳝,恼怒万分,立刻身带宝剑随从,直入宫殿。当着百官大臣,厉声责骂曹髦,公然威胁说:"你曹髦是不是想做第二个曹芳!"曹髦回到后宫,痛哭一天。终于下定决心要铲除司马昭。他召来王经、王沈、王业三位大臣合谋。王经劝告他,要以鲁昭公讨伐季孙氏不成,反被流亡的史事为鉴。可是,曹髦表示,宁死也不能让司马昭猖獗了。于是,曹髦召集兵士三百人,要去诛杀司马昭,王经死谏也不听,而王沈、王业则投靠司马昭,当了叛徒。还不用司马昭动手,曹髦就被司马昭的手下杀死,王经与三百兵士也惨遭杀害,血流遍市。坤卦上六爻为阴盛之极的物象,阴盛之极而逼阳与之交战,有龙战于野之象。司马氏身为人臣,权倾天下,威逼魏主,发生交战,结果以司马氏篡国,魏主身亡失国而结局。此爻义及历史典故告诉世人,在矛盾斗争双方力量悬殊时,较弱的一方一定不要轻易行动,以防以卵击石,而应等待和创造时机,审时度势以后而动。

七是"怀才佐君利永贞,万事善终功不抢"。

【用六爻辞】用六:利永贞。象曰:用六永贞,以大终也。

【爻辞要义】永远保持正直,则亨通顺利,做事将有完满的结果。在成功面前不居功,将有好的结果。

坤卦在人类文明发展史上首先提出"中道"思想范畴,在需卦、小畜卦等多处提及,随处可见。用这一重要哲学思想指导处理实践中遇到的问题是儒家思想精髓的重要法宝。这一思想,由孔子倡导、子思阐发形成提高人的基本道德、精神修养以达到天人合一、太平和合神圣境界的一整套理论与方法,经儒家实

易道 话说易经 谈道德修养

践升华提炼为中庸之道——君子之道,是儒家修行精要。《菜根谭》云:"君子德行,其道中庸"——清能有容,仁能善断,明不伤察,直不过矫,是谓蜜饯不甜,海味不咸,才是懿德。在此,我们不妨对中庸之道有个基本的了解,这是解开坤卦奥妙的核心,也是解读《易经》诸卦之奥妙的关键之一。

中庸之道的精髓:①中庸之道核心思想:正确认识掌握规律,按规律办事,处理问题掌握好度,恰到好处为宜。《中庸》第一章:"天命之谓性;率性之谓道;修道之谓教。道也者,不可须臾离也;可离,非道也。是故君子戒慎乎其所不睹,恐惧乎其所不闻。喜、怒、哀、乐之未发,谓之中。发而皆中节,谓之和。中也者,天下之大本也。和也者,天下之达道也。"子程子曰,"不偏之谓中;不易之谓庸"。中者,天下之正道(纯正的客观规律)。庸者,天下之定理,即恒定不变的义理。②掌握运用中庸之道须把握三条主要原则:一是慎独自修而不妄;二是忠恕宽容广开视听;三是至诚尽性掌握规律。教育人们自觉地进行自我修养、自我监督、自我教育、自我完善,把自己培养成为具有理想人格,达到至善、至仁、至诚、至道、至德、至圣、合外内之道的理想人物,共创"致中和,天地位焉,万物育焉"的"太平和合"境界。③中庸之道运用五达道调节五种天下通行的人际关系:君臣、父子、夫妻、兄弟以及朋友的交往。《中庸》第十二章详细论述了夫妇的人际关系,将夫妇关系提到了非常高的地位。其文云:"君子之遇而隐。夫妇之愚,可以与知焉;及其至也,虽圣人亦有所不知焉。夫妇之不肖,可以能行焉;及其至也,虽圣人亦有所不能焉。君子之道,造端乎夫妇,及其至也,察乎天地。"第十三章论述了父子、君臣、兄弟、朋友之达道。五达道就是天下通行的五种人际关系。通过正确处理这五种人际关系,达到太平和合的理想境界。与《易经》的"家人卦"思想一脉相承。④中庸之道运用"三达德"调节人际关系:智、仁、勇是天下通行的品德,是用来调节上下、父子、夫妻、兄弟和朋友之间的关系的。智、仁、勇靠什么来培植呢?靠诚实、善良的品德意识来培植加固。所以《中庸》第二十章阐明道:"天下之达道五,所以行之者三。曰:君臣也,父子也,夫妇也,昆弟也,朋友之交也。五者,天下之达道也。知、仁、勇三者,天下之达德也,所以行之者一也。或生而知之,或学而知之,或困而知之,及其知之,一也。或安而行之,或困而行之,或勉强而行之,及其成功,一也。"子曰:"好学近乎知,力行近乎仁,知耻近乎勇。知斯三者,则知所以修身;知所以修身,则知所以治人;知所以治人,则知所以治天下国家矣。"《易经》无妄卦、困卦、蹇卦、艮卦、兑卦等从不同角度揭示这方面的道理。⑤中庸之道运用"九经"来治理天下国家以达到太平和合的境界。《中庸》云:"凡为天下国家有九经,曰:修身也、尊贤也、亲亲也、敬大臣也、体群臣也、子庶民也、来百工也、柔远人也、怀诸侯也。""修身,则道立。尊贤,则不惑。亲亲,则诸父昆弟不怨。敬大臣,则不眩。体群臣,则士之报体重。子庶民,则百姓劝。来百工,则财用足。柔远人,则四方归之。怀诸侯,则天下畏之。"《易经》蛊卦、大畜卦强调"尚贤"的重要性;师卦与既济卦明确强调"小人勿用";比卦揭示比辅亲民的道理;同人卦揭示怀柔远人的道理;屯卦、比卦、豫卦对怀柔诸侯的道理有所揭示。掌握和运用中庸之道,要有"戒慎恐惧"的功夫,要求君子能在人家看不到的地方也常警戒谨慎,在人家还没听闻时也常唯恐有失,在言行上常要如履薄冰,经常自我警惕,治国者当以此自勉。蹇卦"山上有水,蹇。君子以反身修德"。震卦"洊雷,震。君子以恐惧修省"。等卦揭示强调的就是要加强"戒慎恐惧"功夫的修养。

(四)积善远恶修美德

《文言》曰:"坤至柔而动也刚,至静而德方,后得主而有常,含万物而化光。坤道其顺乎,承天而时行。积善之家必有余庆,积不善之家必有余殃。臣弑其君、子弑其父,非一朝一夕之故,其所由来者渐矣。由辩(通"辨")之不早辩也。"《易》曰:"履霜,坚冰至。"盖言顺(《古代汉语字典》:"顺是会意字,由表示头的页和表示毛发的川两部分组成。合起来指头发。本义指梳理头发。"有多义,此处指"沿,循")也。"直"其正也。"方"其义也。君子敬以直内,义以方外,敬义立而德不孤。"直方大,不习,无不利。"则不疑其所行也。阴虽有美,"含"之以从王事,弗敢成也。地道也,妻道也,臣道也。地道无成而代有终也。天地变化,草木蕃。天地闭,贤人隐。《易》曰:"扩囊,无咎无誉。"盖言谨也。君子黄中通理,正位居体,美在其中,而畅于四支,发于事业,美之至也。阴疑于阳必战,为其嫌于无阳也,故称"龙"焉。犹未离其类也,故称"血"焉。夫"玄黄"者,天地之杂也。天玄而地黄。

《文言》翻译成白话:地道极为柔顺但它的运动却是刚健的,它极为娴静但品德方正,地道后于天道而行动,但运动具有规律性。它包容万物,其生化作用广大无比。地道多么柔顺啊!顺承天道而依循四时运行。积累善行的人家,必有不尽的吉祥;积累恶行的人家,必有不尽的灾殃。臣子弑杀他的国君,儿子弑杀他的父亲,并不是一朝一夕形成的,所以出现这种局面是逐步发展的结果。《易经》说:"脚踏在薄霜上,就预知到坚厚的冰层快要冻结了。"大概就是一种循序渐进的现象,根据天气发展变化趋势,可以预见到某种必然的结果。直是存心的正直,方是行为的道义。君子通过恭敬谨慎来矫正思想上的偏差,用道义的原则来规范行为上的悖乱。恭敬、道义的精神树立起来了,他的品德就会产生广泛的影响。君子像大地那样,"正直、方正、广博,这些品德不为人们所了解,也没有什么不利的"。因为人们不会怀疑他的行为。阴比喻臣下,虽有美德,但宜深藏含隐,从而服务于君王,不敢自居有功。这是地道的原则,也是妻道的原则,同样是臣道的原则。地道不能单独地完成生育万物的功业,但是在时序的交替中,它始终一贯地发挥作用。天地交通变化,草木就茂盛,天地阻隔不通,贤人就隐退。《易经》说:"扎紧了口袋,如缄口不言。没有指责也没有赞誉。"大概意在谨慎吧。君子内心美好,通达事理,整肃职守,恪守礼节,美德积聚在内心里,贯彻在行动上,扩大在事业中,这是最为美好的。阴与阳势均力敌,必然发生争斗。因为阴极盛而与阳均等,所以把阴阳一并称作龙。其实阴并未脱离其属类,所以又称为血,血即阴类。所谓玄黄,天玄地黄,是天地交相混合的色彩。

泱泱中华称为中国,是讲究"中和之道"(即中庸之道)的国家,文明源远流长,公民有着正确的善恶观,这是团结凝聚民众的核心所在,体现着人们的价值取向和人生追求。《文言》揭示的善恶观充满深刻的辩证思想:

一是恶小不积身不灭,善小不积名不扬。《周易·系辞下》:"善不积不足以成名,恶不积不足以灭身。小人以小善为而无益而弗为也,以小恶为无伤而弗去也,故恶积而不可掩,罪大而不可解。"说的意思是,不做大量有益的事情就不能成为一个声誉卓著的人,不干坏事就不会成为毁灭自己的人。品行不好的人认为,一般的好事对自己来说没有多大益处而不去做,认为一般的坏事对自己来说没有多大损害而不去改正。所以坏事多了而无法回避责任,罪恶大了也无法得到宽恕。分析一些人所犯的错误,最初都是从一些不起眼的小事开始,日积月累,由小到大,最后酿成了大错,遗恨终生。任何人都要引以为戒,在所谓的小事面前注意把握好自己,从一言一行做起,严格要求自己,切实防微杜渐,防患于未然。

二是积善之家有余庆,不善之家有余殃。庆指"福"的意思,殃指"灾祸"的意思。中华传统文化教育,是以儒、释、道三家为主流。儒、释、道三家都非常重视因果。坤卦所说"积善之家,必有余庆;积不善之家,必有余殃"。就是讲因果,意思是说,积累善行善德的家族,这个家族的福报不会断绝,家族的后代也会承受福报。常常做不善之事的家族,这个家族会经常发生灾祸,甚至连累后代。不以善小而不为,不以恶小而为之。一个家庭的兴衰与道德素养培植有直接的关系,而道德的素养与文化的培植更有着不可忽视的作用。很多家庭出现的不幸与此有着必然的关系。好事做得多了善根就不断地增长,福报就越大越多。家庭就会和谐富足,精神和物质都会得到极大的丰收。坏事做得多了,日久天长,罪恶积盛,总有一天爆发,到那时为时已晚。善的世界是博大的,善的力量是无边的,善可以得到善的回报。

关于善,《回归本性本善》中有这样的阐释:"十善业道经,是佛门中最根本的一部经典。十善的内容中,属于身体行为的有三种:不杀生、不偷盗、不邪淫;

语言行为的有四种:不妄语、不两舌、不恶口、不绮语;思想行为的有三种:不贪欲,不瞋恚(瞋 chēn 睁大眼睛瞪人;恚 huì 恨,怒),不邪见。"《福报的由来》一书记载积善之家得五福临门之余庆,且有着必然的因果关系:第一福:长寿。果长寿,因是积好生护生之德,施他饮食之善。第二福:富贵。果富贵,因是积施财施恩于他人之善。第三福:无病。果无病,因是积施药戒杀,心慈无害之善。第四福:子孙满堂。果子孙满堂贤孝,因是积多结良缘,爱惜大众之善。第五福:善终。果善终,因是积有修有养,修行福德之善。"积善之家,必有余庆。积不善之家,必有余殃。"

关于这个问题,《周易正义》有更精辟的阐释:"臣弑其君,子弑其父,非一朝一夕之故,其所由来者渐矣,由辩之不早辩也。《易》曰:'履霜坚冰至',盖言顺也。孔颖达疏:'其所由来者渐矣'者,言弑君弑父,非一朝一夕率然而起,其祸患所从来者积渐久远矣。'由辩之不早辩'者,臣子所以久包祸心,由君父欲辩明之事,不早分辩故也。此戒君父防臣子之恶。'盖言顺'者,言此'履霜坚冰至',盖言顺习阴恶之道,积微而不已,乃致此弑害。称'盖'者是疑之辞。凡万事之起,皆从小至大,从微至着,故上文善恶并言,今独言弑君弑父有渐者,以阴主柔顺,积柔不已,乃终至祸乱,故特于坤之初六言之,欲戒其防柔弱之初,又阴为弑害,故寄此以明义。"

其实,关于福与祸辩证关系的认识,老子深刻认识到"福兮祸所伏,祸兮福所倚"。韩非子《解老第二十》对此进行深刻揭示:"人有祸,则心畏恐;心畏恐,则行端直;行端直,则思虑熟;思虑熟,则得事理。行端直,则无祸害;无祸害,则尽天年。得事理,则必成功。尽天年,则全而寿。必成功,则富与贵。全寿富贵之谓福。而福本于有祸。故曰:'祸兮福之所倚。'以成其功也。人有福,则富贵至;富贵至,则衣食美;衣食美,则骄心生;骄心生,则行邪僻而动弃理。行邪僻,则身夭死;动弃理,则无成功。夫内有死夭之难而外无成功之名者,大祸也。而祸本生于有福。故曰:'福兮祸之所伏。'"对此,不妨听听作者所作《福祸歌》是怎么说的:"福祸相倚而相因,自然中正无妄心;吝凶悔吉端动机,福祸从来由内心;柔正知足远灾祸,偏枉贪婪欲焚身;素朴淡定与人善,奉献少取结福音。"

《菜根谭》云:"善根暗长,恶损潜消"——为善不见其益,如草里东瓜自应暗长;为恶不见其损,如庭前春雪,当必潜消。"恶小不积身不灭,善小不积名不扬""积善之家有余庆,不善之家有余殃"揭示了善与恶的辩证关系与因果轮回报应关系,其核心是启示人们人心向好、人心向善,从细微处积累,积善远恶,才会家和国兴,增强凝聚力。这一重要思想,将在多卦中阐释:蒙卦揭示要"蒙以养正""果行育德"培育善的根苗;小畜卦揭示"君子以懿文德"要从小的积蓄开始;泰卦与否卦揭示"否极泰来"与"泰极否来"的辩证关系;同人卦揭示类族辨物志相通;大有卦揭示"遏恶扬善,顺天休命";谦卦揭示"哀多益寡,称物施平"谦恭致福;豫卦揭示"作乐崇德"教化民心;大畜卦揭示"多识前言往行,以畜其德";颐卦揭示"慎言语,节饮食",要体德同修;坎卦揭示"常德行,习教事";遁卦揭示"远小人,不恶而严";大壮卦揭示"非礼勿履";晋卦揭示"自昭明德";损卦揭示"惩忿窒欲";益卦揭示"见善则迁,有过则改";蹇卦揭示"反身修德";升卦揭示"君子以顺德,积小以高大";井卦揭示"劳民劝相"修德惠人;震卦揭示"恐惧修省"而致福;渐卦揭示"居贤德,善俗",重视循序渐进;归妹卦揭示"永终知敝";节卦揭示"制数度,议德行"。可以看出,道德修身,积善远恶,经世济民,是易经的主线。易经是举而措诸于民的法典。

"万古历史起阴阳""乾元创造坤负载,阴阳为朋变万方""正位持中畅事业,殷殷美德万古长"至此,乾坤两卦的解读揭示一阴一阳之谓道,阴阳交合衍生万物,历史发端于阴阳相互作用。人类文明也起源于阴阳交合作用。

所谓的"阳",本义是阳光,或任何与阳光相连的事物。"阴"的本义则是指没有阳光的阴影或黑暗。后来,它们的含义逐渐发展成为宇宙中的两种相反相成的力量。阳代表男性、主动、热、光明、干燥、坚硬等;阴则代表女性、被动、冷、阴暗、柔弱等。宇宙一切现象都是由矛盾对立统一着阴阳两因素、两种力量的相互作用而产生。

乾元阳刚主生发创造,坤元雌柔厚德载物堪当负载,二者乃阴阳对立统一,相辅相成,共同创造衍生了万事万物。

定位是人生大问题,也是做任何事业的大问题,其核心:一是位置;二是角度;三是立场;四是原则。易经诸卦诸爻就是揭示这方面的问题。人生成长,衍物干事,都要解决好定位问题,时刻加强美德修养,这样才能保持万古长存。

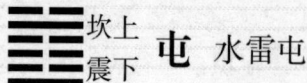

第三章 屯 卦

创业之道：元亨利贞利建侯 开天建邦以经纶

　　事物初生异常艰难,培育新事物与开创新事业需要注意:一要有必要而充分的思想和心理准备。面对千难万险的重重困境和可能,遇到挫折、磨难、打击以及意外情况的出现,如果没有思想与心理准备,难以承受考验和磨难。这是无可回避的成就任何事业首要的基础条件。二要高度重视打基础。坚实的基础是事业发展的可靠保证,因为没有基础的空中楼阁毕竟是虚幻的泡影。三要端正动机设立合理的发展目标。随着形势和客观环境的变化,要善于唯变所适,动态调整,否则事业发展将陷入异常被动的境地甚至失败,人生将陷入困境。四要团结互助和谐共富。任何事业的成功都是集体的成功,是团结的成功,是合作的成功,团结互助合作是团队生存、事业发展的内在需求,是宝贵的源动力,要珍惜,要最大限度发挥其效能。

一、屯卦经文

屯 水雷屯 坎上震下

屯：元，亨，利，贞。勿用有攸往，利建侯。

象曰：屯，刚柔始交而难生，动乎险中，大亨贞。雷雨之动满盈，天造草昧，宜建侯而不宁。

象曰：云雷屯，君子以经纶。

初九：盘桓，利居贞，利建侯。

象曰：虽盘桓，志行正也。以贵下贱，大得民也。

六二：屯如邅如。乘马班如。匪寇婚媾。女子贞不字，十年乃字。

象曰：六二之难，乘刚也。十年乃字，反常也。

六三：即鹿无虞，惟入于林中，君子几不如舍，往吝。

象曰：即鹿无虞，以从禽也。君子舍之，往吝，穷也。

六四：乘马班如，求婚媾，往吉，无不利。

象曰：求而往，明也。

九五：屯其膏，小贞吉，大贞凶。

象曰：屯其膏，施未光也。

上六：乘马班如，泣血涟如。

象曰：泣血涟如，何可长也？

二、屯卦警语箴言

坎上震下物初生　始生之难千万重
刚柔始交生成难　大亨贞正动险中
雷雨震动盈天地　天始造化万物萌
元亨利贞利建侯　开天建邦以经纶
千头万绪创大业　侯邦初创不安宁
慎选方向强根本　端正动机不妄动
万事难迈第一步　有条不紊莫急成
先打基础后发展　强基固本第一宗
不打基础建大厦　空中楼阁笑谈中

初创之难有盘桓　利居贞正可建功
深入基层与群众　大得民心齐行动
非寇乘马盘求婚　十年相许因贞正
坚定不移勇追求　元亨利贞事亨通
鹿入林中莫急追　相机取舍远祸凶
逐鹿林中无向导　如不舍弃将困穷
舍弃之道要明白　动态调整活力生
固执偏枉当禁忌　轻率急功大事凶
自己发财不助人　小贞吉利大贞凶
囿于私心无大局　发展前景不光明
自私小我涣散沙　和谐共富可共赢
团结互助前景好　步调一致才成功

三、易理哲学简说

元亨利贞利建侯　开天建邦以经纶

屯，水雷屯，坎上震下。屯卦上卦为坎为水，下卦为震为雷，整体卦象为水雷屯。屯者，物之初生也。象征初生。

万物始生，盈满天地（乾坤）之间，"利建侯""君子以经纶"，即屯卦。屯卦揭示的是创业之道。培育新事物，开创新事业，需要注意哪些问题呢？参悟屯卦将会得到深刻的启示：

（一）坎上震下物初生，始生之难千万重

【屯卦彖辞】屯，刚柔始交而难生，动乎险中，大亨贞。雷雨之动满盈，天造草昧，宜建侯而不宁。

【注解】屯：《古代汉语字典》："屯的篆文是象形字，由表示平地的'一'和表示像草木由地面曲折冒出的'屮'组合而成，指像草木初生艰难而又曲折的样子。"《说文》："屯，难也。"在甲骨文、金文、篆文中，"屯"是一个象形字，描绘的是幼苗破土而出的状态，"屯"字中的一折代表幼苗的根，表示幼苗正处于初生阶段。

屯：zhūn，《广雅·释诂三》："屯，聚也。"会意。从屮贯一。"屮（chè）"指草。"一"指地面。像草木初生的卷曲包裹之形。本义：卷曲、包裹。引申义：聚集。

【象辞要义】屯卦由物象之难类比事业之难。屯卦的卦象为坎上震下，象征

万物初生、事业初创,处于始生之时,面临着重重艰难险阻。像种子萌芽,破土而出,稚嫩柔弱的生命刚刚诞生会面临多重险难阻碍,萌生、破土多有艰难,所以有艰难之意。水雷屯与代表破土而出萌生的幼苗屯是什么关系呢?雷雨震动能够催生生命。"雷雨震动盈天地,天始造化万物萌。"雷雨震动充满天地之间,天始造化,万物萌发。由此类比可知,适宜于天子封侯授国或命新侯嗣位,但这将不会安宁。这是为什么呢?朱熹曾云:"屯是物之始生,像草木初出地之状。其初出时,欲破地面而出,不无龃龉艰难,故当为经纶。"《说卦》:"雷以动之。雨以润之。"从卦象上可以看出,坎在上为云代表险,震在下为雷代表动,乌云滚滚,响彻惊雷,震惊百里,当然会下起淅淅沥沥的雨,泥土中的种子受到雨水滋润,自然萌芽破土而出,突破蒙昧的桎梏,大地呈现一派生机勃勃的春天景象。"刚柔始交生成难,大亨贞正动险中。"雷雨并作,阴阳摩荡,刚柔始交催生新事物处于异常艰难的境地。创业刚刚开始百端待举,谋划行动于险难之中,追求盛大、亨通的发展目标,必须恪守贞正的品格,处此之时,犹如魔术师游走于钢丝绳上,不能掉以轻心。世间万物,始生艰难。对于开创新事业的人来说,对始生之难要高度重视,对开创新事业的艰巨性、长期性、复杂性必须有充分的认识,对于可能面临的种种龃龉与阻碍要有良好的承受能力与应对能力及应对之术,做好心理准备、思想准备和精神准备,对成功与失败的结果都能坦然接受,当成功来临时不乐极生悲,当面临失败或挫折时不垂头丧气萎靡不振。对于开创新事业的人来说,必要的心理准备、思想准备和精神准备比物质准备更重要,做不到这一点,将很难承受种种意想不到的考验和磨难,甚至毁灭性的灾难。这是成就事业首要的基础条件,也就是定力,如果不具备这一点,当面临重大挫折、打击、磨难、失败的时候,则难以承受;面对重大抉择将束手无策;当大灾大难来临时,走投无路。这一关,是修身养性的第一关,是成功者与失败者的分水岭,也是成功与失败的试金石。

(二)元亨利贞利建侯,开天建邦以经纶

【屯卦卦辞】屯:元,亨,利,贞。勿用有攸往,利建侯。

【屯卦象辞】云雷屯,君子以经纶。

【注解】经纶:《说文》:"经,织也。纶,青丝绶也。"引申义,人经纬国家如同创兴礼教、建立法度等,古人也称之为经纶。这在《礼记·中庸》中有表述:"唯天下之至诚为能经纶天下之大经,立天下之大本。"

【象辞要义】屯卦的卦象是坎(水)上震(雷)下,为雷上有水之表象,水在上表示雨尚未落,故释为云。雷雨有元大、亨美、利物、贞正之德,云雷大作,是即将下雨的征兆,故屯卦象征初生。对于一般人来说,处在险难之境宜静定自保

不适宜去做什么事情,但是对于国家面临艰难险境之时,却利于建立或分封诸侯,由其开创功业解救国家危厄。这里表示的是天地初创,国家始建,正人君子应以全部才智投入到创建国家的事业中去。处于初生开创之时,不要急于发展,首先要立君建国,筹划治理国家大事。这是屯卦的核心启示。屯卦六爻以女子婚嫁、林中猎鹿等打比方,直观、形象、生动警示以下问题和道理要高度重视:

一是"初创之难有盘桓,利居贞正可建功;深入基层与群众,大得民心齐行动"。

【初九爻辞】初九:盘桓,利居贞,利建侯。

象曰:虽盘桓,志行正也。以贵下贱,大得民也。

【注解】盘桓:唐陆德明《经典释文》:"盘本亦作盘,又作盘。马云:'盘桓,旋也。'"其意为,徘徊,彷徨,踟蹰回旋不进。

【爻辞要义】万事开头难,任何事业在初创时期面临的困难特别大,难免徘徊不前,但只要能守正不阿,仍然可建功立业。虽然徘徊不前,但志向和行为纯正,只要能下定决心,深入基层,以谦虚的态度对待民众,听取民众的心声或意见,忧民众之忧,解民众之苦,仍然会大得民心。

二是"非寇乘马盘求婚,十年相许因贞正"。

【六二爻辞】六二:屯如邅如。乘马班如。匪寇婚媾。女子贞不字,十年乃字。

象曰:六二之难,乘刚也。十年乃字,反常也。

【注解】"邅"为形声字,徘徊不前进。班(通"般")如指徘徊、回旋不进。

字:《古代汉语字典》:"字"是会意字,由宝字盖和子上下两部分组合而成,指在屋子里生养孩子,字的本义指"乳也",即生育孩子。

【爻辞要义】始生之难徘徊不进。如同乘马盘旋不进。是盗寇吗?不是,是前来求婚的。面对求婚者,女子贞静自守,没有匆忙草率嫁人生子,经过漫长的十年考验才婚配生子,是违背男尊女卑、男健女顺的常道。虽然现象反常,但不违背封建社会的正理儿。因为她毕竟选择嫁给了一个可信赖、可依靠的男人。这是一个比喻。说的是创业之难与娶妻生子的艰难是相同的。

三是"鹿入林中莫急追,相机取舍远祸凶;逐鹿林中无向导,如不舍弃将困穷;舍弃之道要明白,动态调整活力生;固执偏枉当禁忌,轻率急功大事凶"。

【六三爻辞】六三:即鹿无虞,惟入于林中,君子几不如舍,往吝。

象曰:即鹿无虞,以从禽也。君子舍之,往吝,穷也。

【注解】即鹿:走过去抓鹿,也就是逐鹿。

从:随行。

禽:《说文》:禽,走兽总名。

虞:yú《古代汉语字典》:虞,古代管理山林水泽的官员。马中锡《中山狼传》:"虞人导前,鹰犬罗后。"

几:jī《尔雅》:"几,近也。"《说文》:"几,微也,殆也。"《古代汉语字典》:几,象形字,像矮小的桌案。指古人有靠背的一种坐具。本义指有危险的征兆,又泛指细微的迹象。"几不如舍"指接近不如舍弃。

【爻辞要义】狩猎追逐鹿时,由于缺少管山林之人的引导,致使鹿逃入森林中去。君子此时应及时放弃,如仍不愿舍弃,轻率地继续追踪接近,必有祸事或导致穷困。出现这种情况,原因在于成功之心过于急切。

四是"坚定不移勇追求,元亨利贞事亨通"。

【六四爻辞】六四:**乘马班如,求婚媾,往吉,无不利。象曰:求而往,明也。**

【爻辞要义】乘马盘旋,坚定不移地去求婚,这是明智之举,必然吉祥无不利。

五是"自己发财不助人,小贞吉利大贞凶;囿于私心无大局,发展前景不光明;自私小我涣散沙,和谐共富可共赢"。

【九五爻辞】九五:**屯其膏,小贞吉,大贞凶。象曰:屯其膏,施未光也。**

【注解】膏:《说文》:"膏,肥也。"是形声字,月(肉)为形,高为声。本义指油脂、脂肪。古人称凝结的油脂为脂,呈液态状的油脂为膏。泛指精华、财富或好东西。

【爻辞要义】只顾自己囤积财富而不注意帮助别人,是很危险的,那样做,办小事虽有成功的可能,但办大事则必然会出现凶险。这样的人由于缺少助人为乐的精神难以得到众人的广泛支持与帮助。即使想有所作为,其前景也不大光明。由于有自私自利之心存在,创业团队将涣散成散沙,只有和谐共富才能实现发展共赢。

六是"团结互助前景好,步调一致才成功"。

【上六爻辞】上六:**乘马班如,泣血涟如。象曰:泣血涟如,何可长也?**

【注解】班如:盘旋不进的样子。涟如:涟洳,泪涕交流的样子。

【爻辞要义】乘马盘旋不进,悲伤哭泣,泣血不止。这种状况怎能维持长久呢?出现这种状况原因何在?屯卦六爻所列明物象警示的道理值得反思与玩味。创生事物,要有合理的目标,要广泛动员组织有生力量,团结互助,行动步调一致,才可能获得成功。

(三)先打基础后发展,强基固本第一宗

"千头万绪创大业,侯邦初创不安宁。"初创之始,没有经验可借鉴,没有现

成的模式可遵循,百端待举,纷繁杂乱,问题重重,是不可回避的现实,任何天真、侥幸的想法念头既可笑又经不起实践与现实的检验。因此,需要注意:一是"慎选方向强根本,端正动机不妄动。"建侯兴邦,首先要确立国体、政体。创立企业,首先要确立企业体制、经营机制、发展战略。确立发展方向,端正发展动机,是首要问题。慎重选择发展与前进的方向,夯实发展的基础,端正发展的动机,不侥幸,不偏枉,顺势,应时,顺应发展趋势而动。二是"先打基础后发展,强基固本第一宗"。"万事难迈第一步,有条不紊莫急成;先打基础后发展,强基固本第一宗;不打基础建大厦,空中楼阁笑谈中。"基础和必要的保障都很重要,要重视先打基础,在合理的基础上有条不紊地发展,不要急于求成,才会顺利圆满,正如列宁所说:"要成就一件大事业,必须从小事做起。"否则,空中楼阁将为世人所笑。空中楼阁指悬在半空中的阁楼。比喻虚幻的事物或脱离实际的空想,不合实际的计划。也指虚构的事物。该成语出自佛教《百喻经·三重楼喻》:在很久以前有一位财主,非常富有,但生性愚钝,尽做傻事,所以常遭人嘲笑。他看见邻村的一位财主建造了一幢三层楼高的新屋,宽敞明亮,高大壮丽,心里非常羡慕,也想建一幢那样的楼。他派人请来工匠,问道:"邻村新造的那幢楼,你们知道是谁造的吗?"工匠们回答道:"知道,那幢楼是我们造的。"傻财主一听,非常高兴,说:"好极了,你们照样子再给我盖一次。记住要三层楼的房子!"工匠们一边答应,心里一边嘀咕;不知这次他又会做出什么傻事来。可是不管怎样,还得照吩咐去做,大家便各自忙开了。一天,财主来到工地,东瞅瞅,西瞧瞧,心里十分纳闷,便问正在打地基的工匠:"你们这是在干什么?""造一幢三层楼高的屋子呀,是照您吩咐干的。""不对,不对。我要你们造的是那第三层楼的屋子。我只要最上面的那层,下面那二层我不要,快拆掉。先造最上面的那层。"工匠们听后哈哈大笑,说:"只要最上面那层,我们不会造,你自己造吧!"工匠们走了,傻财主望着房基发愣。他不知道,只要最上面一层,不要下面两层,那是再高明的工匠也造不出来的。这个故事极为有趣,它尖刻地嘲讽了那个饱食终日、一窍不通的财主,赞扬了木匠重视基础的求实精神。成语"空中楼阁"便是从这个故事来的,意思是没有基础的建筑在半空中的楼阁,人们常用它来讥讽那种不切合实际的主观空想,或比喻脱离实际的理论、计划等。试想没有坚实的经济基础,怎么能够构建起先进的上层建筑呢?! 三是"深入基层与群众,大得民心齐行动"。"团结互助前景好,步调一致才成功。"团结群众力量大,依靠群众助成功。团结是胜利的首要前提,人只有在集体中才能得到充分发展和自由,因此,开创新事业要团结一切可以团结的人;团结一切可以团结的力量,建好队伍,打好人民战争,是一切基础工作的首要基础工作。离开人,任何事业都无从谈起。四是"固执偏枉当禁忌,轻率急功大事凶"。《菜根谭》云:

易道 话说易经 谈道德修养

"中和为福,偏激为灾。"——躁性者火炽,遇物则焚,寡恩者冰清,逢物必杀。凝滞固执者,如死水腐木,生机已绝,俱难建功业而延福祉。

(四)坚持贞正远祸凶,"元亨利贞事亨通"

"非寇乘马盘求婚,十年相许因贞正。坚定不移勇追求,元亨利贞事亨通。"屯卦六二爻爻辞为"屯如邅如,乘马班如。匪寇婚媾,女子贞不字,十年乃字"。象辞为"六二之难,乘刚也"。"十年乃字,反常也。"意思为,为难而团团转,乘马旋转不进,不是盗寇,是来求婚。女子贞静自守,不嫁人,经过十年考验才婚嫁生子,因为是要找个般配的好人家好对象。以此喻示初创事业坚持贞正的重要性。不贸然盲从,必有好结果。与婚媾娶妻生子一样,初创事业同样面临许多诱惑与考验,坚持贞正的态度和原则,不茫然或贸然从事,将会非常有利。相当一部分企业由于战略伙伴选择不慎重,或在经营过程中存在贪图便宜与侥幸心理,盲目追求"强强联合",结果被坑蒙拐骗而导致破产,这种情况常常发生,这种教训不能不吸取。

(五)舍弃之道要明白,动态调整活力生

任何事业初创都不是一帆风顺的,开创新事业,确立了发展目标,选择了发展战略与经营机制,有利于引导朝着既定的方向发展。随着形势与环境的发展变化,既定目标可能高,可能低,发展战略可能科学适当,也可能跑偏或存在不切合实际的方面,经营机制可能科学也可能存在不科学合理的内容,从科学发展的角度看,进行适当的动态调整是必要的,该舍弃的舍弃,该调整的调整,否则,违背发展变化的规律,在错误的道路上越走越远,将走上"死路"或"绝路"。"君子以经纶",就是要善于从以上诸方面,谋划发展的大政方针与策略,把握好发展方向,掌好舵。毛泽东主席领导中国共产党创立中华人民共和国大业就是历史的明证。被人民誉为舵手。确立合理的发展目标,选择正确的发展道路,科学决策,动态调整,选择科学的经营机制,是初创时期的头等大事。这一点主要是对负有领导和管理责任的"舵手"(决策者)而言的。

为了阐释这个问题的重要性,屯卦用打猎"鹿入林中莫急追,相机取舍远祸凶"打比方,形象、生动、深刻,说服力强,说明"逐鹿林中无向导,如不舍弃将困穷",具有引人注意的警示效果。屯卦六三爻爻辞为"即鹿无虞,惟入于林中,君子几不如舍,往吝"。象辞为"即鹿无虞,以从禽也。君子舍之,往吝穷也"。即鹿,意指逐鹿,引申为追猎禽兽。虞,是古代掌管山泽的官。几,本义指有危险的征兆,又泛指细微的迹象,为见几(通机)而作之意。追猎禽兽,但没有掌管山泽的官引导,禽兽逃入森林深处,如果穷追猛打猎获不到手,那就不如忍痛割爱

舍弃掉,因为山连山,谷连谷,林深草密,进入陌生环境,陷入沟壑、沼泽等地险之中,或遇到豺狼虎豹等难以猎获动物的攻击,将自己陷入困穷之地,存在危险是多方面的——或者体力消耗过大,或者迷失路途,或者陷入地险之境,或者遭受猛兽攻击而伤亡。君子应知道取舍之道,见机而作,此时如仍不愿舍弃,因为获猎之心过于急切,轻率地继续追踪,则必然会在深山里迷路发生祸事或导致穷困。以林中逐鹿"几不如舍"喻示舍弃之道。现代人没有经历原始狩猎生活,对这个道理的理解没有直接经验。需要用心体会。

取舍之道给人以启示,取与舍要相机而动,关键要明判形势,看准机会,掌握成功的几率,该取,当仁不让;该舍,则果断舍弃而不迟疑不决。要懂得放弃才能获得新的拥有,不仅要知道什么事情可为,还要知道什么事情不可为。面对不可为的事情,一定要明智地选择放弃。该放弃的东西,一定不要吝啬,即使是忍痛割爱。尤其是当事业初创战略决策方向跑偏或目标不切合实际的时候,科学的态度是审时度势,及时进行必要的战略调整,矫枉纠偏,该舍弃的坚决舍弃,否则,在歧途上越走越远,最终将步入覆灭的境地。

放弃不是心血来潮时的随意之举,更不是无可奈何的选择,放弃无望的守候,重新选择会带来新的机遇。秦末,东阳少年推举陈婴为王,陈自知不才而推辞的故事,可作为爻义的佐证。随着陈胜、吴广揭竿而起,天下四处响应,烽火连天,反对秦王朝的起义此起彼伏。东阳县(今安徽省天长县)有一群少年英雄也自发地组织起队伍,杀掉县令,举起反秦的义旗。起义队伍和群众一致推举陈婴称王。陈婴母亲认为时局动荡称王容易招致祸害反对其称王,他接受母亲意见,拒绝称王,经征求大家意见,决定放下称王的意图,带领其麾下的二万余人的队伍投奔项梁、项羽叔侄的队伍,一起进行抗击暴秦斗争。只有该放下时放下,我们才能够腾出手来,抓住属于你的机会,抓住属于你的事业,抓住真正属于你的快乐和幸福。由此可见,处于事业初创之际,处理好舍弃与追求的关系,把握好发展机会,是一个非常重要的问题,需要有敏锐的眼光,也需要有聪慧的决断力,这是"舵手"异于常人的关键所在。

(六)团结互助前景好,和谐共富可共赢

胡锦涛同志在中国共产党第十八次全国代表大会报告《坚定不移沿着中国特色社会主义道路前进为全面建成小康社会而奋斗》中强调"必须坚持走共同富裕道路。共同富裕是中国特色社会主义的根本原则。要坚持社会主义基本经济制度和分配制度,调整国民收入分配格局,加大再分配调节力度,着力解决收入分配差距较大问题,使发展成果更多更公平惠及全体人民,朝共同富裕方向稳步前进。""一根筷子容易断,十根筷子断就难。"任何事业的成功都是集体

的成功,是团结的成功,是合作的成功,而不是单打独斗的成功。个人英雄主义可逞一时之能,但终非长久之宜。屯卦在九五和上六两爻列举了两种情形警示创业者要高度重视:

一是摒除私心与小我,和谐共富可共赢。

【九五爻辞】九五:屯其膏,小贞吉,大贞凶。象曰:屯其膏,施未光也。

【爻辞要义】只顾自己囤积财富而不注意帮助别人,是很危险的,那样做,办小事虽有成功的可能,但办大事则必然会出现凶险。这样的人即使想有所作为,其前景也不大光明。由于自私自利之心存在,创业团队将涣散成散沙,只有和谐共富才能实现发展共赢。因此说,"自己发财不助人,小贞吉利大贞凶;囿于私心无大局,发展前景不光明;自私小我涣散沙,和谐共富可共赢。"和谐共富思想,《易经》在小畜卦与泰卦中也进行了阐述:小畜卦中,"九五:有孚挛如,富以其邻。"象曰:"有孚挛如,不独富也。"具有诚信的德行与别人紧密联系并互相帮助,处理好邻里关系,不独自享受富贵,自己致富也要使邻人跟着一同富起来。一方面,不断增长物质财富;另一方面,诚信与乐于助人的美德相互彰益。在泰卦中,"六四:翩翩不富,以其邻不戒以孚。"象曰:"翩翩不富,皆失实也;不戒以孚,中心愿也。"像飞鸟从高处连翩下降,虚怀若谷,说明此时不以个人的殷实富贵为念;与邻居相处,不互相戒备,彼此以诚相见,讲求信用,因为这是大家内心共同的意愿。可见,和谐共富是吉利通达之道。否则,可能遭致邻人的忌妒和仇杀,或遭遇匪寇与劲敌劫杀而邻人并不相助。

二是团结互助前景好,步调一致才成功。

【上六爻辞】上六:乘马班如,泣血涟如。象曰:泣血涟如,何可长也?

【爻辞要义】四马前进,步调不一,进退两难,悲伤哭泣,泣血不止。这种状况怎能维持长久呢? 说明团结互助合作是团队生存、事业发展的内在需求,是宝贵的源动力,要珍惜,要最大限度发挥其效能,坚决避免"各吹各的号,各弹各的调"! 在开创事业过程中,必须维护团结协作互助奋进的局面,这是成功与共赢的重要保证。

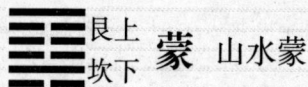

第四章　蒙　卦

启蒙之道：蒙以养正育豪杰　果行育德有圣果

　　蒙蒙细雨落入山间，山脚涌出清澈泉水，蒙卦以此为象喻示启蒙之道——蒙以养正，启蒙必须端正目的，学、教双方都要秉持虔敬之心，坚持德智体美全面发展的正确方针，因材施教，循序渐进，谆谆善诱，不急不躁，果行育德，追求良好的效果。"种瓜得瓜，种豆得豆。"撒什么种子，开什么花，结什么果。拔苗助长是启蒙教育的大忌，当戒之再戒。

一、蒙卦经文

蒙 山水蒙 艮上坎下

蒙:亨。匪我求童蒙,童蒙求我;初筮告,再三渎,渎则不告。利贞。

彖曰:蒙,山下有险,险而止,蒙。蒙亨,以亨行时中也。匪我求童蒙,童蒙求我,志应也。初噬告,以刚中也。再三渎,渎则不告,渎蒙也。蒙以养正,圣功也。

象曰:山下出泉,蒙。君子以果行育德。

初六:发蒙,利用刑人,用说桎梏;以往吝。
象曰:利用刑人,以正法也。

九二:包蒙,吉。纳妇,吉;子克家。
象曰:子克家,刚柔接也。

六三:勿用取女,见金夫,不有躬,无攸利。
象曰:勿用取女,行不顺也。

六四:困蒙,吝。
象曰:困蒙之吝,独远实也。

六五:童蒙,吉。
象曰:童蒙之吉,顺以巽也。

上九:击蒙,不利为寇,利御寇。
象曰:利用御寇,上下顺也。

二、蒙卦警语箴言

山下涌泉山水蒙　　清溪涓涓汇江河
蒙昧不启不聪明　　启蒙发智育豪杰
蒙亨非我求童蒙　　蒙以养正童求我
亨行时中志相应　　果行育德有圣果
发蒙用刑脱桎梏　　正法治世出和谐
纳妇吉祥子持家　　包蒙之吉刚柔接
见利忘义投新欢　　勿用娶女利纯洁
困蒙忧吝独远实　　童蒙吉祥顺逊和
击蒙武力对蒙昧　　鲁莽荒蛮当谨戒

不利为寇利御寇　　培养文明脱稚拙
蒙昧不启流愚鲁　　拔苗助长栋梁折
尊师敬学树典范　　品优好学无正邪
有教无类善包容　　循序渐进莫波折
谆谆教诲循善诱　　不急不躁不暴烈
启蒙教化统意志　　力避异端与邪说
德智体美全发展　　综合创造双收获
文明花红心灵美　　共升境界筑和谐

三、易理哲学简说

蒙以养正　果行育德

蒙卦卦象为坎在艮下,是山下有险之象。艮为山,坎为泉,亦有险,山下出泉,为蒙。蒙(懞、濛、矇)是形声字,艹为形,冡为声。本义指大的女萝草,又叫菟丝。蒙在篆文中写作冡,是会意字,古时饲养豕(猪)时,为了防止它逃跑,用巾覆盖眼睛。蒙的本义为覆盖的意思。事物初生,其性往往被物象所蒙蔽。就像濛濛细雨落入山中,被大山所覆盖。需要开启蒙昧。崇山峻岭,细雨蒙蒙,绵密如纱,曼妙朦胧。濛濛细雨落入山间,山脚下奔涌出清澈的泉水,泉水潺潺流出山涧,形成清澈的小溪,终将渐汇江河,可以形象生动地用来比喻开启蒙昧的情形。正所谓,山下出泉,其源被山所蒙盖。

万物的始生时期(屯)处于幼稚阶段,需要开启蒙昧,对此"蒙以养正"有圣功,"君子以果行育德",即蒙卦。蒙卦揭示的是治(启)蒙之道,也就是如何进行启蒙教育。如何才能做好启蒙教育呢?

(一)蒙以养正,端正目的

"蒙亨非我求童蒙,蒙以养正童求我。"

【蒙卦卦辞】亨。匪我求童蒙,童蒙求我;初筮告,再三渎,渎则不告。利贞。

【卦辞要义】启蒙这件事亨通。关于启蒙不是我有求于幼童,而是幼童有求于我对其启蒙,第一次向我请教,我有问必答,如果一而再、再而三地没有礼貌地乱问,则不予回答。利于守正道。

开启蒙昧,引导步入正确发展的轨道,这是神圣的功业。开启蒙昧,重在教化心灵,培育美好的德性和善根。"种瓜得瓜,种豆得豆。"撒什么种子,必开什么花,结什么果。坚持正确的方向引导和内容灌输非常重要。因此,必须重视蒙以养正。在启蒙教育上要注意:一是被启蒙者要有开启蒙昧发育智慧的需求,这是最根本的源动力;二是被启蒙者要有端正的虔敬之心,好学上进,不可亵渎怠慢,这是应该秉持的正确态度;三是"蒙以养正"是被启蒙者之需更是启蒙者的神圣使命,学、教双方要相结合并良性互动。

多年来,美日帝国主义以和平演变为战略,以精神侵略为基本手段,以货币战争为杀伤武器,通过互联网等多种途径向中国倾销"魔""咒""怪""杀"等精神鸦片,毒害一代代中国人,传统文化根基受侵蚀,中华民族正面临着深刻的精神危机。作为有正义感和责任感的中国人,应该注意甄别,从多方面予以坚决抵制,防止其毒害祖国下一代,比较好的途径就是进行正面引导与灌输,就是要发挥好正面导向作用。

有一个非常经典的哲学故事,哲学家与弟子们各分一块地,目标和任务是保证不长杂草,有的弟子用火烧,有的弟子用锄头铲……都没有解决长杂草的问题,而哲学家却种满了谷子而不长杂草。核心启示是,童稚的心灵需要用正确的世界观、价值观、人生观去武装,培植"善"的根苗,如果离开正面引导,离开正义,就会被邪恶占领。

(二)果行育德,追求良好效果

"亨行时中志相应,果行育德有圣果"。

【蒙卦象辞】蒙,山下有险,险而止,蒙。蒙亨,以亨行时中也。匪我求童蒙,童蒙求我,志应也。初噬告,以刚中也。蒙以养正,圣功也。

【蒙卦象辞】山下出泉,蒙。君子以果行育德。

【象辞要义】与【象辞要义】孔颖达疏:"坎在艮下,是山下有险。艮为止,坎上遇止,是险而止也,恐进退不可,故蒙昧也。"在不明事物情况之时,遇险而止,亨通顺利,进止得其时又得其正。"育德"有山之象,"果行"有水之象。泉水之德果决不回,执着向前,能够冲破山的压盖与阻碍在山脚下涌出泉流,流淌出涓涓溪水,而后汇成江河奔向湖海。由此启发,人若修其美德,果行不屈,终能冲破外界压迫,坚持始终,终将成就事业。说明开启蒙昧的需求、志趣与使命、责任相应。果断行动,育养其美德,将培养出良好的栋梁之才,会有神圣的功劳和结果。只有坚持正确的目的、方针、原则,果断行动,重视美好品德的培养,最终才能培养出品学兼优的栋梁之材为社会做出应有的贡献。因此,"君子以果行育德"。

(三)因材施教,坚持正确的原则

以"有教无类善包容,循序渐进莫波折;谆谆教诲循善诱,不急不躁不暴烈"为原则,符合人才成长的规律。启蒙面临各种对象与情态,需要坚持什么样的原则因材施教呢？请看看蒙卦六爻是怎么说的：

一是发蒙——"发蒙用刑脱桎梏，正法治世出和谐"。

【初六爻辞】初六：发蒙，利用刑人，用说桎梏；以往吝。

象曰：利用刑人，以正法也。

【注解】发：《古代汉语字典》：发的繁体写作"發"，是形声字，弓为形，"癶"（读作 bō）为声，本义是张弓射箭。发蒙，取其"打开，开启"之义。

说：通"脱"。

桎梏：拘束犯人手脚的刑具，最初以木头做成，后以铁制成，现代为脚镣、手铐。《说文》："桎，足械也。从木，至声。""梏，手械也。从木，告声。"孔颖达疏："在足曰桎，在手曰梏。"

【爻辞要义】蒙昧犹如桎梏禁锢犯人那样禁锢人的思想与意志。开启蒙昧，要像开弓射箭那样，才能打开坚固的堡垒，达到启蒙效果。实现由晦至明，是艰难的事情，但有益于彰明法度，以便遵循。

二是包蒙——"纳妇吉祥子持家，包蒙之吉刚柔接"。

【九二爻辞】九二：包蒙，吉。纳妇，吉；子克家。**象曰：**子克家，刚柔接也。

【注解】包：《说文》"包，像人裹（注：裹，怀抱。班固《汉书·外戚传下》："将相大臣裹诚秉忠。"）妊，巳在中，像子未成形也。"《古代汉语字典》："包，是象形字，古文字的字形像一个没有成熟的胎儿被包裹在胎衣里。"

克：《说文》："克，肩也。"《古代汉语字典》："克在篆文中是会意字，上部是高（省略下部同），下部是尸（表示与人有关），合起来表示使物体高于人的位置，即放在肩上。克的本义是肩任即用肩承担。""胜任，能够。"

【爻辞要义】包蒙，为启蒙初端，犹如妊娠坐胎，始俱雏形。在"格物，致知，诚意，正心，修身，齐家，治国，平天下"的格局中审视，尚达不到治国、平天下的境界要求，但是，毕竟有了良好的开端和初步修养。值此状态，适宜于娶妻成家。胜任管理家事。因为刚柔相接，所以吉祥。

三是昧蒙——"见利忘义投新欢，勿用娶女利纯洁"。

【六三爻辞】六三：勿用取女，见金夫，不有躬，无攸利。

象曰：勿用取女，行不顺也。

【注解】勿用取女：取通娶。不要娶这样的女人。

夫：《古代汉语字典》："夫是象形字，夫字中的'大'在甲骨文中是个人形，而大上的一横像束发用的簪子。因此，夫字的甲骨文字形像一个束发别簪的成年男子的样子。古代男子到三十岁成年时要束发，所以，夫字的本义指成年的男子。"可见，金夫是有钱的成年男子。

躬：《古代汉语字典》："躬是会意字，由身和弓（像弯曲的身体）两部分组成,弓兼表声。躬的本义指身体,多指自身。”

【爻辞要义】不能娶这样的女子,她的心目中只心仪有钱的男人,见到有钱的成年男子,不能守礼仪,也难以保住自己的节操,娶这样的女子是没有什么好处的。主要是指这个女子的行为是不合乎礼仪的,即这个女子没有受过良好的启蒙教育。要注意思想的纯洁性与品行的端正性。

四是困蒙——“困蒙忧吝独远实”。

【六四爻辞】六四:困蒙,吝。象曰:困蒙之吝,独远实也。

【注解】困:《古代汉语字典》:“困是会意字,由表示房屋四壁的口和表示倾倒的梁柱两部分组成。困的本义是指倒塌的房屋。”

【爻辞要义】人或物被倒塌的房屋压住得不到外援会很窘吝。同样,人如果被环境或某种因素所限制或影响而不能与外界或有学养的人接触,则得不到启蒙或教诲,当然也会很窘吝。困蒙指的就是这种情形。被困在蒙昧中,有忧吝。原因在于闭锁而远离客观事实招致艰难。针对困于蒙昧不能比附贤能之人以发其志而开启蒙昧,慎选良师非常重要。昔孟母三迁,就是为了摆脱困蒙的境地,值得借鉴。

五是童蒙——“童蒙吉祥顺逊和”。

【六五爻辞】六五:童蒙,吉。象曰:童蒙之吉,顺以巽也。

【注解】顺:《古代汉语字典》:“顺是会意字,由表示头的页和表示毛发的川两部分组成。合起来指头发。顺的本义指梳理头发。”《汉语大字典》:“(巽)卑顺;怯懦。《广雅·释诂一》:‘巽,顺也。’《古今韵会举要》:‘巽,柔也。’《字汇·己部》‘巽,卑也。’《易·蒙》:‘童蒙之吉,顺以巽也。’孔颖达疏引褚氏曰:‘顺者心不违也,巽者外迹相卑下也。’”《杂卦》:“巽,伏也。”伏而服从。

【爻辞要义】儿童柔顺而服从,好学上进,虚心地向老师求教,老师乐教,其教育结果自然是比较有效的,当然也是吉祥的。

六是击蒙——“击蒙武力对蒙昧,鲁莽荒蛮当谨戒;不利为寇利御寇,培养文明脱稚拙。”

【上九爻辞】上九:击蒙,不利为寇,利御寇。象曰:利用御寇,上下顺也。

【爻辞要义】启蒙教育,是思想意识形态领域建设的重要组成部分,也是基础性的工作。其使命任务是通过灌输引导的方式,用先进的技术、文明的理念、高尚的道德情操培育人,其过程中,与顽劣的陋习、反动的思想、败坏的风气做斗争是异常严峻的,对此,要有主动防范的警觉意识,不能消极被动地等到已经萌芽或成了气候再进行。启蒙教育要及早实行,要针对蒙童的缺点,先发治人。不要等到蒙童(或需要教育的对象)的问题彻底暴露再去教育,而要防患于未然,事先进行启蒙教育。因为只有这样,才能使老师和蒙童互相配合,才能达到治病救人、上下一心的目的。在开启蒙昧的关键时刻,采取强化的方法开启蒙昧,促进飞跃,将"不利为寇,利御寇",能够起到防患于未然的积极作用,有利于"培养文明脱稚拙"。

(四)德智体美全发展,坚持正确方针

启蒙教育重在德育,智、体、美育是基本素养的培育,德育则是启蒙教育的核心,是培育未来可用之才的基础,鼓励竞争、宣扬自由,忽视德育,将出现一系列严重的社会问题,将来要付出沉重的代价。《易经》每一卦都是在德育方面给出金玉良言式的忠告。"德智体美全发展,综合创造双收获。"毛泽东主席提出的"我们的教育方针,应该使受教育者在德育、智育、体育几方面都得到发展,成为有社会主义觉悟的有文化的劳动者"对教育应该坚持的方针概括得比较全面准确。若能将毛泽东同志所倡导的"德智体美全发展"的教育方针与邓小平同志为北京景山学校题词"教育要面向现代化,面向世界,面向未来"有机地结合起来,那么,教育方针的定位可能会更加准确。这将是中华民族走出精神危机的培根固本之举。

"综合创造双收获"指通过进行有效的教育,使教育者在物质文明与精神文明两个方面都有提高和收获。胡锦涛同志在中国共产党第十八次全国代表大会报告《坚定不移沿着中国特色社会主义道路前进为全面建成小康社会而奋斗》中强调:"努力办好人民满意的教育。教育是中华民族振兴和社会进步的基石。要坚持教育优先发展,全面贯彻党的教育方针,坚持教育为社会主义现代化服务的根本任务,培养德智体美全面发展的社会主义建设者和接班人。全面实施素质教育,深化教育领域综合改革,着力提高教育质量,培养学生创新精神。办好学前教育,均衡发展九年义务教育,完善终身教育体系,建设学习型社会。大力促进教育公平,合理配置教育资源,重点向农村、边远、贫困、民族地区倾斜,支持特殊教育,提高家庭经济困难学生资助水平,积极推动农民工子女平等接受教育,让每个孩子都能成为有用之才。鼓励引导社会力量兴办教育。加强教师队伍建设,提供师德水平和业务能力,增强教师教书育人的荣誉感和责任感。"

(五)循序渐进,讲究科学的方法

濛濛细雨落入山间,山脚下奔涌出清澈的泉水,泉水潺潺流出山涧,形成清澈的小溪,终将渐汇江河。这是自然变化趋势,但在这个趋势过程中,存在着进退两难的困境可能:一是滞留山涧;二是流向不明;三是涣散挥发;四是雾霾晦暗,都需要疏导才能自流成溪汇入江河湖海。用这一自然现象

类比童稚的启蒙教育以及事物发展的初期阶段启蒙教育再恰当不过。"有教无类善包容,循序渐进莫波折;谆谆教诲循善诱,不急不躁不暴烈。"启蒙教育要遵循这一基本规律。要"因材施教,循序渐进,谆谆善诱,不急不躁",重视打基础和循序渐进地不断提高,不拔苗助长,使受教育者德育、智育、体育等方面得到全面发展,身心健康成长。

拔苗助长指将禾苗拔起一点,来帮助它成长。比喻违反自然发展的客观规律,急于求成,不加思考,反而将事情弄糟。典故出自《孟子·公孙丑上》:古时候宋国(今为商丘)有个农夫,种了稻苗后,便希望能早早收成。每天他到稻田时,发觉那些稻苗长得非常慢。他等得不耐烦,便将稻苗拔高几分。经过一番辛劳后,他满意地扛锄头回家休息。然后回去对家里的人说:"今天可把我累坏了,我帮助庄稼苗长高一大截!"他儿子赶快跑到地里去一看,禾苗全都枯死了。事物的发展、人的成长,都应循序渐进,违背这个规则不仅无益,反而有害。把这种将禾苗拔起一点来帮助它成长的做法结果将禾苗害死,说明违反自然发展的客观规律,急于求成,反而将事情弄得更糟。天下不希望自己禾苗长得快一些的人很少啊! 以为禾苗长大没有用处而放弃的人,就像是不给禾苗锄草的懒汉。妄自帮助它生长的人,就像拔苗助长的人,不但没有好处,反而害了它。拔苗助长是启蒙教育的大忌,当戒之再戒。

(六) 文明花红心灵美,共升境界筑和谐

教育的根本目的在于传授生存技能,培育社会文明,营造和谐的生存状态。一是社会文明是由个体文明的集合实现的。人是异于一般动物的社会动物,其显著特征是具有文明。文明指人类所创造的财富的总和,特指精神财富,如文学、艺术、教育、科学文明等涵盖了人与人、人与社会、人与自然之间的关系。是一种先进的社会和文化发展状态,以及到达这一状态的过程,其涉及领域广泛,包括民族意识、技术水准、礼仪规范、宗教思想、风俗习惯以及科学知识的发展等等。它的主要作用在于:追求个人道德完善;维护公众利益、公共秩序。二是文明主要由心灵美决定和体现的。文明以心灵美、行为美、语言美、仪表美为标志。心灵美指人的精神世界的美。包括思想意识、道德情操、精神意志、智慧才能的美。集中体现了社会文明对人的要求,心灵美是真、善、美的统一,知、意、情的统一,是行为美、语言美、仪表美的内在依据,并通过具体的感性形态被人们所感知。集中体现了社会文明对人的思想、感情、意志的要求。不同时代、阶级有不同衡量标准,在中国社会主

义精神文明建设中,为"五讲四美三热爱"活动的"四美"之一。心灵美是人的本质力量的集中体现,是人类长期社会实践的产物,在教育、学习、磨炼以及同假、丑、恶的斗争中形成和发展,受特定时代的生产方式、生活方式、社会制度、道德准则、文化发展状况的制约。不同时代、阶级的人对心灵美有不同的或某些相似的衡量标准。包括思想意识的美,如正确的立场、观点、方法、崇高的理想,爱国主义、集体主义思想等;道德情操的美,如情感、操守、格调的美等;精神意志的美,如进取精神、创造精神、顽强意志、崇高气节的美等;智慧才能的美,如高度的文化素养、知识才能、聪明睿智等。心灵美是人的教养、涵养、气度(仪表与态度)等的表现。一个人有教养便承受了人生经验,进而奠定了其人生观,这是人们追求心灵美的最大努力条件之一。

三是境界体现文明的价值取向。境界是指人的思想觉悟和精神修养,一个人的思想境界如何,实际上指的是一个人的思想觉悟和精神修养的水平如何。在日常的生活中,人们的思想觉悟和精神修养总是不一样的,但是作为社会中的普遍的价值取向,人们总希望自己是一个有较高思想觉悟和良好精神修养的人,对社会有所贡献。启蒙的神圣使命就在于开启蒙昧,培育文明,实现社会和谐进步。德育是启蒙教育的护基固本之举,《易经》通篇之作无不围绕这一神圣使命展开。这也是本部著作《易道》谈道德修养所阐释追求的社会价值所在。摆脱精神危机,必须从培育全民美德开始。迫切需要从娃娃抓起。

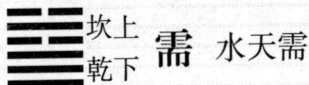

第五章　需　卦

待机之道：饮食宴乐避蹉跎　以恒待机避谬祸

　　云上于天，待时欲雨，天须云降为雨，以养万物；即使有攻取城邦建立国家的伟大目标，遇到阴雨天而不能采取进攻的行动，急躁冒进没有用，那么，不妨找个地方避雨，等雨过天晴后再进发，这个时候需要吃喝，饮酒作乐，颐养身心，需要在饮食宴乐中与团队或朋友伙伴打成一片，避免岁月蹉跎，即在等待的时候积蓄力量。成就事业的过程充满了艰辛曲折乃至磨难，需要抛弃天真的幻想，侥幸的期盼，要面向现实，明白"前途是光明的，道路是曲折的"的道理，在时机不具备的时候，要善于创造条件积极等待，在遇到坎坷困难磨难挫折的时候，要顺理适时，慎戒稳进，审时度势积极寻求改变境地。"艰难险阻重重障，顺理待时不妄作；静待不躁获吉祥，款曲停待少谬错；时机未到耐心等，慎戒柔正运帷幄。"就在于凡事皆须绵密为之，顺理适时，以待其成。不可急功求速，妄有为作，否则揠苗助长，而适得其反；不可畏险惧阻，半途而废，以致功亏一篑，而破败无成。持之有恒，进之有节，因缘会遇，自然瓜熟蒂落，浑然天成。心急吃不了热豆腐。在时机不成熟，机遇尚未到来之前，静静地等待，不急不躁，款曲有秩，停待消磨不失为稳妥的方法，虽然貌似消极，毕竟可以避免妄动冒进的错误，少出纰漏。耐心、谨慎和柔正是待机必备的心理素质。

一、需卦经文

需 水天需 坎上乾下

需:有孚,光亨,贞吉,利涉大川。

彖曰:需,须也;险在前也。刚健而不陷,其义不困穷矣。需有孚,光亨,贞吉。位乎天位,以正中也。利涉大川,往有功也。

象曰:云上于天,需。君子以饮食宴乐。

初九:需于郊,利用恒,无咎。
象曰:需于郊,不犯难行也;利用恒,无咎,未失常也。

九二:需于沙,小有言,终吉。
象曰:需于沙,衍在中也;虽小有言,以终吉也。

九三:需于泥,致寇至。
象曰:需于泥,灾在外也;自我致寇,敬慎不败也。

六四:需于血,出自穴。
象曰:需于血,顺以听也。

九五:需于酒食,贞吉。
象曰:酒食贞吉,以中正也。

上六:入于穴,有不速之客三人来;敬之,终吉。
象曰:不速之客来,敬之终吉。虽不当位,未大失也。

二、需卦警语箴言

坎上乾下雨待时　　前途光明路曲折
光亨贞吉诚涉川　　中正往功有收获
前险刚健而不陷　　饮食宴乐避蹉跎
艰难险阻重重障　　顺理待时不妄作
静待不躁获吉祥　　款曲停待少谬错
时机未到耐心等　　慎戒柔正运幄幄
位卑体健需于郊　　不急不冒不妄作
路途遥远有险阻　　隐忍保全恒幄幄
需于沙中近坎险　　固守清贞远漩涡

小有是非终有吉　　静待慎守少过错
需于泥潭致寇至　　险中逐利劫中劫
好汉不吃眼前亏　　敬慎不败避灾祸
需于血兮出自穴　　沉着顺命力逃脱
君侧虽荣有忧患　　荣华富贵不迷惑
身遇急流要勇退　　柔顺恭从慎定夺
需于酒食君王宴　　心怀大志谋大业
守中持正才贞吉　　谨防贪腐而堕落
酒池肉林极奢欲　　纣王淫乐终灭国
不速之客三人来　　陷穴得救无灾祸
物初蒙稚恒静待　　待机大道柔怀斡
蒙养得成受以需　　以恒待机避谬祸

三、易理哲学简说

饮食宴乐避蹉跎　　以恒待机避谬祸

需，水天需，坎上乾下。上坎为云，下乾为天，故为"云上于天"，回旋翻腾，为待时欲雨之象。云气上集于天，成为云层，密云满天，还没有下雨，待时降雨，为需。天须云降为雨，以养万物，人需饮食宴乐，以养身心。在甲骨文中"需"的字形是人被水淋湿、全身滴水的样子。需的本义是濡湿。《说文》："需，须也。遇雨不进，止须也。"说的是，下雨了，必须找个地方避雨，等雨过天晴后再赶路，这个时候需要吃喝，饮酒作乐，颐养身心，避免岁月蹉跎，即在等待的时候积蓄力量，有停驻、等待之意，讲诚信可以凝聚人心力量，这种等待是积极的等待。"坎上乾下雨待时"表述的是这一卦象。

幼稚时期（蒙）需要营养，光明亨通，贞正吉利，恪守诚信将有所收获，"君子以饮食宴乐"，即需卦。需卦揭示的是待机之道。关键要把握好：

（一）光亨贞吉，中正往功

【需卦卦辞】需：有孚，光亨，贞吉，利涉大川。

【需卦象辞】象曰：需，须也；险在前也。刚健而不陷，其义不困穷矣。需有孚，光亨，贞吉。位乎天位，以正中也。利涉大川，往有功也。

【注解】需：《古代汉语字典》："需在甲骨文中的字形是人被水淋湿、全身滴水的样子。需的本义是濡湿。"有等待、等候，停止、不进等义。《周易·杂》："需，不进也。"

孚：会意字。表示"爪子"放在代表鸟卵的"子"上面。《说文》："孚，卵孚也。一曰信也。"《尔雅·释诂上》："孚，信也。"徐锴曰："鸟之孚卵，皆如其期不失信也。""孚"是"孵"的本字，鸟及禽类孵卵皆有日期之信。该多少天破壳就多少天破壳而出。其最本质属性是诚信不欺。

【卦辞要义】居于待机之时，至上的准则是坚守正中之道。人有诚实守信、光明磊落、通达顺利、贞正执着的美德会吉祥如意。因为在待机之时，这些美德可以凝聚人心力量，利于像跋涉大川大河那样战胜艰难险阻，前往做事可以取得成功。

【象辞要义】居于待机之时，必须深明等待、等候的意义。人有刚健之德，遇有险阻在前，而处于险阻之后，不盲动冒险，须待时机，则不会陷于险难之中，当然就不会处于困穷之境地。居于待机之时，至上的准则是坚守正中之道，摆准位置，站在应站的位置。人有诚实守信、光明磊落、通达顺利、贞正执着的美德会吉祥如意。在待机之时，这些美德可以凝聚人心力量，利于像跋涉大川大河那样战胜艰难险阻，前往做事可以取得成功。

（二）饮食宴乐，物稚需养

【需卦象辞】云上于天，需。君子以饮食宴乐。

【象辞要义】需卦象辞为"云上于天"，就是水汽聚集天上成为云层，密云满天，但还没有下雨，需要等待。进攻城池建立邦国遇到了密云满天不适宜作战的情形时，君子应该干什么呢？"君子以饮食宴乐。"就是需要吃喝，需要饮酒作乐，需要在饮食宴乐中与团队或朋友或合作伙伴打成一片，即在等待的时候积蓄力量，避免岁月蹉跎白白浪费光阴。朱熹曾云："需，待也。'以饮食宴乐'，谓更无所为，待之而已。待之须有至时，学道者亦犹是也。"这是需卦的核心启示。为什么这么说呢？"需者，饮食之道也。""饮食之道"关键要有健康的饮食观，重在调适，不偏不废。人自幼时须按时饮食，渐渐长大，非可一蹴而就。久饿暴饮暴食，也都不是非养人之道。

饮食之道要注意饮食安全与营养均衡两个方面。伊斯兰教徒饮食观可供参考借鉴，伊斯兰教准许人吃各种合法的、佳美的食物，禁戒吃不洁的食物。这是为什么呢？《古兰经》指出不洁的食物有四种："①自死物；②流血；③猪肉；④奉偶像之名而宰的动物。"自死物可能存在某种疾病的传染源；流血中存在不安全因素；牛羊喜欢吃没有污染的青草，喜欢运动，猪是牲畜中最不爱清洁的东西，一般的猪，常害各种疾病，故猪肉是益少害多的。古代的中国医学家一致承认猪肉是许多疾病的根源。现代医学家借助显微镜等科学仪器证实猪肉中的寄生虫是许多疾病的根源。伊斯兰教禁止吃猪肉，正是从清洁卫生着眼的。可见,需养物稚,坚持健康的饮食观,吃清洁、安全、营养均衡的食物,才能有强健的体魄。这是待机的重要物质储备。物质储备是一切事物发展不可缺少的基础条件。只有这样,才能"前险刚健而不陷,饮食宴乐避蹉跎"。

(三)顺理适时,慎戒稳进

从"饮食宴乐"的养人之道中可体悟养物之道。养物之道——"艰难险阻重重障,顺理待时不妄作;静待不躁获吉祥,款曲停待少谬错;时机未到耐心等,慎戒柔正运帷幄。"就在于凡事皆须绵密为之,顺理适时,以待其成。不可急功求速,胡作妄为,否则揠苗助长,而适得其反;不可畏险惧阻,半途而废,以致功亏一篑,而破败无成。持之有恒,进之有节,因缘会遇,自然瓜熟蒂落,浑然天成。心急吃不了热豆腐。在时机不成熟,机遇尚未到来之前,静静地等待,不急不躁,等待不失为稳妥的方法,虽然貌似消极,毕竟可以避免妄动冒进的错误,少出纰漏。耐心、谨慎和柔正是待机必备的心理素质。养物之道,扩而充之乃是圣人开物成务,化成天下的大道,是圣人心中的远大理想,强调在将心中的远大理想推而行之的过程中,要注意掌握好具体的步骤和方法。需卦一至六爻所枚举的情事,是以攻取一个城池建立邦国(可以说是灭亡西周商朝建国的简明总结,同时也适用其他朝代的建立)可能遇到的多种情形为例,说明把握待机之道,在不同的阶段、不同的境况下,要把握好原则,做出有效的应对。

一是"位卑体健需于郊,不急不冒不妄作"。

【初九爻辞】初九:需于郊,利用恒,无咎。

象曰:需于郊,不犯难行也;利用恒,无咎,未失常也。

【注解】郊:《说文》:"邑,国也。""郊,距国百里为郊。"《尔雅·释地》:"邑外谓之郊。"《古代汉语字典》:"郊是形声兼会意字,阝(邑)为形,交为声。交兼表义,表示与城邑相连。郊的本义指距离都城百里的地方。"

【爻辞要义】或位卑体健,或势单力薄,时机不到,在郊外等待,必须有恒心,长久耐心地静候时机,不急不冒不妄作,不会有什么祸患。表明没有偏离正道,没有偏离天地恒常之理。没有偏离既定的目标。人是要有所作为的。物萌初稚,得以养成,人生的启蒙教育结束后,正常应该进入城邦谋求可做之事,要么志同道合的人聚合成队伍进军城池建侯兴邦,要么"进京赶考"在仕途谋得一席地位。不管文进,还是武攻,"需于郊"说的都是第一步,远离目标,时机不成熟,条件不具备,虽然"路途遥遥有险阻",但"不急不冒不妄作","隐忍保全恒帷幄"当然是首要原则和基本要求。

二是"需于沙中(护城河外滩)近坎险,固守清贞远漩涡"。

【九二爻辞】九二:需于沙,小有言,终吉。

象曰：需于沙，衍在中也；虽小有言，以终吉也。

【注解】沙：会意字，有三点水和少两部分构成，表示水如果变少，沙就会显现出来。本义指水中散碎石粒。有沙滩、沙漠、沙洲等意。班固《汉书·匈奴传》："幕北地平，少草木，多大沙。"

衍，会意字，由三点水包裹在行中，表示水在江中流的意思。衍的本义像诸侯朝见天子一样奔向大海，即"水朝宗于海"。

小有言：稍受指责。

【爻辞要义】向目标逐步靠近，来到护城河边，在沙滩上等待。水循河道中流淌，等待的人尚未涉足其中。虽然受到一些人非难指责有企图心，耐心等待终究会获得吉祥。这是为什么呢？水者，坎也，险也。有动机，有初步行动，尚未陷入竞争或征战的漩涡，依然固守清贞的品德，这种情况下，虽稍受指责，能够静待慎守就会少出过错，终将吉祥。因此说，"小有是非终有吉，静待慎守少过错"。

三是"需于泥潭（护城河淤泥中）致寇至，险中逐利劫中劫"。

【九三爻辞】九三：需于泥，致寇至。

象曰：需于泥，灾在外也；自我致寇，敬慎不败也。

【注解】寇：《古代汉语字典》："寇，会意字，有表示扑打、击打的攴和表示完整牢靠的完字两部分组成。寇的本义指强暴、施暴，泛指侵犯、劫掠。"盗贼，强盗；敌军，敌方，入侵者。此处指敌军或敌方。

泥：《古代汉语字典》："泥是形声字，氵为形，尼为声。泥的本义指土和水的混合物。"周敦颐《爱莲说》："予独爱莲之出于泥而不染。"

【爻辞要义】向进发目标继续靠近，穿越护城河的时候，陷于护城河里的淤泥之中，更糟糕的是，引起更为强悍的敌军（守城军）注意，前来袭击，险中逐利遭致反击，其灾难由自我所招致。敬慎防备，可以不败。当然是"好汉不吃眼前亏，敬慎不败避灾祸"为上啊！什么是"敬慎不败"呢？敬于天，依于道（规律），敏于物，慎于行，不阳刚乘猛，妥善周旋，那么，做事就不容易失败。

四是"需于血（争夺城池惨烈的流血接触战）兮出自穴（城墙根下的陷阱），沉着顺命力逃脱"。

【六四爻辞】六四：需于血，出自穴。**象曰**：需于血，顺以听也。

【注解】穴：《古代汉语字典》："穴是形声字，宀为形，八为声。穴的本义指挖土成洞。"城墙根下的陷阱。

【爻辞要义】与悍匪或护城军搏斗，发生流血，陷入灾难，在血泊中等待，不小心陷进城墙根底下的陷阱，必须沉着冷静，顺应时势，听天由命，以等待转机，逃脱性命。此时，居于劣势，处于被动局面，无法左右时局，那么，驯顺听天由命保全性命不失为一种策略选择。

五是"需于酒食(战斗胜利夺取了城池体能消耗大,需要酒食补充营养)君王宴,心怀大志谋大业"。

【九五爻辞】九五:需于酒食,贞吉。象曰:酒食贞吉,以中正也。

【爻辞要义】"君侧虽荣有忧患,荣华富贵不迷惑;身遇急流要勇退,柔顺恭从慎定夺。"战胜艰难困苦,进入了城邦或建立了邦国,基本实现了奋斗目标,与君王一起共事,虽有荣华富贵,是功成身退,还是与"虎"为伴,要谨慎定夺。面对富贵与凶险同在的权力漩涡,进退即离,要妥善把握,其核心与精髓要把握"贞吉""中正"之道,既是干事之道,也是全身之道。"守中持正才贞吉,谨防贪腐而堕落。"守持中道恪守贞正吉祥。《菜根谭》云:"一念私贪,万劫不复"——人只一念私贪,便销刚为柔、塞智为昏、变恩为惨、染洁为污,坏了一生人品。故古人以不贪为宝,所以度越一世。因此,要防止贪腐与堕落。

"酒池肉林极奢欲,纣王淫乐终灭国。"古代传说,殷纣以酒为池,以肉为林,为长夜之饮。原指荒淫腐化、极端奢侈的生活,后也形容酒肉极多。历代晚期的帝王,多是淫暴之主,一味追求享受安乐。商代的贵族也多酗酒,据现代人分析推测,由于当时的盛酒器具和饮酒器具多为青铜器,其中含有锡,溶于酒中,使商朝的人饮后中毒,身体状况日益下降。商末帝纣,却是一个好色好酒的人,《史记·殷本纪》称:"(纣)以酒为池,县(悬)肉为林,使男女裸相逐其间,为长夜之饮。"后人常用"酒池肉林"形容生活奢侈,纵欲无度。商纣的暴政,加上酗酒,最终导致商代的灭亡。周朝在商人的聚集地曾发布严厉的禁酒令。

六是"不速之客三人来,陷穴(城墙根下的陷阱)得救无灾祸"。

【上六爻辞】上六:入于穴,有不速之客三人来;敬之,终吉。

象曰:不速之客来,敬之终吉。虽不当位,未大失也。

【爻辞要义】在攻取城池凯旋胜利庆功的时候,常常被忽视的是落入城墙下陷阱中的战士。城市解放,人们欢天喜地,纷纷走到大街上载歌载舞,忽然有很多人来到陷阱附近,对他们恭恭敬敬,以礼相待,终究会得到他们的救助,脱离陷阱,结果还是吉祥的。

(四)前途光明,道路曲折

推翻腐朽的统治攻取城池建立邦国的目标是伟大的,前途是光明的,但是进军的途程并不一帆风顺,可能会遇到各种艰难险阻。"坎上乾下雨待时,前途光明路曲折"是"前途是光明的,道路是曲折的"的道理的具体体现。人们总是希望要做的事情马到成功,一蹴而就,实际上,成就事业的过程充满了艰辛曲折乃至磨难,甚至面临灭顶之灾的严峻考验。面对这个问题,需要抛弃天真的幻想,侥幸的期盼,非份的企图,要面向现实,明白"前途光明,道路曲折"的道理,在时机不具备的时候,要善于创造条件积极等待,在遇到坎坷、困难、磨难、挫折的时候要审时度势积极寻求改变境地。应该说,这种等待是体能和精神意志力的双重储备!也是双重竞赛!原因在于,"前途是光明的,道路是曲折的"。一方面反映了事物发展与前进的规律是曲折而波浪式地前进的;另一方面可以坚定必胜的信心。唯物辩证法告诉我们:"前途是光明的,道路是曲折的"是说事物的发展是前进性和曲折性、上升性和回复性的统一,是否定之否定规律的表现形式。第一,事物发展的总趋势是前进的、上升的,不断向目标靠近。上升性和前进性是事物发展的不可逆的基本方向和基本趋势。前进性就是指事物运动的方向是从简单向复杂、从低级向高级上升的。在由否定之否定所构成的一个完整发展过程中,每一次否定都是扬弃,克服和舍弃了旧事物中过时的、消极的要素,保留和发扬了旧事物合理的、积极的要素,并且增加了富有生命力的内容,因而每一次否定都是将事物推向较高的水平或阶段。这就是发展的上升性或前进性。基于这一点,我们干任何事业,都会有坚定的信心,对前景充满希望。第二,事物发展的具体道路又是迂回曲折的。表明了事物发展不是一蹴而就的,事物发展道路不是直线的,而是一个曲线的过程,具有曲折性和迂回性。因此,前进过程中,既然选择了目标,就不要心存怨忧。向着伟大的目标进军,经历艰难曲折的过程是必然的,掌握待机之道将"光亨贞吉诚涉川,中正往功有收获"——具有诚实守信的品德,光明正大,做事才会吉祥亨通顺利,出外远行做事,渡过宽阔的河流会很顺利。恪守中正之德前往建功立业将有收获。

(五)待机大道,怀柔斡旋

"物初蒙稚恒静待,待机大道柔怀斡;蒙养得成受以需,以恒待机避谬祸。"需象征需待。物初蒙稚,得养而成,不管什么事情,都应当顺其理待其时,不可妄为,要需待有方,即使面临艰难险阻,也能化险为夷。天下各种事情,若能怀柔、斡旋、款曲停待,最终会少发生错误。时机没有来临,事难成。遇事不要操之过急,也不要坐等机遇,隐忍保全,关键是戒惧谨慎,款曲停待,看准时机,相机而动,遵循规律,稳步求进,不贸然妄动。"木秀于林,风必摧之;堆出于岸,流必湍之;行高于人,众必非之。"一个人要想良好地立足于社会,不可清高自傲,一意孤行,必须适应环境,善于"忍耐"。正如英国大文豪毛姆所说:"富者能忍保家,贫者能忍免辱,父子能忍慈孝,兄弟能忍义笃,朋友能忍情长,夫妇能忍和睦。"在人生的道路上,常常面临险难、困厄之境,要想获得成功,有时经受人生的各种磨难和考验,必须具备承受挫折、失败和痛苦、寂寞的心理素质。"忍"便是一个人支撑竞争精神的支柱,不论遇到什么困苦,始终能伸屈自如、化危为安。做到隐忍,宜低调而不张扬、谦逊而不骄傲、善于斡旋,通达而不沉溺。懂得隐忍的人,有很强的心理定力,善于韬光养晦,不会冲动行事或我行我素,定能化险为夷,转危为安。《系辞》云:"君子安其身而后动,易其心而后语,定其交而后求,君子修此三者,故全也。危以动,则民不与也;惧以语,则民不应也;无交而求,则民不与也。莫之与,则伤之者至矣。"此修身保全之法,正是《需卦》之德的体现,凡事须渐养以成,不可急于求成。《系辞》云:"《易》之兴也,其当殷之末世,周之盛德耶?当文王与纣之事耶?"文王在人微言轻,势单力弱之时,若明言反纣,自然无人敢应,且必招杀身之祸。文王遭囚羑里之大难后,增修其德,大厘其政,潜心积蓄力量,不断发展壮大,三分天下而有其二。待武王观兵孟津,诸侯不期而至者八百。需卦之德为周灭纣,肇始中华文明,奠定了坚实的胜利基础,开启了文明的源流。

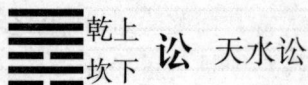

第六章 讼 卦

争讼之道：作事谋始重本源 讼不可极禄不争

　　天向西转，水向东流，双方目标相违背，背道而驰，如此卦象喻示纷争诉讼——"诚信受阻是根源，趋利纷争是表征""遇事相争不可长，守正持中可避凶；讼字当头和为贵，调和互让息事宁；上刚下险而健讼，息诉止讼是佳境。"在处理争讼上，坚持调和的原则，持中不偏，互谦互让，慎争戒讼，否则会陷入困境。对争讼最终的结果，要有良好的心理准备和承受能力，胜不喜极，败不伤悲过度，要明白"作事谋始重本源，讼不可极禄不争"的道理，在谋事之始要慎重，从事情的起始就止息事端，消弭芥蒂，防患于未然，免得自陷于争讼的泥沼，在面临利欲纷争之时要平和，超然得失之外，避免事态扩大升级，造成心理伤害或性命之忧。爵位利禄不必要绞尽脑汁争抢，该是你的，自然而然会落到你的手中；不该是你的，抢到手也保不住。这是历代祖先面临争讼总结出的中肯的忠告，其实质反映的是要有正确的利益观。平常心和正确的利益观是无价之宝，也是安身安心之道。

一、讼卦经文

讼 天水讼 乾上坎下

讼:有孚窒,惕,中吉,终凶。利见大人,不利涉大川。

彖曰:讼,上刚下险,险而健讼。讼,有孚窒,惕,中吉,刚来而得中也。终凶,讼不可成也。利见大人,尚中正也。不利涉大川,入于渊也。

象曰:天与水违行,讼。君子以作事谋始。

初六:不永所事,小有言,终吉。

象曰:不永所事,讼不可长也。虽有小言,其辩明也。

九二:不克讼,归而逋,其邑人三百户,无眚。

象曰:不克讼,归逋窜也。自下讼上,患至掇也。

六三:食旧德,贞厉,终吉;或从王事,无成。

象曰:食旧德,从上吉也。

九四:不克讼,复即命,渝。安贞吉。

象曰:复即命,渝。安贞不失也。

九五:讼元吉。

象曰:讼元吉,以中正也。

上九:或锡之鞶带,终朝三褫之。

象曰:以讼受服,亦不足敬也。

二、讼卦警语箴言

乾天西转坎水东　　背向而行起纷争
利见大人不涉川　　惕中吉祥最终凶
诚信受阻是根源　　趋利纷争是表征
利欲失衡常纠结　　互不相让易生讼
持中不偏可吉祥　　刚强乘险陷困境
遇事相争不可长　　守正持中可避凶
小事明辩莫诉讼　　以下讼上祸自生
官司失利走为上　　邑户三百避灾眚
食祖荫德厉终吉　　败诉认命安于正

有理有据莫恃强　　慎争戒讼尚中正
公正判决获吉祥　　公正之吉因中正
赐之鞶带三褫之　　争讼虽胜亦无荣
讼字当头和为贵　　调和互让息事宁
上刚下险而健讼　　息诉止讼是佳境
作事谋始重本源　　讼不可极禄不争
树立正确利益观　　天安地宁心气平

三、易理哲学简说

作事谋始重本源　　讼不可极禄不争

讼,天水讼,乾上坎下。讼卦上卦象为乾为天为阳,其性质向上,下卦为坎为水为阴,其性质向下,两象相斥,并且天往上升,水的性质向下,水往下流,双方目标相违背,背道而驰,这便是讼卦的卦象。这就好比人们各自怀着私心,都为自己的利益着想,思想不能统一起来。所以人们在争夺利益的同时,便会引发争斗,到头来只有通过诉讼进行解决了。《说文》:"讼,争也。从言,公声。"表示许多人同时说话。本义指争讼、争辩、争斗。君子做事要从中受到启发,做事时要预先谋划好,慎争戒讼。

饮食(需)必然引起争讼,坚持诚信会有所收获,需要克制与警惧,中间吉利,终究凶险,"君子以作事谋始",即讼卦。讼卦揭示的是物欲纷争驱驰物利必然引发的争讼之道。前面的蒙卦处于事物的生长期,生长期需要饮食营养,万物都想得到更多的饮食营养,于是便发生了争夺与诉讼。对待争讼,重点把握:

（一）诚信受阻滞,利益观失衡,是争讼的根本原因

【讼卦卦辞】讼:有孚窒,惕。中吉,终凶。利见大人,不利涉大川。

【讼卦彖辞】彖曰:讼,上刚下险,险而健讼。讼,有孚窒,惕,中吉,刚来而得中也。终凶,讼不可成也。利见大人,尚中正也。不利涉大川,入于渊也。

【注解】《古代汉语字典》:窒:"窒,阻塞,阻塞不通。"

惕:"惕,惕是形声字,忄(心)为形,易为声。惕的本义表示敬的意思,即小心谨慎。"

中吉:坚持中正之道吉祥。终凶,最终结果凶险。

渊:甲骨文、金文之象形字像一个中间有水回流的深潭,本义指回漩的水。有深潭、深池之义。比喻麻烦事或灾难。

【卦辞要义】与【彖辞要义】"乾天西转坎水东,背向而行起纷争;利见大人不涉川,惕中吉祥最终凶。"讼卦卦象是乾(天)上坎(水)下,为天在水上之表象。天从东向西转动,江河百川之水从西向东流,天与水是逆向相背而行的,像人与人不和而争辩,象征着人们由于意见不合利益纠纷而打官司。讼象征争辩争论,含诉讼之意。当不宜和解时,便会导致诉讼。应该找有大德、大才的人进行决断,不要逞强冒险。荀子《国富》:"欲恶同物,欲多而物寡,寡则必争矣。"人性善、人性恶之争争执了几千年,作者认为,这种争执带有主观色彩,没有太大的实际意义。观察人、对待人,我们应该以人的本能着眼。人的本能是什么样的呢?一言以蔽之"利己排他"。针对人的本能本性,如何克己修德是本著作《易道》研究与阐释的基本内容和社会使命,目的在于为深陷精神危机之中的人们提供修养身心增益美德的道德法则。由于人的本性"利己排他",存在自私自利的私心,利欲失衡,诚信受阻,常常会纠结产生纷争,发生诉讼,这是必然发生的事情。对待争讼应小心谨慎行事,坚持中正之道吉祥,但最终结果凶险。处在争讼关系之中,居上者刚健,居下者凶险,居于险境之人不肯让步,则加剧争讼态势。面对争讼,要慎初重视本源,进行正确引导,避免争讼事件发生。对于争讼事件既然发生,要把握正确有效的原则,避免争讼事件扩大或升级造成更大的伤害。人应该有正确的利益观,人与人之间应该有良好的信任合作关系,现实生活中,基于占有欲,由于受趋利好财心理驱使,在一定范围存在诚信受阻的现象,有些人、单位的合法权益受到来自公权利或他人的侵害,就会发生争讼。争讼所由起,是由于契约签订时考虑不周全导致的。因此,一定要认识到"乾天西转坎水东,背向而行起纷争;利见大人不涉川,惕中吉祥最终凶;诚信受阻是根源,趋利纷争是表征;利欲失衡常纠结,互不相让易生讼;遇事相争不可长,守正持中可避凶。"居于争讼之中或有争讼不平之心态,不宜于去做像跋涉大川那样的大事,因为容易掉进凶险的灾难漩涡。

(二)"慎争戒讼尚中正"是应该坚持的基本原则

乾为刚健,坎为险陷。刚与险,健与险,彼此反对,定生争讼。"持中不偏可吉祥,刚强乘险陷困境""遇事相争不可长,守正持中可避凶",从避免争讼发生和争讼发生后正确处理争讼事件的角度看,在利益面前,应该坚持中正的原则,当思"当"与"不当",妥善处理好利益关系,慎争戒讼。对争讼最终的结果,要有良好的心理准备和承受能力,胜不喜极,败不伤悲过度。知足常乐,不争强好胜,在处理争讼上,坚持调和的原则,持中不偏,互谦互让,不刚强乘险,否则会陷入困境。要明白"作事谋始重本源,讼不可极禄不争"的道理,否则,参与争讼者,即使打赢官司,但不一定得到利,结果造成深重的心里伤害。对待争讼,要慎思慎为。发生争执是否争讼,讼卦六爻分析了六种情况,需要慎重定夺,妥善对待：

一是"遇事相争不可长，守正持中可避凶""小事明辩莫诉讼"。

【初六爻辞】初六：不永所事；小有言，终吉

象曰：不永所事，讼不可长也；虽小有言，其辩明也。

【爻辞要义】不要轻易与人陷于争讼之中；争讼会受到一些非难和指责，与人争讼毕竟是不可长久之事。诉讼与罢讼要慎重而为。发生争讼尽管会受到一些非难和指责，但是，双方经过协商调解或裁决，或判明是非公道，或维护利益，或放弃诉求，结果是吉祥的。

二是"官司失利走为上，邑户三百避灾眚""以下讼上祸自生"。

【九二爻辞】九二：不克讼，归而逋，其邑人三百户，无眚。

象曰：不克讼，归逋窜（竄）也。自下讼上，患至掇也。

【注解】《古汉语字典》：逋："逋，逃跑、逃亡。"

眚：shěng 眚是形声字，目为形，生为声，本义指眼睛生了翳，引申为眼病，又引申为各种疾病。还引申为日食。眚还指灾异，又引申为过失、过错。

窜（竄）：cuàn，"窜是形声字，穴是形，串为声。繁体的竄字是会意字，由代表洞穴的穴字和老鼠的鼠字组合而成，意思是老鼠在洞穴里。窜的本义是隐藏、躲藏。"左丘明《左传·襄公二十一年》："罪重于郊甸，无所伏窜。"

掇：chuò 通"辍"。"辍是形声字，车为形，叕为声。一说辍是会意字，车代表车队，叕表示连结，两部分合在一起的意思是表示车队稍有间断又重新连接起来。辍的本义指停止、中止。"

【爻辞要义】小事没有争讼的价值明辨是非也就可以了，小人物讼告大人物没有什么好处，否则容易自身招惹祸事。打官司失利，走为上策，赶快逃回来，因为自己处于下位，与上面有权有势的人打官司，必然要失败而且有灾祸降临，像老鼠逃窜进洞穴里躲藏起来那样，跑到三百户而不是三万户人家的小地方有利于避难，这是因为跑到只有三百户人家的小地方，没有聚众造反与暴动之嫌，可避免围剿与追杀，当然可以避祸。灾患因而辍止。

三是"食祖荫德厉终吉，败诉认命安于正"。

【六三爻辞】六三：食旧德，贞厉，终吉；或从王事，无成。

象曰：食旧德，从上吉也。

【注解】食旧德：旧，祖辈。左丘明《左传·襄公十四年》："今余命女环，兹率舅氏之典，纂乃祖考，无忝乃旧。"食旧德，安享祖上留下的家业与社会资源（关系）等余荫。

【爻辞要义】安享祖上留下的家业与社会资源（关系），吃喝不愁，坚守正道，处处小心防备危险，不参与争讼，终会获得吉祥，如果辅佐君王建功立业，成

功后不归功于自己。"是自做不得,若从随人做,方为得吉之道"(朱熹语)。说明顺从上级,可以获得吉祥的结果。

四是"有理有据莫恃强,慎争戒讼尚中正"。

【九四爻辞】九四:不克讼,复即命,渝。安贞吉。

象曰:复即命,渝。安贞不失也。

【注解】《古代汉语字典》:复:"复的本义是在曾经走过的路上行走,又指回来或回去。"

命:"命是形声兼会意字。甲骨文的令和命是一个字,上面像木铎的铎身,下面是一个跪着在听候命令的人。金文增加一下'口',表示用口下令。命令,下令,差遣。"

渝:"渝是形声字,氵为形,俞为声。""渝的本义指变污浊。违背,变更。"

【爻辞要义】即使有理有据也莫恃强乘刚,坚持中正的原则慎争戒讼可以避免扩大损失和伤害。打官司败诉,返回去服从君上命令,改变起初打官司的初衷不再上诉,这种行为属于遵守正道,吉祥,不会发生损失。

五是"公正判决获吉祥,公正之吉因中正"。

【九五爻辞】九五:讼,元吉。象曰:讼,元吉,以中正也。

【爻辞要义】争讼有了判决结果,大为吉祥。原因在于得到公正裁断。

六是"赐之鞶带三褫之,争讼虽胜亦无荣"。

【上九爻辞】上九:或锡之鞶带,终朝三褫之。象曰:以讼受服,亦不足敬也。

【注解】锡:《说文》:"锡,银铅之间也。从金,易声。"锡通"赐"。《尔雅·释诂上》:"锡,赐也。"

鞶:《古代汉语字典》:"鞶是形声字,革为形,般为声。鞶的本义指用皮革制作的带子。"

朝:"朝,拜见,朝见。"

褫:《古代汉语字典》:"chǐ 褫是形声字,衤为形,虒为声,褫的本义指剥去衣服。"

【爻辞要义】君王偶然赏赐给饰有皮束衣带的华贵衣服,在一天退朝之前却多次被剥下身来。打官司胜诉,也不是什么荣耀的事情,就像获得君王的赏赐可能在一天之内多次又被剥夺回去一样,并不可靠。

(三)妥协互让是对待争讼的基本态度

"遇事相争不可长,守正持中可避凶;讼字当头和为贵,调和互让息事宁;上刚下险而健讼,息诉止讼是佳境。"争讼直接对双方造成伤害或经济损失,双方妥协互让可以避免伤害与损失的进一步扩大,同时,第三方在查明事实、分清是非的基础上依据法律,充分说理、耐心疏导,促使纠纷双方对争议的问题进行平等协商、互相谅解、消除隔阂,帮助他们自愿达成协议,对有效解决纠纷将起到积极的促进作用。面对诉讼纷争,一是坚持守正持中的态度可以避免凶险;二是双方谦和互让做出牺牲或让步可以息事宁人;三是息诉止讼是佳境,可避免事态扩大升级造成更大伤害。

(四)"作事谋始重本源,讼不可极禄不争"是宝贵的人生智慧

争讼非善事,务必慎重戒惧。争讼所由起,是由于契约签订时考虑不周全导致的。"无讼在于谋始,谋始在于作制。"契约约定不明是争讼发生的根由,避免争讼,"便当每事谋之于其始"(朱熹语),在做事前要深谋远虑,从开始就要消除可能引起争端的因素,重大事项洽谈协议或制作方案在开始就要谨慎谋断,考虑周全详尽,做到"物有其分,职不相滥",那么,哪里还有什么争讼呢?所以老子强调"有德司契"而不责于人。发生争讼,也不要极尽能事,即使证据充足,由于各种因素官司不一定打得赢,打赢了官司不一定获得或追偿到相应的利益,得到了相应的利益又不一定保得住,保住利益不知道又沾惹上什么灾祸。从这件事推及开来,爵位利禄不必要绞尽脑汁争抢,该是你的,自然而然会落到你的手中;不该是你的,抢到手也保不住。这是历代祖先面临争讼总结出的中肯的忠告,其实质反映的是要有正确的利益观,要以平常心和谨慎心对待利欲,慎争戒讼,在谋事之始要慎重,一开始就要想到结果,要从事情的起端就止息事端,消弭芥蒂,防患于未然,免得自陷于争讼的泥沼,在面临利欲纷争之时要平和,超然得失之外,避免受到心理伤害和性命之忧。作者特赋《平常心》诗云:

春有百花蜂争艳　　秋有皓月照峨眉
夏有清风宜心性　　冬有白雪鸿羽飞
朝观晨曦喷旭日　　暮看晚霞栖翠薇
风吹云鬓心绪静　　波汹浪涌擘击水
得失淡定云天外　　遇事担当不推诿
生死自然平常事　　海阔天空任鸟飞
风中雨燕穿云过　　挫折跌倒莫颓废
未雨绸缪常蓄势　　暴风雨后彩虹美
遇事常怀平常心　　随时顺势有作为

东来紫气盈朱门　　南飘梅雨不嫌晦
西方极乐几人同　　北斗七星指向北

中正不倚待万物　　心态平和是大美
美心美性美至柔　　怀柔至极坚可摧
胸怀坦荡溪汇海　　心气平时生风雷
平心静气与人善　　善怀天下而无为
无为而治是大道　　厚德载物怡心扉
心扉洞开天地阔　　虚怀若谷待是非
遇事常怀平常心　　随时顺势有作为

（五）"树立正确利益观，天安地宁心气平"是处理好人际关系的法宝

所谓利益观是指人们对利益的总体看法和根本态度。面对利益是谦让还是索取，是独占还是均沾，将影响人际关系的状态，因此，"树立正确利益观"是处理好人际关系的重要基础。利益分对人民的利益和对个人的利益，前者是高级阶段，后者是低级阶段，前者与后者或同属之间均有利益冲突。前者的利益就是马克思主义所说的利益，就要坚持以大局为重，坚持服务、服从于大局利益。拥有正确的利益观，是心灵的福祉，能够避免争讼发生，因此，将会"天安地宁心气平"。

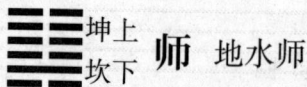

第七章 师 卦

用兵之道：师众务必持贞正　容民畜众国昌盛

　　用兵之道首先要容民蓄众。师卦卦象为坤上坎下，地中有水，象征士兵众多，喻寓兵于农，平时务农，战时成兵。毛泽东的人民战争思想堪称典范。其次，要兴仁义之师持贞正之道。得道多助，失道寡助，兴"仁义之师"，百姓服从，无往不胜。孟子说："得天下有道，得其民，斯得天下矣；得其民有道，得其心，斯得民矣。"就是得天下必先得民，得民必先得民心。所谓的"得民"，就是得到人民的信任、支持、拥护和帮助。第三，正确选拔任用将帅。选人用人是重中之重，要选拔综合素质过硬德高望重的人统帅军队，"小人乱邦"切不可重用，否则，长平之战导致赵国败亡的历史悲剧将不断重演。第四，严明的纪律是胜利的重要保证。中国人民解放军"三大纪律八项注意"不失为人类军事史上的铁律，是铸造钢铁之师的灵魂。第五，要深谙"以正治国""以奇用兵"之道。老子《道德经》："以正治国，以奇用兵，以无事取天下。"乃兵经精要。第六，要知己知彼、知天知地。《孙子兵法》乃伟大军事实践的精辟总结，永远值得学习借鉴。

一、师卦经文

师 地水师 坤上坎下

师:贞,丈人吉,无咎。

彖曰:师,众也;贞,正也。能以众正,可以王矣。刚中而应,行险而顺,以此毒天下,而民从之,吉又何咎矣。

象曰:地中有水,师。君子以容民畜众。

初六:师出以律,否臧凶。
象曰:师出以律,失律凶也。

九二:在师中吉,无咎,王三锡命。
象曰:在师中吉,承天宠也。王三锡命,怀万邦也。

六三:师或舆尸,凶。
象曰:师或舆尸,大无功也。

六四:师左次,无咎。
象曰:左次无咎,未失常也。

六五:田有禽,利执言,无咎。长子帅师,弟子舆尸,贞凶。
象曰:长子帅师,以中行也。弟子舆尸,使不当也。

上六:大君有命,开国承家,小人勿用。
象曰:大君有命,以正功也。小人勿用,必乱邦也。

二、师卦警语箴言

坤上坎下危乱生　　地中有水士兵众
引众犯险有战争　　拯救危亡需用兵
兴兵当行仁义师　　师众务必持贞正
得道多助失道寡　　仁者无敌敌胆惊
自古民为兵本源　　平战结合蓄农兵
帅德持中而不偏　　壮丁训勇纪律明
三大纪律八注意　　军风威赫敌胆惊
师乃神器不轻妄　　肩负使命神而圣
师出正道顺民意　　穷兵黩武罹否凶

知己知彼百战胜　　知天知地胜不穷
征战凯旋安万国　　马革裹尸大无功
奇谋伟略藐敌人　　泽东思想放光明
敌进我退保实力　　敌驻我扰出奇兵
敌疲我打歼灭战　　敌退我追慎进攻
胜败兵家乃常事　　厚势保实勿懈松
猎战有获激士气　　统兵用人重中重
长子帅师以中行　　次子战败归来凶
将帅选对吉而胜　　用人不当师之凶
武植栋梁征战场　　文种基柱谋成功
以正治国安天下　　以奇用兵而制胜
长平之战血教训　　纸上谈兵葬性命
开国承家以正功　　小人乱邦切勿用
广纳聚养民为本　　不战而胜慰苍生
刚中行险督天下　　容民畜众国昌盛

三、易理哲学简说

师众务必持贞正　容民畜众国昌盛

师,地水师,坤上坎下。坤为地,坎为水,地中有水。地中众者,莫过于水。《序卦》云:"讼必有众起,故受之以师。师者,众也。"前面的讼卦是讲人们的争讼,不服从裁决,便会引起械斗与战争。故在讼卦之后接着是师卦。师为众,部属兵士众多的意思。

争讼(讼)必然引起众人参与,向贤明长者占问或求教,能以众正,可以王矣,"君子以容民畜众",吉利,无咎,即师卦。师卦,阐释由争讼终于演变成战争的用兵原则,即用兵之道。

(一)刚中行险督天下,容民畜众国昌盛

老子认为,"兵者,不祥之器,不得已而用之,恬淡为上。乐杀人者,则不可得志于天下"。战争必然会使人产生忧患,所以师卦也有忧患的含义。这就是《杂卦传》中所说的"比乐师忧"。战争是凶恶的工具,关系着人民的生命,国家的存亡,天下形势的割据,所以用兵必须慎重。

【师卦卦辞】师:贞,丈人吉,无咎。

【师卦象辞】象曰:师,众也;贞,正也。能以众正,可以王矣。刚中而

应,行险而顺,以此毒天下,而民从之,吉又何咎矣。象曰:地中有水,师。君子以容民畜众。

【注解】师:会意字。从帀,从垍。垍(duī)是小土山,帀(zā)是包围。四下里都是小土山,表示众多。师是兵众的意思,它是古代军队的一级编制,名称沿用至今。按《周官·大司马》中记载,藏兵于农,每户出一人,五人为一伍,五伍为一两,四两为一卒,五卒为一旅,五旅为一师,五师为一军。按这种推算一师就是两千五百人。师的引申义代表战争。卦象为坤上坎下,地中有水比喻士兵众多。坎为水、为险;坤为地、为顺,地水师行险而顺,喻寓兵于农。师卦用地中有水比喻兵来源于民众中,平时务农,战时成兵。甲骨文中有"文师"之称。西汉的董仲舒用了"师"一词,司马迁用了"师表"一词,他们都着重在师的表率作用这点上。

丈人:《大戴礼记》:"仗者,长也。"

容民畜众:容,是会意字,由表示房屋的宀和表示山谷的谷两部分组合而成,房屋和山谷都可以作为纳入东西之处。本义指容纳,盛。民,甲骨文、金文的民字,像用锥子刺眼(左眼)的形状。本义指奴隶。畜,养育。《孟子·梁惠王上》:"仰不足以事父母,俯不足以畜妻子。"众,会意字。"众"从三人。"三"表示众多。"众"表示众人站立。"众",甲骨文字形。像许多人在烈日下劳动。本义:众人、大家。所谓容民畜众,指节用爱人,容纳百姓养育民众。

毒:dú《百度百科》:统治。这个意思只在古文里出现。例如:"师,众也;贞,正也。能以众正,可以王矣。刚中而应,行险而顺,以此毒天下,而民从之,吉又何咎矣!"毒在做统治时不带贬义,应当注意类似"秦以无道毒天下"时的翻译,应该是秦国以无道昏庸统治天下,而不是秦国以无道昏庸毒害天下。

【卦辞要义】师卦,用兵出于正道并任用贤明的长者,吉祥不会有灾难。

【象辞要义】师,是众的意思,贞,即是坚守正道。能统大众于正道,可以成就王业。统帅居中正位置而刚毅,兵士行于坎险之中而顺应,用这种方法治理天下,民众便会顺从他,很吉祥,怎么会有灾难呢?

【象辞要义】从地中畜聚水的自然物象获得启示,君子应广容百姓以聚养兵众。

《群书治要》之《政要论·兵要》:"夫兵之要,在于修政,修政之要,在于得民心,得民心,在于利之,利之要,在于仁以爱之,义以理之也。故六马不和,造父不能以致远;臣民不附,汤、武不能以立功。故兵之要在得众者,善政之谓也。善政者恤民之患,除民之害也。故政善于内,兵强于外。"——用兵的关键在于修明政教,修明政教的关键,在于得到民心,要得到民心,在于让百姓得到利益,使百姓得到利益的关键,在于用仁爱之心爱护他们,用道德仁义来治理他们。所以说,驾车的六匹马如果不互相配合,即使是造父也不能驾驭马车跑得很远;没有大臣和民众的拥护,即使是商汤、周武王也不能够建功立业。所以说用兵的关键在于得到民心,得到民心,可以说就是清明的政治了。清明的政治,就是能够忧虑人民的疾苦和忧患,除掉民众的灾祸而已。所以,对内如果能够做到政治清明,对外军队就会强大。

《群书治要》之《吴子·图国》:"吴子曰:古之图国家者,必先教百姓而亲万民。民有三(三作四)不和——不和于国,不可以出军;不和于军,不可以出阵;不和于阵,不可以进战;不和于战,不可以决胜。"吴起说:古代谋求治理国家的君主,必先教化百姓亲爱万民。(军事行动)若有四种不和谐的情况,不可冒然行动:君臣上下不和谐,不可以出兵;军队将士不和谐,不可以上阵出战;行列队伍不和谐,不可以进军作战;行止进退不和谐,就不可能取得胜利。

关于"容民畜众",毛泽东人民战争思想永远放射光辉。要依靠人民群众,为人民群众而战。人民群众是兵的本源,战争必须得到人民的支持,打好群众性的人民战争,才能战无不胜。因此,要"容民畜众",包容天下百姓,积蓄天下力量。此乃师卦的核心启示。毛泽东军事思想是中国人民解放军的建军之魂、立军之本、制胜之道,是中国国防和军队建设的根本指导思想。基本组成部分包括人民军队、人民战争以及人民战争的战略战术。它是马克思列宁主义普遍原理与中国革命战争实践相结合的产物,是中国革命武装斗争历史经验的总结,是中国共产党集体智慧的结晶,是毛泽东思想的重要组成部分。以毛泽东为代表的中国共产党人,创造性地发展了马列主义关于人民战争的理论,创立了具有中国特色的人民战争思想。它的基本精神是:在中国共产党的领导下,一切为了人民群众的利益,坚决相信和依靠人民群众,充分动员、组织和武装人民群众,实行全面彻底的人民革命战争。确立了"保存自己,消灭敌人"的战争基本原则;明确了积极防御的战略指导思想;确定了运动战、阵地战、游击战等作战形式;建立了集中优势兵力,各个歼灭敌人等作战原则。

有道是:"自古民为兵本源,平战结合蓄农兵。""广纳聚养民为本,不战而胜慰苍生。""刚中行险督天下,容民畜众国昌盛。"

(二)兴兵当行仁义师,师众务必持贞正

"坤上坎下危乱生,地中有水士兵众;引众犯险有战争,拯救危亡需用兵。"拯救危乱,师出正义,兴师用兵,为不得已而为之。"兴兵当行仁义师,师众务必持贞正。""师乃神器不轻妄,肩负使命神而圣;师出正道顺民意,穷兵黩武罹否

凶。""得道多助失道寡，仁者无敌敌胆惊。"持正的"仁义之师"，才可攻伐天下使百姓服从。

《群书治要》之《吴子·图国》："凡兵所起者五：一曰争名；二曰争利；三曰积恶；四曰内乱；五曰困饥。其名又五：一曰义兵；二曰强兵；三曰刚兵；四曰暴兵；五曰逆兵。禁暴救乱曰义；恃众以伐曰强；因怒兴师曰刚；弃礼贪利曰暴；国危民疲，举事动众曰逆。五者之数，各有其道：义必以礼服；强必以谦服；刚必以辞服；暴必以诈服；逆必以权服。此其势也。"——大凡战争的兴起有五种原因：一是争夺名誉；二是争夺利益；三是积怨日久；四是内部动乱；五是饥荒贫困。起兵的名义也有五种：一是正义之师；二是恃强之师；三是愤怒之师；四是凶暴之师；五是违逆天理之师。禁除残暴制止动乱叫义；依靠兵多将广而讨伐他人叫强；因为愤怒而起兵叫刚；抛弃礼义贪图利益叫暴；不顾国家危难、人民劳苦而兴师动众叫逆。平息这五种战争，各有不同的方法：正义之师必用礼来使其折服；恃强之师必用谦让来使其顺服；愤怒之师必用辞令来说服；凶暴之师必用奇诡之术来制服；违逆天理之师必用权宜之法来制服。这是其面临的形势所决定的。

战争是从有私有财产和阶级以来就开始了的，用以解决阶级和阶级、民族和民族、国家和国家、政治集团和政治集团之间在一定发展阶段上的矛盾的一种最高斗争形式。战争本身就是政治性质的行动，自古以来没有不带政治性质的战争。然而，战争又不是一般意义上的政治，而是流血的政治。政治发展到一定的阶段，再也不能前进了，于是爆发战争，用以扫除政治道路上的障碍。在阶级社会中，革命和革命战争是不可避免的，舍此不能完成社会发展的飞跃。任何进步阶级都反对一切阻碍社会进步的非正义战争，拥护一切推动社会发展的正义战争，支持和参加正义战争是为了最终消灭战争，必须拿起枪杆子。

孟子是中国战国时期著名的思想家、政治家、教育家。《孟子·公孙丑下》："得道者多助，失道者寡助。寡助之至，亲戚畔之；多助之至，天下顺之。"合乎正义者就能得到多方面的支持与帮助，违背正义的就会陷入孤立无援的境地。在这里，我们把"道"理解为"正义"。那么，什么叫"正义"？《现代汉语词典》："正义"指"公正的、有利于人民的道理"。这是富于现代气息的解释，与其最初含义一脉相承。在孟子看来，"民心向背"对于战争具有根本性的意义，对于政治同样具有重要的意义。孟子说："得天下有道——得其民，斯得天下矣；得其民有道——得其心，斯得民矣。"就是得天下必先得民，得民必先得民心。所谓的"得民"，就是得到人民的支持、拥护和帮助。所谓的"得天下"，是指通过施行仁政来"王天下"，而不是单靠武力来争夺天下。施行仁政的君王，必然赢得民众的拥戴；上下一心，众志成城，是无人可敌的。如《孙子兵法》中说"上下同欲者胜"。施行仁政是"因",上下同欲是"果"。或者说,施行仁政,是实现"上下同欲"的必由之路。

(三)将帅选对吉而胜,用人不当师之凶

一是将帅选对吉而胜。"统兵用人重中重""长子帅师以中行,次子战败归来凶。""开国承家以正功,小人乱邦切勿用!"用兵胜负在于择将选帅,应任用德才兼备的人,统帅必须中庸公正,老成持重,不可好战喜功,可获吉祥,没有灾祸。选准帅德好的主帅,自然会训练出纪律严明的威武之师,才会兴兵作战师出正道,才会凯旋而归。司马光《资治通鉴》卷第一:"夫才与德异,而世俗莫之能辨,通谓之贤,此其所以失人也。夫聪察强毅之谓才,正直中和之谓德。才者,德之资也;德者,才之帅也。云梦之竹,天下之劲也,然而不矫揉,不羽括,则不能以入坚;棠溪之金,天下之利也,然而不熔范,不砥砺,则不能以击强。是故才德全尽谓之圣人,才德兼亡谓之愚人,德胜才谓之君子,才胜德谓之小人。凡取人之术,苟不得圣人、君子而与之,与其得小人,不若得愚人。何则?君子挟才以为善,小人挟才以为恶。挟才以为善者,善无不至矣;挟才以为恶者,恶亦无不至矣。愚者虽欲为不善,智不能周,力不能胜,譬之乳狗搏人,人得而制之。小人智足以遂其奸,勇足以决其暴,是虎而翼者也,其为害岂不多哉!夫德者人之所严,而才者人之所爱。爱者易亲,严者易疏,是以察者多蔽于才而遗于德。自古昔以来,国之乱臣,家之败子,才有余而德不足,以至于颠覆者多矣,岂特智伯哉!故为国为家者,苟能审于才德之分而知所先后,又何失人之足患哉!"《史记·王翦白起列传》和《资治通鉴》所载史实可以佐证,秦始皇欲占领楚国,征求将领意见,李信说需要二十万人就够了,老将军王翦说需要六十万人,秦始皇任用李信出征打败而归,而后任用王翦出征,结果大获全胜,占领了楚国各地城邑(基本史实详见第二十七卦颐卦)。

二是小人乱邦切勿用。错用小人将败乱邦国,不能任用小人。因为任用经验不丰富、军事修养不足的无德"小人",则凶险无比,将牺牲无数战士,甚至导致国家灭亡。这是历史上无数流血失败总结出的教训。《易经》多处提及君子与小人,《贞观政要》卷五诚信第十七魏征谏言对君子与小人的差别进行了阐述:"君子小人,貌同心异,君子掩人之恶,扬人之善,临难无苟免,杀身以成仁。小人不耻不仁,不畏不义,唯利之所在,危人自安。夫苟在危人,则何所不至?今欲将求致治,必委之于君子;事有得失,或防之于小人。其待君子也则敬而疏,遇小人也必轻而狎。狎则言无不尽,疏则情不上通。是则毁誉在于小人,刑罚加于君子,实兴丧之所在,可不慎哉!此乃荀卿所谓:'使智者谋之,与愚者论之,使修洁之士行之,与污鄙之人疑之。欲其成功,可得乎哉?'夫中智之人,岂

无小惠,然才非经国,虑不及远,虽竭力尽诚,犹未免于倾败;况内怀奸利,承颜顺旨,其为祸患,不亦深乎? 夫立直木而疑影之不直,虽竭精神,劳思虑,其不得,亦已明矣。"

《群书治要·体论》:"天下大恶有五,而盗窃不豫焉。一曰心达而性险;二曰行僻而志坚;三曰言伪而辞辩;四曰记丑而喻博;五曰循非而言泽。此五者,有一于人则不可以不诛,况兼而有之。置之左右,访之以事,而人主能立其身者,未之有也。"—— 天底下最大的恶行有五种,而盗窃不算在内。一是洞达事理而又用心险恶;二是行为怪僻而又不知悔改;三是言语虚妄而又善于狡辩;四是专记恶行而又大肆宣扬;五是随顺邪恶之事而且将其粉饰美化。这五种恶行,人只要有一种,就不可不杀,何况五种恶行兼而有之? 将这样的人安放在身边,向他询问国事,国君还能够端正自身的,这种情况从未有过。

历史上小人勿用最典型案例当属长平之战。战国末年,强大的秦国不断通过战争,兼并东方各国。其第一目标便是邻近的赵国。公元前 264 年,即赵孝成王二年,秦军伐韩野王。野王降秦,上党道绝,韩国上下大为恐慌,议献上党以息秦兵,郡守冯亭不愿入秦,遂派使者向赵请降,赵王欣然接受上党。秦君震怒,命左庶长王龁率军再攻上党。秦军向东进攻,赵王派老将廉颇镇守长平。秦军不断挑战,廉颇坚守不出,双方长久相持。秦军散布廉颇要谋反的谣言,目的是让赵王换掉廉颇。赵王果然上当,派赵括来代替廉颇。赵括只懂得纸上谈兵,没有多少实战的经验,轻敌出击。秦国将领白起设伏兵包围赵括军队,并截断赵军粮道。赵军被围困 46 天,拼死突围,但仍然无法挽回败局,赵括被射死,赵军四十多万向秦军投降,绝大部分被秦军坑杀。长平之战,对中国历史走向有着深远的影响,它催生了中国历史上第一个封建集权的大帝国——秦王朝。

吸取历史教训,加强和改进新形势下军队政治工作,是当前军队稳定和国家稳定的首要任务。

2014 年 10 月 30 日习近平总书记在福建省上杭县古田镇召开的全军政治工作会议发表重要讲话指出:"第一,着力抓好铸牢军魂工作。坚持党对军队绝对领导是强军之魂,铸牢军魂是我军政治工作的核心任务,任何时候都不能动摇。坚持党对军队绝对领导,必须坚持党委统一的集体领导下的首长分工负责制。各级党委要把落实党对军队绝对领导的制度作为第一位责任,把党领导军队一系列制度贯彻到部队建设各领域和完成任务全过程,确保党指挥枪的原则落地生根。第二,着力抓好高中级干部管理。军队要像军队的样子,很重要的要体现在高中级干部身上。军队好干部的标准,就是要做到对党忠诚、善谋打仗、敢于担当、实绩突出、清正廉洁。坚持党管干部、组织选人,坚持五湖四海,坚决整治用人风气,纯洁干部队伍,真正把好干部选出来、任用好。强化党组织管班子、管干部的功能,以严的要求、严的措施、严的纪律管理约束干部。第三,着力抓好作风建设和反腐败斗争。坚持抓常、抓细、抓长,坚持以改革的思路和办法推进反腐败工作,确保改进作风规范化、常态化、长效化,以锲而不舍、驰而不息的决心把作风建设和反腐败斗争引向深入。第四,着力抓好战斗精神培育。加强马克思主义战争观和我军根本职能教育,加强军事文化建设,发扬一不怕苦、二不怕死的精神,从难从严从实战要求出发摔打部队,注重发挥政策制度的调节作用,增强军事职业吸引力和军人使命感、荣誉感,培养官兵大无畏的英雄气概和英勇顽强的战斗作风。"

(四)帅德持中而不偏,壮丁训勇纪律明

将帅要守中正之德,军队必须有严明的纪律。师卦六爻主要围绕帅德帅风进行诠释:

一是"兴兵当行仁义师,帅众务必持贞正"。

【初六爻辞】初六:师出以律,否臧凶。象曰:师出以律,失律凶也。

【注解】律:《古代汉语字典》:"律的本义指普遍施行的法度、规则。"法令,法规。《韩非子·饰邪》:"当赵之方明国律、从大军之时,人众兵强。"

否:pǐ 不;坏,恶,不顺利;不通,壅塞。

臧:zāng 善,好。

【爻辞要义】出师征战必须要有严明的纪律,要号令整齐,行动一致,赏罚分明。如果军纪不良,指挥不灵,或兴非正义之师,必然要发生凶险。

二是"帅德持中而不偏"。

【九二爻辞】九二:在师中吉,无咎。王三锡命。

象曰:在师中吉,承天宠也;王三锡命,怀万邦也。

【注解】在:《说文》:"在,存也。从土,才声。"

锡:锡通"赐"。

邦:《说文》:"邦,国也。"邦是形声字。从邑,从丰,丰亦声。"丰"意为"春季三月,庄稼遍地,蓬勃生长"。"丰"与"邑"联合起来表示"靠种植庄稼自给自足的城邑"。本义指粮食生产国,农业国。古代诸侯的封国、国家。古代直属于天子的地方叫邦畿;诸侯的封国和大夫之家叫邦家;诸侯的封国叫邦国。大的叫邦,小的叫国。后泛指国家。

怀:《古代汉语字典》:"怀在金文是会意字,像将东西怀挟在衣中。安抚,依附,归向。"贾谊《论积贮疏》:"怀敌附远。"

【爻辞要义】在率师征战过程中,军中统帅持中不偏,按中正之道行事,可得吉祥,不会有什么灾祸;君王多次对其宠爱奖赏,并被委以重任,许多邦国知悉

行正义之师的统帅受到奖赏,纷纷归向并依附。可以达到不战而胜的效果。

三是"征战凯旋安万国,马革裹尸大无功"。

【六三爻辞】六三:师或舆尸,凶。象曰:师或舆尸,大无功也。

【注解】舆:甲骨文中的舆字像四只手抬着一副坐轿。车厢,也指车。

【爻辞要义】军队出征,或士兵不时用车运送战死者的尸体回来,不能知己知彼草率发动战争,或轻举妄动导致牺牲结果战败,都没有任何功绩可言。

四是"胜败兵家乃常事,厚势保实勿懈松"。

【六四爻辞】六四:师左次,无咎。象曰:左次无咎,未失常也。

【注解】左次:解读本爻辞,"师左次"是核心关键点,对其正确解读才不会偏离要义。经注集大成者高亨在广览诸家注疏基础上认同"军队驻于左方则无咎",这个注解颇值得推敲。解读明白这个问题,何谓左?何谓右?左与右的关系问题是什么?是理论基础。丁再献、丁蕾《东夷文化与山东·骨刻文释读》:左:根据隶定字形解释。会意字。从又从工。"又"意为"相助""互助""协助"。"工"指"工作"。"又"与"工"联合起来表示"按吩咐工作""辅助工作""协助工作"。本义指辅助。引申义指辅助的位置。"左"本义是"按吩咐工作"。按谁的吩咐呢?按"右(手)"的吩咐。"右"字从又从口,"口"表示"对左手吩咐"。自古以来,人类绝大多数都是"右撇子",两手协同工作时,都是右手为主,左手为辅。右,形声。从口,从又,又亦声。"又"本义指"右手""主力手"。"口"意为"吩咐"。"又"与"口"联合起来表示"主力手出手,并吩咐左手帮忙"。本义指主力手、可以呼唤左手提供佐助的手。引申义指主力手的位置。明白了左右及其关系问题,自然就明白"左次"是按照吩咐和命令行事。

【爻辞要义】在军事战争中不能各自为战,不能各行其是。这与世界军事理论"服从乃军人天职"同出一辙,也是"师出以律"核心所在。这样,我们就明白了,爻义说的是,行军作战要遵从"服从乃军人天职"的纪律要求,做到这一点,就不容易遭致失败等灾难,这是因为,没有违背基本军事原则,能够保证行动步调一致。

五是"猎战有获激士气,统兵用人重中重;长子帅师以中行,次子战败归来凶;将帅选对吉而胜,用人不当师之凶"。

【六五爻辞】六五:田有禽,利执言,无咎;长子帅师,弟子舆尸,贞凶。

象曰:长子帅师,以中行也;弟子舆尸,使不当也。

【注解】田:《古代汉语字典》:"田是个象形字,就像一片阡陌纵横的田地。口(读作 wéi)为田的周围,里边的十像是伸向四面八方的田埂路。田的本义指种稻谷的地方。田又有在田野中打猎的意思,后用畋表示此义。"田同"畋"。"田有禽,利执言,无咎。"是个比喻,用在田野打猎打到猎物,比喻长子率军作战有所俘获,说明有战果就有发言权。

禽:《尔雅·十七·释鸟》:"二足而羽谓之禽,四足而毛谓之兽。"《古代汉语字典》:甲骨文禽字像下面有柄,用来捕捉鸟兽的网。禽也表示猎获鸟兽。

【爻辞要义】委任有德长者统帅军队战无不胜,表明居中持正,行为有法度,必然获胜;委任无德小人将运送着战死者的尸体,大败而归,表明用人不当,必招致大败,将自食恶果。值得注意的是"贞凶",说的是,如果选任德才不具备的"小人",即使动机纯正,打的是正义战争,其结果也摆脱不了败亡的灾难。

六是"开国承家以正功,小人乱邦切勿用"。

【上六爻辞】上六:大君有命,开国承家,小人勿用。

象曰:大君有命,以正功也;小人勿用,必乱邦也。

【注解】大君:一般指称道德、文章受人尊仰或地位高的人,周朝系周天子的别称。

开国承家:指建立邦国,继承封邑。孔颖达疏:"若其功大,使之开国为诸侯;若其功小,使之承家为卿大夫。"

小人勿用:孔颖达疏:"天子颁布了诏命,分封功臣,是为了按功劳大小而公正封赏。小人决不可以重用,因为重用小人必然危害并扰乱邦国。"

【爻辞要义】出师征战必须要有严明的纪律,要号令整齐,行动一致,赏罚分明。如果军纪不良,指挥不灵,必然要发生凶险。纪律严明有利于维护部队步调一致,军令畅通,是胜利的保证,每个战士必须严格遵守铁的纪律,接受约束,决不允许有令不行、有禁不止、各行其是。基本要求是个人服从组织、下级服从上级、全军服从最高总指挥。

"三大纪律八注意,军风威赫敌胆惊。"堪称军纪典范载入史册。《三大纪律八项注意》是中国人民解放军的优良传统和行动准则,体现了人民军队的本质和宗旨。1947 年 10 月 10 日,毛泽东起草了《中国人民解放军总部关于重行颁布三大纪律八项注意的训令》。从此,内容统一的《三大纪律八项注意》就以命令的形式固定下来,成为中国人民解放军的统一纪律。它对统一全军纪律,加强部队的思想和作风建设,具有重大的意义。后谱写成歌曲,广为传唱:

革命军人个个要牢记　　三大纪律八项注意
第一一切行动听指挥　　步调一致才能得胜利
第二不拿群众一针线　　群众对我拥护又喜欢
第三一切缴获要归公　　努力减轻人民的负担
三大纪律我们要做到　　八项注意切莫忘记了
第一说话态度要和好　　尊重群众不要耍骄傲

易道 话说易经 谈道德修养

第二买卖价钱要公平　　公买公卖不许逞霸道
第三借人东西用过了　　当面归还切莫遗失掉
第四若把东西损坏了　　照价赔偿不差半分毫
第五不许打人和骂人　　军阀作风坚决克服掉
第六爱护群众的庄稼　　行军作战处处注意到
第七不许调戏妇女们　　流氓习气坚决要除掉
第八不许虐待俘虏兵　　不许打骂不许搜腰包
遵守纪律人人要自觉　　互相监督切莫违反了
革命纪律条条要记清　　人民战士处处爱人民
保卫祖国永远向前进　　全国人民拥护又欢迎

（五）以正治国安天下，以奇用兵而制胜

老子《道德经》："以正治国，以奇用兵，以无事取天下。吾何以知其然哉？以此：天下多忌讳，而民弥贫。民多利器，国家滋昏。人多伎巧，奇物滋起。法令滋章，盗贼多有。故圣人云：'我无为而民自化。我好静而民自正。我无事而民自富。我无欲而民自朴。'"就是以无为、清静之道去治理国家，以奇巧、诡秘的办法去用兵，以不扰害人民而治理天下。根据在于：天下的禁忌越多，而老百姓就越陷于贫穷；人民的锐利武器越多，国家就越陷于混乱；人们的技巧越多，邪风怪事就越闹得厉害；法令越是森严，盗贼就越是不断地增加。所以有道的圣人说，我无为，人民就自我化育；我好静，人民就自然富足；我无欲，而人民就自然淳朴。

（六）知己知彼百战胜，知天知地胜不穷

《孙子兵法》谋攻篇第三："故知胜有五：知可以战与不可以战者胜；识众寡之用者胜；上下同欲者胜；以虞待不虞者胜；将能而君不御者胜。此五者，知胜之道也。故曰：知己知彼，百战不殆；不知彼而知己，一胜一负；不知彼，不知己，每战必殆。"《孙子兵法》地形篇第十："知吾卒之可以击，而不知敌之不可击，胜之半也；知敌之可击，而不知吾卒之不可以击，胜之半也；知敌之可击，知吾卒之可以击，而不知地形之不可以战，胜之半也。故知兵者，动而不迷，举而不穷。故曰：知彼知己，胜乃不殆；知天知地，胜乃不穷。"

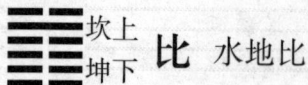

第八章 比 卦

亲比团结和谐之道：以建万国亲诸侯 贞正团结永吉祥

地上有水。世界上没有比土地和水的关系再亲密的了，水得地而蓄而流，地得水而柔而润，水与地亲密无间。比象征亲密比辅，彼此能亲密比辅，贞正团结，自然吉祥。大地上百川争流，流水又浸润着大地，表明地与水亲密无间，互相依存。以前的历代君王受启发明白这个道理，所以分封土地，建立万国，安抚亲近各地诸侯。亲比团结和谐是凝聚力、向心力、战斗力所在。比辅应慎重选择对象，应择善而从，比辅于守持正固而有德的长者为宜，亲密比辅团结和谐至为重要，亲密团结可以拉近心的距离，成员强烈的归属感、一体性和忠诚是凝聚力、向心力、战斗力的关键所在，作为领导或统治者要善于养护这善的根源，才能实现长久的比乐和谐。"不宁方来后夫凶，主动被动不一样"——亲比贵速，速则亲近，迟则疏远，应及早而来相亲比。"中正治国博爱众，亲密比辅共荣光"——坚持中正之德，博爱民众，体恤民众，亲密团结，与民同乐，这是重要的治国原则，是赢得民心的根本。比乐和谐相亲辅，择善而从莫偏枉——"贞正团结诚为本，远恶亲贤心不妄。"诚信是贞正团结的根本，有怀德来远之功效，是决定诚信为重要外交原则的关键所在，坚持此原则对外亲比，要亲近贤明之人，远离奸妄邪恶小人或势力团伙。"诚信广善，远恶亲贤"八个字道出了亲比的基本原则与交友之道的真谛。

一、比卦经文

比 水地比 坎上坤下

比：吉。原筮，元永贞，无咎。不宁方来，后夫凶。

象曰：比，吉也，比，辅也，下顺从也。原筮元永贞，无咎，以刚中也。不宁方来，上下应也。后夫凶，其道穷也。

象曰：地上有水，比。先王以建万国，亲诸侯。

初六：有孚比之，无咎。有孚盈缶，终来有它，吉。
象曰：比之初六，有它吉也。

六二：比之自内，贞吉。
象曰：比之自内，不自失也。

六三：比之匪人。
象曰：比之匪人，不亦伤乎！

六四：外比之，贞吉。
象曰：外比于贤，以从上也。

九五：显比，王用三驱，失前禽。邑人不诫，吉。
象曰：显比之吉，位正中也。舍逆取顺，失前禽也。邑人不诫，上使中也。

上六：比之无首，凶。
象曰：比之无首，无所终也。

二、比卦警语箴言

比师互综地上水　　水地柔密润四方
地得水滋多柔润　　水得地蓄涓涓趋
地上有水甚亲比　　贞正团结永吉祥
以建万国亲诸侯　　先王亲比树榜样
不宁方来后夫凶　　主动被动不一样
以诚结友酒满缸　　诚信美德永留芳
内比团结凝聚力　　外比匪人易受伤
外比贤明共大业　　贞正诚信善脉广
贞正团结诚为本　　远恶亲贤心不安

王用三驱是显比　舍叛纳顺民吉祥
比之无首无所终　无以立足将有凶
中正治国博爱众　亲密比辅共荣光
领导核心有感召　同心团结有力量
忤逆不归无善终　天下归一民心向
殷商纣灭天数尽　周公平逆心不妄
比乐和谐相亲辅　择善而从莫偏枉

三、易理哲学简说

以建万国亲诸侯　贞正团结永吉祥

比,水地比,坎上坤下。比,形声。从二匕,匕亦声。甲骨文中的"比"像两个人步调一致,比肩而行的样子,所以本义是并列、并排的意思。隶定字形已经与甲骨文字形相脱离,不能据甲骨文字形解释。"匕"本义为"用匙把食物送入口中",引申义为"美味"。"比"义为"两种食物同美"。引申义为"等列""同美"。再引申义为"评定优劣次序"。据《甲骨文编》,"比"字与"申"字基本构件完全相同,为妇女肘、膝同时着地、等待性交之状。故甲骨文比字本义为王者姬妾(相当于隶定字"妣"),而王者姬妾合于"等列""同美"义。

众人(师)根据需要形成不同的群体,坚持团结协作待人将永久吉利,因此,"先王以建万国,亲诸侯",即比卦。比卦揭示的是亲比团结和谐之道。亲比团结和谐是凝聚力、向心力、战斗力所在,如何搞好亲比团结和谐呢? 关键在于:

(一)地上有水甚亲比,贞正团结永吉祥

比卦卦象,坤为地,坎为水,地上有水。世界上没有比土地和水的关系再亲密的了,水得地而蓄而流,地得水而柔而润,水与地亲密无间。可以表述为"比师互综地上水,水地柔密润四方;地得水滋多柔润,水得地蓄涓涓趋;地上有水甚亲比,贞正团结永吉祥。"比者,辅也,密也。比象征亲密比辅,彼此能亲密比辅,贞正团结,自然吉祥。比辅应慎重选择对象,应择善而从,比辅于守持正固而有德的长者为宜。在家庭、团队、集体、企业乃至国家之中,亲密比辅团结和谐至为重要,亲密团结可以拉近心的距离,成员强烈的归属感、一体性和忠诚是凝聚力、向心力、战斗力的关键所在,作为领导或统治者要善于养护这善的根源,才能实现长久的比乐和谐。"地上有水甚亲比,贞正团结永吉祥,以建万国亲诸侯,先王亲比树榜样。"道出了先王的睿明之智——与诸侯臣民的关系应该亲比和谐而不是高高在上。这正道出了领导者取信于民获得拥戴的根本原因。

(二)不宁方来后夫凶,主动被动不一样

【比卦卦辞】吉,原筮,元永贞,无咎。不宁方来,后夫凶。

【比卦象辞】象曰:比,吉也,比,辅也,下顺从也。原筮元永贞,无咎,以刚中也。不宁方来,上下应也。后夫凶,其道穷也。

【注解】筮:筮是会意字。从竹,从巫。"竹"表草木,"巫"表占卜者。筮本是用草木类预测。有(普通)草筮、枚(木)筮、竹筮、蓍筮。枚筮是方便形式的,筮具比较高级的是竹条,最高的是蓍(shī)草,周代贵族阶层有能力用蓍草。《说文》曰"筮,易卦用蓍也",反映了他当时所知周代蓍筮文化的流行,其释只反映狭义筮字的一种方面。广义的筮即起卦手段,也包括非草木类型的起卦手段,如数字、方位等,因为数字起卦或方位起卦也属于筮法类型。

宁:本作"寍"。从宀(mián),从心,从皿。表示住在屋里有饭吃就安心了。后世假"宁"为"寍","宁"行而"寍"废。今用"宁"字作"寧"简化字。"宁"本读zhù,是"貯"的本字。本义:安宁,平安。

凶:指事。小篆字形,"凵"象地陷形,读kǎn。"乂"表示这里可陷人。"凶"是会意字,从儿(人),在凶下。本义不吉利。

辅:形声字。从车,甫声。本义:车旁横木。辅所以益辐,使之能重载。

【卦辞要义】与【爻辞要义】比象征亲密无间,团结互助,因亲比而吉祥。占卜的目的是祈求长久吉祥无咎,通过占卜应该知道,亲比辅佐有德行的长者,长久不变地坚守正道,不会有祸害。亲比贵速,速则亲近,迟则疏远,应及早而来相亲比。人人都来亲比,所以先来亲比的人吉祥。先来亲比的互相已经形成亲密团结的氛围,迟滞赶来亲比的,易被疏远,难于融入团队,容易受到排斥打击,所以凶险。人是有惰性的动物,在安定状态中的人轻易不会寻求改变。不安定是亲比的前提条件,只有处在不安定状态中的人愿意亲才也会纷纷前来亲比。亲比宜早不宜晚,宜速不宜迟。所以说,主动和被动的效果是不一样的。这一卦反映了武王登基后,群臣辅佐治理天下的史实。武王分封各诸侯后,与诸侯相亲,诸侯也与武王相亲,武王有姜子牙、周公、南宫括等一班贤人佐助,使四海归顺,而不来归顺的则会有凶险,因为会得不到武王的亲比,如果武王兴师问罪,自然是有灭国的危险了。

(三)以建万国亲诸侯,先王亲比树榜样

【比卦象辞】地上有水,比。先王以建万国,亲诸侯。

【注解】先王:指上古贤明君王。唐玄宗注:"先代圣德之主,能顺天下人心,行此至要之化。"

国：商周时期，人们聚居的地方称作邑。《说文》："邑，国也。"邑就是国。西周时期，人们要表示"国家"的意思，一般用"邦"字。铜鼎铭文中的"国"字写成"或"字。后汉许慎在《说文》中曰："或者，邦也，从口从戈，一以戈，一为守，其义尚不明。盖口为国土意，若以兵器之戈而卫之，则其一为表示领土之境界意，一为有时如亘之有二线，亦犹表示田地境界之畺字。""或"字的"口"，指的是一个有栅栏围着的重要地方，从早期的"或"字看来，"口"的四方都有一横，这一横很可能是"止"字的简化，表示这重地是有人在四边把守着的。后来这四笔，简化成一笔；而"或"字的"戈"便是古代的兵器，字意是用武器保卫人口、保卫土地。后来，这个表示国家重地的"或"字，加了"土"旁，变成"域"字。1956年6月1日，中央颁行的简化字中，郭沫若先生将口内"王"字加一点简化为"国"，既避开了帝王的封建思想，说明我国"玉"文化有着悠久历史，玉是珍宝，又是美好事物的象征，其意思是让我们爱护宝物一样珍爱自己的国家。

诸侯：诸侯是古代中央政权所分封的各国国君的统称。周代分公、侯、伯、子、男五等，汉朝分王、侯二等。周制，诸侯名义上需服从王室的政令，向王室朝贡、述职、服役，以及出兵勤王等。汉时诸侯国由皇帝派相或长史治理，王、侯仅食赋税。周代初期实行将土地和臣民封给子弟、功臣以建立诸侯国的制度。西周的诸侯有同姓、异姓之别。同姓即姬姓诸侯，在盟会时居于异姓的前面。异姓不少是曾与周王室有婚姻关系的，还包括褒封的前代后裔。在众多封国中，最重要的有卫、鲁、齐、宋、晋、燕等国，其国君地位较高。诸侯受封时要举行册封仪式，谓之赐命。周天子为受封者颁布册命，宣布疆土范围、土地数量，以及所封给的属臣、奴隶、礼器和仪仗的数量。受封的诸侯必须为周天子承担镇守疆土、出兵勤王、缴纳贡赋、朝觐述职等义务。周初的诸侯由中央统一控制。春秋时，诸侯强大，周王室衰微，诸侯脱离了周天子的控制并出现割据纷争的局面。汉以后也称分封的诸王和列侯为诸侯。

【象辞要义】此卦的卦象为坎（水）上坤（地）下，象征地上有水。大地上百川争流，流水又浸润着大地，表明地与水亲密无间，互相依存；以前的历代贤明君王受启发明白这个道理，所以分封土地，建立万国，安抚亲近各地诸侯，以维护天下太平。朱熹曾云："建万国以比民。言民不可尽得而比，故建诸侯使比民，而天子所亲者诸侯而已。这便是它比天下之道。"通过亲比，使诸侯与其邑国中的民众各安其所，而增强国家的凝聚力。亲比原则同样适应现代企业建设。领导必须与中层及员工融为一体，才能有活力和战斗力。

（四）比乐和谐相亲辅，择善而从莫偏枉

"贞正团结诚为本，远恶亲贤心不妄。"诚信是贞正团结的根本，有怀德

来远之功效,是决定诚信为重要外交原则的关键所在,坚持此原则对外亲比,要亲近贤明之人,远离奸妄邪恶小人或势力团伙。面对复杂变乱纷繁的世界环境,坚持此原则开展外交尤为重要。要慎重选择比乐亲辅的对象,择善而从,与离卦推演的以正附正,是谓亲比的精髓所在,上升到一定高度,就是政治路线问题,在重大政治斗争中,一旦站错队,结果将极其悲惨。"诚信广善,远恶亲贤"八个字道出了亲比的基本原则与交友之道的真谛。几千年历史实践进一步诠释和验证了这一真谛,不妨看看比卦六爻是怎么说的:

一是以诚结友酒满缸,诚信美德永留芳。

【初六爻辞】初六:有孚比之,无咎;有孚盈缶,终来有它,吉。

象曰:比之初六:有它吉也。

【注解】《说文》:"缶,瓦器,所以盛酒浆,秦人鼓之经节,象形。"

【爻辞要义】具有诚实守信的德行,亲密团结,不会有灾祸;诚信的德行如同美酒注满了酒缸,远方的人纷纷前来归附,结果是吉祥的。

二是内比团结凝聚力。

【六二爻辞】六二:比之自内,贞吉。象曰:比之自内,不自失也。

【爻辞要义】亲比有内外之别,内部亲比团结可以增强凝聚力,吉祥,自身不会遭受损失。

三是外比匪人易受伤。

【六三爻辞】六三:比之匪人。象曰:比之匪人,不亦伤乎?

【爻辞要义】外部亲比,与行为不端正的人交朋友,而且关系亲密,很容易受到伤害。

四是外比贤明共大业,贞正诚信善脉广。

【六四爻辞】六四:外比之,贞吉。象曰:外比于贤,以从上也。

【注解】贤:形声字。字从贝,从臤(qiān),臤亦声。左边的"臣",是竖立的眼睛,意为"主人的眼睛"。右边的"又",是手。下面的"贝",指钱币、财富。眼睛和手,控制钱。本义指管理钱的人。多财,即从这个意思引申出来。因此,《说文》:"贤,多才也。"《庄子·徐无鬼》:"以财分人之谓贤。"指有德行;多才能。

【爻辞要义】在对外交往中恪守贞正之德,互相信任,亲密团结,努力结交善于量入为出、精打细算、有理财才能、会过日子的贤明之士,尽力辅佐圣明的君主,其结果是吉祥的。外交原则应该贞正、诚信,可以广结善缘,人脉广大。

五是王用三驱是显比,舍叛纳顺民吉祥。

【九五爻辞】九五:显比;王用三驱,失前禽,邑人不诫,吉。

象曰:显比之吉,位正中也。舍逆取顺,失前禽也。邑人不诫,上使中也。

【注解】显比:王弼 注:"显比者也,比而显之。"高亨 注:"显比者,以光明之辅也。"显比就是指臣子以光明之道辅佐其君。

王用三驱：君王打猎时让卫队从左右后三面把猎物驱赶到中间以便射猎。

诫：用作"骇"，惊吓。

【爻辞要义】光明正大地交往，君王采用三面包围的方法狩猎，网开一面，有意放走逃奔在前面的健壮的野兽。乡野中的老百姓对君王狩猎毫不惊惧。这是因为君王保持中正之道治国，平易近人。舍弃逆天行事的举动而顺其自然，舍弃叛离，容纳归顺，所以失去前面的禽兽。君王亲比普天下的民众，以仁义之心治理天下。君王深入民间，与民同乐，百姓不惧怕君王。

六是比之无首无所终，无以立足将有凶。

【上六爻辞】上六：比之无首，凶。象曰：比之无首，无所终也。

【爻辞要义】和众人亲密团结、互助友爱但自己不居于领导地位，将有凶险，说明自己将来没有可以归附的地方，无立足之地，将有凶险。凶险在于没有凝聚力中心，将出现无政府状态。"殷商纣灭天数尽，周公平逆心不妄。"周公平叛可以说是中国历史上亲比的典范。武王灭商后，为安抚商朝遗民，分封纣王儿子武庚为殷侯，留在商都。同时，又派自己的弟弟管叔、蔡叔、霍叔三人留在殷地监视武庚，历史上称之为"三监"。武王死后，他年仅十三岁的儿子成王诵继位，由武王的弟弟周公旦辅助他管理朝政。这引起管叔、蔡叔、霍叔的不满，他们在外散布谣言，说周公有野心，想篡夺王位。一时谣言沸扬，引起了成王和大臣召公奭（shì）等人的疑虑。武庚见有机可乘，忙串通三监联合东方的奄、徐、蒲姑等国起兵反叛。周公身处内外交困之境，他恳切地对召公做了解释，表明自己决无篡位的野心，消除了召公的误解，稳定了周王室内部。随后，周公带兵东征，经过三年的苦战，杀武庚、管叔，放逐蔡叔，罢黜（chù）霍叔，灭掉了东方五国，平定了叛乱。周公东征，扩大和巩固了周王朝的统治，为西周社会经济进一步的发展扫清了道路。可见，天大、地大、人众多，必须相亲相辅，亲比的动机必须纯正，亲比的原则必须诚信为本。并内外、上下、彼此之间光明无私相比辅，互相尊重、互相支持、互为友朋，才可获得吉祥。当然，还必须择善固执，远恶亲贤，宽宏包容，切莫强求。

避免"比之无首，无所终也"之凶险，历史上的"尊王攘夷"耐人品味。"尊王攘夷"出自《春秋公羊传》，意为"尊勤君王，攘斥外夷"。后齐桓公执政以来，在管仲的辅佐下，经过了内政、经济、军事等多方面改革，有了雄厚的物质基础和军事实力，适时打出了"尊王攘夷"的旗帜，以诸侯长的身份，挟天子以伐不服。

平王东迁以后，周天子权威大大减弱，诸侯国内的篡权政变和各国之间的兼并战争不断发生。与此同时边境族群趁机入侵，华夏文明面临空前的危机。春秋时期的齐桓公在管仲的辅佐下尊崇周天子，并数次发动帮助诸侯国攘斥夷

易道 话说易经 谈道德修养

狄战争而大获赞赏,其事迹被后世称为尊王攘夷。

"尊王",即尊崇周王的权力,维护周王朝的宗法制度。公元前655年,周惠王有另立太子的意向。齐桓公会集诸侯国君于首止,与周天子盟,以确定太子的正统地位。次年,管仲、齐桓公因郑文公首止逃会,率联军讨伐郑国。数年后,齐桓公率多国国君与周襄王派来的大夫会盟,并确立了周襄王的王位。公元前651年,齐桓公召集鲁、宋、曹等国国君及周王宰孔会于葵丘。周公宰代表周王正式封齐桓公为诸侯长。同年秋,齐桓公以霸主身份主持了葵丘之盟。此后遇到侵犯周王室权威的事,齐桓公都会过问和制止。鲁僖公四年(公元前656年),齐桓公率领诸侯进入楚国,质问楚国为何不按时向周天子进贡祭祀所用的茅草而导致祭祀大典无法及时进行,使得楚国承认自己的错误。鲁僖公九年(公元前651年),齐桓公召集各路诸侯召开葵丘之盟,提出"尊周室,攘夷狄,禁篡弑,抑兼并"的主张周襄王派宰孔参加,并赐王室祭祀祖先的祭肉给齐桓公。

"攘夷",即对游牧于长城外的戎、狄和南方楚国对中原诸侯的侵扰进行抵御。公元前664年,山戎伐燕,齐军救燕。公元前661年,狄人攻邢,齐桓公采纳管仲"请救邢"的建议,打退了毁邢都城的狄兵,并在夷仪为邢国建立了新都。次年,狄人大举攻卫,卫懿公被杀。齐桓公率诸侯国替卫国在楚丘另建新都。经过多年努力,齐桓公对楚国一再北侵进行了有力的回击,到公元前655年,联军伐楚,迫使楚国同意进贡周王室,楚国也表示愿加入齐桓公为首的联盟,听从齐国指挥,这就是召陵之盟。伐楚之役,抑制了楚国北侵,保护了中原诸国。齐桓公实行的"尊王攘夷"政策,使其霸业更加合法合理,同时也保护了中原经济和文化的发展。为中华文明的存续做出了巨大贡献。

桓公二十三年(公元前663年),山戎攻打燕国,燕向齐求救,齐桓公救燕。桓公二十五年(公元前661年),山戎攻打邢国,管仲提出"戎狄豺狼,不可厌也;诸夏亲昵,不可弃也"。齐桓公再次发兵攻打山戎以救邢国。

尊王攘夷在中国历史上多为正面评价。如孔子称赞管子尊王攘夷的功绩:"微管仲,吾其被发左衽矣。"朱熹亦称其:"尊周室,攘夷狄,皆所以正天下也。"顾炎武更称其:"春秋之义,尊天王攘夷狄,诛乱臣贼子,皆性也,皆天道也。"

(五)中正治国博爱众,亲密比辅共荣光

坚持中正之德,博爱民众,体恤民众,亲密团结,与民同乐,这是重要的治国原则,是赢得民心的根本。此原则在治理企事业团体或家庭中同样适用,须臾不可离开,否则将离心离德,出现分崩离析的局面。在家庭、团队、集体、企业乃至国家之中,成员间应该精诚团结,求大同,谋求理想、志向的一致;存小异,彼此宽容和尊重个性的差异,相互依存,同舟共济,互相敬重,相互帮助,共同提

高,合作共进,共担责任,共享利益和成就。"中正治国博爱众,亲密比辅共荣光"是比较理想的和同境界。所以说团结与稳定,是压倒一切的大局,能够为科学发展的中心工作提供强有力的保证。是全民共同的使命,也是共同的光荣。

第九章　小畜卦

小有蓄聚之道：密云不雨　以懿文德

　　风飘行天上，微畜而未下行。"小畜，亨。密云不雨，自我西郊。"阴气从西方升起聚阳甚微，不足以成雨。小畜象征小有蓄聚，所蓄甚微之象。在条件不完全具备，发展尚不充分，物资力量和精神品德尚需增益，实现不了大畜大止，进入不了自由王国的形势下，要面对现实，通过小畜积累物质财富和增益精神美德，逐渐实现向大畜大止的大畜境界过度。其中，涉及处理好上（君王或领导）下（臣民或群众）的关系、大（局）小（我）关系、我（自我）他（他人）等关系，关键是量力待时，把握好"位""度""柔"，就是要准确定位，适度妥当，柔正中和，通过积极努力，在物质和精神两个方面增加财富，为将来大畜大止的大发展做好准备。积沙成塔，集腋成裘，小畜之道虽微，积其终极，乃能蓄积，蓄积至丰盈状态则通达。以小济大，以下济上，历史上周公平叛堪称佳话。

一、小畜卦经文

小畜 风天小畜 巽上乾下

小畜:亨。密云不雨,自我西郊。

彖曰:小畜,柔得位,而上下应之,曰小畜。健而巽,刚中而志行,乃亨。密云不雨,尚往也。自我西郊,施未行也。

象曰:风行天上,小畜。君子以懿文德。

初九:复自道,何其咎,吉。
象曰:复自道,其义吉也。

九二:牵复,吉。
象曰:牵复在中,亦不自失也。

九三:舆说辐,夫妻反目。
象曰:夫妻反目,不能正室也。

六四:有孚,血去惕出,无咎。
象曰:有孚惕出,上合志也。

九五:有孚挛如,富以其邻。
象曰:有孚挛如,不独富也。

上九:既雨既处,尚德载,妇贞厉。月几望,君子征凶。
象曰:既雨既处,德积载也。君子征凶,有所疑也。

二、小畜卦警语箴言

风行天上小畜卦　　　　下济上尔小蓄大
密云不雨自西郊　　　　款停蓄力各不暇
下健上顺相呼应　　　　以懿文德待发达
复自道尔吉无咎　　　　当位之吉在通达
牵复之吉不自失　　　　虽被牵制亦通达
夫妻反目车脱辐　　　　臣凌君上起凶煞
知错即改自然吉　　　　持中谏引莫生岔
和风细雨巧进谏　　　　主弱相助安广厦
以诚待诚除戒备　　　　上下合志安天下

诚信助人富比邻　　积德载物共通达
周公摄平建奇功　　功成身退传佳话
要挟天子令诸侯　　曹操奸雄遗华夏
以小济大需适度　　量力待时庸通达
既雨既处尚德载　　畜增其德令人夸
小畜积极后乃畜　　畜至极处则通达
阻止蓄聚备条件　　尊卑有秩利融洽
妇贞厉兮月几望　　君子远征有凶煞
阴聚阳而不制阳　　臣蓄君而尊君驾
小有蓄聚臻完美　　积德行善济天下

三、易理哲学简说

密云不雨　以懿文德

小畜，风天小畜，巽上乾下。乾为天，巽为风，风飘行天上，微畜而未下行。阴气从西方升起聚阳甚微，不足以成雨。"风行天上小畜卦，下济上尔小蓄大"是对这一卦象的概括描述。畜有蓄聚、蓄养、蓄止之义。小畜象征小有蓄聚，所蓄甚微之象。力量有限，须待发展到一定程度，才可大有作为。

《易·序卦》："比必有所畜。"人们亲比相处（比），财物自然会有所积累，小的德性自然会有所增益，亨通，"君子以懿文德"，即小畜卦。小畜卦揭示的是小有蓄聚之道。重点须把握：

（一）密云不雨自西郊，款停蓄力各不暇

【小畜卦卦辞】小畜：亨。密云不雨，自我西郊。

【小畜卦象辞】象曰：小畜，柔得位，而上下应之，曰小畜。健而巽，刚中而志行，乃亨。密云不雨，尚往也。自我西郊，施未行也。

【注解】畜：《说文》："畜，田畜也。"小篆《鲁郊礼》："畜从田从兹。兹，益也。"甲骨文金文：一块田外面多一块、再多一块、最后还要出点头。有积聚、蓄养、蓄聚之义。

健而巽：从物象上看，乾天阳刚劲健，风柔而驯顺，二者有机结合，是一种比较理想的蓄聚状态。

刚中而志行：刚柔相济，符合中和之道，人们从中如果能够吸取或有所借鉴，心中的愿望当然能够实现。这当然亨通顺利。

【卦辞要义】与【象辞要义】小畜聚养，亨通顺利。小畜卦所述之象，大约在

即将秋收之际。天空布满浓密的积云，虽时有雷声，但尚未下雨。云气是从城邑西郊升起积聚而来。云虽然已经聚密，但还不到下雨的程度，说明程度不够，力量不到，天气形势如何变化，人们心中充满疑惑。不管人们心中怎样想，天气发生种种变化都是可能的。中国大陆受海洋气候影响，一般春夏季节云从东来，水汽充分，容易降雨；入秋之后，云从西方高原和山地而来，一般情况水汽稀薄，难以降雨，但是，也有秋雨菲菲，霪雨绵绵的情况，耕种的庄稼如果不及时抢收入仓，就会损失在田地里。面对天气形势的不明朗和存在的种种变化可能，不同的人反应是不一样的。山雨欲来风满楼，人们担心庄稼被暴雨或霜冻毁坏，驱使田野里畜养的牛马拉着车辆，纷纷赶往农田收割庄稼。小畜卦六爻描述的是忙乱的秋收景象以及从中获得的有益启示。

一是"复自道尔吉无咎，当位之吉在通达"。

【初九爻辞】初九：复自道，何其咎？吉。象曰：复自道，其义吉也。

【注解】复：《说文》："復，往来也。"会意字，字从彳，从日，从夊。"彳"意为"朝一个方向延展"。"日"指太阳。"夊"读为"止"或"终"。"彳""日"和"夊"联合起来表示"太阳回到东方起终点上，准备再度出发"。本义太阳重生。引申义回去，还原，使如前；重新，再度。《古代汉语字典》："复是形声字，以表示与行走有关的夊（读作 suī）为形，以畐（读作 fú）省略田为声。复的本义是在曾经走过的路上行走，又指回来或回去。"

道：本义"所行道也。"（《说文》），即道路；引申义指规律等。

义：中国古代一种含义极广的道德范畴。本指公正、合理而应当做的。

吉：会意字。甲骨文字形，上像兵器，下像盛放兵器的器具。合起来表示把兵器盛放在器中不用，以减少战争，使人民没有危难。本义吉祥，吉利。《说文》："吉，善也。"

【爻辞要义】有的人心急火燎慌不择路，想去自己的农田收割庄稼却跑错了道，自己发现错误自己按原路返回正道，能够及时自我改正错误，行动很适宜，符合常理，因而吉祥通达。

二是"牵复之吉不自失，虽被牵制亦通达"。

【九二爻辞】九二：牵复，吉。象曰：牵复在中，亦不自失也。

【注解】牵：拉，引领向前。

失：迷失方向。

【爻辞要义】有的人心急，低头跑路不看道，走错了路，被别人发现而提示或引领其返回正道，他自己也没有发生损失，及时收回自己的收成，也吉祥通达，原因在于能够按常理办事，及时改正错误。

三是"夫妻反目车脱辐，臣凌君上起凶煞"。

【九三爻辞】九三：舆说辐，夫妻反目。象曰：夫妻反目，不能正室也。

【注解】舆：车辆。

说：通"脱"。

辐：《说文》："辐，轮轑也。"辐形声字。从车，畐（fú）声。本义辐条。插入轮毂以支撑轮圈的细条。

正室：嫡妻，生子为嫡子，可入祖庙。

【爻辞要义】有的人对车的承载能力估计不足，超载收获而归，没想到，车不堪负重，致使大车辐条从车轮中脱落，车辆破损，因此，夫妻反目，结果鸡飞蛋打，庄稼没有及时收回家，夫妻离了婚，谈不上生孩子，当然没有正当的名分，怎么能死后入祖庙呢?! 其结果很糟糕，不但没有收回应得的收获，结果发生了更重大的损失。

四是"以诚待诚除戒备，上下合志安天下"。

【六四爻辞】六四：有孚，血去惕出，无咎。象曰：有孚惕出，上合志也。

【注解】血：血通"恤"。《说文》："恤，忧也。"形声字，从心，血声。本义忧虑。

惕（tì）：小心谨慎，警惕。

血（恤）去惕出：犹言忧患虽去，但仍保持戒惧之心，小心谨慎做事。

上：君上。

志：《说文》："志，意也。"

【爻辞要义】心怀诚信，消除忧患，但仍然小心谨慎行事，作为百姓是吉祥的，这也与君上的意愿相符合，上下心志是相通的。

五是"诚信助人富比邻，积德载物共通达"。

【九五爻辞】九五：有孚挛如，富以其邻。象曰：有孚挛如，不独富也。

【注解】挛 luán：拘系，捆绑，联系紧密。

如：形容词词尾，表示动作或事物的状态。挛如：拘系相连的样子，结合紧密。

富：《说文》："富，备也。一曰厚也。"形声字。从宀（mián），从畐（fú），畐亦声。"宀"指"场所""房屋"。"畐"本义为"充满"。"宀"与"畐"联合起来表示"房屋被塞得满满的"。富本义家庭财产多。从字形上理解：宝盖头寓意家，家庭；一横寓意安稳，稳定；口字表示人口（劳动力）；田字表示田地，代表食物丰盈。含义是家庭稳定，人丁兴旺，田地广阔。

【爻辞要义】有的人在下雨之前收回来丰硕的收成，发现邻居却颗粒未收，他心怀诚信与热心帮助邻居，将自己的收成分给邻居，不独自享受富贵，自己致富也要使邻人跟着一同富起来。这是很好的美德。其积极意义在于，在积聚财富的同时通过诚信助人增益了社会美德。小畜卦倡导宝贵的"和谐共富"思想，这一思想还体现在泰卦"六四：翩翩不富，以其邻，不戒以孚"。谦卦"六五：不富，以其邻，利用侵伐，无不利"。面对重大使命，不能单打独斗，要善于发挥群体的作用。这是实现有效蓄聚的积极途径。

六是"既雨既处尚德载，畜增其德令人夸"。

【上九爻辞】上九：既雨既处，尚德载。妇贞厉。月几望，君子征凶。

象曰：既雨既处，德积载也；君子征凶，有所疑也。

【注解】既雨既处：处，暂时停止，停止。雨一会儿下一会儿停。

尚德载与德积载：唐汉《汉字的奥秘》："德，从彳从直从心。三（字）根会意，表示一心往前直行。'德'与'驾、御、阿'乃古代赶马车的命令语。由一个人的行大道，不走小路引申，又指人的端直品行。"载，用车辆承载。像用车承载货物那样积累德行。

望：夏历每月十五日月圆之最大月相为望。几，接近。月几望：犹言夏历每月的十四日。月亮快圆满的时候，暗喻事物发展圆满就会向衰败的方向转化。《左传·桓三年疏》："望，月体无光，待日照而光生，半照即为弦，全照乃成望。"望，象形兼会意字。甲骨文字形象侧身之人立于土堆之上，竖目，瞳子突出，有登高远看之意。隶定字形从亡从月从王，"亡"指朔日无月；"月"指朔日之外的所有月相，从娥眉月、上下弦月到圆月；"王"意为"最大者""王者"。"亡""月""王"联合起来表示"从初一到月底之间的所有月相的最大者""月相之王"。本义指最大月相（月圆）。

疑：《说文》："疑，惑也。"疑，形声字。形旁有子、止、匕三个，矢为声。止，不通。子，幼子。幼子多惑。甲骨文的疑字，像人持杖出行而仰望天色。本义怀疑。

【爻辞要义】雨一会儿下一会儿停。天气时好时坏。形势忽暗忽明。秋雨绵绵，淫雨霏霏，农田里的庄稼不及时抢收回来，就会糟蹋在地里，因此，需要用车及时抢收运载回来。表明来自外界的风险威胁仍然没有排除，值此之时，妇人恪守贞正之道仍然存在凶险。尽管，月亮将要圆满了，已经降雨，阳气已被畜止。值此之时，君子兴兵征伐掠夺奴隶与土地不合时宜，也将会遭遇凶险，结果令人疑惑。其影响因素主要有四个：一是天气可能恶化，环境形势不明朗，不利于克敌制胜。二是民众忙于秋收农忙没有时间精力和心思听命调遣，不能有效组织起来战斗。三是田野蓄养的庄稼不能及时收获归仓，一旦发动战争，给养难以为继，不利于赢得战争胜利。四是违背农时发动战争，扰乱民众的生活，不利于修养蓄养之德，将失去民心。小畜卦警示的道理是，有多大的德能办多大的事儿，绝对不能破车揽重载，超负荷运行。崇尚物质与道德积累，蓄增物力，随时纠正谬错或不当行为。当小畜尚不充盈、丰富、完美、完备之时,坚持贞正之道,小处着眼,居家过日子尚可,如果没有丰富充足的给养保障,没有稳定的后方支持,君子兴师征伐凶险异常,因为保障支持难以为继,战斗力无法得到有效的发挥。小畜就是在蓄聚尚不充盈之时,要定位准确,处理好家庭人伦关系、君臣关系、邻里关系,实现物质财富与美德的同步增长,为将来的"大畜"做好积累。小畜乃相对大畜而言,小畜主要讲的是物质财富的蓄养与积累,大畜则讲的是全民道德品质的蓄养与增益。小畜是大畜的物质条件和基础准备。要明白小畜知止,乃为正道。不可贪婪冒进。如果不明白这个道理,不注意自身具备的能力和条件,贸然莽进,一旦出现暴雨倾盆天气或冰霜雪冻天气所象征的灾难,将陷入万劫不复的深渊。

值此之时,人们自然款曲停待蓄积力量静静地观察天气形势的变化。社会管理与发展也存在相同的局势,在环境形势尚不明朗,发展趋势把握不准的情况下,不要急于表现或有所作为,要审慎观察时局变化,善于学习,蓄积力量,加强修养,增益美德,为将来发展做积极准备。值此之时,宜"风行天上小畜卦,下济上尔小蓄大;密云不雨自西郊,款停蓄力各不暇"。

以上我们通过对秋收的解析说明了小畜的道理所在。其实,即使不发生在秋季,就是发生在春种或夏锄季节,其所涉及的易理也是相同的。

(二)下健上顺相呼应,以懿文德待发达

【小畜卦象辞】风行天上,小畜。君子以懿文德。

【注解】《尔雅》:"懿,美也。"《诗·大雅·庶民》:"好是懿德。"懿,形声字。从壹,恣声。"壹"表示专一。本义美好。

文:唐汉《汉字的奥秘》:"文,象形字,对母畜(牛)生殖器发情变异时的象形描摹,'文'中的不同符号源自母畜生殖器变色、流液的细节描摹。'文'与'闻'音出一源。"所谓文德,系指蓄养、蓄聚之美德。

【象辞要义】小畜卦卦象是巽(风)上乾(天)下,是风飘行天上的表象。风在天上吹,密云不雨,气候不好不坏,收成一般,从气候物象上看只是"小有积蓄"——密云蓄势待降雨,尚未形成大的气候。用这种物象类比社会,其蓄聚的方面与程度,一方面实现物质财富小小的积累,另一方面适当增益美德。柔得位,下健上顺相互呼应,面对这种情况,内修美好的品德,潜心增益韬晦之略等待发达的时机。小畜乃蓄德之仪——"小畜只是做得这些个文德,如威仪、文辞之类"(朱熹语)。君子具有社会责任与道义,面对这种情况,在适当蓄聚物质财富的情况下,要加强修养,增益美好的品德,蓄积力量,用心做好准备等待发达的时机。此乃小畜卦核心启示。

（三）阴聚阳而不制阳，臣蓄君而尊君驾

臣子凌驾于君王之上，都是"位不当"造成的祸患，因此，处理好君臣关系，有利于美德的积累。值得注意的是，古代讲究名、分、位，要位在当位，为所当为。阴对阳有所蓄聚，但不制约阳的创造与发展；臣蓄止君王的不当决策或行为但对君王的身份予以尊重而不过越。奥妙在于不在大庭广众痛陈劝谏之辞，在近距离的个别沟通上采取适当的方式进行建议，可以降低遭致杀身之祸的概率。"知错即改自然吉，持中谏引莫生岔；和风细雨巧进谏、主弱相助安广厦。"当君主或领导的决策意见不正确或不符合实际时，要坚持中正的原则，在适当的时机、以适当的方式进行劝谏，避免出差错。要改变领导的思想意志，跟掏别人兜里的钱揣到自己的兜里一样，是世界上最难的两件事之一，其实是很凶险的事情，尤其是向独断专横的暴君或心胸狭窄歹毒的君王提建议有可能会牺牲身家性命，如果君王（领导）出现了错误或一意孤行，进言纳谏一定注意时间、场合、方式、方法，君王或领导最难容忍的是有人公开指责自己错了，日常工作生活注意这个问题，有利于自身安全，进言纳谏也能取得较好的效果，所以要慎之又慎。《史记》记载："……（面对纣王淫乐）纣愈淫乱不止。微子数谏不听，乃与太师、少师谋去。比干曰：'为人臣者，不得不以死争。'乃强谏纣。纣怒曰：'吾闻圣人心有七窍。'剖比干，观其心。箕子惧，乃佯狂为奴，纣又之。殷之太师、少师乃持其祭乐器奔周。"相反，也有巧妙进谏取得好效果的实证。优孟是春秋时期楚国宫廷艺人。以优伶为业，名孟，故得名。荆州人。从小善辩，擅长表演，常谈笑讽谏时事。楚庄王有一匹好马，非常喜欢它，经常给马穿上绫罗绸缎，把它安置在华丽的宫殿里，专门给它准备了一张床做卧席，拿枣脯喂养它。马的生活水平过于优越，肥胖得不得了，生病死了。楚庄王非常伤心，命令大臣为死马治丧，准备用棺椁装殓，按大夫的葬礼规格来安葬它。庄王身边的大臣觉得这事太过分，争着劝谏，不同意这样做。庄王大怒，下令说："如果再有胆大敢为葬马的事情进谏的，立刻处死！"优孟听说了，就走进宫殿大门，仰天大哭，一把鼻涕一把泪的。庄王很吃惊，问他为什么哭得这么厉害。优孟哭涕着回答说："宝马是大王的心爱之物，理应厚葬。堂堂楚国，地大物博，国富民强，有什么要求办不到？大王却只用大夫的规格安葬它，太薄待它了。我建议用君王的规格来安葬它。"庄王忙问："那怎么办好呢？"优孟回答："用雕木的美玉做棺材，用最上等的梓木做外椁，拿樟木等贵重木材做装饰，再派几千名士兵挖掘坟墓，老人和孩子背土筑坟，然后，让齐国和赵国的使节在前面陪祭，韩国和魏国的使节在后面护卫。安葬完毕之后，再为它建立祠庙，用猪、牛、羊各一千头的太牢礼来祭祀它，并且安排一个一万户的城邑进行供奉。诸侯各国如果听说大

王这样厚待马匹,肯定会影响很深刻,都会知道大王把人看得很低贱,却把马看得很重。"庄王说:"哎呀!我怎么竟然错到这种地步!现在该怎么办呢?"优孟说:"请用对待六畜的方式来埋葬它。用土灶做外椁,用铜锅做棺材,用姜和枣来调味,再加进木兰,用稻草做祭品,并祭以米饭,火光做衣服,把它埋葬在人们的肠胃里。"庄王同意,于是就派人把马交给主管膳食的太官,并且告诫大臣们,让他们不要宣传庄王原先的打算。

(四)以小济大需适度,量力待时庸通达

小畜卦揭示的是,在条件不完全具备,发展尚不充分,物资力量和精神品德尚需增益,实现不了大畜大止,进入不了自由王国的形势下,要面对现实,通过小畜积累物质财富和增益精神美德,逐渐实现向大畜大止的大畜卦表示的境界过渡。其中,涉及处理好上(君王或领导)下(臣民或群众)的关系、大(局)小(我)关系、我(自我)他(他人)等关系,关键是量力待时,把握好"位""度""柔",就是要准确定位,适度妥当,柔正中和,通过积极努力,在物质和精神两个方面增加财富,为将来大畜大止的大发展做好准备。如果把握不好这一原则,结果很糟糕。"要挟天子令诸侯,曹操奸雄遗华夏。"就是典型的反面案例。

东汉末年,董卓叛乱,挟持天子。被吕布杀死后,司徒王允不赦免其部下李傕、郭汜等人,逼其再次叛乱。二人劫持天子,手下爪牙尽皆封赏。在忠志之士的离间下,二人大打出手,一人挟持了天子,一人挟持了官员,多次交战各有所伤。天子在杨奉等将军的保护下乘机得脱,便派人去曹操那里求援,以为他是个忠志之士。而此时,曹操众谋士向他献策,劝其救驾。尤其以荀彧最为积极,他向曹操指明了今后的战略大方针"逢天子以令不臣"(自己当然说得好听点了)。劝曹操早日进兵,将天子控制在手中,以取得政治上的主动,并强调今日不取,他日天子必将落入别人的手中。曹操听了他们的话,立刻起兵,骑兵先去,步兵随后,亲自派大军前往。实践证明他的做法不仅是正确的,还是果断的,因为北方第一大诸侯袁绍也动了这个心思,只是过于优柔寡断晚了一步。李傕、郭汜二人见跑了天子,便讲和一同在后面追赶。不过经历坎坷后天子成功地和曹操的部队碰了头,饥寒交迫的天子在曹操的盛情款待下,自然是对其感激万分,大加封赏。但曹操以都城被贼人烧毁不便防守为由,劝天子移驾许县,天子也因曹操手中有兵的缘故不得不从。而曹操的真正目的是许县是他的大本营,在那里他将可以更好地将天子控制在手中。后来,曹操每次或是征战、或是赏罚都可以借着天子的名号,可谓"出师有名""赏罚分明",而且凭借天子之军的名义,他更是收拢到众多谋臣武将的归顺,他所攻打下的土地上的百姓也更容易顺从。就比如他曾假借天子诏书,让刘备去打袁术,使得二人消耗掉

彼此的实力,后来不堪一击。这便是挟天子以令诸侯了。

(五)小畜积极后乃畜,畜至极处则通达

积沙成塔,集腋成裘,小畜之道虽微,积其终极,乃能蓄积,蓄积至丰盈状态则通达。阐释了积累遵循着循序渐进规律。处于小畜之时,要注意对两个显著特征的把握:一是以下济上,只能实现稍稍助济,尚不能形成大的气候;二是小畜大,只能稍稍超越本位,不能过越太大。在事物发展过程中,在时机未成熟、力量不足时,"小畜大""下济上""阴畜阳",逐渐积聚力量,有利于刚大者之行。小只能在适宜的限度内畜大,以略施济助为己任,要款停蓄力,以懿文德,诚信助人,积德载物,既雨既处,畜增其德,通过小畜积极后乃畜,畜至极处则通达,以实现小有蓄聚臻完美、积德行善济天下的政治理想。"周公摄平建奇功,功成身退传佳话。"(参见比卦)可谓是"小畜积极后乃畜,畜至极处则通达"的典范。小畜之道以追求完美为目标,但不是完美之道,而是面对客观现实应该采取的权宜之道,对处在特殊历史环境中的人和事有启发借鉴意义。"小有蓄聚臻完美,积德行善济天下。"小畜的趋势和目标是日臻完美,最终要达到的效果是独善其身,博爱惠众,兼济天下。尽管达不到大畜大止的境界,毕竟为将来大畜大止的充分发展准备了条件。

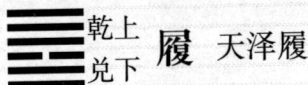

第十章 履 卦

履职践责之道:辨上下定民志 循礼而慎行之

天在上,泽在下,为上下之正理。从这种现象类比得到的启示是,"君子以辨上下,定民志"。定位是首要问题,核心要把握好位置、角度、立场、原则,关键在于检视与反省不足,加强个人自身修养,养成良好的作风和习惯,遇事循礼慎行,即使有危也无害。就像小心翼翼跟在老虎尾巴后面走路,诚惶诚恐,谨慎行事,没有引起老虎注意,老虎没有回头咬人,当然亨通顺利。定位准确,量力而行,效果就会好,否则,凶险异常。"武士做王实可笑,越位过分凶险多"说的就是这个道理,韩信的悲剧人生,斯大林、秦始皇的暴政败局都验证了这一道理。履卦阐释的是履职、践责、循礼之道。

一、履卦经文

履 天泽履 乾上兑下

履：履虎尾，不咥人，亨。

象曰：履，柔履刚也。说而应乎乾，是以履虎尾，不咥人，亨。刚中正，履帝位而不疚，光明也。

象曰：上天下泽，履。君子以辩上下，定民志。

初九：素履，往无咎。
象曰：素履之往，独行愿也。

九二：履道坦坦，幽人贞吉。
象曰：幽人贞吉，中不自乱也。

六三：眇能视，跛能履，履虎尾，咥人，凶。武人为于大君。
象曰：眇能视，不足以有明也。跛能履，不足以与行也。咥人之凶，位不当也。武人为于大君，志刚也。

九四：履虎尾，愬愬终吉。
象曰：愬愬终吉，志行也。

九五：夬履，贞厉。
象曰：夬履贞厉，位正当也。

上九：视履考祥，其旋元吉。
象曰：元吉在上，大有庆也。

二、履卦警语箴言

乾上兑下天下泽　　乾天刚健兑和悦
履虎尾后不咬人　　战战兢兢勤敬业
光明正大刚中正　　践履帝位不纠结
履职尽责唯神圣　　独善其身施恩泽
辨明尊卑与秩序　　安定民心筑和谐
素履无妄重实际　　遵循规律讲原则
调动主观能动性　　心无乱坏履职责
走路跑步要穿鞋　　定位准确要践诺

易道 话说易经 谈道德修养

幽居贞吉安恬静	中不自乱无波折
光明坦途向前进	守正善谋大步阔
险象随时能发生	预防到位避灾祸
眇虽能视不明辨	跛虽能履易波折
武士做王实可笑	越位过分凶险多
韩信代王自取辱	身首异处埋灾祸
地位能力相匹配	职责目标不偏颇
戒惧谨慎心敬畏	过失不足自省责
履职如同履虎尾	战战兢兢虔敬业
夬履果决而慎行	坚守正道无危厄
视履考检周而详	改正缺点纠谬错
神职民授诚惶恐	周详稳健无过错
盲动妄为有凶险	量力守分吉祥多
冲突摩擦要避免	孤行冒进罹灾祸
小心蹑进持戒惧	循礼慎行益和谐
胸怀目标有理想	铁肩道义勇担责
鞠躬尽瘁死后已	履职尽责贵践诺
凯旋胜利多喜庆	履职为民筑和谐

三、易理哲学简说

辨上下定民志　循礼而慎行之

履，天泽履，乾上兑下。乾为天，兑为泽，天在上，泽在下，为上下之正理。又乾为刚健，兑为和悦，有和悦应合之象。《说文》："履，足所依也。"鞋，履行，践行。履象征慎行、循礼而行的意思。遇事循礼慎行，即使有危也无害，诸事顺利。

物质生活丰富后（小畜），开始讲究礼信，亨通，"君子以辨上下，定民志"，即履卦。履卦揭示的是履职、践责、循礼之道。实践理想，履行职责，应该注意哪些关键问题呢？

（一）循礼慎行是基本要求

【履卦卦辞】履：履虎尾，不咥人，亨。

【履卦象辞】象曰：履，柔履刚也。说而应乎乾，是以履虎尾，不咥人，亨。刚中正，履帝位而不疚，光明也。

【注解】履: lǚ 会意字。小篆字,从尸,即人;从彳(chì),表示与行走有关。本义践踏。有执行,实行,履行,履约,践行等义。

咥: dié 咬,啮。

帝:象形字,状似花蒂。其本义为天帝、上帝,是古人祭天时的对象。此处指君主、帝王或皇帝。

疚:形声兼会意字,疒为形,久为声。久兼表义,表示病的时间比较长。久病的样子。此处指内心忧烦痛苦。

【卦辞要义】与【象辞要义】跟在老虎尾巴后面走路,老虎没有回头咬人,当然亨通顺利。这是为什么呢? 因为战战兢兢,小心行动,没有引起老虎注意,给人的启示是履行职责、践行诺言要小心谨慎行事,诚惶诚恐,不会出差池。就是用柔的态度履行刚的职责。阳刚、中和、正派履职,就是履帝位之职也不会有纠结的事情产生,而导致内心忧烦痛苦,当然光明。

正所谓"履虎尾后不咬人,战战兢兢勤敬业。"履职践责,循礼慎行需要注意把握哪些方面呢? 我们看看履卦六爻是怎么说的:

一是"素履无妄重实际,遵循规律讲原则"。

【初九爻辞】初九:素履,往无咎。象曰:素履之往,独行愿也。

【注解】素:会意字。小篆字形。上是"垂",下是糸(mì)。糸,丝。织物光润则易于下垂。本义:没有染色的丝绸。《说文》:"素,白致缯也。"素朴、质朴。

愿:形声字,心为形,原为声。愿的本义指"谨也",即老实、恭谨。心愿,愿望。这是"履:履虎尾,不咥人,亨"的关键原因。

【爻辞要义】专心致志,遵循礼仪实现自己的意愿。心地纯朴,品行端正,老实恭谨,处处小心谨慎行事,无论到什么地方都没有灾祸。

二是"幽居贞吉安恬静,中不自乱无波折"。

【九二爻辞】九二:履道坦坦,幽人贞吉。象曰:幽人贞吉,中不自乱也。

【注解】坦坦:安定、泰然;平坦、广阔。此处为安定、泰然之义。

幽人:幽隐之人,幽居之士,隐士。宋 苏轼《定惠院寓居月夜偶出》诗:"幽人无事不出门,偶逐东风转良夜。""履道坦坦,幽人贞吉。"孔颖达疏:"幽人贞吉者,既无险难,故在幽隐之人守正得吉。"

【爻辞要义】幽居的人恪守中正之道,静定自守不乱,心境安定泰然小心行事,安于闲逸恬静的生活,结果是吉祥的。

三是"眇虽能视不明辨,跛虽能履易波折"。

【六三爻辞】六三:眇能视,跛能履,履虎尾咥人,凶。武人为于大君。

象曰:眇能视,不足以有明也。跛能履,不足以与行也。咥人之凶,位不当也。武人为于大君,志刚也。

【注解】眇:miǎo，《说文》:"眇，一目小也。"《古代汉语字典》:"眇是会意兼形声字，由目和少会意，即少了一只眼睛。目又为形，少兼表声。眇的本义指一只眼小。"

跛:bǒ，《说文》:"跛，行不正也。"《古代汉语字典》:"跛是形声字，足为形，皮为声。本义指走路时身体不平衡。俗称为瘸。"

武人:指将帅军人。

大君:天子、国君。

【爻辞要义】眼睛小，视力模糊，勉强能看到一点点，没有视听能力，不足以分辨事物；腿瘸了，勉强能走几步，走路身体不平衡摇摇晃晃，没有行动能力，不足以远行或狩猎。这样的人走在老虎身后，容易踩到老虎尾巴，引起老虎注意，结果老虎回头将他们咬死。原因在于其自身存在缺陷，位不当，践行愿望存在困难。这是非常凶险的事情。勇敢的武士当君主是凶险的事情，原因与"眇能视""跛能履"基本一样。武士志向刚强，但是政治方面尚欠缺修养。

四是"履职如同履虎尾，战战兢兢虔敬业"。

【九四爻辞】九四:履虎尾，愬愬，终吉。象曰:愬愬终吉，志行也。

【注解】愬愬:shuò shuò 恐惧貌。

【爻辞要义】跟在老虎尾巴后面走路，保持恐惧戒慎之心，最终不会招致老虎伤害，吉祥。履职践诺，像走在老虎尾巴后面那样恐惧戒慎行事，可以实现志愿，吉祥。

五是"夬履果决而慎行，坚守正道无危厄"。

【九五爻辞】九五:夬履，贞厉。象曰:夬履贞厉，位正当也。

【注解】夬:guài，本义快速，分决，决断。

【爻辞要义】刚毅果决，恃强乘猛，善于迅速做出决断，坚守贞正之道也存在凶险。这是因为，虽处于正当的位置，处理事务过于果决迅速难免莽撞急躁或疏忽大意，忌独断专行，肆无忌惮，一意孤行当慎诚。

六是"视履考检周而详，改正缺点纠谬错"。

【上九爻辞】上九:视履考祥，其旋元吉。象曰:元吉在上，大有庆也。

【注解】视:察看，审视。视履:意思是行为审慎。

考祥:祥通详。全面仔细地考虑。

旋:反复。

【爻辞要义】行为审慎，遇事周密而反复地考虑，大吉。值得大大地庆贺。

(二)定位是首要的大问题

"走路跑步要穿鞋，定位准确要践诺。""地位能力相匹配，职责目标不偏颜。"说的是定位是人生大问题,也是做任何事业的大问题,其核心:一是位置;二是角度;三是立场;四是原则。履行责任,践行诺言,必须准确定位,量力而行,否则,不但完不成任务,还可能伤累过度。尤其是人生定位不准确,越位履职凶险异常。地位越高,凶险越大。财富越多,风险越大。比如,"武士做王实可笑,越位过分凶险多;韩信代王自取辱,身首异处埋灾祸"。就是典型历史事件的实证。楚汉相争,刘邦由于势力较弱,经常吃败仗。汉四年,刘邦兵败,被项羽围困在荥阳。韩信一连灭魏、徇赵、胁燕、定齐,齐国平定之后,他派人向刘邦上书说:"齐国狡诈多变,是个反复无常的国家,南边又与楚国相邻,如不设立一个代理王来统治,局势将不会安定。我希望做代理齐王,这样对形势有利。"当时,项羽正将刘邦紧紧围困在荥阳,情势危急,看了韩信上书内容,刘邦十分恼怒,大骂韩信不救荥阳之急竟想自立为王。张良、陈平暗中踩刘邦的脚,凑近他的耳朵说:"汉军处境不利,怎么能禁止韩信称王呢?不如就此机会立他为王,好好善待他,使他自守一方,否则可能发生变乱。"刘邦经提醒也明白过来,改口骂道:"大丈夫定诸侯,即为真王耳,何以假为!"(《史记·淮阴侯列传》)于是派张良前去立韩信为齐王,征调他的部队攻打楚军。后来,刘邦终于在垓下全歼楚军,赢得了战争的最后胜利。刘邦在隐忍方面做得非常好。相反,韩信急于称王要官做,背离了隐忍大道,最终韩信被吕后派武士将其在长乐宫中的钟室里斩杀,并被诛灭三族。此非历史悲剧,亦非人性悲剧,乃是个人修养不足的必然结果。

缺少道德修养和政治修养的军人掌握政权成为国君,凶险而可笑。一般来说,武士修养的是用兵打仗之策或战术,王(国君)修养的是综合素养和政治智慧;武士以奇、以诡道而统兵作战,王以韬晦之策、怀柔之术等政治手段笼络人、驾驭人,可柔近怀远,化育民风;武以诡术为要,王以厚德为要,二者迥然而别。单纯的武士修养,可能通过暴力手段夺取政权,但在治国安邦需要更高政治智慧的时候,则捉襟见肘,武士虽有雄心野心,但韬晦毕竟没有政治家深,这是导致武士经常罹临灭顶之灾的深层次原因,因此,武士称王既凶险又可笑。这也是李闯王、袁世凯帝王梦断,韩信被刘邦、吕后所擒的主要原因。纵观世界与中国历史,军事政变者下场好的为数不多。试想,如果韩信的个人修养在政治、军事、人事等方面都炉火纯青,手中又有兵权,那么取代刘邦不是易如反掌吗?历史早就被改写了;如果韩信对坤卦体悟至深,深谙臣妾比辅之道,准确定位,个人欲望不膨胀,始终忠心不二或功成身退,那么,结果就不会是那个样子。历史就是历史,历史不容许假设,历史无法逆转,历史无法改写!既然历史已经发生了,那么,就从中吸取深刻的教训吧。许多人会骂刘邦薄仁寡义,卸磨杀驴,不过,任何事情都要善于运用二分法分析判断。尽管枪杆子里面出政权,但是,政权却不是枪杆子能够驾驭的。秦始皇的暴政,斯大林的独裁很快不是都灰飞烟灭了嘛! 因此,能够将国家安全放在首位,将个人实现价值放在第二位的人,才是真正的大胸怀、大格局,也不会履位不当招致凶险。王权为国之神器,修为不到者不可诡谋,否则凶险无比。这种凶险不仅是个人及家族的悲剧,也将酿成民族、国家的悲剧。现实社会的党政领导、企事业单位管理者或因腐败或因渎职纷纷落马,与武士称王的道理是一样的,主要原因是官德修养尚欠火候,看是机遇来临,不重视按履卦恐惧修省,放纵自己,实际上却走上了不归路。这个历史规律,当慎思而戒。

(三)"辨上下,定民志"是高尚的追求

【履卦象辞】上天下泽,履。君子以辨上下,定民志。

【象辞要义】上有天,下有泽,人们行走在沼泽之上,潜在危险到处都是,一不注意就会陷入沼泽之中。履职践责就像行走在沼泽之上一样,也需要戒慎恐惧小心翼翼,处处小心行动,否则,容易罹临凶祸。君子要深明大义,分清上下尊卑名分,坚定百姓的意志,遵循礼仪而行,必然秩序井然。因此说"辨明尊卑与秩序,安定民心筑和谐。"象辞中有"刚中正,履帝位而不疚,光明也"之义。以刚健中正之德居帝王之位,而不负疚后悔,盛德光明正大。这种政治理想与作为是高尚的。

(四)善于总结反省有利于改进工作

"戒惧谨慎心敬畏,过失不足自省责。"加强个人修养,永远是人生面临的大问题,保持诚惶诚恐的戒惧敬畏之心,随时检视与反省自身存在的不足,是自己与他人处好关系,做好应该做的事情的重要基础,只有不断加强自我修养的人,才是趋于成功的人。"视履考检周而详,改正缺点纠谬错"是良好的工作作风与习惯,历史实践和社会实践中,许多宝贵的经验都是在不断总结反省过失不足与教训中升华提炼出来的,总结经验吸取教训普遍被应用于各个领域。

履职践责,要有强烈的风险意识和危机感,就像"履虎尾"一样,需要中正庸和,虔敬谨慎,小心翼翼。应当坚定平素的志向,不被世俗诱惑,独立特行;又要能心胸坦荡,择善固执,甘于寂寞。应知量力守分,不可逞强冒进。应戒慎恐惧,要能把握以柔制刚的法则,不可一意孤行,刚愎自用。并应一本初衷,贯彻到底,不可妥协,结果要尽善尽美,稍有瑕疵,前功尽弃。

(五)夬履果决而慎行,避免责任分散效应

刚毅做出决断小心行动。履职践责,要注意避免责任分散效应。履责到

位,要有强烈的事业心、责任感和强有力的执行力,要刚毅做出决断小心行动。履职践诺,要注意避免责任分散效应。工作要明确岗位责任,承诺要明确约定,进行有效地考核督导是必要的,避免责任或约定出现盲点——误认为有很多人负责而实质上根本没有人负责。1964年3月13日夜3时20分,在美国纽约郊外某公寓前,一位叫朱诺比白的年轻女子在结束酒吧间工作回家的路上遇刺。当她绝望地喊叫:"有人要杀人啦!救命!救命!"听到喊叫声,附近住户亮起了灯,打开了窗户,凶手吓跑了。当一切恢复平静后,凶手又返回作案。当她又喊叫时,附近的住户又打开了电灯,凶手又逃跑了。当她认为已经无事,回到自己家上楼时,凶手又一次出现在她面前,将她杀死在楼梯上。在这个过程中,尽管她大声呼救,她的邻居中至少有38位到窗前观看,但无一人来救她,甚至无一人打电话报警。这件事引起纽约社会的轰动,也引起了社会心理学工作者的重视和思考。人们把这种众多的旁观者见死不救的现象称为责任分散效应。对于责任分散效应形成的原因,心理学家进行了大量的实验和调查,结果发现,这种现象不能仅仅说是众人的冷酷无情,或道德日益沦丧的表现。因为在不同的场合,人们的援助行为确实是不同的。当一个人遇到紧急情境时,如果只有他一个人能提供帮助,他会清醒地意识到自己的责任,对受难者给予帮助。如果他见死不救会产生罪恶感、内疚感,这需要付出很高的心理代价。而如果有许多人在场的话,帮助求助者的责任就由大家来分担,造成责任分散,每个人分担的责任很少,旁观者甚至可能连他自己的那一份责任也意识不到,从而产生一种"我不去救,由别人去救"的心理,造成"集体冷漠"的局面。如何打破这种局面,这是心理学家正在研究的一个重要课题。

(六)履职为民筑和谐

孔子曰:"履,德之基也。"履职为民,以遵守职业道德为核心。中共中央《公民道德建设实施纲要》确定职业道德的主要规范为:"爱岗敬业、诚实守信、办事公道、服务群众、奉献社会。"鼓励人们在工作中做一个好的建设者。这是构建和谐社会的思想和心理基础。社会和谐,需要以高尚的思想和道德情操为支撑,诚信是基石,爱岗敬业是支柱,公道正派是稳定器,服务奉献是助推器。

"鞠躬尽瘁死而后已,履职尽责增和谐。"说的是党员领导干部的典型代表焦裕禄,他1946年加入中国共产党,1962年被调到河南省兰考县担任县委书记。时值该县遭受严重的内涝、风沙、盐碱三害,他坚持实事求是、群众路线的领导方法,同全县干部和群众一起,与非常严重的自然灾害进行顽强斗争,努力改变兰考面貌。他身患肝癌,依旧忍着剧痛,坚持工作,被誉为"党的好干部""人民的好公仆"。他用自己的实际行动,铸就了亲民爱民、艰苦奋斗、科学求实、迎难而上、无私奉献的焦裕禄精神,被誉为鞠躬尽瘁死而后已的好干部。焦裕禄成为各级干部特别是领导干部学习的榜样。兰考县地处豫东黄河故道,是个饱受风沙、盐碱、内涝之患的老灾区。焦裕禄踏上兰考土地的那一年,正是这个地区遭受连续三年自然灾害较严重的一年,全县粮食产量下降到历年最低水平。他从第二天起,就深入基层调查研究。他说:"吃别人嚼过的馍没味道。"他拖着患有慢性肝病的身体,在一年多的时间里,跑遍了全县 140 多个大队中的 120 多个。在带领全县人民封沙、治水、改地的斗争中,焦裕禄身先士卒,以身作则。防风战沙,他带头去查风口,探流沙;大雨倾盆,他带头趟着齐腰深的洪水察看洪水流势;风雪铺天盖地,他率领干部访贫问苦,登门为群众送救济粮款。他经常钻进农民的草庵、牛棚,同普通农民同吃同住同劳动。他把群众同自然灾害斗争的宝贵经验,一点一滴地集中起来,成为全县人民的共同财富,成为战胜灾害的有力武器。焦裕禄对同志对人民满腔热情。他常说,共产党员应该在群众最困难的时候,出现在群众的面前;在群众最需要帮助的时候,去关心群众、帮助群众。他心里装着全县干部群众,唯独没有他自己。他经常肝部痛得直不起腰、骑不了车,即使这样,他仍然用手或硬物顶住肝部,坚持工作、下乡,直到被强行送进医院。1964 年 5 月 14 日,焦裕禄被肝癌夺去了生命,年仅 42 岁。他临终前对组织上唯一的要求,就是他死后"把我运回兰考,埋在沙堆上。活着我没有治好沙丘,死了也要看着你们把沙丘治好"。

第十一章 泰 卦

保泰之道:裁成天地之道 辅相天地之宜

　　天气下降,地气上升,天地阴阳交合,万物的生养之道畅通。泰为通,泰象征通泰。通泰之时,君子之道盛长,小人之道消退。阴者衰而往,阳者盛而来,既吉祥又顺利。天地阴阳之气交感而万物通达生长,君民上下交感而其心志相同。虽上下之分不可交,但心可交,心交而志同,则人事安泰。君主这时要掌握时机,善于裁节调理,以成就天地交合之道,促成天地化生万物之机宜,福佑天下百姓,使他们安居乐业。泰卦核心主要体现矛盾着的天地、乾坤、阴阳双方对立统一的同一性。由于交感融通达到通泰互益的局面。物极必反是事物发展转化的基本规律。通泰之时,要居安思危,谨防泰极否来,以维持更为持久的安泰局面,核心要点在于:团结合作,互助共赢;选贤任能,大公无私;往复交合,互促发展;诚信待邻,和谐共富;革除弊政,保泰防衰,重视发挥"共生效应"。团结起来,力量无穷! 开创任何事业,一定要寻找志同道合的人一同谋划、一同开创,以建立不朽的功业。这样才是吉祥的,无往而不胜。

一、泰卦经文

泰 地天泰 坤上乾下

泰：小往大来，吉，亨。

彖曰：泰，小往大来，吉亨。则是天地交，而万物通也；上下交，而其志同也。内阳而外阴，内健而外顺，内君子而外小人，君子道长，小人道消也。

象曰：天地交，泰。后以财成天地之道，辅相天地之宜，以左右民。

初九：拔茅茹，以其汇，征吉。
象曰：拔茅征吉，志在外也。

九二：包荒，用冯河，不遐遗，朋亡，得尚于中行。
象曰：包荒，得尚于中行，以光大也。

九三：无平不陂，无往不复，艰贞无咎。勿恤其孚，于食有福。
象曰：无往不复，天地际也。

六四：翩翩不富，以其邻，不戒以孚。
象曰：翩翩不富，皆失实也。不戒以孚，中心愿也。

六五：帝乙归妹，以祉元吉。
象曰：以祉元吉，中以行愿也。

上六：城复于隍，勿用师。自邑告命，贞吝。
象曰：城复于隍，其命乱也。

二、泰卦警语箴言

坤上乾下地天泰　　小往大来吉亨通
天地形颠而气交　　天地相辅以裁成
阴衰而往阳盛来　　天地交而万物通
小人道消君道长　　福佑民众裕泰通
拔茅连根同聚力　　上下心交其志同
包荒怀远不遗贤　　大公无私正光明
结党营私不可取　　中正而行道德增
无平不陂往而复　　阴阳交合物亨通
帝乙归妹大吉利　　政治联姻有奇功

城复于隍治转乱　　革除弊政维鼎盛
同泰居安要思危　　泰极谨防否运生
矛盾对立又统一　　辅承反合起作用

三、易理哲学简说

裁成天地之道　辅相天地之宜

泰,地天泰,坤上乾下。乾为天,坤为地,天气下降,地气上升,天地阴阳交合,万物的生养之道畅通。泰为通,泰象征通泰。即安泰亨通。通泰之时,阴者衰而往,阳者盛而来,既吉祥又顺利。

人们都守信而知礼(履),自然社会安泰,小往大来,吉利亨通,"天地交泰,后(注:君主或帝王,特指子承父位)以财(注:通'裁')成天地之道,辅相天地之宜,以左右民",即泰卦。泰卦揭示的是保泰之道。通泰吉祥是天下人普遍的向往,处于通泰亨通之时,人们内心的喜乐不用言表。在获得通泰吉祥与持盈保泰方面应该注意哪些方面呢?

（一）天地之道"小往大来,吉亨","辅相天地之宜,以左右民。

【泰卦卦辞】泰:小往大来,吉,亨。

【泰卦彖辞】泰,小往大来,吉亨。则是天地交,而万物通也;上下交,而其志同也。内阳而外阴,内健而外顺,内君子而外小人,君子道长,小人道消也。

【泰卦象辞】天地交,泰。后以财成天地之道,辅相天地之宜,以左右民(福佑民众)。

【注解】泰:《汉字的奥秘》:"三根会意,以男人肆无忌惮地撒尿,表示舒坦和骄奢义。"

小往大来:《说文》:"小,物之微也。""大,天大地大人亦大,故大像人形。古文大也,籀文介,改古文亦像人形。凡大人、大夫、太子、太君,皆尊词。"失去的小,得到的大。

通:《说文》:"通,达也。"形声。从辵(chuò),甬(yǒng)声。本义没有堵塞,可以通过。

交:《汉字的奥秘》:"两根会意,表示动物的交配。"《古代汉语字典》:"交古文字中是象形字,上部是像人形的大字。"有"交互,交相;交接,接触;交会,相遇;交叉,交错"等义。

阳:《说文》:"阳,高明也。"形声。从阜,昜(yáng)声。从阜,与山有关。本义山南水北。

阴：《说文》："阴，闇也。山之北，水之南也。从阜，从会。"会意字，从阜(fù)，从会，会(yīn)亦声。阜，土山，从阜多与地形有关。简化字属会意，表示月夜笼罩山冈，很阴暗。

后：《古代汉语字典》："后与其楷书繁体字本是两个字，分别作后与後。后在小篆中是会意字，由表示发布命令的厂(yì)和表示施行这个行为的只有(君主)一个人的一、口三部分组合而成，合起来表示君主向四面八方发布命令。繁体的後是会意字，由彳(chì)、幺(yāo)和夊(suī)三部分组成，其中彳表示道路，幺表示小，夊表示行动缓慢，合起来表示走在后面。后的本义多指远古时代的君主或古代诸侯。春秋战国时则专指君主之妻。""古代的君主，帝王。"

财成：通"裁"成。《说文》："裁，衣也。"形声字。字从衣，从𢦏(zāi)，"𢦏戈"亦声。"𢦏戈"指"像军阵般排列整齐的田块"。"衣"与"𢦏戈"联合起来表示"依照统一样式和尺寸成批剪切衣料"。本义剪切军服布料。引申义剪切衣料。《古代汉语字典》："裁是形声字，衣为形，𢦏为声。本义为裁制衣服，引申为衡量、判断、支配、控制、删减以及自杀等意思。"左丘明《左传·僖公十五年》："若晋君朝以入，则婢自夕以死；夕以入，则朝以死。唯君裁之。"意为裁决、决断。朱熹在《论象传中》与沈僩答问可谓精辟——问："'裁成''辅相'字如何解？"曰："裁成，犹裁截成就之也。辅相者，便只是于裁成处以补其不及而已。"问："裁成何处可见？"曰："眼前皆可见。且如君臣、父子、兄弟、夫妇，圣人便为制下许多礼数伦序，只此便是裁成处。至大至小之事皆是。固是万物本有此道理，若非圣人裁成之，亦不能得如此齐整，此皆天地之所不能为而圣人能之，所以赞天地之化育，而功与天地参也。"

左右民：左右通"佐佑"，辅佐、福佑、辅助、帮助之义。

【卦辞要义】与【象辞要义】 泰，"小(阴)去而大(阳)来(象征小的付出大的收获)，吉祥亨通"。天地阴阳之气交感而万物通达生长，君民上下交感而其心志相同。内阳刚而外阴柔；内刚健，外柔顺；内为君子，外为小人。君子之道盛长，小人之道消退。

【象辞要义】 泰卦象辞为"天地交，泰。后以财成天地之道，辅相天地之宜，以左右民"。意思是，泰卦卦象为坤(地)上乾(天)下，地气上升，乾气下降，为地气居于乾气之上之表象，阴阳二气一升一降，互相交合，顺畅通达；君主宜深谙天地交合之道，因应天时地利，掌握好时机，善于掌握和运用规律，运用政令裁节调理，以成就促成天地化生万物之机宜，处理好民众事务，安排好生产生活，福佑天下百姓，使他们安居乐业。

《群书治要·卷三十六·吴子 商君子 尸子 申子》之《尸子·分》云："天地

生万物,圣人裁之。裁物以制分,便事以立官,君臣父子、上下长幼、贵贱亲疏,皆得其分曰治。爱得分曰仁,施得分曰义,虑得分曰智,动得分曰适,言得分曰信。皆得其分而后为成人。"——天地生养滋育万物,圣人则加以裁断而使之成就。圣人裁定事物并使万物遵从各自的本分、职责,根据国家事务设立官职,使君王和臣民、父母和儿女、领导者和被领导者、年长者和年幼者、尊贵者和卑贱、亲近者和疏远者,都能够各自安于自己的本分,这就叫作治理。爱心切合自己的本分叫作仁,施舍切合自己的本分叫义,思谋切合自己的本分叫作智,行动切合自己的本分叫作适,言论切合自己的本分叫作信。各方面都切合自己的本分,然后才会成为一位德才兼备的人。

裁成天地之道的核心,主要体现矛盾着的天地、乾坤、阴阳双方对立统一的同一性。由于交感融通达到通泰互益局面。"天地形颠而气交,天地相辅以裁成"与"阴衰而往阳盛来,天地交而万物通"表述的是不可颠扑的自然现象背后存在着天地阴阳二气的交会,这种必然的规律性的制约必然会出现天地通泰的局面。泰卦以天道喻示人道,天在下,地在上,似乎天地的位置颠倒了,但形颠而气交,正说明了两种宇宙力量的和谐,致使万物各遂其生,通泰共荣。天道通人道,君与臣子或民众虽然上下地位之分不可交,但心可交,君王之意可广达于下层的民众,下层民众之意可以上达于君王,上下相交而心志相通,人事安泰,国家昌隆。"仁、义、礼、智、信"之人伦"五常"对裁成天地之道具有重要的调节作用。

古代文化一般乾代表天代表君王,坤代表地代表民众。泰卦核心启示是由天地阴阳之气交感而万物通达生长而获得启示——君民上下交感而其心志相同,君王福佑民众,则社会通泰繁荣。所以"小人道消君道长,福佑民众裕泰通"是君王神圣的使命。

(二)同泰居安要思危,泰极谨防否运生

物极必反是事物发展转化的基本规律。泰卦:"泰,小往大来,吉亨。"否卦:"否之匪人,不利君子贞,大往小来。"说明泰与否(下一卦否卦将演绎诠释)是一对矛盾,受矛盾对立统一律制约,双方不停地向相反的方向转化,比如身体健康超过一定的年龄会出现疾病,企业发展壮大了会出现倒闭的苗头,国家繁荣昌盛了会出现腐败衰亡的兆头或趋势。事物的发展总是从一个极端向另一个极端相互转化的。任何事物的发展都是物极必反,泰极否来,否极泰来。顺境达到极点,就会向逆境转化,逆境到达极点又会向顺境转化。好运到了头坏运就来了;坏运到了头好运就来了。因此,要有居安思危意识,积极避免泰向否的转化,以维持更为持久的安泰局面。持盈保泰是人们普遍关心的问题。如何才

能持盈保泰呢？泰卦六爻通过一定的物象喻示一定的道理,形象而深刻:

一要团结合作,互助共赢——"拔茅连根同聚力,上下心交其志同"。

【初九爻辞】初九:拔茅茹,以其汇,征吉。象曰:拔茅征吉,志在外也。

【注解】《古代汉语字典》:

茅:茅是形声字,艹为形,矛为声。一种草名。

茹:茹是形声字,艹为形,如为声。茹的本义指喂马。

汇:汇有滙和彙两个繁体字,其中的滙是形声字,匚为形,淮为声。汇字本义指一种器物,后常指河流会合。有"同类"之义。

外:外是会意字,由表示夜晚的夕和表示占卜的之意的卜组成,表示在夜晚占卜。这一反古人平时在早晨占卜的习惯,所以是个例外,外在就是由此会意而成。有外部外面等义。

【爻辞要义】出兵征伐需要战马,拔起茅草喂马,会发现它们的根相连在一起,物以类聚有利于事物的生存,寻找它们以其种类来识别就能发现,有充足的草料喂战马,战斗力强,出兵征伐是吉祥的。从中获得有益的启示是,人们团结协作起来往前行进能够成就大事,同心进取,在外建功立业,需要队伍团结协作。

这种物以类聚的普遍现象给人以深刻的启示,物以类聚,可以将有限的个体对象团结集合起来,发挥整体的作用。试想一下,在浩瀚无垠的沙漠里,如果仅有一棵芦苇,烈日当空烘烤,它能存活下来吗？相反,如果有很多很多芦苇连成片,根部牢牢地连结在一起固定在沙漠中,那么,呈现在眼前的将是无边的绿洲！这种现象在心理学中被称为"共生效应",其原理是,自然界有这样一种现象:当一株植物单独生长时,显得矮小、单调,而与众多同类植物一起生长时,则根深叶茂,生机盎然。人们把植物界中这种相互影响、相互促进的现象,称之为"共生效应"。日常生活中有一个现象也验证了这个道理:一条再繁华的街道,如果只有一家饭店(不管大小),很快就会倒闭;一条再偏僻的街道,如果很多家饭店竞争激烈,也会个个红红火火。事实上,人类群体中也存在"共生效应"。英国"卡迪文实验室"从1901年至1982年先后出现了25位诺贝尔获奖者,便是"共生效应"一个杰出的典型。这应验了古语"一根筷子容易断,十根筷子断就难"所蕴含的深刻哲学思想——志同道合无往不胜！团结起来,力量无穷！明白了这个道理,对于征伐、创立新的企业、建立新的城邦或国家等大事,一定要寻找志同道合的人一同谋划、一同开创,以建立不朽的功业。这样才是吉祥的,无往而不胜。

二要选贤任能,大公无私——"包荒怀远不遗贤,大公无私正光明"。

【九二爻辞】九二:包荒,用冯河,不遐遗;朋亡,得尚于中行。

象曰:包荒,得尚于中行,以光大也。

【注解】冯河:《汉字的奥秘》:"冯,两根会意,表示马在冰上行走时的跌跌撞撞和小心翼翼。本义经由转注写作'凭(凭)'。《论语》中有'暴虎冯河'一词。"

《古代汉语字典》:

荒:"荒是形声字,艹为形,巟为声。"有荒芜,未开垦的;灾年,荒年;享乐过度,放纵;弃用,荒废;未开垦的土地;边疆,偏远的地方等义。此爻取"边疆,偏远的地方"之义。

遐:"遐是形声字,辶为形,叚为声。遐的本义指空间远。"

遗:"遗是形声字,辶为形,贵为声。遗的本义指'亡也',即亡失。"有遗失,丢失,失掉;遗漏,遗忘,遗弃;遗留,剩下,留下等义。"

【爻辞要义】尽管喂饱战马,兴兵征伐吉祥。但是所到之处不可过度杀伐侵掠。要以宽广胸怀包容民众,包括边疆或偏远的地方。要像骑乘战马小心翼翼渡河那样对待民众,不遗漏或遗弃远方的人,则天下归心,贤人必至,就不会有缔结朋党对抗,也不会有邻国结盟抵御,主要原因在于按中道行事,光明正大,致使上下心志相通,国家通泰和谐。

三要有往有复,阴阳交合——"无平不陂往而复,阴阳交合物亨通"。

【九三爻辞】九三:无平不陂,无往不复;艰贞无咎,勿恤其孚,于食有福。

象曰:无往不复,天地际也。

【注解】平:平坦,表面没有凸凹不平,不倾斜。

陂:倾斜的样子。

福:福是形声字。礻为形,畐为声。福在甲骨文和金文中是会意字,像双手捧着酒樽往祭桌上进奉的样子,表示用酒祭神。本义为保佑、赐福。

【爻辞要义】没有平地就显示不出来陡坡,没有出发前进就不存在回来。兴兵征伐与统一上下的心志,将遇到各种复杂变乱的情况。不管遇到什么样的艰难困苦,内心恪守贞正之德就不会有灾祸,原因在于诚信待人待事就不会有忧患,走到哪里民众都会将准备用来供奉神灵的酒肉作为饮食进奉出来,有福禄可享。走到哪里都会得到民众的信任与支持,那么天地之间就会通泰畅达。值得注意的是,古代祭祀是最高规格的礼仪,说明由于讲诚信和正义,征伐行为已经赢得了人民的拥戴,因此,统治的范围广大,达到了天地相交的地方。

四要翩翩不富,其邻不戒——"翩翩不富善友邻,其邻不戒因信诚"。

【六四爻辞】六四:翩翩不富,以其邻不戒以孚。

象曰:翩翩不富,皆失实也。不戒以孚,中心愿也。

【注解】《古代汉语字典》:

翩翩："翩是形声字,羽为形,扁为声。翩的本义指快速飞。疾飞;轻快,敏捷。"

富："富是形声字,宀为形,畐为声。畐除作声符外,还表义,意思为满、多。富的本义指完备。财物多,财产多;丰富;使充足;财产。"

实："实(繁体實)在金文中是会意字,由宀、毌、贝三部分上下组合而成。宀表家意,贝指钱财,合起来表示家里有土地钱财。实的本义是富裕。"

【爻辞要义】兴兵征伐以铲除异己为目的,行军征战轻盈敏捷,不以侵掠土地财产为目的。征伐异己所获得的土地财富全部分给民众(正如红军打土豪分田地),自己并没有富裕起来。这种讲究诚信的中道行为,符合人们心中的愿望,因此,相邻邑国并不存在戒备之心,也归顺君王的统领。

五要政治联姻,怀柔斡旋——"帝乙归妹大吉利,政治联姻有奇功"。

【六五爻辞】六五:帝乙归妹,以祉元吉。象曰:以祉元吉,中以行愿也。

【注解】帝乙归妹:帝乙是殷代倒数第二个帝王,纣王的父亲。归:女子出嫁。妹:少女。

祉:"祉是形声字,礻为形,止为声。祉的本义指福。"以祉:有福,吉祥。

【爻辞要义】和亲是统一君王或盟主与侯王心志的重要手段,可以有效实现心志相通。大吉大利,符合中正庸和之道,能够满足心中祈求的意愿。在周文王建立西周王朝过程中,虽然对殷商王朝构成威胁,但军备、条件、时机还不完全具备,还不足以颠覆殷商王朝。此时,殷商帝王帝乙采取"归妹"的手段怀柔周文王,周文王欣然接受,为其赢得了宝贵的韬光养晦之机。

商王文丁杀了周族首领季历以后,商周关系恶化。季历之子姬昌继位后,积极蓄聚兵力,准备为父报仇。此时,位于商王朝东南的夷方也先后同孟方、林方等部落叛乱,反对商朝。殷代倒数第二个帝王帝乙为了避免东西两方同时受敌,也为了修好因其父杀季历而紧张的商周间的臣服关系,决定将胞妹嫁与周文王姬昌,采用和亲的办法来缓和商周矛盾,稳定全局,希望唇齿相依的商周两大国之间彼此不记前嫌,亲善相处。姬昌审时度势,认为灭商时机还未成熟,为了稳住商王,同时争取充足时间,同意与商联姻。帝乙亲自择定婚期,置办嫁礼,并命姬昌继其父为西伯。成婚之日,西伯亲自去滑水相迎,以示其郑重之极。周人自称"小邦周",称商为"大邑商",而今能够与商王之妹联姻,觉得是"天作之合"。此事史称"帝乙归妹",一时传为美谈,商周双方皆大欢喜,商周重归于好。

在解决国与国、民族与民族、集团与集团等方面的关系上,从古至今,从国际到国内,政治联姻是重要手段之一,可以化解国家、阶级、民族矛盾,调和资源配置,实现军事力量转化。蒋宋联姻就是其中一例,1927 年 10 月,蒋介石东渡日本期间，专程去神户有马温泉拜谒宋美龄之母，答允与宋美龄的婚约。12 月1 日，蒋介石与宋美龄在上海大华饭店举行婚礼。形式上的证婚人是蔡元培、余日章，介绍人是谭延闿、何香凝、王正廷。但真正的撮合人是孔祥熙夫妇。当日，蒋介石发表《我们的今日》，称："我今天和最敬爱的宋女士结婚，是有生以来最光荣、最愉快的事。我们结婚以后，革命事业必定更有进步，从今可以安心担当革命的大任……我们的结婚，可以给中国旧社会以影响，同时又给新社会以贡献。"蒋宋联姻，人称"中美合作"，它是中国买办财团与军事独裁者的结合。蒋介石获得了美国的支持，宋氏资本家集团获得了军事力量保护。

中国古代也有许多政治联姻的典范，在 1 300 多年前唐朝文成公主离开繁华的都城长安(今陕西西安西北)，西行约 3 000 公里，历经千难万险，来到雪域高原，与吐蕃王松赞干布和亲，开创了唐蕃交好的新时代。松赞干布和文成公主的故事至今还在汉藏民间广为流传。公元 7 世纪初，中原地区经过数年的战争，李渊(唐高宗)、李世民(唐太宗)父子于 618 年以长安为都城建立了中国历史上空前的大唐帝国，国势非常强盛，成为当时东亚地区文明的中心，对周边民族部落产生了强烈的影响，许多民族部落纷纷与唐朝修好，或称臣内附，或纳贡请封，促进了汉族与其他少数民族的交流。而在这个时候，一代英主松赞干布也已称雄雪域高原，完成了对一些小国的兼并，定都逻娑(今西藏自治区拉萨)，建立了统一的吐蕃王朝，并积极谋求与唐朝建立密切关系。从公元 634 年始，他两次派能言善辩，聪明机智的大相禄东赞出使长安，向唐皇求亲。公元 641 元，唐太宗终于同意了松赞干布和亲的请求，答应把宗室女文成公主嫁给他。于是文成公主在唐蕃专使及众侍从的陪同下，踏上了漫漫的唐蕃古道。有关禄东赞出使长安的传说，以及他运用聪明才智，勘破了唐皇设的一道道难题，终于为松赞干布娶回了美丽善良的文成公主的故事，在藏族民间故事中有许多记载。松赞干布迎娶文成公主后，中原与吐蕃之间关系极为友好，此后 200 多年间，很少有战事，使臣和商人频繁往来。松赞干布十分倾慕中原文化，他脱掉毡裘，改穿绢绮，并派吐蕃贵族子弟到长安国学读书。唐朝也不断派出各类工匠到吐蕃，传授各种技术。松赞干布雄才大略，统一西藏，促进了吐蕃政治、经济、文化的发展，加强了藏族与汉族的亲密关系，为中国这个统一的多民族国家的历史发展做出了杰出贡献。文成公主知书达礼，不避艰险，远嫁吐蕃，为促进唐蕃间经济文化的交流，增进汉藏两族人民亲密、友好、合作的关系，做出了历史性的贡献。

六要革除弊政，保泰防衰——"城复于隍治转乱，革除弊政维鼎盛"。

【上六爻辞】上六：城复于隍，勿用师。自邑告命，贞吝。

象曰：城复于隍，其命乱也。

【注解】《古代汉语字典》：

城：城墙。内墙为城；外墙为郭。

隍：没有水的护城濠叫隍，有水的护城濠叫池。

告命：告，基本义是指告诉。特用于祭祀时对神、祖先的祝告。命是形声兼会意字。甲骨文的令和命是一个字，上面像木铎的铎身，下面是一个跪着在听候命令的人。金文加一"口"字，表示用口下令。告命通诰命，帝王给臣下的命令。

乱：乱的繁体字写作亂，是会意字，由左右两部分组成，左面部首表示治理义，右面部首乚表示使曲折混乱的事物通畅顺达。乱的本义指治理。（注：所说的"国有乱臣"，不是乱臣贼子，而是指治乱之臣。比如历史上称曹操为"乱臣"，一般义应是治乱之臣。对"乱"，人们常常曲解或误读。）

【爻辞要义】城的内墙倒塌在干涸的护城壕沟里，攻无所恃，退无所守，表明混乱和衰败已经达到一定程度，这时决不可进行战争。君王在城池中发布命令，治理混乱的局面。即使秉持贞正之德，也令人忧吝。

"天地交，泰。后以财成天地之道，辅相天地之宜，以左右民。"需要"上下交，而其志同"。既要包荒怀远，也要内治败乱。

持盈保泰比屯卦阐释的开创新事业要难上加难，必须付出艰苦卓绝的努力才会取得一定的效果。

（三）矛盾对立统一是推动事物发展转化的根本因素与决定力量

学习参悟泰卦和否卦，需要对矛盾对立统一规律有一个基本的了解。矛盾对立统一规律是泰与否相互依存相互转化的哲学理论基础。"矛盾对立又统一，辅承反合起作用。"就是对这一哲学理论基础的基本概括。矛盾指事物之间或事物内部诸要素之间既对立又统一的关系，具有同一性和斗争性两种属性。对立和统一是矛盾的两个根本属性。

一是矛盾的统一属性称作同一性。指矛盾着的对立面之间内在的有机的，不可分割的联系，体现着对立面之间相互吸引相互转化的性质和趋势。第一，矛盾双方相互依存，互为条件，共处于一个统一体中。任何矛盾的对立双方都不能单独存在，而是在一定条件下，各以自己的对立方面作为自己存在的前提，如果没有对方，它自己也将不会存在。《老子》第二章："有无相生，难易相成，长短相形，高下相倾，音声相和，前后相随。"意思是说：有与无，难与易，长与短，高与低，音与声，前与后，所有这些对立的双方，都是相互依存着的，没有甲方就没有乙方，反之亦然。第二，矛盾着的对立面之间相互渗透、相互贯通。矛盾的相互贯通表现为相互渗透和相互包含。矛盾着的每一方都包含和渗透着对方的因素和属性,你中有我、我中有你,此中有彼、彼中有此。例如吸引中有排斥,排斥中有吸引;化合中有分解,分解中有化合;同化中有异化,异化中有同化;遗传中有变异,变异中有遗传;感性认识中有理性认识,理性认识中有感性认识;绝对真理中有相对真理,相对真理中有绝对真理等。第三,矛盾双方在一定条件下相互转化。你能变成我,我能变成你。事物的转化总是向着自己的他者,即自己的对立面转化,这也表明对立面之间有互相贯通的性质,有内在的同一性。比如,鸡蛋转化为小鸡而不能转化为石头;战争转化为和平,和平转化为战争;成功转化为失败,失败转化为成功;泰转化为否,否转化为泰如此等。

二是矛盾的对立属性称作斗争性。指矛盾着的对立面之间相互排斥的属性,体现为对立双方互相分离的性质和趋势。矛盾的斗争性可以用许多不同的术语来表达,如互相否定、互相反对、互相限制、互相离异、互相分化、互相批评等,这些都是矛盾斗争性的具体形式,从不同侧面表现着矛盾着的对立面互相排斥的含义。矛盾的斗争性是一个最广泛的哲学范畴,它表现为:第一,矛盾双方存在相互差异。即相互区别和限制,"你不同于我,我不同于你"。例如阴与阳、上与下、左与右、强与弱、大与小、多与少等。矛盾双方的对立与斗争正是在它们存在这种本质差异的基础上展开的,矛盾双方的分离首先体现在本质差别之中。第二,矛盾双方相互排斥。即"你离开我,我离开你"。相互排除、相互冲突、相互反对等都是这个意思。存在着本质差异的矛盾双方朝各自相反的方向产生相互作用,形成了进一步相互分离、相互抗争的态势。第三,矛盾双方相互克服,即"你吃掉我,我吃掉你"。矛盾对立面的相互排斥的进一步发展是相互克服,矛盾双方都力图剥夺对方的存在,其结果导致了事物的发展、飞跃。克服是矛盾斗争的最高阶段的表现,是矛盾双方相互分离达到极端、顶点的状态。

三是矛盾同一性和斗争性的辩证关系。一方面,矛盾的同一性和斗争性是相互区别的。矛盾的同一性是相对的,主要是指它的有条件性。因为,任何矛盾的统一体,以及贯穿其中的同一性的存在,受着特定条件的限制,只有当某种特定条件具备时,矛盾双方才具有同一性,才能共处于一个统一体中;而这种特定条件消失时,矛盾双方就失去同一性,就不能共处于一个统一体中。所以,同一性是有条件的。矛盾的同一性体现着事物的稳定性、常住性,而事物的稳定性、常住性是有条件的、暂时的、可变的,因而是相对的。所以,矛盾的同一性是有条件的、暂时的和相对的。矛盾斗争的绝对性,主要是指它的无条件性。无条件性是指矛盾斗争既存在于具体条件之中,受特定条件所限制,同时又能打破这些条件的限制,创造出事物发展所需要的新条件。矛盾的斗争性体现着事物的变动性,而事物的变动性则是无条件的,即在任何条件下都是要贯彻下去的。矛盾的斗争性既存在于事物的相对稳定状态中,也存在于事物的显著变动状态中。所以,斗争性是无条件的、绝对的。但是,决不能把斗争性的无条件性误认为矛盾的斗争性不与任何条件相联系,而是指事物运动的量变和质变两种状态都是矛盾斗争引起的,事物运动、发展的绝对性根源于事物内部矛盾斗争的绝对性。另一方面,矛盾的同一性和斗争性又是相互联结的。任何一个矛盾总是既具有同一性,又具有斗争性。只有同一性没有斗争性,或者只有斗争性没有同一性的矛盾是没有的。同一性和斗争性的相互联结具体表现在两个方面:第一,同一之中有斗争,同一性不能离开斗争性而存在。同一是包含着差别的同一,是包含着对立的统一,没有斗争性就没有同一性,这就是所谓的"相反"才能"相成"。所以,同一性必然离不开斗争性。没有矛盾双方的相互差异、相互对立、相互斗争,就谈不上矛盾双方的相互依存、相互贯通。第二,斗争之中有同一,斗争性也离不开同一性。斗争也不是乱斗的,斗争只有在统一体内部才有斗争,离开统一性就不会有斗争。斗争性的存在要受到同一性的制约,斗争的形式、规模、激烈程度等,都受到同一性制约。例如,无产阶级和资产阶级的斗争由资本主义生产方式把它们联结起来;真理与谬误由人的认识将它们联系起来,并存在于人类认识的始终。正如恩格斯所指出的:"两极的分离和对立,只存在于它们的相互依存和联系之中,反过来说,它们的联结,只存在于它们的相互分离之中。它们的相互依存,只存在于它们的对立之中。"

"坤上乾下地天泰,小往大来吉亨通。"坤上乾下,地气上升,乾气下降,这时弱小者离去,强大者到来;小的付出,收获大的回报。吉祥,亨通。启示我们要善于从事物矛盾对立的两个方面看待事物,在相互关系中判断认同事物的价值。客观事物不以人的意志为转移,生灭都是自然的。泰、否,好、坏是人的主观价值判断标准,是人的主观认识辩证法的矛盾范畴。用主观价值标准判断客观事物,务必辩证、全面地看待问题,否则,将陷入主观主义的泥潭,而导致认识的片面性或狭隘性。泰与否是矛盾对立统一的两个方面,受矛盾对立统一规律制约。掌握矛盾对立统一规律是参悟泰卦与否卦的理论基础。

第十二章　否　卦

通泰之道：大往小来须警惕　俭德避难莫求荣

　　天气上升，地气下沉，天极高，地极低，天地阴阳二气互不交合，万物生养不得畅通，象征否闭、闭塞。否闭之世，泰极否来，小人得势，君子被排斥。对君子来说，即使恪守贞正之德也是不利的，大往小来，人道不通，此时不适宜按人道行事，宜警惕行事。"君子以俭德避难，不可以荣以禄。"真正有修养、有智慧、有德行的君子，应该以简朴、节俭的行为态度，来躲避时世的艰难，以蓄养自己的德行。泰极否来，否极泰来，物极必反，是唯物辩证法否定之否定规律的具体体现。道路是曲折的，前途是光明的，面对闭塞不通的局面，拥有饱满的乐观精神、坚定的精神意志力和戒惧戒慎之德至关重要。

一、否卦经文

否 天地否 乾上坤下

否：否之匪人，不利君子贞。大往小来。

象曰：否之匪人，不利君子贞。大往小来，则是天地不交，而万物不通也。上下不交，而天下无邦也。内阴而外阳，内柔而外刚，内小人而外君子。小人道长，君子道消也。

象曰：天地不交，否。君子以俭德辟难，不可荣以禄。

初六：拔茅茹，以其汇，贞吉亨。
象曰：拔茅贞吉，志在君也。

六二：包承。小人吉，大人否亨。
象曰：大人否亨，不乱群也。

六三：包羞。
象曰：包羞，位不当也。

九四：有命无咎，畴离祉。
象曰：有命无咎，志行也。

九五：休否，大人吉。其亡其亡，系于苞桑。
象曰：大人之吉，位正当也。

上九：倾否，先否后喜。
象曰：否终则倾，何可长也。

二、否卦警语箴言

天气上升地下沉　　天地不交物不通
小人道长君道消　　上下不交志不同
上下乖隔邦国灭　　天下无邦民何容
君臣不和邦崩离　　远离奸妄益苍生
否闭阻塞不生养　　团结守正可亨通
大往小来须警惕　　俭德避难莫求荣
茅草盘根因团结　　坚志慎行不苟同
小人吉利大人否　　智对包承助亨通

莫畏恶势同其污　　善辨阿妄心智明
包庇纵容终招羞　　包羞之辱不亨通
有命无咎畴离祉　　同流合污不可行
休否之吉利大人　　其亡其亡系苞桑
否极倾否是必然　　先否后喜趋吉祥
否运当头莫自乱　　否终则倾何可长
物极必反乃天则　　否极泰来物共荣

三、易理哲学简说

大往小来须警惕　　俭德避难莫求荣

否,天地否,乾上坤下。天气上升,地气下沉,天地阴阳二气互不交合,万物生养不得畅通,为否。《说文》:"否,不也。从口,从不,不亦声。"《广雅·释诂一》:"否,隔也。"闭塞,阻隔不通。《古代汉语大字典》:"表示天地不交,上下隔阂,闭塞不通之象。"以天象喻示人道,否闭之世,人道不通,天下无利。是小人得势,君子被排斥的形象。"天气上升地下沉,天地不交物不通"是对卦象的描述。

事物不可能永远顺通(泰),泰极否来,君子即使恪守贞正的品性按正道行事,也将处在不利的局面之中,大往小来,值此困窘危厄之时,"君子以俭德避难,不可以荣以禄",即否卦。否卦揭示的是否闭之道,即由安泰到混乱,由通畅到闭塞,小人势长,君子势消的黑暗时期终于到来的应对原则。

(一)否闭不通是"否"的基本特征

【否卦卦辞】否:否之匪人,不利君子贞。大往小来。

【否卦象曰】否之匪人,不利君子贞。大往小来,则是天地不交,而万物不通也。上下不交,而天下无邦也。内阴而外阳,内柔而外刚,内小人而外君子。小人道长,君子道消也。

【注解】匪人:败类,小人,行为不端正的人。

【卦辞要义】与【象辞要义】天在上,地在下,似乎是正常合理的。客观情况是,阳气上升不降,阴气下沉不升,天地阴阳二气不能交合,不能"云行雨施,品物流形",致使万物生养不得畅通。这是自然阻隔不通的情形。从这种物象对比社会管理,常常有这样的情形:古代君王或现在社会领导层的意志不能够传达贯彻至基层或群众之中,基层或群众的意见建议不能上达君王或领导层,彼此的意志或思想不能有效沟通,下级不了解上级的精神,上级不了解基层的实际问题和愿望,上级决策或政令容易偏离实际,容易导致国家灭亡或政权更迭。其重要原因在于,排斥贬损贤能有德之人,小人在要害部门或位置,贤人遗于乡野,君子对政权或工作局面失去控制,小人之道盛长,君子之道衰消,对于君子(君王或领导)非常不利,领导与群众离心离德,心志不同,天下离异而不成邦国,单位涣散没有凝聚力。"否闭阻塞不生养"是否闭的特征和症结所在,此其时,"团结守正可亨通。"否闭之时需要注意哪些问题呢?

一要注意"上下乖隔邦国灭,天下无邦民何容"。君臣民上下乖隔阻塞不通畅,政令不畅,国家就会灭亡,民众就没有立足容身之处。《贞观政要》卷五公平第十六魏征上疏曰:"君子扬人之善,小人讦人之恶。闻恶必信则小人之道长矣,闻善或疑则君子之道消矣。为国家者急于进君子而退小人,乃使君子道消,小人道长,则君臣失序,上下否隔,乱亡不恤,将何以治乎? 且世俗常人,心无远虑,情在告讦,好言朋党。夫以善相成谓之同德,以恶相济谓之朋党,今则清浊共流,善恶无别,以告讦为诚直,以同德为朋党。以之为朋党,则谓事无可信;以之为诚直,则谓言皆可取。此君恩所以不结于下,臣忠所以不达于上。大臣不能辩正,小臣莫之敢论,远近承风,混然成俗,非国家之福,非为治之道。适足以长奸邪,乱视听,使人君不知所信,臣下不得相安。若不远虑,深绝其源,则后患未之息也。"揭示的就是这个道理。

二要注意"君臣不和邦崩离,远离奸妄益苍生"。君王与臣属不和睦国家会分崩离析,君王要选贤任能,不可重用奸妄之人,对国家和民众有利。赵高(? —前207),中国秦朝二世皇帝时任丞相,是中国历史上第一个有名气的宦官。秦始皇死后他与李斯合谋篡改诏书,立始皇幼子胡亥为帝,并逼死始皇长子扶苏。秦二世即位后他又设计陷害李斯,并成为丞相。后派人杀死秦二世,不久后被秦王子婴所杀。提起赵高,人们往往会很自然地想到"指鹿为马"的成语。指鹿为马一词出自《史记·秦始皇本纪》。相传赵高试图要谋朝篡位,为了试验朝廷中有哪些大臣顺从他的意愿,特地呈上一只鹿给秦二世,并说这是马。秦二世不信,赵高便借故问各位大臣。不敢逆赵高意的大臣都说是马,而敢于反对赵高的人则说是鹿。后来说是鹿的大臣都被赵高用各种手段害死了。指鹿为马的故事流传至今,人们便用指鹿为马形容一个人是非不分,颠倒黑白。赵高从一名小小的宦官起家,依仗着秦二世胡亥对他的宠信,在秦王朝最后的几年统治中翻云覆雨,把秦朝的暴虐苛政推向了顶峰,从而加速了它的灭亡。故陆贾叹曰:"秦任刑法不变,卒灭赵氏(指秦朝灭亡)!"而《战国策》的编者刘向更是直言不讳:"秦信同姓(即宗室,这里指赵高)以王,至其衰也,非易同姓也,而身死国亡。故王者之治天下在于行法,不在于信同姓。"因此说:"天气上升地下沉,天地不交物不通;小人道长君道消,上下不交志不同;上下乖隔邦国灭,天下无邦民何容;君臣不和邦崩离,远离奸妄益苍生。"

(二)切记"大往小来需警惕,俭德避难莫求荣"的核心风险警示

【否卦卦辞】否之匪人,不利君子贞。大往小来。

【卦辞要义】瞿临否闭形势,阳气往而阴气来,沟通交流多,理解支持少;付出多,收获少;奉献多,受益少等等是常见的现象,值此否厄之时,小人道长,君子道消,不适宜按人道行事,君子即使守持贞正的正道也是不利的。处否闭之时,君子宜警惕行事。否卦核心启示是"君子以俭德避难,不可以荣以禄!"这是古圣先贤总结的宝贵的经验和箴言。参悟此卦,即使只参悟透这一句话,也是宝贵的收获。

《系辞》说:"危者,安其位者也;亡者,保其存者也;乱者,有其治者也。是故君子安而不忘危,存而不忘亡,治而不忘乱,是以身安而国家可保也。"意思是,心存危难的顾虑,才能平安而不失其位;心存灭亡的顾虑,才能保持长久生存;心存防乱的顾虑,才能进行很好的治理。所以君子居安思危,存而思亡,治而思乱,这样才能使自己平安国家太平。只有这样时时不忘,随时警惕,才能够持盈保泰,身安国治,家兴业旺。

【否卦象辞】天地不交,否。君子以俭德辟难,不可荣以禄。

【注解】俭德辟难:俭,形声字。从人,从佥,佥亦声。"佥"意为"两边""两面"。"人"与"佥"联合起来表示"在人前人后都言行一致、厉行节约的人"。辟,通"避"。躲避。俭德辟难指内敛修德避开灾难。

荣:光荣,名誉;获得光荣;使……荣耀等义。

禄:禄是形声字,礻为形,录为声,禄的本义指福禄。

【象辞要义】天在极高之处,地在极低之处,天地阴阳之间因而不能互相交合,所以时世闭塞不通。遇到否闭不交的时候,一个真正有修养、有智慧、有德行的君子,就应该以简朴、节俭、低调而不张扬的行为态度,来躲避时世的艰难,以蓄养自己的德行。这个时候,千万不可以去逞强好胜,不要去名利场上逐利,也不要去官场谋取高官厚禄,更不要去追求荣华富贵。这个时候最需要的是"潜龙勿用",不要乱当出头鸟,最需要的是"以俭德辟难",当"柳暗花明"的时候,大有作为的春天必然到来。《菜根谭》云:"崇俭养廉,守拙全真"——奢者富而不足,何如俭者贫而有余;能者劳而府怨,何如拙者逸而全真。

(三)修养戒惧谨慎之德

走出闭塞不通的局面,拥有坚定的精神意志力和戒惧戒慎之德至关重要。要有忧患意识,心存将危之念,有常惧危亡的忧患意识,恒自戒慎。否卦六爻对

不同环境下应该具有的戒惧谨慎之德进行了解析：

一是"茅草盘根因团结，坚志慎行不苟同"。

【初六爻辞】初六：拔茅茹，以其汇，贞吉，亨。象曰：拔茅贞吉，志在君也。

【爻辞要义】拔茅草喂马，发现根根相连，体现了物以类聚。团结具有无穷的力量，要善于团结一切可以团结的力量，调动一切可以调动的因素，恪守贞正之德，共克时艰，结果是吉祥的。对君主忠心耿耿，有建功立业的远大志向，有利于走出否闭局面。

二是"小人吉利大人否，智对包承助亨通；莫畏恶势同其污，善辨阿妄心智明"。

【六二爻辞】六二：包承，小人吉；大人否，亨。象曰：大人否亨，不乱群也。

【注解】包承：《说文》："承，奉也。受也。"《古代汉语字典》："承是会意字。甲骨文、金文的承字，状似双手托着一个（跽跪着的）人的样子。本义捧着或接着。"

群：《说文》："群，辈也。从羊，君声。""辈，若军发车，百辆为一辈。从车，非声"《汉字的奥秘》："从羊君声。两旁结体，以头羊的率领表示群团之义（无头领的乌合之众不是群，群与众有别）。头羊的特征乃是发情时嘴皮的翻抖，因此，以'君'为声义偏旁。""君"本义为"管事人""干事"，引申义为"地方主事人"；"羊"指某一地方的居民。"君"与"羊"联合起来表示"有君长的地方""有君长的人民团体"。本义指人民自治体。引申义包括人、马、牛、羊、猪、鸡、鸭、鱼等在内的一切动物集合体。

【爻辞要义】出现时世闭塞不通的局面，一定原因是由小人导致的，对其所作所为采取包容的态度，对小人来说是吉利的，但对位高权重的大人物来说，并不吉利，在一定的范围、程度内包容小人，是亨通的，不会将小人推到对立面上去，有利于维护局面的安定团结。这样可以维持某个群体或社会阶级稳定而不出现混乱局面，从这个角度看，是有积极意义和作用的。因此，高亨说："别贵贱上下，使臣民群众各守职位，不相乱也。"

三是"包庇纵容终招羞，包羞之辱不亨通"。

【六三爻辞】六三：包羞。象曰：包羞，位不当也。

【注解】包羞：《古代汉语字典》："羞是会意兼形声字，在甲骨文和金文中都手持羊形。羞的本义指进献食品。进献（美味）；美味食品，也作'馐'；羞惭，耻辱；认为羞惭，感到羞惭。"

位不当：《说文》："列中廷之左右谓之位。"会意字。从人，从立。"立"本义"站立"，引申指"独立"。"人"与"立"联合起来表示"一个人站立时候的专属空间"。本义指独立空间。引申义为大臣上朝时所占据的独立空间。皇位又称

"大位",指大的独立空间,通常指宫殿台上的全部空间。位是《易经》关键词之一,六十四卦诸爻,主要讨论解析位的问题。着眼社会各阶层,在什么位置承担什么样的职责干什么样的事儿,社会就会和谐稳定,此为当位;超越本位做事为不当位,易发生咎吝,或遭致灾祸。

【爻辞要义】适度包容小人吉利亨通,对小人的所作所为过度包容放纵终将招致羞辱。原因在于位不当。

四是"有命无咎畴离祉,附正循规志得行"。

【九四爻辞】九四:有命无咎,畴离祉。象曰:有命无咎,志行也。

【注解】畴:《苍颉篇》:"畴,耕地也。"《说文》:"畴,耕治之田也。像耕屈之形。"形声字。田为形,寿为声。畴在甲骨文为象形字,状似被犁耕过的弯弯曲曲的田沟。畴的本义指已经耕过并整治好了的田地。已经耕作的、整齐划一的田地;同类,类别等义。

离:《古代汉语字典》有分离,分开;离别,分别;使……分开,拆散,离间等义。

【爻辞要义】居于否闭危厄之时,社会不同阶级不同地位的人应按上级命令行事,不会有咎殃。要从田畴整齐划分中获得启示,善于分辨君子小人,能够与小人分开,不同流合污,能够贯彻正确的命令,可以获得福分。

历史诸多注家对此爻颇多误译误释。如高亨《周易大传今注》不但此爻误释,否卦多处注释颇多蜿蜒曲解,读者须注意甄别正误。

五是"休否之吉利大人,其亡其亡系苞桑"。

【九五爻辞】九五:休否,大人吉;其亡其亡,系于苞桑。

象曰:大人之吉,位正当也。

【注解】休:《说文》:"休,息止也。"《尔雅》:"休,息也。"会意字。从人,从木。人依傍大树休息。本义放下手中的工作站在树边歇一会儿。裘锡圭《文字学概要(修订本)》:休,甲骨文休字表示人在树旁休息,金文把"人息木阴"的意思表示得更为明白,"休"的本义应该是人在树荫下休息。如《诗·周南·汉广》:"南有乔木,不可休思。"引申出单纯的休息之义,以及树荫和尊者荫庇卑者等意义。

大人:指在高位者,犹言王者,地位高于君子,能够做制创始,有生杀决断大权的人。晋·陆机《演连珠》之三:"大人基命,不擢才于后土。"《新唐书·陈子昂传》:"凡大人初制天下,必有凶乱叛逆之人为我驱除,以明天诛。"

亡:《说文》:"亡,逃也。"《古代汉语字典》:"亡篆文写作凵,是会意字,由人和乚组合而成,表示一个人躲藏在弯曲隐蔽之处。亡的本义为'逃也',即逃跑、躲藏。"基本义:逃、失去、死、灭。

系于苞桑:《古代汉语字典》:苞,草木的根或者是茎;草木茂盛的样子;花苞。苞桑,桑树之本,比喻牢固的根基;根深柢固。孔颖达疏:"若能其亡其亡,以自戒慎,则有系于苞桑之固,无倾危也。"后因用"苞桑"指帝王能经常思危而不自安,国家就能巩固。

【爻辞要义】居安思危,常常警醒,有利于度过闭塞不通的局面。时世闭塞不通的局面发生改变是必然趋势。休否,时世闭塞不通的局面将要停止。这种形势下,德高望重势隆的大人物可以获得吉祥。因为,扭转乾坤,在君子道消之时,尚能施否道于小人,遏绝小人,唯有德高望重势隆的大人物可以为之,如果是凡人,则做不到。走出时世闭塞不通的局面,必须心存将危之念,有常惧危亡的忧患意识,恒自戒慎,身虽安静,心意常存将有危难之虑,但念"其亡其亡"("厄运就要躲过去了!厄运就要躲过去了!")这样的话语,在头脑中牢牢树立起忧患意识,就像将牛马羊等家畜系在桑树之粗壮、结实、根众牢靠的苞本上那样牢固。揭示了忧患意识和乐观的必胜信心在走出否运境地的重要性。

六是"否极倾否是必然,先否后喜趋吉祥"。

【上九爻辞】上九:倾否;先否后喜。象曰:否终则倾,何可长也!

【注解】倾:《说文》:"倾,仄也。"会意兼形声。从人,从顷,顷亦声。"顷"有偏侧的意思。从人,多表示人的动作行为。本义偏侧。顷,不久。

【爻辞要义】物极必反,否终则倾,一种局面不会长久持续不发生变化!闭塞到了极点必然要发生倾覆,否极必然泰来。因此,"否运当头莫自乱,否终则倾何可长"。否厄之中要有定力,不能自我乱了方寸,尤其进入否厄极境,斗争异常艰苦之时,时刻要以戒惧谨慎之德的要求和约束加强自身修养,与顽固的敌人斗争,最主要的是与自己的脆弱的思想意志斗争,思想不涣散,精神不崩溃,没有任何敌人能够战胜你。

(四)物极必反乃天则

物极必反,极,顶点;反,向反面转化。事物发展到极端,会向相反方向转化。否极泰来,否,不顺利;泰,顺利;极,尽头。逆境达到极点,就会向顺境转化。指坏运到了头,好运就到来。这一亘古不变的规律,首先在《易经》中进行了比较朴素的揭示。而后,春秋战国时期的老子将其上升到哲学范畴的高度进行比较深刻的总结和概括。老子《道德经》第一章:"持而盈之,不如其已。揣而锐之,不可长保。金玉满堂,莫之能守。富贵而骄,自遗其咎。功遂身退,天之道。"——水盛在任何器皿里,都不能太满,太满了便会溢出来,所以在满了以前,最好便停止增加水量。刀子能用便可以了,如果磨得太锐利,用起来虽较顺手,但容易折断与伤人,无法长保。一个人拥有太多的财富、太高的权势,会遭到别人的觊觎,自己也常因太骄傲而陷入奢靡,反而无法长期保有财富。由于富贵是一危机(富贵本身不是危机,在人的"利己排他性"的本能驱使下,众人对富贵的觊觎之心致使到处潜伏着杀戮和掠夺的可能或行为)的警示,因此最需要韬光养晦、谦虚退让,如果反而以自我炫耀而骄人,那就要自招祸患了。自然的道理,是"生而不有,为而不恃,功成而不居",是以功成、身退,乃天之"道"也。

老子《道德经》五十八章:"其政闷闷,其民淳淳;其政察察,其民缺缺。祸兮,福之所倚;福兮,祸之所伏。孰知其极?其无正也。正复为奇,善复为妖。人之迷,其日固久。是以圣人方而不割,廉而不刿,直而不肆,光而不耀。"——政治宽厚清明,人民就淳朴忠诚;政治苛酷黑暗,人民就狡黠、抱怨。灾祸啊,幸福依傍在它的里面;幸福啊,灾祸藏伏在它的里面。谁能知道究竟是灾祸呢还是幸福呢?它们并没有确定的标准。正忽然转变为邪的,善忽然转变为恶的,人们的迷惑,由来已久了。因此,有道的圣人方正而不生硬,有棱角而不伤害人,直率而不放肆,光亮而不刺眼。老子深刻阐述了——福祸、正奇、善恶相倚相生相互转化的深刻的辩证关系——事物发展到极限就会向相反方面转化。由道产生运动,到一定极限,又向相反的方向转化,如此周行不息。老子《道德经》四十章:"反者道之动。"老子《道德经》二十五章:"有物混成,先天地生。……吾不知其名,字之曰道,强为之名曰大。大曰逝,逝曰远,远曰反。"对事物发展"物极必反"的规律性进行深刻揭示。物极必反规律在政治领域表现尤为突出。

老子这一思想,在其后诸多著作中有所承述。《吕氏春秋·博志》:"全则必缺,极则必反,盈则必亏。"揭示了物极必反规律的三种情形。《鹖冠子·环流》:"物极则反,命曰环流。"宋·朱熹《近思录》引宋·程颐曰:"如《复卦》言七日来复,其间无不断续,阳已复生,物极必返,其理须如此。"司马迁在《史记·田叔列传》:"夫月满则亏,物盛则衰,天地之常也。"认为物极必反是一个普遍适用的自然规律。《淮南子》中的《道应训》:"夫物盛而衰,乐极则悲,日中而移,月盈而亏。"其中"乐极则悲"一句后来发展成"乐极生悲",与"物极必反"结合,就成了"物极必反,乐极生悲"的民谚。《三国演义》开宗明义就指出封建社会改朝换代的历史发展规律:天下大势,合久必分,分久必合。至北宋,程颐明确使用了"物极必返"一词。他认为,阴阳二气交感,化生万物,故万物本身包含着对立,以至互相摩荡,形成往来屈伸的运动。其运动达于极点,即向反面变化,故万物呈现为盛极必衰,动极必静等情况。这就是"物理极而必反""物极则反,事极则变"。他又认为,万物消长盛衰,周而复始,而阴阳变化的原因是由于理的存在,即所谓"物极必返,其理须如此"。程颐把先秦以来"物极必反"的思想,发展成为理学上的一个重要命题。

(五)"否"与"泰"对立统一及其矛盾运动——物极必反与唯物辩证法的基本规律之一的否定之否定规律一致

事物自身发展的整个过程是由肯定、否定及否定之否定诸环节构成的。其中否定之否定是过程的核心，是事物自身矛盾运动的结果，矛盾的解决形式。否定之否定规律揭示了事物发展的全过程和总趋势，是唯物辩证法基本规律的综合体现。事物的发展是通过他自身的"泰——否——泰——否……"辩证否定实现的。事物都是肯定方面和否定方面的统一。当肯定方面居于主导地位时，事物保持现有的性质、特征和倾向，当事物内部的否定方面战胜肯定方面并居于矛盾的主导地位时，事物的性质、特征和趋势就发生变化，旧事物就转化为新事物。这就是物极必反的转折点。否定是对旧事物的质的根本否定，但不是对旧事物的简单抛弃，而是变革和继承相统一的扬弃。事物发展过程中的每一阶段，都是对前一阶段的否定，同时它自身也被后一阶段再否定。在物极必反的变化的节点上，每一次否定，都包含着对适应变化趋势积极因素的合理吸纳，同时，对不适应发展变化的消极因素进行排斥与否定。经过否定之否定，事物呈现从低级到高级、从简单到复杂的周期性螺旋式上升和波浪式前进的发展过程，体现出事物发展的曲折性。否定之否定规律的表现形态是多种多样的。否定之否定规律侧重揭示的是事物变化的方向和道路。反映着事物发展变化的趋势。内蕴着不可抗拒的力量。体现事物发展的曲折性和前进性的统一。否定之否定规律，揭示了事物由肯定到否定，再到否定之否定的发展过程，它是事物完善自己、发展自己的一个有规律的过程，每一次否定都不是简单的抛弃，而是将前阶段发展的一切成果中有用的成分保留了下来。在事物发展的否定之否定即新的肯定阶段，并不是简单地再现原事物，简单地回到原来的出发点，而是形式的回复、内容的发展，是一个前进和上升的发展过程。事物发展的周期包括三个阶段，即肯定阶段、否定阶段、否定之否定阶段即新的肯定阶段，反映了事物发展道路的起伏性和曲折性。在实践活动中有时为了前进而后退，为了走直路而走弯路，这是合乎事物的辩证过程的。螺旋式的发展表明，事物发展的总趋势是前进的、上升的，不是周而复始简单的往返循环。事物的曲折、倒退是暂时的，它的总趋势、总进程是改变不了的。没有"泰"与"否"的辩证否定，就没有事物的发展与社会的进步。

第十三章 同人卦

和同之道:君子能通天下志 类族辨物志相通

　　火光上升,即天、火相互亲和,为同人。象征和同于人。"君子以类族辨物",即同人卦。同人卦揭示的是和同之道。同人有天下为公与和睦、和平之义。追求天下为公的境界,促成世界大同,是全世界、全人类的共同追求。君子沟通和同团结人,要坚持正道,言行文明,气节刚健,胸怀坦荡无私,光明磊落。同人的首要问题与核心是心志相通相同。这是"齐家""治国""平天下"的思想基础,只有心志相通,才能团结一切可以团结的人,集中力量办大事。"和同"于人,首要前提是每个人都要遵守"文明礼貌、助人为乐、爱护公物、保护环境、遵纪守法"的社会公德。这是维护社会公序良俗的基本规范和纽带。"和同"于人必须克服狭隘性和局限性,实现有效的和同。"同人于门"自圈门户;"同人于宗"宗族狭隘;"同人于郊"失之交臂,都是不可取的。"同人关键同群众",要发扬联系群众的好作风。一切为了群众,一切相信群众,一切依靠群众,从群众中来,到群众中去的群众路线,是同人的精髓。

一、同人卦经文

同人 天火同人 乾上离下

同人:同人于野,亨,利涉大川,利君子贞。

彖曰:同人,柔得位得中,而应乎乾,曰同人。同人曰:"同人于野,亨。利涉大川。"乾行也。文明以健,中正而应,君子正也。唯君子为能通天下之志。

象曰:天与火,同人。君子以类族辨物。

初九:同人于门,无咎。
象曰:出门同人,又谁咎也!

六二:同人于宗,吝。
象曰:同人于宗,吝道也。

九三:伏戎于莽,升其高陵,三岁不兴。
象曰:伏戎于莽,敌刚也。三岁不兴,安行也。

九四:乘其墉,弗克,攻吉。
象曰:乘其墉,义弗克也。其吉,则困而反则也。

九五:同人,先号咷,而后笑,大师克相遇。
象曰:同人之先,以中直也;大师相遇,言相克也。

上九:同人于郊,无悔。
象曰:同人于郊,志未得也。

二、同人卦警语箴言

火光上升与天同　　大同世界天下公
光明磊落无私心　　文明刚健其道正
君子能通天下志　　类族辨物志相通
同心同德涉大川　　沟通和同天下同
原始洪荒生篝火　　同人于野利贞亨
同人于门走出去　　突破门户同民众
同人于宗有狭隘　　沾亲带故私趋同
敌人强大难征服　　伏戎于莽以安行
登上敌城未进攻　　放弃不义吉祥生

身临蛊惑及时醒　　　正确行事利成功
不在屠戮在征服　　　不战而胜胜雄兵
不义战争切莫打　　　正义之师维和平
先号咷兮后大笑　　　大战告捷喜盈盈
志同道合来相会　　　攻取城池相祝庆
同人于郊志未得　　　没有悔吝安清平
先号咷兮后大笑　　　摒除隔阂和大同
牺牲小我成大我　　　同人首要需心同
同心协力利断金　　　同心同志谋大同
团结互助力量大　　　损人利己不光荣
突破狭隘阔心胸　　　大同世界臻和境
独立宣言竞自由　　　共产宣言理想同
同人关键同群众　　　联系群众好作风
同人同心共同德　　　与时俱进肇文明

三、易理哲学简说

君子能通天下志　　类族辨物志相通

同人,天火同人,乾上离下。离为火,乾为天,火光上升,即天、火相互亲和,为同人。象征和同于人。

事物不可能永远闭塞(否),"同人于野,亨,利涉大川,利君子贞""君子以类族辨物",即同人卦。同人卦揭示的是和同之道。同人有天下为公与和睦、和平之义。追求天下为公的境界,促成世界大同,是全世界的共同追求。同人的关键在于:

(一)类族辨物,通天下志

【同人卦卦辞】同人:同人于野,亨,利涉大川,利君子贞。

【注解】同:《古代汉语字典》:"同是会意字,由'同省口'(古代的凡字演变而来)和口组合而成,表示把众口都会合在一起。同的本义指聚集、会合。"

同人于野:与人和同,其亲辅之情达于旷野。同人,有与人和同、集结、亲辅之意。野:旷野,古代邑外谓郊,郊外谓野。

【卦辞要义】在旷野中集合民众,象征在广阔的范围,公平无私地与人和同,当然亨通。利于像涉越大川那样去办大事,利于君子坚守贞正之道。

134　　　【同人卦象辞】象曰:同人,柔得位得中,而应乎乾,曰同人。同人曰:"同人于野，亨。利涉大川。"乾行也。文明以健，中正而应，君子正也。唯君子为能通天下之志。

【象辞要义】和同于人，怀着柔顺谦诚的态度与人沟通，能与外在的刚健相呼应，在群体中能够得到适当的位置符合中正之道，被称之为"同人"。在旷野中集合民众，象征在广阔的范围，公平无私地与人和同，当然亨通。利于像涉越大川那样去办大事，利于君子坚守贞正之道。这种行为，像乾天刚健的品行。其具有的优秀品德是，内心光明、文明，性格外向刚健，这与其内心秉持的中正之德相应，这些都是纯洁正直的德行，君子的正派品性体现在这方面。所以，只有君子才能够沟通和同天下人的志向、志趣，有效团结人，为共同的目标奋斗。

【同人卦象辞】象曰：天与火，同人。君子以类族辨物。

【注解】类族辨物：类，相似、相同，种类、类别。族，聚集、集中，家族、品种、类别。辨，分开、分别。物，万物、事物，门类、类别，众人、人等义。对人和事物，要按类别、种类、族群进行分辨和归集。

【象辞要义】《同人卦》的卦象是乾（天）上离（火）下，为天下有火之表象。天在高处，火势熊熊而上，天与火亲和相处，形成"同人"的形象。鉴于物以类聚，人以群分，君子要效法这一原则，以同类聚集成族的大同精神，去辨别万物的差异，和同于人，求同存异，团结众人以治理天下。

"君子能通天下志，类族辨物志相通。""火光上升与天同，大同世界天下公；光明磊落心无私，文明刚健其道正；君子能通天下志，类族辨物志相通。""同"是会同、和同；突破闭塞的世界，需要人和人之间的和谐。意思是事物不可能老是阻隔不通，阻塞到一定程度，定会突破阻隔，走向和同。同人卦的卦象是乾（天）上离（火）下，为天下有火之表象。天在高处，火势熊熊而上，天与火亲和相处，同类相聚，世界光明而公正。人以类聚，物以群分。朱熹在《论象传》中云："'类族'是就人上说，'辨物'是就物上说。天下有不可以皆同之理，故随他地头去分别。'类族'，如分姓氏，张姓同作一类，李姓同作一类。'辨物'，如牛类是一类，马类是一类。就其异处以致其同，此其所以为同。"君子沟通和同团结人，要坚持正道，言行文明，气节刚健，胸怀坦荡无私，光明磊落。同人的首要问题与核心是心志相通相同。这是"齐家""治国""平天下"的思想基础，只有心志相通，才能团结一切可以团结的人，集中力量办大事。比如，五四运动、实践是检验真理的唯一标准的大讨论，都是解决的这方面的问题。这是同人卦的核心喻示。"和同"于人，首要前提是每个人都要遵守社会公德。中共中央《公民道德建设实施纲要》明确公民主要社会公德规范为："文明礼貌、助人为乐、爱护公物、保护环境、遵纪守法。"这是维护社会公序良俗的基本规范和纽带，每个公民都应该模范遵守。其中尤为重要的是"助人为乐"，尊重人、关心人、爱护人,发扬社会主义人道主义精神,是基本内容与核心,有利于向心力、凝聚力的增强。只有君子才能通达天下人的心志,君子要明白物以类聚,人以群分的道理,明辨事物,求同存异,团结众人以治理天下。通天下志,和同与人,类族辨物,需要辨析个性和共性,或说个别和一般、特殊和普遍的关系。个性指个别的东西的属性(不仅有它所独具的属性,也有它与同类个体所共有的属性)。共性是一类事物共同的属性,是由部分个性组成的,二者相对立统一。其一,个性和共性互相包含,个性包含共性(当然还包含其特性),共性也包含个性(更确切地说是包含了部分个性),不能设想有任何两个事物是绝对不同的或者是绝对相同的。其二,个性和共性(特殊性与普遍性)可以相互转化,例如,个性相对于更低层次的个体来说可以成为共性,共性相对于更高层次的共性来说也可以成为个性;又如,在同一关系中个性的交集可以成为共性。个性和共性的辩证范畴对人们的认识和实践有很大意义。人们通过对个别东西的认识,从而归纳概括出共性(普遍性)的认识,而只有共性认识才能大规模地指导实践。

(二)克服狭隘性和局限性,实现有效的"和同"

原始社会向文明社会进化过程中,先人钻木取火,能够将猎获的动物烤熟进食,人们发现群居更有利于团结而发挥集体的力量,因此,在野外聚集群居,于是诞生了氏族、部落。使人类在进化过程中认识到团结"和同"对于战胜各种灾害,进行狩猎具有伟大的作用,对于攻取城池建立邦国,其意义更加重大。同人于野,贞正、亨通,系君子应该坚守的正道。同人卦六爻以攻取城池为例,例举了"和同"于人可能遇到的情形及应该坚持的原则:

一是"同人于门走出去,突破门户同民众"。

【初九爻辞】初九:同人于门,无咎。象曰:出门同人,又谁咎也!

【注解】门:这里指王门。古时遇到国家大事,常在王门前聚众训话、誓师、演练等。

【爻辞要义】出门便能与人和睦相处,突破了门户之围,与众人打成一片,又有谁会来危害你呢? 怎么会有灾祸呢?! 要知道,出现村落、城邦之后,人们过上了定居生活,一家家住进了房子里,实际上各家又划分成一个个独立的单元,房子的门就具有双重功用。关起来,是隔绝自家与外界的屏障;打开来,是沟通自家与外界的通道。出现村落、城邦、国家之后,人具有了明显的社会性,关起门来过小日子,显然跟不上社会文明进步的步伐,因此,要走出小家融入社会,这就要求要走出门,与他人打成一片。因此,古代君王兴兵出征之前,在王门之前聚众誓师,壮行出征。

二是"同人于宗有狭隘,沾亲带故私趋同"。

【六二爻辞】六二：同人于宗，吝。象曰：同人于宗，吝道也。

【注解】宗：《古代汉语字典》："宗是会意字，由宀和示两部分上下组合而成，表示设有祖先的神位的房子。"有宗庙，祖庙；祖宗等义，由祖宗引申为宗族，同族同祖为宗。又引申为宗派，派别。《汉字的奥秘》："以长子对祖屋的继承，对祖屋中先祖牌位的祭祀，表示血缘系连的宗族。"

【爻辞要义】古代社会，人们常常通过举行宗庙祭祀等活动，联络和同本宗族、宗派的人，只与本宗或本派的人和睦相处，必然会惹来一些麻烦。不能团结各个宗族、各个派别的人，这是引起麻烦的根源。在封建社会之前的古代王朝、邦国都是家天下，邑国分封的都是沾亲带故的嫡系亲属，其团结合同，带有浓厚的狭隘的宗族色彩。和同他人的范围仅在宗族之内，和同范围对象特别狭窄，得不到族外人的支持与帮助，是自我招致困难之道。从实现天下大同的理想境界看，这种团结和同具有明显的局限性，系悭吝之道。

三是"敌人强大难征服，伏戎于莽以安行"。

【九三爻辞】九三：伏戎于莽，升其高陵，三岁不兴。

象曰：伏戎于莽，敌刚也。三岁不兴，安行也。

【注解】莽：《小尔雅》："莽，草也。"会意字。从犬，从茻。原意是犬跑到草丛中逐兔，假借为茻。意思是草丛。

陵：《说文》："陵，大阜也。"形声字。从阜（fù），从夌（líng），夌亦声。"夌"意为"四边形的平面"。"阜"指"土堆"。"阜"与"夌"联合起来表示"从天上往下看，平面为四边形的土堆"。本义底边为四边形的大土山。一般由人工修建城池或陵墓形成。

兴：《说文》："兴，起也。"兴是会意字。从舁，从同。舁，共举；同，同力。本义兴起、起来。有发动、举办、盛行、流形等义。

【爻辞要义】埋伏兵甲于草莽之中，潜伏运动登上城池附近的山陵上。由于敌人强大难以征服，不敢与敌人正面交锋，多年没有发动战争。戒慎行事，为的是稳中求胜。

四是"登上敌城未进攻，放弃不义吉祥生；身临蛊惑及时醒，正确行事利成功"。

【九四爻辞】九四：乘其墉，弗克，攻吉。

象曰：乘其墉，义弗克也。其吉，则困而反则也。

【注解】乘：《古代汉语字典》："乘是会意字。甲骨文、金文的乘字状似一个人站在树顶上。乘的本义是爬树，引申为爬、登的意思。"

墉：《说文》："墉，城垣也。"形声字。从土，庸声。本义城墙。

义：《汉字的奥秘》："义（繁体义字）从羊从我。两根会意，以公羊相斗时的同时相冲：面对面的立起、朝下相撞，表示礼仪、公正、正义等词义。'义'的发声源自公羊的立起，乃是一个物象指代音。"

则：准则，法则。

【爻辞要义】战争进入攻坚阶段，登上敌人城墙，但终于没有进攻，是因为发现这种进攻是不仁义的，这样做能获得吉祥，是因为在困惑时能及时醒悟，反过来能按正确的法则行事。

五是"先号咷兮后大笑，大战告捷喜盈盈；志同道合来相会，攻取城池相祝庆"。

【九五爻辞】九五：同人，先号咷，而后笑，大师克相遇。

象曰：同人之先，以中直也；大师相遇，言相克也。

【注解】号咷：痛哭。

大师：大军。

克：战胜敌人。

中直：《说文》："直，正见也。"中直与中正同义。

【爻辞要义】放弃攻取唾手可得的城池，放弃了辛辛苦苦的三年努力和等待，将士们满怀遗憾，放声号啕痛哭！可是，哭着哭着，他们又开怀大笑起来！这是为什么呢？原因是另有一路大军打败了守军，攻取了这座城池，他们会合到一起，庆祝获得的胜利。那么，这种胜利是不是偶然的？又为什么能够获得胜利呢？原因是在军事行动之前，就广泛建立战略军事同盟，彼此能够坚持中正之道，因此，才获得了最终的军事胜利，他们纵情言说，尽情庆祝。

六是"同人于郊志未得，没有悔吝安清平"。

【上九爻辞】上九：同人于郊，无悔。象曰：同人于郊，志未得也。

【爻辞要义】天未必总遂人愿，尽管在荒郊也愿与人和睦相处，但是伟大的战斗可能与您失之交臂，未遇到志同道合者是常有的事情，出现这种情况，当然实现不了"和同"天下的政治抱负，不过，这也没有必要懊恼与后悔，那么，就安守清平恬淡的生活，当然也是很美很惬意的事情。没有政治斡旋，没有烽火狼烟，没有交易尔虞我诈，清幽的山谷任道遥，和畅的山风任吹拂，美丽的花草悦眼目，怡然的风光冶心性，虽然志向没有实现，这样的生活有什么不好呢？

同人卦六爻讲述了战争的全过程——从战前的仪式、誓师，到伏击战、攻坚战、突围战，以至最终获胜、祝捷。誓师时群情激愤昂扬威武雄壮，祭祀时庄严肃穆威仪堂堂，出征时整齐威武雄劲勃发，伏击时紧张刺激衔枚敛迹，攻坚时艰难顽强英勇不屈，被围时绝望挣扎不肯认输，获胜时欢欣鼓舞欣喜若狂，祝捷时载歌载舞庆祝胜利，兵器铿锵，人喊马嘶，历历在目，声声在耳。

（三）要发扬联系群众的好作风

"同人关键同群众,联系群众好作风。"密切联系群众是中国共产党的三大作风之一,是指全心全意地为人民服务,一刻也不脱离群众;一切从人民群众的利益出发,而不是从个人或小集团的利益出发;坚持向人民负责和向党的领导机关负责的一致性,并坚持把这些原则作为党的一切工作的出发点。中国共产党在长期的革命斗争中,坚持实行全心全意为人民服务的宗旨,建立了同广大人民群众的血肉联系和鱼水关系。总结这种经验,毛泽东在 1942 年延安整风运动中提出了密切联系群众的工作作风。经过实践检验,是战无不胜的法宝。核心思想是,人民群众是历史的创造者,工人阶级政党只有同人民群众保持密切的联系,取得人民群众的拥护,才是不可战胜的。中国共产党是以马克思列宁主义为指导的工人阶级政党,全心全意为人民服务是党的宗旨;相信群众、依靠群众,从群众中来,到群众中去,是党全部活动的根本工作路线,也是中国共产党的优良传统和政治优势。中国共产党建党后,就明确提出,党的任务是为中国广大人民的利益而奋斗,进行革命活动要发动群众,依靠群众。1934 年 1月,毛泽东在江西瑞金召集的第二次全国工农兵代表大会上指出:"要得到群众的拥护要群众拿出他们的全力放到战线上去吗? 那么,就得和群众在一起,就得去发动群众的积极性,就得关心群众的痛痒,就得真心实意地为群众谋利益。"并强调要注意"解决群众的穿衣问题,吃饭问题,住房问题,柴米油盐问题,疾病卫生问题,婚姻问题"。还说:"假如我们对这些问题注意了,解决了,满足了群众的需要,我们就真正成了群众生活的组织者,群众就会真正围绕在我们周围,热烈地拥护我们。"为了给群众谋利益,革命根据地的党政组织和党员干部领导群众打土豪、分田地,为群众修桥、筑路、打井、办教育。在抗战时期,党坚持抗日;实行减租减息,扶助农民,发展经济,保障供给,减轻人民负担;组织起来,办合作社、运盐队,活跃城乡经济;帮助人民提高文化水平等,件件都是想人民所想,急人民所需,得到了群众的衷心拥护。从中国共产党成立的那天起,党就为推翻帝国主义、封建主义、官僚资本主义,争取中国人民的彻底解放进行了不屈不挠的斗争。无数共产党员,为解救人民的苦难,赴汤蹈火,流血牺牲,以自己的模范行动,赢得了中国人民的信赖和支持。正是在这样长期艰苦的斗争中,党形成了一切为了群众,一切相信群众,一切依靠群众,从群众中来,到群众中去的群众路线。党执政以后,继续注重发扬密切联系群众的优良作风。毛泽东在论述正确处理人民内部矛盾的问题时指出:"所谓正确处理人民内部矛盾问题,就是我们党从来经常说的走群众路线的问题""如果党群关系搞不好,社会主义制度就不可能建成;社会主义制度建成了,也不可能巩固。"

中国共产党十三届六中全会《关于建国以来若干历史问题的决议》中强调指出："能否始终保持和发展同人民群众的血肉联系，直接关系到党和国家的盛衰兴亡。"事实说明，党所取得的一切成就，都是与密切联系群众分不开的。党的历史就是一部坚持群众路线的历史。得民心者兴，失民心者亡。这是历史的经验，也是历史发展的规律。

2012 年 11 月 15 日，在中国共产党十八届中央委员会第一次全体会议新选出的中央政治局常委同中外记者见面会上，习近平总书记发表重要讲话，强调"人民是历史的创造者，群众是真正的英雄。人民群众是我们力量的源泉。我们深深知道：每个人的力量是有限的，但只要我们万众一心，众志成城，就没有克服不了的困难；每个人的工作时间是有限的，但全心全意为人民服务是无限的"。表明了依靠人民服务人民的执政理念。

（四）团结互助，损己利人——团结协作精神具有普世价值

"牺牲小我成大我，同人首要需心同；同心协力利断金，同心同志谋大同；团结互助力量大，损人利己不光荣；突破狭隘阔心胸，大同世界臻和境。"胡锦涛同志"八荣八耻"社会主义荣辱观之一"以团结互助为荣，以损人利己为耻"，就倡导弘扬团结与集体主义精神。"一根筷子容易断，十根筷子断就难""团结就是力量"，团结奋进的中华民族战无不胜！团结互助精神具有普世价值。中国传统文化倡行群体本位的价值观与和合精神，鄙视损人利己行为。中华民族在历史上形成了兼爱互利、扶贫济困、凝聚和合、团结互助的优良传统，构成了源远流长的中华和合文化。墨家提出"兼相爱，交相利"，主张兼爱、非攻、尚同等原则。孔子则提出"礼之用，和为贵"（《论语·学而》），主张以和谐为贵。西周末年史伯提出"夫和则生物，同则不继"（《国语·郑语》），认为不同事物、因素的调和、共处，实现多样性的统一，事物才有发展；而同类事物的拼凑，就不可能发展。故"声一无听，色一无文"。孔子将此思想运用到社会领域中，提出"小人同而不和，君子和而不同"的命题，追求"和合"的君子境界，主张社会中的人际关系要和谐。荀子在讲到为什么单个的人力比不上牛马却能驾驭它们时说，这是因为人能结群，"人能群，彼不能群也……和则一，一则多力，多力则强，强则胜物"。诸子百家尽管流派纷呈，但对"和合""和同"的价值取向认知基本是一致的。从古至今的社会历史实践一再证明，团结互助无往不胜，涣散分崩一败涂地。

无产阶级登上政治舞台后，在斗争中也体会到，只有团结起来，发扬集体主义精神，拧成一股绳，才能取得胜利，所以"团结就是力量"。极力倡导中华和合精神的李瑞环同志说："我们的祖先历来重视'和'，崇尚'人和'，主张'和为

易道 话说易经 谈道德修养

贵'。"党中央提出建设和谐社会的战略目标。只有讲求和谐,注重和合,团结互助,才能形成和谐有序的人际关系,提升社会及组织的亲和力,提高中华民族的凝聚力、向心力。

由牧虹作词、卢肃作曲的《团结就是力量》歌曲产生在 1943 年 6 月晋察冀边区平山县黄泥区的一个小村子,对反抗日寇到边区抢粮,实行"抢光、杀光、烧光"的疯狂政策,动员民众团结抗日发挥了巨大作用,对团结凝聚中华民族也发挥了巨大作用。《团结就是力量》歌曲铿锵有力,唱出了中华民族的心声:

> 团结就是力量,
> 团结就是力量,
> 这力量是铁,
> 这力量是钢,
> 比铁还硬,
> 比钢还强,
> 向着法西斯帝开火,
> 让一切不民主的制度死亡!
> 向着太阳,
> 向着自由,
> 向着新中国
> 发出万丈光芒!

(五) 和平发展,共肇文明

《团结就是力量》唱出了中华民族的心声,也道出了世界各族人民共同的期盼。"同人同心共同德,与时俱进肇文明。""同人"在文明发展进程中具有不可低估的伟大作用。世界因同人而进步。全人类应该团结起来,携手协作,共同肇进文明。

文明是人类所创造的物质财富和精神财富的总和,一般分为物质文明和精神文明。所谓物质文明,是人类改造自然的物质成果。表现为人们对物质生产的进步和物质生活的改善,是精神文明的物质基础,对精神文明特别是其中文化建设起决定性作用,物质文明的性质为生产方式所决定。所谓精神文明,是人类在改造客观世界和主观世界的过程中所取得的精神成果的总和,是人类智慧、道德的进步状态。一是科学文化方面,包括社会的文化、知识、智慧的状况,教育、科学、文化、艺术、卫生、体育等项事业的发展规模和发展水平。二是思想道德方面,包括社会的政治思想、道德面貌、社会风尚和人们的世界观、理想、情操、觉悟、信念以及组织性、纪律性的状况。作用是为物质文明的发展提供思想保证、精神动力及政治保障,法律保障和智力支持。对于文明出现的判定标准,主要是城市的出现,文字的产生,国家制度的建立。其中最重要的前提条件是城市的出现,可以说城市是文明的发源地。现在一般认为,最早的文明大概是在公元前3 500年左右美索不达米亚的苏美尔人那里出现的。缔造文明是世界的共同主旋律。尽管世界各国家、各民族、各党派、各宗教选择了不同的政治道路,但是在终极发展目标上,对"和平"与"发展"有着共同的愿望和价值追求,这是我们对世界未来充满信心的共同基础,这也是为什么世界范围内不管遇到什么问题都可以坐下来以"对话"方式洽谈的结合点和思想基础。

从美国的《独立宣言》到共产国际的《共产主义宣言》,反映人类追求的趋同心理,无不闪烁着理想主义的光辉。世界应该是一个团结的世界,而不是分崩离析的世界;世界应该是一个和平的世界,而不是战乱的世界;世界应该是一个博爱的世界,而不是忿躁的世界;世界应该是发展的世界,而不是衰落的世界;世界应该是文明的世界,而不是愚鲁的世界。世界发展与和平正面临两个方面严重的威胁:其一,由于人的本能"利己排他性"在作怪,在人内心的自私、嫉妒、贪婪、忿躁等劣根性的驱使下,世界正一步步陷入欲望与纷争的深渊。在这个深渊里,人们一方面享受着日益丰富的物质;另一方面,由于追逐物利,日益加重的精神痛苦正在悄然吞噬着脆弱的神经,加重世界各族人民的精神危机。如果我们能在纷争的搏杀中稍稍停一停,静一静,抬头看看天空,低头看看大地,向四周看看美丽的大自然,你会豁然发现,天空蔚蓝,大地宁静,草儿绿,花儿红,鸟儿鸣,风儿轻,明媚阳光如纤纤玉手温暖你每一根脆弱的神经。所以,有句古语讲"在有阳光的地方走路,与有爱心的人共事"。其二,核威胁——藏在军事基地里的核武器就是悬在地球上和每个人脑袋上的毁灭性的炸弹,如果引爆,终将毁灭地球和人类以及万物。核资源使用方向如果共同转化到推进造福人民的生产和生活领域,那将是整个地球及人类的福祉! 世界,为什么总是喜欢"站着"与"对抗"? 而不是"坐下来"呢? 多少古老的国家,多少古老的民族,由于统治者难以遏制内心膨胀的欲望,发动侵略战争,挞伐邻国,不但没有实现战略企图,要么国家败亡,要么民族衰落,要么统治者家族灭绝。古希腊城邦斯巴达的政体是寡头政治,在伯罗奔尼撒战争中,斯巴达及其同盟者战胜雅典军队并霸占整个希腊,但斯巴达在称霸希腊不久便被新兴的底比斯打败,在北方的马其顿崛起后,斯巴达失去了在希腊的影响力。不可一世的希特勒最终摆脱不了灭亡的下场! 其实,"坐下来"有什么不好呢? 多少国家之间,由于缔结了一个美满的姻缘,结果两国人民同时放下冒着硝烟的武器,开启幸福的

易道 话说易经 谈道德修养

香槟,释放心头难以按捺的喜悦!

胡锦涛同志在中国共产党第十八次全国代表大会报告《坚定不移沿着中国特色社会主义道路前进为全面建成小康社会而奋斗》中明确了中华民族未来前进与发展的方向,摘录如下:

——"继续促进人类和平与发展的崇高事业。

当今世界正在发生深刻复杂变化,和平与发展仍然是时代主题。世界多极化、经济全球化深入发展,文化多样化、社会信息化持续推进,科技革命孕育新突破,全球合作向多层次全方位拓展,新兴市场国家和发展中国家整体实力增强,国际力量对比朝着有利于维护世界和平方向发展,保持国际形势总体稳定具备更多有利条件。

同时,世界仍然很不安宁。国际金融危机影响深远,世界经济增长不稳定不确定因素增多,全球发展不平衡加剧,霸权主义、强权政治和新干涉主义有所上升,局部动荡频繁发生,粮食安全、能源资源安全、网络安全等全球性问题更加突出。

人类只有一个地球,各国共处一个世界。历史昭示我们,弱肉强食不是人类共存之道,穷兵黩武无法带来美好世界。要和平不要战争,要发展不要贫穷,要合作不要对抗,推动建设持久和平、共同繁荣的和谐世界,是各国人民共同愿望。

我们主张,在国际关系中弘扬平等互信、包容互鉴、合作共赢的精神,共同维护国际公平正义。平等互信,就是要遵循联合国宪章宗旨和原则,坚持国家不分大小、强弱、贫富一律平等,推动国际关系民主化,尊重主权,共享安全,维护世界和平稳定。包容互鉴,就是要尊重世界文明多样性、发展道路多样性,尊重和维护各国人民自主选择社会制度和发展道路的权利,相互借鉴,取长补短,推动人类文明进步。合作共赢,就是要倡导人类命运共同体意识,在追求本国利益时兼顾他国合理关切,在谋求本国发展中促进各国共同发展,建立更加平等均衡的新型全球发展伙伴关系,同舟共济,权责共担,增进人类共同利益。

中国将继续高举和平、发展、合作、共赢的旗帜,坚定不移致力于维护世界和平、促进共同发展。

中国将始终不渝走和平发展道路,坚定奉行独立自主的和平外交政策。我们坚决维护国家主权、安全、发展利益,决不会屈服于任何外来压力。我们根据事情本身的是非曲直决定自己的立场和政策,秉持公道,伸张正义。中国主张和平解决国际争端和热点问题,反对动辄诉诸武力或以武力相威胁,反对颠覆别国合法政权,反对一切形式的恐怖主义。中国反对各种形式的霸权主义和强权政治,永远不称霸,永远不搞扩张。中国将坚持把中国人民利益同各国人民共同利益结合起来,以更加积极的姿态参与国际事务,发挥负责任大国作用,共同应对全球性挑战。

中国将始终不渝奉行互利共赢的开放战略,通过深化合作促进世界经济强劲、可持续、平衡增长。中国致力于缩小南北差距,支持发展中国家增强自主发展能力。中国将加强同主要经济体宏观经济政策协调,通过协商妥善解决经贸摩擦。中国坚持权利和义务相平衡,积极参与全球经济治理,推动贸易和投资自由化便利化,反对各种形式的保护主义。

中国坚持在和平共处五项原则基础上全面发展同各国的友好合作。我们将改善和发展同发达国家关系,拓宽合作领域,妥善处理分歧,推动建立长期稳定健康发展的新型大国关系。我们将坚持与邻为善、以邻为伴,巩固睦邻友好,深化互利合作,努力使自身发展更好惠及周边国家。我们将加强同广大发展中国家的团结合作,共同维护发展中国家正当权益,支持扩大发展中国家在国际事务中的代表性和发言权,永远做发展中国家的可靠朋友和真诚伙伴。我们将积极参与多边事务,支持联合国、二十国集团、上海合作组织、金砖国家等发挥积极作用,推动国际秩序和国际体系朝着公正合理的方向发展。我们将扎实推进公共和人文外交,维护我国海外合法权益。我们将开展同各国政党和政治组织的友好往来,加强人大、政协、地方、民间团体的对外交流,夯实国家关系发展社会基础。

中国人民热爱和平、渴望发展,愿同各国人民一道为人类和平与发展的崇高事业而不懈努力。"

——"必须坚持和平发展。和平发展是中国特色社会主义的必然选择。要坚持开放的发展、合作的发展、共赢的发展,通过争取和平国际环境发展自己,又以自身发展维护和促进世界和平,扩大同各方利益汇合点,推动建设持久和平、共同繁荣的和谐世界。"

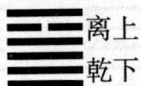

第十四章 大有卦

持盈保泰之道:顺应天时行天道 遏恶扬善以顺天

　　一轮红日当空照耀,火焰高悬天上。天火通明,大地五谷丰登,普天同庆,欣欣向荣。物极必反是不可抗拒的自然规律,当富有之时,不但要聚敛财富,更要涵养道德,居安思危,止恶扬善,崇尚德治,不与民争利,诚信爱民,共葆大有。要像火一样以光明驱走阴暗,以顺应至善至美的天命(规律),努力持盈保泰。在"大有"之时不要过分聚敛财富,要让民众得以休养生息,积极实现自然与人伦社会的有机和谐。核心精神是:不大其所有,才能保其大有。这是大有之道的辩证哲学。

一、大有卦经文

大有 火天大有 离上乾下

大有：元亨。

彖曰：大有，柔得尊位，大中而上下应之，曰大有。其德刚健而文明，应乎天而时行，是以元亨。

象曰：火在天上，大有。君子以遏恶扬善，顺天休命。

初九：无交害，匪咎，艰则无咎。
象曰：大有初九，无交害也。

九二：大车以载，有攸往，无咎。
象曰：大车以载，积中不败也。

九三：公用亨于天子，小人弗克。
象曰：公用亨于天子，小人害也。

九四：匪其彭，无咎。
象曰：匪其彭，无咎，明辨晰也。

六五：厥孚交如，威如，吉。
象曰：厥孚交如，信以发志也。威如之吉，易而无备也。

上九：自天祐之，吉无不利。
象曰：大有上吉，自天祐也。

二、大有卦警语箴言

离上乾下火中天　　五谷丰登尽欢颜
互不交易无祸患　　其久必凶要防范
大车载物不倾覆　　任重不危堪承担
王公献礼朝天子　　小人司仪生祸乱
财富共享利均沾　　有所奉献莫贪占
敛财近祸善施福　　过分聚敛罹祸患
凡事不可做过头　　明辨晰晰善盘算
应天时行行天道　　遏恶扬善以顺天
乐善好施增百福　　共享财富添福缘

易道

话说易经 谈道德修养

柔得尊位上下应　其德文明而刚健
尊上柔下怀仁厚　诚信外交增威严
自天佑之无不利　利益当头识欲念
创业容易守业难　盛极而衰是必然
满不可溢是良训　骄奢淫逸酿祸患
昌盛富有求长久　诚信爱民是关键

三、易理哲学简说

应天时行行天道　遏恶扬善以顺天

大有,火天大有,离上乾下。离为火,乾为天,火天大有。火焰高悬天上。天火通明之象。即一轮红日当空照耀,大地五谷丰登,大获所有,普天同庆,欣欣向荣。所以大有有收获之义,象征大获所有。"离上乾下火中天,五谷丰登尽欢颜"描绘的就是艳阳高照大有收获的丰收景象。君子观此大有之象,应该从中领悟到:当富有之时,要涵养道德,止恶扬善,要像火一样以光明驱走阴暗,以顺应天时天道(自然规律),荫庇护佑民众的性命。

大家同心同德(同人)必然会有大的收获,至为亨通,"君子以遏恶扬善,顺天休命",即大有卦。大有卦揭示的是持盈保泰之道。天下和谐共处,空前发展,百业繁荣昌盛,在盛世繁荣之时应该如何持续推动"大有"的局面向前继续发展呢?关键要把握好以下几个方面:

(一)遏恶扬善,顺天休命

【大有卦辞】大有:元亨。

【大有卦象辞】象曰:大有,柔得尊位,大中而上下应之,曰大有。其德刚健而文明,应乎天而时行,是以元亨。

【大有卦象辞】象曰:火在天上,大有。君子以遏恶扬善,顺天休命。

【注解】大有:古时称谷物等农业大丰收为大有。

遏恶扬善:阻止邪恶,颂扬善行,赏善罚恶。

顺天休命:裘锡圭《文字学概要(修订本)》:休,甲骨文休字表示人在树旁休息,金文把"人息木阴"的意思表示得更为明白,"休"的本义应该是人在树荫下休息。《诗·周南·汉广》:"南有乔木,不可休思。"引申出单纯的休息之义,以及树荫和尊者荫庇卑者等意义。顺天休命指顺应天时天道(自然规律),自然生发万物,按规律办事,不施加政令干扰,荫庇护佑在下民众的性命。非《尔雅·释诂》"休,美也。"高亨"休命谓使自己命运美好"系误注误释。解读《易经》忌望文生义。需在当时的社会历史和环境下和文字语义下揣摩。

【卦辞要义】与【象辞要义】 大有卦象是离（火）上乾（天）下，为火在天上之表象。火焰高悬于天上，象征太阳照耀万物，世界一片光明，农业大丰收，"大有收获"，大为亨通。君子在这个时候，顺应自然并因时而行，按规律办事，要阻止邪恶，颂扬善行，顺应天时，自然生发万物，不施加政令干扰，荫庇护佑在下民众的性命，这样大有的局面才可能长久地维持下去。此句为大有卦的核心启示"应天时行行天道，遏恶扬善以顺天"。是维护自然与社会秩序和谐的基本法则。与遁卦阐释的优胜劣汰规律同等重要。优胜劣汰规律实现的是自然和谐；遏恶扬善关照真善美，注重道德和价值取向，实现的是伦理和谐。二律同时并行发挥作用，实现了自然与人伦社会的有机和谐。

【象辞要义】 大有，火天大有，离上乾下。离为火，乾为天，火天大有。火焰高悬天上。天火通明之象。从自然物象看，乾天刚健居下，离柔得尊居上，天以光明、公正、无私的胸怀包容、承载离（太阳）普照寰宇，使其文明之德普惠万物，为上下呼应和谐之象，是大为亨通之象。效法此天象，社会管理及人事事务，处理好上下尊卑关系，顺应天时而行亦大为亨通。

（二）诚信爱民，共葆大有

"昌盛富有求长久，诚信爱民是关键。"大有收获，不可骄横膨胀过分聚财，当诚信（关于诚信，在中孚卦中将做全面深入的参悟与诠释）爱民，谦虚克制，刚健中正。诚信，秩序，顺应自然，善意，和同，满而不溢。大有者当有一颗善良的心，与人相处无害人之意，载誉满归而无自满膨胀之态，明辨是非，才能使人心悦诚服，获得成功。我们不妨看看大有卦六爻都说了些什么，提出了哪些风险警示和忠告：

一是"互不交易无祸患，其久必凶要防范"。

【初九爻辞】 初九：无交害，匪咎；艰则无咎。象曰：大有初九，无交害也。

【爻辞要义】 进入物富丰盛的大有状态，互相不交易，就不会发生侵害利益的事情，必然没有什么人与人相伤害，当然没有咎殃。如果处于艰难之中，彼此之间能够相助相济。另一方面看，如果长期隔绝不相交错，则又会陷入闭塞不通的局面。那也是凶险的。

二是"大车载物不倾覆，任重不危堪承担"。

【九二爻辞】 九二：大车以载，有攸往，无咎。象曰：大车以载，积中不败也。

【注解】 积中不败：积于（车）中不败损。

【爻辞要义】 用大车装载着秋收成果送往前方，无论怎样颠簸震荡，都不会倾覆。这是因为车体强壮能够堪当重任。如果小车则难堪重任。推及人事,完成艰巨的重任,也是需要有能够担承大任的体魄。可以实现积中不败的功效,也就是说,做事一定首先要考虑效果,避免破车揽重载的情况发生。也就是日常说的做事要量力而行,同时还要有适当的方式方法。

三是"王公献礼朝天子,小人司仪生祸乱;财富共享利均沾,有所奉献莫贪占"。

【九三爻辞】九三:公用亨于天子,小人弗克。象曰:公用亨于天子,小人害也。

【注解】亨:《古代汉语字典》:亨、享在金文中是一个字,字形像盛食物的器皿,篆文分为两个字,亨的本义读作 xiǎng,是进献的意思。飨宴,宴享。后此义写作享,后来享从表示进献的亨字中分化出来,专门表示享受。

【爻辞要义】庆贺丰收,王公前来朝贺天子,贡献礼品并致以敬意,这个仪式小人不胜任司仪,小人若担任如此重要的职务,必然发生变乱,成为祸害,因为小人对财富具有非分的占有欲,是祸害的根源。社会各阶层要树立合理的利益观,下对上适当有所奉献,上对下要多加体恤,人人自重自爱,实现财富共享利益均沾,避免有人从中做手脚,败坏道德风气。

四是"敛财近祸善施福,过分聚敛罹祸患;凡事不可做过头,明辨哲晰善盘算"。

【九四爻辞】九四:匪其彭,无咎。象曰:匪其彭,无咎,明辨哲也。

【注解】彭:bāng,《古代汉语字典》:彭(邦音),盛多的样子;壮大的样子。

明:《古代汉语字典》:"明是会意字,由日和月会意。日和月是最明亮的,故日、月构成明字。篆文写作眀,也是会意字。表示窗棂交错格格相连的样子的囧和月会意,合起来表示月照窗棂,即照耀的意思。"是大有卦的典型物象特征。

辨:《小雅·广诂》"辨,别也。"

哲:zhé《说文》:"哲,昭明也。从日,折声。"《古代汉语字典》:"哲是形声字,日为形,折为声。哲的本义为'昭晰',指日光明亮。"也是大有卦的典型物象特征。

【爻辞要义】虽然物富"大有",但不过分聚敛财物,就不会发生灾祸。说明眼光远大,智慧过人能明辨是非,懂得凡事不能做过头的哲理,这是明哲保身之术。"明""辨""哲"的共同物象是明亮、光明,启示人们要用开明的眼光和胸怀看待财富,不可滋生过度的贪欲。"大有"之时"共有"才吉祥没有灾害。做事要把握好度,过分聚敛财物近临祸端,乐善好施增添福缘,过分聚敛财物终将导致罹临祸患。其思想与"明哲保身"(遁卦将深入分析探讨)一脉相通。与佛教的主张相同。

五是"尊上柔下怀仁厚,诚信外交增威严"。

【六五爻辞】六五:厥孚交如,威如,吉。

象曰:厥孚交如,信以发志也;威如之吉,易而无备也。

【注解】厥:《古代汉语字典》:"厥是形声字,厂为形,欮为声。厥的本义指发射石块。"释义有其,那等义。本爻代指天子(或君王)与王公。

孚:相信,信任。

威:威严,威信,尊严。

发:《古代汉语字典》:"发的繁体写作發,是形声字,弓为形,發省癶(读作bō)为声。发的本义是射箭。"有引发,发作等义。

易:平和,和悦。如平易近人。《史记·鲁周公世家》:"平易近民,民必归之。"

【爻辞要义】他们(君王与王公)交往有诚信,有威信,吉祥。以诚待人,是以诚信像射箭那样引发他人的意志。有威信之所以吉祥,是因为平易近人而无人戒备。

六是"自天祐之无不利,利益当头识欲念"。

【上九爻辞】上九:自天祐之,吉无不利。象曰:大有上吉,自天祐也。

【注解】祐:"佑(祐)是形声字。亻为形,右为声,右兼表义。篆文写作右,是会意字,由口和又(手)会意,表示手不足,用口来相助。辅佐,帮助;保佑,福佑。"

【爻辞要义】《系辞上》"《易》曰:'自天祐之,吉无不利。'子曰:'祐者,助也。天之所助顺也;人之所助信也。履信,思乎顺,又以尚贤也,是以自天祐之,吉无不利'"。上天保佑并赐福有德之人,吉祥,无往不利。只有顺天应人,才能大有收获,得到大量的财富。

"大有"深远意义在于提出了一个永恒的经济思想:在"大有"之时要"匪其彭"即不要过分聚敛财富,让民众得以休养生息。核心精神是:不大其所有,才能共保大有。利益当头考识欲念,重德可以培根纳福。这是大有之道的辩证哲学。

(三)物极必反,居安思危

"创业容易守业难,盛极而衰是必然"——物极必反的必然规律谁都无法违逆,持盈保泰是异常艰难的事情,居于盛壮大有之时,一定要关注"满不可溢是良训(谦逊之道将在谦中探讨诠释),骄奢淫逸酿祸患",这是从古至今总结历史剖析出来的强盛转衰的症结和病根所在。是历史总结出来的宝贵教训。《尚书·大禹谟》:"满招损,谦受益,时乃天道。"故此以"满招损,谦受益"来说明骄傲自满招致损害,谦逊虚心得到益处。自满会招致损失和灾害,谦虚可以得到益处(谦逊之道将在谦卦中探讨与诠释)。骄奢淫逸:骄,骄横;奢,奢侈(形容一种浪费);淫,荒淫(形容过分贪恋女色);逸,安逸、放荡。指骄纵、奢侈、荒淫、放荡。后形容生活放纵奢侈,荒淫无度。出自《左传·隐公三年》:"骄奢淫佚,所自邪也。"典故是这样的——春秋时,卫国国君卫庄公非常溺爱他宠姬生的儿子州吁。州吁长大后非常任性,生活放荡,到处惹事生非,专横霸道。庄公对他听之任之,从不严加管教。卫国大夫石碏(què)劝告庄公说:"我听说,父亲喜爱孩子,应当用道义来教育他,不要让他走上邪路。骄横,奢侈,荒淫,好逸的恶习,都来自邪恶。这些恶习所以产生,就是因为父母宠爱得太过分。"卫庄公没有听从大夫的忠告,州吁变得越来越坏。不久庄公病死,太子姬完继位当国君,称卫桓公。第二年春天,州吁杀死了兄长桓公,自立为国君。州吁非常残暴,名声很坏,遭到卫国人的强烈反对。他篡位不到一年,石碏联合陈国国君,巧施计谋,把州吁杀死。从中可以看出,遏恶扬善十分必要。

(四)崇尚德治,不与民争利

老子曰:"民之难治,以其智多。故以智治国,国之贼;不以智治国,国之福。"治国施以巧智,必然官贪吏苛,民不聊生。大有之时,是让利与民,休养生息的好时机,因此,要明白"财富共享利均沾,有所奉献莫贪占;敛财近祸善施福,过分聚敛罹祸患""乐善好施增百福,共享财富添福缘"并努力践行。乐善好施:乐,好,喜欢。喜欢做善事和施舍,指乐于行善,喜欢施舍。出自西汉·司马迁《史记·乐书论》:"闻征音,使人乐善而好施;闻羽音,使人整齐而好礼。"乐善好施所以增福,在于远祸,根本在于不伤及人趋利忘义的劣根性;共享财富所以添福缘,在于互相施舍关爱一定程度上能够在社会培养人心向善的仁爱之心,有利于社会风气的好转。不管是治国,还是治理企业,能够做到这些,自然会增加民众爱国、爱公情结,否则,变相盘剥百姓利益,很快就会出现分崩离析的局面。

第十五章 谦 卦

谦逊之道:哀多益寡 称物平施

地中有山,山高能下,为高山隐藏于地中之表象,象征高才美德隐藏于心中而不外露,所以称作谦,象征谦逊。"谦逊是藏于土中甜美的根,所有崇高的美德由此发芽滋长。"天道下施于地故(万物)光明,地道卑顺柔下而万物向上生长,天道亏损盈满而增益欠缺,地道变换盈满而流注补益欠缺,鬼神祸害盈满而致福于谦虚,人道厌恶盈满而喜欢谦虚。谦道,尊让而使自己变得光明高大,处卑下而高不可逾越。此为是君子德性修养的"终"极。"君子以哀多益寡,称物平施。"谦虚地待物、待事、待人,诸事顺利。谦虚之美德,大足以守其天下,中足以守其国,小足以守其身。谦道的核心是,重视发挥谦德的作用,平"骄"去"逆""屈躬下物""卑以自牧",努力建立良好的人际关系,维护好社会关系,通过谦德互助,实现社会及天下的和谐与稳定。谦卦揭示的是谦逊之道,谦逊之道是致福之道。

一、谦卦经文

谦 地山谦 坤上艮下

谦：亨，君子有终。

彖曰：谦，亨。天道下济而光明，地道卑而上行。天道亏盈而益谦，地道变盈而流谦，鬼神害盈而福谦，人道恶盈而好谦。谦尊而光，卑而不可逾，君子之终也。

象曰：地中有山，谦。君子以裒多益寡，称物平施。

初六：谦谦，君子用涉大川，吉。
象曰：谦谦，君子卑以自牧也。

六二：鸣谦，贞吉。
象曰：鸣谦，贞吉，中心得也。

九三：劳谦，君子有终，吉。
象曰：劳谦，君子万民服也。

六四：无不利，捴谦。
象曰：无不利，捴谦。不违则也。

六五：不富，以其邻，利用侵伐，无不利。
象曰：利用侵伐，征不服也。

上六：鸣谦，利用行师，征邑国。
象曰：鸣谦，志未得也。可用行师，征邑国也。

二、谦卦警语箴言

坤上艮下地山谦　　山隐地下君子亨
天道下济增光明　　地道卑顺而上行
天道亏盈谦增益　　地道变盈流低平
鬼神害盈而福谦　　人道好谦而恶盈
内有所养乃为谦　　谦逊守正吉亨通
平实夯基谦纳福　　内恒外柔谦德庸
屈躬下物蕴崇高　　卑以自牧和谐增
损高益下惠广众　　裒多益寡物施平
谦谦君子涉大川　　捴谦守则而得正

鸣谦劳谦谦德逊　平骄去逆天下平
谦卑德高谁能越　与邻征邑利成功
谦虚受益满招损　谦恭致福美心灵

三、易理哲学简说

裒多益寡　称物平施
——谦虚受益满招损　谦恭致福美心灵

谦,地山谦,坤上艮下。艮象征山、止,坤象征地、顺,地中有山。山体高大,但在地下,高能下,下谦之象。《说文》:"谦,敬也。"形声字。从言,兼声。谦的本义指对别人恭敬,侧重于内心上的恭顺谨慎。谦虚,谦逊。卑下之中,蕴其崇高,屈躬下物,先人后己,对于君子亨通有利,所以谦象征谦虚。"坤上艮下地山谦,山隐地下君子亨"是对谦卦卦象的概括描述。

有了大的成就(大有)不能自满,"谦亨,君子有终""君子以裒多益寡,称物平施",即谦卦。谦卦揭示的是谦逊之道。谦卦六爻皆吉,关于谦,要注意把握:

(一)谦道是君子之道,要发扬谦道的美德

【谦卦卦辞】谦:亨,君子有终。

【卦辞要义】谦卦象征谦虚,谦虚的美德可以使百事顺利,但谦虚并不是人人都能坚持下去的,而只有德才兼备的君子才能坚持到底。《韩诗外传》云:"德行宽裕,守之以恭者荣。土地广大,守之以俭者安。禄位尊盛,守之以卑者善。人众兵强,守之以畏者胜。聪明睿智,守之以愚者善。博闻强记,守之以浅者智。故易有一道,大足以守天下,中足以守其国家,近足以守其身,谦之谓也。易曰,谦,亨,君子有终。"

如何才能发挥谦道的美德呢? 首先要有谦逊的资本。有实力有德行的君子谦虚地待物、待事、待人,诸事顺利,有利形成良好的社会风气,而品行低下的小人若行谦道则易流于苟且。"内有所养乃为谦,谦逊守正吉亨通。""满招损,谦受益,人之道也。"赞扬了谦虚的美德。谦虚的动机是对上谦而不卑,对下只耕耘不问收获。二是屈躬下物蕴崇高。孔颖达疏:"谦者,屈躬下物,先人后己,以此待物,则所在皆通。"就是将自己的心态放平,将自己对物质的占有欲降低,在物质利益面前先人后己,以这种崇高的精神待人待物,则亨通。三是卑以自牧和谐增。谦卦初六爻象辞为"谦谦君子,卑以自牧也。"王弼注:"牧,养也。"高亨注:"余谓牧犹守也,卑以自牧谓以谦卑自守也。"系指以谦卑自守,自养其德。即使处于卑微的地位,也能以谦虚的态度自我约束;而不因为位卑,就在品

易道 话说易经 谈道德修养

德方面放松修养。四是谦虚受益满遭损:即"满招损,谦受益。"出自《尚书·大禹谟》:"惟德动天,无远勿届,满招损,谦受益,时乃天道。"满:骄傲、自满;招,招来;损,损害;损失;谦,谦虚;受,受到;益,好处、益处。自己满足已获得的成绩,骄傲自满将会招来损失和灾害;谦逊虚心并时时感到了自己的不足,就能因此而得益。

(二)谦道具有积极的正面的作用

【谦卦象辞】象曰:谦,亨。天道下济而光明,地道卑而上行。天道亏盈而益谦,地道变盈而流谦,鬼神害盈而福谦,人道恶盈而好谦。谦尊而光,卑而不可逾,君子之终也。

【注解】济:《尔雅·释言》:"济,成也。"有拯救,救助,帮助,实现,完成,成长等义。

卑:《广雅》:"卑,庳也。"《说文》:"卑,贱也。执事也。"《古代汉语字典》:"卑是会意字。金文像手持酒器形,会执事供人役使之意。"有地势、位置低,与"高"相对;身份低下,卑微,低贱等义。

亏盈:减损、耗损盈余。

变盈:更改、变化盈余情况。

害盈:祸害盈满。

恶盈:厌恶盈满。

【象辞要义】"天道下济增光明,地道卑顺而上行;天道亏盈谦增益,地道变盈流低平;鬼神害盈而福谦,人道好谦而恶盈;内有所养乃为谦,谦逊守正吉亨通。"基本意思为,谦,"亨通",天道下施于地故万物光明,地道卑下而万物向上生长。天道亏损盈满而增益欠缺,如日中则昃,月盈则亏,致使日月轮回;狂风摧木而柔草益生。地道变换盈满而流注补益欠缺,如黄河携黄土高原泥沙而东流入海,减损西部之高,而填补东海低平。鬼神祸害盈满而致福于谦虚,致使资源与财富不过多聚敛在少数贪得无厌的人的手中。人道厌恶骄满而喜欢谦虚,人因谦虚而有良好的社会关系,而实现社会资源的流通。谦道,尊让而使自己变得光明高大,处卑下而高不可逾越。此为是君子德性修养的"终"极有好的结果。

从天道、地道、人道、鬼神之道阐释的作用和意义看,通过损益的辩证运动,行谦道都是吉利的,对于教化人心,培育社会风气,养育天下,都有正面的积极的作用。

一是天道下济增光明。孔颖达疏:"天体刚健而气下降以济生万物,三光垂耀而显明也;地体卑柔而气上行,交通于天以生万物也。"刚健的天道下施于地,阳光普照,降下济生万物,故万物光明,欣欣向荣。天道减损盈满而增益谦退。若日中则昃,月盈则食,是亏减其盈。盈者亏减,助弱益强,则谦者受益。

二是地道卑顺而上行。柔刚的地道,具有厚德载物的美德,地位虽低,卑顺而善于承载,提供安居的家园,万物赖此向上生长,蔚为壮观。"丘陵川谷之属,高者渐下,下者益高,是改变'盈'者,流布'谦'者也。"地道损高益下,变换盈满而流注补益低平之地缩短高下之差距。

三是鬼神害盈而福谦。鬼神使"骄盈者被害,谦退者受福",鬼神总是霍乱盈满而不足者的心性,使其先疯狂,而后加速死亡的速度,促其自身早堕落或毁灭,从而实现资源的再分配,进而造福更多的人或社会大众。比如清朝大贪官和珅(乾隆十五年——嘉庆四年正月十八日),曾兼任多职,封一等忠襄公,任首席大学士、领班军机大臣、兼管吏部、户部、刑部、理藩院、户部三库,还兼任翰林院掌院学士、《四库全书》总裁官、领侍卫内大臣、步军统领等要职,为乾隆帝宠信之极,官阶之高,管事之广,兼职之多,权势之大,清朝罕有。他贪得无厌,他自己的思想之"鬼"——恶念无限膨胀,当膨胀到民众和天下都不足以承载的时候,自然就走到末路的尽头,后被嘉庆皇帝赐死。和珅是人的"利己排他性"的极端表现。加强道德修养就是要克制内在的"利己排他"之心,增益助人利物的美德。可见,存在于人心中的贪妄之念是最大的鬼神,与鬼神斗争,就是要与自己的卑劣性斗争。人生过美女、金钱、权力诸关,首先要过自己的思想关。思想不过关,关关都难过。

四是人道好谦而恶盈。以"仁义"为核心的人道厌恶盈满而喜欢谦虚。《贞观政要》卷六谦让第十九:贞观二年,太宗谓侍臣曰:"人言作天子则得自尊崇,无所畏惧,朕则以为正合自守谦恭,常怀畏惧。昔舜诫禹曰:'汝惟不矜,天下莫与汝争能;汝惟不伐,天下莫与汝争功。'又《易》曰:'人道恶盈而好谦。'凡为天子,若惟自尊崇,不守谦恭者,在身傥有不是之事,谁肯犯颜谏奏?朕每思出一言,行一事,必上畏皇天,下惧群臣。天高听卑,何得不畏?群公卿士,皆见瞻仰,何得不惧?以此思之,但知常谦常惧,犹恐不称天心及百姓意也。"魏征曰:"古人云:'靡不有初,鲜克有终。'愿陛下守此常谦常惧之道,日慎一日,则宗社永固,无倾覆矣。唐、虞所以太平。实用此法。"贞观三年,太宗问给事中孔颖达,曰:"《论语》云:'以能问于不能,以多问于寡,有若无,实若虚。'何谓也?"颖达对曰:"圣人设教,欲人谦光,己虽有能,不自矜大,仍就不能之人,求访能事。己之才艺虽多,犹病以为少,仍就寡少之人更求所益。己之虽有,其状若无,己之虽实,其容若虚。非惟匹庶,帝王之德,亦当如此。夫帝王内蕴神明,外须玄默,使深不可知。故《易》称'以《蒙》养正,以《明夷》莅众',若其位居尊极,炫耀聪明,以才陵人,饰非拒谏,则上下情隔,君臣道乖,自古灭亡,莫不由此也。"太

易道 话说易经 谈道德修养

宗曰："《易》云:'劳谦,君子有终,吉。'诚如卿言。"诏赐物二百段。老子《道德经》第七十七章:"天之道,其犹张弓与? 高者抑下,下者举之,有余者损之,不足者补之。天之道,损有余而补不足。人之道,则不然,损不足以奉有余。孰能有余以奉天下,唯有道者。是以圣人为而不恃,功成而不处,其不欲见贤。"——自然的规律,不是很像张弓射箭吗? 弦拉高了就把它压低一些,低了就把它举高一些,拉得过满了就把它放松一些,拉得不足了就把它补充一些。天之道(自然规律)是减少有余的补给不足的。可是社会的法则却不是这样,要减少不足的,来奉献给有余的人。那么,谁能够减少有余的,以补给天下人的不足呢? 只有有道的人才可以做到。因此,有道的圣人这才有所作为而不占有,有所成就而不居功。他是不愿意显示自己的贤能。老子将自然界保持生态平衡的现象归之于"损有余而补不足",因此他主张"人之道"应该效法"天之道",人类社会也应当改变"损不足以奉有余"的不合理、不平等的现象,效法自然界的"损有余而补不足""损有余以奉天下",体现了他的社会财富平均化和人类平等的观念。

《群书治要》之《说苑·法诫》:"昔成王封伯禽于鲁,将辞去,周公戒之曰:'往矣,子其无以鲁国骄士也。我文王之子,武王之弟,今王之叔父也,又相天子,吾于天下不轻矣。然尝一沐而三捉发,一食而三吐哺,犹恐失天下之士。'吾闻之曰:'德行广大而守以恭者荣。土地博裕而守以俭者安。禄位尊盛而守以卑者贵。人众兵强而守以畏者胜。聪明睿智而守以愚者益。博闻多记而守以浅者广。'此六守者,皆谦德也。贵为天子,富有四海,德不谦者失天下,亡其身,桀、纣是也。可不慎乎? 故易曰(无曰字):有一道,大足以守天下,中足以守国家,小足以守其身。谦之谓也。夫天道毁满而益谦,地道变满而流谦,鬼神害满而福谦,人道恶满而好谦。易曰:谦亨,君子有終,吉。子其无以鲁国骄士矣。"——从前成王把周公之子伯禽封在鲁国,伯禽将要告辞离去时,周公告诫他说:"去吧! 你千万不要因为做了鲁国的国君就对士人傲慢。我是文王的儿子、武王的弟弟、当今君王的叔父,又辅佐天子,我的地位在天下来说也不算低了。然而我曾在一次洗头之中要多次握着已散的头发去接待客人,在一顿饭之间要多次吐出口中的食物去接待宾客,即便如此,还恐怕错失天下的贤士。我听说:'道德品行宽广博大又能守持恭敬的人才会荣显;土地广阔富饶又能守持节俭的人才会安乐;俸禄多、爵位高又能守持谦卑的人才会尊贵;兵员众多、军队强大又能守持戒惧的人才会获胜;聪明睿智又能守持愚拙姿态的人才会受益,见闻广博、记忆力强又能守持浅陋态度的人才会更加广博。'这六种操守都是谦虚的美德。贵为天子,富有天下,如果品德上不谦虚,就会失去天下,败亡自身,桀、纣便是这样的人,能不谨慎吗? 所以《易经》上有一种处事之道,大可以保住天下,中可以保住国家,小可以保住自身,这说的就是谦虚。天(自然)的规律是减损盈满者而增益谦虚者,地的规律是改变盈满者而流向谦虚者,鬼神是损害自满者而福佑谦虚者,为人之道是厌恶自满者而喜好谦虚者。《易经》上说:'人能谦虚则诸事亨通,君子若能始终保持谦德,就会吉祥如意。'你一定不要因为做了鲁国的国君就对士人傲慢啊!"

（三）"哀多益寡、称物平施"是谦德的核心

【谦卦象辞】地中有山,谦。君子以哀多益寡,称物平施。

【注解】哀多益寡:哀(póu),减少、减去;益,增补。哀多益寡,系指削减多余,用来增补不足。《文子·上德》:"天之道,哀多益寡;地之道,损高益下。"《三国演义》(106回):"愿君侯哀多益寡,非礼勿履。"

称物平施:衡量各种事物,然后取长补短,使其平均。

【象辞要义】谦卦的卦象是坤(地)上艮(山)下,为高山隐藏于地中之表象,象征高才美德隐藏于心中而不外露,所以称作谦。"谦者,才高而不自许,德高而不自矜,功高而不自居,名高而不自誉,位高而不自傲,皆内高而外卑,是以卦名曰'谦'。"(高亨语)君子总是损多益少,衡量各种事物,然后取长补短,使其平均,调剂民众生产生活,实现社会相对公平。"损高益下惠广众,哀多益寡物施平"是对谦卦的概括。

（四）"谦恭致福美心灵"是谦道的福佑

古希腊哲学家苏格拉底说:"谦逊是藏于土中甜美的根,所有崇高的美德由此发芽滋长。"亚里士多德名言:"对上级谦恭是本分;对平辈谦逊是和善;对下级谦逊是高贵;对所有的人谦逊是安全。"《菜根谭》云:"德在人先,利居人后"——宠利毋居人前,德业毋落人后;受享毋逾分外,修为毋减分中。可见,谦虚对滋养心灵有着无比积极的作用。"平实夯基谦纳福,内恒外柔谦德庸;屈躬下物蕴崇高,卑以自牧和谐增;损高益下惠广众,哀多益寡物施平;谦谦君子涉大川,扬谦守则而得正;鸣谦劳谦谦德逊,平骄去逆天下平;谦卑德高谁能越,与邻征邑利成功;满损谦益待物事,谦恭致福美心灵。"

谦卦六爻阐释谦的不同境界,妙用不同:

【初六爻辞】初六:谦谦,君子用涉大川,吉。象曰:谦谦,君子卑以自牧也。

【注解】谦谦:谦虚而又谦虚。

卑以自牧:卑,卑顺,谦卑。牧是会意字,甲骨文中的牧字由攵和牛组合而成,攵表示手执棍杖赶牛,牛表示牲畜。牧的本义指放羊牛群。像放牧牲畜那样进行自我约束与管理。关键在于,时刻摒弃野性和劣根性,增强自身的道德修养。

【爻辞要义】谦虚而又谦虚,君子以这样的态度和修养可以像涉过大河之险那样,克服一切困难,排除一切障碍,去完成艰巨的使命或任务,最终必然安全吉祥。君子是相对臣民而存在的,谦虚而又谦虚,是君子应该具备的宝贵品质,其积极意义在于,即使处于卑微的地位,当具厚实的道德基础和必要之克己精神,能以谦虚而又谦虚的态度自我约束、自我管理,克服野性和劣根性,加强品德修养,从而影响或带动身边的人及民众,去完成艰巨的使命或任务。

【六二爻辞】六二:鸣谦,贞吉。象曰:鸣谦,贞吉,中心得也。

【注解】鸣谦:有谦虚美名或声誉仍然谦虚,不自满。

中心得:乃"心得中"。心中积满纯诚,符合中正之道。

【爻辞要义】谦虚之美德,因纯诚积于心中所致,越享有名声,越须保持中正之内质,故贞则能吉。谦虚的美名不能靠沽名钓誉的手段获取。

【九三爻辞】九三:劳谦,君子有终,吉。象曰:劳谦,君子万民服也。

【注解】劳谦:《古代汉语字典》:"劳的繁体字写作勞,是会意字,合起来表示时已入夜,但仍点灯火或篝火劳作。"有功绩,功劳,勤奋等义。劳谦乃有功劳而仍然谦虚,不自伐。

【爻辞要义】功劳显赫仍然保持谦虚而不自伐,有这样美德的君子最终会有好结果。老百姓佩服而爱戴有这样美德的君子,原因是其可贵之处在于一如既往,一以贯之。这样的君子值得百姓信赖。

【六四爻辞】六四:无不利,撝谦。象曰:无不利,撝谦,不违则也。

【注解】撝谦:《古代汉语字典》:撝通"挥"。朱熹曰:"撝与挥同。""《公羊传·宣公十二年》:"庄王亲自手旌,左右撝军。"撝谦乃发挥谦德施惠于人而仍然谦虚不止。

【爻辞要义】以谦待人,以谦做事儿,发挥谦德施惠于人而仍然谦虚不止,使上下各方皆得其宜,没有任何不吉利,这不违背谦虚导致亨通的原则。

【六五爻辞】六五:不富,以其邻,利用侵伐,无不利。

象曰:利用侵伐,征不服也。

【注解】不富:不以天下富为己富。

以其邻:不以天下富为己富,其邻居也是这样。

【爻辞要义】不以天下富为己富,其邻居也是这样。(骄横四处侵扰的邑国令人深恶痛绝!)与有谦德的近邻联合起来,利用侵伐以征不服,秉持谦德以用兵,无往不利。这符合"君子以哀多益寡,称物平施"的治国理念。

【上六爻辞】上六:鸣谦,利用行师,征邑国。

象曰:鸣谦,志未得也;可用行师,征邑国也。

【爻辞要义】有谦极而名声远闻之象,谦虚的美名远扬四方,但安邦定国之志未酬,所以"可用出师征讨"的办法来讨伐骄横或叛逆者,征伐不顺服之封邑小国。

谦卦所揭示道理的核心是,重视发挥谦德的作用,努力建立良好的人际关系,维护好社会关系,通过谦德互助,实现社会及天下的和谐与稳定。谦与骄是一对并存的现象。欲使天下归谦,必须平"骄"去"逆"。关键在于加强自我管理与自我修养,克服自身"骄""逆"等缺点,内恒外柔,平实夯实基础,低调高格,"屈躬下物""卑以自牧"将欲望和自我放至极低处,积极发挥谦的作用,那么,就会"谦恭致福美心灵"。谦恭致福要从以下几个方面修养:一要有敬畏之心;二要有恭敬之德;三要有柔正之度;四要有仁忍之怀;五要有谦谨之风;六要有谦让之礼;七要有功成身退风范。就是说,作为一个人,应当温和、谦虚、知足。温和就能保持自己的力量强大。谦虚就能使人不断进步。凡事知足,使人处理任何事情或身处任何境地,不致过分。如此,则谦逊之德尽性发挥,则福至心灵。

震上
坤下　**豫**　雷地豫

第十六章　豫　卦

逸豫防患之道:作乐崇德　教化天下

　　豫卦以地上打雷感觉畅快舒爽为象,象征愉快、欢乐、喜悦,揭示的是逸豫防患之道,其精髓是作乐崇德,经邦训俗,教化天下,关键是顺四时而动,刑罚清明。逸豫之事不可以常行,偶尔可以有之。肆意放纵或疏懒的事不可以长行,治理国家,教化民俗要防止逸豫过度。执迷不悟,沉溺于寻欢作乐,十分危险,将生变故。但只要及时觉悟,改弦易辙,居安思危,则可避免祸害。只有实现全体民众思想意志的高度统一,才能有效组织民众,"利建侯行师",去建立宏图伟业。因此,只有做到"逸豫之时重预备,居安思危不大意""知错知过立即改,去恶修善不终日",才能"预备防范争主动,充分预备大有益"。推翻明王朝的农民起义军领袖闯王李自成建立大顺政权而又迅速败亡,其根本原因就是过度骄纵逸豫。关羽大意失荆州,留下千古遗憾。反面教材警钟频敲,引人深思。

一、豫卦经文

豫 雷地豫 震上坤下

豫：利建侯行师。

象曰：豫，刚应而志行，顺以动，豫。豫，顺以动，故天地如之，而况建侯行师乎？天地以顺动，故日月不过，而四时不忒；圣人以顺动，则刑罚清而民服。豫之时义大矣哉！

象曰：雷出地奋，豫。先王以作乐崇德，殷荐之上帝，以配祖考。

初六：鸣豫，凶。

象曰：初六：鸣豫，志穷凶也。

六二：介于石，不终日，贞吉。

象曰：不终日，贞吉，以中正也。

六三：盱豫，悔。迟有悔。

象曰：盱豫有悔，位不当也。

九四：由豫，大有得。勿疑。朋盍簪。

象曰：由豫，大有得；志大行也。

六五：贞疾，恒不死。

象曰：六五贞疾，乘刚也。恒不死，中未亡也。

上六：冥豫，成有渝，无咎。

象曰：冥豫在上，何可长也。

二、豫卦警语箴言

震上坤下雷地豫	建侯行师顺时势
纵恣宽暇不可长	经邦训俗防豫逸
天地顺动四时明	刑罚清明民服之
不赦有罪扬法威	不滥无辜仁以恤
和顺而动不违众	豫之时义大哉矣
雷出地奋皆逸豫	作乐崇德王效之
明堂五帝配祖考	殷盛之乐祭上帝
鸣豫聚众抢眼球	志穷则凶因泄密

知错知过立即改	去恶修善不终日
愉悦欢乐守贞吉	操守耿介如磐石
下交不渎讲原则	上交不谄不失体
盱豫有悔位不当	懊恼自己太迟疑
随心欢乐大收获	群朋合聚如簪髻
居中处尊不专权	贞疾乘刚恒不死
极豫尽乐必生变	冥豫思危当谨记
成功之后要谦和	享乐之时要警惕
南征北战十八载	闯王享国十八日
关羽忠义彪千秋	痛失荆州因大意
多难兴邦同心志	逸豫亡身分崩离
生于忧患是真理	死于安乐当慎思
逸豫之时重预备	居安思危不大意
预备泄密食恶果	没有预备悔莫及
敌情在我运帷幄	充分预备大有益
常备无懈国安泰	两国对垒预者吉
预备防范争主动	渝盟有益也有弊

三、易理哲学简说

作乐崇德 教化天下

豫,雷地豫,震上坤下。震为雷,坤为地,雷生于地,雷依时出,预示春天来临,因顺而动,和乐之源。大地振奋,春意盎然,充满喜悦、愉快、欢乐。《说文》:"豫,象之大者。"本义为大象。大象憨态可掬,走路悠然自得,象骨象牙可加工精美的器具或工艺品,以此,豫的引申义为娱乐。豫卦,象征愉快、欢乐、喜悦。

"雷出地奋",有了大的成就而能够谦虚谨慎(谦)必然会产生喜乐(豫),"豫,利建侯行师""先王以作乐崇德,殷荐之上帝,以配祖考",即豫卦。豫卦揭示的是逸豫防患之道。逸豫之时,要居安思危,那么应该有哪些启示和警示呢?让我们追随先王创制"盛大乐舞"祭祀上帝附带祭祀自己的祖先和死去的父亲的仪式体悟那居安思危的智慧:

(一)震上坤下雷地豫 建侯行师顺时势

【豫卦卦辞】豫:利建侯行师。

【注解】豫:《说文》:"豫,象之大者。形声字。从象,予声。本义大象。"《周礼·职方》:"河南曰豫州,豫州在九州之中,言常安逸。又云:禀中和之气,性理安舒,故云豫也。"《尔雅》:"豫,乐也。"郑玄注:"豫,喜豫说乐之貌也。"有欢喜,快乐,安乐,安适,同"预(事先准备)"等义。

【卦辞要义】郑玄曰:"坤,顺也。震,动也。顺其性而动者,莫不得,得其所,故谓之豫。豫,喜逸说乐之貌也。震又为雷,诸侯之象。坤又为众,师役之象。故'利建侯行师'矣。"电闪雷鸣,雷动于地,让人感觉畅快舒爽,象征欢乐愉快。受此物象启发,有利于建立诸侯的伟大功业,有利于出师南征北战。建侯就是建立国家组织机构,也就是国家机器,形成一整套从事社会管理的系统和官吏制度。确定任命国家上至侯王下至县令乡长之类的重要官员。这是古代管理社会"天地顺动四时明,刑罚清明民服之"的具体运用。古代社会选择这种时机办这种事情,并举行庆典活动,起码不误农时,不伤民力。行师就是调动和使用军队警察之类国家机器、执行保卫国土、维护社会秩序、进行冬季训练之类的活动。选择在这时候也因为农闲,可以让农民穿上军装变成战士。否则农活正忙,进行这些事情,劳民伤财,在古代社会生产力非常低下的情况下,会影响农业生产,危害非常大。"震上坤下雷地豫,建侯行师顺时势"阐述了"建侯行师"的策略、时机、原则等方面的问题。

(二)天地顺动四时明 刑罚清明民服之

【豫卦象辞】象曰:豫,刚应而志行,顺以动,豫。豫,顺以动,故天地如之,而况建侯行师乎?天地以顺动,故日月不过,而四时不忒;圣人以顺动,则刑罚清而民服。豫之时义大矣哉!

【注解】顺以动:《释名》:"顺,循也。"顺是会意字。从页,从巛。页,头。本义沿着同一方向。《说文》:"动,作也。"形声字。从力,重声。古文从"辵"。本义行动、发作。

过:虞翻曰"过谓失度。"即过错,错误。

忒:虞翻曰"忒,差迭也。"即变更。

圣人:《古代汉语字典》:"①指品格最高尚、智慧最高超的人物;②封建社会臣子对君主的尊称。"

【象辞要义】天地顺应而动,日月更迭,没有发生过过错与失误,产生四季分明的季节,循环交替无差错。豫卦体现的天地性质是顺而动。同样,先王治理国家也应该顺而动,就是顺应天时、地利和民心而动,而不推行违逆之举措。治理国家,刑罚是重要手段。刑罚是国家创制的、对犯罪分子适用的特殊制裁方法,是对犯罪分子某种利益(财产、政治权利、人身自由以至生命)的剥夺,并且表现出国家对犯罪分子及其行为的否定评价。刑罚是统治阶级为了维护本阶

易道 话说易经 谈道德修养

级利益和统治秩序,用以惩罚犯罪的一种强制方法。刑罚的目的在于保卫社会经济基础及与之相适应的上层建筑。要立足社会现实,顺应民心民俗,制定清明的刑罚制度,公正裁断狱讼,坚持刑罚的"不赦有罪扬法威,不滥无辜仁以恤"基本精神与原则,对待不可开脱的罪责不予赦免,该惩当惩,该戒当戒,发挥刑罚的惩罚、改造、教育、威慑等功能,彰显司法威严和威慑力;对待无辜的人不滥施刑罚,该赦当赦,伸张正义,以仁爱之德抚恤民众,那么,民众对统治就会信服,社会就会安定。用刑不当,刑罚过重会伤害群众,刑罚过轻会放纵罪犯。德国刑法学家耶林(R. vonJhering,1818—1892)曾说:"刑罚如两刃之剑,用之不得其当,则国家与个人两受其害。"因此说:"天地顺动四时明,刑罚清明民服之;不赦有罪扬法威,不滥无辜仁以恤;和顺而动不违众,豫之时义大哉矣。"

《群书治要·傅子》:"治人之谓治。正己之谓正。人不能自治,故设法以一之。身不正,虽有明法,即民或不从,故必正己以先之也。然即明法者,所以齐众也。正己者,所以率人也。夫法设而民从之者,得所故也。法独设而无主即行,有主而不一则势分。一则顺,分则争,此自然之理也。"——管理人叫作治,端正自己叫作正。人们不能自己管好自己,所以制定法律来统一管理。处于上位的人本身行为不端正,虽然制定了明确的法令,民众中也有人会不遵从,因此,必须首先端正自己。这就是说,彰明法度是用来使众人一致的,端正自己是为了给众人做表率的。设置法规而民众服从其法,就是实现了立法的本意。只制定法令而没有人掌管,法令则不能实行;有人掌管,却不能统一施行,权力就分散。统一就和顺无争,分散就争斗,这是很自然的道理。

《群书治要》之《袁子正书·刑法》:"礼法明则民无私虑,事业专则民无邪伪,百官具则民不要功。故有国者,为法欲其正也;事业欲其久也;百官欲其常也。天下之事,以次为爵禄;以次进士。君子以精德显,夫德有次则行修;官有次则人静;事有次则民安。农夫思其疆畔,百工思其规矩,士君子思其德行,群臣百官思其分职。上之人思其一道,侵官无所由,离业无所至。夫然,故天下之道正而民一。"——礼法彰明百姓就没有私心杂念,事业专一百姓就没有奸邪伪诈,百官设置完备百姓就不会邀功。所以治理国家的人,制定法律希望它公正,创立事业希望它长久,授予官位希望官员能够恒常守职。治理天下,要按次序授予爵位俸禄,按次序招贤纳士,这样君子美好的德行就会得以显现。进德有次序,士人就会致力于修身;晋升有次序,官员就安分;事业有次序,人民就安居乐业。农夫想的是田地里的活,工匠想的是他们的手工技巧,士人、君子想的是自己的德行,群臣想的是他们自己的职分,君主想的是一以贯之的治国方法,侵犯官员职守的事就不会出现,摒弃正业的事也不会发生。只有这样,对天下的治理才能走上正道,百姓才能用心专一。

(三)雷出地奋皆逸豫,作乐崇德王效之

【豫卦象辞】象曰:雷出地奋,豫。先王以作乐崇德,殷荐之上帝,以配祖考。

【注解】奋:《广雅·释言》:"奋,振也。"《说文》:"奋,翚也。"会意字。金文字形,中间是"隹"(鸟);外面像鸟振翅欲飞之势;下面是"田",表示空旷的田野。本义鸟类振羽展翅。有奋飞、奋翅;振作,鼓劲,振动;奋起、奋力;提起,举起等义。

作乐崇德:创作音乐,制作乐舞盛会,崇尚推广伟大的功德或美好的德性。

殷:《古代汉语字典》:"殷是会意字,由𣪊(省略右部)和殳(读作 shū)左右连接而成,表示乐舞的人拿着舞蹈器具转舞的意思。殷的本义指'作乐之盛',即制作盛大乐舞。"

荐(薦):《古代汉语字典》:"荐是形声字,艹为形,存为声。荐与薦原是两个字。薦是会意字,由艹和表示传说中的神兽的廌两部分组合而成。廌读 zhì,神兽吃的草就是薦。其本义指兽畜所食的草。"有"进、献,祭品,祭祀"等义。

上帝:上帝,或称天帝、昊天上帝等,中文本意泛指主宰天地宇宙的神,是超自然的最高的神,代表天或者等同于天。

配:《古代汉语字典》:"配是形声字,酉为形,己为声。甲骨文中酉字像酒尊之形,本意指酒的颜色。"有"在祭祀时附带被祭"之义。

祖:《古代汉语字典》:"祖,在甲骨文中祖是会意字,原用作切肉时垫在下面的砧板,又用作祭祀时盛放祭品的礼器,后加示为祖。祖是形声字,礻为形,且为声。"有"祖庙""祖先,特指祖父"等义。

考:《古代汉语字典》:考是形声字,在金文中的形符像长发老人,本义指年纪大,有"父亲,特指死去的父亲"之义。

【象辞要义】豫卦卦象为震(雷)上坤(地)下,为地上响雷之表象。雷在地上轰鸣,使大地振奋起来,这就是大自然愉快高兴的表现。天地间充盈愉快、欢乐、喜悦,可以鼓舞士气,振奋精神。上古圣明的君主,根据大自然欢乐愉快时雷鸣地震的情景创制了音乐,并用音乐来崇尚推广伟大的功德或美好的德性。他们以盛大隆重的仪礼,把音乐献给天帝,并附带用它来祭祀自己的祖先或已故的父亲,醇化社会风气,以此教化天下,统一各阶级的思想意志,以达到经邦训俗的目的。

《礼记》:"天地之道,寒暑不时则疾,风雨不节则饥。教者,民之寒暑也,教不时则伤世。事者,民之风雨也,事不节则无功。然则先王之为乐也,以法治也,善则行象德也。——依照天地运行的规律,天气冷热不该时交替,就会发生灾祸;风雨不调和就会闹饥荒。教化对民众就像天气冷热变化一样,不及时施

教就会危害社会。制度对于民众就像风雨调和一样,没有节度就难见功效。因此,以前的君王创制音乐,是当作治理民众的一种方法,恰当地适用,就会使民众的行为与道德相吻合。"

朱熹在《论象传》中云:"雷出地奋,豫,先王以作乐崇德,殷荐之上帝,以配祖考。先王作乐,无处不用。如燕飨饮食之时,无不用乐,此特言其大(注:作用之大)者耳。""震上坤下雷地豫,建侯行师顺时势;纵恣宽暇不可长,经邦训俗防豫逸。"以逸豫之事不可以常行,偶尔可以有之。肆意放纵或疏懒的事不可以长行,治理国家,教化民俗要防止逸豫过度。只有实现全体民众思想意志的高度统一,才能有效组织民众,"利建侯行师",去建立宏图伟业。因此可以说:"雷出地奋皆逸豫,作乐崇德王效之;明堂五帝配祖考,殷盛之乐祭上帝。"

《资治通鉴》卷第一百九十二司马光曰:"臣闻垂能目制方圆,心度曲直,然不能以教人,其所以教人者,必规矩而已矣。圣人不勉而中,不思而得,然不能以授人,其所以授人者,必礼乐而已矣。礼者,圣人之所履也;乐者,圣人之所乐也。圣人履中正而乐和平,又思与四海共之,百世传之,于是乎作礼乐焉。故工人执垂之规矩而施之器,是亦垂之功已;王者执五帝、三王之礼乐而施之世,是亦五帝、三王之治已。五帝、三王,其违世已久,后之人见其礼知其所履,闻其乐知其所乐,炳然若犹存于世焉。此非礼乐之功邪?夫礼乐有本、有文:中和者,本也;容声者,末也;二者不可偏废。先王守礼乐之本,未尝须臾去于心,行礼乐之文,未尝须臾远于身。兴于闺门,着于朝廷,被于乡遂比邻,达于诸侯,流于四海,自祭祀军旅至于饮食起居,未尝不在礼乐之中;如此数十百年,然后治化周浃,凤凰来仪也。苟无其本而徒有其末,一日行之而百日舍之,求以移风易俗,诚亦难矣。是以汉武帝置协律,歌天瑞,非不美也,不能免哀痛之诏。王莽建羲和,考律吕,非不精也,不能救渐台之祸。晋武制笛尺,调金石,非不详也,不能弭平阳之灾。梁武帝立四器、调八音,非不察也,不能免台城之辱。然则韶、夏、濩、武之音,具存于世,苟其馀不足以称之,曾不能化一夫,况四海乎!是犹执垂之规矩而无工与材,坐而待器之成,终不可得也。况齐、陈淫昏之主,亡国之音,暂奏于庭,乌能变一世之哀乐乎!而太宗遽云治之隆替不由于乐,何发言之易而果于非圣人也如此?主幸印夫礼非威仪之谓也,然无威仪则礼不可得而行矣。乐非声音之谓也,然无声音则乐不可得而见矣。譬诸山,取其一土一石而谓之山则不可,然土石皆去,山于何在哉!故曰:'无本不立,无文不行。'奈何以齐、陈之音不验于今世,而谓乐无益于治乱,何异睹拳石而轻泰山乎!必若所言,则是五帝、三王之作乐皆妄也。君子于其所不知,盖阙如也。惜哉!"

《礼记》:"是故乐在宗庙之中,君臣上下同听之,则莫不和敬;在族长乡里之中,长幼同听之,则莫不和顺;在闺门之内,父子兄弟同听之,则莫不和亲。故乐者,审一以定和,比物以饰节,节奏合以成文,所以合和父子君臣,附亲万民也。是先王立乐之方记(宗旨)。"

(四)居安思危防逸豫,重要原则须把握

一是"鸣豫聚众抢眼球,志穷则凶因泄密"。

【初六爻辞】初六:鸣豫,凶。象曰:初六:鸣豫,志穷凶也。

【注解】鸣豫:《古代汉语字典》:"鸣是会意字,由鸟和口会意,表示鸟叫声。"有抒发情怀,表达意志之义。需要注意,单鸟为叫,群鸟叫为鸣。鸣豫系指有一定主题参与者众多的群体性乐舞盛会。是作乐崇德的展现形式。具有活力、激情、张扬的特点。所表达的思想、意志、情感被人感知和了解。心志没有隐藏,动机外泄,所以凶险。

【爻辞要义】创制乐舞盛会,广泛组织人员参与,乐舞盛会盛大、激情、张扬,氛围浓烈,表达展现一定的思想、意志、情感,组织者与参与者的心志被人们所了解,存在凶险。比如说分封诸侯,或兴兵征伐,一般在行动之前要通过举办祭祀仪式来统一宗族乃至邦国的全民意志,统一思想,统一行动。原因在于心中的想法没有隐藏,敌对势力知道组织者与参与者的真实想法,就容易找到可以攻击的薄弱环节。

二是"愉悦欢乐守贞吉,操守耿介如磐石"。

【六二爻辞】六二:介于石,不终日,贞吉。象曰:不终日,贞吉,以中正也。

【注解】介于石:陆德明《经典释文》:"介古文作砎。"《古代汉语字典》:"一说,介是界的古文,是会意字,由人和表示分、分别的八组成,合起来表示个人守住自己的分界,介的本义为界限。"

中正:中正之道,既能够调和阴阳,又能够刚柔权变。

【爻辞要义】人刚坚如石容易折毁,如果不是整日总是固执己见冥顽不化,善于刚柔相济处理问题,那么是吉祥的。原因在于懂得中正之道,恪守贞正原则行事,坚守本分又善于变通,既能够调和阴阳,又能够刚柔权变,因此吉祥。在创制和举办乐舞盛会过程中,愉悦欢乐坚守正道和贞操必获吉祥。对此,孔子《系辞下》诠释更为深刻:"子曰:知几,其神乎。君子上交不谄,下交不渎,其知几乎。几者,动之微,吉凶之先见者也。君子见几而作,不俟终日。《易》曰:'介于石,不终日,贞吉。'介如石焉,宁用终日,断可识矣。君子知微知彰,知柔知刚,万夫之望。"说的是,君子善于见几而作,微知彰,知柔知刚,善于权变。

三是"盱豫有悔位不当,懊恼自己太迟疑"。

【六三爻辞】六三:盱豫悔;迟有悔。象曰:盱豫有悔,位不当也。

【注解】盱豫:《古代汉语字典》:"盱是形声字,目为形,于为声,本义指睁大

眼睛。"有"张目直视的样子"之义。盱豫系指发现别人聚众举办盛大的乐舞由于吃惊张目直视观看。

悔:《古代汉语字典》:"悔是形声字,忄为形,每为声。悔的本义指对自己以前做过的事感到懊恼。"有"不吉利,过失,灾难"等义。

【爻辞要义】吃惊张目直视观看别人聚众举办盛大的乐舞,没有参与其中,感到懊恼,原因在于没有参加到队伍中来,位不当。虽然感受到了氛围,但是,不能得到有效的鼓舞与振奋。

四是"随心欢乐大收获,群朋合聚如簪髻"。

【九四爻辞】九四:由豫,大有得。勿疑,朋盍簪。

象曰:由豫,大有得,志大行也。

【注解】由豫:《吕氏春秋·论威》"由豫"乃"心无有虑"。高琇注:"无有由豫之虑。"《古代汉语字典》:"由的基本义表示经历、经由,虚化为表示自、从的介词。"有通过、经过,随心、自主,原因、缘由等义。由豫系指随心自主举办盛大的乐舞。

朋盍簪:像用簪子束发那样,朋友聚汇云集。

【爻辞要义】随心自主举办盛大的乐舞,能够广泛获得民众呼应,必将大有所获;毋庸置疑,朋友们会像头发汇聚于簪子形成抓髻一样,积聚在周围,有广泛的共鸣响应,那么理想和志愿就可以放手实现。

五是"居中处尊不专权,贞疾乘刚恒不死"。

【六五爻辞】六五:贞疾,恒不死。象曰:六五贞疾,乘刚也。恒不死,中未亡也。

【注解】疾:灾祸,危难。

恒不死:永不会灭亡。

【爻辞要义】处在中正适当的位置,恪守贞正之道,保持尊严但不专权独断,即使出现弊病,但有刚强之臣辅佐,仍能长时间地支持下去而不致灭亡,这是因为它居中,只要保持中庸,就会长时间地坚持下去而不致于灭亡。

六是"极豫尽乐必生变,冥豫思危当谨记"。

【上六爻辞】上六:冥豫,成有渝,无咎。

象曰:冥豫在上,何可长也?

【注解】冥豫:《古代汉语字典》:"冥是形声字,由表示数字十的日和六会意而表形,十六日,月始亏损幽暗;冖(读作 mì)为声,冖兼表义,表示覆盖,冥的本义指幽暗不明。"有昏暗、幽深、幽远等义。冥豫系指没有节制失去控制的昏天黑地的娱乐。

有渝:"渝",改变。"有渝",有所改变。

【爻辞要义】执迷于安乐、逸豫过度,没有节制失去控制的昏天黑地的娱乐,谓之冥豫。已处在天昏地暗的局面之中,但却执迷不悟,仍沉溺于寻欢作乐之中,十分危险。但只要及时觉悟,改弦易辙,则可避免祸害。高高在上,不察下情,这样的欢乐愉快怎能长久地保持呢?

(五)生于忧患是真理,居安思危不大意

"多难兴邦同心志,逸豫亡身分崩离。""纵恣宽暇不可长,经邦训俗防豫逸。"《中庸》云:"凡事,豫则立,不豫则废。言前定,则不跲(jiá 绊倒)。事前定,则不困。行前定,则不疚。道前定,则不穷。"处于逸豫安乐之时,要居安思危,时刻加强自身修养,知错即改,去恶修善,增强预见性和前瞻性,遇事提前做好预备与防范工作,避免自鸣得意、媚上求乐、乐极生悲等情形发生。

一是"生于忧患是真理,死于安乐当慎思"。战国时期《孟子》阐述了"生于忧患,死于安乐"的重要思想。原文为:"舜发于畎亩之中,傅说举于版筑之中,胶鬲举于鱼盐之中,管夷吾举于士,孙叔敖举于海,百里奚举于市。故天将降大任于斯人也,必先苦其心志,劳其筋骨,饿其体肤,空乏其身,行拂乱其所为,所以动心忍性,曾益其所不能。人恒过,然后能改;困于心,衡于虑,而后作;征于色,发于声,而后喻。入则无法家拂士,出则无敌国外患者,国恒亡。然后知生于忧患,而死于安乐也。"——舜从田野之中被任用,傅说从筑墙工作中被举用,胶鬲从贩卖鱼盐的工作中被举用,管夷吾从狱官手里释放后被举用为相,孙叔敖从海边被举用进了朝廷,百里奚从市井中被举用登上了相位。所以上天将要降落重大责任在这样的人身上,一定要先使他的内心痛苦,使他的筋骨劳累,使他经受饥饿,以致肌肤消瘦,使他受贫困之苦,使他做的事颠倒错乱,总不如意,通过那些来使他的内心警觉,使他的性格坚定,增加他不具备的才能。人经常犯错误,然后才能改正;内心困苦,思虑阻塞,然后才能有所作为;这一切表现到脸色上,抒发到言语中,然后才被人了解。在一个国内如果没有坚持法度的世臣和辅佐君主的贤士,在国外如果没有敌对国家和外患,便经常导致灭亡。这就可以说明,忧愁患害可以使人生存,而安逸享乐使人萎靡死亡。

宋代名臣欧阳修《伶官传序》有传世名言"忧劳可以兴国,逸豫可以亡身"之句,同样阐述了这一思想——忧虑辛劳可以振兴强盛国家,安逸自在、骄奢懈怠会导致不好的结果,甚至丧失生命。不难看出,一个人、一个家庭、一个集体、一个国家要生存,要发展,必须具有忧患意识,要超越自身的利害、荣辱、成败,而将世界、社会、国家、人民的前途命运萦系于心,对人类、社会、国家、人民可能遭遇到的困境和危难抱有警惕并由此激发奋斗图强、战胜困境的决心和勇气以及防范意识和预见意识,这是生存和发展的重要的精神动力。

二是"逸豫之时重预备,居安思危不大意"。居,处于,处在。思,想,考虑。处在安乐的环境中,要想到可能有的危难祸害情况,要提高警惕,防止祸患,防患于未然。近义词还有常备不懈、安不忘危、防患未然、安不忘忧、处安思危、居安虑危、未雨绸缪。居安思危是《易经》思想的精髓之一。这一思想,《易经》诸卦从不同角度有所警示。深入研读《易经》,就会发现,这部书是关于发展变化以及发展变化中诸多情形中应该保持应有的警醒警惕给出种种风险提示的一部著作。居安思危一词出自《左传·襄公十一年》:"思则有备,有备无患。"春秋时期,有一次宋、齐、晋、卫等十二国联合出兵攻打郑国。郑国国君慌了神,急忙向十二国中最大的晋国求和,得到了晋国的同意,其余十一国也就停止了进攻。郑国为了表示感谢,给晋国送去了大批礼物,其中有著名乐师三人、配齐甲兵的成套兵车共一百辆、歌女十六人,还有许多钟磬之类的乐器。晋国的国君晋悼公见了这么多的礼物,非常高兴,将八个歌女分赠给他的功臣魏绛,说:"你这几年为我出谋划策,事情办得都很顺利,我们好比奏乐一样和谐合拍,真是太好了。现在让咱俩一同来享受吧!"可是,魏绛谢绝了晋悼公的分赠,并且劝告晋悼公说:"咱们国家的事情之所以办得顺利,首先应归功于您的才能,其次是靠同僚们齐心协力,我个人有什么贡献可言呢?但愿您在享受安乐的同时,能想到国家还有许多事情要办。《书经》上有句话说得好:'居安思危,思则有备,有备无患。'现谨以此话规劝主公!"魏绛这番远见卓识而又语重心长的话,使晋悼公听了很受感动,高兴地接受了魏绛的意见,从此对他更加敬重。宋司马光《居安思危》(节选):上谓侍臣曰:"治国如治病,病虽愈,犹宜将护。傥遽自放纵,病复作,则不可救矣。今中国幸安,四夷俱服,诚自古所希,然朕日慎一日,唯惧不终,故欲数闻卿辈谏争也。"魏征曰:"内外治安,臣不以为喜,唯喜陛下居安思危耳。臣闻求木之长者,必固其根本;欲流之远者,必浚其泉源;思国之安者,必积其德义。源不深而望流之远,根不固而求木之长,德不厚而思国之安,臣虽下愚,知其不可,而况于明哲乎?人君当神器之重,居域中之大,不念居安思危,戒奢以俭,斯亦伐根以求木茂,塞源而欲流长也……"——唐太宗对亲近的大臣们说:"治国就像治病一样,即使病好了,也应当休养护理,倘若马上就自我放开纵欲,一旦旧病复发,就没有办法解救了。现在国家很幸运地得到和平安宁,四方的少数民族都服从,这真是自古以来所罕有的,但是我一天比一天小心,只害怕这种情况不能维护久远,所以我很希望多次听到你们的进谏争辩啊。"魏征回答说:"国内国外得到治理安宁,臣不认为这是值得喜庆的,只对陛下居安思危感到喜悦。"我听说如果想要树木长得高大,就必须稳固它的树根;想让河流流得长远,就必须疏通它的源泉;想让国家能够安定,主上就必须积累德和义;陛下您现在拥有中原这么大的国土,责任重大,需要在安逸的时候想到危险,勤俭节约,不能奢侈,这样的话就可以使江河长流……

(六)知错知过立即改,去恶修善不终日

居安思危,防患未然,需要加强品德修养,需要通过点滴积累善行除去恶习。知道犯了错误就立即改正,修正错误,摒除陋习,修养美德,不超过一整天。说明加强修养要立行立效。《战国策·齐策》之《邹忌讽齐王纳谏》载:邹忌身高八尺多,形体容貌光艳美丽。有一天早晨他穿戴好衣帽,照着镜子,对他的妻子说:"我与城北的徐公相比,谁更美呢?"他的妻子说:"您更美,徐公怎么能比得上您呢?"城北的徐公,是齐国的美男子。邹忌不相信自己会比徐公美,于是又问他的妾说:"我与徐公相比,谁更美?"妾说:"徐公怎能比得上您呢?"第二天,一位客人从外地来拜访,邹忌和他坐着谈话,问客人道:"我和徐公相比,谁更美呢?"客人说:"徐公不如您美啊!"又过了一天,徐公来了,邹忌仔细地端详他,自己觉得不如他美;再照镜子看看自己,更觉得远远比不上人家。晚上,他躺在床上想这件事情,说:"我的妻子认为我(比徐公)美的原因,是偏爱我;我的妾认为我比徐公美的原因,是惧怕我;客人认为我比徐公美的原因,是对我有所求。"因此邹忌上朝拜见齐威王,说:"我确实知道自己不如徐公美。可是我的妻子偏爱我,我的妾惧怕我,我的客人对我有所求,他们都认为我比徐公美。如今的齐国,土地方圆千百里,有一百二十多座城池,宫中的姬妾和身边的近臣,没有不偏爱大王的;朝廷中的大臣,没有不惧怕大王的;国内的百姓,没有不对大王有所求的。由此看来,大王您受到的蒙蔽一定很严重了!"齐威王说:"说得好。"于是下了一道命令:"所有大臣、官吏、百姓能够当面批评我过错的,授予上等奖赏;能够上书劝谏我的,授予中等奖赏;能够在众人集聚的公共场所指责、议论我的过失,并能传到我耳朵里的,授予下等奖赏。"政令刚一下达,许多官员大臣与百姓都来进言规劝,宫门庭院就像集市一样喧闹;几个月以后,有时偶尔还有人进谏;一年以后,即使想进言,也没有什么可说的了。燕、赵、韩、魏等国听说了这件事,都到齐国来朝见。这就是所谓的修明内政,在朝廷不必用兵就可以战胜其他国家。

(七)极豫尽乐必生变,冥豫思危当谨记

已处在天昏地暗的局面之中,但却执迷不悟,仍沉溺于寻欢作乐,十分危险,将生变故。但只要及时觉悟,改弦易辙,居安思危,则可避免祸害。实质是对时局缺少应有的觉察与必要的防范,历史有两个著名人物在这方面跌了大跟头。

一是"南征北战十八载,闯王享国十八日"。李自成(1606—1645年),明末

农民起义领袖,古代杰出的军事家。原名鸿基。称帝时以李继迁为太祖。世居陕西米脂李继迁寨。童年时给地主牧羊(一说家中非常富裕),曾为银川驿卒。崇祯二年(1629年)起义,后为闯王高迎祥部下的闯将,勇猛有识略。八年荥阳大会时,提出分兵定向、四路攻战的方案,受到各部首领的赞同,声望日高。次年高迎祥牺牲后,他继称闯王。十一年在潼关战败,仅率刘宗敏等十余人,隐伏商雒丛山中(在豫陕边区)。次年出山再起。十三年又在巴西鱼腹山(腹一作复)被困,以五十骑突围,进入河南。其时中原灾荒严重,阶级矛盾极度尖锐。李岩提出"均田免赋"等口号,获得广大人民的欢迎,散布"迎闯王,不纳粮"的歌谣。部队发展到百万之众,成为农民战争中的主力军。崇祯十六年(1643年)在襄阳称新顺王。同年,在河南汝州(今临汝)歼灭明陕西总督孙传庭的主力,旋乘胜进占西安。次年正月,建立大顺政权,年号永昌。不久攻克北京,推翻明王朝。由于起义军领袖犯了胜利时骄傲的错误,迫害吴三桂的家属。逼反吴三桂,满洲贵族入关,联合进攻农民军。他迎战失利,退出北京,率军在河南,陕西抗击。永昌二年(1645年)在湖北通山九宫山考察地形,李自成神秘消失,李自成余部降清后,又反清,继续抗清斗争。相传,李闯王南征北战打天下18年,建立大顺政权,进京仅仅当了18天皇帝,败亡原因就是骄纵逸豫。

二是"关羽忠义彪千秋,痛失荆州因大意"。关羽(161—219年),约生于东汉桓帝年间,字云长,本字长生,河东解良人(今山西运城市)。三国时期蜀汉著名将领。死后受民间推崇,又经历代朝廷褒封,被人奉为关圣帝君,佛教称为伽蓝菩萨,被后来的统治者崇为"武圣",与号为"文圣"的孔子齐名。在中国关羽被誉为忠义的楷模。国人对关羽崇拜由来已久,现在在广东很多地方尤其风行,很多商铺都供奉关羽偶像,人们敬拜关羽是由于其忠义,主要表现在《三国演义》里所描述的"千里走单骑"和"华容道义放曹操"。千里走单骑主要讲述关羽、刘备下邳失散,关羽陷身曹营。刘备去投袁绍,关羽得知刘备下落,单人匹马保护二家皇嫂千里寻兄。在五关当中分别受到了孔秀、韩福、孟坦、卞喜、王植、秦琪的阻拦;关羽被逼无奈,过五关斩六将。最后在古城兄弟君臣夫妻相会。华容道义放曹操,曹操经赤壁之战大败,逃走华容道。遇关羽伏兵,曹操云:"曹操兵败势危,到此无路,望将军以昔日之情为重!"关羽听了曹操哀告,又见曹军将士惊惊惶惶,哭拜于地,越发心中不忍,于是勒马回头,令众军四面散开,放了曹操一条生路,使得曹操败归许都。关羽忠诚于刘备,对曹操讲义气,被历朝统治者宣扬,被世代民众敬仰,符合中国儒家思想与仪礼规范,有积极的一面,有利于上下级建立融洽和谐的关系。同时,也具有时代和阶级的局限性,应该用辩证的批判的眼光看待。关羽除了侠肝义胆忠义豪爽,性格中还有刚愎自用的一面。关羽远征樊城曹军驻地时,为防备东吴大将吕蒙偷袭荆州,留下重兵防范。这时,陆逊给吕蒙献计说:"关羽自恃英勇无敌,所怕的就是你。如果将军辞职,关羽一定轻敌,届时荆州唾手可得。"吕蒙依计而行。不久,陆逊取代吕蒙的消息传来,关羽仰天大笑:"孙权怎么不长眼睛呢? 用了陆逊这个乳臭未干的孩子!"忽又听得报告:"陆将军派使者送来名马、锦缎等礼物,还有公函一封。"关羽拆开公函一看,里面尽是卑躬屈膝,乞求蜀吴两家永结同心的话,不由得纵声长笑。使者刚走,关羽即调出荆州精兵去攻取樊城。结果,吕蒙率吴军一举攻破城防空虚的荆州,关羽被迫败走麦城,手下劝谏:"小路恐有埋伏,可走大路。"而关羽的最后一句话是:"虽有埋伏,吾何惧哉?"最后迎接他的是被俘、被杀的结局。关羽的骄傲自大和刚愎自用是十分有名的,从他坐镇荆州后发生的一系列事情分析看,就潜藏着祸事。他先是与马超论武争高低,后又要和黄忠争名位,最后不按"隆中对"联吴抗曹的方针,意气用事,侮辱孙权,诋毁盟友,这些行为,对于一位镇守边疆的指挥官来说,是致命大忌,不论是本集团内部,或是东吴盟军,这都是不能容忍的,他的悲剧不但令自己丧命,还断送了蜀汉前程,致使蜀吴联盟分裂,蜀汉精锐尽失,教训不可谓不惨痛。

(八)预备防范争主动,充分预备大有益

盛世思危,逸豫防患:

一是"预备泄密食恶果,没有预备悔莫及"——凡事预则立,不预则废。提前没有预备,机会来临抓不住,灾害或危机事件发生处置不当或处置不了将追悔莫及。即使有所预备,如果泄密,也要发生损失或产生不好影响,结果很糟糕。

二是"敌情在我运帷幄,充分预备大有益"。指运筹帷幄,在军帐内对军略做全面计划。常指在后方决定作战方案。也泛指主持大计,考虑决策。运:运用;筹:算筹,引申为策划;帷幄:军队的帐幕。《史记·高祖本纪》载:西汉初年,天下已定,汉高祖刘邦在洛阳南宫举行盛大的宴会,喝了几轮酒后,他向群臣提出一个问题:"我为什么会取得胜利? 项羽为什么会失败?"高起、王陵认为高祖派有才能的人攻占城池与战略要地,给立大功的人加官奉爵,所以能成大事业。而项羽恰恰相反,有人不用,立功不授奖,贤人遭疑惑,所以他才失败。汉高祖刘邦听了,认为他们说得有道理,但是最重要的取胜原因是能用、善用人。他称赞张良说:"夫运筹帷幄之中,决胜千里之外,吾不如子房(古人有名,有字,子房为张良的字)。"意思是说,张良坐在军帐中运用计谋,就能决定千里之外战斗的胜利。这说明张良心计多,善用脑,善用兵。后来人们就用"运筹帷幄"表示善于策划用兵,指挥战争。可见,善于预备,善于运筹帷幄,有大大的好处。

三是"预备防范争主动""常备无懈国安泰"。"常备无懈国安泰,两国对垒

预者吉。"不打无准备之仗,增强国力,加强备战,国家就会安泰祥和,当两个国家对垒开战的时候,哪个国家提前有所预备,哪个国家就有主动权,吉祥有利。"预备防范争主动,渝盟有益也有弊。"老子《道德经》第七十九章:"和大怨,必有余怨。安可以为善?是以圣人执左契,而不责于人。有德司契,无德司彻。"通过盟约、协议等事前主动预防化解危患是重要途径。这与讼卦"作事谋始重本源"异曲同工,阐释的是同一道理。典型事例当属国共两党签署双十协定,又称为《政府与中共代表会谈纪要》。1945 年 8 月 29 日至 10 月 10 日,以毛泽东为首的中国共产党代表团与国民党政府代表在重庆举行谈判,经过 43 天的谈判,于 10 月 10 日签署《政府与中共代表会谈纪要》,即《双十协定》。该会谈纪要列入关于和平建国的基本方针、政治民主化、国民大会、人民自由、党派合法化、特务机关、释放政治犯、地方自治、军队国家化、解放区地方政府、奸伪、受降12 个问题。这 12 个问题中仅少数几条达成协议,在军队、解放区政权两个根本问题上没有达成协议。《双十协定》公布不久,即被蒋介石公开撕毁。尽管如此,但《双十协定》的签订是有其意义的,教育了广大人民,特别是中间势力,使中国共产党的主张得到了国内外舆论的广泛同情和支持,使国民党当局陷入被动。其历史意义在于:一是双十协定是以国共两党协商方式产生的一个正式文件,它的发表,表明了国民党不得不承认中共的平等地位。二是共产党在政治上取得了主动,在人民面前表现了和平的诚意。在国民党统治区和各民主党派中扩大了影响。三是迫使国民党承认和平建国的基本方针。国民党若破坏协定,发动内战,就在全国全世界面前输了理,失去了人心。

第十七章　随　卦

随顺自然之道：向晦宴息　顺其自然

随含有"依顺、顺从"的意思，跟随、顺从可以带来喜悦而没有伤害及灾难。"君子以向晦入宴息"，即该日出而作就日出而作，该日落而息就日落而息。适逢阴雨晦暗天气，那么就回家陪家人共进午餐安适聚乐。不违时令，不违背自然规律。坚持以下原则可通达至随顺自然境地："随时机遇不错过，随地设身不胡乱；随情颐怀善包容，随势向前看发展；随心所欲不逾矩，随性率真不武断；随缘安心守其分，随喜乐观不悲观。"随顺自然宜坚持正确安全的原则，唯正是从，见善则从。要保持随顺的态度对待人事及政治。

一、随卦经文

随 泽雷随 兑上震下

随:元亨利贞,无咎。

彖曰:随,刚来而下柔,动而说,随。大亨贞,无咎,而天下随时,随之时义大矣哉!

象曰:泽中有雷,随。君子以向晦入宴息。

初九:官有渝,贞吉。出门交有功。
象曰:官有渝,从正吉也。出门交有功,不失也。

六二:系小子,失丈夫。
象曰:系小子,弗兼与也。

六三:系丈夫,失小子。随有求得,利居贞。
象曰:系丈夫,志舍下也。

九四:随有获,贞凶。有孚在道,以明,何咎。
象曰:随有获,其义凶也。有孚在道,明功也。

九五:孚于嘉,吉。
象曰:孚于嘉,吉,位正中也。

上六:拘系之,乃从,维之。王用亨于西山。
象曰:拘系之,上穷也。

二、随卦警语箴言

雷动泽中泽相随　　随和随从顺自然
内动以德外悦言　　相随相合远祸患
元亨利贞随无咎　　随缘而变安自然
虚心随顺畅通达　　顺应时势百姓安
天下随时大亨贞　　随之时义不一般
向晦宴息不违时　　遵循规律好习惯
日出而作沐朝阳　　日落而息颐晚安
阴天下雨回家中　　安适聚乐共进餐
随时机遇不错过　　随地设身不胡乱

随情颐怀善包容　　随势向前看发展
随心所欲不逾矩　　随性率真不武断
随缘安心守其分　　随喜乐观不悲观
随时随地随时势　　随心随性随机缘
随至极处自然好　　天清地宁心里甜
官职变动守正吉　　出门交往有功然
随从小子失丈夫　　鱼和熊掌不可兼
随从丈夫失小子　　随求得利居贞然
随从有获贞也凶　　诚信正道岂有难
随有获分其义凶　　光明磊落功劳显
诚信美善有吉祥　　君王中正有辅攀
纣王斩妾戮九侯　　文王囚羑因轻叹
顺应时势而随顺　　亢极而随保安全
安居守正不妄为　　逢凶诚善利保全
比乐和谐慎亲比　　名正言顺相安然
文王最终脱大难　　王用亨祀于西山

三、易理哲学简说

向晦宴息　顺其自然

随卦,泽雷随,兑上震下。《说文》:"随,从也。"本义是跟从的意思,而跟从者必然顺从君王或领导,当然有顺从的意思。《广雅》:"随,顺也。"即随含有"依顺、顺从"的意思,跟随、顺从可以带来喜悦而没有伤害及灾难,所以《序卦传》说:"豫必有随,故受之以随。"豫卦之后为随卦,符合逻辑。

喜乐(豫)的生活肯定得到百姓的拥护,"随,元,亨,利,贞,无咎""君子以向晦入宴息",即随卦。随卦诠释的是随顺自然之道。

（一）"顺其自然"具有积极意义和作用——"元亨利贞随无咎,随缘而变安自然"

【随卦卦辞】随:元亨利贞,无咎。

【随卦彖辞】象曰:随,刚来而下柔,动而说,随。大亨贞,无咎,而天下随时,随之时义大矣哉!

【卦辞要义】随象征随从、随和。如果随从、随和,便能始终亨通,和谐有利。固守正道,没有任何危险。

【象辞要义】震为动,兑为悦,内动之以德,外悦之以言,天下人因喜欢他的言行而随从之。随象征随从、随和之义。又震为雷,兑为泽,雷震于泽中,泽随震而动,为随之象。能顺随自然、合乎规律、顺从大众,虚心随和他人,他人也会来随和自己,相互随和通顺畅达,自然没有灾祸。"雷动泽中泽相随,随和随从顺自然;内动以德外悦言,相随相合远祸患;虚心随顺畅通达,随缘而变安自然;元亨利贞亨无咎,刚来下柔动悦然;天下随时大亨贞,随之时义不一般。"是对随卦卦象及时势意义的概括与阐释。

(二)"顺其自然"关键把握好随卦核心启示——"向晦宴息不违时,遵循规律好习惯"

【随卦象辞】象曰:泽中有雷,随。君子以向晦入宴息。

【注解】晦:《说文》:"晦,月尽也。""形声字。从日,从每,每亦声。"每"意为"笼罩""覆盖"。"日"指太阳。"日"与"每"联合起来表示"太阳被雾气或阴云笼罩"。本义天气阴暗。阴天。特指阴历每月的最后一天,这一天月亮即将完全隐去,是夜朦胧,难以见物。

宴:yàn《说文》:"宴,安也。"形声。字从宀(mián),从妟(yàn),妟亦声。"妟"为"安"意"平安"。"妟"指太阳下山,月亮尚未升起的时段,但是妟指的的正午或者下午。"宀"为"家"或者"宅"。"宀"与"妟"联合起来表示"在正午与妻子共进餐"。本义是与妻子安逸的共进午餐。转义是在正午时段安逸聚餐。

息:《广雅》:"息,安也。"《说文》:"息,喘也。"《释言》:"息,休也。"息,会意兼形声。从心,从自,自亦声。自指的是"自身",自和心合起来的意思是"心上只有自身",意思是把工作从心里面彻底放下,从而把注意力放在自身上去养精蓄锐。息,指呼与吸之间停顿的间隔。

【象辞要义】随卦卦象启示"君子以向晦入宴息"。阴天或黑天,那么就在家与家人安逸地聚餐休息。把工作从心里面彻底放下,从而把注意力放在自身上去养精蓄锐。就是该日出而作就日出而作,该日落而息就日落而息,该吃饭就吃饭,该休息就休息。不违时令,不违背自然规律,安逸休乐,充分颐养自家身心。可谓"日出而作沐朝阳,日落而息颐晚安"。

随是颐养的高境界,也是做事儿的高境界。

医易同源同理。《黄帝内经》之《四气调神大论》,阐述了一年四季中适应气候变化的摄生法则,指出了违反四时气候的变化规律,是导致疾病发生的因素,从而进一步指出预防思想,堪为按随卦哲学思想指导养生的精粹典范。我们不妨看看《四气调神大论》:

> 春三月,此谓发陈(推陈出新)。天地俱生,万物以荣,夜卧早起,广步于庭,被发缓形,以使志生,生而勿杀,予而勿夺,赏而勿罚,此春

气之应,养生之道也;逆之则伤肝,夏为寒变,奉长者少。

夏三月,此谓蕃秀(蕃,即繁茂、茂盛;秀,即秀丽;蕃秀,即繁茂秀丽的意思)。天地气交,万物华实,夜卧早起,无厌于日,使志勿怒,使华英成秀,使气得泄,若所爱在外,此夏气之应,养长之道也;逆之则伤心,秋为痎疟,奉收者少,冬至重病。

秋三月,此谓容平。天气以急,地气以明,早卧早起,与鸡俱兴,使志安宁,以缓秋刑,收敛神气,使秋气平,无外其志,使肺气清,此秋气之应,养收之道也;逆之则伤肺,冬为飧泄(是消化不良而导致泻泄的一种疾病),奉藏者少。

冬三月,此谓闭藏。水冰地坼,勿扰乎阳,早卧晚起,必待日光,使志若伏若匿,若有私意,若已有得,去寒就温,无泄皮肤,使气亟夺。此冬气之应,养藏之道也;逆之则伤肾,春为痿厥,奉生者少。

天气,清净光明者也,藏德(即隐藏,使不外露。德,这里指自然界中促进生物化作用的力量)不止,故不下也。

天明则日月不明,邪害空窍。

阳气者闭塞,地气者冒明,云雾不精,则上应白露不下。

交通不表,万物命故不施,不施则名木多死。

恶气不发,风雨不节,白露不下,则菀槁不荣。

贼风数至,暴雨数起,天地四时不相保,与道相失,则未央绝灭(即生命不到寿命的一半就死了)。

唯圣人从之,故身无奇病,万物不失,生气不竭。

逆春气则少阳不生,肝气内变。

逆夏气则太阳不长,心气内洞。

逆秋气则太阴不收,肺气焦满。

逆冬气则少阴不藏,肾气独沉。

夫四时阴阳者,万物之根本也。所以圣人春夏养阳,秋冬养阴,以从其根;故与万物沉浮于生长之门。逆其根则伐其本,坏其真矣。

故阴阳四时者,万物之终始也;死生之本也;逆之则灾害生,从之则苛疾不起,是谓得道。

道者,圣人行之,愚者佩之。从阴阳则生,逆之则死;从之则治,逆之则乱。反顺为逆,是谓内格。

是故圣人不治已病,治未病;不治已乱,治未乱,此之谓也。夫病已成而后药之,乱已成而后治之,譬犹渴而穿井,斗而铸锥(泛指兵器),不亦晚乎?

白话意思是:春季的三个月,谓之发陈,是推陈出新,生命萌发的时令。天地自然,都富有生气,万物显得欣欣向荣。此时,人们应该入夜即睡眠,早些起身,披散开头发,解开衣带,使形体舒缓,放宽步子,在庭院中漫步,使精神愉快,胸怀开畅,保持万物的生机。不要滥行杀伐,多施与,少敛夺,多奖励,少惩罚,这是适应春季的时令,保养生发之气的方法。如果违逆了春生之气,便会损伤肝脏,使提供给夏长之气的条件不足,到夏季就会发生寒性病变。

夏季的三个月,谓之蕃秀,是自然界万物繁茂秀美的时令。此时,天气下降,地气上腾,天地之气相交,植物开花结实,长势旺盛,人们应该在夜晚睡眠,早早起身,不要厌恶长日,情志应保持愉快,切勿发怒,要使精神之英华适应夏气以成其秀美,使气机宣畅,通泄自如,精神外向,对外界事物有浓厚的兴趣。这是适应夏季的气候,保护长养之气的方法。

如果违逆了夏长之气,就会损伤心脏,使提供给秋收之气的条件不足,到秋天容易发生疟疾,冬天再次发生疾病。

秋季的三个月,谓之容平,自然景象因万物成熟而平定收敛。此时,天高风急,地气清肃,人应早睡早起,和鸡的活动时间相仿,以保持神志的安宁,减缓秋季肃杀之气对人体的影响;收敛神气,以适应秋季容平的特征,不使神思外驰,以保持肺气的清肃功能,这就是适应秋令的特点而保养人体收敛之气的方法。

若违逆了秋收之气,就会伤及肺脏,使提供给冬藏之气的条件不足,冬天就要发生飧泄病。

冬天的三个月,谓之闭藏,是生机潜伏,万物蛰藏的时令。当此时节,水寒成冰,大地开裂,人应该早睡晚起,待到日光照耀时起床才好,不要轻易地扰动阳气,妄事操劳,要使神志深藏于内,安静自若,好像有个人的隐秘,严守而不外泄,又像得到了渴望得到的东西,把它密藏起来一样;要躲避寒冷,求取温暖,不要使皮肤开泄而令阳气不断地损失,这是适应冬季的气候而保养人体闭藏机能的方法。

违逆了冬令的闭藏之气,就要损伤肾脏,使提供给春生之气的条件不足,春天就会发生痿厥之疾。

天气,是清净光明的,蕴藏其德,运行不止,由于天不暴露自己的光明德泽,所以永远保持它内蕴的力量而不会下泄。

如果天气阴霾晦暗,就会出现日月昏暗,阴霾邪气侵害山川,阳气闭塞不通,大地昏蒙不明,云雾弥漫,日色无光,相应的雨露不能下降。天地之气不交,万物的生命就不能绵延。生命不能绵延,自然界高大的树木也会死亡。恶劣的气候发作,风雨无时,雨露当降而不降,草木不得滋润,生机郁塞,茂盛的禾苗也会枯竭不荣。贼风频频而至,暴雨不时而作,天地四时的变化失去了秩序,违背了正常的规律,致使万物的生命未及一半就夭折了。只有圣人能适应自然变化,注重养生之道,所以身无大病,因不背离自然万物的发展规律,而生机不会竭绝。

违逆了春生之气,少阳就不生发,以致肝气内郁而发生病变;违逆了夏长之气,太阳就不能盛长,以致心气内虚。

违逆了秋收之气,太阴就不能收敛,以致肺热叶焦而胀满;违逆了冬藏之气,少阴就不能潜藏,以致肾气不蓄,出现泻泄等疾病。

四时阴阳的变化,是万物生命的根本,所以圣人在春夏季节保养阳气以适应生长的需要,在秋冬季节保养阴气以适应收藏的需要,顺从了生命发展的根本规律,就能与万物一样,在生、长、收、藏的生命过程中运动发展。

如果违逆了这个规律,就会戕伐生命力,破坏真元之气。因此,阴阳四时是万物的终结,是盛衰存亡的根本,违逆了它,就会产生灾害,顺从了它,就不会发生重病,这样便可谓懂得了养生之道。

对于养生之道,圣人能够加以实行,愚人则时常有所违背。

顺从阴阳的消长,就能生存,违逆了就会死亡。顺从了它,就会正常,违逆了它,就会乖乱。相反,如背道而行,就会使机体与自然环境相格拒。所以圣人不是等到病已经发生再去治疗,而是治疗在疾病发生之前,如同不等到乱事已经发生再去治理,而是治理在它发生之前。如果疾病已发生,然后再去治疗,乱子已经形成,然后再去治理,那就如同临渴而掘井,战乱发生了再去制造兵器,那不是太晚了吗?

(三)坚持原则,唯正是从,见善则从

从正、从善的原则是正义的原则,也是正确的原则,因而是安全的原则。随卦六爻以官职变动为例,从追随与被追随的角度解析顺遂自然应该坚持的正确原则:

一是"官职变动守正吉,出门交往有功然"。

【初九爻辞】初九:官有渝,贞吉。出门交,有功。

象曰:官有渝,从正吉也。出门交,有功,不失也。

【注解】官:《说文》:"官,吏事君也。"会意字。甲骨文字形,从"宀"(mián),以宀覆众,则有治众的意思。本义官吏、官员。有官职、职位等义。

渝:形声字。从水,从俞,俞亦声。"俞"意为"捷径"。"水"和"俞"联合起来表示"捷径水道"。有"改变(多指感情和态度)"之义。

【爻辞要义】官职发生变化,但无论怎么变,都必然始终遵从正道,这样就可以获得吉祥。出门交朋友,能够建立功业,这是因为其唯正是从,见善则从,没

有过失的缘故。

二是"随从小子失丈夫,鱼和熊掌不可兼"。

【六二爻辞】六二:系小子,失丈夫。

象曰:系小子,弗兼与也。

【注解】小子:男性青少年,犹言小伙子,与丈夫相对,从齐家、治国、平天下的角度看,指还没有成长成足以担当重任的人。

丈夫:一般用作名词。又叫老公,古代又称相公、夫君,是男女婚姻中男性的一方,已婚女子的配偶。在古代也指成年男子。《谷梁传·文公十二年》:"男子二十而冠,冠而列丈夫。"在我国有些部落,有抢婚的习俗。女子选择夫婿,主要看这个男子是否够高度和强壮,一般以身高一丈为标准。《说文·夫部》"夫"字下释丈夫,谓:"周制以八寸为尺,十尺为丈,人长八尺,故曰丈夫。"当时的一丈约等于十尺,商代以前一尺为十六点五厘米,一丈基本相当于现在的一米七。有了这个身高一丈的夫婿,才可以抵御强人的抢婚。根据这种情况,女子都称她所嫁的男人为"丈夫"。从齐家治国平天下的角度看,丈夫是有担当的人。

小子与丈夫是官职变动随从的对象,要注意这两个词与普通概念的区别。

【爻辞要义】官职变动,随从什么样的对象很重要。倾心随从于年轻或见识浅见尚未历练成足以担当社会重任的年轻小伙子,则会失去了阳刚方正能担当有所作为的大丈夫的关照。就像鱼与熊掌不可兼得,由于体力、精力、条件等限制,难以同时兼得。

三是"随从丈夫失小子,随求得利居贞然"。

【六三爻辞】六三:系丈夫,失小子。随有求得,利居贞。

象曰:系丈夫,志舍下也。

【爻辞要义】倾心随从于阳刚方正能担当有所作为的大丈夫,则会失去了年轻或见识浅见尚未历练成足以担当社会重任的年轻小伙子的追随。随从阳刚方正能担当有所作为的大丈夫行事,则必然失去年轻或见识浅见尚未历练成足以担当社会重任的年轻小伙子的追随。随从于丈夫,追求将有所得,有利于安居乐业。随顺应该坚持驯顺原则和贞正之道。合理适宜的随顺、随从应该追随阳刚方正能担当有所作为的大丈夫,专心不二,心意在于舍弃年轻或见识浅薄的小子。有利于进步成长,有利于成就事业。

四是"随从有获贞也凶,诚信正道岂有难;随有获兮其义凶,光明磊落功劳显"。

【九四爻辞】九四:随有获,贞凶。有孚在道,以明,何咎!

象曰:随有获,其义凶也。有孚在道,明功也。

【注解】获:《说文》:"获,猎所获也。"形声字。从犬,蒦(huó)声。按甲骨文从隹从又,表示捕鸟在手。本义:猎得禽兽。

功:《说文》:"功,以劳定国也。"会意字。从力,工声。"工"亦兼表字义,表示用力从事工作。本义:功绩,功业,功劳。

【爻辞要义】随从他人,即使有所收获,守持贞正也凶险,原因在于丧失本我,缺少自主性。在这种情况下,要讲诚信,守正道,遇事按规律办,依法则行事,可逢凶化吉,没有灾难。追随他人,虽有收获,因居位不当侵主之利,因人有私心存在,从易理角度看,可能凶险。只要心存诚信,不违正道,光明磊落,则可带来显著的功效。

五是"诚信美善有吉祥,君王中正有辅攀;纣王斩妾戮九侯,文王囚羑因轻叹"。

【九五爻辞】九五:孚于嘉,吉。

象曰:孚于嘉,吉,位正中也。

【注解】嘉:《说文》:"嘉,美也。"《尔雅》:"嘉,善也。"形声字。字从壴(zhù),从加,加亦声。"加"意为"用呐喊声助力"。"壴"为"鼓"省文。"壴"与"加"联合起来表示"鼓手们以击鼓声加上呐喊声助威"。本义呐喊声伴随鼓声。引申义齐心协力,结局完美。

【爻辞要义】有诚信、美善之德自然吉祥,君王有中正之德办事公正会有臣民攀附。说明领导要加强自身品德修养,走群众路线,密切联系群众,才会得到人民群众的顺从、拥护、爱戴。依靠人民群众,不凌驾人民群众之上。内心贞正,履行好"公仆"角色职能,而不是将自己看成上帝而作威作福。这是联系群众,密切群众的奥妙与关键。商纣王不懂得这个道理,结果臣民离心离德。据《史记·殷本纪》记载,商的末代王纣王是个典型的昏君。因其用刑残忍,在中国法制史上也算是名留简册的人物。据说纣王曾用酷刑虐杀大臣,九侯被醢案、鄂侯被脯案和比干被剖心案,便成了法制史上有名的案例。帝纣任命西伯姬昌、九侯、鄂侯为三公。九侯有个漂亮的女儿,被送给纣王。九侯这个女儿不喜欢商纣的荒淫胡为,帝纣对此非常愤怒,他杀了九侯的女儿,还对九侯施以"醢刑",把他剁成了肉酱。西伯姬昌听说这件事后,私下里叹息。崇国的诸侯虎听到西伯叹息这件事后,就向商纣告密。帝纣把西伯囚禁在羑(yǒu)里(羑里,地名,在今中国河南省汤阴县北)。西伯的大臣闳夭等为救西伯,到处寻求美女、奇物和良马,并把它们献给帝纣,商纣才赦免了西伯。西伯出来后,就把洛水之西的一块地方献给商纣,请求他废除炮烙之刑。这样商纣才同意了西伯的请求,并把征战用的弓箭以及刑罚用的斧钺赐给他,使他有权力征讨其他诸侯,并封他为西伯,做西方诸侯的首领。帝纣又任命费中主持政务。费中善于阿谀奉承,又贪图利益,殷人都不亲近他。商纣又任用恶来,恶来喜欢说人坏话,诸侯因此更加疏远。商纣王渐失民心,埋下商朝灭亡的根源。

六是"比乐和谐慎亲比,名正言顺相安然;文王最终脱大难,王用亨祀于西山"。

【上六爻辞】上六:拘系之,乃从,维之;王用亨于西山。

象曰:拘系之,上穷也。

【注解】拘:《说文》:"拘,止也。"会意,从手,从句,句亦声。本义拘留,拘禁。

系:jì 打结、扣。

从:《汉字的奥秘》:"從(从),两人并列会意,构形源自一个人跟另一个人伙同出门,'从'的本意为跟从、随从。金文和小篆的"从"字增添表示道路的'彳'和表示行走的'止',写作'從',字体繁化但表意更明晰。"

维:《广雅》:"维,系也。"《说文》:"维,车盖系也。"形声。字从糸(mì),从隹(zhuī),隹亦声。"隹"为"锥"省。"糸"指绳索、绳线。"糸"与"隹"联合起来表示"从高处一点引出三根以上的绳线到地面,围成一个空心的锥形体"。本义作为锥形空间架构的绳线组。引申义骨干绳线、主绳。再引申义拴系。

王用亨于西山:指周文王等周时的王在周的西部的岐山祭其祖先,是历史典故。

【爻辞要义】说的是文王羑里脱难后在西山祭祀,将不愿意随从的人抓起来并用绳子捆绑牢,强迫随从,在西山祭祀时把他当作人牲杀害了。君王在西山祭祀将其作为人牲,对于追随者来说无疑是一场灾难。追随必须发自内心,笃诚坚定,如果人心背离甚至有暌违的行为,将会招致被作为"人牲"的后果。表面上是追随,实际上已暌违了。亢极必反,亢进至极不肯随从则可采取"拘系之",也就是拘禁起来强迫、命令的办法强迫顺从。态度非常重要。坚持按随卦启示的原则行事,随顺、顺从可保安全。

(四)"顺其自然"妙用无穷——"随顺"必然通达

坚持以下原则可通达至随顺自然境地:"随时机遇不错过,随地设身不胡乱;随情颐怀善包容,随势向前看发展;随心所欲不逾矩,随性率真不武断;随缘安心守其分,随喜乐观不悲观。"就是面对任何事情,要抓住机遇,立足实际,颐冶情怀,厚德善容,顺应时势,着眼发展,遵循规律,率真不妄,安心守分,乐观豁达,做到"随时随地随时势,随心随性随机缘",则会遇事达到"随至极处自然好,天清地宁心里甜"的顺其自然的境地,这是顺其自然之道的精要所在,也是君子应有的做事风格。

（五）顺其自然处理好人事与政治——"安居守正不妄为，逢凶诚善利保全；比乐和谐慎亲比，名正言顺相安然"

从卦理推演，要保持随顺的态度对待人事及政治。要"比乐和谐慎亲比"——慎重选择跟随比辅的对象，以正附正，才能比乐和谐。这是随的正确态度和原则。在政治上，要顺潮流而动，不宜逆潮流而为，保持应有的政治敏锐和政治立场，适时选择正确的政治路线和道路，避免在大是大非面前站错队，犯路线错误。在人事上，应该与有价值、可信赖的人建立和发展关系，明辨进退取舍，心存诚信、光明磊落，凡事不可固执己见，应随和众人，顺其自然，有屈有放，强调以正相随，竭诚向善，即使逢凶也会化吉，如果位不当、名不顺、被人随从，多有凶险；对待他人要随和，随和中要坚持正道，对待上级要随和，随和也要讲原则，不能完全丧失自我、迎合上级而阿谀奉承；对待臣民或下级要随和，随和中要放开眼界，广开言路，选贤任能，不能宽纵而涣散；对待逆臣或意见不同的下属也要随和，随和中恩威并施，纠枉改偏，拨乱反正，不能屈服失威。"顺应时势而随顺"，在亢进及激奋的状态下走正确的路线追随正确的对象中正行事，将会保证安全。

第十八章　蛊　卦

拯救弊乱之道:救弊治乱　振民育德

　　山下有风,风遇山而回,则万物散乱,为有事之象。物既祸乱,当为治理。蛊象征惩弊治乱,拨乱反正,革故鼎新。振民育德匡正时弊乃蛊卦核心启示。乱世之时,救济人民,培育美德,纠正时弊,关键在于尚贤避枉,这是整治乱世的根本,因此,必须振民育德,不可以坐以待毙,应有所作为,拯救已经败坏的事业。要刚柔适中,既要顺应,又要匡救,不可偏废。保持诚惶诚恐的戒惧敬畏之心是思想和心理基础。再繁难的改革,再重大的工作,尽管千头万绪,都是从开始积累基础开始的。首先要慎始,同时要注意善终。要善于从客观实际出发,准确分析判断形势,坚持中正之道,按规律办事,拯救过程中要讲究权谋和艺术方法,戒惧谨慎处理好发生的事端甚至细节,才可能达到匡扶正义拯救弊乱的效果。

一、蛊卦经文

蛊 山风蛊 艮上巽下

蛊：元亨，利涉在川。先甲三日，后甲三日。

彖曰：蛊，刚上而柔下，巽而止，蛊。蛊，元亨，而天下治也。利涉大川，往有事也。先甲三日，后甲三日，终则有始，天行也。

象曰：山下有风，蛊。君子以振民育德。

初六：干父之蛊，有子，考无咎，厉终吉。
象曰：干父之蛊，意承考也。

九二：干母之蛊，不可，贞。
象曰：干母之蛊，得中道也。

九三：干父之蛊，小有悔，无大咎。
象曰：干父之蛊，终无咎也。

六四：裕父之蛊，往见吝。
象曰：裕父之蛊，往未得也。

六五：干父之蛊，用誉。
象曰：干父之蛊，承以德也。

上九：不事王侯，高尚其事。
象曰：不事王侯，志可则也。

二、蛊卦警语箴言

艮上巽下弊乱生　　革故鼎新惩弊乱
开始亨通利涉川　　谋断大事须盘算
考察现状判形势　　前瞻结果讲手段
终则有始乃规律　　先甲三日后甲三
谨始万端讲权谋　　戒惧谨慎终可善
父辈基业儿挽救　　坚志承遗不宜缓
耽误时机生遗憾　　发扬光大受称赞
母辈积弊子承担　　柔中顺匡不可偏
坚守正道待时机　　适用中道治霍乱

易道 话说易经 谈道德修养

王莽篡汉害国民　光武中兴拯涂炭
不事王侯超物外　志向高洁自悠然
振民育德重培根　拯救危局勇承担
千秋万业君识否　尚贤避枉是关键

三、易理哲学简说

救弊治乱　振民育德

蛊,山风蛊,艮上巽下。艮为山,巽为风,山下有风,风遇山而回,则万物散乱,为有事之象。蛊,会意字。从虫,从皿。《说文》:蛊,腹中虫也。蛊者,事也,惑也。物既祸乱,当为治理。蛊象征惩弊治乱,革新之义。但革新时,应先考虑革新前的状况,再推断革新后将出现的事态,来制定措施,才能根治蛊乱,畅通顺利。

以喜乐之心跟随(随)必会有喜事,喜事纷至沓来必生惑乱(蛊),"蛊,元亨,利涉在川""君子以振民育德",即蛊卦。蛊卦揭示的是拯救弊乱之道。"天下久安无为而弊生之",盛极而衰,乐极生悲,由于贪图安乐,终于由太平盛世转变成乱世。拯救弊乱要从根本上着手:

(一)革故鼎新惩弊乱

【蛊卦卦辞】蛊:元亨,利涉在川。先甲三日,后甲三日。

【蛊卦象辞】象曰:蛊,刚上而柔下,巽而止,蛊。蛊,元亨,而天下治也。利涉大川,往有事也。先甲三日,后甲三日,终则有始,天行也。

【注解】蛊:《说文》:"蛊,腹中虫也。"《新华字典》:"古代传说把许多毒虫放在器皿里,使互相吞食,最后剩下不死的毒虫叫蛊,可用来毒害人。"

先甲三日,后甲三日:《辞海》:"天干:甲、乙、丙、丁、戊、己、庚、辛、壬、癸的总称,传统用作表示次序的符号。也叫十干。"独立学者唐汉训诂:十天干是殷商十个部族的标识符号,分别标示部族技能特长,甲部族制造盾牌,乙部族生产绳子提供给甲部族;丙部族生产钻木取火木片,丁部族生产钻木取火木棍;戊部族生产武器,打猎或战争,己部落负责捆绑战俘或猎物;庚部落擅长给玉器等物品打眼;辛擅长用凿子给木头打眼;壬部族缝纫;癸部族用纺锤纺织。十部族实行邦联制。十天为一旬,按天干顺序分别在轮值负责祭天,此为天干由来及表示的含义。高亨注:"中国上古历法:每年十二个月(有闰月置于岁末)。每月三旬。每旬十日,以甲、乙、丙、丁、戊、己、庚、辛、壬、癸十字纪之。每旬之第一日为甲日,第二日为乙日,第三日为丙日,余以类推。据甲骨刻辞，殷代已用此历法。先甲三日为辛日，后甲三日为丁日。"

关于天干何来说法众多，其中一种是古人根据事物十个状态排序以定的，视为循环。物事更新，有内在的规律可循。在植物的十种生长状态中，对于"先甲三日，后甲三日"我们可能获得一定的启示。我们不妨看看植物的生长状态喻示着怎样的变革道理：

甲：指破壳，植物破土萌芽；

乙：指植物初出地面，呈弯曲状；

丙：指植物长势旺盛；

丁：指植物的长势犹处于青春期，成长壮实；

戊：指植物生长最茂盛的时期，是为最顶峰；

己：指植物开始屈曲其形；

庚：指植物枯萎衰亡，始入土中，与乙相反；

辛：指新一轮的种子，引伸万物更新；

壬：指阳气正潜地中，万物怀妊；

癸：指万物闭藏于土，植物萌芽。

天行：按自然法则运行。

【卦辞要义】与【爻辞要义】蛊卦的卦象是艮（山）上巽（风）下，为山下起大风之表象，象征救弊治乱、拨乱反正，革除旧弊，创立新制。多指改朝换代或重大变革等。"革故鼎新惩弊乱"是非常重要的大事，必须高度重视，谨慎谋断与施行，不可草率行事，或视同儿戏。必须注意把握好：一是"谋断大事须盘算"，要研究制定切实可行的实施方案；二是"考察现状判形势"，分析形势，权衡利弊，把握好可行性；三是"前瞻结果讲手段"，做好效果预测，讲究方式方法与艺术，精心组织实施，把握好可操作性；四是"终则有始乃规律"，遵循规律，有头有尾，善始善终，避免拯弊之举流产或失败；五是"先甲三日后甲三"，像月之盈亏日之出没那样，注意改革时机的选择，有终必有始，确保善始善终。救弊治乱大为亨通。从自然物象上看，山刚健居上，风柔巽居下，柔遇刚驯顺而止。以此类比社会惩弊治乱，统治阶级阳刚居上，臣民驯顺居下，君、臣、子民各居其位，不相凌越，谦而不骄，静而不妄，适宜于做像跋涉大川那样的大事，前往则能成功，符合自然之道，天下大治。一般在辛日开始，丁日结束，符合七日来复的七天一个循环的天道（自然）规律。

"王莽篡汉害国民，光武中兴拯涂炭"说的是弊乱与治乱对比鲜明的王莽篡汉与光武中兴。王莽篡汉是蛊乱至极的著名历史事件。王莽字巨君，魏郡元城人（河北大名县东），出生于汉元帝初元四年（公元前45年），红极一时的外戚王氏之家，他的姑母王政君是汉元帝的皇后。公元前二十二年，王莽二十四岁入中枢开始做官。公元前 8 年,王根病重,举荐王莽代替大司马之位,成帝接受了他。一年后,成帝病死,太子哀帝即位,母亲定陶丁皇后派的外戚得势,王莽不得不请辞下台。公元前 2 年,王莽获允回京居住,来年哀帝死,太皇太后王政君收了玉玺,召王莽复为大司马,领尚书事,兼管军事令及禁军,百官奏书也由王莽处理,此时王莽四十五岁,一夕之间,王莽成了国家最高行政的执行人,王莽一上台就清除了丁傅外戚的势力,立王箕子为平帝,还为平帝祖母冯太后及东平王昭雪,迅速果断的行动,受到朝野上下的拥戴,为推行以后的新政奠定了基础。来年太皇太后赐王莽为安汉公,类似周公受封的封号,王莽假意推辞再三,接受了名号,却把俸禄转给二万八千人的封赏,大家皆歌颂王莽的恩德,此时正值公元纪元 1 年。四十八岁王莽立女儿为平帝后;长子王宇因吕宽案,被王莽逼迫自杀,牵连数百人,王莽同党即上书说,安汉公大义灭亲,公而忘私,做八篇诫书与孝经作为国家选拔人才的书目。四十九岁王莽被封为宰衡,其地位在诸侯王公大臣之上;此时大力宣扬礼乐教化,增加各经博士的名额,由一人增至五人,广建学校、宿舍,使有才干之士纷来京师,京师顿时文教昌盛,因此得到汉廷儒生的拥戴,群臣上书说,周公设礼作乐需七年,而王莽只用四年天下就升平,因而加封九锡,此次他却没谦让。平帝元始五年,平帝病,王莽以自身祈祷上天代平帝病死;但是平帝却死了。立孺子婴为皇太子,只有两岁,太皇太后据群臣之意,叫王莽代天子朝政,称假皇帝,臣民则称为摄皇帝,自称"予"。此时王莽五十一岁,值公元六年,年号称为居摄元年,第二年,东郡太守翟义及槐里人赵明、霍鸿起兵反莽,声势浩大,王莽派王邑平息,称帝之心浮现。此时谶纬禅让之说盛行,符命、图书,层出不穷,如"求贤让位""汉历中衰,当更受命""天告帝符,献者封侯",王莽则大加利用,献符命的人,皆得丰厚赏赐,有名哀章之人,更献上金匮策书至汉高祖庙,大意言王莽为真命天子,表中有十一人都有官衔,次日王莽则入高祖庙拜受,御王冠即天子位,国号新,称始建国元年(公元 9 年),王莽年五十四岁。

安汉公——宰衡——假皇帝——真皇帝,共历八年,中国历朝除了贵族革命及平民革命之外,另开篡夺之例。王莽做了十五年皇帝,欲有所作为,动引经义,以周礼等三代政治为理想,变法大肆改革,号为新政,却是复古;首定国家经济政策,立井田制度,奴婢私属,五均赊贷,六筦政策,即把盐、铁、酒、币制、山林川泽收归国有,利用公权力控制市场经济,平衡物价,防止商人剥削,增加国库收入;下至人民养生嫁娶,宫室封国、刑罚、礼仪、田宅车服等仪式皆依周礼,一系列改革,充满理想。应该说。王莽是个勤政皇帝,但不是一个成功的皇帝,虽然采取系列措施推行改革,最终还是没有摆脱败亡的结局,主要原因在于:一是其徒法不足以自行,奉行不得其人,百姓未蒙其利,先受其害,且改革步骤太快,朝令夕改，使百姓官吏不知所从；二是王田私属，影响了大地主，官僚及商人的利益，加上刘姓宗室失去权位，自然引起不满和抵制；三是蛮夷滋乱。王莽看不起边疆诸国，野蛮无文明，削王为侯，致使边疆乱起，不得平息；四是天灾人祸加速其灭亡。天凤四年（公元十七年），全国发生蝗、旱灾，饥荒四起，王莽叫百姓煮草根为酪以代粮，无效，饥民起而暴乱，赤眉、绿林军相继揭竿而起，王莽军队相继败于赤眉及绿林军，在昆阳之战以四十余万军不敌万余兵力的刘秀，王莽自此而衰。在公元二十三年，地皇四年，王莽率群臣至南郊，举行哭天大典，称"天生德于予，汉兵其如予何？"但绿林军另一支劲旅起事军仍攻入长安，城中少年响应，攻入渐台，商人杜吴杀了王莽，校尉公宾斩其首，起事军将其首级悬于宛市之中，王莽死。成为两汉之间的异类，代罪羔羊。依史上王莽死为六十八岁。王莽之政治失败，史上评为改制无方，食古不化，不诚无物及人心思汉等。王莽所建立的新朝不被正史所承认，他的新朝只有21年。

东汉的开国皇帝刘秀，谥号"光武"。他领导舂陵等义军，扫灭新莽，绍续汉业，成功地实现了"光武中兴"。在他当政的中、后期乃至明帝时期，出现了一个"马放牧，邑门不闭""四夷宾服，家给人足，政教清明"的稳定和谐的社会局面。曹植、诸葛亮评价他胜于高祖刘邦；陈亮称他"光乎周宣"；王夫之说他"允冠百王"；蔡东藩曾作诗赞曰："三十三年膺大统，功多过少算明王。"刘秀更始三年（公元25年）夏，在鄗县南千秋亭五城陌（今河北柏乡内）即皇帝位。改元建武，改鄗为高邑，次年定都洛阳，建立东汉政权。之后4年，指挥军队镇压赤眉等农民起义军，削平各地割据势力。在位期间，以中和之道治天下，布施仁政，采取一系列措施，恢复、发展社会生产，缓和西汉末年以来的社会危机。建武二年至十四年（公元26—38前）颁布六道释放奴婢诏令，规定战争期间被卖为奴婢者免为庶人，未释放的官私奴婢必须有基本的人身保障。建武十一年，连下三次诏令，规定杀奴婢者不得减罪；炙灼奴婢者依法治罪；免被炙灼的奴婢为庶人；废除奴婢射伤人处极刑的法律。恢复西汉较轻的田税制，实行三十税一。遣散地方军队，废除更役制度，组织军队屯垦。简政减吏，裁并400多个县。放免刑徒为庶民，用于边郡屯田。建武十五年，下令度田、检查户口，加强封建国家对土地和劳动力的控制。加强中央集权，对功臣赐优厚的爵禄，但禁止他们干政；排斥三公，加重原在皇帝左右掌管文书的尚书之权，全国政务经尚书台总揽于皇帝，在地方上废除掌握军队的都尉。实行"逸政"安边，以德治边，不妄开战端；着眼于合作发展，实施扶持政策；试行"以边制边"，对周边少数民族采取友好、友善、自治、互助的"自治"政策等，这些政策成功地缓和了民族矛盾，避免了大规模的战争。种种措施，使东汉初年出现了社会安定、经济恢复、人口增长的局面，因此刘秀统治时期，史称"光武中兴"。

（二）振民育德匡时弊

【蛊卦象辞】象曰：山下有风，蛊。君子以振民育德。

【注解】振民育德：以德教振动万民之心，培育美德。

【象辞要义】"振民育德重培根"，蛊卦卦象是巽（风）下艮（山）上，为山下起大风之表象，象征救弊治乱、拨乱反正。"君子以振民育德"乃蛊卦核心启示。这时候，君子以德教振动万民之心，培育美德，纠正时弊。朱熹在《论象传》中云："当蛊之时，必有以振起耸动民之观听，而在己进德不已。必须有此二者，则可以治蛊矣。"乱世之时，救济人民，培育美德，纠正时弊，这是整治乱世的根本，因此，必须振民育德，不可以坐以待毙，应有所作为，拯救已经败坏的事业。蛊卦六爻主要从三个方面予以揭示：

一是"父辈基业儿挽救，坚志承遗不宜缓；耽误时机生遗憾，发扬光大受称赞"。

【初六爻辞】初六：干父之蛊，有子，考无咎，厉终吉。象曰：干父之蛊，意承考也。

【九三爻辞】九三：干父之蛊，小有悔，无大咎。象曰：干父之蛊，终无咎也。

【六四爻辞】六四：裕父之蛊，往见吝。象曰：裕父之蛊，往未得也。

【六五爻辞】六五：干父之蛊，用誉。象曰：干父之蛊，承以德也。

【注解】干父之蛊：《古代汉语字典》："干，gān，古文字的干是象形字，像一支长柄武器，柄的前端分叉，可把石头固在丫杈的两头及中间以进攻对方。由于在古文字中干字与盾有关，所以有不少人认为干指的就是盾。干的本义指的是一种兵器。"《方言》九："盾，自关而东或谓之干。"《说文》："干，犯也。"有触犯、冒犯、冲犯，干涉、干预、涉及等义。《说文》："父，家长举教者。"干父之蛊指像用盾牌防御敌人进攻那样整治父辈造成的弊乱，挽救父辈败坏的基业。这种弊乱一般是由于阳刚、粗鲁、亢进导致的。从破坏性上看，一般对基础破坏严重。

意承考：考，指已死去的父亲。意志在于继承父辈基业。

悔：《说文》："悔，恨也。"形声字。字从心，从每，每亦声。"每"意为"一种有机体自身滋长并笼罩在其表面的灰暗事物"。"心"与"每"联合起来表示"一种心里面自发产生的阴郁心情"。本义阴郁心情、不高兴。引申义懊恼、懊丧、恼恨。

裕父之蛊：《说文》："裕，衣物饶也。"形声，从衣，谷（yù）声。衣物丰饶。本义富饶，财物多。也指使富饶。《贾子道术》："包众容物谓之裕。"裕父之蛊指宽容父辈造成的弊乱拯救父辈败坏的基业。

誉：名誉，名声；称赞。

承以德：以美德继承父辈的遗业。

【爻辞要义】挽救父辈所败坏了的基业，由能干的儿子来继承父辈的事业，必无危害；即使遇到艰难险阻，只要努力奋斗，最终必获吉祥。表明其志在继承父辈的遗业。挽救父辈败坏了的基业，其间必发生失误，因而会产生懊悔，但不会有大的危害。宽缓地挽救父辈败坏了的基业，往前发展，难以达到挽救的效果，必然会因耽误时机遗憾惋惜。挽救父辈败坏的基业，一定会受到人们的赞誉。因为以美德继承父辈的遗业，总是会受到欢迎的。

二是"母辈积弊子承担，柔中顺匡不可偏；坚守正道待时机，适用中道治霍乱"。

【九二爻辞】九二：干母之蛊，不可，贞。象曰：干母之蛊，得中道也。

【注解】干母之蛊：《说文》："母，牧也。从女。象怀子形，一曰，象乳子也。"干母之蛊指像用盾牌防御敌人进攻那样整治母辈造成的弊乱，挽救母辈败坏的基业。这种弊乱一般是由于阴柔、懦弱等原因导致的。从破坏性上看，一般风气比较衰弱、涣散。

【爻辞要义】救治母辈所造成的弊病，要耐心等待，如果时机不成熟的话，就要坚守正道等待时机。刚柔适中，既要顺应，又要匡救，不可偏颇。以正克妄，在时局败乱之时，坚守正道而不陷于同流合污的泥潭非常重要，有利于等待良好的时机出现，治理霍乱、变乱的局面适宜采取按规律办事的中庸之道。

三是"不事王侯超物外 志向高洁自悠然"。

【上九爻辞】上九：不事王侯，高尚其事。象曰：不事王侯，志可则也。

【注解】不事：不侍奉，不服事。

高尚：高洁的节操，保持高洁。

【爻辞要义】不侍奉或服事王公侯爵，保持高洁的操守，专心致志从事拯救父辈或母辈造成弊乱败坏的基业，不受强权势力影响或干涉，那么，惩治弊乱挽救败坏基业，培育美好道德情操的志向就可能实现。

（三）尚贤避枉是关键

墨子名篇《尚贤》阐述了尚贤的重要地位和作用乃"政之本也"——子墨子言曰："今者王公大人为政于国家者，皆欲国家之富，人民之众，刑政之治。然而不得富而得贫，不得众而得寡，不得治而得乱，则是本失其所欲，得其所恶。是其故何也？"……子墨子言曰："是在王公大人为政于国家者，不能以尚贤事能为政也。是故国有贤良之士众，则国家之治厚；贤良之士寡，则国家之治薄。故大人之务，将在于众贤而已。"是故子墨子言曰："得意贤士不可不举；不得意，贤士不可不举。尚欲祖述尧舜禹汤之道,将不可以不尚贤。夫尚贤者,政之本也。"战国时,范雎是奇人,自然恃才清高,鄙视尘世。秦昭王十分爱慕人才,为了得到人才,留住人才,他以帝王之尊,居然屈膝五跪,以求范雎的进言,最终让范雎走下圣坛,心甘情愿地为自己效力。这既满足了本人建立功名的意愿,也为自己虚心纳贤树立了口碑,更重要的是自己的江山社稷得以安稳,宏图大业得以实现。范雎为秦国的强大立下了汗马功劳,如蔡泽所说:"(范雎)要制诸侯,利施之川,以实宜阳,决羊肠之险,塞太行之道……使天下皆畏秦。秦之欲得矣,君之功数矣。"正是因为秦昭王尚贤、尊贤,所以他才能聚集一批人才,让他自己有了傲视群雄的资本。

所说的贤人,就是有才有德的人,所爱好、厌恶的情感与人民完全相同,想要选择与舍弃的事物与人民完全一致。行事完全顺应天道、地道、人道客观规律,处理问题能够标本兼治,尤其注意从根本上解决。所说的话能够作为天下人的行为准则,按照他说的话去做就能成功。身为平民时有志向、有抱负,希望能够身居高位为人民造福,成为王侯将相时也不积攒财物。这样的人,就可以称作贤人。晏子评价:"贤臣必须具备荐贤才、量功利、明贵贱、不夸功、不为私五方面的标准。要看见好的一定通报上级,不私自得到利益,推荐贤人不为得名;量力就职,不靠不正当的手段求进;量功受禄,不靠不正当的手段求得利益;地位高的为主,地位低的为次;不违背顺序;排列有才的和无才的,也不能乱了次序;肥沃的土地,不归为私有;贤良的士人,不归为己用;君王采用他的建议,百姓得到他的好处,却不自己夸耀。"

(四)坚持中道戒惧谨慎而行

古语有"为山假就于始篑,修涂托至于初步"。说的是,修造假山由垒第一筐土开始,修筑道路从第一步及第一个路段开始。"谨始万端讲权谋,戒惧谨慎终可善。"保持诚惶诚恐的戒惧敬畏之心是思想和心理基础,再繁难的改革,再重大的工作,尽管千头万绪,都是从积累基础开始的,首先要慎始,同时要注意善终。要善于从客观实际出发,准确分析判断形势,坚持中正之道,按规律办事,保持诚惶诚恐的戒惧敬畏之心,拯救过程中要讲究权谋和艺术方法,戒惧谨慎处理好发生的事端甚至细节,兢兢业业地去做,才可能达到匡扶正义、拯救弊乱的好效果。

第十九章 临 卦

监临抚恤之道：以教思穷安思危 宽容无疆善保民

泽上有地，泽卑地高，高监下，为临。临象征监视、体察、督临、抚恤。临有咸临、甘临、至临、智临、敦临之别，要深入基层，深入群众，以英明才智来实行监视、体察、督导、抚恤，明辨奸妄与伪善。敦厚爱民是获得民心取信于民的法宝，其核心关键是忧惧和诚恳，要发自内心、诚恳、敦厚地对待民众，要善于调查研究，体察民众疾苦，采取疏导化解的办法解决民众关心的问题，切记"监临"盛极必有危险。"君子以教思无穷，容保民无疆。"怎样才能宽容惠民呢？以德临人、临事、临天下，必然亨通顺利。只有"盛德爱民赢民心"，才能让和平盛世发展下去。

一、临卦经文

临 地泽临 坤上兑下

临:元,亨,利,贞。至于八月有凶。

彖曰:临,刚浸而长。说而顺,刚中而应,大亨以正,天之道也。至于八月有凶,消不久也。

象曰:泽上有地,临。君子以教思无穷,容保民无疆。

初九:咸临,贞吉。

象曰:咸临贞吉,志行正也。

九二:咸临,吉无不利。

象曰:咸临,吉无不利,未顺命也。

六三:甘临,无攸利。既忧之,无咎。

象曰:甘临,位不当也。既忧之,咎不长也。

六四:至临,无咎。

象曰:至临无咎,位当也。

六五:知临,大君之宜,吉。

象曰:大君之宜,行中之谓也。

上六:敦临,吉无咎。

象曰:敦临之吉,志在内也。

二、临卦警语箴言

坤上兑下有尊卑　　和谐贵秩振纲伦
恩威并济高临下　　柔美德惠慰黎民
法度严明有规矩　　盛德爱民赢民心
君威臣忠民朴善　　尊卑有秩妙通神
君临谛视施仁政　　黎民内心喜君临
咸临贞吉志行正　　由衷体恤乃甘临
至临深入访民苦　　明辨奸妄以智临
微服私访入村巷　　敦临仁厚爱人民
察实民情谋民福　　优惠政策利人民

以教思穷安思危　　宽容无疆善保民

黎民如水载覆舟　　疏导戒堵而亲近

调查研究排民忧　　体察抚恤慰民心

三、易理哲学简说

以教思穷安思危　　宽容无疆善保民

临，地泽临，坤上兑下。兑为泽，坤为地，泽上有地，泽卑地高，高监下，为临。临象征监视、监察、督临、抚恤。含有由上视下，以尊临卑之义，也有统治的意思。以德临人、临事、临天下，必然亨通顺利，但阴阳消长，监临盛极，就有转向衰落的危险。

有喜事（蛊）才可以壮大，壮大局面须体察抚恤以维持（临），"临：元，亨，利，贞""君子以教思无穷，容保民无疆"，即临卦。临卦揭示的是抚慰体恤民情之道。

（一）和谐贵秩振纲伦

【临卦卦辞】临：元，亨，利，贞。至于八月有凶。

【卦辞要义】临卦揭示的是君临天下之理。其特性和功效为：元始，亨通，和谐，贞正。督临天下，体察抚恤民众是极其重要的事情。做这件事儿，要注意时机选择，要在民众生产过程中深入民众，可能了解到实际情况，农历八月天气（注意八卦是在黄河流域演绎的）变冷之后，天气恶劣，民众猫冬之际，不适宜深入民众，因此说"八月有凶"。凶险来自两方面，一是天气寒冷恶劣，容易发生意外或灾害损失，不利出行；二是时令处于秋收农忙之中，未必能了解到想要了解的情况。

【临卦象辞】象曰：临，刚浸而长。说而顺，刚中而应，大亨以正，天之道也。至于八月有凶，消不久也。

【象辞要义】从自然物象看，地居高临下，泽居其中。地道驯顺雌柔，地道柔极则刚。地中有泽，湖水荡漾波动和悦欢乐。一方面，大地包容湖泽；另一方面，湖泽之水逐渐不停地浸润土地而长养万物。柔顺和乐中有着无穷的阳刚生长的力量，是大为亨通顺利的正道，这是值得效仿的自然之道。一年四季，春夏秋冬轮回更迭，在黄河流域的北方，到了农历八月，"履霜坚冰至"的冬天就要来临，气候恶劣有凶险，不过，自然节气更迭，恶劣的气候很快就会过去，春天还会来临。

兑为泽，坤为地，泽上有地，泽卑地高，高监下，有尊卑之别，这种尊卑差别有一定的合理性,社会管理与伦理秩序的建立也应该从中获得启发,这对于建立良好的秩序与伦理纲常有利。纲伦是维护社会秩序的基本规则,良好的秩序需要建立在科学的法则基础上,从社会管理的角度看,社会分工不同,所处的社会地位岗位不同,所管理或服务的对象不同,所调配的资源也不尽相同,确保不同地位、岗位的人履职并发挥作用,有适当的阶级差别具有合理性,有利于建立良好的秩序,实现整体功能的协调发挥作用。社会的和谐稳定有赖于良好的秩序与伦理纲常,只有建立良好的秩序,政令、军令等才能得到强有力地贯彻执行,否则,社会将涣散成一盘散沙。科学研究表明,这一法则同样适用于老虎、大象、猴子、蚂蚁、蜜蜂等群居动物。可谓"君威臣忠民朴善,尊卑有秩妙通神"。

(二)宽容无疆善保民

【临卦卦象】临:地泽临,坤上兑下。

【临卦象辞】泽上有地,临。君子以教思无穷,容保民无疆。

【注解】临:《尔雅》:"临,视也。"《说文》:"临,监临也。从卧,品声。"会意字。金文字形,右边是人,左上角像人的眼睛,左下角像众多的器物。整个字形像人俯视器物的样子。本义从高处往低处察看,乃隐几视下之称。

《古代汉语字典》:

教:"教是形声字,攵(攴)为形,孝为声。在古文字中是会意字,左上边是爻,读作 jiào,表示仿效;右边是攴(读作 pú),像手中拿某物击打的样子。合起来表示边有所学,边有所给予;也可以表示为用体罚来督促、引导学习。"有施教,教导,教诲;教育;政教,教化等义。

思:"思在小篆中是会意字,由表示大脑的囟(xìn)和心两个字组合而成。思的本意是想,动脑筋。"是又动脑又用心地想。

穷:"穷繁体字写作窮,是形声字。穴为形,躬为声。穷的本义指到了极限。"有走投无路,处境窘迫,与"通"相对;不得志,不显贵,与"达"相对;贫困,生活困苦,缺少财物,与"富"相对;推究到尽头,走到尽头等义。

容:"容是会意字,由表示房屋的宀和表示山谷的谷两部分上下组合而成,房屋和山谷都可以作纳入东西之处,所以容的本义指容纳、盛。"有接受,容纳等义。

保:"保,会意字,古文字的保的字形像一个人背负着小孩的样子,保字的本义就是背着孩子。"有抚育,养育,抚养;保护,保卫,安定,使安定等义。

疆:"疆原是会意字,在甲骨文中左部是表示计算疆域大小的弓字,因为古代常以弓来丈量地亩,右部是表示两块田挨在一起,中间有界限的上下两个田字。在金文中,为明确表示界限,在右部的两个田字中间加了一横。在篆文中,正体写作畺,上下两横都表示边界;异体写作疆,是形声字,土为形,畺为声。今以疆为正体。"有边境,边界;划分边界,设立界限;尽头,极限等义。

【象辞要义】临卦的卦象是兑(泽)下坤(地)上,为地在泽上之表象。大地以博大厚实的胸怀包容接纳沼泽,承载着沼泽。泽上有地,地居高而临下,象征督临、体察、抚恤。地比君子,泽似民众。君子应从此物象得到启发,像大地君临沼泽那样,以宽广的胸怀,敦厚的品德,恩威并施,像细心呵护孩子那样,体察抚恤民众,关心民众,包容民众,保护民众,教化民众用心用脑常常居安思危,在富足的时候要常思困顿贫苦,在通达、显贵的时候要常思处境窘迫、走投无路之际,教化、保佑民众在广阔无疆的国土上养育生息,世代繁衍,安定富足。怎样才能宽容惠民呢? 要减少民众的劳役,减轻民众的赋税,减少民众的压迫,让民众富起来,让民众不受欺负,让民众享受欢乐富足的生活。"君临谛视施仁政,黎民内心喜君临。""以教思穷安思危,宽容无疆善保民。"只有"盛德爱民赢民心",才能让和平盛世发展下去。此乃临卦核心启示。

(三)体察抚恤慰民心

监临体察与抚恤是密切统治者与人民群众的纽带。统治者如何做才恰当,既让自己的统治维持久远而又不让被统治者产生怨忿反感甚至反抗,这是几千年来统治者一直苦苦思索的问题,也是现代社会管理不可回避的现实问题。临卦阐释的就是这个问题。临,就是以上临下,以尊贵临卑贱,其重要途径是,君王(领导)要采取"临"的方法,深入民间体察民众的疾苦,开展调查研究,谋求社会民众事务的管理措施。"君临谛视施仁政",君王深入基层深入群众,仔细察看民情,针对存在的问题,布施仁政。就是深入调查研究与解决民生的实际问题相结合——既是君王的仁德之举,也是民众的殷切期盼。临的态度和形式不同,其效果也有所差别,请看临卦六爻是怎么说的:

一是咸临——咸临贞吉志行正。

【初九爻辞】初九:咸临,贞吉。象曰:咸临,贞吉,志行正也。

【九二爻辞】九二:咸临,吉,无不利。象曰:咸临,吉,无不利,未顺命也。

【注解】咸:王弼曰:"咸,感也。"《左传》"……窕则不咸。"咸,感应。咸为无心之感,符合无妄之道,不加入个人主观的妄想妄念妄见,象征无心的感应。咸临之境须与咸卦互参。

【爻辞要义】咸临是无心(发自内心无主观意志)之感,在体察抚恤过程中,客观听取民众的情况与意见,不戴有色眼镜和主观色彩,深入基层,深入群众,行巡视督导之责,了解客观真实情况,体恤民众疾苦,行事既中又正,没有丝毫为难做作之处,志向和行为都很正派,可获吉祥,不会有什么不利,不过可能没有顺从上级命令去行事。

二是甘临——由衷体恤乃甘临。

【六三爻辞】六三：甘临，无攸利。既忧之，无咎。

象曰：甘临，位不当也。既忧之，咎不长也。

【注解】甘临：《说文》："甘，美也。"《古代汉语字典》：甘是指事字。古文字的甘字，由口和一组成，口代表嘴，一表示嘴里含着一点东西。甘的本义是指食物的味道好，又特指甜味。有甘心，情愿等义。甘临是发自内心、由衷的体察抚恤，这种行为是心甘情愿的，不是迫于压力采取的行动，是相对无心之感的咸临而言的。体察抚恤又升华了一个境界。用通俗话讲，就是不摆样子，不走形式，将心与民众贴在一起。

忧：忧愁，忧虑，忧烦。

【爻辞要义】发自内心地体察抚恤民众，从统治角度看，不会得到利益好处，可能需要付出的更大。由于内心充满忧国忧民情怀，体察慰问者即使所处的位置不当，也不会发生什么咎殃过错。因为毕竟表达了发自内心诚恳地由衷地体恤民众的情怀。

三是至临——至临深入访民苦。

【六四爻辞】六四：至临，无咎。象曰：至临，无咎，位当也。

【注解】至临：至，《古代汉语字典》："在篆文中，至是会意字，由头朝下的飞鸟之形和下部的代表地面的一组成，合起来表示飞鸟从空中落到地上，这个字的古文下部为土，含义同'一'代表土地。"有到，到达；为到达极点的，最好，最大的；周到，完备等义。至临，系指像小鸟飞落地面那样，深入到民间，深入到乡村街巷，深入到民众家中，与民众面对面，心贴心，直面问题不回避，体察抚恤又升华了一个境界。

【爻辞要义】像小鸟飞落地面那样，深入到民间，深入到乡村街巷，深入到民众家中，与民众面对面，心贴心，直面问题不回避，听取民声、民意，周到、完备而最大限度地体察抚恤民众，采取适当措施，解决民众的实际问题，因为接地气，置身于民众之中，所处的位置得当，采取的方法也得当，没有过错灾祸，会有好效果。

四是智临——明辨奸妄以智临。

【六五爻辞】六五：知临，大君之宜，吉。象曰：大君之宜，行中之谓也。

【注解】知：通"智"。知，《玉篇》："知，识也。"会意字。小篆字形，从口，从矢。矢为箭表示可以传递得很快、可以传递到很远 。意思是用口相传的认识。本义通过语言所获得的认识。智，会意兼形声。从日，从知，知亦声。"知"的后起字。本义聪明，智力强。

大君:大君本是中国古代周天子的别称。也泛指大的邦国之君主或伟大的君主。

【爻辞要义】体察抚恤过程中可能遇到各种各样的问题,直面问题,解决问题,以聪明才智来实行体察抚恤,这是伟大君主最适宜的统治之道,能获得吉祥,说的就是行中庸之道。秉行中庸之道,以英明才智来实行体察抚恤,能够明辨奸妄与伪善,必须知道哪些事情是可以做的,哪些事情是应该做的,哪些事情是绝对不应该做的,头脑要始终保持清醒,察民情、辨是非、识奸妄,不为邪恶蒙蔽,这是伟大君主最适宜的统治之道,能获得吉祥。唐朝名相狄仁杰就是这样的例子。他能自始至终得到多疑女皇的信任,说明他忠心耿耿。同时他又积极举荐贤能,为国家发展储备后续力量,真正尽到了一个臣子的责任,所以千百年来受到人们的传颂和称赞。

五是敦临——微服私访入村巷,敦临仁厚爱人民。。

【上六爻辞】上六,敦临,吉,无咎。象曰:敦临之吉,志在内也。

【注解】敦:淳朴厚道,督促,勤勉。

【爻辞要义】采取微服私访入村巷等途径深入接触人民群众,温和敦厚地进行体察抚恤,督促勤勉敬业,能获得吉祥,没有危害。志在利国利家,敦厚爱民是获得民心取信于民的法宝,统治者本人即使能力不大,只要敦厚待人,诚恳地向在野贤人征求意见求得帮助,也可以成就一番事业,也能吉而无咎。刘备在众星璀璨的三国时期文武智商都不突出,但是靠他一副长者的敦厚和一腔诚恳的精神,终于聚贤汇能,将才华之士集于自己麾下,打下了一片江山。

深入群众的程度不同,体恤的效果当然不同,获得群众拥戴的程度自然有所不同,其核心关键是忧惧和诚恳,要发自内心、诚恳、敦厚地对待民众,体察民众疾苦,采取疏导化解的办法解决民众关心的问题,切记"监临"盛极必有危险。同时要求在下者应当以刚美之德感应于上,这样才能上下融洽。南朝宋范晔《后汉书·皇甫规传》注引《孔子家语》:"孔子曰:'夫君者舟也,人者水也。水可载舟,亦可覆舟。'君以此思危,则可知也。"魏征曾说过"水能载舟,亦能覆舟",唐太宗李世民常用此话告诫众人,久之成了李世民的"名言"。比喻在平时,一样事物往往存在两面性,对于天下而言,黎民就好像是众多水滴汇成的大海,天子就好似海上的一片舟。在水上,水可以载着舟行驶,同样也可以让舟覆灭。人民群众具有无穷的力量,得民心,就可以获得巨大向前推动作用,失民心,就会遭受巨大的摧毁和破坏。

(四)调查研究排民忧

体察抚恤,需要有调查研究的功夫。调查研究是人们深入现场进行考察,探求客观事物的真相、性质和发展规律,查摆存在的实际问题,研究探寻解决问题的方法。它是人们认识社会、改造社会的一种科学方法,是解决社会实际问题的有效途径。调查是指通过各种途径,运用各种方式方法,有计划、有目的地了解事物真实情况。研究则是指对调查材料进行去粗取精、去伪存真、由此及彼,由表及里的思维加工,以获得对客观事物本质和规律的认识找到问题的症结和解决办法。调查研究是"临"的基本方法。执政为民,处理重大社会事务,需要坚持辩证唯物主义的思想方法,运用对立统一的观点,在详尽占有材料的基础上,具体情况具体分析,实事求是,通过分析事物产生的背景、环境、历史条件,事物发展的全过程,事物的内部联系和外部联系,从而抓住事物的实质。对调查来的材料要反复验证,全面分析,区别真相和假相、现象和本质、个别与一般、支流和主流、偶然和必然,才能制定出满足人民群众合理要求的方针政策。

马克思和恩格斯十分重视对社会实际的调查与研究。恩格斯在居留英国期间,曾对英国工人状况和工人运动做了周密的调查研究,写出《英国工人阶级状况》一书。马克思拟订过关于各国工人阶级状况的统计调查提纲和《工人调查表》。长达40年创作《资本论》的过程,就是他对资本主义社会进行调查研究的过程。毛泽东曾提出"没有调查就没有发言权"的论断,并且运用马克思主义的立场、观点和方法,调查和研究中国社会的历史和现状,把马克思主义普遍真理同中国革命实践结合起来,进而提出了指导中国革命的理论和方针政策,赢得了革命的胜利。调查研究是谋事之基。对国家的统治者或企业的管理者而言,进行深入充分的调查研究,有的放矢,是掌握基础真实情况的基本而重要的途径,有利于科学正确地决策,有利于解决基层和群众的实际问题,针对性强。只有深入社会,深入到人民群众之中去,开展调查研究,了解民众疾苦和实际问题,摸准脉搏,制定方针、政策才能有针对性和实效性。

这是"临"在伟大的社会实践中的具体运用。实际诠释了统治阶级或领导层如何与人民群众密切关系问题。

第二十章 观 卦

作风建设之道:无物不及省四方 观民设教化民风

"风行地上蔚然风",万物广受感化。"先王以省方观民设教"——君王进行祭祀,对先祖行顺从而逊让之礼,以中居正而观视天下,为民众所观瞻。教化民众要有虔敬肃穆之心,为观。观,象征观仰。以伟大的德行被万民瞻仰,使天下人顺从美好的教化。观卦宣扬观民设教,在意志、信仰、风气层面对民众实施广泛的影响是表面形式,其核心必须有道德规范为内核的价值观凝聚和感化民众。要内部增强素质,外部树立良好的形象,实现二者有机结合与统一。"本质现象相统一"是"观"的理论基础。"观"以宣导弘扬正确的核心价值观引导社会风气为主旋律。"意志统一筑长城,信仰风气广传颂"是"观"追求的境界。统一意志,树立信仰,建设优良的作风是培养美德广施教化的重要而基本的途径。"观民设教"敦化民风是核心启示。

一、观卦经文

观 风地观 巽上坤下

观:盥而不荐,有孚颙若。

彖曰:大观在上,顺而巽,中正以观天下。观,盥而不荐,有孚颙若,下观而化也。观天之神道,而四时不忒,圣人以神道设教,而天下服矣。

象曰:风行地上,观。先王以省方观民设教。

初六:童观,小人无咎,君子吝。
象曰:初六童观,小人道也。

六二:窥观,利女贞。
象曰:窥观女贞,亦可丑也。

六三:观我生,进退。
象曰:观我生,进退,未失道也。

六四:观国之光,利用宾于王。
象曰:观国之光,尚宾也。

九五:观我生,君子无咎。
象曰:观我生,观民也。

上九:观其生,君子无咎。
象曰:观其生,志未平也。

二、观卦警语箴言

风行地上蔚然风	化育万物易生生
无物不及省四方	观民设教化民风
君恩浩荡广普惠	道正德尊渡众生
大观在上顺而巽	谛观天下以中正
沐浴祭献温敬肃	下观而化淳民风
四时不忒观天道	神道设教服民众
童观幼稚流肤浅	窥观一斑难启蒙
内观自省慎进退	观国之光尚宾朋
君王祭前盥沐浴	庄严恭敬虔而诚

顺应四时通神明　风行大地恤民情
本质现象相统一　内强素质外树形
培植善根施仁政　盛德服人在心诚
偏狭满昧君所忌　亲民乐比化民风
观以美德施教化　以德治国国运亨
意志统一筑长城　信仰风气广传颂

三、易理哲学简说

无物不及省四方　观民设教化民风

观，风地观，巽上坤下。坤为地，巽为风，"风行地上蔚然风"，万物广受感化，为观。观象征观仰，含有展示的意思。以伟大的德行被万民瞻仰，使天下人顺从美好的教化。而下者看到盛德，在不知不觉中信服。观仰重形象更重心诚。

事物壮大以后（临），就会蔚然成风（观），诚敬肃穆，观瞻可以教化天下，"先王以省方观民设教"，即观卦。观卦揭示的是作风建设之道。需要了解和把握的要点为：

（一）上下同"观"，发挥"观"的作用

【观卦卦辞】观：盥而不荐，有孚颙若。

【注解】观：guān《古代汉语字典》："观是形声字，它的古文字以雚为声符，形符状似窗户，表示明亮的意识。观的繁体字写作觀，见为形，雚为声。观的本义指有目的地仔细察看，又指有目的地向别人显示。"

盥：guàn《说文》："盥，澡手也。从臼水临皿。"会意字。小篆字形，从臼（jiù），舂米用的器具，从水，从皿（表示与器皿有关）。合起来表示以手承水冲洗而下流于盘（皿）。本义洗手。

荐：有"进献，祭品，祭祀"等义（详注见豫卦）。

孚：诚信。

颙：yóng《古代汉语字典》："颙是形声字，页为形，禺为声。颙的本义指大头。指大的样子；仰慕、敬仰的样子。"

若：《尔雅·释名》："若，顺也。"《东夷文化与山东·骨刻文释读》："象形。甲骨文字形，象一个女人跪着，上面中间像头发，两边两只手在梳发，表示'顺从'。本义顺从。"《古代汉语字典》："一说若字的本义为顺从，但此义不常用。"

【卦辞要义】观卦的核心内容是通过神道设立宗教教化民众安定天下。本

卦辞:"观:盥而不荐,有孚颙若。"描述的是:上古贤明的君王主持祭祀之盛大的倾酒灌地的降神仪式,贤明的君王沐浴更衣,顶礼膜拜,没有进献牺牲等祭品,表情庄重肃穆,内心充满无限虔诚恭敬,令人无限敬仰。瞻仰了祭祀开头盛大的倾酒灌地的降神仪式,就可以不去看后面的献飨之礼了,因为这时心中已经充满了诚敬肃穆的情绪。民众观君王温和敬肃虔诚之举并为其所感化,民风自然淳朴。君王做出好的表率,对民众自然顺从。

(二)神道设教,天下顺服

【观卦象辞】象曰:大观在上,顺而巽,中正以观天下。观,盥而不荐,有孚颙若,下观而化也。观天之神道,而四时不忒,圣人以神道设教,而天下服矣。

【注解】化:《古代汉语字典》:"化在甲骨文中是会意字,由一个正立的人和一个倒立的人左右组合而成。"有变、变化、改变、教化、感化、造化、化育等义。

忒:tè《说文》:"忒,更也。"《广雅》:"忒,差也。"《古代汉语字典》:"忒是形声字,心为形,弋为声。忒的本义指变更。"

神道设教:神道指神的道、神的法则,是圣洁完全的神的真理。设教指用神道设立宗教来教化,教导民众。

服:《古代汉语字典》:"服的初文写作𠬝(省略左月),是会意字。在甲骨文中,𠬝状似一个人跪着,右边有一只手,合起来表示用手按着一个人的头命令其顺从。""由服从引申为信服,佩服。"

【象辞要义】贤明的君王在上进行祭祀,对先祖行顺从而逊让之礼,以中居正而观视天下,为民众所观瞻,教化民众要有虔敬肃穆之心。故为观,此乃最大的观瞻仪式。瞻仰了祭祀开头盛大的倾酒灌地的降神仪式,看到贤明的君王沐浴更衣,顶礼膜拜,没有进献牺牲等祭品,表情庄重肃穆,内心充满无限虔诚恭敬,臣子与民众必然受其感化,心中自然也充满诚敬肃穆的情绪。观示天之神道(规律),四季更替从来不出差错。圣人用神道来设立宗教推行德教,天下万民皆皈依顺服。朱熹在《论象传》中说:"天只生得许多人物,与你许多道理。然天却自做不得,所以必得圣人为之修道立教,以教化百姓,所谓'裁成天地之道,辅相天地之宜'是也。盖天做不得底,却须圣人为他做也。"可谓"大观在上顺而巽,谛观天下以中正;沐浴祭献温敬肃,下观而化淳民风;四时不忒观天道,神道设教服民众"。

在古代,祭祀是教化民众的基本手段,目的在达到思想意志的统一。为什么《易经》多处强调祭祀的重要作用呢? 要知道,古代社会一般都是家天下,君王或帝王将自己的儿子或近亲属分封为诸侯,有的诸侯难免产生忤逆之心,祭祀可以引导诸侯民众对同祖同宗同族的认同,心动恻隐,消除忤逆之心与行为,同时可以教化天下民众。

（三）"观民设教"敦化民风是核心启示

【观卦象辞】风行地上，观。先王以省方观民设教。

【注解】省：《说文》："省，视也。"《尔雅·释诂》："省，察也。"《古代汉语字典》："省 xǐng，省在篆文中是会意字，由表示初生的农作物的屮（chè）和表示眼睛义的眉（省略部分笔画）两部分组合而成。省的本义指察看，观察、审视。"释义：有考察，察看，仔细看等义。如司马迁《史记·秦始皇本纪》："皇帝春游，省览远方。"

方：《古代汉语字典》："方是象形字。方的本义是指和圆相对的方形。"释义有方圆，周围；地方，地域等义。如刘向《战国策·秦策》："今秦地断长续短，方数千里。"《论语·子路》："使于四方，不辱使命。"

先王：指上古贤明君王。唐玄宗注："先代圣德之主，能顺天下人心，行此至要之化。"

观民设教：视察四方，考察民众生产生活，留心民风民俗，用设立宗教或宣教手段推行德教来感化民众。

【象辞要义】风吹拂于地上而遍及万物，观仰美好事物，推行德教，可以感化人心。先代贤明君王仿效风吹拂于地而遍及万物的精神，视察四方，考察国内国外的民众生产生活，留心民风民俗，设立宗教或开展宣教活动推行德教来教化民众。

《易经》派生了道教和儒家文化，在特定的历史时期对教化民众起到了一定的积极作用。纵观基督教、佛教、伊斯兰教等宗教流派，无不以统一意志、树立信仰、倡导风气为基本内容，劝勉弃恶扬善，博爱众生，教化人心。基督教宣扬的核心思想概括起来就一个字——"爱"。伊斯兰教宣扬的核心理念看：信真主——"则心存敬畏，能敬畏者，必能戒慎恐惧"，与震卦阐释的"恐惧修省"异曲同工；信天使——"则不敢自欺，能不欺者，必遇事忠诚"，与中孚卦阐释的诚信异曲同工；信经典——"则有所依据，能依经者，言必忠信"，与无妄卦阐释的按规律办事异曲同工；信使者——"则有所遵循，能遵圣者，行必笃敬"，与履卦所阐释的非礼弗履异曲同工；信后世——"则知其果报，能知后果者，必不敢为非"，与坤卦所阐释的厚德载物、正确的善恶观异曲同工；信前定——"则知其命数，能知定分者，必能尽人事以待天命"，与乾卦阐释的"天行健，君子以自强不息"有相通之处。总的看，各宗教流派（非邪教）对"真、善、美、德"的追求基本是一致的，"无物不省四方，观民设教化民风"是其基本宗旨和有效方式。宗教的作用，有积极的一面，也有消极的一面，对其功效的评价，应根据地域、民族、历史文化积淀等差异客观评价,全盘否定或全盘肯定,都有失偏颇,科学的态度应该是客观、审慎地批判继承,科学文明的内容要继承,腐朽落后的内容要扬弃。

(四)观有情形差别,克服缺陷求效果

【初六爻辞】初六:童观,小人无咎,君子吝。象曰:初六,童观,小人道也。

【注解】童观:《古代汉语字典》:"童的本义指男子因犯罪沦为奴仆。"释义有未成年的男性奴仆,未成年的孩子、小孩等义。童观指像幼稚的儿童一样观察事物。

【爻辞要义】像幼稚的儿童一样观察事物,由于阅历浅,见识少,流于浅薄,这是小人认识事物的方法。对于见识肤浅不成熟的小人物来说,不会有什么灾祸。但是,君子要是像小人那样用浅薄的见识看问题,则会发生过错。原因是,君子在重要的位置上,处理的社会事务重要,如果眼界狭隘,见识浅薄,提出的意见就会有失偏颇。

【六二爻辞】六二:窥观,利女贞。象曰:窥观,女贞,亦可丑也。

【注解】窥:《古代汉语字典》:"窥是形声字,穴为形,规为声。"有从孔隙中向外看;偷偷地看,暗中探伺,等待时机等义。

丑:丑(醜),丑陋、难看。

【爻辞要义】从门缝或孔隙向外窥视,对于妇女来说有利于坚持正道,固守贞操,但这样的行为不正大光明也是丢丑的事情。

【六三爻辞】六三:观我生,进退。象曰:观我生,进退,未失道也。

【注解】观我生:《说文》:"生,进也。像草木生出土上。"《古代汉语字典》:生字在甲骨文中的字形上边是生出的草木,下面的一横表示土地,合起来表示幼苗刚从地里长出来。生的本义指植物从土地里长出来。有生活、生存、从事生产等义。观我生系指先王"观民"——观察本国人民生产生活状况,考察民风民俗情况。

【爻辞要义】贤明的先王考察本国人民生产生活状况,考察民风民俗情况,判断施政得与失,探寻症结,然后教导民众什么样的事情应该进一步做好,什么样的事情应该立即停止下来或退避下来,则不失正道。

【六四爻辞】六四:观国之光,利用宾于王。象曰:观国之光,尚宾也。

【注解】观国之光:考察国家的生产生活状况与社会民风民俗情况。

宾:客人。

【爻辞要义】考察国家的生产生活状况与社会民风民俗情况,适宜于以君王贵宾的身份进行,所到之处会受到隆重的礼遇接待,考察所见所闻提供反馈

给君王,对君王"观民设教"非常有用。

【九五爻辞】九五:观我生,君子无咎。

象曰:观我生,观民也。

【爻辞要义】考察本国人民生产生活状况和民风民俗情况,对于国君来说,没有灾祸或过错。因为考察本国人民生产生活状况,考察民风民俗情况,就是"省方观民设教"出发点和落脚点,是核心所在,充分体现了"以民为本"的思想。

【上九爻辞】上九:观其生,君子无咎。象曰:观其生,志未平也。

【注解】观其生:其:《古代汉语字典》有"第三人称,表示领属关系。他(们)的,她(们)的,它(们)的"等义。观其生系指国君考察其他国人民生产生活状况和民风民俗情况。

【爻辞要义】国君考察其他国人民生产生活状况和民风民俗情况,没有灾祸或过错,原因在于国君"省方"不囿于本国民生,走出去,以开放的视野和海纳百川的胸怀考察邻国的人民生产生活状况和民风民俗情况,说明"观民设教"使命尚未最终实现。经过对邻国的考察,对比剖析,有利于在"观民设教"的方向、模式、内容、操作方式等方面获得有益的启发或借鉴,促进最终完成"观民设教"的使命。

(五)"本质现象相统一"是"观"的理论基础

"本质现象相统一,内强素质外树形。"现象和本质揭示客观事物的外部表现和内部联系相互关系。现象是事物外部联系和表面特征,可通过感官感知。本质是指事物的内在联系和根本性质,只有靠人的理性思维才能把握。现象和本质既对立又统一。本质与必然性、规律性是同等程度的概念,不过本质的含义更广泛一些,它是事物内部所包含的一系列必然性、规律性的综合。现象是个别的、片面的和表面的东西;本质是同一类现象的一般共性。现象是多变易逝的,本质是相对稳定的。现象是生动丰富的,本质是深刻单纯的。二者的统一性表现在,相互联系、相互依存,本质是现象的根据,现象是本质的表现形态。任何本质都是通过现象表现出来的,没有不表现本质的纯粹现象。任何现象都从一定的方面表现着本质,没有不表现本质的现象,即使假象也是本质的表现。观卦宣扬观民设教,在意志、信仰、风气层面对民众实施广泛的影响是表面形式,其核心必须有道德规范为内核的价值观凝聚和感化民众。因此,要内部增强素质,外部树立良好的形象,实现二者有机结合与统一。

(六)"观"以弘扬正确的核心价值观引导社会风气为主旋律

一个国家、一个民族、一个单位要想形成良好的社会风气,赞成什么,反对什么,不能含糊,不能暧昧,必须旗帜鲜明地宣扬正确的核心价值观,才能形成良好的舆论氛围,否则各种思潮就会沉渣泛起,不利于稳定。社会主义核心价值观主要有坚持马克思主义指导思想,坚持中国特色社会主义共同理想,坚持以爱国主义为核心的民族精神和以改革创新为核心的时代精神和坚持社会主义荣辱观组成。胡锦涛同志在中国共产党第十八次全国代表大会报告《坚定不移沿着中国特色社会主义道路前进为全面建成小康社会而奋斗》中强调:"加强社会主义核心价值体系建设。社会主义核心价值体系是兴国之魂,决定着中国特色社会主义发展方向。要深入开展社会主义核心价值体系学习教育,用社会主义核心价值体系引领社会思潮、凝聚社会共识。推进马克思主义中国化时代化大众化,坚持不懈用中国特色社会主义理论体系武装全党、教育人民,深入实施马克思主义理论研究和建设工程,建设哲学社会科学创新体系,推动中国特色社会主义理论体系教材进课堂进头脑。广泛开展理想信念教育,把广大人民团结凝聚在中国特色社会主义伟大旗帜之下。大力弘扬民族精神和时代精神,深入开展爱国主义、集体主义、社会主义教育,丰富人民精神世界,增强人民精神力量。倡导富强、民主、文明、和谐,倡导自由、平等、公正、法治,倡导爱国、敬业、诚信、友善,积极培育社会主义核心价值观。牢牢掌握意识形态工作领导权和主导权,坚持正确导向,提高引导能力,壮大主流思想舆论。"核心价值体系是中华民族发展的主旋律。因此,"观以美德施教化,以德治国国运亨"是国家的福祉,也是人民的福祉。

2014年5月4日,习近平总书记在北京大学师生座谈会上发表题为《青年要自觉践行社会主义核心价值观》的讲话:

> 古人说:"大学之道,在明明德,在亲民,在止于至善。"核心价值观,其实就是一种德,既是个人的德,也是一种大德,就是国家的德、社会的德。国无德不兴,人无德不立。如果一个民族、一个国家没有共同的核心价值观,莫衷一是,行无依归,那这个民族、这个国家就无法前进。这样的情形,在我国历史上,在当今世界上,都屡见不鲜。

> 每个时代都有每个时代的精神,每个时代都有每个时代的价值观念。国有四维,礼义廉耻,"四维不张,国乃灭亡。"这是中国先人对当时核心价值观的认识。在当代中国,我们的民族、我们的国家应该坚守什么样的核心价值观?这个问题,是一个理论问题,也是一个实践问题。经过反复征求意见,综合各方面认识,我们提出要倡导富强、民主、文明、和谐,倡导自由、平等、公正、法治,倡导爱国、敬业、诚信、友善,积极培育和践行社会主义核心价值观。富强、民主、文明、和谐是

国家层面的价值要求,自由、平等、公正、法治是社会层面的价值要求,爱国、敬业、诚信、友善是公民层面的价值要求。这个概括,实际上回答了我们要建设什么样的国家、建设什么样的社会、培育什么样的公民的重大问题。

中国古代历来讲格物致知、诚意正心、修身齐家、治国平天下。从某种角度看,格物致知、诚意正心、修身是个人层面的要求,齐家是社会层面的要求,治国平天下是国家层面的要求。我们提出的社会主义核心价值观,把涉及国家、社会、公民的价值要求融为一体,既体现了社会主义本质要求,继承了中华优秀传统文化,也吸收了世界文明有益成果,体现了时代精神。

富强、民主、文明、和谐,自由、平等、公正、法治,爱国、敬业、诚信、友善,传承着中国优秀传统文化的基因,寄托着近代以来中国人民上下求索、历经千辛万苦确立的理想和信念,也承载着我们每个人的美好愿景。我们要在全社会牢固树立社会主义核心价值观,全体人民一起努力,通过持之以恒的奋斗,把我们的国家建设得更加富强、更加民主、更加文明、更加和谐、更加美丽,让中华民族以更加自信、更加自强的姿态屹立于世界民族之林。

中华文明绵延数千年,有其独特的价值体系。中华优秀传统文化已经成为中华民族的基因,植根在中国人内心,潜移默化影响着中国人的思想方式和行为方式。今天,我们提倡和弘扬社会主义核心价值观,必须从中汲取丰富营养,否则就不会有生命力和影响力。比如,中华文化强调"民惟邦本"、"天人合一"、"和而不同",强调"天行健,君子以自强不息"、"大道之行也,天下为公";强调"天下兴亡,匹夫有责",主张以德治国、以文化人;强调"君子喻于义"、"君子坦荡荡"、"君子义以为质";强调"言必信,行必果"、"人而无信,不知其可也";强调"德不孤,必有邻"、"仁者爱人"、"与人为善"、"己所不欲,勿施于人"、"出入相友,守望相助"、"老吾老以及人之老,幼吾幼以及人之幼"、"扶贫济困"、"不患寡而患不均",等等。像这样的思想和理念,不论过去还是现在,都有其鲜明的民族特色,都有其永不褪色的时代价值。这些思想和理念,既随着时间推移和时代变迁而不断与时俱进,又有其自身的连续性和稳定性。我们生而为中国人,最根本的是我们有中国人的独特精神世界,有百姓日用而不觉的价值观。我们提倡的社会主义核心价值观,就充分体现了对中华优秀传统文化的传承和升华。

（七）"观以美德施教化，以德治国国运亨"是"观"的基本途径与手段

什么是"德"？老子《道德经》："道生之，德畜之，物形之，器成之。是以万物莫不尊道而贵德。道之尊，德之贵，夫莫之命而常自然。"其中"道"指自然规律；"德"指依道而行，行为合乎规律的规范行为。《论语》用四句话概括："主忠信，徙义，崇德也""道之以德，齐之以礼""中庸之为德也，其至矣乎""志于道，据于德"。基本意思是统治者要以个人合乎规范的行为引导人民，就是"道之以德，齐之以礼"，核心为"中庸"，中庸以义为中介，其必然指向就是"道"。"主忠信，徙义"是第一个环节，忠是指行为厚道，信是指行为不欺，义是指合于事之所宜，是行为的标准。所谓崇德就是指行为合乎厚道，不欺的原则，并以义作为最终的标准，德的内容也就是指忠、信、义，德是指合乎这种要求的行为。因此，德治就是由个人之德扩大到政治之德，统治者以自己合乎规范的行为引导人民，达到化民成俗的目的。领导干部要自觉地努力提高自己的道德修养，时刻注意以德修身、以德立威、以德服众，在道德修养方面成为民众的表率。

《管子·牧民》："国有四维，一维绝则倾，二维绝则危，三维绝则覆，四维绝则灭。倾可正也，危可安也，覆可起也，灭不可复错也。何谓四维，一曰礼，二曰义，三曰廉，四曰耻。"中国春秋时期管仲提出治国之"四纲"，即礼、义、廉、耻。礼指上下有节，有礼，人们就不会僭越等级限度。义指以法进仕，有义，就不会妄自求进。廉指明察善恶；有廉，就不会掩饰恶行。耻是羞恶知耻，有耻，就不会顺从邪妄。管仲认为，治国用此四纲，就可使"上安位""民无巧诈""行自全""邪事不生"，于是国可守民可治。所以，"守国之度，在饰四维""四维不张，国乃灭亡"。春秋管仲所提四维系国运，时至今日仍视礼为兴国大体，奉廉耻为立人大节，不可损废。毛泽东同志在新中国成立之初曾经指出，治国就是治吏，礼义廉耻，国之四维，四维不张，国将不国。"官"为民之表率，"官风"决定着民风。领导干部特别是高级领导干部，是从群众中产生的，他们的道德行为应成为群众的楷模和标杆。领导干部对自己所倡导的道德身体力行，就会以自己的榜样和模范行动，来影响广大群众，他就有人格魅力，就有威望，恰如古人所说："未有身正而影曲，上治而下乱者。"相反，如果领导干部不能以身作则，以道德来规范自己的行为，言行不一，甚至贪污腐败却不以为耻，就不能做人民群众道德的表率，对人民群众的道德教育就成为空洞乏力的说教，以德治国就会遇到很大阻力。正所谓"其身正，不令而行，其身不正，虽令不从"。人们常说的"上梁不正下梁歪，中梁不正倒下来"就是这个意思。领导干部自身道德水平不高，还会使一些群众产生失望情绪，从而降低对自身的道德要求，导致"官德毁而民德降"的不良后果，给国家、社会和人民带来灾难。官不与民争利，夺民众利则

失天下心,济民众困则得天下归,官者民之父母,当思民生之艰,当谋民生之福,浩浩长江淘沉沙,苍天可鉴公仆心。中国是一个具有德治传统的国家,道德在教化天下整合社会关系的过程中发挥着重要作用。中国共产党历来十分重视道德的这种作用,要求党员干部尤其是领导干部要廉洁奉公,忠于职守,做"一个高尚的人,一个纯粹的人,一个有道德的人,一个脱离了低级趣味的人,一个有益于人民的人"(出自毛泽东《纪念白求恩》),要求广大党员干部尤其是党的领导干部要为人民的利益鞠躬尽瘁,死而后已。正是这种道德要求,使一代又一代优秀的领导干部为了党的事业和群众利益艰苦创业、无私奉献;也正是这些领导干部的典型示范作用,引导社会形成爱祖国、爱人民、爱社会主义的道德新风尚。

2013年4月19日习近平总书记《在十八届中央政治局第五次集体学习时的讲话》中强调:我国历史上,历朝历代的统治者为了维护自己的统治地位,都高度重视道德建设特别是为政者的道德建设。古人认为:"才者,德之资也;德者,才之帅也。""为政以德,譬如北辰,居其所而众星共之。"所以要"格物、致知、正心、修身、齐家、治国、平天下"。中国历史上形成和留下了大量这方面的思想遗产,虽然这里面有封建社会的糟粕,但很多观点至今仍然富有启发意义。比如,"政者,正也。子帅以正,孰敢不正","富贵不能淫,贫贱不能移,威武不能屈","克勤于邦,克俭于家","儆戒无虞,罔失法度。罔游于逸,罔淫于乐","直而温,简而廉","公生明,廉生威","无教逸欲有邦,兢兢业业",等等。对此,我们更要坚持古为今用、推陈出新,使之成为新形势下加强反腐倡廉教育和廉政文化建设的重要资源。

(八)"意志统一筑长城,信仰风气广传颂"是"观"追求的境界

统一意志,树立信仰,建设优良的作风是培养美德广施教化的重要而基本的途径。

什么是意志呢?意,心理活动的一种状态。志,对目的方向的坚信、坚持。所谓意志是指决定达到某种目的而产生的心理状态。是人有意识、有目的、有计划地调节和支配自己行为实现预定目标的心理过程。是人的意识能动性的集中表现,是人类特有的心理现象。人的行动是由各种不同的动机决定的,这些动机是为了保证生存和满足各种需要而产生的。埃·斯宾塞曾说:"意志引人入坦途,悲伤陷人于迷津。"

意志的特征有哪些?意志具有目的性、计划性和随意行动性。当一个人意识到自己或社会有某种需要时,就会产生满足需要的愿望,从而进一步有意识地确定追求的目的,拟订达到目的的计划,并做出行动。这种行动始

终是由意识调节支配的，是自觉的、指向于一定目的并与努力克服达到目的所遇到的障碍相联系的。从产生动机到采取行动的这种心理过程就是意志。意志行动不同于生来具有的本能活动和缺乏意识控制的不随意行动，而是属于受意识发动和调节的高级活动。人的生活、学习和劳动都是有目的的随意行动，都是人类所特有的意志行动。

意志有什么作用呢？意志在人主动地变革现实的行动中表现出来，对行为（包括外部动作和内部心理状态）有发动、坚持和制止、改变等方面的控制调节作用。意志的作用在于使认识活动更加广泛、深入；调节着人的情绪、情感；对人的自我修养具有重要意义。意志对行动的调节作用保证了人的行为的方向性，调节的最终结果表现为预定目的的实现。意志对行动的调节作用表现在对认识行动的发动和抑制两个方面。发动表现为推动人去从事为达到预定目的的行为。抑制表现为制止和预定目的相矛盾的愿望和行动。当理智与感情发生冲突时，意志的力量体现在控制自己的行动服从于理智，有利于建立和谐的人际关系。因此组织开展重大活动，首先需要广泛动员，统一人们的思想意志。

什么是信仰呢？信指可信，可相信、可依赖；仰指仰望、崇拜、敬畏。信仰是人的心灵被某种主张、或说教、或现象、或神秘力量所震撼从而在意识中自动建立起来的一套人生价值体系。概括起来，信仰是对某种主张、主义、宗教、某人或某物极其信服和尊敬，拿来作为自己行动的指南或榜样。或对鬼、妖、魔或天然气象的恐惧，并把它奉为自己的行为准则。信仰与崇拜经常联系在一起，但是与崇拜还有不同。概括地说，信仰是人对人生观、价值观和世界观等的选择和持有。当信任变得极端化，将会形成信仰。信仰是构成幸福的一个积极因素。信仰能够驱使人们共同应对不幸和灾难，促成整个社会的相互作用和支持。信仰就是贯穿在人的世界观之中的一种意识规范。佛教强调修行之初，须立坚固的信心，令不动摇。"信、解、行、证""信、愿、行"等。信仰是心灵的产物，不是宗教，或政党的产物，宗教，或政党只起了催化剂的作用，没有宗教和政党，人同样可以拥有信仰。信仰是个人的意识行为，靠集体建立起来的信仰难以长久，靠集体的信念建立起来的信仰会随着某个宗教、政党、组织的解体而烟消云散。信仰的内容五花八门，千奇百怪。共产主义信仰、天人合一信仰、上帝信仰、神佛信仰、科学信仰、对权力、地位、金钱、声誉、美色等的痴迷和崇拜也是信仰，"及时行乐""做一天和尚敲一天钟""得过且过"等也是信仰。

信仰的类别有哪些呢？一是信仰从本质上可分成两类，一类是有神论信仰,另一类是无神论信仰。有神论信仰者谦卑,相信宇宙中的一切是神所创造,对未来充满希望,相信因果循环,靠内心的善恶道德法则约束自己,相信"举头三尺有神明",所以不敢胡作非为。无神论信仰者相信人的主观能动性,相信科学,相信眼见为实,相信进化论,相信生死是必然的,人死了什么也不存在了,永远地"安息"了,所以把精力和时间主要花费在此生的荣辱胜败尊卑贵贱上,既然相信人既无前世,也无来世,所以敢想敢为,不怕天、不怕地,更不相信什么因果报应。当然容易忽视善缘也不计恶果。二是信仰从对象上也可分成两类,一类是宗教信仰,另一类是政治信仰。宗教信仰一般是有神论者对某一宗教教派的思想。政治信仰则是指某一社会群体对社会、国家、世界共同持有的观念。

说到信仰,到底有什么价值呢? 信仰是人赖以生存的精神动力。信仰有科学信仰和非科学信仰之分。非科学信仰是盲从和迷信。科学信仰来自人们对实质和理想的正确认识。事实上,宗教是一种信仰,但信仰并不等同于宗教,不信仰宗教并不等于没有信仰。信仰的内容可以是宗教,也可以是任何一种东西,只要你相信它,并以此解释你存在的理由,它就是你的精神支柱。信仰包括非理智的信仰和理智的信仰。可悲的是很多人将信仰当作迷信,将迷信当作信仰。真正的信仰绝对能经受理智的考验,经受时间的考验,随着时间随时改变且很快消失的绝对不是真正的信仰。不同类型的生活目的构成了这个世界芸芸众生的信仰基础,也可以说是人的社会性与生物性的复合反映。当人们信仰的某种价值超越了单纯为了个体功利的目的,变成群体、民族共同认可的价值时,对这种价值的信仰就会从纯粹为了个体追求的层面上升到社会利益的层面,从物质的、有形的层面上升到精神的、抽象的层面,从个体生命的有限性上升到人类社会与宇宙的无限性。

再谈谈风气与作风。风气指风尚习气,社会上或某个集体中流行的爱好或习惯。作风指在思想、工作和生活等方面表现出来的比较稳定的态度或行为风格。作风有思想作风、工作作风和生活作风等。思想作风是指人们在思想和意识形态方面表现出的思想风格。比如:有的实事求是,有的一厢情愿;有的崇拜个人,有的依靠群众;有的好高骛远,有的脚踏实地等。工作作风是指人们在工作中所表现的比较稳定的做派和风格。比如:有的大胆泼辣,有的稳健平实;有的粗枝大叶,有的严谨细致;有的举重若轻,有的举轻若重等。生活作风是指人们在生活上所表现的比较稳定的做派和风格。比如:有的浪漫,有的踏实;有的热情,有的冷淡;有的亲切,有的孤僻;有的爱干净,有的比较邋遢;有的打扮时尚,有的衣着朴实等。生活作风在

易道 话说易经 谈道德修养

有的情况下特指的男女作风问题,对待男女关系方面,有的人严肃,有的人则比较轻佻随意不检点,在处理男女关系时比较混乱,就被人们称为生活作风有问题。作风建设是思想意识形态建设的重要范畴。作风建设重在"上行下效""培植善根施仁政,盛德服人在心诚;褊狭满昧君所忌,亲民乐比化民风。"领导者的一言一行、一举一动时刻都被人们所关注,不可掉以轻心,应发挥表率作用,以美德感化于下,还应观民风以正其道。不可无知,不可褊狭,不可自满,应有主见,深入调查研究,下功夫琢磨事物深层次的内在本质规定性,切忌用狭隘的视野对事物进行臆测。这样,下面就会学习效仿上面,养成良好的风气与习惯,在全社会形成良好的氛围。

2012年12月4日,新任党中央总书记习近平召开中共中央政治局会议,审议中央政治局关于改进工作作风、密切联系群众的八项规定。(1)中央政治局全体同志要改进调查研究,到基层调研要深入了解真实情况,总结经验、研究问题、解决困难、指导工作,向群众学习、向实践学习,多同群众座谈,多同干部谈心,多商量讨论,多解剖典型,多到困难和矛盾集中、群众意见多的地方去,切忌走过场、搞形式主义。(2)要轻车简从、减少陪同、简化接待,不张贴悬挂标语横幅,不安排群众迎送,不铺设迎宾地毯,不摆放花草,不安排宴请。(3)要精简会议活动,切实改进会风,严格控制以中央名义召开的各类全国性会议和举行的重大活动,不开泛泛部署工作和提要求的会,未经中央批准一律不出席各类剪彩、奠基活动和庆祝会、纪念会、表彰会、博览会、研讨会及各类论坛;提高会议实效,开短会、讲短话,力戒空话、套话。(4)要精简文件简报,切实改进文风,没有实质内容、可发可不发的文件、简报一律不发。(5)要规范出访活动,从外交工作大局需要出发合理安排出访活动,严格控制出访随行人员,严格按照规定乘坐交通工具,一般不安排中资机构、华侨华人、留学生代表等到机场迎送。(6)要改进警卫工作,坚持有利于联系群众的原则,减少交通管制,一般情况下不得封路、不清场闭馆。(7)要改进新闻报道,中央政治局同志出席会议和活动应根据工作需要、新闻价值、社会效果决定是否报道,进一步压缩报道的数量、字数、时长。要严格文稿发表,除中央统一安排外,个人不公开出版著作、讲话单行本,不发贺信、贺电,不题词、题字。(8)要厉行勤俭节约,严格遵守廉洁从政有关规定,严格执行住房、车辆配备等有关工作和生活待遇的规定。

会议强调,领导干部特别是高级干部作风如何,对党风政风乃至整个社会风气具有重要影响。抓作风建设,首先要从中央政治局做起,要求别人做到的自己先要做到,要求别人不做的自己坚决不做,以良好党风带动政风民风,真正赢得群众信任和拥护。要下大决心改进作风,切实解决群众反映强烈的问题,始终保持同人民群众的血肉联系。制定这方面的规定,指导思想就是从严要求,体现从严治党。改进工作作风、密切联系群众,关系党和人民事业成败。各级党政机关和领导干部要坚持以人为本、执政为民,带头改进工作作风,带头深入基层调查研究,带头密切联系群众,带头解决实际问题。作风关乎人心向背,关系党和人民事业成败。这八项规定抓住了群众反映强烈的社会问题,显示了党中央整治沉疴顽疾的决心,得民心、顺民意。

2013年6月18日,中共中央召开党的群众路线教育实践活动工作会议,深入推进作风建设,中共中央总书记习近平出席会议并发表重要讲话,习总书记强调指出,开展党的群众路线教育实践活动,是实现党的十八大确定的奋斗目标的必然要求,是保持党的先进性和纯洁性、巩固党的执政基础和执政地位的必然要求,是解决群众反映强烈的突出问题的必然要求。全党同志要积极参与到活动中来,以实际行动密切党群干群关系,取得群众满意的成效。教育实践活动的主要任务聚焦到作风建设上,集中解决形式主义、官僚主义、享乐主义和奢靡之风这"四风"问题。这"四风"是违背我们党的性质和宗旨的,是当前群众深恶痛绝、反映最强烈的问题,也是损害党群干群关系的重要根源。"四风"问题解决好了,党内其他一些问题解决起来也就有了更好条件。教育实践活动要着眼于自我净化、自我完善、自我革新、自我提高,以"照镜子、正衣冠、洗洗澡、治治病"为总要求。照镜子,主要是以党章为镜,对照党的纪律、群众期盼、先进典型,对照改进作风要求,在宗旨意识、工作作风、廉洁自律上摆问题、找差距、明方向。正衣冠,主要是按照为民务实清廉的要求,勇于正视缺点和不足,严明党的纪律特别是政治纪律,敢于触及思想、正视矛盾和问题,从自己做起,从现在改起,端正行为,自觉把党性修养正一正、把党员义务理一理、把党纪国法紧一紧,保持共产党人良好形象。洗洗澡,主要是以整风的精神开展批评和自我批评,深入分析发生问题的原因,清洗思想和行为上的灰尘,保持共产党人政治本色。治治病,主要是坚持惩前毖后、治病救人方针,区别情况、对症下药,对作风方面存在问题的党员、干部进行教育提醒,对问题严重的进行查处,对不正之风和突出问题进行专项治理。

第二十一章 噬嗑卦

法治之道：噬嗑之卦利用狱 明罚敕法明是非

　　雷电咬合而为噬嗑。雷动而威,电动而明。噬嗑,象征啮合,含有刑罚的意思。用刑之道,威明相兼。凡是物不相亲和,是因为存在间隙,啮而合之,可以达到顺通一致的效果。对待社会上不符合道德准则和公序良俗的行为,采取刑罚手段予以制裁,可以达到社会的顺通一致,因此"利用狱"。法治的首要功能与德治的功能基本一致。小惩大诫与惩恶扬善目的是一致的,小惩大诫是在初始或轻微之时施以刑罚,避免罪责发展而加重;惩恶扬善是通过惩治个别犯法者而教化天下民众人心向善。法治与德治有异曲同工之妙。严明刑罚,整顿法度,是维护社会公平正义的法制手段,通过震慑作用的发挥,达到维护公平正义的效果。为此,要重视教育防范。

一、噬嗑卦经文

噬嗑　火雷噬嗑　离上震下

噬嗑：亨。利用狱。

彖曰：颐中有物，曰噬嗑，噬嗑而亨。刚柔分，动而明，雷电合而章。柔得中而上行，虽不当位，利用狱也。

象曰：雷电噬嗑。先王以明罚敕法。

初九：屦校灭趾，无咎。
象曰：屦校灭趾，不行也。

六二：噬肤灭鼻，无咎。
象曰：噬肤灭鼻，乘刚也。

六三：噬腊肉，遇毒；小吝，无咎。
象曰：遇毒，位不当也。

九四：噬干胏，得金矢，利艰贞，吉。
象曰：利艰贞吉，未光也。

六五：噬干肉，得黄金，贞厉，无咎。
象曰：贞厉无咎，得当也。

上九：何校灭耳，凶。
象曰：何校灭耳，聪不明也。

二、噬嗑卦警语箴言

离上震下雷生威　　威明相兼慑海内
噬嗑之卦利用狱　　明罚敕法明是非
施刑恩威讲原则　　小惩大诫依法规
小惩促进早改正　　大戒大过早止废
注重源头抓预防　　惩教结合防犯罪
屦校灭趾无灾难　　小错早惩不加罪
噬肤灭鼻疾而深　　警示教育要发挥
噬腊肉毒小有吝　　执法遇难莫生畏
噬干胏兮得金矢　　面对考验首敛内

噬干肉兮得黄金　　贞厉无咎国增威
何校灭耳聪不明　　惩前毖后遏犯罪
胆敢试法施刑罚　　重刑震慑扬法威
教育防范正引导　　修养品德重练内
君臣百姓同噬嗑　　不法之徒岂无畏
布告警示促教化　　赏罚分明增法威
同仇敌忾彰美德　　公序良俗安海内

三、易理哲学简说

噬嗑之卦利用狱　　明罚敕法明是非

噬嗑,火雷噬嗑,离上震下。震为雷,离为电,雷动而威,电动而明。用刑之道,威明相兼。雷电咬合而为噬嗑。噬,啮也。嗑,合也。噬嗑为上下颚咬合,咀嚼。凡是物不相亲和,是因为存在间隙。凡事不齐整,是因为存在参差不齐的情况。啮而合之,可以达到顺通一致的效果。对待社会上不符合道德准则和公序良俗的行为,采取刑罚手段予以制裁,可以达到社会的顺通一致,因此"利用狱"。噬嗑,象征啮合,含有刑罚的意思。本卦卦形似口腔,口中有物,正可啮合。事物在相间相隔之时,利于施用刑罚,除去间隔之物,若能咬合嚼碎,则亨通顺利。"离上震下雷生威,威明相兼慑海内"是对噬嗑卦象的描述和表达。

德政教化可观(观)以后,人心民意就可以相合(噬嗑),人心民意相合的薄弱环节需要专用刑罚与法制作为必要的控制与约束措施,"噬嗑:亨。利用狱"。"先王以明罚敕法。"噬嗑卦对刑罚与法制予以阐释——法治是政治的基本措施。关键要掌握好以下几个方面:

(一)噬嗑之卦利用狱

【噬嗑卦卦辞】噬嗑:亨。利用狱。

【噬嗑卦象辞】象曰:颐中有物,曰噬嗑,噬嗑而亨。刚柔分,动而明,雷电合而章。柔得中而上行,虽不当位,利用狱也。

【注解】噬嗑:《说文》:"噬,啖也。喙也。"《古代汉语字典》:"噬 shì,噬是形声字,口为形,筮为声。噬的本义指咬。""嗑 hé,合,闭上。"葛洪《抱朴子·守堭》:"口张而不能嗑。"《序卦》:"嗑者,合也。"王弼注:"噬,齿也。嗑,合也。"以牙齿咬物为噬,闭口为嗑。即用上下牙齿将口中的硬物咬碎的意思,引申义是通过公检法等国家机器用刑罚、司法手段惩治犯罪治理国家。

狱:《古代汉语字典》:"狱是会意字,由二犬和言会意,表示二犬相争。狱的本义指'确也',即坚刚相持的意思。"有官司、案件,牢房、监狱等义。

颐:《古代汉语字典》:"颐是会意字,由'颐(省页)'和页两个字左右组合而成,表示位于头部(页)的颊、肋(臣)部位。"有两颊、两腮,下巴,养护、养等义。

【卦辞要义】噬嗑卦亨通,利于决断狱讼。

【象辞要义】口中有物就是噬嗑。食物在口中被咬碎而亨通顺畅。从自然物象看,震为阳,其状动,其性刚;离为阴,其状明,其性柔。二者阴阳分明,刚柔交错,变动明了。雷可以喻人之威,电可以喻人之明,雷电交合而章可以喻人威明结合而显明,这一物象类比到刑罚与司法领域,动而明察,及时惩治违法犯罪,如此必然亨通。从老百姓的角度看,虽不当位,但得中正之道,其势力处于上升状态,尽管所处地位与环境不利,但在狱讼中还是能够获胜的。

(二)明罚敕法是核心启示

【噬嗑象辞】象曰:雷电噬嗑。先王以明罚敕法。

【注解】明罚敕法:敕,通"饬",整顿,治理。严明刑罚,整顿法度。

【象辞要义】噬嗑卦的卦象是离(火)上震(雷)下,为雷电交击之表象。雷电交击,就像咬合一样;雷有威慑力,电能放光明,古代帝王效法这一现象,明其刑法,正其法令。严明刑罚,整顿法度,是维护社会公平正义的法制手段,通过震慑作用的发挥,达到维护公平正义的效果。"雷电噬嗑卦"与第五十五卦"雷火丰卦"看似相同,实则有别:"噬嗑明在上,动在下,是明得事理,先立这法在此,未有犯底人,留待异时之用,故云'明罚敕法'。丰威在上,明在下,是用这法时,须是明见下情曲折方得,不然,威动于上,必有过错也,故云'折狱致刑'。"朱熹的这个评价值得注意。

噬嗑卦形象生动地用"屦校灭趾""噬肤灭鼻""何校灭耳"阐释用刑状态,分别用"噬肤灭鼻疾而深""噬腊肉毒小有吝""噬干肉兮得黄金"等句表示刑罚不同程度达到的不同效果,目的在于增强对刑罚重要性的认识,最终达到守法修德的目的。用刑逐步加重的几种情况是:

一是"屦校灭趾无灾难,小错早惩不加罪"。

【初九爻辞】初九,屦校灭趾,无咎。象曰:屦校灭趾,不行也。

【注解】屦:jù。《说文》:"屦,履也。"段玉裁注:"今时所谓履者,自汉以前皆名屦。"《古代汉语字典》:"屦为形声字,屦省略'复'作形符,娄为声。本义用葛、麻等编制而成的鞋。"泛指鞋。

校:jiào 形声。《说文》:"校,木囚也。从木,交声。"《古代汉语字典》:"古代枷械之类的刑具。"

【爻辞要义】屦校灭趾意思是"足戴脚镣,淹没隐没(遮住)了脚",受到警戒,不至于旧罪重犯。

二是"噬肤灭鼻疾而深,警示教育要发挥"。

【六二爻辞】六二,噬肤,灭鼻,无咎。象曰:噬肤,灭鼻,乘刚也。

【注解】噬肤:噬,咬。肤,柔嫩的肉。唐陆德明《经典释文》:"柔脆肥美曰肤。"

灭鼻:淹没或遮掩鼻子。

【爻辞要义】施刑伤及犯人的皮肤,由于用刑过疾过猛过深,即使淹没隐没了犯人的鼻子,也不会有施刑过重的祸患。虽然对其形象有触及与损伤,但毕竟发挥了警示教育作用。

三是"噬腊肉毒小有吝,执法遇难莫生畏"。

【六三爻辞】六三:噬腊肉,遇毒;小吝,无咎。象曰:遇毒,位不当也。

【注解】腊肉:腌制后风干或熏干的肉。

【爻辞要义】实施刑法像咬坚硬的腊肉并遇到毒物那样不顺利,但这不过是稍有憾恨,还不至于有祸害。执法受到各种各样的因素干扰是正常的,要想尽办法完成执法工作,不要有畏惧心理。

四是"噬干胏兮得金矢,面对考验首敛内"。

【九四爻辞】九四:噬干胏,得金矢,利艰贞,吉。象曰:利艰贞吉,未光也。

【注解】胏 zǐ:《古代汉语字典》:"胏带骨的肉。"

【爻辞要义】实施刑法像咬带骨头的干肉那样困难,通过攻坚克难,在办案过程中可以锤炼像金矢那样的刚直美好的品德,在这一过程中,办案人员首先需要修养内在的品德。

五是"噬干肉兮得黄金,贞厉无咎国增威"。

【六五爻辞】六五:噬干肉,得黄金,贞厉,无咎。象曰:贞厉无咎,得当也。

【注解】干肉:干硬的肉脯。

【爻辞要义】实施刑法像吃干硬的肉脯那样艰难,可以锤炼办案人员黄金般的刚坚中和的品质,坚守正道虽然有凶险,可能招致打击报复,但可以增强国威,没有咎殃,有利于形成良好的社会风气和秩序。

六是"何校灭耳聪不明,惩前毖后遏犯罪"。

【上九爻辞】上九:何校灭耳,凶。象曰:何校灭耳,聪不明也。

【注解】何:《古代汉语字典》:"hé 何为形声字,亻为形,可为声。在甲骨文、金文中为会意字,如同一个人肩扛物体的样子。何的本义为担,负荷的意思,读作 hè。""hè 通'荷'。抗,担,挑。"

【爻辞要义】肩负沉重木枷,遭受严惩,淹没隐没犯人的耳朵,有凶险。这是因为不听劝告,不能改恶从善,太不聪明了,结果遭受这样的重刑。"屦校灭趾"

限制行动，"噬肤灭鼻"限制言论，"何校灭耳"限制视听，所施刑罚逐步递进而加重。

（三）法治的首要功能与德治的功能基本一致

法治的基本功能有二：一是小惩大诫。惩：惩罚；诫：警告，劝告。有小过失就惩戒，使受到教训而不致犯大错误。《系辞下》："小人不耻不仁，不畏不义，不见利不劝，不威不惩；小惩而大诫，此小人之福也。"蔡东藩、许廑父《民国通俗演义》第七十一回："悖入非无悖出时，临歧知悔已嫌迟。小惩大诫由来说，到底贪官不可为。"二是惩前毖后。惩，警戒；毖，谨慎。指批判以前所犯的错误，吸取教训，使以后谨慎些，不致再犯。指吸取教训以后小心。出自《诗经·周颂·小毖》："予其惩而毖后患。"与小惩大诫词义相近。其中，教化民众是第一位的，小惩大诫与惩恶扬善目的是一致的，小惩大诫是在初始或轻微之时施以刑罚，避免罪责发展而加重；惩恶扬善是通过惩治个别犯法者教化天下民众人心向善。法治与德治异曲有同工之妙。在治理国家方面，儒家主张仁政、礼治和德治，而法家主张法治、严刑峻法。从表面上看法治与德治泾渭分明，实质上二者有不少一致性与互补性，即礼与法相通，刑与德可以并用。

《群书治要》之《政要论·治本》："夫治国之本有二：刑也，德也。二者相须而行，相待而成矣。天以阴阳成岁，人以刑德成治，故虽圣人为政，不能偏用也。故任德多，用刑少者，五帝也。刑德相半者，三王也。杖刑多，任德少者，五霸也。纯用刑强而亡者，秦也。夫人君欲治者，既达专持刑德之柄矣。位必使当其德，禄必使当其功，官必使当其能。此三者，治乱之本也。位当其德，则贤者居上，不肖者居下。禄当其功，则有劳者劝，无劳者慕，未之有也。"——治理国家的根本大道有两条，就是刑罚和道德。两者需要相互配合、相辅相成。上天以阴阳形成光阴，君主以刑德成就大治，因此，即使是圣人来治理国家，也不能偏用其一。重视道德，很少用刑罚的，是五帝。刑罚和道德相伴并施的，是三王。用刑罚较多，而道德很少的，是五霸。完全采用刑罚来治理国家而导致政权快速毁灭的，是秦朝。所以，一个君王要让天下达到大治，就一定要用好刑和德的权柄，视其德行来赐予相应的地位，视其功劳来赐予其相应的俸禄，视其才能来赐予其相应的官职，这三条是让天下大治或大乱的根本啊！根据德行来赐予地位，那么，有贤德的人就会居于上位，道德败坏的人就会居于下位，根据功劳来赐予俸禄，那么有功劳的人就会得到鼓励，没有功劳的人就会朝此努力。能够做到这样，而国家未能得到大治，是从来没有过的事情。

易道 话说易经 谈道德修养

治理国家为什么需要德治与法治并施?《群书治要》之《袁子正书·礼政》云:"夫远物难明而近理易知,故礼让缓而刑罚急,是治之缓急也。夫仁者使人有德,不能使人知禁,礼者使人知禁,不能使人必仁,故本之者仁,明之者礼也,必行之者刑罚也。先王为礼以达人之性,理刑以承礼之所不足,故以仁义为不足以治者,不知人性者也,是故失教,失教者无本也。以刑法为不可用者,是不知情伪者也,是故失威,失威者不禁也。故有刑法而无仁义,久则民忽,民忽则怒也。有仁义而无刑法,则民慢,民慢则奸起也。故曰:'本之以仁,成之以法。'使两通而无偏重,则治之至也。夫仁义虽弱而持久,刑杀虽强而速亡。自然之治也。"——深远的道理不易明了了,眼前的道理容易了解。所以恭敬礼让的教化要慢慢来,而刑法的治理讲究快,这是治理国家的缓急之别。有仁德的人可以使人有德行,却不能使人知道禁忌。讲礼法的人能使人知道禁忌,却不一定能使人懂得仁爱。所以,仁义是教化的根本,显示仁义的是礼制,使人必须遵守礼制的是刑罚。古代先王制定礼法来实现人们本性的仁义,调整刑罚来弥补礼制的不足。所以认为仁义不足以治国,是不懂得人性本善,于是就缺乏教化,缺乏教化的治理就失去了根本。认为刑罚不可以治国的,是不了解人习性的伪诈,于是就失去威慑,失去威慑就不能禁止恶行。所以有刑罚而没有仁义,时间久了百姓就会疏忽,百姓疏忽就会发生叛乱。有仁义而没有刑罚,百姓就会怠慢,百姓怠慢,就会作奸犯科。所以说,以仁义为根本,以法律为辅助,使两者结合而不偏重,这是治理国家的最高境界。仁义教化虽不显著,但是效果持久。刑罚效果显著,却会加速国家的灭亡。这是治理国家的自然之道啊。

2014 年 10 月 23 日习近平总书记《在中共十八届四中全会第二次全体会议上的讲话》指出:"小智治事,中智治人,大智立法。治理一个国家、一个社会,关键是要立规矩、讲规矩、守规矩。法律是治国理政最大最重要的规矩。推进国家治理体系和治理能力现代化,必须坚持依法治国,为党和国家事业发展提供根本性、全局性、长期性的制度保障。"

2013 年 4 月 19 日习近平总书记《在十八届中央政治局第五次集体学习时的讲话》中指出:"推进反腐倡廉建设,必须坚持依法治国和以德治国相结合。规范人民的行为,规范社会秩序,不仅要确立与之相适应的法律体系,而且要形成与之相适应的思想道德体系。儒法并用,是我国历史上常用的社会治理方式,只有思想教育手段和法制手段并用才能相得益彰。这是因为,法是他律,德是自律,自律和他律相结合才能达到最佳效果。正所谓'德之以政,齐之以刑,民免而无耻;道之以德,齐之以礼,有耻且格'。反腐倡廉是一个复杂的系统工程，需要多管齐下、综合施策，但从思想道德抓起具有基础性作用。"

遵纪守法是全民的基本共同的价值取向，也是应该共同遵守的行为准则。胡锦涛同志"八荣八耻"社会主义荣辱观之一强调"以遵纪守法为荣，以违法乱纪为耻"，就是倡导将法纪观念纳入人生价值体系中，丰富了中华民族精神内涵。

（四）重视教育防范

正面引导、警示教育、惩教结合、加强道德修养等都是有效的方法，根据对象不同，灵活采取方式方法，将收到良好的效果。一是"注重源头抓预防，惩教结合防犯罪"。荀子性恶论认为人有着"目好色，耳好声，口好味，心好利"和"不知足"的恶欲，人性总是倾向于趋利避害，故其主张利用后天的人为作用，例如用教育、道德和礼法（即法律）等来抑制人性的放纵。预防犯罪，重在源头抓好防范，关键是采取惩教结合的方法全面进行：一要普及法律。法律面前人人平等，人人树立法制观念，心存畏惧。二要开展警示教育。剖析违法犯罪案例，以案说法，警示违法犯罪的危害性和不良后果，敲响防范的警钟，杜绝犯罪欲念。三要正面引导弘扬美德善举。推行以德治国，坚持正面引导原则，开展美德教育，弘扬善行义举，注重社会风气和舆论氛围的营造，强化社会及全民思想意识形态领域建设，培养美好的社会公德。四要严厉打击犯罪。推行依法治国，严查严办，公正量刑，对违法犯罪行为绳之以法，发挥法律震慑力，增强恐惧之心。二是"教育防范正引导，修养品德重练内"。指坚持正面引导原则，重视内在品德的修养。相传远古时代，洪水泛滥，舜帝派鲧治水，鲧一味去"堵"，结果，洪水不仅没减退，反而愈来愈烈。后来，鲧的儿子禹继续治水。他采取"疏"的办法，将洪水引入大海，终于使水灾平息。鲧、禹治水一"堵"一"疏"，方法不同，结果迥然两样。可见治水宜疏不宜堵。宜疏不宜堵的道理，不仅适用于治水，也适用于教化和管理民众。正面引导的原则，是指重视思想品德教育，通过做深入细致的思想工作，为民众指明正确的方向，阐释宣传清楚是非、善恶的道德标准，弘扬精神境界高尚的人和事，循循诱导，启发自觉，引导民众端正思想动机，使他们不断进步，成为思想道德高尚的守法公民。正面引导原则与加强内在品德修养，对培养有社会主义觉悟的有共产主义理想的公民具有积极的意义。正面启发、正面灌输、表扬先进、法制法规约束都是积极有效的方法。"教育防范正引导，修养品德重练内。""注重源头抓预防，惩教结合防犯罪。"强调了教育引导、源头防范的重要性，关键是惩教结合，普及法律、开展警示教育、正面引导弘扬美德善举、以德治国、严厉打击犯罪不失为有效的教育防范手段，对提

易道 话说易经 谈道德修养

高法制意识与降低犯罪率将起到积极的作用。

（五）明罚敕法基本目标是建立公序良俗

公序，指公共秩序，是指国家社会的存在及其发展所必需的一般秩序，即社会一般利益，包括国家利益、社会经济秩序和社会公共利益。良俗，指良风善俗，是指国家社会的存在及其发展所必需的一般道德观念或良好道德风尚，包括社会公德、商业道德和社会良好风尚。公序良俗指民事主体的行为应当遵守公共秩序，符合良风善俗，不得违反国家的公共秩序和社会的一般道德。公序良俗原则在诸多民事立法较好的国家都有明文规定。例如：《法国民法典》第6条规定，个人不得以特别约定违反有关公共秩序和良风善俗的法律。《德国民法典》第138条规定：违反良风善俗的行为，无效。《日本民法典》第90条规定：以违反公共秩序或良风善俗的事项为标的的法律行为无效。中华人民共和国现行法未采纳公序良俗的概念和表述，但在《民法通则》第七条、《合同法》第七条和《物权法》第七条关于社会公德、社会公共利益和社会经济秩序的规定，通常被认为是承认了公序良俗原则。公序良俗原则在司法实践中应用非常广泛，在民事审判中具有重要意义。民法之所以需要规定公序良俗原则，是因为立法当时不可能预见一切损害国家利益、社会公益和道德秩序的行为而做出详尽的禁止性规定，故设立公序良俗原则，以弥补禁止性规定之不足。公序良俗原则基本理论依据是："法无明文禁止即可为"和"权利不可滥用"的辩证统一性。"法无明文禁止即可为"意味着民事主体在不违背强制性法律规则和法律不禁止的条件下，可自愿选择满足或有利于自身利益的行为。"权利不可滥用"意味着民事主体行使权利时，其行为应符合良风善俗习惯，并不损害政治国家和市民社会一般的公共秩序要求。尤其是在法律不足以评价主体行为时，公序良俗原则可以限制民事主体的意思自治及权利滥用。

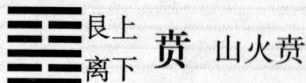

第二十二章　贲　卦

文饰与宣传之道：以明庶政　无敢折狱

　　山下燃烧着火焰，山形焕彩，为贲，贲象征文饰。事物加一些必要的文饰，可以亨通，特别柔小的东西加以文饰，才更显其美。文饰与宣传之道的核心是"内容是核是根本，表现形式显面貌"。展现了唯物辩证法的"内容"与"形式"哲学范畴所蕴含的哲理。给人的启发是，"自然社会需妆点，干事宣传都重要"。古圣先王的启示是"君子以明庶政，无敢折狱"做到"政务公开"与"司法公正"，这构成了现代社会文明的基本内核，堪称形式与内容有机结合的精粹。

一、贲卦经文

贲 山火贲 艮上离下

贲:亨。小利有所往。

彖曰:贲,亨,柔来而文刚,故亨。分,刚上而文柔,故小利有攸往。刚柔交错,天文也。文明以止,人文也。观乎天文,以察时变;观乎人文,以化成天下。

象曰:山下有火,贲。君子以明庶政,无敢折狱。

初九:贲其趾,舍车而徒。

象曰:舍车而徒,义弗乘也。

六二:贲其须。

象曰:贲其须,与上兴也。

九三:贲如濡如,永贞吉。

象曰:永贞之吉,终莫之陵也。

六四:贲如皤如,白马翰如,匪寇婚媾。

象曰:六四当位疑也。匪寇婚媾,终无尤也。

六五:贲于丘园,束帛戋戋,吝,终吉。

象曰:六五之吉,有喜也。

上九:白贲,无咎。

象曰:白贲无咎,上得志也。

二、贲卦警语箴言

艮上离下山火烧　　山形焕彩火焰高
内容是核是根本　　表现形式显面貌
自然社会需妆点　　干事宣传都重要
美化文饰恰其分　　自然朴素饰至道
必要文饰增美奂　　高尚远俗饰之妙
刚上天文利攸往　　文明以止人文好
观乎天文察时变　　观乎人文以化教
君如火焰政清明　　明断官司无饰道
政务公开洒阳光　　司法公正民称好

文饰脚趾徒步徙　饰须美髯新面貌
从头到脚饰美奂　坚守正道形象好
冰清玉洁乘白马　非寇求婚慕倾倒
束帛戋戋贲丘园　虽吝终吉喜事到
装饰点染美形象　文过饰非非正道
素朴淡雅不招眼　不尚奢华才是好
美饰形象焕然新　表里如一更曼妙

三、易理哲学简说

以明庶政　无敢折狱
——政务公开洒阳光　司法公正民称好

　　贲，山火贲，艮上离下。离为火，艮为山，山下有火。山下燃烧着火焰，山形焕彩，为贲。《说文》："贲，饰也。"贲为贝壳的光泽与花草艳美相益彰，引申为饰，就是用斑斓的色彩修饰朴素。贲象征文饰。事物加一些必要的文饰，可以亨通，特别柔小的东西加以文饰，才更显其美。"艮上离下山火烧，山形焕彩火焰高"是对这一卦象形象生动的描摹。

　　事物不可以简单相合（噬嗑），适当文饰（贲）是必要的，"贲，亨，小利，有攸往""君子以明庶政，无敢折狱"，即贲卦，贲卦揭示的是文饰与宣传之道，也是正确的审美观。贲卦蕴含丰富的美学思想，事物经过文饰可以更美；文饰需要一定的限度，朴素与自然是文饰的最高境界；对事物适当的修饰，可以增美亨通。关键需要把握四个方面：

（一）观乎天文察时变，观乎人文以化教

　　【贲卦象辞】象曰：贲，亨，柔来而文刚，故亨。分，刚上而文柔，故小利有攸往。刚柔交错，天文也。文明以止，人文也。观乎天文，以察时变；观乎人文，以化成天下。

　　【注解】"柔来而文刚"与"刚上而文柔"：柔，柔顺、阴柔、柔美；刚，阳刚、刚健。"柔来而文刚"指柔美文饰阳刚，从自然物象看，离为火，为柔，居下，文饰渲染在上具有阳刚特性的艮山，明丽光明，没有阴暗，类比社会，好比民众在下，文饰、衬托在上的君王；"刚上而文柔"指阳刚文饰柔美，从自然物象上看，在上具有阳刚特性的艮山文饰衬托在下呈现柔美特性的山火，类比社会，好比在上的君王，文饰、衬托在下的民众。二者相文相饰，相得益彰。

　　天文：王弼注："刚柔交错而成文焉，天之文也。"孔颖达疏："刚柔交错成

文,是天文也。"高亨注:"天象是阳阴并陈,阳阴迭运,刚柔交错以成文。"

人文:指礼乐教化。孔颖达疏:"言圣人观察人文,则诗书礼乐之谓,当法此教而化成天下也。"《北齐书·文苑传序》:"圣达立言,化成天下,人文也。"

【彖辞要义】贲,亨通,阴柔来与下刚相杂,所以"亨通"。分阳刚上来与阴柔相杂,故"有小利而可以前往"。天象有阴有阳,阴阳迭运,刚柔交错,如日月交替,四季更迭,有一定的规律,为天文。人文指伦理规范、价值观、社会制度、行为准则、文化理念等规范约束人行为的意识形态,是建立社会公序良俗的所遵循的依据,是精神文明的标志。君王应该明晓刚柔相文相饰相得益彰的道理,观看天文,可以察知时节变化;强化人文建设,可以教育化成天下民众。

《资治通鉴》卷六十八司马光曰:"教化,国家之急务也,而俗吏慢之;风俗,天下之大事也,而庸君忽之。夫惟明智君子,深识长虑,然后知其为益之大而收功之远也。光武遭汉中衰,群雄糜沸,奋起布衣,绍恢前绪,征伐四方,日不暇给,乃能敦尚经术,宾延儒雅,开广学校,修明礼乐。武功既成,文德亦洽。继以孝明、孝章,遹追先志,临雍拜老,横经问道。自公卿、大夫至于郡县之吏,咸选用经明行修之人,虎贲卫士皆习《孝经》,匈奴子弟亦游太学,是以教立于上,俗成于下。其忠厚清修之士,岂唯取重于搢绅,亦见慕于众庶。愚鄙污秽之人,岂唯不容于朝廷,亦见弃于乡里。自三代既亡,风化之美,未有若东汉之盛者也。及孝和以降,贵戚擅权,嬖幸用事,赏罚无章,贿赂公行,贤愚浑殽,是非颠倒,可谓乱矣。然犹绵绵不至于亡者,上则有公卿、大夫袁安、杨震、李固、杜乔、陈蕃、李膺之徒面引廷争,用公义以扶其危,下则有布衣之士符融、郭泰、范滂、许邵之流,立私论以救其败。是以政治虽浊而风俗不衰,至有触冒斧钺,僵仆于前,而忠义奋发,继起于后,随踵就戮,视死如归。夫岂特数子之贤哉,亦光武、明、章之遗化也!当是之时,苟有明君作而振之,则汉氏之祚犹未可量也。不幸承陵夷颓敝之馀,重以桓、灵之昏虐:保养奸回,过于骨肉;殄灭忠良,甚于寇雠;积多士之愤,蓄四海之怒。于是何进召戎,董卓乘衅,袁绍之徒从而构难,遂使乘舆播越,宗庙丘墟,王室荡覆,烝民涂炭,大命陨绝,不可复救。然州郡拥兵专地者,虽互相吞噬,犹未尝不以尊汉为辞。以魏武之暴戾强伉,加有大功于天下,其蓄无君之心久矣,乃至没身不敢废汉而自立,岂其志之不欲哉?犹畏名义而自抑也。由是观之,教化安可慢,风俗安可忽哉!"

(二)"君如火焰政清明——政务公开""明断官司无饰道"——司法公正

【贲卦象辞】山下有火,贲。君子以明庶政,无敢折狱。

【注解】明:有察与光明之意。

庶政：关乎百姓的政务政事。

折狱：判断，裁断案件或诉讼。《论语·颜渊》："片言可以折狱者，其由也与？"

【象辞要义】贲卦的核心启示与应该掌握的要领：贲卦的卦象是艮（山）上离（火）下，为山下燃烧着火焰之表象。山上草木杂生，花草相映。山下燃烧火焰把山上草木万物照得通明，照明了山的面貌，如同披彩，这就叫装饰。这种装饰能够彰显事物的基本面貌与本色。君子应该像火焰一样，正大光明，阳光操作，在办理政务时要政务清明，兼听不偏信，实现政务公开；在裁决狱讼时，多方采证，不轻信一人一物之证，明察不文饰，以保证司法公正，切实维护当事人的合法权益，教化民众，安定天下。"观乎天文察时变，观乎人文以化教。"就是要达到这种目的与效果。

《群书治要》之《申鉴》："致治之术：先屏四患，乃崇五政。一曰伪；二曰私；三曰放；四曰奢。伪乱俗；私坏法；放越轨；奢败制。四者不除，则政无由行矣。俗乱则道荒，虽天地不得保其性矣；法坏则世倾，虽人主不得守其度矣；轨越则礼亡，虽圣人不得全其行矣；制败则欲肆，虽四表不能充其求矣。是谓四患。兴农桑以养其生；审好恶以正其俗；宣文教以章其化；立武备以秉其威；明赏罚以统其法，是谓五政。"——使国家安定清平的方法是：先要去除四种祸害国家的隐患，然后再推行五项政策。四个隐患：一是弄虚作假；二是假公济私；三是恣肆放纵；四是奢侈浪费。弄虚作假就会败坏社会风气；假公济私就会破坏国家法度；恣肆放纵就会助长越轨行为；奢侈浪费就会破坏制度规定。这四大隐患不除，则国家政令就无法落实。社会风俗乱了则伦理道德就会废弃，即使天地也不能保持其常性了；法律被破坏后，社会秩序就会崩溃，即使是君主也不能维持常度了；违背做人的伦常，礼制就灭亡了，即使是圣人也不能够保全正道了；制度破坏则各种私欲泛滥，就是据有四方之物也不能满足要求了。这就是所谓的四种隐患。发展农桑来解决民众的生计；明辨好恶以端正社会的风气；宣扬伦理道德教育以显明教化的方向；建设武备以保持政府的威信；明确赏罚来严肃政权的法令，这就是"五政"。

公平正义的实质是政务公开与司法公正，就是让权力在阳光下运行，用制度管人、用制度管事，使国家机关信息公开，行政权力公开透明运行，杜绝暗箱操作，增强政府机关的公信力，确保司法公正，发挥司法在加强社会事务与公共秩序管理方面的作用，杜绝冤假错案发生，维护社会公平正义。政务公开主要的要求：使政府的工作内容公开化，对于政府筹划或正准备进行的各项工作，如城市建设、道路规划、医疗保健措施、事务处理、司法制度及程序等分类进行公开，并对各项工作内容及进程予以公开，任何公民都可以通过特定途径，如政务

易道 话说易经 谈道德修养

公开栏、政务公开网络等进行查询、监督。政务公开的关键措施:首先,完善制度建设,健全体制机制。其次,依法清权确权,推进行政权力公开透明运行。再次,创新审批方式,推进行政审批制度改革。最后,把握公开重点,不断提高政务公开的质量和水平。各级行政机关要结合本部门、本单位、本系统的特点,以关系群众切身利益的重要事项和本部门的核心权力为重点,不断丰富政务公开的内容,争取让政务公开的工作。政务公开的工作重点:一是注重领导率先垂范;二是注重制度保障;三是注重联系工作实际;四是注重合理适度公开;五是注重提高人员素质。所表达的,就是将核心启示放大视野,善于从自然环境气象的变化中体察规律,从民众的言行中体察内心,从而采取有效的方法教化民众,治理天下,达到君民同心同德和谐喜乐。贞观之治可谓清明仁政广纳贤的典型范例——唐太宗在位期间政治清明,任人廉能,知人善用;广开言路,尊重生命,自我克制,虚心纳谏,重用魏征等净臣;并采取了一些以农为本,厉行节约,休养生息,文教复兴,完善科举制度等政策,使得社会出现了安定的局面;大力平定外患,并尊重边族风俗,稳固边疆。当时年号为"贞观"(627—649 年),故史称"贞观之治"。这是唐朝的第一个治世,同时为后来的开元之治奠定了厚实的基础。

(三)美饰形象焕然新,表里如一更曼妙

表里如一,指表面和内心像一个东西。形容言行和思想完全一致。文饰与宣传需要达到良好的效果,表与里的完美统一,当然是众所追求的目标与境界。如何才能取得好的效果呢?

在解读本卦之前,我们不妨共同了解一下古代婚礼的礼仪规范。《仪礼·士民礼》:"主人(指娶妇之婿)乘墨车,从车二乘,执烛前马。至于门外(女家大门之外)。主人(指女之父)迎于门外,揖入。宾(指婿)执雁,从至庙门。揖入,三揖至于阶,三让。主人升,西面。宾升,北面,奠雁,再拜稽首,降出。妇从降。婿御妇车,授绥(郑玄注:绥,所以引升车者)。妇乘以几。乃驱。御者代。婿乘其车,先俟于门外(家大门之外)。妇至。主人(指婿)揖妇以入。及寝门,揖入。"

郎婿娶妻,兴致勃勃,本应乘车前往,可是,为表达男下女之意(见咸卦),郎君素朴美饰,"舍车而徒",欣然前往。贲卦六爻细腻描摹了这一过程——用英俊帅气的郎君从脚到头美饰形象去迎娶曼妙的新娘打比方,形象贴切地诠释了美饰之道。现代婚礼极尽奢华,我们不妨看看古代迎亲的素朴之美在贲卦中是怎么描述的:

【初九爻辞】初九:贲其趾,舍车而徒。象曰:舍车而徒,义弗乘也。

【注解】趾:《尔雅·释言》:"趾,足也。"即脚。

徒:《说文》:"徒(段玉裁注:隶变字作徒),步行也。"

【爻辞要义】穿着漂亮的鞋,美饰自己的脚,舍弃坐车乘马,徒步行走。这是为什么? 华丽的马车用来迎娶新娘,用以表达新郎的心意。

【六二爻辞】六二:贲其须。象曰:贲其须,与上兴也。

【注解】须:《古代汉语字典》:"须在金文中是象形字,像人脸上长着胡须的样子。本义指胡须。"(按:长在嘴上面为髭,下嘴唇下面的为须,下巴附近的叫胡,两颊为髯)

【爻辞要义】修饰嘴唇下面的须,与嘴上面的髭,上下相应,整体面貌和形象容光奕奕,精神焕发。

【九三爻辞】九三:贲如濡如,永贞吉。象曰:永贞之吉,终莫之陵也。

【注解】《古代汉语字典》:

如:"如是会意字,由女和口两个字左右组合而成,口表示命令、指示和要求,因在古代女子的地位比男子要低,所以此处的女表示服从的意思,与口合在一起表示服从命令。如的本义是指随从,依从。"

濡:rú,柔顺。

陵:陵是形声字,本义是较大的土山。有乘,凌驾等义。

【爻辞要义】美饰得光泽柔润,永远坚守正道,便可获得吉祥。不但美饰外表,还要有美好的心灵,永久坚持正道,才能最终不受人凌辱。去迎娶新娘当然会获得尊重。

【六四爻辞】六四:贲如皤如,白马翰如,匪寇婚媾。

象曰:六四当位疑也。匪寇婚媾,终无尤也。

【注解】皤:pó,《广雅·释器》:"皤,白也。"《玉篇·白部》:"皤,素也。"孔颖达疏:"皤是素白之色。"

翰:高亨《周易大传今注》:"翰,马毛长。"

匪寇婚媾:不是劫财之寇,而是求聘婚配之人。

【爻辞要义】男子浑身打扮得洁白素雅,洁白如玉,驱驰长毛俊逸的雪白骏马驾车向前轻捷前往。这并非敌寇,而是求聘婚配之人呀! 他虽然当位得正,但心中却疑虑重重,求取婚配能成功吗? 婚配毕竟是嘉美之事,最终还是无所怨尤。

【六五爻辞】六五:贲于丘园,束帛戋戋,吝,终吉。象曰:六五之吉,有喜也。

【注解】《古代汉语字典》:

丘园:"丘是象形字,甲骨文的丘像有两个山峰的山丘形状。本义指自然形成的土山。""园是形声字,繁体写作園,囗(读作 wéi)为形,袁为声,简化为园。

园的本义指种植果木之处。"丘园指然形成的小土山种植着果木花卉。这里指男方居住的花果庄园。

帛:"帛是形声兼会意字,巾为形,白为声,白兼表义。帛是丝织物的总称。帛本来仅限于指称白颜色的纺织品。"

戋戋:jiān jiān,"众多繁茂的样子。白居易《秦中吟》:'灼灼百朵红,戋戋五束素'"。

【爻辞要义】男方所居住的花果庄园被装饰的异常漂亮,用了大量的素洁的白色丝绢,太铺张浪费了,有忧吝,但最终结果吉祥。这是什么原因呢,起初,人们不知道他为什么将花果庄园装饰打扮得那样漂亮,难免议论纷纷,等到迎娶新娘回来,人们突然明白是怎么回事儿,当然会表示祝贺,自然喜庆。

【上九爻辞】上九:白贲,无咎。象曰:白贲,无咎,上得志也。

【爻辞要义】这样的婚礼吉祥,关键原因在于,求婚者的喜好,与未来岳丈大人的喜好志趣一致,都喜欢朴素无华。

在上位的统治者从中得到有益的启发,那就是,"白贲,无咎",不文饰,不伪饰,朴素无华没有祸害,当然是应该"君如火焰政清明——政务公开""明断官司无饰道——司法公正"。这是贲卦推演诠释的最核心启示。

婚姻是人类社会美好的物质生活与精神生活的纽带。是繁衍社会伦理纲常的开始。从古至今,每个家庭每个人无不重视,在仪式上,无不花费大量的财力、精力文饰打扮,渲染氛围与情趣,这是所有百姓最喜庆的事之一。本卦六爻详细描绘了聘娶新娘男子从头到脚的穿着打扮、仪表形象、婚礼环境,与岳丈大人的融洽状态。君王并没有紧紧停留在婚礼层面,而是从中领悟到"阳光政务"与"司法公正"的宝贵启示。

从中至少应该领悟与把握四个方面:

一是"美化文饰恰其分,自然朴素饰至道"——美化文饰要恰如其分恰到好处,不要过于简约,也不要过于繁冗。自然朴素是美化文饰的基本原则,自然朴素能够将外在表现形式与内在本质有机结合,过多附丽往往画蛇添足,容易起到欲饰弥彰的效果。简约美是美之大美,能够体现真、朴、质、神。做任何事情,这一原则均适用。

二是"必要文饰增美奂,高尚远俗饰之妙"——适当的妆点、装饰、美化是必要的,可以增加美仑美奂的色彩,而品格高尚远离庸俗低级趣味的格调则是装饰美化的奥妙与精髓所在。

三是"坚守正道形象好,文过饰非非正道"——贲卦诸爻列举男子美饰娶亲的过程与形象"文饰脚趾徒步徙,饰须美髯新面貌;从头到脚饰美奂,坚守正道形象好;冰清玉洁乘白马,非寇求婚慕倾倒;束帛戋戋贲丘园,虽吝终吉喜事到"

等情况,强调"装饰点染美形象,文过饰非非正道",注意并美饰形象,永久坚持正道,是吉祥的。

四是"素朴淡雅不招眼,不尚奢华才是好"——揭示了文饰宣传要坚持自然朴实、素朴淡雅、恰当适度、表里一致等原则,实现局部与整体、内在与外在、内容与形式的有机结合与统一,不文过饰非,不娇情造作,完美地展现出整体效果。这种境界,恰恰是美的境界。内容和形式有机结合是美的基础,脱离内容的形式再美也没有生命力,自然素朴是美的极致,因为其体现了整齐一律、对称与均衡、比例与尺度、对比与调和等美的规律性,于自然美中展现社会之美,达到艺术美的境界。

(四)内容是核是根本,表现形式显面貌

贲卦揭示的道理与唯物辩证法的"内容"与"形式"哲学范畴哲理一脉相通。内容指构成事物的一切内在要素的总和,是事物存在的基础,内容包括事物的各种内在矛盾以及由这些矛盾所决定的事物的特征、运动的过程和发展的趋势等。同一种内容在不同条件下可以采取不同的形式,同一种形式在不同条件下可以体现不同的内容。形式指事物内在要素的结构或表现方式。内容和形式既对立又统一,相互依赖,不可分割,相互作用,相互影响,内容决定形式,形式反作用于内容;内容和形式在一定的条件下相互转化,当形式适合内容时,对内容的发展起着积极的推动作用,当形式不适合内容时,对内容的发展起着消极阻碍的作用。内容活跃,形式相对稳定,两者既相适合又不绝对适合。要自觉运用内容决定形式、形式必须适合内容的原则,根据内容的需要决定形式的取舍、改造和创新,以促进事物的发展;同时,要自觉运用形式反作用于内容的原则,善于运用形式,发挥其积极作用,利用和创造必要的形式,适时地抛弃与内容不相适应的形式。在实际工作中,要注意克服形式主义和形式虚无主义。因此,在工作实践与现实生活中,做任何事情,要求得好的效果,必须使形式与内容有机结合,否则,没有内容的形式将形成虚假的泡沫,失去生命力;没有形式的内容将失去感染力。

(五)自然社会需妆点,干事宣传都重要

唯物辩证法"内容"与"形式"辩证的关系与其矛盾的运动,决定了干事与宣传具有同样重要的地位。大自然需要装点,人类社会也不例外。干事非常重要,宣传同样重要。参悟贲卦,有必要对宣传工作的功能和重要性进一步提高认识。宣传具有激励、鼓舞、劝服、引导、批判等多种功能,其基本功能是劝服。即通过多种内容和形式,阐明某种观点,使人们相信并跟随行动。宣传是一种

由各种阶级、各种势力所参与的社会活动,宣传的倾向性带有强烈的阶级烙印,宣传具有功利目的,不同阶级的宣传,对社会历史的发展有不同的影响和作用。一般来说,革命阶级的发展壮大,总是伴随着积极的宣传活动。革命阶级代表着社会发展方向,因而总能有效地利用宣传而达到推动社会历史前进的目的。无论是资产阶级的革命历史,还是无产阶级解放全人类的奋斗历程,都雄辩地证明了宣传的这一积极历史作用。宣传同样也是没落阶级用以阻挡社会历史前进的手段,从中世纪的封建僧侣神权制到 20 世纪垄断资产阶级的法西斯统治,都曾运用宣传手段努力维护腐朽的反动统治。

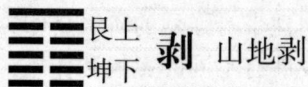

第二十三章　剥　卦

反腐防衰之道：剥极必复生希望　上以厚下安宅旺

　　山石风化崩塌于地为剥卦之象，核心警示是"上以厚下安宅"，则本固邦宁。事物发展变化是永恒的趋势，永远不可能停留在一种状态上，当事物发展到节点上，就会向相反的方向转化，因此，事物发展当衰腐败落至极必然向恢复、光复的方向转化，促成转化。这也是人们能够乐观生活下去的理由所在。《菜根谭》云："盛极必衰，剥极必复。"体恤民众，厚爱民众，上下团结，万众一心是战胜一切腐败衰乱、来犯之敌与重大灾害的铜墙铁壁。要保持高度的警觉，防微杜渐，对坏思想、坏行为或错误刚冒头时，就加以防止、杜绝，同时也要拥有充满希望的乐观情怀。这是宝贵的精神品质。

一、剥卦经文

剥 山地剥 艮上坤下

剥:不利有攸往。

象曰:剥,剥也,柔变刚也。不利有攸往,小人长也。顺而止之,观象也。君子尚消息盈虚,天行也。

象曰:山附地上,剥。上以厚下,安宅。

初六:剥床以足,蔑贞凶。
象曰:剥床以足,以灭下也。

六二:剥床以辨,蔑贞凶。
象曰:剥床以辨,未有与也。

六三:剥之,无咎。
象曰:剥之无咎,失上下也。

六四:剥床以肤,凶。
象曰:剥床以肤,切近灾也。

六五:贯鱼,以宫人宠,无不利。
象曰:以宫人宠,终无尤也。

上九:硕果不食,君子得舆,小人剥庐。
象曰:君子得舆,民所载也。小人剥庐,终不可用也。

二、剥卦警语箴言

艮山风化崩于地　　万物萧零秋悲怆
不利攸往小人长　　顺而止之观天象
消息盈虚顺天行　　上以厚下安宅旺
侵蚀剥落始床足　　防微杜渐莫轻狂
剥床以辨蔑贞凶　　无援无助事不祥
剥之无咎失上下　　虽无咎殃亦慎防
剥床以肤近凶险　　贪腐害民国之殇
嫔妃贯鱼君王宠　　众阴附阳有吉祥
君子得舆受拥戴　　民众剥庐喜若狂

由下而上层层剥　　层层剥尽柔变刚
由表及里渐渐腐　　衰腐至极滋新养
此消彼长机生变　　唯德唯谨乃良方
消长盈虚有规律　　以上厚下民安详
谨慎隐忍持柔中　　剥极必复生希望
韬光养晦待时机　　春天会来草会长

三、易理哲学简说

剥极必复生希望　　上以厚下安宅旺

剥,山地剥,艮上坤下。坤为地,艮为山,山石风化,崩塌于地,为剥。剥为剥落,有侵蚀的含义由山石剥落的自然物象可以联想到社会治理中常常出现的衰腐败乱局势或腐败行为,易理所揭示的内容具有普遍性。从抽象的卦象符号看本卦五阴一阳,即小人极盛,万物零落,所以称为剥。象征剥落。阴盛阳衰,小人壮而君子病。内顺而外止,此时应顺从隐忍,不利于前去行事,不宜采取任何行动。

极尽修饰(贲)则使亨通走到了尽头,"剥,不利有攸往""上以厚下安宅",即剥卦。剥卦揭示的是防止衰腐与以上厚下(仁爱民众)之道。处"剥"之时,贵在有定力,关键就把握好以下几个方面:

(一)物极必反,把握规律

【剥卦卦辞】剥:不利有攸往。

【剥卦象辞】象曰:剥,剥也,柔变刚也。不利有攸往,小人长也。顺而止之,观象也。君子尚消息盈虚,天行也。

【注解】剥:《古代汉语字典》:"剥在甲骨文中是会意字,由左边的卜和右边的刀组成。在篆文中,仍是会意字,或为左'卜'右'刀',或为左'录'右'刀'。剥的本义是割裂。"有割裂,割开;脱落,脱掉等义。

攸往:《说文》:"攸,水行貌。"《古代汉语字典》:"攸是会意字,由攴、人、水字省略为中间一竖来表示水行。攸的本义是'水行也',即使水平缓地流动。"攸往,前往做事从容不迫。

消息盈虚:《说文》:"消,尽也。"形声字。字从水,从肖,肖亦声。"肖"意为"变小、变细直到消失"。"水"指"水流"。"水"与"肖"联合起来表示"水流变小、变细直到没有"。《说文》:"息,喘也。"息,会意兼形声。从心,从自,自亦声。自指的是"自身",自和心合起来的意思是"心上只有自身",意思是把工作从心里面彻底放下，从而把注意力放在自身上去养精蓄锐。《广雅》："盈，满也。""虚，空也。"《易经》第五十五卦丰卦云："日中则昃，月盈则食，天地盈虚，与时消息。"与本卦"消息盈虚"说的是相同的现象和规律。即古人观察到，太阳到了中午就要逐渐西斜，月亮圆了就要逐渐亏缺，天地间的事物，或丰盈或虚弱，都随着时间的推移而变化，有时消减，有时滋长。由此可见，中国古代就把客观世界的变化，把它们的发生、发展和结局，把它们的枯荣、聚散、沉浮、升降、兴衰、动静、得失等等变化中的事实称之为"消息盈虚"。

【卦辞要义】与【象辞要义】处于剥卦所说的剥落衰败境地，做事不利，但还是要从容不迫悠然前往做事。剥卦卦象展现的是，山的剥落是从上到下山石一点点风化剥落的，山石、腐殖土等在雨水、泥石流等冲刷下逐渐汇聚成冲击平原，冲击平原沉降又会挤压地壳运动致使山脉不断隆起。大地阴柔增进侵蚀，在不断改变山的阳刚特性，类比社会，暗喻小人势力不断增长，君子地位受到威胁与侵蚀，值此之时，君子应该反思与警醒，要顺应时势，当止则止。太阳到了中午就要逐渐西斜，月亮圆了就要逐渐亏缺，天地间的事物，或丰盈或虚弱，都随着时间的推移而变化，有时消减，有时滋长。同样，社会事务的发展变化也有盛衰、荣枯、充盈、虚空的变化或转化。君子要观察物象，深明天人相合之理，重视"消息盈虚"——参悟万物存亡生息盈盛亏虚的变化，按宇宙运行的自然法则办理社会事务。

（二）上以厚下，民安宅旺

【剥卦象辞】山附于地，剥。上以厚下安宅。

【注解】山附于地：山本来凸显在地上，由于受日晒、风吹、雨淋、雷震、雨水冲洗、霜寒、冰冻、沙尘暴剥蚀、地震损毁等，山体无时无刻不在风化剥落，然而山又将根深深植入大地之中，依附于大地，才得以安居久峙。

厚：《古代汉语字典》："厚的本义指山陵很厚或上下的距离大。"这里指厚待。

【象辞要义】剥卦卦象是艮（山）上坤（地）下，好比高山受侵蚀而风化，逐渐接近于地面之表象，因而象征剥落。看到这一现象，位居在上的统治者应体恤下情，仁民爱物，加强基础建设，巩固民众住所而不至发生危险，才能使民众宅安家旺，进而巩固统治的根基。剥，具有摧残破坏力，山体滑坡、地震会对人民群众财产和人身安全造成伤害；军事战争、暴动、变乱会损毁民众家园；腐败将损害民众利益败坏社会风气，作为统治者，要知道自然和衰腐行为酿成的人为灾害的破坏性，如不遏制，将动摇社会稳定的根基，因此，要关爱民众，加强社会基础建设，与腐败行为做坚决的斗争，像习近平总书记为核心的党中央提出的

"苍蝇老虎一起打"那样铲除腐败行为及根源,保护民众安全和利益,才会出现社会安定的局面。

《群书治要》之《商君子·治天下》:"治天下有四术:一曰忠爱;二曰无私;三曰用贤;四曰度量。度量通则财足矣;用贤则多功矣;无私百智之宗也;忠爱父母之行也。奚以知其然。父母之所畜子者,非贤强也,非聪明也,非俊智也。爱之之,欲其贤己也。人利之与我利之无择也。此父母所以畜子也。然则爱天欲其贤己也。人利之与我利之无择也。则天下之畜亦然矣。此尧之所以畜下也。"——治理天下有四种方法:第一是忠恕爱民;第二是大公无私;第三是任用贤人;第四是度量衡。度量衡统一后,财富就能充足;任用贤人,就能成就诸多功绩;心地无私,是一切智慧的根源;忠恕爱民,是父母般无私的大爱行为。如何知道是这样的呢?父母所养育的儿女,不一定有德行有勇力,不一定聪明,也不一定智慧过人,但他们都一样疼爱,为儿女忧心,只是希望孩子将来能超过自己成为贤达之人,不管是别人利益了孩子,还是自己利益了孩子,都是一样,这就是为人父母养育孩子的心情。那么,(君王)爱戴天下人民的心情,也是希望人民都能超过自己,至于是他人利益了人民,还是自己利益了人民,并不去区别。治理天下也是一样的,尧帝就是这样来治理天下的。

《群书治要》之《淮南子·诠言》:"为治之本,务在于安民。安民之本,在于足用。足用之本,在于勿夺时。勿夺时之本,在于省事。省事之本,在于节欲。节欲之本,在于反性。释道而任智者必危;弃数而用材者必困。有以欲多亡者,未有以无欲危者也。有以欲治而乱者,未有以守常失者也。故智不足以免患,愚不足以至于失宁。守其分,循其理,失之不忧,得之不喜,因春而生,因秋而杀,所生者不德,所杀者不怨,则近于道矣。"——治理国家的根本,在于使百姓安定。安定百姓的根本,在于使百姓衣食丰足。百姓衣食丰足的根本,在于不使其失去农时。不使百姓失去农时的根本,在于减少徭役。减少徭役的根本,在于君主节制物欲。节制物欲的根本,在于返归其清净安逸的天性。放弃大道而单凭自己的聪明行事,一定会很危险;放弃数度而任用特异的才能,必然会陷于困境。只有因为贪欲多而灭亡的,没有因为无欲而面临危险的;只有以私欲治理国家而使天下大乱的,而没有遵循规律(道)却失去天下的。所以仅凭个人的聪明不足以免除祸患,而愚蠢还不至于失去安宁。安守本分,遵循事理,失去了不忧伤,得到了不欢喜,顺应春天而生养,随着秋天而刑山,被生养者不感恩戴德,被刑杀者也无恨无怨,达到这种境界就接近"道"了。

"消息盈虚顺天行,上以厚下安宅旺。"崇尚阴阳的消息盈虚之理,顺天(自然规律)而行。朱熹《论卦象传》中云:"厚下者,乃所以安宅。如山附于地,惟其地厚,所以山安其居而不摇。人君厚下以得民,则位亦安而不摇,犹所谓'本

易道 话说易经 谈道德修养

固邦宁'也。"这是剥卦的核心启示。

（三）保持警觉，防微杜渐

发展变化是永恒的趋势，事物永远不可能停留在一种状态上，当事物发展到节点上，就会向相反的方向转化，因此，事物发展到衰腐败落至极必然向恢复、光复的方向转化，促成转化。床是从床足到床辨再到床板一点点一步步松动剥落的，床逐步损毁，人们就会想方设法修整，当损毁到一定程度，人们就会索性换个新床。以这两种现象打比喻，揭示了事物的发展，总是向着相反的方向转化。认识了物极必反规律，知道了"由下而上层层剥，层层剥尽柔变刚；由表及里渐渐腐，衰腐至极滋新养"所蕴含的道理，对事物的发展，自然会了然于心，就会淡定从容面对衰腐败乱局面的出现。就会葆有"剥极必反复希望"的乐观与坚定。我们看看剥卦六爻以床的逐渐损毁为例是怎样演示剥落的演化进程的。

一是剥床以足——"侵蚀剥落始床足，防微杜渐莫轻狂"。

【初六爻辞】初六：剥床以足，蔑，贞凶。象曰：剥床以足，以灭下也。

【注解】足：《古代汉语字典》："足在甲骨文中是象形字，上边像人的膝盖骨，下边像人的脚形。足在篆文中是会意字，由止和口两部分组成。"有"动物的脚或事物的支撑部位"等义，床腿。

蔑：miè《说文》："蔑，目眵也。从目，蔑声。"会意字，从首（mù），从戍。"首"是眼睛歪斜无神，"戍"是戍守人。合而表示人过于劳倦眼睛歪斜无神。本义眼睛红肿看不清。有轻视，轻侮等义。《后汉书·班固传下》："岂蔑清庙，惮勒天乎？"

灭：《说文》："灭，尽也。"《尔雅·释诂》："灭，绝也。"形声字。从水，威（miè）声。简化字"灭"为会意，从"一"从"火"，"一"表示覆压火上。本义消灭，灭亡。

下：《说文》："下，底也。"指事字，据甲骨文，上面部分表示位置的界限，下面部分表示在下的意思。下面、位置在下。

【爻辞要义】床体剥落损毁，一般先由床的最下方床腿部位开始松动或剥落，床腿损坏了，对整个床来说，虽然损坏的部位不算大，如果轻视轻微剥落现象的存在，坚持自己的态度看法或原则不变，结果必然凶险。因为损坏了床的基础，床的剥落损毁就有了开端，最终将导致床损毁不能用。从"上以厚下，安宅"的角度看，从中宜得到宝贵的启示，不管是社会管理体制还是社会管理方式甚或社会风气，如果出现了影响民众生活生存的轻微迹象都要予以高度重视，及早解决，不要等到问题严重了，再头疼医头脚疼医脚，可见，防微杜渐十分必要。

二是剥床以辨——"剥床以辨恶势增,小人势长国不祥"。

【六二爻辞】六二:剥床以辨,蔑,贞凶。象曰:剥床以辨,未有与也。

【注解】辨:《说文》:"辨,判也。"形声。从刀,辡(biǎn)声。本义判别,区分,辨别。《小尔雅》:"辨,别也。"孔尚任疏:"辨,谓床身之下,无足之上,足与床身分辨之处也。"

与:yǔ,《说文》:"与,党与也。从舁从与。与声。"会意。小篆字形,"一、勹"合起来,表示赐予别人东西。"与",从与,从舁(yú),共同抬起,与,给予。合起来表偕同、朋友。本义赐予,施予,给予。yù(动)参与。《礼运·大同》:"昔者仲尼与于蜡宾。"

【爻辞要义】床腿松动损坏以后,应该及时修理,如果忽视不修理,就会进一步扩大损毁范围和程度,进一步发展为剥床以辨,也就是剥损床腿与床板的连接分辨之处,这时,床的损毁已经比较严重了,如果轻视问题的存在,视而不见,坚持自己的态度看法或原则不变,自己不修理,也不寻求别人帮助共同修理,听之任之,那么终将发展为床体的严重损毁或彻底损毁,结果也必然凶险。从"上以厚下,安宅"的角度看,这就好比社会管理体制、管理方式、或风气某个或某些方面出现了严重的问题,已经发展到影响社会肌体健康、影响民众生活安定的程度,统治者仍我行我素,不寻求贤能之士的参与配合,及时有效整治,那么社会肌体就会陷入更加衰腐败乱的局面,难免"剥床以辨恶势增,小人势长国不祥",民众的生活不"安宅",那么,统治的根基也不会稳定。

三是剥之无咎——"剥之无咎失上下 虽无咎殃也慎防"。

【六三爻辞】六三:剥之,无咎。象曰:剥之无咎,失上下也。

【注解】失上下也:"剥床以足"和"剥床以辨",说的是剥损了床腿和床体,以其比喻失去了群众的支持和统治者的体恤。

【爻辞要义】床腿和床的连结分辨之处都松动了,说明床坏得已经差不多了。这种情况下,如果及时修理或将床抛弃掉不再使用,只是失去了上下的依恃,不会有什么灾祸发生。但是对于"上以厚下安宅"这件事来说,上下失去呼应和关爱,虽然未发生什么咎殃,也还是要提高警惕。

四是剥床以肤——"剥床以肤近凶险,贪腐害民国之殇"。

【六四爻辞】六四:剥床以肤,凶。象曰:剥床以肤,切近灾也。

【注解】肤:繁体写作膚,肤字正体(繁体)从虍、胃。"虍"是老虎带毛的皮;"胃"从田(口米,消化米的器官,即胃部的象形。隶化作田),从肉(隶化作月)。虍、胃联合起来表示"包住肉和内脏器官的皮"。系指肌体的保护层,而非表皮。(按:《古代汉语字典》将膚解释为表皮不正确。厚朴中医堂主徐文兵讲解《黄帝内经》解释是皮里肉外中间的保护层,而非表皮。)肤,比喻危及保护与防御系统。

切近灾:靠近或接近于灾祸。

【爻辞要义】床腿、床的上下连结分辨之处相继松动损坏后,应该及时修理或更换新床。但是,由于漠然视之,发展到床板松动损坏仍继续使用,必将危及到床上之人,产生切肤之痛,就迫近灾祸了,这是凶险的事情,因为已经达到了影响"安宅"的状态。原因在于隐患出现后,应该发现而没有发现,应该排除而没有排除,最终酿成大患,那能不影响"安宅"吗?山与床的剥落说明衰腐败乱逐渐恶化侵蚀肌体健康与活力。任何事物损毁剥落过程都与山和床的剥落过程相似,因此,要保持高度的警觉,防微杜渐(微,微小;杜,堵住;渐,指事物的开端)。最为典型的是,在医学上防微杜渐体现了预防为主的原则。《黄帝内经》之《阴阳应象大论》说:"善治者治皮毛;其次治肌肤;其次治筋脉;其次治六腑;其次治五脏。"任何疾病都有一个由浅入深的发展过程,高明的医生应该趁疾病轻浅的时候治疗,若疾病已严重,会变得比较棘手。《黄帝内经》之《四气调神大论》还生动地比喻说:"夫病已成而后药之,乱已成而后治之,譬犹渴而穿井,斗而铸锥,不亦晚乎!"因此,中医把一个医生是否能对疾病做出早期诊断和治疗当作判断这个医生医技是否高明的标准,提出"上工治未病"。上工,即高明的医生。宝贵的启示在于隐患要及时清除,以免酿成更大祸端;疾病应及早治疗,以免给肌体带来更大的危害。同样,在社会政治领域,防微杜渐尤显更为重要,对坏思想、坏习惯、坏作风、坏行为或错误刚冒头时,就加以防止、杜绝,不让其发展下去。唯此才能保证思想意识形态领域的纯洁性和健康及稳定。否则,"小人势长国不祥""贪腐害民国之殇"。

《后汉书·丁鸿列传》记载了一则典故:东汉和帝即位时仅十四岁,由于他年幼无能,便由窦太后执政,她的哥哥窦宪官居大将军,国家的军政大权实际上落入窦太后的兄弟窦宪等人手中。他们为所欲为,密谋篡权。看到这种现象,许多大臣心里很着急,都为汉室江山捏了把汗。大臣司徒丁鸿就是其中的一个。丁鸿很有学问,对经书极有研究。对窦太后的专权他十分气愤,决心为国除掉这一祸根。几年后,天上发生日蚀,丁鸿就借这个当时认为不祥的征兆,便上书和帝,建议趁窦氏兄弟权势尚不大时,早加制止,以防后患,这样才能使得国家长治久安。他在奏章里说:"'杜渐防萌'则凶妖可灭。任何事情,在开始萌芽时容易制止,等到其发展壮大后再去消除,则十分困难。"和帝本来早已有这种打算,于是采纳了他的意见,并任命他为太尉兼卫尉,进驻南北二宫,同时罢掉窦宪的官。窦宪兄弟情知罪责难逃,便都自杀了,从而避免了一场可能发生的宫廷政变。

五是"嫔妃贯鱼君王宠,众阴附阳有吉祥"。

【六五爻辞】六五:贯鱼,以宫人宠,无不利。象曰:以宫人宠,终无尤也。

【注解】贯鱼:《说文》:"贯,钱贝之贯也。"《仓颉》:"贯,穿也。以绳穿物曰贯。"贯,穿。贯鱼,即像用绳穿鱼那样,排列成队,依次而入。

宫人宠:宠,形声。字从宀,从龙,龙亦声。"宀"为"宅"省。"龙"指"蛇"。"宀"与"龙"联合起来表示"豢养在家宅里面的蛇类"。本义家养的无毒蛇。转义供养,溺爱。宫中嫔妾受宠。

尤:《古代汉语字典》:"尤在甲骨文中像一只有一横的右手,表示手上长的赘疣;篆文为形声兼会意字,乙为形,又(手)为声。又兼表义。尤的本义指手上的赘疣。"有错误,罪过;埋怨,责怪,怨恨,归咎等义。

【爻辞要义】鱼贯而入,像率领宫中嫔妾顺承君主那样得到宠爱,就不会有什么不利的情况发生,终究不会被怪罪。众阴附阳是一种比较理想的阴阳结合状态,吉祥无忧。剥极必复,原因是接近了"复"的边缘。

六是"君子得舆受拥戴,民众剥庐喜若狂"。

【上九爻辞】上九:硕果不食,君子得舆,小人剥庐。

象曰:君子得舆,民所载也;小人剥庐,终不可用也。

【注解】硕果:《辞海》:"大的果实,比喻巨大的成绩。"

舆:《古代汉语字典》:"舆是形声字,车为形,异为声。异兼表义。甲骨文中的舆字像四只手抬着一副坐轿。"有车厢,也指车;众多等义。

庐:《古代汉语字典》:"庐的繁体写作廬,是形声字,广(yǎn)为形,盧(lú,卢的繁体)为声,庐的本义指农忙季节人们在田野里寄居的棚舍。"

载:《古代汉语字典》:"载的本义指人把东西装上车乘车。"有负担、负载等义。

【爻辞要义】巨大硕果,丰厚的收获,君上并没有独自享用,而是分给了"小人"(民众),民众用获得到的劳动果实,改善居住的房屋和生活条件,民众欣喜若狂,将农忙季节在田野里寄居的棚舍扒掉,那毕竟是临时性的简易居所不可长时间使用。他们像众人抬轿那样拥护君上,君上得到广大人民的爱戴和拥护。最终达到"上以厚下安宅"的效果,统治者的根基自然得以巩固。

无论治理国家,还是企事业单位管理,如果面临衰腐败乱的问题,要保持高度的警觉,防微杜渐,对坏思想、坏风气、坏行为或错误刚冒头时,就加以防止、杜绝,不让其发展下去。医学上的疾病发生与预防及治疗也应验了这个道理,隐患要及时清除,以免酿成更大祸端;疾病应及早治疗,以免给肌体带来更大的危害;党组织内生腐败,要像习总书记说的那样"苍蝇"与"老虎"一起打,进行坚决彻底的斗争,否则遗害无穷。中国共产党的组织工作、宣传工作、纪检监察等工作都应该坚持"防微杜渐"这一重要原则。唯此，才能保证党员干部队伍的纯洁性和思想意识形态领域的纯洁性。

（四）"春天会来，草会长"

"韬光养晦待时机，春天会来草会长。"任何事物发展的根本动力来自于自身的内部，导致其灭亡的根本原因也在于内因，而不是外因。上下团结，万众一心是战胜一切来犯之敌与重大灾害的铜墙铁壁。任何政党、宗教或家族对国家的统治者往往败亡于自身的腐败堕落。处在衰腐败乱的"剥"境，乐观和希望是宝贵的精神品质绝对不能丢弃。"世上没有绝望的处境，只有对处境绝望的人！"国外有一个谜一般的谚语："静静地坐着，什么都别做。春天会来，草会长。"拥有充满希望的乐观情怀，将在衰腐败乱境地中走出一条无限光明的道路。这是处于衰腐败乱境地不能丢弃的宝贵的精神品质。

（五）谨慎隐忍持柔中，剥极必复生希望

物极必反规律普遍适用，发展变化是永恒的趋势，永远不可能停留在一种状态上，"此消彼长机生变，唯德唯谨乃良方"。消息盈虚体现发展变化有自然规律，此消彼长，出现机会，产生变化，顺应规律，履行振兴衰腐局面的责任，最好的办法是讲究道德、办事谨慎，实现风气和局面的转化。因此，事物发展到衰腐败落至极必然向恢复、光复的方向转化，促成转化，要秉持谨慎隐忍柔中的原则，不可急躁冒进，避免腐败、坏恶势力采取破坏措施以摧残。《菜根谭》云："盛极必衰，剥极必复。"——衰飒的景象就在盛满中，发生的机缄即在零落内；故君子居安宜操一片心以虑患，处变当坚百忍以图成。大意为，大凡一种衰败的现象往往是很早就在得意时种下祸根，大凡是一种机运的转变多半是在失意时就已经种下善果。所以一个有才学的有修养的君子，当平安无事时，要留心保持自己的清醒理智，以便防范未来某种祸患的发生，一旦处身于变乱灾难之中，就要拿出毅力咬紧牙关继续奋斗，以便策划未来事业的最后成功。

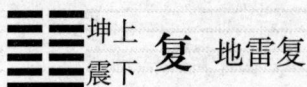

第二十四章 复 卦

修正谬误与复兴之道：至日闭关不商旅 动息静止复返本

震为雷，性动，坤为地，性顺。震雷在地中微动，阳动上复而能顺行。雷动于地下，预示着春天的来临，预示着新生机出现。事物不会终结，剥尽之极复生希望。动是希望的开始，当剥落已极时，必然否极泰来，转危为安，恢复到能够有所作为的时期。一阳来复，星星之火，可以燎原，是大势所趋。先王象此复卦，以冬至、夏至二日闭塞其关，使商旅不行于道路。君（君主）后（帝王）掩闭于事，皆取"动息"之义。此乃复卦的核心启示。

一、复卦经文

复 地雷复 坤上震下

复:亨。出入无疾,朋来无咎。反复其道,七日来复,利有攸往。

彖曰:复亨,刚反,动而以顺行,是以出入无疾,朋来无咎。反复其道,七日来复,天行也。利有攸往,刚长也。复,其见天地之心乎?

象曰:雷在地中,复。先王以至日闭关,商旅不行,后不省方。

初九:不复远,无祇悔,元吉。

象曰:不远之复,以修身也。

六二:休复,吉。

象曰:休复之吉,以下仁也。

六三:频复,厉无咎。

象曰:频复之厉,义无咎也。

六四:中行独复。

象曰:中行独复,以从道也。

六五:敦复,无悔。

象曰:敦复无悔,中以自考也。

上六:迷复,凶,有灾眚。用行师,终有大败;以其国君,凶。至于十年,不克征。

象曰:迷复之凶,反君道也。

二、复卦警语箴言

坤上震下动地根　一元复始阳生津
出入无疾朋无咎　七日来复复道亨
至日闭关不商旅　动息静止复返本
误入歧途立即返　不远复正无悔恨
柔顺中正下近仁　休复之吉在修身
纠谬除误归善本　频复错中汲教训
中行独复因省察　纠偏拨乱贵反正
敦复中正贵自省　敦厚笃诚无悔恨
迷复之凶反君道　行师治国不克征

修正错误是美德　　迷错不改凶而凶
剥落谬误与是非　　否极泰来转好运
从善如流固正守　　星火燎原物欣欣
愿君振兴千秋业　　纠谬除误养善根
自我批评与批评　　集思广益厚根本

三、易理哲学简说

至日闭关不商旅　　动息静止复返本

——先王以至日闭关,商旅不行,后不省方

复,地雷复,坤上震下。震为雷,性动,坤为地,性顺。震雷在地中微动,阳动上复而能顺行。复为归本,复象征回复、复归。阳刚开始伸长,有利于积极行动。

事物不会终结(剥),剥尽之极复生希望(复),复有一定周期,亨通,利有攸往,"先王以至日闭关,商旅不行,后不省方",即复卦。复卦揭示的是修正谬误与复兴之道。核心在于矫正纠偏,关键需要把握:

(一)坤上震下动地根,一元复始阳生津

动是希望的开始,当剥落已极时,必然否极泰来,转危为安,恢复到能够有所作为的时期。雷动于地下,预示着春天的来临,预示着新生机出现。一阳来复,星星之火,可以燎原,是大势所趋。自然界将进入新一轮旺盛的生长期。同样,类比推及人事,在曾经出现谬错、失误之后,能发挥主观能动性和自觉性积极修正错误,也能进入复苏、昂扬、奋发的有所作为时期,在此时期,必须根绝过去的错误,谨慎行动。从善如流是美德,在恢复时期,正义尚未形成力量,成败未定,仁人志士就当特立独行,从善固执,为所当为,积极寻求局面的改善。

(二)出入无疾朋无咎,七日来复复道亨

【复卦卦辞】复:亨。出入无疾,朋来无咎。反复其道,七日来复,利有攸往。

【复卦象辞】象曰:复亨,刚反,动而以顺行,是以出入无疾,朋来无咎。反复其道,七日来复,天行也。利有攸往,刚长也。复,其见天地之心乎?

【注解】复:fù,《说文》:"復,往来也。"会意字,字从彳,从日,从夂。"彳"意为"朝一个方向延展"。"日"指太阳。"夂"读为"止"或"终"。"彳""日"和"夂"联合起来表示"太阳回到东方起终点上,准备再度出发"。本义太阳重生。引申义回去,还原,使如前;重新,再度。

疾:《说文》:"疾,病也。"会意字,甲骨文字形,从大(人),从矢,字形象人腋下中箭。段玉裁《说文解字注》:"矢能伤人,矢之去甚速,故从矢会意。"本义受兵伤,泛指疾病。

七日来复:孔颖达《周易正义》疏:"出则刚长,入则阳反,理会其时,故无疾病也。""反复众阳,朋聚而来,则'无咎'也。""'反复其道,七日来复'者,欲速反之与复而得其道,不可过远。唯七日则来复,乃合于道也。"认为七日来复为一个周期,是符合规律的。现在通用的以7天为一星期的历制,产生于古代西亚的两河流域。与七日来复规律相吻合。公元前7至6世纪,亚述帝国和新巴比伦王国时期,巴比伦人便有了星期制。他们将一个太阴月分为4周,每周有7天,即为一个星期。这是因为巴比伦人有祭祀星神的建筑,共7层,称7星坛,从上到下依次为日、月、火、水、木、金、土7个星神,巴比伦人认为这7个星神是轮流值日的,各主管一天,他们每一天祭祀一个神,7天一个周期,而且每一天都以一个星神的名字命名。太阳神沙马什主管星期日,称为日曜日;月神辛主管星期一,称为月曜日;火星神涅尔伽主管星期二,称为火曜日;水星神纳布主管星期三,称为水曜日;木星神马尔都克主管星期四,称为木曜日;金星神伊什塔尔主管星期五,称为金曜日;土星神尼努尔达主管星期六,称为土曜日。"星期"就是星的日期的意思。巴比伦人创立的星期制,首先传到希腊罗马等古代世界各地。公元321年3月7日,君士坦丁大帝正式宣布7天为一星期,形成定律后一直相沿至今。一星期又称为一礼拜,这是后来基督徒把一星期作为参拜上帝的宗教仪式的周期,故称为"礼拜"。星期天,又叫礼拜天。礼拜天来源于《圣经·创世纪》,后来基督教徒则把这一天称为礼拜天,随着基督教的传入,"礼拜天"这个词则被应用。星期天,也叫星期日,源于两河流域古巴伦,他们根据天文(太阳系中的几个行星),推算星的日期,以七天为一周期。星期即星的日期。后来随伊斯兰教传入中国,"星期"这个词即被应用。中国土生土长的则为"曜",如日曜日就是星期日(星期天),又叫礼拜天。《圣经》第一章《创世纪》大意是:上帝第一天创造了天地,第二天创造了水和空气,第三天创造了植物,第四天创造了日月,第五天创造了鱼、鸟等生物,第六天创造了牲畜、昆虫、野兽以及管理这一切的人。第七天休息时,人类为感谢上帝,纷纷向他朝拜。此后人类制定历法时,每七天一个周期,第七天休息,但必须朝拜上帝。

刚反:阳刚重新出现。

复,其见天地之心乎:高亨的规律性。本质规定性是重复性。《周易大传今注》:"有往必有复。往复循环,乃天地中心规律。"

【卦辞要义】与**【象辞要义】**懂得按复卦的易理行事,亨通。出入没有疾病,朋友来没有灾祸。从自然节律看循环往复有一定的规律可循,一般七天是个往复的周期,此乃自然规律。利于从容不迫悠然前往做事。"复,地雷复,坤上震下。"冬至一过,阳刚重新出现,阳刚开始生长,天地出现新的生机。虽然此时天上还不会出现雷声,但惊雷已孕育在大地之中了。往复循环,这不是可以洞悉天地中心规律吗?

(三)至日闭关不商旅,动息静止复返本

【复卦象辞】象曰:雷在地中,复。先王以至日闭关,商旅不行,后不省方。

【注解】至日闭关:至日指冬至。复卦在二十四节气中代表冬至日,上古时代,冬至日先王要关闭城门关口。

商旅:商的本义是从外部估测里面的情况。此处指贩卖货物从事商业活动的人。旅,旅行的人或军队。

后不省方:后,古代帝王通称。注解详见泰卦。君(君主)后(帝王)掩闭于事,不巡视四方,不扰民。

【象辞要义】冬至,阴之复。夏至,阳之复。先王象此复卦,以冬至之日闭塞其关,使商旅(贩卖货物从事商业活动的人、旅行的人或军队)不行于道路。君(君主)后(帝王)掩闭于事,不巡视四方的民众生产生活。皆取"动息"之义。"动而反复则归静,行而反复则归止,事而反复则归于无事"是复的根本。动息,静止,滋养新机。此乃复卦的核心启示。朱熹《论象传》中答叶贺孙问阐释的就是这个道理——问:"阳始生甚微,安静而后能长,故复之象曰:'先王以至日闭关。'人于迷途之复,其善端之萌亦甚微,故须庄敬持养,然后能大。不然,复亡之矣。"曰:"然。"又曰:"古人所以四十强而仕者,前面许多年亦且养其善端。若一下便出来,与事物衮了,岂不坏事!"

(四)纠谬除误归善本,频复错中汲教训

孔子曰:"复,德之本也。"复卦体现出的,便是道德的根本。这是为什么呢?因为人无完人,谁都有缺点和不足,发现缺点与错误及时改正,才是拥有道德的根本方法。错误有各种情形,对待的态度与原则不同,其效果明显不一样。我们看看复卦六爻是怎么说的:

【初九爻辞】初九:不远复,无祗悔,元吉。象曰:不远之复,以修身也。

【注解】远:《古代汉语字典》:"远的本义指'邅也',即遥远。就是空间距离长。"

祗:zhī,形声字,从示,氐(dǐ)声。本义恭敬。

【爻辞要义】刚行动还没有走出去太远(用出门远行向着目标前进比喻去做一件事),就知过而改复归正道,注意自身修养,没有发生大的差错散失,不会发生

灾祸,也不会出现发自内心的悔恨,必然大吉大利。"不远之复"在于及早发现错误立即改正,有利于修身,可以避免一意孤行。

【六二爻辞】六二:休复,吉。象曰:休复之吉,以下仁也。

【注解】休:裘锡圭《文字学概要(修订本)》:休,甲骨文休字表示人在树旁休息,金文把"人息木阴"的意思表示得更为明白,"休"的本义应该是人在树荫下休息。《诗·周南·汉广》:"南有乔木,不可休思。"引申出单纯的休息之义,以及树荫和尊者荫庇卑者等意义。《古代汉语字典》:"休是会意字,由亻和木两部分组成,表示一个人背靠大树休息。休的本义是歇息。"有停下来,止住,停止等义。

【爻辞要义】远行尚未达到目标,行进一定路途停止前进而返回原点,比喻做一件事没有做完在进行中而停下来。停下来干什么呢?对照真善美的行为准则和标准,省视检点在干事过程中是否存在什么问题或不足,修正前进道路上出现的错误,校正前进的道路。对于统治者来说,"休复之吉"在于修养仁厚的品德,亲近人民群众,必然获得吉祥。可以避免方向性或根本性的错误而脱离群众。

【六三爻辞】六三:频复,厉无咎。象曰:频复之厉,义无咎也。

【注解】频复:《古代汉语字典》:"频的本义指靠近。"有连续、屡次等义。频复,屡次复归。

【爻辞要义】在远行过程中多次偏离正道而频繁复归正道,比喻在做事过程中屡次做错事而频繁改正,屡错屡改,复归正道,虽然有危险,但是最终却不会遇到灾祸。"频复之厉(危险)"在于缺少稳定性和方向的坚定性。

【六四爻辞】六四:中行独复。象曰:中行独复,以从道也。

【注解】中行独复:《古代汉语字典》:"行在古文中是象形字,像道路交叉成十字路口。行的本义是指行走。"有航行,行走;运动,经过;推行,行动;行为等义。中行独复,指在行进途中独自一人而返,在做事过程中独自一人复归正道。

【爻辞要义】陷入错误的行列或行动中,凭借敏锐的洞察力发现错误,无力改变别人,自己独自能复归并追随正道,毕竟可以独善其身。"中行独复"的积极意义在于不盲从、不同流合污,按正道行事。

【六五爻辞】六五:敦复,无悔。象曰:敦复无悔,中以自考也。

【注解】敦复:《古代汉语字典》有督促,勤勉,淳朴厚道等义。敦复,在行进过程中偏离正道被敦促返回正道,用此比喻做错事儿自己没有发现被督促改正错误。

考:《古代汉语字典》有考核、考察等义。

【爻辞要义】在行进过程中偏离正道被督促返回正道,用此比喻做错事儿自己没有发现被督促改正错误,这不会有什么悔恨,其作用在于可以督促自己检省自己,探究发生错误的根源予以改正。

【上六爻辞】上六:迷复,凶,有灾眚。用行师,终有大败;以其国君,凶。至于十年,不克征。

象曰:迷复之凶,反君道也。

【注解】迷复:《古代汉语字典》:"迷是形声字,辶为形,米为声。迷的本义指分辨不清方向,泛指分辨不清。"有分不清,迷失等义。迷复,指迷失方向或路途无法复归正道,比喻做事执迷不悟误入歧途。

灾眚:灾难。

克征:战胜,取胜。

【爻辞要义】在行程中迷失方向,不知道复归正道;做事犯了错误,仍然执迷不悟,不知悔改复归正道,这样必然凶险,会有天灾人祸不断降临发生。这样的人,用以将兵作战,终将一败涂地;用以当国君治理国家,必遭受凶险。这种状况一直持续下去不改变,就是长达十年之久,战争不能取胜,国家也不能振兴。其原因是由于违背君王之道的缘故。

复卦六爻,解析了修正错误的种种情形,警示人们"纠谬除误养善根",非常重要。有人曾经向世界上 100 名著名人士调查,请说出每人心目中的世界上最伟大的发明,有一人回答的答案是:"橡皮,它可以修正错误。"其答案何其精妙!修正错误是人类进步的阶梯,也是人类应有的宝贵品质,只有不断修正错误,才能从进步走向进步,才能理所当然地步入真理的殿堂。在日常工作和生活中,我们可能形成许多错误的思想、观念、行为、习惯,如果不及时修正,坚持时间越长,那么离真理和正确的行为方式就会越来越远。返归真本,是纠谬除误的根本途径。第一,修正错误需要无限接近真理。"实事求是"是中国共产党的思想路线,坚持它,就可以摒弃主观妄断,无限接近客观实际,揭示事物内部蕴藏的规律。做到这一点,最重要而有效的方法就是修正错误,因为,在认识的过程中,每修正一个错误,那么距真理的距离就会更近一点,走向成功的道路的弯度就会更小一点,成功就会更快一点。"敦复"——主动、自觉、笃实改正错误,是修正错误接近真理的根本方法。第二,修正错误需要慧眼。看透蒙蔽事物表层的屏障,透过表象看清本质,甄别真伪,明辨是非,通常的方法是,运用观察、对比、实践等方法,校正偏差,清除错讹,使我们对事物的本质和规律的认识更深刻、更准确,而不被一些似是而非的观点和言论所左右。"不远复"和"中行独复"就具有这种品质,其原因在于有高度的敏锐性。第三,修正错误更需要勇气。纠正错误需要勇气,纠正自己所犯错误,更需要极大的勇气。否定之否定,是事物发展变化内部普遍蕴含的规律。否定别人,是人们乐于做也容易做的事情,而否定自己则非常痛苦,下不得决心,面向外人或公众否定自己有损颜面,否定自己的精神信仰更是难上加难。发现别人出现错误,谁都会运用批评的武器加以挞伐,自己出现错误自己也已经意识到而别人又没有发现的时候,却不能正确地拿起自我批评的武器,自己向自己开火,或遮遮掩掩,或王顾左右而言他,这种行为,与"实事求是"的思想路线相背离。从这个角度看,善于自我批评,善于自我革命的人才是真正的伟人。"频复"和"中行独复"没有勇气是做不到的,从中可见勇气来源于主观能动性。这也是修正错误的内在动因和根本力量。第四,修正错误还需要敏锐性。虽然发现错误,但不能迅速改正,长时间拖延下去,那更可怕,它像癌细胞,会迅速裂变,损伤肌体的健康,这就需要服用"抗生素",必要时还需要进行"化疗",或者及时果断地、毫不迟疑地做"根除术"。只要是毒瘤,就要割掉它,同时可能割掉或一截手指,或一条腿,或一叶肺等其他脏器,但却能让肌体保留下来,再现生机与活力。否则,将陷入"迷复"境地。德国哲学家康德曾经说过:大海之所以伟大,除了它美丽、壮阔、坦荡外,还有自我净化的功能。一个人一辈子不可能不犯错误,发现错误自觉修正是良好的美德。修正错误,是通向光明成功的大道!

(四)自我批评与批评,集思广益厚根本

1953 年 2 月 28 日,中共中央批转劳动部《关于检查官僚主义的决议》。毛泽东写下这样一段批语:"中央人民政府和军委各部门必须尽速召开会议,发动批评和自我批评,深刻揭发领导方面的官僚主义,并规定改正的具体办法。中央以为在很多部门中极端缺乏思想领导和政治领导的状况是完全不能容忍的,这是官僚主义存在和发展的主要原因,因此必须在反对官僚主义的斗争中研究和加强思想领导和政治领导的办法。"批评与自我批评是中国共产党的三大作风之一。批评是指对别人的缺点或错误提出意见,自我批评是指政党或个人对自己的缺点或错误进行的自我揭露和剖析。党内批评是解决党内矛盾,坚持真理,修正错误的基本方法,是在马克思主义原则基础上巩固和加强党的团结,加强党内监督,保持党的肌体健康,使党充满生机和活力的有力武器。开展批评,目的是为了巩固党的组织,提高党的战斗力。达到这个目的,必须实行"惩前毖后,治病救人"的正确方针。党内发生的矛盾,工作中出现的缺点和错误,一般说来,都是思想上认识上的问题;对于思想上认识上的问题,只能采用民主的方法,批评的方法,说服教育的方法去解决,不能用强制压服的方法去解决。无论是批评还是自我批评,都应着重于大的方面,至于个人缺点,如果不是与政治的和组织的错误有联系,则不必苛求,以免使党内精神完全集中到细小的缺点方面,人人变得谨小慎微而忘记党的政治任务;同时也要防止在原则性问题上,对

人对己采取自由主义的态度,取消思想斗争,搞无原则的和平,其结果会使党内腐朽庸俗的作风发生。一要善于批评与自我批评。批评与自我批评是中国共产党的三大作风之一。对别人的缺点或错误批评指正,对自己的缺点或错误勇于自我揭露和剖析,坚持民主性与斗争性的有机统一与结合,有利于坚持真理修正错误,能保持肌体健康充满生机和活力。二要善于集思广益厚根本。集中群众的智慧,广泛吸收有益的意见,是科学决策的重要途径,因为众多的不同的人从不同的角度看问题,发表意见,考虑的问题比较全面,犯错误或工作失误的几率就低,决策科学正确的几率就高,工作就会少走弯路,那么,事物持续稳健地科学发展将得到有效的保证。

"集思广益厚根本"指集中群众的智慧,广泛吸收有益的意见。出自三国蜀·诸葛亮《教与军师长史参军掾属》:"夫参署者,集众思,广忠益也。"三国时,刘备死后,刘禅继位。丞相诸葛亮处理、决定蜀国的大小政事,成了蜀国政权的实际主持者。他在人们的心目中有很高的威望,但他并不因此居功自傲,常常注意听取部下的意见。杨颙是当时丞相府里负责文书事务的主簿官。他对诸葛亮亲自过问每一件事的做法提出了建议:"处理国家军政大事,上下之间分工应该不同。"他还举出历史上一些著名的例子,就是成语集思广益的意思。劝诸葛亮不必亲自处理一切文书,少过问一些琐碎的小事,对下属应该有所分工,自己应主抓军政大事。诸葛亮对于杨颙的劝告和关心很是感激,但他怕有负刘备所托,仍然亲自处理大小事务。后来杨颙病死,诸葛亮非常难过,哀悼不已。为鼓励下属踊跃参与政事,诸葛亮特写《教与军师长史参军掾属》文告,号召文武百官、朝廷内外主动积极发表政见,反复争议。文告写道:"丞相府里让大家都来参与议论国家大事,是为了集中众人的智慧和意见,广泛地听取各方面有益的建议,从而取得更好的效果。"

第二十五章　无妄卦

按规律办事之道：天下雷行物与无妄　先王以茂对时育万物

　　天下雷行，万物不敢妄为，为无妄。象征天用雷的威势警戒万物，并赋予万物以不妄动妄求的本性，万物诸事不妄为而合乎客观规律不违背事实。先王以茂对时育万物。其核心是，无为而治，按规律办事。什么事情均不行违时违规之妄，亨通顺利，否则，不正则有灾祸，不利于发展。无妄是依道德行事与客观实际相结合的法宝，因而，立身处世，必须遵循规律讲道德，刚正无私，不存奢望，不计得失，当为则为。自己心安理得，行不逼仄，诸事顺遂如意，广惠帮助社会，普济天下，惠爱众生。

一、无妄卦经文

无妄 天雷无妄 乾上震下

无妄:元,亨,利,贞。其匪正有眚,不利有攸往。

彖曰:无妄,刚自外来,而为主于内。动而健,刚中而应,大亨以正,天之命也。其匪正有眚,不利有攸往,无妄之! 往何之矣? 天命不佑,行矣哉?

象曰:天下雷行,物与,无妄。先王以茂对时育万物。

初九:无妄,往吉。
象曰:无妄之往,得志也。

六二:不耕获,不菑畬,则利有攸往。
象曰:不耕获,未富也。

六三:无妄之灾,或系之牛,行人之得,邑人之灾。
象曰:行人得牛,邑人灾也。

九四:可贞,无咎。
象曰:可贞,无咎,固有之也。

九五:无妄之疾,勿药有喜。
象曰:无妄之药,不可试也。

上九:无妄,行有眚,无攸利。
象曰:无妄之行,穷之灾也。

二、无妄卦警语箴言

乾上震下天下雷　万物匍匐不妄为
元亨利贞循规律　真实无妄不虚伪
谦恭不妄行必吉　妄为妄求百事废
以茂对时育万物　物阜民丰堪壮蔚
意必固我子四拒　顺应自然尚无为
刚正无私无奢望　不计得失为当为
无妄前行志得成　不耕而获尚富未
不垦菑畬怎熟田　勤恭敬勉四时蔚
有人系牛行人得　村人遭疑实未为

坚守正道无灾难　　谨防连坐受牵累
无妄之疾慎试药　　辨症施治乃医魁
百计千方万般妙　　不如守分治无为
刚直道通柔邪灭　　依道而行不胡为
轻举妄动忙里错　　一意孤行迷中悔
清越而瑕不自掩　　妄欲泛纵起祸水
秦桧奸妄误国是　　岳飞精忠烟飞灰
静保其身守其颐　　行不犯妄功可垂
杞人忧天实可笑　　未雨绸缪大智慧
理论联系实际好　　主观客观均发挥
顺应自然循规律　　妄为途穷烟飞灰
树立正确世界观　　认识实践大作为

三、易理哲学简说

天下雷行物与无妄　先王以茂对时育万物

无妄,天雷无妄,乾上震下。乾为天,震为雷,天下雷行,万物不敢妄为,为无妄。象征天用雷的威势警戒万物,并赋予万物以不妄动妄求的本性,万物诸事不妄为而合乎客观规律不违背事实。

一阳复生(复),循规而行,则不会没有希望(五无妄),"无妄,元亨,利贞。其匪正有眚,不利有攸往"。"天下雷行,物与,无妄。先王以茂对时育万物。"即无妄卦。无妄卦的核心揭示的是不妄想、妄为、妄劳地按规律办事之道。其要点需要把握以下几个方面:

(一)"无妄"体现的是唯物主义世界观

【无妄卦卦辞】无妄:元,亨,利,贞。其匪正有眚,不利有攸往。

【注解】无妄:妄,从亡,从女,原义之女人胡思乱想。本义指超离常规、荒谬不合理的胡作非为,或不着边际的胡思乱想,即曲邪谬乱。而无妄正好相反,是指修养无妄之美德,不超离常规,不荒谬怪诞,不胡作非为,依正确轨道行事的行为,也就是无曲邪谬乱之行。

【卦辞要义】妄,本义指超离常规、荒谬不合理的胡作非为,或不着边际的胡思乱想,即曲邪谬乱。而无妄正好相反,是指修养无妄之美德,不超离常规,不荒谬怪诞,不胡作非为,依正确轨道行事的行为,也就是无曲邪谬乱之行。参悟无妄卦,按无妄卦易理行事大大亨通,利于坚守贞正之道。反之,如果不按正道办事或偏离正道行事,盲目妄动,则将罹临灾祸,不利于前进。可以说是,"乾上震下天下雷,万物匍匐不妄为;元亨利贞循规律,真实无妄不虚伪;谦恭不妄行必吉,妄为妄求百事废。""树立正确世界观,认识实践大作为。"

【无妄卦象辞】象曰:无妄,刚自外来,而为主于内。动而健,刚中而应,大亨以正,天之命也。其匪正有眚,不利有攸往,无妄之! 往何之矣? 天命不佑,行矣哉?

【象辞要义】雷震阳刚,乃自天外而来,动于寰宇而为主于内,具有震惧惊戒之特征,与天行健之刚相呼应。人参悟天雷震惧之性,顺应天规天律(自然规律),坚守正道,无曲邪谬乱,则大为亨通顺利,这就是"天命保佑"。不按正道而行则会有灾祸,有所往则不利,因此,不要妄念妄行啊! 那么到底应该怎么做呢? 如果得不到自然规律的保佑,行动怎么会有好结果呢?

无妄与唯物主义世界观一脉相通,体现的是唯物主义世界观。世界观是人们对世界的总的根本的看法。由于人们的社会地位不同,观察问题的角度不同,形成不同的世界观,也叫宇宙观。简单而言,世界观的实质,就是从根本上去理解世界的本质和运动根源,解决的是世界是什么的问题。世界观的基本问题是精神和物质、思维和存在的关系问题,根据对这两者关系的不同回答,划分为两种根本对立的世界观基本类型,即唯心主义世界观和唯物主义世界观。唯物主义世界观的显著特征是:①自然界是客观的,自然界的存在与发展是不以人的意志为转移的;②物质决定意识,意识是物质的反映;③意识对物质有反作用;④规律具有普遍性与客观性;⑤实践和认识是辩证统一的关系,实践决定意识,实践是认识的基础、来源、动力以及唯一的检验标准,认识对实践有反作用;⑥认识具有反复性和无限性,追求真理是一个永无止境的过程;⑦联系具有普遍性、客观性、多样性;⑧发展是普遍存在的,事物发展前途光明,道路曲折;事物发展量变和质变相互转化;⑨矛盾具有普遍性、客观性、特殊性等。这就要求从客观出发,实事求是,按规律办事,具体问题具体分析,正确地认识世界与改造世界,将会有大的作为。

达到无妄境界,需要:一是正确观察事物。科学研究总结的"十字"要诀很重要——迷:聚焦,专一;苦:殚思竭虑,艰苦卓绝;全:注意各种特征、联系、条件和趋势;微:察微见著,一叶知秋;时:审时度势;比:比较异中之同和同中之异;思:观察与思考相结合;巧:提高技巧,增强效果;写:写观察笔记,并加以整理;恒:持之以恒。二是甄别克服首因效应。首因效应有时又称为第一印象的作用,指的是知觉对象给知觉者留下第一印象对社会知觉的影响作用。具体说,就是初次与人或事接触时,在心理上产生对某人或某事带有情感因素的定式,从而影响到以后对该人或该事的评价。所以,我们可以看出,对决策中收集正确的情报加以分析而言,这种效应是不利的。无论第一印象是好或是坏都是片面的,不利于全面地了解、分析。第一印象所产生的作用称之为首因效应。根据第一印象来评价一个人的好坏,往往比较偏颇。如果在招聘考试和考察员工绩效时,只凭第一印象,就会被某些表面现象蒙蔽。例如,首因效应在招聘过程中主要表现有两个方面:一方面以貌取人,仪表堂堂、风度翩翩的应聘者容易赢得主考官的好感;另一方面以言取人,那些口若悬河、对答如流者往往给人留下好印象。因此在选拔人才时,既要听其言、观其貌,还要察其行、考其绩。三是甄别克服近因效应。近因效应指的是某人或某事的近期表现在头脑中占据优势,从而改变了对该人或该事的一贯看法。近因效应与首因效应是相对应的两种效应。首因效应一般在较陌生的情况下产生影响,而近因效应一般在较熟悉的情况下产生影响。两者都是对人或事的片面了解而主观臆断,使得决策信息失真。

(二)按规律办事,"以茂对时育万物"

【无妄卦象辞】天下雷行,物与,无妄。先王以茂对时育万物。

【注解】与:《广雅·释诂》:"与,生也。"有生长茂盛之义。

茂:《古代汉语字典》:"形容草木茂盛。"

时:《古代汉语字典》:"时的本义指春、夏、秋、冬四季。"有时令、季节等义。

【象辞要义】无妄卦的卦象是乾(天)上震(雷)下,好比在天的下面有雷在运行之表象,象征着天用雷的威势警戒万物,振兴万物,并赋予万物以不妄动妄求的本性,万物生长繁衍,生生不息。先王(君主)以万物生长繁茂的基本特性,按照一年春夏秋冬四季变化的规律颁行历法、律令,调遣安排人事,组织安排民众生产生活,育养万物,颐养民众。

老子说:"人法地,地法天,天法道,道法自然。"(《道德经·二十五章》)道的最根本特性就是自然,即自然而然、本然。既然道以自然为本,那么对待事物就应该顺其自然,无为而治,让事物按照自身的必然性自由发展,使其处于符合道(规律)的自然状态,不对它横加干涉,不将人的主观意识强加事物,不以有为去影响事物的自然进程。从前的君王顺应自然规律,尽其所能地遵循天时以养育万物生长,物阜民丰蔚为壮观。其核心是,无为而治,按规律办事。什么事情均不行违时违规之妄,亨通顺利,否则,不正则有灾祸,不利于发展。无妄,不一定得善报,必将远离祸患。妄为作恶可侥一时之幸,终将陷入灾害祸患的泥潭。天理轮回,昭然若揭。无妄是依道德行事与客观实际相结合的法宝,因而,立身处世,必须遵循规律讲道德,刚正无私,不存奢望,不计得失,当为则为。自己心安理得,行不逼仄,诸事顺遂如意,广惠帮助社会,普济天下,惠爱众生。

（三）认识、把握和运用规律务求取得实际效果

实践是检验真理的唯一标准。对规律的认识形成理论还需要在实践中进一步检验，经实践验证的理论再应用于更广阔的领域，将发挥更大的指导性和能动性。人类社会生产力发展与文明进步的过程，就是实践——认识——实践——认识——实践反复提高的过程。易经六十四卦，每个卦都堪称理论与实践相结合的典范，而无妄卦则是六十四卦的灵魂。不管《易经》的上经、下经，还是老子《道德经》的道经、德经，其显著特点之一是"学以致用"，强调的是实践和实践中要取得实际效果（另两个显著特点：其一，以民为本；其二，高度重视道德修养在多卦中诠释或阐述）。如何能够达到真实无妄的境界确保取得好效果呢？无妄卦六爻中提醒注意以下几个问题：

一是"无妄前行志得成，不耕而获尚富未"。

【初九爻辞】初九：无妄，往吉。象曰：无妄之往，得志也。

【爻辞要义】遵循规律，不妄作妄为，能够实现志向。不耕耘就有收获而富足，这种情况还没有。有劳动和付出才有收获是正道，人不应该期盼获得非分的财富，也不应期盼不当得利。

二是"不垦菑畬怎熟田，勤恭敬勉四时蔚"。

【六二爻辞】六二：不耕获，不菑畬，则利有攸往。象曰：不耕获，未富也。

【注解】《古代汉语字典》：耕："耕是形声兼会意字，由作为翻土工具的耒和代指土地的井两个字左右连接而成，井兼表音，表示用农具耕田。"

获：收割庄稼。

菑："菑 zī 开荒，开垦。"初耕的田地。

畬："shē 用火耕的方法种田。"即播种前焚烧田地里的草木，用草木灰做肥料下种；刀耕火种的田地。

【爻辞要义】"不垦菑畬怎熟田，勤恭敬勉四时蔚"的意思是，不开垦耕耘怎么能够得到成熟的田地呢？只有勤劳恭谨敬业奋勉才能一年四季蔚然有丰硕的收获。

三是"有人系牛行人得，村人遭疑实未为"。

【六三爻辞】六三：无妄之灾，或系之牛，行人之得，邑人之灾。

象曰：行人得牛，邑人灾也。

【注解】系：《古代汉语字典》："xì 系在甲骨文和金文中是会意字，像一只手拿着两束丝的样子。系的本义是连接，引申为继承、继续。"有拴绑，捆扎等义。

【爻辞要义】无缘无故而遭受灾祸，好比有人将一头牛拴在村边道路旁的树干上，路过的人顺手将牛牵走，同村的人却被怀疑为偷牛的人而蒙受不白之冤。

这种灾难不是因为自己有过,而是由于某种客观原因的巧合所造成的。

四是"坚守正道无灾难,谨防连坐受牵累"。

【九四爻辞】九四:可贞,无咎。象曰:可贞,无咎,固有之也。

【注解】固有:《辞海》:"本来有的;不是外来的。"

【爻辞要义】能够坚守正道,所以没有灾祸。是说坚守正道的品德是其本身所固有的,所以,自始至终牢固地坚守正道,才能使自己免遭灾害。能够做到这样,即使存在严苛的连坐制度,也受不到牵连。

"连坐制"起始于春秋战国时期。早在春秋时期,齐国就推行什伍制,十家为什,五家为伍,什长,伍长负责闾里治安。到了秦朝,社会组织相当严密,商鞅变法建立了"连坐制"。内容包括:禁止父子兄弟同室而居,凡民有二男劳力以上的都必须分居,独立编户,同时按军事组织把全国吏民编制起来,五家为伍,十家为什,不准擅自迁居,相互监督,相互检举,若不揭发,十家连坐。这种严苛的法律将农民牢牢束缚在土地上,国家直接控制了全国的劳动力,保证了赋税收入。秦国统一后将此法推广至全国。推行"连坐制"目的在于加强邻居间相互监督,客观上使邻居关系更加密切,密切到大家能齐心推翻秦朝的统治,汉高祖刘邦打天下的部将,多是同乡。

五是"无妄之疾慎试药,辨症施治乃医魁"。

【九五爻辞】九五:无妄之疾,勿药有喜。象曰:无妄之药,不可试也。

【注解】《古代汉语字典》:药:"药是形声字,艹为形,约为声。繁体写作藥。药的本义指'治病的草'。"本指能治病的植物,后来泛指能治病的物品。

喜:"喜是会意字,由壴(读作zhù)和口上下组合而成,壴表示音乐,口表示谈笑风生,合起来表示人们听到音乐而高兴。"有高兴,欢乐;吉祥喜庆之事等义。

试:"试是形声字,讠为形,式为声。试的本义指使用。"有使用,任用;试验,尝试等义。

【爻辞要义】不妄动妄求却身染疾病,这种疾病不须用药医治,是说药是不可以轻易尝试,随便使用的,因为病本来就可以自行消除。治疗疾病忌讳"一刀切",贵在辨证施治。

六是"百计千方万般妙,不如守分治无为"。

【上九爻辞】上九:无妄,行有眚,无攸利。象曰:无妄之行,穷之灾也。

【爻辞要义】虽然不妄动妄求,但是,仍然不宜于行动,如果勉强地行动,就会遭受祸殃,得不到一点好处。这是由于客观的时遇所造成的灾祸,而不以人的意志为转移。因此,不如安分守己,无为而治为好。

（四）要增强认识、把握和运用规律的自觉性

"顺应自然循规律，妄为途穷烟飞灰。"规律亦是真理，是指事物之间的内在的必然联系，决定着事物发展的必然趋向。规律是同一类现象的本质关系或本质之间的稳定联系，它是千变万化的现象世界的相对静止的内容。规律是客观的，具有必然性、普遍性、客观性、永恒性，不以人的意志为转移。规律既不能创造，也不能消灭；不管人们承认不承认，规律总是以其"铁"的必然性起着作用。规律是反复起作用的，只要具备必要的条件，合乎规律的现象就必然重复出现。按规律办事可以少走弯路，少犯错误，做事取得好效果，因此，在社会实践和日常生活中，要自觉认识、把握和运用规律，达到"元亨利贞循规律，真实无妄不虚伪"的境界。妄的根本原因在于有个顽固的"我"——它是一个篱笆，一方面保护自身安全；另一方面将自身与外界隔离开来，"我"的最大特性是封闭性，显著特征是"利己排他"，主要表现是唯我正确，唯我是从，唯我独尊，妨碍对真理的接近和认识，要认识和掌握真理，必须战胜顽固的自"我"，才能达到无妄的境界。那么，谁是榜样呢？在世界历史上当然是首推孔子了。"意必固我子四拒"——说的是，要达到真实无妄的境界需要向孔子学习。《论语·子罕》："子四绝：毋意，毋必，毋固，毋我。"这是孔门弟子对孔子的评价：孔子有四个绝学，不以主观意识妄断客观现实；不犯绝对主义错误，凡事辩证看待；不固守成规，而深知变通；不存我见，以事实说话。做到这四点，可以摒除顽固的心理障碍，更容易接近客观真理，掌握规律。

（五）认识、把握和运用规律要讲究原则、方式与方法

一是按客观规律办事，就要尊重客观规律。"谦恭不妄行必吉，妄为妄求百事废"规律的存在和发生作用不以人们的意志为转移，人们能够认识和利用规律，但不能违背规律，否则，就会遭到规律的惩罚。二是按客观规律办事，需要发挥主观能动性，将尊重客观规律与发挥主观能动性结合起来。"理论联系实际好，主观客观均发挥"不失为真知灼见，务必加以重视。三是按客观规律办事，要将解放思想与实事求是结合起来。在1980年12月25日的中共中央工作会议上，邓小平明确提出："解放思想，就是使思想和实际相符合，使主观和客观相符合，就是实事求是。"真正坚持党的思想路线，就必须坚持解放思想和实事求是的统一。思想不解放，就会僵化。思想一僵化，条条、框框就多起来，就会教条地理解和执行党的路线、方针和政策；思想一僵化，随风倒的现象就多起来，不讲原则，说话做事看"来头"、看风向，就会不尊重实际，不按照客观规律办事；思想一僵化，不从实际出发的本本主义也就严重起来，一切照抄照搬照转，

易道 话说易经 谈道德修养

工作就缺乏主动性和创造性。毛泽东如果不从书本中,不从俄国革命具体模式中解放出来,就不可能开创农村包围城市的道路。邓小平如果不从"两个凡是"的思想束缚中、不从以阶级斗争为纲的指导方针中解放出来,就不可能开创建设有中国特色的社会主义道路。四是按客观规律办事,要理论联系实际。"理论联系实际"是对马克思主义普遍真理同革命和建设的具体实践相结合原则的概括表述,是马克思主义最基本的原则之一。其基本精神是达到主观和客观、理论和实践、知和行的具体的历史的统一。理论来源于实践,理论对实践具有能动的指导作用。理论联系实际,就是应用正确的立场、观点、方法,对客观实际与历史实际进行认真研究,正确地解释实际问题,从中引出或发现规律,作为行动的向导。

(六)辨症施治,有针对性地开展思想政治工作

"无妄之疾慎试药,辨症施治乃医魁。"不妄动妄求却身染疾病,这种疾病不须用药医治,是说药是不可以轻易尝试随便使用,因为人体有免疫力和自我调节功能,病本来就可以自行消除。凡祸疾所起,由有妄而来。如果疾病是自己招致,或寒暑饮食所致,当须治疗。如果是自然之疾,并不是自己所致,疾当自损,不须药疗而"有喜"。此假借病象以喻人事,犹若君主(领导)刚正自修,身无虚妄,基层及群众自然无虚妄,而遇逢凶祸,像尧、汤之厄,灾非自己招致,顺时修德,不须治理,不劳烦天下就能解除灾祸,当然喜庆吉祥。然而尧遭洪水,命鲧、大禹治理,虽然知道灾害不可息除,必须顺民之心。鲧治理不成,大禹能治理,属于自然灾害,当然也"勿药有喜"。

治病救人,辨症施治,对症下药,是行医的基本原则与方法。扁鹊(公元前407—公元前310年)姬姓,秦氏,名越人,又号卢医,春秋战国时期名医,承《黄帝内经》精要,创立中医学,被世人传颂为神医,当时的人们借用了上古神话的黄帝时神医"扁鹊"的名号来称呼他。相传有名的中医典籍《难经》为扁鹊所著。他创造了望、闻、问、切的诊断方法,奠定了中医临床诊断和治疗方法的基础。从司马迁的不朽之作《史记》及先秦的一些典籍中可以看到扁鹊既真实又带有传奇色彩的一生。扁鹊三兄弟从医,采取望、闻、问、切的诊断方法,辨症施治,深受人民群众欢迎。魏文王问扁鹊说:"你们家兄弟三人,都精于医术,到底哪一位最好呢?"扁鹊答说:"长兄最好,中兄次之,我最差。"文王再问:"那么为什么你最出名呢?"扁鹊答说:"我长兄治病,治病于病情发作之前。由于一般人不知道他事先能铲除病因,所以他的名气无法传出去,只有我们家的人才知道。我中兄治病,治病于病情初起之时。一般人以为他只能治轻微的小病,所以他的名气只及于本乡里。而我扁鹊治病,是治病于病情严重之时。一般人都看到

我在经脉上穿针管来放血、在皮肤上敷药等大手术,所以认为我的医术高明,名气因此响遍全国。"魏文王说:"你说得好极了。"扁鹊三兄弟医术都很高超,在病的不同阶段辨症施治收到很好的效果,被世人传颂。

由扁鹊三兄弟辨症施治推及人事工作,有针对性开展思想政治工作非常必要。思想政治工作,是一定的阶级和政治集团为实现一定的政治目标,有目的地对人们施加意识形态的影响,以转变人们的思想和指导人们行动的社会行为。中国共产党的思想政治工作是以社会主义、共产主义思想体系教育人民,启发人们的觉悟,提高人们认识世界和改造世界的能力,动员人们为实现当前和长远的革命目标而奋斗的实践活动。它不仅要解决人们的政治立场、政治观点、政治行为等问题,还要解决人们的世界观、人生观、道德观问题。政治工作是一切经济工作的生命线。以人为对象,解决人的思想、观点、政治立场问题,提高人们思想觉悟的工作。思想政治工作是党的工作的重要组成部分,是实现党的领导的重要途径和社会主义精神文明建设的重要内容,也是搞好经济工作和其他一切工作的有力保证。思想政治工作要讲究原则,主要有:理论联系实际原则;表扬与批评相结合、以表扬为主的原则;思想政治工作与物质利益相结合的原则;身教同言教相结合、身教重于言教的原则。思想政治工作方法灵活多样,疏导的方法、民主的方法、讨论的方法、批评与自我批评的方法等均不失为行之有效的方法。和风细雨式的思想渗透的"南风效应"不失为好办法——法国作家拉封丹曾写过一则寓言,讲的是北风和南风比威力,看谁能把行人身上的大衣脱掉。北风首先来一个冷风凛凛寒冷刺骨,结果行人为了抵御北风的侵袭,便把大衣裹得紧紧的。南风则徐徐吹动,顿时风和日丽,行人因为觉得很暖和,所以开始解开钮扣,继而脱掉大衣。结果很明显,南风获得了胜利。这就是"南风效应"这一社会心理学概念的出处。"南风效应"给人们的启示是:在处理人与人之间关系时,要特别注意讲究方式方法。北风和南风都要使行人脱掉大衣,但由于方法不一样,结果大相径庭。

思想政治工作在人类社会发展中具有重要的地位和作用。历史上各个阶级实际上都将思想政治工作摆在重要的地位,作为维护本阶级利益、取得和巩固阶级统治的工具;作为改变社会风气,将社会政治生活纳入本阶级政治统治轨道的重要手段;作为调整本阶级内部以及与其他阶级关系的重要措施。历代的剥削阶级都进行过各种各样的思想政治教育工作,如奴隶主阶级的"天命论"和等级教育,封建地主阶级的宗教神学和纲常礼教教育,资产阶级的人道主义和利己主义教育。

无产阶级所进行的社会主义革命和建设事业是史无前例的,无产阶级政党要宣传马列主义,提高人们的思想觉悟和道德水平,培养一代社会主义新人,更加重视思想政治工作。无产阶级政党的思想政治工作以马克思主义为指导。马克思主义关于社会存在和社会意识的辩证关系的原理,关于经济和政治的辩证关系的原理,关于科学社会主义理论必然从外面"灌输"的原理,关于必须从社会关系的总和上把握人的本质的原理,关于人的全面发展的原理,关于正确区分和处理两类不同性质矛盾的原理等,都是思想政治工作的理论依据。中国共产党一贯重视思想政治工作,在长期的革命斗争中形成了思想政治工作的优良传统,使思想政治工作在革命斗争中和社会主义建设事业中发挥了重大作用,成为宣传群众、动员群众、组织群众、发展群众,保证党的团结和统一,保证党对各项工作领导的重要手段。

(七)静保其身守其颐,行不犯妄功可垂

"百计千方万般妙,不如守分治无为;刚直道通柔邪灭,依道而行不胡为;轻举妄动忙里错,一意孤行迷中悔;清越而瑕不自掩,妄欲泛纵起祸水。""静保其身守其颐,行不犯妄功可垂;杞人忧天实可笑,未雨绸缪大智慧。"处于不可妄之极的境地,唯宜静保其身,颐养天性,不可以妄为妄行,否则,妄为妄行必有灾眚,没有什么利益。古代杞国有个人担心天会塌、地会陷,自己无处存身,便食不下咽,寝不安席。常常产生不必要的或缺乏根据的忧虑和担心,不利于身心健康。相反未雨绸缪不失为无妄之举。在天还没下雨的时候,就修补好房屋的门窗。比喻事先做好准备工作,以免临时手忙脚乱。做到未雨绸缪,要有洞察力和预见性,掌握主动性,对事物发展变化的趋势和可能出现的变乱,提前采取手段和措施,防患于未然。未雨绸缪出自《诗经·豳风·鸱鸮》:"迨天之未阴雨,彻彼桑土,绸缪牖户。"清代朱用纯《治家格言》:"宜未雨而绸缪,毋临渴而掘井。"著名典故是武王灭纣后,封管叔、蔡叔及霍叔于商都近郊,以监视殷遗民,号三监。武王薨,成王年幼继位,由叔父周公辅政,致三监不满。管叔等散布流言,谓周公将不利于成王。周公为避嫌疑,远离京城,迁居洛邑。不久,管叔等人与殷纣王之子武庚勾结叛乱。周公于是奉成王命兴师东伐,诛管叔、杀武庚、放蔡叔,收殷余民。周公平乱后,遂写一首《鸱鸮》诗与成王。其诗曰:"趁天未下雨,急剥桑皮,拌以泥灰,以缚门窗。汝居下者,敢欺我哉?"周公诗有讽谏之意,望成王及时制定措施,以止叛乱阴谋。成王虽心中不满,然未敢责之。《菜根谭》云:"未雨绸缪,有备无患"——闲中不放过,忙处有受用;静中不落空,动处有受用;暗中不欺隐,明处有受用。

(八)理论联系实际好,主观客观均发挥

"理论联系实际"是对马克思主义普遍真理同革命和建设具体实践相结合

的概括表述,是马克思主义最基本的原则之一。基本精神是达到主观和客观、理论和实践、知和行的具体的历史的统一。马克思、恩格斯、列宁反复强调,他们的理论不是教条,而是行动的指南。毛泽东遵循这一原则,在将马克思列宁主义普遍原理同中国革命具体实际相结合的过程中,在反对主观主义特别是教条主义的斗争中,对理论联系实际做了深刻的论述和发挥。是否坚持理论联系实际,是对待马列主义的态度问题。理论联系实际,对于中国共产党人来说,就是应用马列主义的立场、观点、方法,对中国的历史实际和革命实际进行认真研究,正确地解释历史中和革命中所发生的实际问题,从中引出规律,作为行动的向导。这种态度,就是有的放矢、实事求是的态度,是一个共产党员起码应该具备的态度。它同理论与实际相分离的主观主义态度是根本对立的。在长期的革命斗争中,理论联系实际成为中国共产党三大优良作风(理论联系实际、密切联系群众、批评和自我批评)之一。理论联系实际的原则,体现了认识与实践相统一、矛盾的普遍性和矛盾的特殊性相联结的马列主义的认识论和辩证法,是辩证唯物主义世界观在无产阶级政党作风上的具体表现。坚持这一原则,必须反对形形色色的主观主义和形而上学思想。

第二十六章　大畜卦

大的畜聚之道：前言往行多识取　大畜其德日新天

天包含在山中，为大畜。大畜象征大为蓄聚，有大量蓄聚之义。"君子以多识前言往行，以畜其德。"揭示的是大的蓄聚之道，也是正确的财富观。从思想基础和哲学理论基础角度看，大畜卦揭示的内容属于经济基础与上层建筑范畴。从蓄聚的内容看，既要大畜物资，又要大畜其德，必须实现物质文明与精神文明全面协调发展。从矛盾论抓主要矛盾的角度看，"大畜其德"是实现社会财富增长与文明进步的主导因素。从发展角度看，"发展才是硬道理"与"科学发展步稳健"是大畜的基本途径。从缔造社会文明的角度看，需要全民树立正确的财富观。在全社会倡导树立正确的财富观具有非常重要的意义。

一、大畜卦经文

大畜 山天大畜 艮上乾下

大畜：利贞。不家食吉。利涉大川。

彖曰：大畜，刚健笃实，辉光日新。其德刚上而尚贤。能止健，大正也。不家食吉，养贤也。利涉大川，应乎天也。

象曰：天在山中，大畜。君子以多识前言往行，以畜其德。

初九：有厉利已。
象曰：有厉利已，不犯灾也。

九二：舆说輹。
象曰：舆说輹，中无尤也。

九三：良马逐，利艰贞。曰闲舆卫，利有攸往。
象曰：利有攸往，上合志也。

六四：童牛之牿，元吉。
象曰：六四元吉，有喜也。

六五：豮豕之牙，吉。
象曰：六五之吉，有庆也。

上九：何！天之衢，亨。
象曰：何！天之衢，道大行也。

二、大畜卦警语箴言

天在山中山含天　　广聚大蓄势如澜
蓬勃发展好形势　　该止则止挽狂澜
进退行止须适度　　富强轻妄罹祸患
谋事周详有方法　　清源抽薪防未然
临危停止无灾祸　　车厢脱轴无忧患
良马相逐利坚贞　　演兵习武济国难
童牛牿首防未患　　积德首要养习惯
除根去势性情温　　野公猪牙岂有患
驯兽为畜增物资　　廪实增资国力添

易道 话说易经 谈道德修养

经济基础大丰富　　上层建筑不一般
发展才是硬道理　　一国两制新诗篇
化敌为友息干戈　　广聚博蓄美德添
科学发展人为本　　持续协调步稳健
刚健笃实日增辉　　其德刚上而尚贤
文治武备广纳才　　积德聚富涉大川
开元盛世殷其民　　文景之治桃花园
前言往行多识取　　大畜其德日新天
四通八达天街路　　积蓄之道蔚壮观
树立正确财富观　　社会文明盛空前

三、易理哲学简说

前言往行多识取　　大畜其德日新天

大畜,山天大畜,艮上乾下。乾为天,艮为山,天包含在山中,为大畜。畜有蓄聚、蓄止、蓄养等义。大畜象征大为蓄聚,有大量蓄聚之义。

有了希望(无妄),便会有大的收获(大畜),"大畜,利贞,不家食,吉,利涉大川。""君子以多识前言往行,以畜其德。"物德并蓄,日新月异,即大畜卦。大畜卦揭示的是大的蓄聚之道,也是正确的财富观。正确的财富观既包括物质财富的蓄聚,也包括精神财富的蓄聚。

(一)"刚健笃实日增辉,其德刚上而尚贤"是"应乎天"之举

【大畜卦卦辞】大畜:利贞。不家食吉。利涉大川。

【注解】大畜:唐陆德明《经典释文》:"畜本又作蓄。""畜,积也,聚也。"大畜指有丰厚的积蓄和储备。

【卦辞要义】处于有丰厚的积蓄和储备之时,利于坚守贞正之道。不在自己家中吃饭是吉利的。适宜于像跋涉大川大河那样,去做重要或重大的事情。

【大畜卦象辞】象曰:大畜,刚健笃实,辉光日新。其德刚上而尚贤。能止健,大正也。不家食吉,养贤也。利涉大川,应乎天也。

【注解】刚健笃实:《尔雅·释诂》:"笃,厚也。"大畜卦下卦为乾,乾天具有刚健之德;上卦为艮,艮山具有笃信、厚实之德。

能止健:强健而不妄行,可止则止。能够有所自制。

【象辞要义】大畜下卦为乾为天,上卦为艮为山。所谓"刚健笃实,辉光日新"是指天的特性刚健,山的特性笃信、厚实,天光山色,相映成辉,天天都有崭

新的气象。在天与山的刚健厚实、辉光日新的自然状态中,花草树木繁茂生长,欣欣向荣,飞禽走兽生活其中,或欢纵雀跃或悠然安逸,物产富饶,积蓄丰盈。山能蓄聚天,其胸怀无比宽广博大。从自然物象获得启示,君子应该蓄养像山那样的刚上之德,崇尚贤人,用人得其正,像天那样光明正大,强健而不妄行,可止则止,能够有所自制。不在自己家中吃饭是吉利的,适宜于蓄养贤能之人,适宜于像跋涉大川大河那样,去做重要或重大的事情。这是顺应天则的举措。

(二)从矛盾论抓主要矛盾的角度看,"大畜其德"是实现社会财富增长与文明进步的主导因素

【大畜卦象辞】天在山中,大畜。君子以多识前言往行,以畜其德。

【象辞要义】天蓄聚在山中,谓之大畜,即有丰厚的积蓄和储备。值此之时,君子以多识前言往行,也就是多多学习借鉴前人的善言善行,增蓄美德。强调了"大畜其德"的重要作用,君子应该"大畜"其德,要崇尚贤能,蓄养贤士,培育宽广、仁厚、慈爱的胸怀,多识前言往行、多闻多见、多识多悟"以畜其德",教化民众提升精神境界,实现物既"大畜",德亦"大畜",才能聚纳储备更丰富的物资与美德,社会才能蓬勃发展。在当时的社会历史环境中,演绎八卦,易经朴素地认识到也自觉地运用于社会管理实践中,运用矛盾分析的方法,抓主要矛盾解决问题,这是认识事物、解决矛盾的根本方法。

(三)从蓄聚的内容看,既要大畜物资,又要大畜其德,必须实现物质文明与精神文明全面协调发展

大畜卦卦象为"天在山中,大畜",正所谓"天在山中山含天,广聚大蓄势如澜",兴发出"君子以多识前言往行,以畜其德"。让我们看看大畜卦六爻从哪些方面进行诠释:

【初九爻辞】初九:有厉利已。象曰:有厉利已,不犯灾也。

【注解】已:《古代汉语字典》:"已是后起字,是由巳字分化出来的。已的本义为停止。"

【爻辞要义】有危险,利于停止不动,不会有灾难。

【九二爻辞】九二:舆说輹。象曰:舆说輹,中无尤也。

【注解】说:通"脱"。脱离,掉落。

輹:《古代汉语字典》:"輹 fù,用来捆绑车伏兔与车轴的绳子。"陆法言《广韵·屋韵》:"輹,车輹兔。"

【爻辞要义】捆绑车伏兔与车轴的绳子脱落,导致车厢与车轴分离,不急于前进,符合中道,没有忧患。"輹"比喻人与人团结协作的纽带,"舆说輹"比喻做事或完成一定的任务失去了团结协作的纽带则不能继续前进完成任务。停

易道 话说易经 谈道德修养

止继续前进,虽失去了获利的机会,当然也不会面对利益同时带来的风险。此所谓中道无忧。

【九三爻辞】九三:良马逐,利艰贞。曰闲舆卫,利有攸往。

象曰:利有攸往,上合志也。

【注解】逐:追赶。

曰:《古代汉语字典》:曰是会意字,古文字的曰字是在口上加一横或一弯横,表示口中发出声音。此处系"句首、句中语气词,无实义,不译"。《诗经·秦风·渭阳》:"我送舅氏,曰至渭阳。"

闲:xián《说文》:"阑也。"贾公彦疏:"闲与槌柂皆禁卫之物。"闲指木栅栏门上横插的门闩。有暴徒匪寇侵袭时,随时可以拔下用作防御性的武器。有防御之义。

卫:wèi 繁体衞。《说文》:"卫,宿卫也。"《玉篇》:"卫护也。"《古代汉语字典》:"卫的繁体字写作衞,是会意字。甲骨文、金文的卫字,中间的口或言,表示被保卫的百姓聚居区,方表音,上下是巡行的脚印(止),左右表示四通八达的巡行之路(行),合在一起表示巡行守卫的意思。卫的本义指'宿卫',即值宿、担任警卫,就是护卫。"

【爻辞要义】良马互相追逐,有利于在艰难中守贞正之道。其作用在于发挥重要的防御与护卫作用,值此之时,适宜于去做一定的事情。这种情形,与君上护卫人民的心愿相合。

【六四爻辞】六四:童牛之牿,元吉。象曰:六四元吉,有喜也。

【注解】牿:《古代汉语字典》:"缚住在牛角上以防止抵人的横木。"

【爻辞要义】牛犊子角上绑着防止抵人的横木,大吉大利。原因是小牛犊子的角刚刚长出来,给它绑上防止抵人的横木既不会伤害人,也不会自伤其角,所以大吉大利。原因是牛的鼻子被钻个眼儿,绑横木的绳子从中穿过。牛犊子一旦顶撞人自己也会招致疼痛。因此,迫使它轻易不伤人。在被驯顺的过程中养成了好的习惯。从中可以看出,好的作风,好的道德,来自日常良好习惯的养成。这是值得喜庆的事儿。

【六五爻辞】六五:豮豕之牙,吉。象曰:六五之吉,有庆也。

【注解】豮:fén 繁体豶,字从豕从贲,贲亦声。"贲"意为"冲锋"。"豕"与"贲"联合起来表示"带头冲锋的猪""猛猪"。本义公猪。《古代汉语字典》:"遭阉割的猪""孔颖达疏:"豮,除也。除其牙也。"《经典释文》"豕去势曰豮。"

【程传】豕之有牙,百方制之,终不能使改,唯豮其势,则性自调伏,虽有牙亦不能为。

【爻辞要义】公猪被阉割,虽然嘴里长着锋利的牙齿,也不会伤害人,原因在于其充满野性的"势"被去掉,温顺而不伤人。当然吉利,值得庆幸。

【上九爻辞】上九:何! 天之衢,亨。象曰:何! 天之衢,道大行也。

【注解】何:《古代汉语字典》:语气词。相当于"啊",用于句中。《古诗为焦仲卿妻作》:"隐隐何甸甸。"

衢:《说文》:"衢,四达谓之衢。"《古代汉语字典》:"衢是形声字。行为形,瞿为声。行表示与道路有关。衢的本义指四通八达的路。"衢地即四通八达的地方。《孙子兵法·九地第十一》:"孙子曰:用兵之法,有散地,有轻地,有争地,有交地,有衢地,有重地,有圮地,有围地,有死地。诸侯自战其地,为散地;入人之地而不深者,为轻地;我得则利,彼得亦利者,为争地;我可以往,彼可以来者,为交地;诸侯之地三属,先至而得天下之众者,为衢地。"

【爻辞要义】啊! 四通八达的天街大路,亨通。四通八达的天街大路,使积蓄之道得到大大的通行。

从六爻所枚举的增长物质财富加强经济基础建设看,猪、马、牛在原始社会都是野生动物,伴随着人类进化,他们都被驯化成家畜,"除根去势性情温,野公猪牙岂有患"——野猪被阉割去掉野性驯化出来增加了人们的食物来源;"童牛牿首防未患,积德首要养习惯"——将小牛犊子的角绑上横木,防止顶撞伤人,克服自身的缺点和不足,要养成好习惯,避免发生患害,牛被驯化出来代替了劳动力;"良马相逐利坚贞,演兵习武济国难"——良马追逐驰骋,利艰难而贞正,平实演兵习武,马被驯化出来增强了战斗力(古时多用于战争),有益于济国难;黄帝组织播种百谷草木、炎帝(神农)组织播种五谷,增加了食物来源,其客观结果和积极作用在于"驯兽为畜增物资,廪实增资国力添"。大畜乃蓄德之质。古圣先王喜出望外地发现物质财富的积累和增长有如此的好处,从中受启发认识到,崇尚贤能,广开言路,"多识前言往行,以畜其德",对于改良社会风气,富民强国,不是更好嘛! 所以,《系辞上》说:"富有之谓大业,日新之谓盛德(富有叫作大业,日新叫作盛德)。"简而言之,就是要实现物质文明与精神文明的协同发展。

物质文明就是人们在改造客观世界的实践活动中形成的有益成果,表现为物质生产方式和物质生活的进步。政治文明就是人们在政治实践活动中形成的有益成果,表现为社会政治制度和政治生活的进步。精神文明就是人们在改造客观世界的同时改造主观世界中形成的有益成果,表现为社会精神产品和精神生活的进步,主要体现为道德品质的提高。物质文明体现的是人类在改造自然过程中处理的人与自然的关系。政治文明体现的是人类在改造社会过程中处理的人与人的关系。精神文明体现的是人类在改造主观世界的过程中处理的主观与客观、人与自我的关系。这就是"三个文明"之间的基本区别,它们分

易道 话说易经 谈道德修养

别标志一定社会在物质生产和物质生活、政治活动和政治生活、精神生产和精神生活这三个方面的进步程度。但是,物质文明、政治文明、精神文明作为人类社会文明结构的基本构成,三者之间又存在着密不可分的内在联系,物质文明是社会存在和发展的起点,它对政治、思想等其他活动具有决定作用,其他活动都为之服务;政治文明在社会中处于主导地位,它与国家政权直接相连,决定着物质文明的发展方向和精神文明的性质;精神文明以德为核心,为物质文明和政治文明的发展提供精神动力、智力支持和思想保证。政治进步是历史进步的一个方面,政治文明是整个社会文明的有机组成部分。它与物质文明、精神文明密切联系,互为作用,相辅相成。因此,要把握政治文明的含义,有必要对它与物质文明、精神文明的关系做一番考察。就它们在整个人类社会文明中的地位和作用而言,可以说物质文明是基础,精神文明是主导,政治文明是保障。政治文明与物质文明、精神文明的关系,一方面,政治文明建立在一定程度的物质文明和精神文明发展水平之上;另一方面,政治文明为物质文明和精神文明提供制度和法制保障,使之更加健康、稳定、协调地向前发展。

(四)从思想基础和哲学理论基础角度看,大畜卦揭示的内容属于经济基础与上层建筑范畴

"经济基础大丰富,上层建筑不一般。"经济基础是指同生产力的一定发展阶段相联系占统治地位的生产关系各方面的总和。其一,经济基础决定上层建筑。经济基础是第一性的,是上层建筑的根源;上层建筑是第二性的,是经济基础的派生物。上层建筑是适应经济基础的需要而产生出来为经济基础服务的。经济基础决定上层建筑的产生、变化、发展和性质。上层建筑变化发展的方向由经济基础决定,当某种经济基础向上发展的时候,它的上层建筑也处于前进之中;当某种经济基础走向没落的时候,它的上层建筑也日渐腐朽。经济基础的根本质变决定全部上层建筑也必然或迟或快地发生根本质变;经济基础的部分质变也决定上层建筑要发生部分质变。其二,上层建筑反作用于经济基础。从服务方向上看,上层建筑要保证自己的经济基础的发展方向。从服务方式上看,上层建筑通过对社会生活的控制来为经济基础服务。从服务性质上看,上层建筑反作用的性质取决于它所服务的经济基础的性质。当上层建筑为促进生产力发展的经济基础即进步的经济基础服务时,它就促进社会的发展;当上层建筑为阻碍生产力发展的经济基础即腐朽的经济基础服务时,它就阻碍社会的发展。显然,上层建筑的进步与否,归根到底取决于它是否有利于生产力的发展。其三,经济基础和上层建筑的矛盾运动。上层建筑是适应经济基础的需要建立的,但上层

建筑不可能绝对适应经济基础的需要；在同一社会内部，经济基础和上层建筑的矛盾处于量变状态，这种矛盾要求上层建筑不断地做出调整，以适应经济基础的需要；当某种社会形态走向腐朽的时候，需要对经济基础进行变革，上层建筑同经济基础的变革要求就会形成尖锐的对抗，唯有从根本上变革上层建筑，才能解决这一矛盾；经济基础和上层建筑的矛盾不断产生又不断解决，推动着人类社会的发展。古圣先王在演绎八卦的时候，尽管尚未诞生关于经济基础与上层建筑的理论学说，但是，他们从社会管理与生产力发展的实际中看到，物质财富的蓄聚与增长固然重要，崇尚贤能，大畜其德，也同样重要，而且发挥贤德的积极作用对治理国家平定天下效果更好。这种认识是朴素的，但是，经过千百年的历史和社会实践验证是颠簸不破的真理，这种真理，与马克思和恩格斯所创立的经济基础与上层建筑理论所概括的原理同质不悖。上层建筑是建立在经济基础之上的意识形态以及与其相适应的制度、组织和设施，在阶级社会主要指政治法律制度和设施，先进的上层建筑，必须由贤德之士制定和组织实施。

（五）从发展角度看，"发展才是硬道理"与"科学发展步稳健"是大畜的基本途径

生产力的发展，是社会的根本发展。其标志有哪些呢？

一看社会发展与进步。人类历史，是生产力的发展史。中国历史上出现过许多繁华盛世，著名的有文景之治、开元盛世等，将社会发展与进步推进到新阶段。西汉初年，经济萧条，到处都是一片荒凉的景象。

汉高祖刘邦及其后的汉文帝刘恒（公元前180—公元前157年）、汉景帝刘启（公元前157—公元前141年）等，吸取秦灭的教训，减轻农民的徭役和劳役等负担，注重发展农业生产。文景时期，重视"以德化民"，当时社会比较安定，使百姓富裕起来。

到景帝后期，国家的粮仓丰满起来了，新谷子压着陈谷子，一直堆到了仓外；府库里的大量铜钱多年不用，以至于穿钱的绳子烂了，散钱多得无法计算了。历史上称这一时期的统治为"文景之治"。文帝、景帝奖励努力耕作的农民，劝解百官关心农桑。每年春耕时，他们亲自下地耕作，给百姓做榜样。他们提倡节俭，并以身作则。文帝在位二十多年，宫室、园林没有什么增加。他修建自己的陵墓，要求从简，不许用金银等装饰，只能用陶瓦。这段历史时期，历来被视为封建社会的"盛世"，史称"文景之治"。

开元盛世，亦称开元之治，是唐玄宗李隆基统治前期所出现的盛世。唐玄宗前期在位四十四年（开元年间）政治比较清明，任用贤能，经济迅速发

展,国力不断增强,人口持续增加,提倡文教,使得天下大治,唐朝进入全盛时期,成为当时世界上最强盛的国家,史称"开元盛世"共二十九年。

二看发展才是硬道理。1992年初,邓小平同志在武昌、深圳、珠海、上海等地视察,发表了一系列重要谈话,回答了困扰和束缚人们思想的重大认识问题,鲜明地提出了"发展才是硬道理"的著名论断。这是建设有中国特色的社会主义理论的重要组成部分,是马克思主义与中国实际相结合的重大成果。"发展才是硬道理"的提出,不仅抓住了社会主义社会的主要矛盾,更为解决社会主义社会的各种问题指明了前进方向。"发展才是硬道理"提出后,全党进一步坚定和强化了"以经济建设为中心"的意识,吹响了经济建设再上新台阶的进军号角。党领导全国各族人民,牢牢抓住发展这个主题,坚持以经济建设为中心不动摇,综合国力大幅度跃升,国际影响显著扩大、民族凝聚力极大增强,取得了改革开放和现代化建设的辉煌成就。历史和现实证明,只有坚持发展不动摇,才能从根本上把握人民的愿望,把握社会主义现代化建设的本质,才能使中华民族屹立于世界民族之林。

三看科学发展步稳健。"科学发展人为本,持续协调步稳健。"科学发展观,是胡锦涛同志在2003年7月28日的讲话中提出的"坚持以人为本,树立全面、协调、可持续的发展观,促进经济社会和人的全面发展",按照"统筹城乡发展、统筹区域发展、统筹经济社会发展、统筹人与自然和谐发展、统筹国内发展和对外开放"的要求推进各项事业的改革和发展的一种方法论,也是中国共产党的重大战略思想。在中国共产党第十七次全国代表大会上科学发展观被写入党章,成为中国共产党的指导思想之一,是胡锦涛为总书记的党的第四代领导集体对马克思主义、毛泽东思想的发展,是中国特色社会主义理论体系的重要组成部分。科学发展观,是同马克思列宁主义、毛泽东思想、邓小平理论等重要思想既一脉相承又与时俱进的科学理论,是马克思主义关于发展的世界观和方法论的集中体现,是马克思主义中国化最新成果,是中国共产党集体智慧的结晶,是党必须长期坚持的指导思想。中国共产党将科学发展观作为指导思想,并将其贯彻落实到全面建成小康社会的全过程,将其贯穿到党的工作和党的建设的全过程,是中国共产党的理论自信的充分体现。

(六)从缔造社会文明的角度看,需要全民树立正确的财富观

"树立正确财富观,社会文明盛空前。"财富观是指人们对财富价值的理解与认识,财富观亦是价值观的重要组成部分。财富的身世财字从贝,贝也

就是钱的原始形态,因此财富首先着眼的就是金钱所体现的物质财富的积累。财富的积累带来了资本的膨胀,直接推动了整个社会的变革。正确的财富观,既要积累物质财富,也要积累宝贵的精神财富。社会财富的增长是通过公民的劳动创造的。公民诚实劳动,公平交易,是实现社会财富稳定增长的基本手段,任何虚假、欺诈行为终将自食其果,因此,在全社会倡导树立正确的财富观具有非常重要的意义。

第二十七章　颐　卦

颐养之道:慎言语节饮食　体德同修同养

　　山下有雷。山止于上,雷动于下,下动上止,如口嚼食物,供给营养,为颐,象征颐养。体德同修同养是颐养之道的精髓。颐养要遵循养生之道,不可违背养生规律,否则容易出问题。颐养必须坚守正道,所以君子应当言语谨慎以培养美好的品德,节制饮食以养育健康的身体。身体健康,体魄强健,良好的心理素质,是做好一切事情的首要的、基础的前提条件。"自求口实观自养,君子慎言节饮食;祸从口出慎言语,病从口入节饮食。""慎言语",养生先养心。"节饮食",养生要养体。颐养要重视养育健康身体和增益美德两个方面进行双修,颐卦核心启示是"君子以慎言语,节饮食",才能避免"病从口入,祸从口出"。颐养应该靠自己,不可羡慕他人,不可依赖他人,应当运用智慧,使天下得到供养。

一、颐卦经文

颐 山雷颐 艮上震下

颐:贞吉。观颐,自求口实。

彖曰:颐贞吉,养正则吉也。观颐,观其所养也。自求口实,观其自养也。天地养万物,圣人养贤以及万民。颐之时义,大矣哉!

象曰:山下有雷,颐。君子以慎言语,节饮食。

初九:舍尔灵龟,观我朵颐,凶。
象曰:观我朵颐,亦不足贵也。

六二:颠颐,拂经,于丘颐,征凶。
象曰:六二征凶,行失类也。

六三:拂颐,贞凶,十年勿用,无攸利。
象曰:十年勿用,道大悖也。

六四:颠颐,吉。虎视眈眈,其欲逐逐,无咎。
象曰:颠颐之吉,上施光也。

六五:拂经,居贞吉,不可涉大川。
象曰:居贞之吉,顺以从上也。

上九:由颐,厉吉,利涉大川。
象曰:由颐,厉吉,大有庆也。

二、颐卦警语箴言

雷动山止口含饴　颐养盛德靠自力
独立自主讲气节　自力更生保供给
外援为辅要适度　过分依赖伤活力
舍尔灵龟观我颐　不如安分守自己
自求口实观自养　君子慎言节饮食
祸从口出慎言语　病从口入节饮食
颠颐拂经于丘颐　违理困乏不给力
给养保障不充分　征战凶险无利益
拂颐贞凶悖大道　十年无为悖养颐

虎视眈眈欲逐逐　布施广大颠颐吉
违背养生守正吉　跋涉大川不可以
高位知危慎获吉　由颐厉吉大有益
取之于民用于民　威而不猛民受益
历史典故有范例　颐养充足创奇迹
统一中国秦始皇　王翦颐兵待战机
王者民天民食天　光明公养守正吉
天养万物圣养贤　柔顺中正心安颐

三、易理哲学简说

慎言语节饮食　体德同修同养

颐，山雷颐卦，艮上震下。震为雷，艮为山，山下有雷。山止于上，雷动于下，下动上止，如口嚼食物，供给营养，为颐。颐为养，所以颐象征颐养。观察事物的颐养现象，当以正道自力更生来自养。

物质财富得到大的、充分的聚集、积蓄，物丰德增（大畜），而后人们开始追求养生之道（颐），"颐，贞吉，观颐，自求口实""君子以慎言语，节饮食"，即颐卦。颐卦揭示的是颐养之道。颐卦从如何养颐身体出发演绎揭示了如何养颐天下的朴素道理。

（一）遵循颐养规律

【颐卦卦辞】颐：贞吉。观颐，自求口实。

【注解】《说文》："颐，含也。"指两颊、两腮部位，包括里面的牙齿与外面的嘴唇、下巴，引申义为饮食、颐养。

【卦辞要义】颐卦，坚守贞正之道吉利。观察颐养之状，体悟颐养之道，关键在于自食其力，自我谋求口中食物。

【颐卦象辞】象曰：颐贞吉，养正则吉也。观颐，观其所养也。自求口实，观其自养也。天地养万物，圣人养贤以及万民。颐之时义，大矣哉！

【象辞要义】颐卦坚守贞正之道吉利，是指养得其正则吉利。观察颐养之状，就是观察其所养的方式、方法和对象。"自求口实"，自力更生，在于观其自养是否正确。天地与圣人能够养得其正。天地养育万物，圣人养育贤能之人以及天下民众。颐卦的时义特别大，主要在于，天地因应春夏秋冬四季变化养育万物，万物生长繁茂，如果违背时令季节则万物凋敝败落。圣人因应时令养育贤人与广大民众，则贤人乐于为民众和社会做贡献，广大民众对其生活葆有乐趣和激情。如果失去其时，那么贤人就会隐退，广大民众就会陷于凄惨悲苦的境地。

《序卦传》："物蓄然后可养，故受之以颐。颐者，养也。"即修养身心。就是说，物质财富得到大的、充分的聚集、积蓄后，人们有充裕的物质条件，开始注重饮食养生之道。修养身心有四要：一要顺其自然——"天人合一"，在养生过程中，既不可违背自然规律，同时也要重视人与社会的统一协调性。《黄帝内经》主张"上知天文，下知地理，中知人事，可以长久"。二要形神兼养——既要注重形体养护，更要重视精神心理方面的调摄，正所谓"形神兼养""守神全角"和"保形全神"。三要动静结合——"生命在于静""活力在于动""动则生阳""静则滋阴"，要注意"动中取静""不妄作劳"。四要审因施养——养生不拘一法、一式，应形、神、动、静、食、药等多种途径、多种方式进行养生活动。此外，也要因人、因地、因时之不同用不同的养生方法，正所谓"审因施养"和"辨证施养"。通过"养生之术"，从神养、行为养、气养、形养、食养、药养、术养七个方面进行颐养和调适。

修身养性贵养，治理国家同样贵养。《群书治要·文子》之《下德篇》曰："治身，太上养神，其次养形。神清意平，百节皆宁，养生之本也。肥肤，充腹肠，开嗜欲，养生之末也。治国，太上养化，其次正法。民交让，争处卑，财利争受少，事力争就劳，日化上而迁善，不知其所以然，治之也。利赏而劝善，畏刑而不敢为非，法令正于上，百姓服于下，治之末也。上世养本，而下世事末。"——修身养性，最主要的是调养心神，其次是保养形体。心神清静平和，肢体安宁，是养生的根本。养得身体肥胖，吃得既饱又好，满足个人嗜欲，都是养生的枝末小事。治理国家，最主要的是进行道德教化，其次是依法制裁、办理。使民众互相谦让，争相处于卑下，对于财利争相拿少的部分，对于工作争相干劳累的事情，每天受到君王的感化，在不知不觉中逐渐向善，这是实现国家安定的根本。用利益奖赏来劝人为善，百姓畏惧刑罚而不敢为非作歹，从而君王的法令公正严明、百姓服从，这是治理国家的次要之事。处在向上发展时期的社会重视根本，处在衰落时期的社会只注重枝末。

颐养要遵循颐养之道，不可违背养生规律，否则容易出问题。颐养应该遵循常规、常理。颐卦六爻警示颐养有几种情形值得注意：

一是"舍尔灵龟观我颐，不如安分守自己"。

【初九爻辞】初九：舍尔灵龟，观我朵颐，凶。象曰：观我朵颐，亦不足贵也。

【注解】灵龟：《古代汉语字典》："灵的本义指巫祝以玉事奉神明。"灵龟指龟的一种，龟甲宜占卜，龟肉可以食用。

朵颐：《古代汉语字典》："朵是象形字，状似树上的枝叶花果下垂的样子。

朵的本义是指植物下垂的花或花朵。"花朵或多状物。朵颐为鼓动腮颊大块大块嚼东西。

【爻辞要义】扔下属于你自己的灵龟，观看我鼓动腮颊大块嚼吃东西，结果必然导致凶险。颐养关键靠自食其力，艳羡他人，不注重自我颐养，不值得推崇，还是不如安分守持自己为好。孔颖达疏："安身莫若不竞，修己莫若自保。守道则福至，求禄则辱来。居养贤之世，不能贞其所履以全其德，而舍其灵龟之明兆，羡我朵颐而躁求，离其致养之至道，窥我宠禄而竞进，凶莫甚焉。"原因在于"损己廉静之德，行其贪窃之情，所以'凶'也"。

二是"颠颐拂经于丘颐，违理困乏不给力"。

【六二爻辞】六二：颠颐，拂经，于丘颐，征凶。象曰：征凶，行失类也。

【注解】颠颐：《古代汉语字典》："颠 tián：通'填'。填塞，充满。"颠颐指填塞食物于颊腮之中。

拂经：《古代汉语字典》："拂是形声字，扌为形，弗为声。本义指掠过人或物的表面加以击打，又指掠过、轻轻擦过。"违背，违逆。"经是形声字，纟(糸)为形，'经(省纟)'为声。"有合乎常规，正常的；典范著作或宗教典籍等义。拂经指违背常理。

丘颐：在自然形成的土山上寻找野菜野果充饥。

【爻辞要义】一般常理，应该自食其力，在田野里耕耘寻觅或收获东西吃是比较正常的。可是由于客观原因，当下做不到在田野里觅食或收获食物以进食。只好违背常理，跑到山岭上找些野菜野果狼吞虎咽塞进嘴里充饥，隐喻食物供养不充足。在这种情况下如果出兵征伐必然遭遇凶险，军事给养供给无法保证，出现这种情况不会有志同道合的人一道共同投入战斗，对于兴兵征伐建侯行师当然不给力，凶险异常。

"颠颐，拂经，于丘颐，征凶"是学习解读颐卦的难点，许多版本翻译成"反过来向下属乞求食物以获取奉养，是违背常理的，向高丘处的乞食，则前进的途中必然遭遇凶险"或接近的意思，不够准确，结果导致易理推演起来非常费劲儿。解读颐卦，应当了解古代历史。颐卦的古义讲的是华夏民族大难之后兴起的历史，即传说四千五百年前洪水灭世，以大禹为首的圣贤们克服困难养育百姓的伟大事迹。大洪水前后都是民众养育君主的"顺颐"，大洪水将农田淹没了，颗粒无收，自民众以至于君主(部落首领)皆不能自养，此时各部落不得不联合起来，共同面对天灾，大家推举大禹为首领，领导民众共同治理洪灾。洪灾泛滥之时，大量农田被淹毁，依靠农田养育已不可能，在洪灾中逃生的民众聚集在一些丘岭上，只好找些野菜野果聊以充饥。人们避难于山上，山果野菜不足以养活众人，于是大禹等人教民"辟谷"之法，这就是道家辟谷的滥觞。洪水淹没了陆地,泰山成为最大的栖息地,当时幸存的中原百姓主要集结在泰山上。后世帝王封禅泰山,当与古人栖息泰山有关。幸存者们望着泰山下,看着山下"洪水荡荡",尸体重叠,不由得毛骨悚然,古来以泰山底下为地狱,当源于此。

三是"拂颐贞凶悖大道,十年无为悖养颐"。

【六三爻辞】六三:拂颐,贞凶,十年勿用,无攸利。

象曰:十年勿用,道大悖也。

【注解】拂颐:指违背养生之道,胡乱吃东西。

【爻辞要义】违背养生之道,胡乱吃东西。在十年的漫长岁月里被遗弃而得不到养育,与颐养的正道大相径庭,从根本上违背了养育他人和保养自己的原则和方法。违背养颐大道,不会有所作为。

四是"虎视眈眈欲逐逐,布施广大颠颐吉"。

【六四爻辞】六四:颠颐,吉。虎视眈眈,其欲逐逐,无咎。

象曰:颠颐之吉,上施光也。

【注解】虎视眈眈,其欲逐逐:《古代汉语字典》:"眈眈:本义指用某种特殊的目光盯着。瞪目逼视的样子。"《辞海》释"虎视眈眈,其欲逐逐""形容贪婪而凶狠地注视"。

施:《古代汉语字典》:施,有"恩惠,好处"之义。光有"广大"之义。

【爻辞要义】讲食物狼吞虎咽塞进嘴里充饥,可以获得吉祥。因为这就像老虎要扑食那样,虎视眈眈,专心致志,孜孜以求,则必然能够达到目的,当然也没有什么灾祸。"颠颐之吉"在于君上对下恩惠广大。

五是"违背养生守正吉,跋涉大川不可以"。

【六五爻辞】六五:拂经,居贞吉,不可涉大川。

象曰:居贞之吉,顺以从上也。

【爻辞要义】虽违背颐养的常道,但能够安然守持贞正之道吉祥,只是尚不能处理极为艰险困难的事情,就像不能够趟水渡过大河一样。恪守贞正之道的吉祥原因在于柔顺服从君上的意志。

六是"高位知危慎获吉,由颐厉吉大有益"。

【上九爻辞】上九:由颐,厉吉,利涉大川。**象曰:**由颐,厉吉,大有庆也。

【注解】由颐:《方言》:"由,辅也。"《广雅·释诂》:"由,助也。"《古代汉语字典》:由有随心、自主之义。

庆:《古代汉语字典》:庆是会意字。表示在吉日送鹿皮略表寸心前往庆贺。庆的本义指去庆祝别人。庆祝,庆贺。

【爻辞要义】君上辅助臣民得到颐养,能够随心自主地吃东西,当国家遇到危难之时,可以得到臣民的支持,吉利。天下百姓都依靠他的养育而得以安居乐业;肩负如此重任,必须谨防危险,有所戒惧才能获得吉祥,这样也才能排除万难,就像顺利趟水渡过大河一样。养育天下百姓,因而能得到天下的信任和爱戴,达到普天同庆。

(二)"慎言语,节饮食",体德同修同养

【颐卦象辞】象曰:山下有雷,颐。君子以慎言语,节饮食。

【象辞要义】颐卦卦象是艮(山)上震(雷)下,为雷在山下震动之表象,引申为咀嚼食物时上颚静止、下颚活动的状态,因而象征颐养;颐养必须坚守正道,所以君子应当言语谨慎以培养美好的品德,节制饮食以养育健康的身体。身体健康,体魄强健,良好的心理素质,是做好一切事情的首要的、基础的前提条件。"自求口实观自养,君子慎言节饮食;祸从口出慎言语,病从口入节饮食。"揭示了颐养要重视养育健康身体和增益美德两个方面进行双修,颐卦核心启示和箴言是"君子以慎言语,节饮食",才能避免"病从口入,祸从口出"。这是本卦的核心启示和中肯箴言。

"慎言语",养生先养心。养心就是要心胸宽阔,遇事不怒,想得开,放得下,始终保持心境平和。对人与事,不斤斤计较,多为他人着想。过喜伤心,过怒伤肝,忧伤脾,悲伤肺,惊恐伤肾,要保持正常的七情。养心要心静自然,自己做不到的事情,不要去想它,不要妄想,不要过分地追求,知足者常乐。养心,可以提高道德修养。有一则寓言故事,生动深刻地诠释了这一道理。从前,在一个水池里,住着一只坏脾气的乌龟,他与来这里喝水的两只大雁成了好朋友。后来,有一年,天旱了,池水干涸了,乌龟没办法,只好决定搬家,它想跟大雁一起去南方生活。但它不会飞,于是两只大雁用一枝树枝,叫乌龟咬着中间,大雁各执一端吩咐乌龟不要说话,就动身高飞。他们飞过翠绿的田野,飞过蔚蓝的湖泊。地上的孩子们看见,觉得这个组合很有趣,拍手笑起来:"你们看呀,那只乌龟很滑稽啊。"乌龟本来得意洋洋,听到嘲笑大怒,破口责骂。口一张开,就跌下来,碰着石头死去了。大雁叹气说:"坏脾气多么不好呀!"自我管理,关键在于控制不良情绪。

"节饮食",养生要养体。养生以合理饮食为物质基础,适当摄取物质与能量,达到营养均衡。物质保证是基础,还要适当地"动",包括劳动和运动,任何劳动和运动,只要不过力,有益健康。要勤于动,不要懒,动则促进气血周流,懒则气血流通缓慢。人体不断地活动,保证气血的运行畅通周流,才会有健康的身体。体育锻炼是一种锻炼,劳动也是一种锻炼,但不能过度伤力,过度伤力就会积劳成疾。过度疲劳有害健康。养体,可以增强体魄。那么如何才能"君子以慎言语,节饮食"呢? 明朝御医龚廷贤《摄养诗》阐释精辟:"惜气存精更养

神,少思寡欲勿劳心。食惟半饱无兼味,酒止三分莫过频。每把戏言多取笑,常含乐意莫生嗔。炎凉变诈都休问,任我逍遥过百春。"明白这些道理还不够,关键在于加强修养。

颐卦易理,即可以修身,也可以齐家,还可以治国,还可以管理天下。"修身"的方法,便是保精裕气养神,怀清静之心;语言太多,那么就会耗气而伤身。而"齐家"的方法也是"保""裕""养"之道;"治国"的方法,同样是"保""裕""养"之道;平天下的方法,让天下诸侯归顺,同样是"保""裕""养"之道。连修身这点小事都做不到的人,怎么能够做到齐家、治国、平天下呢? 可见,修身是齐家、治国、平天下的基础和前提。

《贞观政要》卷六慎言语第二十二:贞观二年,太宗谓侍臣曰:"朕每日坐朝,欲出一言,即思此一言于百姓有利益否,所以不敢多言。"给事中兼知起居事杜正伦进曰:"君举必书,言存左史。臣职当兼修起居注,不敢不尽愚直。陛下若一言乖于道理,则千载累于圣德,非止当今损于百姓,愿陛下慎之。"太宗大悦,赐彩百段。贞观八年,太宗谓侍臣曰:"言语者君子之枢机,谈何容易? 凡在众庶,一言不善,则人记之,成其耻累。况是万乘之主,不可出言有所乖失。其所亏损至大,岂同匹夫? 我常以此为戒。隋炀帝初幸甘泉宫,泉石称意,而怪无萤火,敕云:'捉取多少于宫中照夜。'所司遽遣数千人采拾,送五百舆于宫侧。小事尚尔,况其大乎?"魏征对曰:"人君居四海之尊,若有亏失,古人以为如日月之蚀,人皆见之,实如陛下所戒慎。"

做人、做事、做官的基础和根本在于加强体德同修。2014年5月8日习近平总书记《在同中央办公厅各单位班子成员和干部职工代表座谈时的讲话》中指出:一个人能否廉洁自律,最大的诱惑是自己,最难战胜的敌人也是自己。一个人战胜不了自己,制度设计得再缜密,也会"法令滋彰,盗贼多有"。希望同志们,"吾日三省吾身",做到严以修身、严以用权、严以律己,谋事要实、创业要实、做人要实。古人讲:"君子为政之道,以修身为本。"中国传统文化历来把自律看作做人、做事、做官的基础和根本。《论语》中就说,要"修己以敬"、"修己以安人"、"修己以安百姓"。古人所推崇的修身齐家、治国平天下,修身是第一位的。我们共产党人更应该强化自我修炼、自我约束、自我塑造,在廉洁自律上做出表率。

(三)坚持正确的颐养原则

一是"独立自主讲气节,自力更生保供给"。颐卦揭示的是颐养之道,只有坚守正道,自食其力,不断增益美德,而不是过分依靠外援,才能获得吉祥;通过观察颐养的具体实例,阐释应该如何自己谋取口中食物,强调的核心思想是要

"独立自主,自力更生",这与毛泽东思想一致。这样才能真正地掌握颐养之道,获得吉祥。自食其力核心在于有自主权,既不媚外,也不崇洋,不受外人或其他势力的控制或支配,主要依靠自身发展提供给养,避免外来因素干扰与制约。这一原则多运用于国家或政党维护主权。对经济建设同样适用。毛泽东《中国革命战争的战略问题》:"无论处于怎样复杂、严重、惨苦和环境,军事指导者首先需要的是独立自主地组织和使用自己的力量。"在政治、军事、外交中,保持主权是非常重要的原则。即使经营企业,自己拥有核心生产力,是永久持续发展的根本。颐卦的时势意义太大了! 这实际涉及一个"自立"与"外援"的哲学关系问题,人有无穷的创造性和创造力,如果激发出来,可以创造丰硕的物质文明和精神文明成果,是事物发展的主体和根本,是一切工作着眼点、出发点、立足点,也是应该且必须牢牢抓住的主要矛盾,"外援"是外在的辅助性的措施和手段,可以适度借助,但不能依赖。列宁、毛泽东倡导的"周六义务劳动",就是"自求口实""颐养盛德靠自力"的有效手段和具体实践。

二是"外援为辅要适度,过分依赖伤活力"。"雷动山止口含饴,颐养盛德靠自力;独立自主讲气节,自力更生保供给;外援为辅要适度,过分依赖伤活力"阐释了自力更生为主与适当争取外援为辅的辩证关系,保持自主性和活力是基础,外援只是辅助性的促进手段。在事物发展的关键节点上,适当的外援可以起到给力的作用,过度依赖则会丧失自我,附庸于人,失去活力或灭亡。要坚持独立自主,自力更生的原则,妥善处理好自主性与外援的关系,要善于抓主要矛盾,不可本末倒置。养育应该靠自己,不可羡慕他人,不可依赖他人,应当运用智慧,使天下得到供养。比如,美国以援助形式将多个国家变成附庸,或过度借债耗尽他国资源;个别企业依赖银行贷款,结果变成银行榨取利益的工具,当出现资不抵债时被清产倒闭。自主性与外援的关系处理不好,结果会很糟糕。

(四)王以民为天,民以食为天

即"王者以民为天,民以食为天"需要坚持光明正大公正颐养之道才会吉祥。天用以比喻赖以生存的最重要的东西。民以食为天——人民以粮食为自己生活所系,食,指粮食并暗示运作粮食所需的生产资源,扩展为人民群众需要生产粮食等生活必须品的资源来维持生存就像国家需要人们来做贡献一样重要。"民以食为天,食以安为先"指民食的重要。王以民为天——国家政权的合理性在于"王以民为天":越是保民、爱民、真正为民服务的政权,越是以百姓苍生为己任,才越是合理的政权;越是合理的政权才是越长久的政权。反之,越是害民、怕民、牺牲人民的利益确保自己的江山为宗旨的政权,才越是腐败的政权,越是短命的政权。因此说,"取之于民用于民,威而不猛民受益""王者民天民食天,光明公养守正吉。"

秦朝灭亡后,刘邦和项羽争霸。刘邦联合各地反项羽力量,据守荥阳、成皋。荥阳西北有座敖山,山上有座小城,是秦时建立的,因为城内有许多专门储存粮食的仓库,所以称为敖仓,它是当时关东最大的一个粮仓。在项羽猛烈的攻击下,刘邦计划后撤,把成皋以东让给项羽。刘邦想听听郦食其的想法。郦食其说:"王者以民为天,而民以食为天,楚军不知道守护粟仓而东去,这是上天帮助汉朝成功的好机会啊! 如果我们放弃成皋,退守巩、洛,把这样重要的粮仓拱手让给敌人,这对当前的局面是非常不利的啊! 希望你迅速组织兵力,固守敖仓,一定会改变目前不利的局势。"刘邦依计而行,终于取得了胜利。

李瑞环《学哲学用哲学》:为政之道在于安民,安民之要在于察其疾苦。执政的要领是把最困难的人安排好。基层群众的生活困难问题,是一个直接影响社会稳定的大问题。稳住群众、稳住人心、稳住全局的关键是稳住最困难的那部分人。各级干部要牢记党和政府的宗旨,多想些群众的冷暖,少想点个人的"政绩";多搞些"雪中送炭",少搞点"锦上添花";多办些具体的必要的事,少讲点空话、废话。要正确处理吃饭和建设、积累和消费的关系,宁可少上一些项目,放慢一点速度,也要确保群众有饭吃。有关部门要下大功夫研究解决分配不公问题,建立公正合理的收入分配制度,健全社会保障体系。总之,我们要切实做到认识到位,工作到位,真正把每个生活困难的群众纳入视野之内,纳入工作网络之中。

(五) 颐养充足创奇迹

"历史典故有范例,颐养充足创奇迹;统一中国秦始皇,王翦颐兵待战机。"秦始皇帝(公元前259—前210年),嬴姓赵氏,名政(正),因生于赵都邯郸(今属河北),故又称赵政(先秦姓氏并未统一,男子称氏,女子称姓,故秦始皇叫赵政);中国历史上最伟大的政治家、战略家、军事统帅。首位完成中国统一的秦朝的开国皇帝,秦庄襄王之子,十三岁即王位,三十九岁称皇帝,在位共三十七年。秦始皇建立皇帝制度,中央实施三公九卿,地方废除分封制,代以郡县制,为建立专制主义中央集权制度开创了新局面,对中国和世界历史产生了深远影响,奠定了中国两千余年政治制度的基本格局。被明代思想家李贽誉为"千古一帝"。秦始皇能够统一中国,其选拔任用王翦为帅是一个重要原因。秦国横扫六国,势如破竹,灭三晋,多次打败楚军,燕王逃亡。秦始皇欲灭楚,倾心于年少壮勇的秦将李信,认为他贤能果敢。李信曾领兵数千,追击燕太子丹至衍水,终破燕军掳获太子丹。秦始皇曾问李信欲破楚,需多少人马? 李信表示二十万即可。秦始皇又问王翦,王翦道:"非六十万不可。"始皇说:"王将军老矣,何怯也！李将军果势壮勇，其言是也。"(《史记·卷七十三· 白起王翦列传第十三》)于是派李信及蒙武帅兵二十万南伐楚。王翦因秦王不用其话，就托病辞官，归频阳养老。这时的秦军在李信的率领下攻平与(今河南平与北)，蒙恬攻寝丘(今河南临泉)，大破楚军。李信又乘胜攻鄢、郢，均破之。于是引兵向西与蒙恬军会师城父(今河南平顶山市北)。项燕率领的楚军乘机积蓄力量，尾随秦军三天三夜，终于大破李信军队，攻下两个营垒，杀死七名都尉，秦兵败逃。

秦始皇闻秦军失败，大怒。使他知道王翦确有远见，于是亲自到频阳向王翦谢罪，说："我没有听从将军的话，李信终使秦军受辱，如今楚军逐日西进，将军虽有病在身，怎能忍心背弃寡人？"王翦辞谢说："老臣疲弱多病，狂暴悖乱，希望大王另择良将。"始皇坚持要王翦领兵，王翦说："若非要用老臣，必给我六十万大军。"始皇允诺。于是王翦率六十万秦军伐楚，始皇亲自送将军至灞上。王翦行前多求良田屋宅园地，始皇说："将军既已出兵，何患贫穷？"王翦说："为大王部将，虽立战功却终不得封侯，所以趁大王亲近臣下之时，多求良田屋宅园地，为子孙置业。"始皇大笑。王翦的军队行至关口后，又五度派使者回朝求良田。有人认为将军求赏太过分，王翦却说："秦王粗暴又不信任人，如今倾尽全国兵力，交付给我，我只有以多请田宅作为子孙基业的方法来稳固自家，打消秦王对我的怀疑。"

秦始皇二十三年(公元前224年)王翦领兵伐楚，楚军听说王翦集六十万大军前来，也尽发国中兵力以抗秦。王翦大军抵达楚国国境之后整整一年坚壁不出，六十万士兵都囤积起来休养生息，坚壁而守，不肯出战。楚军屡次挑战，秦军始终不出。王翦每日要求士兵休息洗沐，安排美好饭食安抚他们，同时与士卒同饭同食，意在养精蓄锐，消耗敌军，以待最后殊死一战。不久，王翦打听士兵以什么来娱乐，有人回答说："投掷石头，跳远比赛。"于是王翦发令出兵。楚军数次挑战而秦军不出，楚军引兵向东，王翦趁此遣兵追击，大破楚军，追至蕲南(今安徽宿州东南)，斩杀将军项燕(一说项燕自杀)，楚兵败逃。秦借胜势，一年就平定了楚国城邑，俘虏楚王负刍，楚地终成秦的一个郡县。王翦于是又率兵南征百越，取得胜利。因功卓著而晋封武成侯。

(六)天养万物圣养贤

天地养育万物，圣人蓄养贤士。《资治通鉴》卷第二司马光曰："君子之养士，以为民也。《易》曰：'圣人养贤，以及万民。'夫贤者，其德足以敦化正俗，其才足以顿纲振纪，其明足以烛微虑远，其强足以结仁固义。大则利天下，小则利一国。是以君子丰禄以富之，隆爵以尊之。养一人而及万人者，养贤之道也。"在中华文化信仰中，圣人有三种含义：一是作之君；二是作之亲；三是作之师。

作之君主要是指治理天下,组织生产,以解决饮食养民的问题;作之亲是指要像对待亲人一样,关心爱护百姓;作之师主要是指用礼乐文化来教育人民,美化风俗,以解决教化民心的问题。孔子能以礼乐教化人民,具备了圣人的师德,故被后人称为"有人君之德"。显然,在古人心目中,人君即是圣人,应该同时具备君德、亲德和师德。"君子以饮食宴乐"是讲君德、亲德和师德具备的君子,效法天道之云行雨施,养育万民,既治且教,饮食以养其身,闲居时,以礼乐教化人民,养其心神,正其性命。

　　什么样的人是贤人呢?《易·系辞上》:"有亲则可久,有功则可大。可久则贤人之德,可大则贤人之业。"《黄帝内经》素问《上古天真论篇第一》对贤人的描述是:"其次有贤人者,法则天地,象似日月,辨列星辰,逆从阴阳,分别四时,将从上古合同于道,亦可使益寿而有极时。"所说的贤人,就是有才有德的人,所爱好、厌恶的情感与人民完全相同,想要选择与舍弃的事物与人民完全一致。行事完全顺应天道、地道、人道客观规律,处理问题能够标本兼治,尤其注意从根本上解决。所说的话能够作为天下人的行为准则,按照他说的话去做就能成功。身为平民时有志向、有抱负,希望能够身居高位为人民造福,成为王侯将相时也不积攒财物。这样的人,就可以称作贤人。

　　天养万物圣养贤的至高境界,(清)金缨《格言联璧》阐述得比较全面深刻:"移作无益之费以作有益,则事举;移乐宴乐之时以乐讲习,则智长;移信异端之意以信圣贤,则道明;移好财色之心以好仁义,则德立;移计利害之私以计是非,则义精;移养小人之禄以养君子,则国治;移输和戎之赍(贡献给敌人的钱财)以输军国,则兵足;移保身家之念以保百姓,则民安。"

第二十八章　大过卦

大过越之道：独立不惧立天地　遁世无闷无犹疑

　　泽本润木，但泽在树上，为大水淹没了用作栋梁的树木，为大过，象征大为过甚，含有重大过失的意思。"大过，栋桡，利有攸往，亨""君子以独立不惧，遁世无闷。"揭示的是拯救危难的大过越之道。事物的承受能力超过了它的极限程度，就会出现大过，即太过越或太过分。大过之时，宜独立不惧，遁世无闷。就是要么独立不惧，坚持自己的操守，超然独立而前进，不顾忌和畏惧他人的非议，杀身成仁，更换栋梁，独立不惧，为人做事顶天立地。要么遁世无闷，放弃问题，回避矛盾，急流勇退，以避祸端。做到遁世无闷，要有"安贫乐道重修省，静心修身德增益"的境界。

一、大过卦经文

大过 泽风大过 兑上巽下

大过：栋桡，利有攸往，亨。

彖曰：大过，大者过也。栋桡，本末弱也。刚过而中，巽而说。行，利有攸往乃亨。大过之时义，大矣哉！

象曰：泽灭木，大过。君子以独立不惧，遁世无闷。

初六：藉用白茅，无咎。
象曰：藉用白茅，柔在下也。

九二：枯杨生稊，老夫得其女妻，无不利。
象曰：老夫女妻，过以相与也。

九三：栋桡，凶。
象曰：栋桡之凶，不可以有辅也。

九四：栋隆，吉；有它，吝。
象曰：栋隆之吉，不桡乎下也。

九五：枯杨生华，老妇得士夫，无咎无誉。
象曰：枯杨生华，何可久也。老妇士夫，亦可丑也。

上六：过涉灭顶，凶。无咎。
象曰：过涉之凶，不可咎也。

二、大过卦警语箴言

大水淹木谓大过	栋梁曲折大过失
大的过度救大过	力求平衡刚柔济
杀身成仁救大过	避过它往也吉利
独立不惧立天地	遁世无闷无犹疑
安贫乐道重修省	静心修身德增益
善辨邪恶不包容	戒慎恐惧无过失
大过时事意义大	中庸柔顺化解之
白色茅草垫祭品	柔下敬神总有益
枯杨逢春生新枝	老夫得女娶为妻

过以相与无不利　　阳刚雌柔乃相宜
枯杨生华何可久　　大妇壮夫丑无比
栋梁弯曲凶不辅　　不向下弯上弯吉
过涉灭顶凶无咎　　独立不惧立天地
盛大过度罹险难　　遁世无闷苦为怡
凝神内敛心虔诚　　无物无我处人际
思想行为大超越　　盛大临危转新机
居安思危警钟鸣　　危中寻机凝意志
纣王尤道国灭亡　　比干死谏足可惜
圣君明贤挽狂澜　　国泰民安总相宜

三、易理哲学简说

独立不惧立天地　　遁世无闷无犹疑

大过,泽风大过,兑上巽下。巽为木,兑为泽,泽本润木,但泽在树上,为大水淹没了砍伐掉用作栋梁的树木,则过甚。过者,越也。大过象征大为过甚,含有重大过失的意思。"大水淹木谓大过,栋梁曲折大过失"是对这一卦象的描述。

人只顾颐养(颐)而不运动便会对身体有害(大过),"大过,栋桡,利有攸往,亨""君子以独立不惧,遁世无闷",即大过卦。大过卦揭示的是拯救危难的大过越之道。关键要把握好:

(一)拯救大过,需要大的过越之举

【大过卦卦辞】大过:栋桡,利有攸往,亨。

【注解】栋:《古代汉语字典》:"栋是形声字,木为形,东为声,本义指屋子正中最高处的梁。"有房屋的正梁,承担重任的人之义。《系辞下》:"上古穴居而野处,后世圣人易之以宫室,上栋下宇,以待风雨。"

桡:《古代汉语字典》:"桡(ráo)是形声字,木为形,尧为声。桡的本义指弯曲的树。"有弯曲不直等义。

【卦辞要义】大过卦解析的是出现重大过错或过失怎么办。所打的比方是,屋子正中最高处的栋梁向下弯曲,屋子有坍塌的危险,值此之时,需要更换栋梁,不宜慌乱,应该淡定从容去做事以改变局面才亨通。

【大过卦彖辞】彖曰:大过,大者过也。栋桡,本末弱也。刚过而中,巽而说。行,利有攸往乃亨。大过之时义,大矣哉!

【象辞要义】大过系指大的过错或过失。从栋梁向下弯曲的情形看,原因在于,栋梁中部坚刚,本末两端过弱,不堪承载重负,就像柔弱的庸才担当重任,一般会表现出谦逊和悦的态度。置于这种状态行事,宜于淡定从容去做事才亨通。人有大过失,在一定时期,做成一种巨大错事,埋伏下严重危机。比如建造房屋发生重大过失,在选择使用栋梁时,使用了不堪重负之材做栋梁,为将来房屋损毁埋下严重危机。这就好比,国君会有发生大的过失之处,选拔治国安邦的将帅或辅佐朝政的股肱之臣,结果用人失察选用了不能成事的"小人",为国家将来的败亡或衰落埋下严重的隐患。发生大的过失应及时省察校正,否则将发生重大损失。因此说,其时义特别大。

"泽灭木,大过。"古时候盖草房或庙宇,用木头做栋梁起房脊。砍伐下来用作栋梁的木头从技术层面处理需要扒掉树皮,将根部粗壮的地方削细(所谓中刚本末弱),放在阳光下晒干,然后用来做房脊。可是这个过程中,常常会遭致暴雨侵袭(所谓"泽灭木"),这样的木头做栋梁就容易弯曲(非常遗憾的是,有些易经研究专家因不了解实际生活竟将"泽灭木"翻译成"大水淹了舟船",结果将易理参悟与推演引入误区)。大过卦用古时平房的房屋栋梁弯曲打比方,栋梁隆起向上弯曲,通过房顶重量自身能够矫正,是吉利的;栋梁向下弯曲,房屋有坍塌危险,属于大过,是凶险的。"大的过度救大过,力求平衡刚柔济;杀身成仁救大过,避过它往也吉利。"事物的承受能力超过了它的极限程度,就会出现大过,即太过越或太过分,比喻做事出现大的过错或过失。从自然物象上看,栋梁弯曲,为防止房子坍塌,就更换栋梁。以此类比,衰乱之世遭衰难,需要大的过越之举以拯救。大过之时是君子有为之时,值此之时,宜采取非常的大的过度手段以实现大的过越。刚柔相济,掌握好平衡很重要,唯君子有为拯难,其功甚大,因此,时义特别重大。

(二)独立不惧,遁世无闷

【大过卦象辞】泽灭木,大过。君子以独立不惧,遁世无闷。

【注解】独立不惧:坚持自己的操守,超然独立而前进,不顾忌和畏惧他人的非议,为人做事顶天立地。

遁世无闷:逃避世俗而心无烦忧。孔颖达疏:"谓逃遁避世,虽逢无道,心无所闷。"从人事上说,就是急流勇退以避祸端。

【象辞要义】李鼎祚《周易集解》:"灭(繁体滅),漫也。凡木生近水者⋯⋯遇泽太过,木则漫灭焉。"说的是,凡是树木生长于近水的,遇到洪水泛滥,沼沼之水上涨四溢,结果树木被淹没。泽水泛滥四溢,淹没泽边树木,比喻国家发生变乱,社会动荡。值此之时,有道德修养的君子要么做事顶天立地敢担当,要么逃避世俗而心无烦忧。

"独立不惧,遁世无闷"系大过卦核心启示。乾卦:"不成乎名,遁世无闷。"因本卦阐释若人们在此特定的环境下,则当审时度势,毅然隐退,如此则身虽隐退,而功与名反得以保存,所谓身虽遁而道亨,故心情舒畅而无遗憾。若眷恋禄位,苟且留连,必然遭祸,故曰遁世无闷。

拯救大的危难,需要从积极与消极的两个方面切入:一是杀身成仁,更换栋梁,独立不惧立天地。"过涉灭顶凶无咎,独立不惧立天地。"就是坚持自己的操守,进则超然独行,不必顾忌和畏惧他人的非议。该方法是积极的革命性的、彻底的、根本性的办法,需要协调好各方面关系,掌控好局面,更换栋梁成功,则房屋会修葺一新,或所经营的事业会焕然一新,采取这种方法容不得过失与失败,否则,将前功尽弃。二是放弃问题,回避矛盾,遁世无闷无犹疑。"盛大过度罹险难,遁世无闷苦为怡。"——逃避世俗,不为隐姓埋名而苦闷烦恼。该方法是消极的回避矛盾的方法,任大过(衰难)自由任意发展下去,放弃它,任由其坍塌而自身毁灭,将有限的精力和资源投入到建设新房屋或开创新的事业上去,此方法为釜底抽薪法。明修栈道暗渡陈仓即是典型的历史范例。现代社会的苏共解体也属这种情况。不管采取积极的方法还是消积的方法,都要进行风险论证,都涉及方向、趋势、结果,关乎风险容忍度。发生过错过失要及时拯救。

做到遁世无闷,要有"安贫乐道重修省,静心修身德增益"的境界。安贫,安于贫困;道,原指儒家所信奉的道德,后引申为人生的理想、信念、准则。处境虽很贫困,仍乐于坚守信仰。形容人为了自己信仰或理想的实现,宁愿处于贫困恶劣环境。这种人生境界,需要通过修养省察才能得来。传说,孔子有学生三千人,其中最出名的有七十二人,而颜回又是孔子最得意的门生之一。颜回的一举一动,在孔子看来,都合乎心意。所以孔子常常以颜回的事例来教育其他学生。颜回,字子渊,所以也叫颜渊。有一次,孔子对学生们说:"贤哉,回也!一箪食,一瓢饮,在陋巷,人不堪其忧,回也不改其乐。贤哉,回也!"意指,贤德啊,颜回吃的是一小筐饭,喝的是一瓢水,住在穷陋的小房中,别人都受不了这种贫苦,颜回却仍然不改变向道的乐趣。贤德啊,颜回! 孔子十分赞赏颜回的这种品德。然而这究竟是一种什么样的品德呢? 孔安国说,这是"安于贫而乐于道"。还有一次,鲁哀公问孔子:"在你三千多学生中,谁最好学?"孔子说:"只有颜回最好学。他不迁怒,不二过,不幸短命死矣!"意指,颜回最爱学习。他遇着发怒的时候,能做到随发随化,从不转移到别的事情上去;有了错误就改,决不重犯。颜回29岁头发尽白,40岁就死了。孔子为他的短命感到非常悲痛。

做到遁世无闷,要有"善辨邪恶不包容,戒惧谨慎无过失"的功夫。面对善恶要是非分明,戒慎恐惧。"戒慎恐惧"出自《礼记·中庸》:"天命之谓性,率性之谓道,修道之谓教。道也者,不可须臾离也,可离非道也。是故君子戒慎乎其所不睹,恐惧乎其所不闻。莫见乎隐,莫显乎微,故君子慎其独也。喜怒哀乐之未发,谓之中;发而皆中节,谓之和;中也者,天下之大本也;和也者,天下之达道也。致中和,天地位焉,万物育焉。""戒慎恐惧"四个字说的是,君子能在人家看不到的地方也常警戒谨慎,在人家还没听闻时也常唯恐有失。也就是形容一个君子言行上常要如履薄冰,经常自我警惕。

(三)时事意义大,中庸柔顺化解之

大过的时事意义非常大,关键在于大过乃是事物发展转化的极限和临界点,是事物发展变化的关键环节,不采取拯救措施,事物的发展将急剧恶化,不管采取积极的还是消极的办法,都将发生根本性的重大变化,实现质的改变,采取中庸柔顺的态度、原则和方法,运用一定的补救措施,将使事物的发展变化或回归常态,或平稳着陆,或开创更有价值和发展前景的新事业,实现大的过越。如果背道而行之,不但达不到目的,解决不了问题,还可能搭上身家性命。

"纣王无道国灭亡,比干死谏足可惜。"历史上,比干死谏而被剖心令人扼腕咋舌。比干系子姓之后,商朝沫邑人(今河南省卫辉市北),中国古代著名忠臣,被誉为"亘古第一忠臣";国神比干也是林氏的太始祖。比干生于殷武乙丙子之七祀(公元前1125年夏历四月初四日),卒于公元前1063年。为商王太丁之子,名干。比干幼年聪慧,勤奋好学,20岁就以太师高位辅佐帝乙,又受托孤重辅帝辛(即纣王)。比干从政40多年,主张减轻赋税徭役,鼓励发展农牧业生产,提倡冶炼铸造,富国强兵。商末纣王暴虐荒淫,横征暴敛,比干叹曰:"主过不谏非忠也,畏死不言非勇也,过则谏不用则死,忠之至也。"遂至摘星楼强谏三日不去。纣问何以自恃,比干曰:"恃善行仁义所以自恃。"纣怒曰:"吾闻圣人心有七窍信有诸乎?"遂杀比干剖视其心,终年63岁。《封神榜》神话:鹿台完工后,纣王听信妲己妖言,欲会见仙姬、仙子。妲己心生一计,于十五日夜请轩辕坟内众妖狐变成仙子、神仙、仙姬来鹿台赴宴,享受天子九龙宴席,迷惑纣王。席上,狐狸骚臭难闻。功夫浅薄的妖狐竟露出了尾巴。宴席上的纣王叔比干看得十分真切,宴后将此情告知武成王黄飞虎。经查,众妖狐都是轩辕坟内的狐狸精。比干便与武成王黄飞虎领兵堵塞妖狐洞穴,放火将狐狸尽行烧死。比干还拣未烧焦的狐狸皮制成一件袄袍,严冬时献于纣王,以惑妲己之心,使其不能安于君前。妲己见袄袍尽是其子孙皮毛制成,心如刀割,深恨比干,誓挖其心。一番思索之后,妲己找来雉鸡精胡喜媚,两人决心共同设计害死比干。忽有一日,纣王正与妲己以及新纳妖妇胡喜媚(雉鸡精)共进早餐,忽见妲己口吐鲜血,

昏迷不醒。喜媚道是妲己旧病复发，常有心痛之疾，一发即死。冀州有一医士张元，用药最妙，有玲珑心一片煎汤吃下，此疾即愈，纣王便要传旨宣冀州医士张元，喜媚对纣王说朝歌到冀州路途遥远，并推算说在朝歌唯有丞相比干是玲珑七窍之心，可借一片食之，纣王信以为真，即命人急召比干。比干闻之，既怒且惊，由于先前姜子牙离开朝歌时，曾去相府辞行，见比干气色晦暗，知其日后必有大难，便送比干一张神符，叮嘱在危急时化灰冲服，可保无虞。比干入朝前知己必难，便服饮姜子牙所留符水。比干来到鹿台下候旨。纣王听到比干来到，对比干说妲己心痛之疾，唯玲珑心可愈。听说皇叔有玲珑心，乞借一片做汤，治疾若愈，此功莫大焉。比干怒奏："心者一身之主，隐于肺内，坐六叶两耳之中，百恶无侵，一侵即死。心正，手足正；心不正，则手足不正。吾心有伤，岂有生路！老臣虽死不惜，只是社稷丘墟，贤能尽绝。今昏君听新纳妖妇之言，赐吾摘心之祸；只怕比干在，江山在；比干存，社稷存！"纣王曰："皇叔之言差矣！总只借心一片，无伤于事，何必多言？"比干厉声大叫道："昏君！你是酒色昏迷，糊涂狗彘！心去一片，吾即死矣！比干不犯剜心之罪，如何无辜遭此非殃！"望太庙大拜八拜，泣曰："成汤先王，岂知殷受断送成汤二十八世天下！非臣之不忠耳！"遂解带现躯，将剑往脐中刺入，将腹剖开，其血不流。比干将手入腹内，摘心而出，望下一掷，掩袍不语，面似淡金，径下鹿台去了。比干一言不发，骑马飞奔跑了好几里路，忽然听见一妇人大叫卖无心菜，比干勒马即问："人若是无心如何？"妇人回答："人若无心即死！"比干登时大叫一声血如泉涌，一命呜呼。后来，姜子牙助周灭纣成功，奉元始天尊的法旨封神，比干被追封为北斗七星中心的天权宫"文曲星君"。

（四）思想行为大超越，盛大临危转新机

不管采取积极的方法还是消极的方法，都要进行风险论证，都涉及方向、趋势和结果。不管积极或消极地采取非常的手段实现大的过越，"思想大超越"始终是"行为大超越"的先导，"行为大超越"是"思想大超越"的飞越手段。采取非常行动必然危险，应调动一切力量，不拘泥于常理，也不过度自信，慎重而为。虽然是非常行动，手段也应该正当，才能取得好的效果。大过卦六爻揭示的可能遇到的情形与拯救措施值得关注：

一是"白色茅草垫祭品，柔下敬神总有益"。

【初六爻辞】初六：藉用白茅，无咎。象曰：藉用白茅，柔在下也。

【注解】藉：《古代汉语字典》："jiè 藉是形声字，艹为形，耤为声（jí），藉的本义指祭祀时铺于地面，放置祭品的垫子，用草编成。"有铺垫、垫压等义。

【爻辞要义】垫祭品用白色茅草衬，以柔顺恭敬的态度敬奉，其喻示对待任

何事情谨慎行事不会发生灾祸。

二是"枯杨逢春生新枝，老夫得女娶为妻；过以相与无不利，阳刚雌柔乃相宜"。

【九二爻辞】九二：枯杨生稊，老夫得其女妻，无不利。

象曰：老夫女妻，过以相与也。

【注解】稊：杨柳新长出的嫩芽。

过：过错、过失。

相与：与 yǔ 多音字，有结交、联合等义。高亨《周易大传今注》："相与，二人共处为与，故相与犹相配也。"

【爻辞要义】已经枯萎的杨树重新又长出新的枝芽，老年男子遇到一位年轻貌美的女子并娶其为妻子，阴阳结合，结果不会有什么不利的情况。男老女小，年龄不相当，这样的婚配不符合惯常情形，有点过分，但由于能够刚柔相济，所以不会发生不利的情况。日常发生或遇到类似的情况，不会有什么不利的。

三是"栋梁弯曲凶不辅，不向下弯上弯吉"。

【九三爻辞】九三：栋桡，凶。象曰：栋桡之凶，不可以有辅也。

【爻辞要义】房屋的栋梁受重压而弯曲，结果必然发生凶险。直立起支撑作用的立柱如果细弱或损毁可以绑缚辅助性的材料起支撑作用，但起承重作用的横置栋梁细弱或损毁即使绑缚辅助性的材料也不足以起承重作用。社会管理如果选拔了不堪重任的"小人"，要及时调整更换，因为毕竟不适宜再选人辅助他，如果不及时调整，后果将不堪设想。历史上，因选错用错栋梁之才而亡国的事件屡见不鲜。

【九四爻辞】九四：栋隆，吉；有它，吝。象曰：栋隆之吉，不桡乎下也。

【注解】它：高亨《周易大传今注》："古语谓意外之患为它。"

【爻辞要义】房屋的栋梁向上隆起，房屋高大宽敞，此为吉象。如果出现其他意外情况，也只是增加困难而已。房屋的栋梁向上隆起吉祥，原因是没有向下弯曲，能够负重。暗喻人才能力过强，虽然做事有点刚猛过分，终究可以担当重任。

四是"枯杨生华何可久，大妇壮夫丑无比"。

【九五爻辞】九五：枯杨生华，老妇得其士夫，无咎无誉。

象曰：枯杨生华，何可久也？老妇士夫，亦可丑也。

【注解】华：《古代汉语字典》："华 huá 在甲骨文中读作 huā，是象形字，像花朵之形，后篆文在这个字上面另加艹头，成为会意字，华的本义指花朵。"

士夫：青年男子。孔颖达 疏："年老之妇得其强壮士夫。"

丑：《说文》："丑（繁体醜），可恶也。"形声字。从鬼，酉声。古人以为鬼的面貌最丑,故从鬼。本义:貌丑。有不光彩,可耻等义。在古代,"醜"和"丑"是两个字,意义各不相同,除作地支和时辰用"丑"以外,都不能写作"丑"。现在"醜"字简化为"丑"。

【爻辞要义】已经枯萎的杨树重新又盛开鲜艳的花朵,已经衰老的妇人嫁给了年轻强壮的男人,这种现象既不会遇到什么祸害,也没有什么值得称道的。对古代人来说,这种婚配会令人感到羞耻不光彩。为什么老夫少妻相宜而老妇壮夫羞耻呢?《黄帝内经》之《上古天真论》中说,一般规律是,男子的生育节律为八八六十四,十六岁进入生育期,六十四岁进入更年期;女子生育节律为七七四十九,十四岁进入生育期,四十九岁进入更年期。男子与女子的合理生育年龄差在男子大十五岁左右是比较适宜的;如果反过来,就不符合规律了。可见,不管办什么事情,符合规律很重要。

五是"过涉灭顶凶无咎"。

【上六爻辞】上六:过涉灭顶,凶。无咎。象曰:过涉之凶,不可咎也。

【注解】涉:《说文》:"涉,徒行漏水也。"《古代汉语字典》:"涉 shè 是会意字。在甲骨文和金文中,涉字中间是一条水流,水的两边各有一个脚印,表示用脚趟水过河。"

灭:有"淹灭,消失"等义。

顶:《说文》:"顶颠也。"形声字。从页(xié),丁声。从"页",表示与人头有关。顶的本义指人头的最上端,头顶。

咎:《方言》十三:"咎,谤也。"诽谤,谴责。

【爻辞要义】由于过错,不识水之深浅,用脚趟水过河,误入深水区,结果被很深的河水淹没了头顶,就会发生凶险导致灭亡之灾。由于重大过错导致灭亡之灾,诽谤或谴责对灾祸本身于事无补。

(五)无物无我处人际

"物我两忘"境界,原是与诗学相关的古代美学概念,指创作时艺术家的主体与创作对象的客体浑然为一而兼忘的境界,即艺术创作时主客观泯然不可辨的超神入化的状态。后来哲学家们升华出"物我两忘"的深刻思想——人在做事情时所达到的高度专心致志的境界。这需要摒弃过失和虚妄,努力营造庄子所描述的"物我交融、物我两忘"的境界。物我两忘的境界体现在超越自我、超越自然的心境上。修心养性要有以下功夫和境界:一要"净"心。就是戒杂念,加强自身修养,不断净化心灵,追求积极向上的生活情趣,在思想上经常清理那些不符合身份或者做人标准的私心私欲,自觉抵制拜金主义、享乐主义和极端个人主义思想行为,自觉保持人格魅力和高尚的道德情操,靠品性立身,靠素质敬业,靠成就进步,一尘不染,一身正气。二要"镜"心。"镜",古时称为"鉴"。《广雅》曰:"鉴谓之镜。"古人又云:"天地之炮也,万物之镜也;以人为鉴,可以明得失;以史为鉴,可以知兴替。"以人为鉴,就是要"见贤思齐""前车之覆,后车之鉴",以人之长补其短。譬如,晋之周处,年少时,凶强侠气,为乡里所患,义兴人称其为"三横"之首。周处杀虎击蛟后,始知为人情所患。他迷途知返,改过自新,一面跟陆机、陆云学习,刻苦读书,一面注意品德修养,终为晋朝的大臣。以史为鉴,重在发现和把握规律。以史为鉴的过程,不仅是自觉学习、研究规律的认识过程,更是自觉遵循、运用规律的实践过程。三要"竞"心。一个人成长进步的过程,就是不断战胜自我,超越自我、完善自我的过程。战胜自己就是要坚持不懈地和自己的坏习惯和坏毛病做斗争;就是要时刻想着自己要干的是事,排除一切干扰因素,创造一切必要的条件;就是要跳出自己的思维定式,挖掘潜力,增强"造血功能",超越自己已经取得的成绩,创造全新的自我。我国著名音乐家阿炳,正是战胜了身体上的缺陷和心理上的自卑,才写出了音乐经典《二泉映月》。世界闻名的音乐家贝多芬,晚年双耳失聪,然而他并没有被击倒,而是更加勤奋地耕耘在音乐王国,把不朽的《生命交响曲》留给了后人。战胜自己,超越自己,这是一种境界,是随心所欲的境界。四要"静"心。不以物喜、不以己悲、天地与我并生、万物与我为一,这就是做到了心静。心静自然会超脱,心静自然会忘我。唐宋八大家之一的柳宗元,在革新失败后被贬到湖南永州做司马,因当时的境遇,其诗文浸透着消极悲怆的心情,其间作的《江雪》五绝诗便是如此。诗云:"千山鸟飞绝,万径人踪灭。孤舟蓑笠翁,独钓寒江雪。"把每句开头的字连起来读:"千万孤独",把每句末尾的字连起来读:"绝灭翁雪。"全诗既写江野雪景,也暗示一种万般俱寂、天地万物与人融为一体的境界。人遇到再大的困难,落至再窘困的境地,都应该保持静心之态面对,静下心来好好进行反思,善于在自身上查找问题的原因,查摆工作或做事过程中导致重大过失的主要因素,并尽快调整心态,换个心情面对自己、面对别人、面对一切。物我两忘的至高境界是物我两融,即天人合一,亦如"人在桥头走,桥走水不流"的心境。《庄子·齐物论》:"昔者庄周梦为蝴蝶,栩栩然蝴蝶也……俄而觉,则蘧蘧(qú 惊喜的样子)然周也。不知周之梦为蝴蝶欤,蝴蝶之梦为周欤?"即庄周梦中变成了蝴蝶,而醒来发现自己还是庄周,浑然间不知道是自己梦到蝴蝶,还是蝴蝶梦到了自己。"物我两忘"的积极意义,在于追求美好,在于全身心投入。生活需要物我两忘,工作需要物我两忘,学习需要物我两忘。忘,是一种境界。

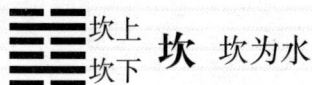

第二十九章　坎　卦

摆脱艰险之道：重险诚信维心亨　常德习教怀信诚

　　水特性陷，水上加水，陷而再陷，为坎，象征险难。坎为水，无处不流，无处不渗入，成为沟渎、隐伏、险陷、加忧、心痛的现象。越是在艰险中越是向前的行为是崇高的，而退缩则没有出路。像水奔流一样，胸怀坚定的信念，执着专一，内心才能不畏艰险而获得亨通，这种奔流不止、坚强刚毅的行为必然被人们所崇尚。坎卦核心启示为："水洊至，习坎。君子以常德行，习教事。"要有敏锐的辨别力，识坎险，以险防险。既要善于规避、摆脱艰险；也要发挥利用艰险设置障碍的积极作用，做到避灾远祸。古先王观象设置险阻，来阻止敌人来犯，守卫自己的邦国。

一、坎卦经文

坎 坎为水 坎上坎下

坎:习坎,有孚,维心亨,行有尚。

彖曰:习坎,重险也。水流而不盈,行险而不失其信。维心亨,乃以刚中也。行有尚,往有功也。天险不可升也,地险山川丘陵也,王公设险以守其国,坎之时用,大矣哉!

象曰:水洊至,习坎。君子以常德行,习教事。

初六:习坎,入于坎窞,凶。
象曰:习坎入坎,失道凶也。

九二:坎有险,求小得。
象曰:求小得,未出中也。

六三:来之坎坎,险且枕,入于坎窞,勿用。
象曰:来之坎坎,终无功也。

六四:樽酒簋贰,用缶,纳约自牖,终无咎。
象曰:樽酒簋贰,刚柔际也。

九五:坎不盈,只既平,无咎。
象曰:坎不盈,中未大也。

上六:系用徽纆,置于丛棘,三岁不得,凶。
象曰:上六失道,凶三岁也。

二、坎卦警语箴言

坎上坎下陷困境　　盛大过渡险难生
陷而再陷险上险　　重险诚信维心亨
临险遇难坚信心　　行有尚兮往有功
雨露霜雪云雾霭　　天险莫测不可升
河海泉涧瀑湖泊　　地险山川和丘陵
欺诈贪欲人心恶　　小人之腹蛇蝎胸
天险地险可省察　　人心险恶徇私情
王公设险固其国　　时势意义有大用

习坎行险常德性　　教化人民讲信诚
置身重重险难中　　不守正道遭遇凶
艰难坎险多考验　　坚定刚毅谨慎行
操之过急险中险　　步步为营不妄动
重重险阻迷道路　　不能自拔险难凶
险中小求能满足　　尚未脱险何逞能
来去险阻陷深渊　　最终无功不妄动
临险镇定谨慎行　　内忧外患且勿用
樽酒贰簋缶纳牖　　刚柔相济感神明
坎不满盈只是平　　居中不恃乃高明
灾难多从娇纵至　　持中守正避灾眚
系用徽纆置丛棘　　三岁不得失道凶
违背正道茧自缚　　进退不能处窘境
艰险重重何所惧　　常德习教怀信诚
敏物慎行循规律　　莫因主观掉陷阱
多在自身找原因　　克服自弊远灾眚
精诚团结除险难　　睿智求变见光明
大禹治水疏代堵　　三过家门世敬颂
围堵阻滞不通畅　　疏导交流利融通

三、易理哲学简说

重险诚信维心亨　　常德习教怀信诚

坎,坎为水,坎上坎下。特性陷,水上加水,陷而再陷,为坎。《说文》:"坎,陷也。"形声字。从土,欠声。本义为坑、穴。坎象征险难。坎为水,无处不流不渗入,会出现沟渎、隐伏、险陷、加忧、心痛的现象。

事物不可能总处在过错(大过)中,"习坎,有孚,维心亨,行有尚""君子以常德行,习教事",即坎卦。坎卦揭示的是摆脱艰险之道。盛大过度,则面临险难,坎险分天险、地险与人险之别。面临险难,如何化险为夷呢?

(一)讲究诚信,坚定信念,铸造战胜艰难险阻的铜墙铁壁

【坎卦卦辞】坎:习坎,有孚,维心亨,行有尚。

【注解】习:《古代汉语字典》:"习在甲骨文中是会意字,由羽和日组成,表示鸟儿在日光下飞翔。习的本义指小鸟反复练习飞翔。"有熟悉、通晓、学习等

义。

坎:kǎn《说文》:"坎,陷也。"《易·序卦》:"坎者,陷也。"形声字。从土,欠声。本义坑,穴。

孚:诚信。

维心亨:信心坚定执着才会亨通。

【卦辞要义】坎卦卦象为水上加水,陷而再陷,象征坎险。置身险难之境,要熟悉通晓险难的种种情形,讲究诚信,信心坚定执着才会亨通,这种像水奔流不止、坚强刚毅的行为必然被人们所崇尚。面临坎险之境,原因在于盛大过度,摆脱坎险的基本办法在于讲诚信——"习坎行险常德性,教化人民讲信诚"。人与人以诚相待,共同打牢战胜艰难险阻的意志思想基础,有良好的心理准备,任何艰难发生或来临,都要不慌不乱,不贸然轻易采取行动,做到步步为营。在艰难险境之中,越是艰险越向前的行为越是崇高的,令人崇敬,危难退缩不会有出路。"坎上坎下陷困境,盛大过渡险难生;陷而再陷险上险,重险诚信维心亨;临险遇难坚信心,行有尚尔往有功。"表述的就是这种卦象及情境。

(二)要有敏锐的辨别力,识坎险,以险防险

【坎卦象辞】象曰:习坎,重险也。水流而不盈,行险而不失其信。维心亨,乃以刚中也。行有尚,往有功也。天险不可升也,地险山川丘陵也,王公设险以守其国,坎之时用,大矣哉!

【注解】天险:天文、天象、天气、气候等方面的危险。

地险:地形、地势、地貌等地理方面的危险。

【象辞要义】坎卦象征重重艰险,像水奔流一样,胸怀坚定的信念,执着专一,内心才能不畏艰险而获得亨通,这种奔流不止、坚强刚毅的行为必然被人们所崇尚。既要善于规避、摆脱艰险,也要发挥利用艰险设置障碍的积极作用,做到避灾远祸。在生存斗争中到底面临哪些坎险呢?从大的类别看,主要有三种:一是天险波诡云谲变化无常——"雨露霜雪云雾霭,天险莫测不可升";二是地险危峻复杂险隘重重——"河海泉涧瀑湖泊,地险山川和丘陵";三是人心险恶变诈叵测难识——"欺诈贪欲人心恶,小人之腹蛇蝎胸"。天险、地险再险,有规律和迹象可以省察,但"人心险恶徇私情"的叵测人心之险最难以识别,因为,真小人易识,伪君子(实为恶小人)难防,人有时在和善的面容下常常掩藏着自私贪婪歹毒之心,在商业交易、军事战争、执政治国等方面要严加识别与防范。人是生物链中的一个物种,居于生物链的顶端,与生物链中的其他任何物种一样都具有生存的本能,具有"利己排他性",残酷的生存斗争常常激发这种本能,尤其是在斗争中表现极其显著。人与动物都有爱心,而爱心恰恰是"利己排他

性"的极端表现。作者之所以用"利己排他性"概括人的本性,就是要透过古人的"善"、"恶"主观标准洞悉人的本性。这种本性集中表现在爱上。爱也有狭隘的自私性。爱具有群体烙印。爱,总是表现为阶级之内、宗教之内、种族之内、宗族之内、政治团体之内、集体之内、家庭之内……的爱。中国历史上存在着几千年关于人本性"善"与"恶"的争辩,而美国立法只假定第一任总统可能是好人,其他任何总统都值得怀疑,因此,讲究法制立国,互相制衡,其政体是实行行政、立法、司法三权分立,以掌握行政和军事大权的总统为核心但同时强化对其的监督。从古至今,各种宗教、各种政治家、各种教育家研究各种学说以教化人心,使其远恶趋善。识别坎险,贵在用与防。任何事物,要善于从正反两个方面分析判断,恶性也要善于发掘其"善用"的一面,"王公设险固其国",就是"时势意义有大用"的绝好体现。古先王观象设置险阻,来阻止敌人来犯,守卫自己的邦国,比如秦始皇修筑万里长城就是受本卦启示的杰作。坎险时势意义与功用太大啦!

(三)常德行,习教事

【坎卦象辞】水洊至,习坎。君子以常德行,习教事。

【注解】洊:再次,重新。

习:《古代汉语字典》:"习在甲骨文中是会意字,由羽和日组成,表示鸟儿在日光下飞翔。习的本义指小鸟反复练习飞翔。"有熟悉、通晓、学习等义。

常:《古代汉语字典》:"常是形声字,巾为形,尚为声。常的本义指古人穿的下衣。常的基本义是恒定、永久不变,引申为一般的、普通的,再引申为经常、平常的意思。"

德行:《古代汉语词典》:"道德品行。"

教:《古代汉语字典》:"教是形声字,攵(支)为形,孝为声。在古文字中是会意字,左上边是爻,读作jiào,表示效仿;右边是攴(读作pū),像手中拿着某物击打的样子。合起来表示边有所学,边有所给予;也可以表示为用体罚来督促、引导学习。"有政教、教化、教育、教导等义。

【象辞要义】坎卦的卦象是坎(水)上坎(水)下,为水流之表象。流水相继而至、潮涌而来,必须充满前方无数极深的陷坑才能继续向前,所以象征重重的艰险困难。因此应当坚持不懈地努力,反复不断推进教化,增强防灾防损技能,增强风险意识,培养恒久的美好的道德品行,尤其要有诚信之德,增强战胜险难的精神意志力,采取风险警示的手段,教化天下,增强战胜艰难险阻的能力。"习坎行险常德性,教化人民讲信诚。"此乃坎卦的核心警示与箴言。

《资治通鉴》卷六十八:"臣光曰:教化,国家之急务也,而俗吏慢之;风俗,天下之大事也,而庸君忽之。夫惟明智君子,深识长虑,然后知其为益之大而收功之远也。光武遭汉中衰,群雄麋沸,奋起布衣,绍恢前绪,征伐四方,日不暇给,乃能敦尚经术,宾延儒雅,开广学校,修明礼乐。武功既成,文德亦洽。继以孝明、孝章,遹追先志,临雍拜老,横经问道。自公卿、大夫至于郡县之吏,咸选用经明行修之人,虎贲卫士皆习《孝经》,匈奴子弟亦游太学,是以教立于上,俗成于下。其忠厚清修之士,岂唯取重于搢绅,亦见慕于众庶。愚鄙污秽之人,岂唯不容于朝廷,亦见弃于乡里。自三代既亡,风化之美,未有若东汉之盛者也。及孝和以降,贵戚擅权,嬖倖用事,赏罚无章,贿赂公行,贤愚浑殽,是非颠倒,可谓乱矣。然犹绵绵不至于亡者,上则有公卿、大夫袁安、杨震、李固、杜乔、陈蕃、李膺之徒面引廷争,用公义以扶其危,下则有布衣之士符融、郭泰、范滂、许邵之流,立私论以救其败。是以政治虽浊而风俗不衰,至有触冒斧钺,僵仆于前,而忠义奋发,继起于后,随踵就戮,视死如归。夫岂特数子之贤哉,亦光武、明、章之遗化也!当是之时,苟有明君作而振之,则汉氏之祚犹未可量也。不幸承陵夷颓敝之馀,重以桓、灵之昏虐:保养奸回,过于骨肉,殄灭忠良,甚于寇雠;积多士之愤,蓄四海之怒。于是何进召戎,董卓乘衅,袁绍之徒从而构难,遂使乘舆播越,宗庙丘墟,王室荡覆,烝民涂炭,大命陨绝,不可复救。然州郡拥兵专地者,虽互相吞噬,犹未尝不以尊汉为辞。以魏武之暴戾强伉,加有大功于天下,其蓄无君之心久矣,乃至没身不敢废汉而自立,岂其志之不欲哉?犹畏名义而自抑也。由是观之,教化安可慢,风俗安可忽哉!"

(四)坚持正道,敏物慎行,不犯主观主义错误

"敏物慎行循规律,莫因主观掉陷阱。"与八条目中的"格物致知"意思基本相同,《礼记·大学》:"致知在格物,物格而后知至。"格,推究;致,求得。穷究事物原理敏识事物特性,从而掌握规律获得知识。为正确分析判断提供前提,才能有效避免犯主观主义错误,而不掉进险难的陷阱里。要熟悉和掌握事物的规律和特性,在排险除难的时候,要善于按规律办事,坚持正确原则,不可存侥幸之心,摒除贪占之欲,敏物慎行,不犯主观主义的错误,否则,"置身重重险难中,不守正道遭遇凶"。置身坎险之中,只有坚持正道,才能摆脱险境,关键在于"常德行,习教事",那么应该具备哪些宝贵的精神品质坚持哪些原则呢?坎卦六爻以"习坎"——熟悉通晓自然的坎险与"系用徽缰,置于丛棘"——人身陷牢狱之灾相对比,诠释了相关道理:

一是"置身重重险难中,不守正道遭遇凶;艰难坎险多考验,坚定刚毅谨慎行;操之过急险中险,步步为营不妄动;重重险阻迷道路,不能自拔险难凶"。

【初六爻辞】初六:习坎,入于坎窞,凶。象曰:习坎入坎,失道凶也。

【注解】窞:《古代汉语字典》:"窞 dàn 坎中小坑,深坑,也泛指洞穴。"

【爻辞要义】置身于重重艰险困难之中,落入到陷坑的最底下,是因为不熟悉险难的情形,不能坚守正道采取有效的办法应对险难,所以遭遇凶险。陷入坎险,当谨慎行事,步步为营。

二是"险中小求能满足,尚未脱险何逞能"。

【九二爻辞】九二:坎有险,求小得。象曰:求小得,未出中也。

【爻辞要义】仍然处在陷坑之中面临危险,虽不能脱险,但在一定程度上还是有小的要求能够得到满足,可以解决一些小问题,但不会有大的作为。此时,宜相机而动,不可逞能。否则,将遭遇更大的危险。

三是"来去险阻陷深渊,最终无功不妄动;临险镇定谨慎行,内忧外患且勿用"。

【六三爻辞】六三:来之坎坎,险且枕,入于坎窞,勿用。

象曰:来之坎坎,终无功也。

【注解】枕:《说文》:"枕,卧所荐首也。"《古代汉语字典》:"枕是形声字,木为形,尤(读作 yín)为声,枕的本义指躺下时在头下边垫着的东西。"

【爻辞要义】孔颖达疏:正义曰:"来之坎坎"者,履非其位而处"两坎"之间,出之与居,皆在于"坎",故云"来之坎坎"也。"险且枕"者,"枕",枝而不安之谓也。出则无应,所以险处则不安,故"且枕"也。"入于坎窞"者,出入皆难,故"入于坎窞"也。"勿用"者,不可出行。若其出行,终必无功,徒劳而已,故《象》云"终无功"也。往来进退都处在重重陷坑之间,面临危险难以得到安全,落入陷坑的最底下,在这种情况下,只有伏枕以待,不可轻举妄动。此时,虽急于求得平安,结果是欲速则不达,最终还是不能摆脱危险,走出困境。处险境之时,不会有大的作为,自保以过越是基本的目标,镇定谨慎行事是临险境的基本原则,尤其面临内忧外患险境,不可轻举妄动。

四是"樽酒贰簋缶纳牖,刚柔相济感神明"。

【六四爻辞】六四:樽酒,簋贰,用缶,纳约自牖,终无咎。

象曰:樽酒簋贰,刚柔际也。

【注解】樽:《古代汉语字典》:"zūn 樽是形声字,木为形,尊为声。""木"与"尊"联合起来表示"盛装名酒的专用木容器"。古代一种盛酒的器具。唐·李白《将进酒》:"座上客常满,樽中酒不空。"《念奴娇·赤壁怀古》:"一樽还酹江月。"

簋:guǐ,《说文》:"簋,黍稷方器也。"《周礼·舍人》:"皆云圆曰簋,谓内圆也。"会意字,从竹,从皿,从皀。本义古代青铜或陶制盛食物的容器,圆口,两耳或四耳。簋,是中国古代用于盛放煮熟饭食的器皿,也用作礼器,流行于商朝至东周,是中国青铜器时代标志性青铜器具之一。

缶:fǒu,《说文》:"缶,瓦器所以盛酒浆,秦人鼓之以节歌。"《古代汉语字典》:"缶是象形字,甲骨文的缶字,下部状似一个大腹小口的容器,上部像一个盖子。缶的本义是一种盛酒的瓦器,后也用来指汲水或盛物的器皿。"腹大口小的盛酒浆或其他物品的瓦器。瓦制的打击乐器,盆型。

纳约:《说文》:"纳,丝湿纳纳也。"形声字,从糸(mì),内声。本义丝被水浸湿。有接纳、接受、收入、缴纳、贡献等义。约 :yuē,《说文》:"约,缠束也。"形声。从糸(mì),勺声。糸是细丝,有缠束作用。本义绳索。有缠束、环束、束缚、约束等义。纳约,用绳索绑缚结实进献进去。

牖:yǒu,《说文》:"牖,穿壁以木为交窗也。"段玉裁注:"交窗者,以木横直为之,即今之窗也。在墙曰牖,在屋曰窗。"《古代汉语字典》:"牖是形声字,片、户为形,甫为声。"本义窗户。

【爻辞要义】人身陷牢狱之灾,可谓置于深重的坎险之中。看望身陷牢狱的犯人,一樽酒,两簋饭,用瓦缶盛着,用绳索绑缚结实,防止跌落散洒,小心翼翼,恭恭敬敬从牢狱围墙的(牖)窗户进献进去。礼虽然很轻,但无限虔敬。刚柔相济,以真诚感动神明。在艰险困难的情况下能够推心置腹、相互信任地交往,充满深厚的情意,正大光明地表示诚信,最终不会发生灾祸。

五是"坎不满盈只是平,居中不恃乃高明;灾难多从娇纵至,持中守正避灾眚"。

【九五爻辞】九五:坎不盈,只既平,无咎。象曰:坎不盈,中未大也。

【爻辞要义】从自然物象看,无论多么深的坎陷(陷坑)之地,其容纳蓄聚水量都不会超过坑沿的高度,最大的限度也只是与坑沿的高度平齐而已,坎陷(陷坑)之中的水,只要不自大膨溢泛滥,就不会构成灾难。同样,人若能以此为鉴,坚守中道,不自我膨胀,不骄傲自大、恣纵不羁,那么,不是也可以安安全全没有灾难嘛!

六是"系用徽纆置丛棘,三岁不得失道凶;违背正道茧自缚,进退不能处窘境"。

【上六爻辞】上六:系用徽纆,置于丛棘,三岁不得,凶。

象曰:上六失道,凶三岁也。

【注解】系:缚。

徽纆:huī mò,亦作"徽墨"。即绳索,刑具。引申为捆绑;囚禁。古时常特指拘系罪人者。《周易集解》引虞翻曰:"徽纆,黑索也。"陆德明释文:"三股曰徽,两股曰纆。"《后汉书·西羌传论》:"壮悍则委身于兵场,女妇则徽纆而为虏。"徽纆比喻法度或规矩。明·刘基《郁离子·公孙无人》:"则王之所重轻,人知之矣,而又欲绳之以王之徽纆,范之以王之榘度。"

《梁书·王亮传》任缥奏范缜:"宜置之徽缥,肃正国典。"

丛棘:《周礼》:"王之外朝,左九棘,右九棘,面三槐,司寇公卿议狱于其下。案害人者,加明刑。任之以事。上罪三年而舍,中罪二年而舍,下罪一年而舍也。""丛棘"代指监狱。

三岁不得:得:用于不如意时,表示没有办法,只好如此。指上罪三年不得出牢狱。

【爻辞要义】像用绳索将人捆绑起来置于荆棘之中那样,将犯人投掷牢狱之中,用法度严加看管、约束与教育,使犯人接受改造,长达三年不能解脱。之所以施以严苛的法律制裁,是因为在日常违法犯罪轻的时候,其没有按照"常德行,习教事"严格要求、约束和修炼自己,使自己偏离正道越来越远,所犯的罪过越来越重,才导致身陷囹圄的凶险灾祸。可见,"常德行,习教事"异常重要。

(五) 重疏导与化解

面对艰难险阻怎么办? 采取疏导交流融通等积极的方法促进险难的排除或转化,不消极等待,避免坐以待毙,是比较好的方法。"大禹治水疏代堵,三过家门世敬颂;围堵阻滞不通畅,疏导交流利融通。"据传说,大约在四千多年前,黄河流域洪水为患,尧命鲧治水,鲧采取"水来土挡"的策略治水。鲧治水失败后由其独子禹主持治水。禹首先就带着尺、绳等测量工具到全国的主要山脉、河流做了一番周密的考察。他发现龙门山口过于狭窄,难以通过汛期洪水;他还发现黄河淤积,流水不畅。于是他确立了一条与他父亲的"堵"相反的方针,叫作"疏",就是疏通河道,拓宽峡口,让洪水能更快地通过。禹采用了"治水须顺水性,水性就下,导之入海。高处就凿通,低处就疏导"的治水思想。根据轻重缓急,定了一个治的顺序,先从首都附近地区开始,再扩展到其他各地。据说禹治水到他家所在地涂山国,因治水忙碌,三过家门而不入。他的妻子到工地看他,也被他送回。禹治水十三年,耗尽心血与体力,终于完成了这一名垂青史的大业,世代被人民敬仰和赞颂。大禹治水给人类以启示:解决问题排除困难,尤其是解决思想问题,不能采取围堵、躲避等消极方法,要采取沟通、疏导、交流、融通等积极的方法,积极促进矛盾的转化,有利于解决问题排除险难。沟通交流疏导融通的方法,具有怀柔克坚之功效,常常被引入思想政治工作之中,对于解决人的思想问题十分奏效。是增进人际关系融洽,增强集体或团队凝聚力的重要手段。

離上
離下　**离** 离为火

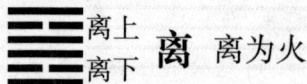

第三十章　离　卦

攀附之道：离亨利贞蓄牝牛　继明照于四方灿

　　光明接连升起悬附空中，即日附丽于天，象征附丽，有附着、结合的意义。太阳光芒温暖而和煦，照到哪里哪里亮，照到哪里哪里温暖，这种将光和热无私奉献的精神，只有伟大的人物才能做到，所以离卦的核心启示是，伟大的人物效法这一现象，也应当连绵不断地用太阳般的光明美德普照四方。附着的对象必须正当，具备柔顺的德行，才能获得吉祥。依托攀附有地位或有能力的人，可以增强生存的安全感。关键要把握中正原则，谨慎选择攀附的对象。要点为：一戒躁急错乱，恭敬慎重可化祸患；二戒攀附错对象，离附光明将陷入黑暗；三戒滋生违逆之心，伐近来远利国安；四戒道德人格卑下，德智双增、扬德善俗世相传。要吸收借鉴孝道与礼教合理的内核。

一、离卦经文

离　离为火　离上离下

离:利贞,亨。畜牝牛,吉。

彖曰:离,丽也。日月丽乎天,百谷草木丽乎土,重明以丽乎正,乃化成天下。柔丽乎中正,故亨。是以畜牝牛吉也。

象曰:明两作,离。大人以继明照于四方。

初九:履错然,敬之无咎。
象曰:履错之敬,以辟咎也。

六二:黄离,元吉。
象曰:黄离元吉,得中道也。

九三:日昃之离,不鼓缶而歌,则大耋之嗟,凶。
象曰:日昃之离,何可久也。

九四:突如其来如,焚如,死如,弃如。
象曰:突如其来如,无所容也。

六五:出涕沱若,戚嗟若,吉。
象曰:六五之吉,离王公也。

上九:王用出征,有嘉折首,获其匪丑,无咎。
象曰:王用出征,以正邦也。

二、离卦警语箴言

离上离下日丽天　　柔顺中正远灾难
尊卑有别秩有先　　依附对象宜慎选
时势世道千万象　　依托攀附增安全
柔德顺行广聚缘　　以正附正乃关键
两只黄鹂鸣翠柳　　成对麋鹿舞翩翩
百谷草木丽乎土　　日月附丽耀于天
离亨利贞畜牝牛　　温顺附正堪可赞
重明丽正化天下　　美德普惠广示范
黄离元吉得中道　　继明照于四方灿

始躁急成出错乱　　敬谨慎重化祸患
井然有序不慌乱　　恭敬谨慎无灾难
落日西斜不鼓缶　　垂暮老翁长嗟叹
夕阳西斜不持久　　离附光明陷黑暗
灾难降临突其来　　焚屋人死弃尸窜
泪水鼻涕雨滂沱　　离王公吉也悲叹
君王出征正邦国　　斩首剿匪功可赞
讨伐忤逆顺民心　　伐近来远利国安
德智双增耀后人　　扬德善俗世相传
君君臣臣国有秩　　父父子子孝家安
谨守孝道天下平　　礼教治国可借鉴

三、易理哲学简说

离亨利贞蓄牝牛　　继明照于四方灿

离，离为火，离上离下。离为日，日为光，离上离下，光明接连升起悬附空中，即日附丽于天。离为丽，象征附丽，有着附着、结合的意义。附着的对象必须正当，具备柔顺的德行，才能获得吉祥。

陷落（坎）必有所依附（离），"离：利贞，亨。畜牝牛，吉。""明两作，离。大人以继明照于四方"，即离卦。离卦揭示的是攀附之道。不论人的地位尊卑如何，均须附着于所处的时代、社会，而人与人之间的层次不同，存在着阶级差别，又存在着附着与被附着的复杂关系。这样，人类的社会结构，就不可避免地反映出一种特定的组合。核心要点须把握：

（一）中正攀附，安全有利

【离卦卦辞】离：利贞，亨。畜牝牛，吉。

【注解】离：《说文》："離，離黄，仓庚也。"《古代汉语字典》："离 lí，离在小篆中写作離，是形声字，隹（省且）为形，离为声。離字原用来组成離黄一词，指仓庚鸟。"古人认为，太阳是一种神鸟，离的引申义也指日。因为太阳光明、温暖又酷热，离便有光明、火、火热的含义。鸟不能总在飞翔状态中，经常会停落在某个地方，因此有依附、附丽的意思。黄鹂鸟总是成双成对地飞翔，所以离又有雌雄相依，阴阳相对的含义。

牝牛：《辞海》："牝 pìn 左右结构，形声字。（形）雌性的（指鸟兽）。"牝牛，雌性的牛。

【离卦象辞】象曰:离,丽也。日月丽乎天,百谷草木丽乎土,重明以丽乎正,乃化成天下。柔丽乎中正,故亨。是以畜牝牛吉也。

【注解】丽:《序卦》:"离者,丽也。"《尔雅》:"麗,附也。"《古代汉语字典》:"丽的繁体写作麗,是形声字,鹿为形,丽为声。丽的本义是双、两、耦。后指结伴而行。丽在古籍中的基本义是成双成对的,这个意义也写作俪。"

【象辞要义】离为日,日为光,离上离下,光明接连升起悬附空中,即日附丽于天。阴柔依附于中正之道,亨通而没有灾难。尊卑有贵贱之别,秩序有先后之分,依附攀附的对象要慎重选择。时势世道纷繁复杂,作为下属或弱势者,依托攀附于有地位或有能力公道正派的人,可以增强生存的安全感,如何能够依附依托与理想的、良好的对象呢? 持谦柔巽顺美德可以广泛聚集人缘人脉,以贞正之心寻觅正派之人,是依托攀附的关键所在。人需要攀附,因为找到了正当可靠的依托才安全,关键是把握中正原则,谨慎选择攀附的对象。可谓是"离上离下日丽天,柔顺中正远灾难;尊卑有别秩有先,依附对象宜慎选;时势世道千万象,依托攀附增安全;柔德顺行广聚缘,以正附正乃关键。""两只黄鹂鸣翠柳,成对麋鹿舞翩翩;百谷草木丽乎土,日月附丽耀于天;离亨利贞蓄牝牛,温顺附正堪可赞。"日月依附于天而光明照耀,到处洒满阳光,明媚而温暖;百谷草木依附于大地而生长,到处是繁茂欣欣向荣的景象;广袤敦厚的大地畜养柔顺的母牛,繁衍生息,带来令人欣喜的百畜兴旺;两只黄鹂在翠柳上婉转鸣唱,他们歌唱自由甘美的爱情;麋鹿成双成对翩翩起舞,舒畅着内心的欢快……一幕幕景象,不正是柔顺中正攀附的典范吗? 所有这些美丽动人的景象,都是因为"重明丽正化天下"——日月重明而依附于正道,才化育生成天下万物,阴柔依附于中正之道,这样必然亨通,可以获得吉祥,值得赞誉,这种美德具有普惠大众的示范效应。正确合理的攀附具有"亨利贞蓄牝牛"的柔顺中正的美德,这种美德是建立家庭人伦乃至夫妻、朋友、师生、同志、领导属员关系进而建立其良好的社会人际关系的伦理道德基础,这个合理的宝贵的内核应该在有效甄别的基础上吸纳借鉴,不能全盘否定,否则,我们的同志情战友谊就无从谈起,企业的团队就无法建立,战士对祖国像钢铁长城一样的忠诚就无法锻造,柔顺中正的攀附美德是凝聚力的核心,任何一个团体都需要。如果没有凝聚力,任何团体都是一滩散沙,其战斗力根本就无从谈起。

(二)秉持中道,大人以继明照于四方

离卦的卦象为离(火)上离(火)下,为光明接连升起之表象。离卦的本象为火,代表着太阳。太阳东升西落,因而有上下充满光明的形象。太阳的光明连续照耀,必须高悬依附在天空才行,象征附着。

【离卦象辞】明两作,离。大人以继明照于四方。

【注解】明:míng,《说文》:"明,照也。"会意字。甲骨文以"日、月"发光表示明亮。小篆从月囧(jiǒng),从月,取月之光;从囧,取窗牖之明亮。本义明亮,清晰明亮。与"昏暗"相对。《左传·昭公二十八年》:"照临四方曰明。"

作:zuò,《说文》:"作,起也。"会意。从人,从乍。人突然站起为作。甲骨文字形,像衣领初作的形状。本义人起身。有起来,开始工作,产生,兴起,生出,长出来等义。

【象辞要义】太阳光芒温暖而和煦,照到哪里哪里亮,照到哪里哪里温暖,这种将光和热无私奉献的精神,只有伟大的人物才能做到,所以离卦的核心启示是,伟大的人物效法这一现象,也应当连绵不断地用太阳般的光明美德普照四方。正所谓"重明丽正化天下,美德普惠广示范;黄离元吉得中道,继明照于四方灿。"此乃离卦的核心启示。如何发扬中道,光大美好的德行呢? 我们看看离卦六爻是怎么说的:

一是"始躁急成出错乱,敬谨慎重化祸患;井然有序不慌乱,恭敬谨慎无灾难"。

【初九爻辞】初九:履错然,敬之,无咎。象曰:履错之敬,以辟咎也。

【注解】履:《古代汉语字典》:"履 lǚ,履在篆文中是会意兼形声字。由四部分组成,尸是人字横写,表示与人有关,彳(chì)和夂(suī)都表示与行走有关。夂的上面的构形像鞋的形状。尸兼表声。履的本义指鞋。"有践踏、履任(到任,就任)、履位(就位)等义。履在战国以前一般只作动词用。一般用"屦"称鞋子。用履称"鞋"是唐以后的事了。

错:《说文》:"错,金涂也。今所谓镀金。俗字作镀。"形声字。从金,昔声。本义用金涂饰,镶嵌。《小尔雅》:"错,杂也。"有杂乱,交错,错乱,没有次序等义。

敬:jìng,《说文》:"敬,肃也。"《释名·释言语》:"敬,警也,恒自肃警也。"《礼记·曲礼》:"毋不敬何允。"敬是会意字。《古代汉语字典》:"敬在篆文中是会意字,有表示做事义的夂(支 pū)和表示谨慎、警惕的苟(jì)组合而成,合起来表示谨慎做事。"有严肃、慎重,严肃谨慎地,恭敬等义。恭在外表,敬存内心。基本特征是慎重地对待,不怠慢不苟且;敬谨。

辟:《古代汉语字典》:辟 pì 有"排除,消除"等义。示例王安石《答司马谏议书》:"辟邪说,难壬人。"

【爻辞要义】在开始行事时,由于急于求成,没有坚持以正附丽于正的原则,做事出现错乱,后来谨慎选择攀附的对象,能敬谨慎重且未轻举妄动,结果消除了灾祸的发生。

二是"黄离元吉得中道,继明照于四方灿"。

【六二爻辞】六二:黄离,元吉。象曰:黄离元吉,得中道也。

【注解】黄离元吉:太阳附丽于天,光明、温暖、和煦,像温暖的火焰,照耀万物,大吉。

【爻辞要义】离卦的本象为火,代表着太阳。卦象为离(火)下离(火)上,为光明接连升起之表象。太阳附丽于天,光明、温暖、和煦,像温暖的火焰,照耀万物,大吉。太阳的光明连续照耀,必须高悬依附在天空才行,所以象征附着。这是附丽得正的最佳物象,符合中和之道。

三是"落日西斜不鼓缶,垂暮老翁长嗟叹;夕阳西斜不持久,离附光明陷黑暗"。

【九三爻辞】九三:日昃之离,不鼓缶而歌,则大耋之嗟,凶。

象曰:日昃之离,何可久也!

【注解】昃:zè,《说文》:"昃,日在西方时侧也。"《古代汉语字典》:"在甲骨文中,昃是会意字,由日和一个偏斜的人形组成。在小篆中,昃是形声字,日为形,仄为声。"本义"日西斜"。

缶:fǒu,《古代汉语字典》:瓦制的打击乐器,盆型。

大耋:《古代汉语字典》:"耋 dié 耋是形声兼会意字,老为形,至为声,至兼表义,表示已经到了老年。耋的本义指八十岁,后泛指人活到七八十岁的年纪。"故以"大耋"指老年人,或指高龄。

嗟:感叹声。表示忧感。形声字,从口,差声。

【爻辞要义】太阳西斜,日落西山。对于一天来说,到了人疲劳该休息的时候。如果与人生类比,就像一个人到了垂暮晚年。本来,太阳应该附丽于天空,但是到了日暮西山的时候,夜幕降临,其附丽天空的时间就不会长久了。同样,人到老年,应该含饴弄孙、子孝孙贤,但他孑然孤独,没有子孙与乡邻为其敲击瓦缶而歌,没有孝顺子孙的颐养,他忧感嗟叹,当然凶险。

这反映了古时民俗:对即将去世的老人,人们要鼓缶唱歌,以安抚老人,祝愿将死者顺风顺路。战国时期的庄子妻死,鼓盆而歌,则进一步将鼓盆走向丧礼。这个习俗一直流传下来,北齐颜子推在《颜氏家训勉学》中说:"苟奉倩丧妻,神伤而卒,非鼓缶之情也。"宋代岳珂在《宝真斋法书赞》载:"闻有鼓盆之戚,不易派遣。"在元、明、清的文学作品中,"鼓盆歌""鼓盆悲""鼓盆之戚"之说,更为常见。这一习俗流传至今,为丧葬仪式中出殡时孝子摔瓦盆。要明白这一喻示,需要了解在中国传统文化中击缶是什么意思。缶就是瓦罐瓦盆,在先古时期本来并不是乐器,后来成为一种最低级的乐器。中国古乐器有金、石、丝、竹、匏、土、革、木八类,土就是陶类乐器,有埙、陶笛、陶鼓等,缶甚至都不能正式入其类,可见地位之低。长期以来,"击缶"或者说"鼓盆",在中国传统文化中主要指下层人民最下等的娱乐或葬礼场合表示悲伤的礼节。据《墨子·三辩》中记载:"昔诸侯倦于听治,息于钟鼓之乐;士大夫倦于听治,息于竽瑟之乐;农夫春耕夏耘,秋敛冬藏,息于瓴缶之乐。"这在一定程度上说明了当时森严的等级制度,"击缶""鼓盆"只是处于社会底层的农民的娱乐。到汉代,桓宽《盐铁论·散不足》载:"往者民间酒会,各以党俗,弹筝鼓缶而已。"《淮南子·精神训》载:"今夫穷鄙之社也,叩盆拊瓴,相和而歌,自以为乐矣。"后来随着时代的发展,击缶这种娱乐形式逐渐式微,大概只有叫花子要饭时的特殊表演形式——敲钵,还能略见当年下层社会人民击缶之遗韵了。

四是"灾难降临突其来,焚毁人死弃尸窜"。

【九四爻辞】九四:突如其来如,焚如,死如,弃如。

象曰:突如其来如,无所容也。

【注解】突如其来如:《说文》:"突,犬从穴中暂出也。"《古代汉语大字典》:"犬从穴中突然而出。"有"袭击""冲撞""凌犯、触犯"等义。《墨子·备城门》:"今之世常所以攻者,临、钩、冲、梯、堙、水、穴、突、空洞、蚁傅、轒辒、轩车。""突之义为猝攻。""突如其来如"孔颖达疏为"突然而至,忽然而来。"不确切。确切之义为:忤逆之徒突然对城邑发动袭击,凌犯民众,威胁王权。

如:语气词。

焚:fén,《说文》:"焚,烧田也。"《广雅》:"焚,烧也。"甲骨文字形,像火烧丛木。古人田猎,为了把野兽从树林里赶出来,就采用焚林的办法。本义烧山。旧时有一种酷刑,用火烧死叫焚。

死:sǐ,《说文》:"死,民之卒事也。"《礼记·曲礼》:"庶人曰死。"《列子·天瑞》:"死者,人之终也。"会意字。小篆字形。右边是人,左边是"歺"(è),残骨,指人的形体与魂魄分离。本义生命终止。

弃:《说文》:"弃,捐也。"会意字,甲骨文字形,上面是个头向上的婴孩,三点表示羊水,头向上表示逆产。中间是只簸箕,下面是两只手。合起来表示将不吉利的逆产儿倒掉之意。本义扔掉,抛弃。

【爻辞要义】本来人到老年没有子孙孝顺颐养就够令人忧戚哀叹,人们又遇到了比这更糟糕的事情。背离畜牝牛指柔顺附丽美德的忤逆之徒悍然暴动,突然对城邑发动袭击,凌犯民众,威胁王权。他们焚毁城邑,戕害老人,残弃儿童,烧、杀、抢掠,无恶不作,致使民众流离失所,无处容身。民众失去安全依附。

五是"泪水鼻涕雨滂沱,离王公吉也悲叹"。

【六五爻辞】六五:出涕沱若,戚嗟若,吉。象曰:六五之吉,离王公也。

【注解】出涕沱若:《说文》:"涕,涕流貌。"形声字,从水,弟声。先秦时期,

"涕"指眼泪,后来出现了"泪",两字同义并用。本义眼泪。"沱,江别流也。"形声。从水,它声。本义江水支流的通名。出涕沱若,即涕泗滂沱,意涕泪如雨。

戚嗟若:戚通"慽""慼",忧愁,悲伤。嗟,嗟叹。戚嗟若,忧悲嗟叹。《诗·小雅·小明》:"心之忧矣,自诒伊戚。"

【爻辞要义】受到忤逆暴徒的突袭残害,民众涕泪滂沱,纷如雨下,忧戚万分,他们对忤逆暴徒愤恨异常,对王公却充满依附期待之心,是吉祥的。

六是"君王出征正邦国,讨伐忤逆功可赞;斩杀首领匪缴械,伐近来远利国安"。

【上九爻辞】上九:王用出征,有嘉。折首,获匪其丑,无咎。

象曰:王用出征,以正邦也。

【注解】嘉:《说文》:"嘉,美也。"《尔雅》:"嘉,善也。"形声。从壴(zhù),加声。本义善,美。《古代汉语字典》有赞许、赞美、表彰、吉祥、吉庆等义。

折首:zhé shǒu,斩首。孔颖达疏:"断罪人之首。"(1)斩首。《宋书·袁豹传》:"桓谦折首,谯福鸟逝。"唐·司空图《华帅许国公德政碑》:"奋少击多,排山压卵,魁渠折首,支党束身。"(2)犹俯首。喻折服或投降。唐·韩翃《送王诞渤海使赴李太守行营》诗:"渤海名王曾折首,汉家诸将尽倾心。"

丑:地支的第二位;类,种类。

正邦:治理与安定国家。

【爻辞要义】王公动用军队出兵征伐忤逆之徒,是为了治理安定国家,并非是为了耀武扬威,滥杀无辜,所以,进行讨伐忤逆的正义战争不会发生灾祸。君主动用军队出兵征伐,建功立业,获得美誉,斩杀忤逆之徒的敌方首领,捕获不愿归附的同类者,不会发生灾祸,有利于国家的安定。

领悟离卦六爻,要点为:一戒躁急错乱,恭敬慎重可化祸患;二戒攀附错对象,离附光明将陷入黑暗;三戒滋生违逆之心,伐近来远利国安;四戒道德人格卑下,德智双增、扬德善俗世相传。

(三)要吸收借鉴孝道与礼教合理的内核

日月需要附丽于天空,百谷草木附丽于土地,君王需要附丽于民众,民众需要附丽于君王,以正附正是化成天下的根本。在中国古代社会历史实践中,古人演绎培育出孝道和礼教文化,作为构建社会秩序的基本伦理规范。

古人将"礼教"与"乐教"并提,本义是以礼为教、以乐为教。孔子主张"以政为德",用道德和礼教来治理国家是高尚的治国之道,其核心是"礼"与"仁","礼"体现了礼制精神,即现代意义的秩序与制度,"仁"则体现了人道主义精神,人道主义精神是人类永恒的主题,适用任何社会、任何时代、任何政府,秩序和制度社会是建立人类文明社会的基本要求。

关于封建社会的礼教,司马光在《资治通鉴》第一卷开篇阐释得甚为精辟:

"臣光曰:臣闻天子之职莫大于礼,礼莫大于分,分莫大于名。何谓礼?纪纲是也;何谓分?君臣是也;何谓名?公、侯、卿、大夫是也。夫以四海之广,兆民之众,受制于一人,虽有绝伦之力,高世之智,莫敢不奔走而服役者,岂非以礼为之纲纪哉!是故天子统三公,三公率诸侯,诸侯制卿大夫,卿大夫治士庶人。贵以临贱,贱以承贵。上之使下,犹心腹之运手足,根本之制支叶;下之事上,犹手足之卫心腹,支叶之庇本根。然后能上下相保而国家治安。故曰:天子之职莫大于礼也。

"文王序《易》,以乾坤为首。孔子系之曰:'天尊地卑,乾坤定矣,卑高以陈,贵贱位矣。'言君臣之位,犹天地之不可易也。《春秋》抑诸侯,尊周室,王人虽微,序于诸侯之上,以是见圣人于君臣之际,未尝不惓惓也。非有桀、纣之暴,汤、武之仁,人归之,天命之,君臣之分,当守节伏死而已矣。是故以微子而代纣,则成汤配天矣;以季札而君吴,则太伯血食矣。然二子宁亡国而不为者,诚以礼之大节不可乱也。故曰:礼莫大于分也。

"剖夫礼,辨贵贱,序亲疏,裁群物,制庶事。非名不着,非器不形。名以命之,器以别之,然后上下粲然有伦,此礼之大经也。名器既亡,则礼安得独在哉?昔仲叔于奚有功于卫,辞邑而请繁缨,孔子以为不如多与之邑。惟器与名,不可以假人,君之所司也。政亡,则国家从之。卫君待孔子而为政,孔子欲先正名,以为名不正则民无所措手足。夫繁缨,小物也,而孔子惜之;正名,细务也,而孔子先之。诚以名器既乱,则上下无以相有故也。夫事未有不生于微而成于着。圣人之虑远,故能谨其微而治之;众人之识近,故必待其着而后救之。治其微,则用力寡而功多;救其着,则竭力而不能及也。《易》曰:'履霜,坚冰至',《书》曰:'一日二日万几',谓此类也。故曰:分莫大于名也。"

《群书治要》之《曾子·制言》:曾子曰:"夫行也者,行礼之谓也。夫礼,贵者敬焉,老者孝焉,幼者慈焉,小者友焉,贱者惠焉,此礼也。"——曾子说:"所谓行,就是实践礼的意思。礼就是对尊贵之人要恭敬,对老人要孝顺,对小孩子要慈爱,对年轻人要友爱,对贫贱之人要施恩惠。这就是礼。"

这种人道主义和秩序精神是中国古代社会政治思想的精华。值得借鉴和吸纳。不过其封建、愚昧、落后的不合理的因素要予以扬弃。只有吸收其合理的精髓,摒弃其糟粕,才能古为今用,化腐朽为神奇。

孝道是礼教的伦理基础。《尔雅》关于孝的定义:"善事父母为孝。"汉代贾谊的《新书》界定为"子爱利亲谓之孝"。东汉许慎在《说文解字》的解释:"善事父母者,从老省、从子,子承老也。"西周将"孝"作为一个伦理观念,其含义,尊祖敬宗、传宗接代。西周时期的孝是一种封建宗教伦理。孝道文化的核心理念及价值:首先,传统孝观念中的"养亲""敬亲"具有普世价值。传统孝道中所讲的"养亲敬亲"思想在任何人类社会中都具有普遍适用性,所以是人类社会的一种永恒价值。其次,"亲亲""敬长"观念有利于调整人际关系,维护社会稳定。在古人看来,一切人际关系均是基于孝而发生的。孝的基本含义就是"善事父母"。"善事父母"之爱是爱人、兼爱的基础与发端,只有以"善事父母"之心接人待物,才能广泛建立起夫妻关系、师生关系、朋友关系、同事关系、领导属员关系,因而建立起良好的人际关系,构建起和谐的社会秩序。从社会范围看,每个人在家"善事父母",在外"亲亲""敬长",那么,整个社会怎么能够不安定和谐呢?因此,"谨守孝道天下平"不无道理。试想一下,一个没有伦理、尊卑、秩序的社会,是一个什么样的社会?其良好的社会风气如何教化而成?

作为中国传统文化的核心,孝道文化在中国历史发展过程中的积极作用是多方面的:一是有利于修身养性。从个体来讲,孝道是修身养性的基础。通过践行孝道,每个人的道德可以完善。否则,失去孝道,就失去做人的最起码的德性。因此,儒家历来以修身为基础。在今天,倡导孝道,并以此作为培育下一代道德修养的重要内容仍然具有重要的现实意义。二是融合家庭。从家庭来说,实行孝道,可以长幼有序,规范人伦秩序,促进家庭和睦。家庭是社会的细胞,家庭稳定则社会稳定,家庭不稳定则社会不稳定。故此,儒家非常重视家庭的作用,强调用孝道规范家庭。在新时代,强调子女尊敬和赡养老年父母具有同样重要的作用。以孝道治家,是家道正(详细论述见家人卦)的基本途径和具体体现。三是报国敬业。孝道推崇忠君思想,倡导报国敬业。在封建时代,君与国有时候是同一个意思。据此,儒家认为,实行孝道,就必须在家敬父母,在外事公卿,达于至高无上的国君。虽然其对国君有愚忠的糟粕,但蕴藏其中的报效国家和爱国敬业的思想则是积极进步的。如岳飞的母亲为勉励他英勇抗金,在岳飞背上刺"精忠报国"四字的故事家喻户晓,感人至深;杨家将满门精忠报国,前仆后继,正是由于佘老太君夫妇的谆谆教诲与榜样示范;汉代的司马迁为了了却父母的宿愿,宁可承受着沉重的打击而隐忍苟活,完成了其父尚未完成的《史记》。由此可见,传统孝道也为社会造就了许多杰出的英才,他们为国家、为人民所创造的业绩,正好也说明了在古代社会中亲亲的爱国可能。四是凝聚社会。儒家思想产生于乱世。孝道的思想可以规范社会的行为,建立礼仪的一些制度,调节人际关系,从而凝聚社会,达到天下一统,由乱达治。客观地讲,孝道思想为封建社会维持其社会稳定提供了意识形态,为中国的一统起到了积极的作用。五是塑造文化。中华民族文化博大精深,源于诸子百家,历代都有损益变化,但孝道的思想和传统始终统领着几千年中华民族文化的发展方向。中华民族文化之所以能够同化无数外来文化,其根本原因在于孝道文化。中华民族文化之所以经久不衰,成为古代世界文明延续至今的唯一的古文明,其根本原因也在于孝道文化。当然,孝道文化在愚民性、不平等性、封建性、保守性等方面所具有的消极作用应该摒除。《百孝经》深刻阐释了孝的价值、意义和作用,精辟而耐人回味:

天地重孝孝当先　　一个孝字全家安　　孝顺能生孝顺子　　孝顺子弟必明贤
孝是人道第一步　　孝子谢世即为仙　　自古忠臣多孝子　　君选贤臣举孝廉
尽心竭力孝父母　　孝道不独讲吃穿　　孝道贵在心中孝　　孝亲亲责莫回言
惜乎人间不识孝　　回心复孝天理还　　诸事不顺因不孝　　怎知孝能感动天
孝道贵顺无他妙　　孝顺不分女和男　　福禄皆由孝字得　　天将孝子另眼观
人人都可孝父母　　孝敬父母如敬天　　孝子口里有孝语　　孝妇面上带孝颜
公婆上边能尽孝　　又落孝来又落贤　　女得淑名先学孝　　三从四德孝在前
孝在乡党人钦敬　　孝在家中大小欢　　孝子逢人就劝孝　　孝化风俗人品端
生前孝子声价贵　　死后孝子万古传　　处世唯有孝力大　　孝能感动地和天
孝经孝文把孝劝　　孝父孝母孝祖先　　父母生子原为孝　　能孝就是好儿男
为人能把父母孝　　下辈孝子照样还　　堂上父母不知孝　　不孝受穷莫怨天
孝子面带太和象　　入孝出悌自然安　　亲在应孝不知孝　　亲死如孝后悔难
孝在心孝不在貌　　孝贵实行不在言　　孝子齐家全家乐　　孝子治国万民安
五谷丰登皆因孝　　一孝即是太平年　　能孝不在贫和富　　善体亲心是孝男
兄弟和睦即为孝　　忍让二字把孝全　　孝从难处见真孝　　孝容满面承亲颜
父母双全正宜孝　　孝思鳏寡亲影单　　赶紧孝来光阴快　　亲由我孝寿由天
生前为孝方为孝　　死后尽孝徒枉然　　孝顺传家孝是宝　　孝顺温和孝味甘
羔羊跪乳尚知孝　　乌鸦反哺孝亲颜　　为人若是不知孝　　不如禽兽实可怜
百行万善孝为首　　当知孝字是根源　　念佛行善也是孝　　孝仗佛力超九天
大哉孝乎大哉孝　　孝矣无穷孝无边　　此篇句句不离孝　　离孝人伦颠倒颠
念得十遍千个孝　　念得百遍万孝全　　千遍万遍常常念　　消灾免难百孝篇